丁青年鉴

DINGQING YEARBOOK

2019

丁青县地方志编纂委员会办公室　编

方志出版社
Publishing House of Local Records

图书在版编目（CIP）数据

丁青年鉴. 2019 / 丁青县地方志编纂委员会办公室编. -- 北京：方志出版社，2020. 9
ISBN 978-7-5144-4588-6

Ⅰ. ①丁… Ⅱ. ①丁… Ⅲ. ①丁青县—2019—年鉴
Ⅳ. ①Z527.54

中国版本图书馆CIP数据核字（2020）第262221号

丁青年鉴（2019）

编　　者：丁青县地方志编纂委员会办公室
责任编辑：梅中英

出 版 者：方志出版社
地址　北京市朝阳区潘家园东里9号（国家方志馆4层）
邮编　100021
网址　http://www.zgfzcb.cn
发　　行：方志出版社图书经销中心
电话（010）67110500
经　　销：各地新华书店
印　　刷：河南深港彩印有限公司

开　　本：889×1194　　1/16
印　　张：30.25
字　　数：613千字
版　　次：2020年9月第1版　　2020年9月第1次印刷
印　　数：001～500册

ISBN 978-7-5144-4588-6　　定价：350.00元

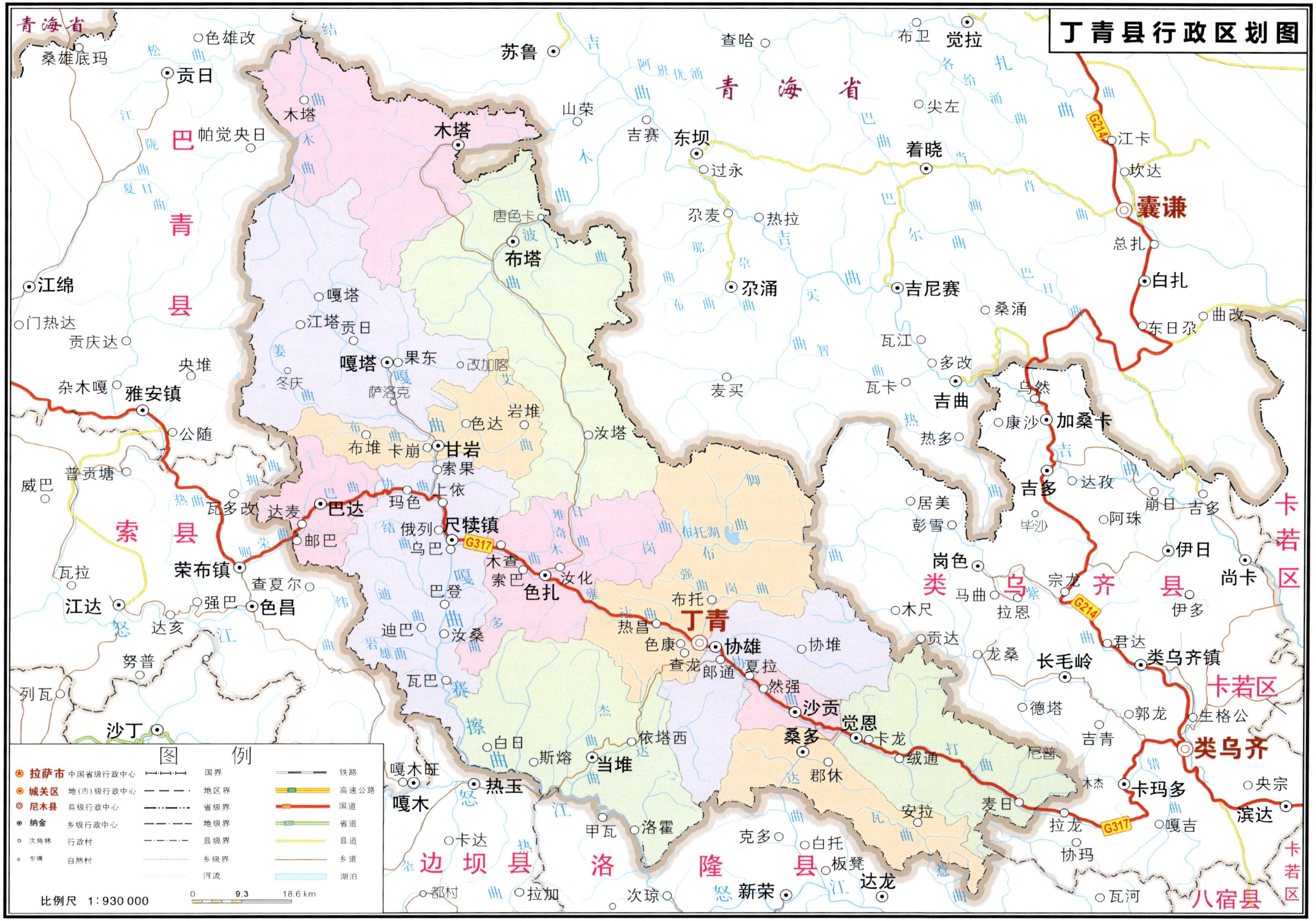

西藏自治区测绘院编制

审图号：藏S（2018）022号

编辑说明

一、《丁青年鉴（2019）》以马克思列宁主义、毛泽东思想、邓小平理论、“三个代表”重要思想、科学发展观、习近平新时代中国特色社会主义思想为指导，坚持辩证唯物主义和历史唯物主义的立场、观点和方法。

二、《丁青年鉴（2019）》记载西藏昌都市丁青县自然、政治、经济、文化、社会等方面的基本情况，为各级领导了解县情、实施科学决策，为社会各界和续修县志提供科学依据和基础资料。

三、《丁青年鉴（2019）》全书设有特载、大事记、丁青县概览、政治、法治、军事、经济管理、农业、工业、交通　邮政、城乡建设与环境保护、财政　税务、金融、商贸、教育　科技、文化·旅游、卫生、社会事业、乡（镇）概览、附录等20个类目。采用类目、分目、条目三个层次。

四、《丁青年鉴（2019）》直书月、日，未写年份，即为2018年。数据增减多少未说明与某一年份，即为2017年与2018年比较。

五、《丁青年鉴（2019）》稿件由县（中、区）直单位提供，并经提供单位领导审核。所用综合性资料、数据，一律截至2018年底。统计资料由丁青县统计局提供，部分数据由各单位提供。因统计口径等原因，县（区）和部门所提供数据与统计资料中的数据不尽一致，采用时以统计资料为准。

《丁青年鉴（2019）》编纂委员会

（按姓氏笔画排列）

《丁青年鉴（2019）》编辑部

《丁青年鉴（2019）》供稿人名单

（按姓氏笔画为序）

丁增拉珍	于甜甜	土旦泽仁	马俊	王新峰	扎西群宗
毛国丽	平措曲珍	田媛媛	尼玛曲珍	尼玛拉加	边巴次仁
伍定森	任飞	向巴	向巴士多	刘学英	刘雷
次仁江村	安艳红	孙杰	李云龙	李世杰	李欣波
李剑东	李晋忠	李董	李雕	杨文海	杨叶旦
杨兴国	杨博	杨斌	宋贺	张林立	张晓岗
张喜勇	陈玖	陈铁刚	陈攀	拥措	拉吉卓玛
卓嘎曲西	易浩民	罗布琼青	罗桑扎西	周保进	周磊
周鑫	赵大禹	荣嵘	胡绚林	钟米军	秦自荣
晋美朗杰	格桑拉姆	格桑德吉	柴明成	徐甲鹏	高彪
郭昊天	唐英	斯郎多加	董立鹏	韩毅君	谢莎莎
解道滔	嘎松次邓	嘎松江春	廖莹	颜峰	薛智洪

数字丁青·2018

- 土地面积：12368平方千米
- 乡村户数：14458户（其中，农业户数10786户，牧业户数3672户）
- 年末全县常住总人口：92784人（其中，农业人口65494人，牧业人口22265人，非农业人口5025人）
- 全县地方生产总值：14.8548亿元
- 第一产业：3.7066亿元
- 第二产业：4.4248亿元
- 第三产业：6.7234亿元
- 农作物总播种面积：8154公顷（其中粮食播种面积6600公顷）
- 粮食产量：27030吨
- 肉类产量：8362吨（其中牛肉产量7807吨，羊肉产量555吨）
- 工业总产值：4834万元
- 发电量：1101.425万千瓦时
- 用电量：936.211万千瓦时
- 全县固定资产投资总额：13.6亿元
- 县级财政收入：8516万元（其中税收2748万元）
- 全县公共财政支出：165020万元
- 本外币各项存款、贷款余额分别为：84536万元、113159万元
- 社会销售品零售总额：48642万元
- 接待旅游人数：9.3258万人次
- 旅游总收入：1246.9万元
- 农村居民人均可支配收入：10792元
- 城镇居民人均可支配收入：31296元

领导关怀

2018年6月27日，自治区政协副主席扎西达娃（左二）一行工作组到丁青县调研，丁青县委常委、政协主席、统战部部长四郎尼玛（左三）陪同。图为在县文化局视察

2018年8月22日，自治区高级人民法院党组书记、院长索达（前排中）和昌都市中级人民法院党组书记、院长扎西江平（前排右二）带队的两级工作组在丁青县调研指导县法院工作，丁青县委书记晋美（前排左二）和县人民法院党组书记、院长卓玛（前排右一）陪同。图为在县觉恩中心人民法庭调研指导时合影

2018年4月12日，昌都市委书记阿布（左二）在丁青县检查指导脱贫攻坚工作。图为在县扶贫吧查阅建贫困户档立卡等资源

2018年4月18日，昌都市委书记阿布（前排左二）在丁青县调研教育扶贫和义务教育均衡发展工作

2018年4月20，昌都市委书记阿布（前排左二）到丁青考察调研，丁青县委书记晋美（前排右二）陪同。图为在丁青县沙贡乡检查指导易地搬迁工作情况

2018年3月14日，昌都市人大常委会副主任邓文昌（前排中）一行工作组到丁青县调研，县人民政府副县长提宝泽仁（前排右一）陪同调研。图为在县小学检查维稳工作情况及教育发展情况

2018年8月9日，昌都市政协党组成员、副主席扎西次仁（左三）一行工作组到丁青县调研，丁青县政协副主席、统战部常务副部长平措（中）陪同。图为在各乡（镇）检查维稳值班情况和精准扶贫工作情况

2018年1月22日，昌都市总工会一行考评验收组对签订的目标责任书完成情况进行考评验收。图为昌都市总工会党委书记其布泽仁（前排左三）工作组查阅资料和询问工作开展情况，县人民政府副县长提宝泽仁（后排右一）陪同并汇报工作

2018年2月8—9日，昌都市教育局局长巴桑次仁（前排左四）一行工作组到丁青县检查学校寒假安全及项目建设工作，县人民政府副县长提宝泽仁（前排左三）陪同检查

2018年6月29日，昌都市住建局副局长刘志含（右二）率精准扶贫督导组在甘岩乡下辖5个行政村开展精准扶贫摸底调研

2018年10月9日，昌都市水利局局长觉阿江村（前排右一）工作组一行到丁青县调研。图为在丁青镇布托村检查指导工作

2018年11月29日，昌都市国土资源局副局长王树林（左二）工作组一行到丁青县检查指导县国土资源局工作，丁青县人民政府副县长提宝泽仁（左一）陪同。图为在县党政办公楼便民服务大厅不动产登记中心窗口前检查和询问工作情况

2018年8月6—10日，昌都市第三轮安全生产督导巡查组到丁青县督查安全生产工作。图为市第三轮安全生产督导巡查组组长向巴宗珠（右一）在丁青县公安局交通大队询问道路交通安全工作

党务政务

2018年4月，县委书记晋美（右三）在色扎乡建档立卡户顿珠巴姆家中开展精准扶贫工作调研

2018年9月16日，丁青县委书记晋美（前排左一）在当堆乡检查指导民生工作。图为在当堆乡洛河村走村入户

2018年“三大节日”期间，丁青县在热巴歌唱开展文艺演出活动。图为县委副书记、县人民政府县长罗广前在开幕式上致辞

2018年4月26日，丁青县委常委、县人大常委会主任巴桑次仁（右三）组织县、乡（镇）两级人大代表在嘎塔乡种草基地视察

2018年6月4日，积极响应精准扶贫的号召，丁青县纪委组织开展集团式帮扶活动。图为县委常委、县纪委书记、监委主任高木全（右一）在协雄乡夏拉村与群众谈心谈话了解村情民情

2018年“三大节日”来临之际，丁青县老干局组织召开座谈会，并对老干部献上哈达表示节日的问候

援　藏 》》》

2018年5月14—18日，丁青县师生代表一行15人到天津市北辰区学校开展访学活动

2018年7月24日至8月3日，湖北武钢五名支教教师到丁青县5所幼儿园蹲点视导

2018年9月25日，武钢实业钢能公司丁青分公司爱心物资捐赠仪式

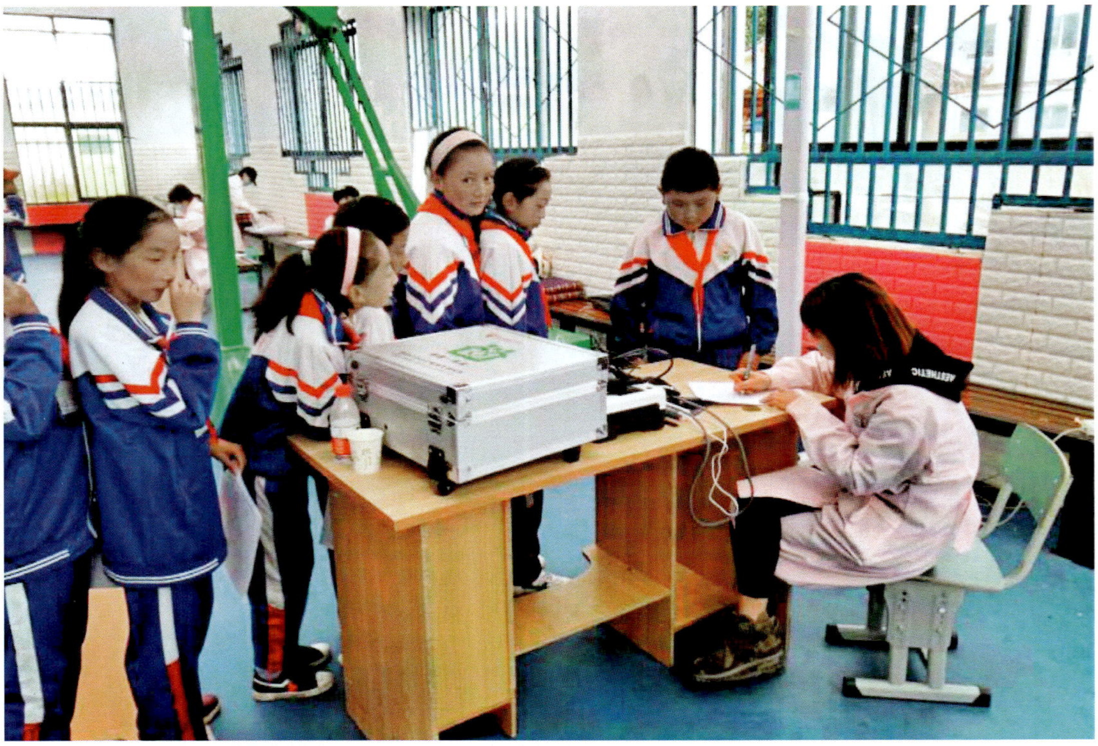

2018年9月7—11日，四川成都惠之民医院医务人员走进校园开展爱心健康体检活动。图为医务人员在丁青县小学为学生做健康体检

2018年8月15—17日，天津北辰区名师团到丁青县开展学校管理及教学交流活动。图为天津北辰区名师团老师在协雄乡小学向学生授课

2018年8月16日，在丁青县总工会邀请天津市援藏医生向县女职工开设妇女健康知识课

2018年11月5日，北京联慈健康扶贫基金会丁青县建档立卡贫困户50个家庭捐赠国奶。图为在丁青县人民政府1号办公楼4楼会议室，县委常委、县人民政府副县长孙劲（右排右三）主持召开丁青县国奶扶贫工程项目启动会，北京联慈健康扶贫基金会项目部主任张婷婷（右排右二）与县人民政府副县长提宝泽仁（右排右四）签订了捐赠协议

2018年9月17日，天津市北辰区在丁青县举办对口帮扶手工编织培训班。图为天津市北辰区老师向贫困妇女授手工编织技能

目　录

特　载

大事记

丁青县概览

政　治

法　治

军　事

经济管理

农　业

工　业

交通　邮政

城乡建设与环境保护

财政 税务

金 融

商　贸

教育　科技

文化·旅游

卫 生

社会事业

乡（镇）概览

附　录

特　载

在全县经济、农村暨脱贫攻坚工作会议上的讲话

（2018年1月29日）

县委书记　晋　美

一、科学分析全县经济发展形势，进一步坚定发展的信心

2017年面对错综复杂的国内外、区内外经济形势，我们坚持以习近平新时代中国特色社会主义经济思想为指导，坚决贯彻落实中央、区党委、市委决策部署，牢固树立和贯彻落实新发展理念，聚焦决胜全面小康，坚持稳中求进工作总基调，以推进供给侧结构性改革为主线，统筹做好稳增长、促改革、调结构、惠民生、防风险各项工作，经济持续健康发展、脱贫攻坚成效显著、社会大局和谐稳定、人民群众安居乐业。一是经济运行稳中向好。经济发展向着更高质量、更高效益、更加科学、更加健康、更加优化、更加可持续转变。2017年，全县地方生产总值完成17.5亿元，同比增长16.3%。固定资产投资完成19亿元，同比增长18%。公共财政预算收入完成7669万元，同比增长10%。农牧民人均纯收入突破万元大关，达到10921元，同比增长16%。城镇居民人均可支配收入达到28686元，同比增长10.6%。社会消费品零售总额达到4.57亿元，同比增长13.2%。居民消费价格涨幅控制在2%以内，城镇登记失业率控制在2.5%以内。二是城乡协调发展。坚持城乡协调发展，有效改善基础设施硬环境。顺利实施G317丁青至巴青段改扩建工程、色木公路改扩建、G317至当堆乡至边坝边界公路和当堆电站等重大项目。积极推动国网110KV输变电工程投运，实现5个乡（镇）21个村（居）41000余名农牧民群众国电覆盖。全面实施农村公路项目35个，完成投资2.19亿元，新增各级公路里程89.37千米。加快推进小型农田水利重点县项目、协雄乡河道治理工程、水利维修养护工程，新增和改善农田灌溉面积1.27万亩，有效解决800户、3155人贫困群众安全饮水问题。大力实施10GB出口带宽线路升级改造和4G移动网络工程，全县13个乡（镇）实现4G移动网络全覆盖，网络通信能力和水平不断提升。三是经济结构趋于合理。2017年，我们在保持经济增速的同时，一二三产结构由2017年的30.36：29.45：40.19调整为27.14：32.57：40.29，二产三产结构比例提升3.22个百分点，经济结构更加趋于合理水平。

继续深入推进农牧业供给侧结构性改革，促进农牧业提质增效、农牧民增收。深化青稞单产行动，藏青2000推广面积5.2万亩，青稞每亩平均单产增加8.75千克。稳慎推进粮经饲结构调整，2017年粮食作物、经济作物、人工饲草种植结构不断优化，特别是菜籽种植面积接近1万亩、人工饲草种植面积突破3万亩；经济作物品种多样性增加，红土豆、紫土豆等经济作物新品种规模化推广试种成功。加快推进种养加结构调整，与天津百米马合作农业生态园成效初显，当堆乡和桑多乡藏香鸡、藏香猪规模化养殖成功推广。四是脱贫攻坚成效显著。2017年，2361户9236人建档立卡户实现区市层面如期脱贫。开展技能培训22期，培训建档立卡人口1028人，实现就业761人，人均年增收4000元以上。新增生态保护固定岗位7431人。大力实施退耕还林1.4万亩，兑现退耕还林补助705.9万元。强化重点公益林管护，兑现专业护林员工资587.36万元。草原生态保护补助奖励机制，兑现2016、2017年草奖资金4924.74万元。五是招商引资取得新进展。2017年实现招商企业18家，招商引资落地资金2.27亿元，完成年度招商引资目标的136.46%。着力推进商贸经济大发展、大繁荣，全县个体户达到3042户、注册资本2.18亿元，企业达到310户、注册资本16.98亿元，农牧民专业合作社达到57户、注册资本6321.05万元。积极争取援藏投资，实施援藏扶贫项目15个，总投资2.15亿元，形成了全方位、宽领域、多层次援藏工作新局面。这些成绩来之不易，是习近平新时代中国特色社会主义思想正确指导的结果，是以习近平同志为核心的党中央坚强领导的结果，是区党委、政府，市委、市政府正确领导的结果，是全县上下凝心聚力、团结拼搏的结果。

一年来，我们始终站稳政治立场，牢固树立“四个意识”，坚定维护以习近平同志为核心的党中央权威和集中统一领导，不折不扣贯彻执行中央、区党委、市委的决策部署，坚持了正确的发展方向。居安思危，知难而进，面对新时代社会主要矛盾发生的新变化和高质量发展的新要求，我们在肯定成绩的同时，也要清醒看到存在的困难和问题。主要是：经济增长内生动力还不强，经济总量小、下行压力还较大，实体经济发展还存在着较多困难；一些干部的思想观念和工作作风与新常态、新理念、新要求还不完全适应，领导经济工作的本领不够，办事效率不高、服务效能不优、执行能力不强，发展环境有待进一步优化；产业发展来势看好，但市场主体、企业主体数量还不多、质量还不高，管理水平、创新能力还不强，产业转型还没有根本性突破，构建现代产业体系仍然任重道远；发展不平衡不充分仍然是最大的县情，社会事业还存在很多短板，“择校热”“大班额”“看病难”“农牧民办事难、报销难”等问题还较突出，防范和化解风险、脱贫攻坚、污染防治的任务还很重，等等。这些困难和问题，我们要高度重视，保持清醒，坚定信心和决心，下大力气解决，推动全县经济社会高质量发展。

二、全面落实中央和区党委、市委会议精神，瞄准目标狠抓工作实效

中央经济工作会议，总结了党的十八大以来我国经济发展历程，分析了经济形势，并对新时代我国经济发展提出了明确要求，对今后三年打好“三大攻坚战”和明年“八项重点工作”作出了安排部署。深入贯彻落实中央经济工作会议精神，重点要深刻领会和准确把握好“六个一”，即把握“一个思想”，“以新发展理念为主要内容的习近平新时代中国特色社会主义经济思想”，坚持用这一思想统领经济社会发展全局；把握“一个判断”，即“中国特色社会主义进入了新时代，我国经济发展也进入了新时代，基本特征就是我国经济已由高速增长阶段转向高质量发展阶段”；把握“一个根本要求”，即“推动高质量发展是今后一个时期确定发展思路、制定经济政策、实施宏观调控的根本要求”；把握“一个原则”，即“坚持加强党对经济工作的集中统一领导，保证我国经济沿着正确方向发展”；把握“一条主线”，即“把推进供给侧结构性改革作为经济工作的主线”；把握“一个总基调”，即坚持稳中求进工作总基调，并明确要把“稳”和“进”作为一个整体来把握，把握好工作节奏和力度。区党委经济工作会议强调，今年经济社会发展任务十分繁重，要坚决贯彻落实习近平新时代中国特色社会主义经济思想，坚持目标导向和问题导向，统筹兼顾、突出重点、全面推进。要蹄疾步稳推动高质量发展，纠正围绕速度判断经济形势的惯性思维，推动质量变革、效率变革、动力变革，引导政策重心和工作着力点转向追求更高质量、更有效益、更可持续发展。昌都市经济、农村暨脱贫攻坚工作会议上，阿布书记强调，全市上下要认真学习、深刻领会，切实把思想和行动统一到中央决策部署和区党委工作要求上来，不断提高政治站位和政治自觉。要深刻领会把握我国经济进入新时代的重大判断，深刻领会把握稳中求进是治国理政的重要原则，深刻领会把握实施乡村振兴战略的工作重点，深刻领会“三大战役”的新部署新要求，大力实施“四大战略”，着力推动经济社会长足发展和长治久安。

2018年是贯彻党的十九大精神的开局之年，是改革开放40周年，是决胜全面建成小康社会、实施“十三五”规划承上启下的关键一年，更是我们坚定不移贯彻新发展理念，强力扭转不适应新时代、新理念和新要求，实施市委提出的“五个之年”启动之年（培育经济发展新动能之年、脱贫攻坚奋力冲刺之年、项目建设提质增效之年、“七城同创”全面推进之年、工作作风转变之年），是开启新时代全面建设社会主义现代化新征程的重要一年，做好经济、农村和脱贫攻坚工作任务艰巨、责任重大、影响深远。今年丁青经济、农村、脱贫攻坚工作总体要求是：深入贯彻落实党的十九大精神，高举习近平新时代中国特色社会主义思想伟大旗帜，贯彻落实中央第六次西藏工作座谈会精神，贯彻落实习近平总书记“治国必治边、治边先稳藏”的重要战略思想和“加强民族团结、建设美丽西藏”的重要指示以及给隆子县玉麦乡群众的回信精神，坚持“五位一体”总体布局和“四个全面”战略布局，坚持党的治藏方略，坚持依法治藏、富民兴藏、长期建藏、凝聚人心、夯实基础的重要原则，紧紧围绕人民日益增长的美好生活需要和不平衡不充分的发展之间的主要矛盾，以新发展理念为遵循，以供给侧结构性改革为主线，以区党委“四个坚定不移”、正确处理好“十三对关系”和市委学习领会把握贯彻党的十九大精神和自治区党委九届三次全会决策部署的45条工作要求为抓手，深化“7654”工作思路，围绕“优势资源促强工、提升功能促重镇、园区建设促兴业、辐射周边建基地”发展目标，突出“一轴两翼三区”发展模式，坚定不移实施城镇化、农牧业现代化“双轮驱动”发展战略，着力打基础、强产业、进位次、重生态、惠民生，立足着眼点着力点、出发点和落脚点，不忘初心、牢记使命、永远奋斗，打赢脱贫攻坚战、决胜全面建成小康社会，全力推动丁青长足发展和长治久安，奋力谱写新时代中国特色社会主义的丁青新篇章。

2018年经济社会发展的主要预期目标是：全县地方生产总值增长10.4%，达到19.3亿元；公共财政一般预算增长10.8%，达到8500万元；税收收入完成4500万元；城镇居民人均可支配收入增长10.2%，达到31440元；农村居民人均纯收入增长15%，达到12559元；社会消费品零售总额增长20.1%，达到54902万元。

习近平总书记强调，增长速度不是绝对必保的东西，要保的是高质量，要更加重视质的问题，下更大气力推动经济发展质量变革、效率变革、动力变革，提高全要素生产率，切实完成好结构指标、效益指标、民生指标，在质的大幅提升中实现量的有效增长。做好今年和今后一个时期经济工作，要把握好以下几个方面，概括起来就是“四个坚持”“七个着力”。

（一）做到“四个坚持”，确保经济社会持续健康发展

——坚持党对经济工作的领导。党政军民学，东西南北中，党是领导一切的。党的领导是实现经济社会持续健康发展的根本政治保证，要树牢“四个意识”，深入学习贯彻落实党的十九大精神，坚持以习近平新时代中国特色社会主义思想指导全县各项工作。习近平总书记指出，做好经济工作，必须自觉维护党中央权威和集中统一领导；强调要完善对党中央决策部署的执行、监督、考评、奖惩等工作机制，落实主体责任，确保令行禁止。要把自觉维护党中央权威和集中统一领导落实到工作的各领域和全过程，推动党中央和区党委、市委各项经济决策部署落地生根。各级各部门要进一步提高把方向、谋大局、定政策、促改革的能力和定力，牢牢把握经济工作的主动权，切实履行好领导经济工作的职能，正确处理地方利益、部门利益与全局利益的关系，对中央和区党委、市委决策部署、对县委定下来的事情，要不折不扣抓好落实、抓出成效。

——坚持稳中求进的工作总基调。坚持稳中求进工作总基调是新时期中国特色社会主义事业发展的内在要求，体现了妥善处理稳和进的辩证关系，是需要长期坚持的治国理政的重要原则。工作中，要把握好节奏和力度，看问题、想对策、抓落实都要审时度势、深思熟虑、尊重规律，既坚决防止消极应付、不思进取，又坚决避免冲动蛮干、急于求成，切实做到该稳的要稳住，扭住科学发展不放松，充分释放发展潜力，稳住增长、稳住就业、稳住社会大局；要充分发挥优势，抢抓发展机遇，加快转变经济发展方式、优化经济结构、转换增长动力，推动丁青经济尽快进入高质量发展的轨道。

——坚持高质量发展的根本要求。推动高质量发展，是我国发展思想、发展战略的重大转变，是做好今后一个时期经济工作的“纲”。必须强化认识，深刻理解高质量发展就是能够很好满足人民日益增长的美好生活需要的发展，是体现新发展理念的发展。必须引正纠偏，摆脱速度情结、路径依赖，摒弃以增长论英雄、以生产总值论成败比高低的惯性思维，从“铺摊子”转向“上台阶”，从“有没有”转向“好不好”，从主要依靠要素投入转向更多依靠全要素生产率提高。必须加快建设现代化经济体系，结合丁青县实际，致力于加快产业体系建设，把培育特色农牧产业作为主攻方向，把创新驱动发展作为第一动力，把新型城镇化作为主要途径，把基础能力建设作为重要支撑，把实施乡村振兴战略作为重要基础，把加快完善社会主义市场经济体制作为制度保障，把建设“六大产业基地”“三个中心”作为强大引擎。遵照推动高质量发展的指标体系、政策体系、标准体系、统计体系、绩效评价、政绩考核等制度体系，引导各乡（镇）、各部门树立正确导向，努力推动全县经济向高质量发展。

——坚持改革开放的根本动力。全面深化改革，坚持积极稳慎，坚持越改越好、

越改越符合实际、越改越对群众有利，牢牢把握改革正确方向，处理好政府和市场的关系，处理好简政放权和地方承接的关系，加强对中央、区党委、市委整体谋划的承接。完善产权制度和要素市场化配置，深化农牧区、国有企业、投融资、财税体制、金融体制等改革，实施权责清单、市场准入负面清单管理制度。强化财政预算执行，建立预算执行管理有效机制。完善统计体制，强化统计监督。实施金融撬动战略，用好用活用足中央赋予西藏的特殊优惠金融政策。深化金融体制改革，增加金融有效供给，提升金融服务实体经济的效率和水平。加大开放力度，积极对接国家“一带一路”建设，积极参与孟中印缅经济走廊建设，主动融入川渝经济圈、陕甘青宁经济圈、大香格里拉经济圈，努力打造“三个中心”，着力打造区域交通枢纽、物流中心和交通重要节点城市，形成藏东北地区重要的物资集散地和昌都重要的货物中转站。要配合市做好副中心建设，加快撤县设市工作进展，力争今年内成功撤县设市。加强与对口支援省市企业的经济技术合作交流，推动援藏工作由单一项目资金援藏向产业扶持、结对帮扶、智力援藏、人才培养、畅通渠道转变。坚持招商引资与引才引智相结合，引进与丁青县优势产业发展相适应的龙头企业、知名企业和人才团队、先进技术，助推产业转型升级发展。同时，要按照市委部署要求，及时成立配合“智慧昌都”建设工作领导小组，紧密结合自身定位和发展现实，破除观念障碍、体制障碍和资源障碍，加快推进基础、平台和产业建设，加快物联网、大数据、云计算的推广和应用，加大技术创新和人才培养力度，全面提高城市智能化水平。

（二）围绕“七个着力”，突出重点全力抓落实

——着力打好防范化解重大风险攻坚战。习近平总书记将防范化解重大风险作为三大攻坚战的首要战役。我们要坚持底线思维，凡事从最坏处打算，向最好处努力，抓好重点领域风险防范化解工作，不让小风险演化为大风险，不让个别风险演化为综合风险，不让局部风险演化为区域性系统性风险。一是坚决防范化解金融风险。虽然丁青金融风险并不明显，但必须居安思危。我们要严格贯彻执行新《预算法》，科学编制年度预算、细化项目支出，不断提高财政预算科学化、精细化水平。坚持金融风险防控服务于供给侧结构性改革这条主线，依法严厉打击违法违规金融活动，要把防范和处置非法集资放在突出的位置，坚持依法管控、依法化解、依法处置，强化责任落实，深化宣传教育，抓好信访问题排查调解，加大案件处置力度，有效防范社会风险。二是坚决防范精准扶贫风险。要切实处理好精准扶贫中各项工作关系，保证现行标准下的脱贫质量，做到既不降低标准，也不吊高胃口，瞄准特定贫困群众精准帮扶，向深度贫困地区聚焦发力，处理好国家帮扶和贫困群众自力更生的关系，激发贫困人口内生动力，加强考核监督。三是坚决防范次生风险。在防控金融风险的同时，要防范既定各项维稳措施落实不到位，造成社会风险；防范新的发展不平衡，造成差距拉大、民心不稳的风险；防范预期项目和投资争取不到位、落地慢，造成经济稳增长的风险；防范财政资金存量大、增量多、不会用，造成效益低的风险；防范民生资金兑现环节多、门槛高、未及时足额发放到群众手中，造成民怨多、干群关系紧张的风险。四是坚决防范维稳风险。正处于经济社会加速转型期，各种社会矛盾和问题交织叠加，各类利益诉求群体数量大、人数多，公共安全隐患点多量大，暴恐威胁不断加大，反分裂任务仍很艰巨。我们要完善党委领导、政府负责、社会协同、公众参

与、法治保障的社会治理体制，坚持专项治理、系统治理、综合治理、依法治理、源头治理相结合，严密防范和打击各种渗透颠覆破坏活动、暴力恐怖活动、宗教极端活动，坚决维护国家政权稳定；健全信访工作机制，深入开展矛盾纠纷大排查大化解活动，及时预防和化解各类群体性问题；全面加强社会面防控，深化党政军警民联防联控、扁平化指挥。深入实施“雪亮工程”，加快“四级平台”建设，着力构建立体化、信息化社会治安防控体系。持续开展严打整治专项行动，依法打击各类违法犯罪活动；健全公共安全体系，强化安全生产和食品药品监管，落实安全生产责任制，兜住兜牢安全底线。

——着力打好精准扶贫精准脱贫攻坚战。按照市委提出的处理好“二十一对关系”工作要求，围绕“五个一批”“六个精准”“八个到位”“六个结合”“十大攻坚行动”，突出深度贫困地区主战场，健全脱贫工作机制，强化脱贫工作责任，确保精准扶贫、精准脱贫。一是要把握原则协调推进。正确处理好政策脱贫与生产致富、搬迁与搬富、走出山沟与适应环境的关系，正确处理好扶贫搬迁向城镇聚集和向生产资料富裕、基础设施相对完善地区聚集的关系，坚持规划引领、先易后难、试点先行的工作原则，加快推进深度贫困村脱贫攻坚工作。二是要注重巩固提升。建立稳定的脱贫长效机制，对2016年、2017年实现稳定脱贫的2890户、12116人开展脱贫巩固提升工作。一方面，做好跟踪服务，严格落实“脱贫不脱钩，返贫入列精准扶”，坚持领导力量不变、包抓责任不变、帮扶机制不变、扶持政策不变，切实做到“扶上马、送一程”；另一方面，强化动态跟踪，对因病因灾等不稳定因素返贫人口启动返贫预警机制，通过及时开展医疗救助、保障兜底、社会帮扶等措施，最大程度阻断返贫退路，切实控制返贫率。三是完善基础设施建设。加大精准扶贫开发区建设，大力实施公共产品和公共服务水电路信网、科教文卫保“十项提升”工程，大力提升易地搬迁集中安置点基础设施、公共服务设施水平，同时要开展好土地治理和生态修复工作，做到基础设施完善、生活环境优美。四是加快扶贫产业发展。要脱真贫、真脱贫，千方百计提高脱贫质量。继续落实产业扶贫措施，大力发展以畜牧业为主的特色产业，建立好贫困户与带贫主体的利益联结机制，加快项目规划和施工进度，稳步推进规模化、集约化生产经营，积极培育行业龙头企业，下大力气构建全产业链产业体系，确保以产业为支撑实现贫困群众持续增收、稳定脱贫。五是大力实施社会扶贫。推进援丁省（市）企业扶贫协作，落实“包域包乡包村包户”制度，继续开展“百行帮村、千户结对、万人脱贫”扶贫行动，构建“多位一体”大扶贫格局。坚持将新增涉农资金全部用于深度贫困地区，新增涉农项目全部投向深度贫困地区，新增脱贫攻坚举措主要投向深度贫困地区，重点攻克深度贫困地区脱贫任务。继续推行“资金跟着贫困群众走、贫困群众跟着致富能人走、致富能人跟着龙头企业走、龙头企业跟着产业走、产业跟着市场走”和土地流转、牲畜托管、合作牧场等产业扶贫新模式，扎实做好贫困户退出后的继续帮扶、监管和巩固提升工作，坚决防止脱贫后返贫。六是强化正向激励。树立脱贫攻坚工作导向。要统筹整合全县现有的脱贫攻坚考核，完善考核内容，转变考核方式，重点对脱贫攻坚责任落实、政策落实、工作落实的情况进行考核，引导广大基层干部把主要精力聚焦在精准帮扶措施落实上。要强化正向激励，对在脱贫攻坚一线干事创业、攻坚克难、做出突出成绩的干部予以表彰奖励，经考核符合条件的予以提拔重用。七是要做好迎检准备工作。今年我们要接受国务院第三方评估、国家考核验收，关系我们能否如期脱贫摘帽，必须继续深化“党旗红”活动，对照摘帽标准，围绕“两不愁三保障”，瞄准“三率一度”，一一对号入座，找出差距，想尽办法，确保全面达标。要准确把握国家考核评估标准和验收办法，组织乡镇、村干部、社会力量深入开展学习，同时县直有关部门还要积极与上级主管部门汇报对接，掌握行业督查验收标准和方式，做到“针尖对麦芒”“一个钉子一个眼”，扎扎实实做好脱贫攻坚工作，用脱贫攻坚的实绩迎接上级检查，确保丁青县如期脱贫摘帽。

——着力打好蓝天青山绿水净土保卫战。高质量发展是人与自然和谐共生的发展。要牢固树立社会主义文明观，牢固树立绿水青山就是金山银山、冰天雪地也是金山银山的理念，充分认识到只有保住绿水青山，才能换来金山银山。去年以来，我们高度重视环境治理工作，通过项目施工现场整治、城乡环境卫生整治等，收到了明显成效。但是环境治理工作是一个动态的过程，不能一蹴而就，一劳永逸。因此，要增强打持久战的意识，久久为功、驰而不息、铁腕治污、依法治污、科学治污，坚决补上环境保护工作短板，全面提升生态环境质量，严格落实环境保护“党政同责、一岗双责”责任，严格执行节能评估和环评审查制度，落实产业准入负面清单、水资源管理和基本草场保护，实行最严格的环境影响评价制度，严禁“三高”项目进入丁青，建立自然资源资产产权制度和用途管制制度，严格执行矿产资源勘查开发自治区政府“一支笔”审批和招商引资环境保护“一票否决”制度。大力实施城乡建绿行动，坚持造林与造景、造区结合，绿化与美化、彩化结合，积极推进道路增绿、景区增绿、城区增绿工作。加大重点污染源治理，深入开展砂石场专项治理，加快污水垃圾无害化处理设施建设，设立破坏生态、污染环境举报电话，从重从快打击破坏环境的违法行为，大力推进农村环境建设和综合整治，建设宜居、美丽村庄。构建政府为主导、企业为主体、社会组织和公众共同参与的环境治理体系，保护好丁青的一草一木、山山水水。

——着力推进乡村振兴战略。习近平总书记在中央农村工作会上指出，要走城乡融合发展之路、走共同富裕之路、走质量兴农之路、走乡村绿色发展之路、走乡村文化兴盛之路、走乡村善治之路、走中国特色减贫之路。这“七条道路”丰富了我们党“三农”工作理论成果，是实施乡村振兴战略的基本纲领。一是坚持农牧业农牧区优先发展。按照产业兴旺、生态宜居、乡风文明、治理有效、生活富裕的总要求，建立健全城乡融合发展体制机制和政策体系，深化农村土地制度改革，加快推进农牧业供给侧结构性改革、培育新型经营主体、推动农牧业农牧区现代化，促进三次产业融合发展，确保粮食生产能力不降低、确保农牧民增收势头不逆转，让农牧业成为有奔头的产业，让农牧民成为有吸引力的职业，让农牧区成为安居乐业的美丽家园，让农民群众享有更多的获得感、幸福感、安全感。二是加快农牧区基础设施建设。坚持以农牧区美丽宜居为抓手，持续实施“水电路讯网、科教文卫保”十项提升工程，加快完善乡村基础设施建设，着力抓好农村污水处理、人居环境整治、国土绿化等工作，统筹推进美丽宜居乡村示范创建工作，力争打造2个以上既有现代文明、田园风光，又有优势产业的小康示范村。三是继续深化农牧区改革。坚持“三个长期不变”的基本政策，保持土地草场承包关系稳定并长久不变。稳妥推进耕地、草场承包经营权和农村集体土地确权登记颁证工作。围绕建设“六大产业基地”和“三个中心”，调整优化农牧业结构，继续实施万亩、万头（只）“种养加”、“八个全部自给”和“一个加工”工程，促进农牧业“三转三变”，推进现代农牧业示范区、特色农畜产品优势区、特色农畜林产品生产基地和产业带建设，稳步提高农牧业综合生产能力。四是着力提升农牧业发展水平。加大农作物和畜禽良种引进、推广、繁育力度，深入实施测土配方施肥、高产示范田创建和草场围栏、草原灌溉设施建设及饲草人工种植等工程，逐步提高粮食特别是青稞单产量，保障饲草供给，推进牦牛育肥工程。培育新型农牧业经营主体，落实完善农村土地“三权分置”要求，引导农牧区土地、草原经营权有序流转。积极探索建立“公司＋基地＋农（牧）户”、“基地＋专合组织＋市场”和“农超对接”、“农校对接”、“农企对接”等模式，大力扶持龙头企业和农牧民专业合作组织，健全农牧业社会化服务体系，实现标准化生产、规模化发展、产业化经营。加强农村基层基础工作，健全自治、法治、德治相结合的乡村治理体系。培养造就一支懂农业、爱农村、爱农民的“三农”工作队伍。

——着力推进产业发展。坚持市场导向，深入推进农牧业供给侧结构性改革，处理好发挥优势和补齐短板的关系，把清洁可再生能源、天然饮用水、绿色生态、旅游文化、新型新兴产业作为战略支撑产业，最大限度激活各类要素和潜在后发比较优势，大力培育具有地方比较优势和市场竞争力的产业集群。规模发展高原特色产业，树立绿色经济、规模经济、区域经济、比较经济理念，加快推进雪域高原特色饮品业、特色食品业、特色药品业、特色饰品业，天然饮用水生产基地和产业带建设，努力增品种、扩规模、提品质、创品牌。继续推进虫草品牌推广、虫草资源开发。大力推进色扎乡贡桑村天然饮用水合作开发。积极推广小蓝青稞种植，通过土地流转，建设种植基地，形成规模化种植，着力打造“中国青稞之冠·丁青小蓝优”。加快水电资源开发，加大当堆电站建设力度；积极争取实施光伏、风能等清洁能源项目。有序开发优势矿产资源，做大做强自家浦煤矿、森格日沃铅锌矿，加快推进象牙玉开发。提升园区经济实力，以廊通开发区为龙头，以扶贫开发区为支撑，高起点规划、高标准建设，把园区建设成为发展产业、统筹城乡、开放合作、改善民生、改革创新的窗口和示范点。大力发展非公经济，支持民营企业发展，激发各类市场主体活力。加快旅游业发展，依托小城镇建设，景区优势，大力发展规模化民宿经济，突出“一乡一特”“一村一品”“一户一景”不同类型的村居民宿，形成产业集聚优势，彰显地域特色。要着力做好廊通坝易地搬迁点白拉姆客栈的试点运营工作，逐步推广建设，为丁青旅游注入新的活力，为农牧民增收提供更大保障。

——着力提高群众幸福指数。要坚持以人民为中心的理念，大力发展社会公共服务。一是扎实推进“七城同创”。要将打造丁青“六大名片”与“七城同创”工作紧密结合起来，严格对照国家和自治区创建标准，树立问题导向、梳理问题清单，找准方向、明确重点，分解任务、量化目标，狠抓重点难点问题和薄弱环节，找准方向、明确重点，分解任务、量化目标，做到“对症下药”“靶向治疗”，逐个进行协调解决，全面落实创城要求，扎实推进创建申报，确保创城工作有序开展。二是优先发展教育事业。紧盯“五个100%”目标，完善教育发展规划，科学调整校点布局，继续推动城乡义务教育一体化发展，深化和完善“幼小一体”办学模式，不断完善15年免费教育政策，加快推进寄宿制学校标准化建设，抓好丁青县第二初级中学、实验小学项目建设。全面启动中小学教学质量提升计划，全面落实乡村教师支持计划，大力实施教师队伍振兴计划，推进教育人才“组团式”援藏。加快现代职业教育发展，提升县职业教育中心办学条件和实训基地标准化建设，培养更多实用技能人才。三是激发就业创业活力。坚持就业优先战略和积极就业政策，加快产业发展，开发就业岗位，创造充足的、多渠道的就业岗位，实现更高质量和更充分就业。大力实施项目带动农牧民工就业工程，积极推动政府投资项目、国有企业、对口援建项目尽量吸纳当地劳动力就业，深入开展“订单式”、“对接式”、“储备式”和顶岗见习等技能培训，建立公共投资和重大项目建设带动就业评估机制，重点解决困难群体就业，推进残疾人就业，动态消除零就业家庭。大力宣传促进就业创业政策，鼓励引导农牧民群众到城镇、企业就业或经商创业，大力开发“门口”就业岗位和公共服务领域公益性岗位。大规模开展职业技能培训，注重解决结构性就业矛盾，健全政府开拓就业、企业代包就业、自主创业就业、援藏结对帮扶就业等机制，完善政府、工会、企业共同参与的协商协调机制，建立信息发布、政策咨询、就业指导、职业介绍等服务体系，加快基层劳动就业社会保障、人力资源市场和就业信息化平台建设，构建和谐劳动关系。完善落实各项创业扶持政策，拓宽创业投融资渠道，积极培育创业创新公共平台，促进大众创业、万众创新。正确处理好高校毕业生政府就业和市场就业的关系，教育和引导学生、家长、社会转变就业观念，落实好促进高校毕业生就业创业的若干意见精神，积极争取自治区就业创业基金扶持，激发高校毕业生的创业激情，以创业带动就业、以产业促进就业、以市场吸纳就业。四是建设健康丁青。完善国民健康政策，为人民群众提供全方位全周期健康服务。以扩大农牧民、城镇居民和职工医保覆盖面为核心，统筹配置县乡村医疗卫生资源，健全完善三级医疗卫生机构，加快推进县乡一体化建设，加快推进医疗信息化建设。提升医疗服务能力，深化医药卫生体制改革，健全以免费医疗为基础的农牧区医疗制度，基本建立覆盖城乡居民的基本医疗卫生制度，继续落实“农牧民健康促进行动”和“城乡居民、在编僧尼免费健康体检工程”，扎实做好包虫病筛查和综合防治工作。做好重大疾病、地方病预防和控制，加大妇幼健康工作力度，健全卫生应急处突机制，提升公共卫生服务能力。支持社会办医，发展健康产业。大力支持藏医药事业继承与创新发展，结合现代医学技术进行开发利用。加强食品药品监管工作，切实保障公众饮食用药安全。深入开展爱国卫生运动、全民健身活动，倡导健康文明生活方式。促进生育相关经济社会政策配套衔接。大力实施全科医生培养引进计划，加强基层医疗卫生服务体系和全科医生队伍建设，扎实推进医疗人才“组团式”援藏，本地医生下沉到乡（镇）工作，落实好高海拔地区乡（镇）卫生院专业技术人员特殊岗位奖励补助办法，构建与知名医院之间的远程会诊平台，提升医疗诊治能力。五是加快发展文化广电事业。不断完善现代化公共文化服务体系，建立覆盖全县重点文化资源的产业项目库，大力实施基层公共文化基础工程、公共数字文化建设工程。依托丁青本地优势文化旅游资源，主动对接毗邻县区旅游线路，狠抓“两线三圈四园·讲好六个故事”旅游总体发展规划落实，稳步推进文化旅游融合发展与区域文化旅游开发。加快大型热巴舞台剧《梦回溯源——热巴丁青》、微电影《金虫草》编排进度。继续深入推进“厚德丁青·涵养琼布”建设三年行动计划，全面提升丁青文化辐射力和影响力。六是健全社会保障体系。按照兜底线、织密网、建机制的要求，全面建成覆盖全民、城乡统筹、权责清晰、保障适度、可持续的多层次社会保障体系。全面实施全民参保计划，完善覆盖城乡居民的基本养老、基本医疗、失业、工伤、生育等保险制度。统筹城乡社会救助体系，完善最低生活保障制度，逐步提高城乡低保、特困人员供养标准，完善社会福利、慈善事业、优抚安置等制度，推动社会救助普惠发展，推进儿童福利院、社区服务中心等工程建设。坚持男女平等基本国策，保障妇女儿童及老年人合法权益，发展残疾人事业，加强残疾康复服务。加强防灾减灾体系建设，提升防灾减灾救灾能力。七是加快基础设施建设。扎实推进污水处理厂、易地扶贫搬迁及附属工程、灾后重建、廊通大桥等骨干项目建设进度，积极争取仲佰村水库项目。同时，加快推进交通体系建设，抓好斜拉山隧道建设，以硬化提标为标准，力争今年新建续建35条农村公路。加快推进水利工程体系建设，以水利综合枢纽、防洪堤、节水灌溉等项目为重点，确保桑多乡防洪工程、觉恩乡河道治理工程等按期完工。大力实施县乡防洪工程、小型农田水利设施建设，推进乡（镇）、行政村集中饮水工程，构建农牧区现代水利保障体系。大力实施通信基础设施改造升级工程，全面推进三网融合，为“互联网+”经济奠定硬件基础，构建现代信息服务体系。要提升特色小镇竞争力，加快G317沿线小城镇基础设施、功能配套进一步完善、进一步提升。坚持小城镇特色发展、错位发展、功能发展，加大丁青镇、协雄乡、尺牍镇、色扎乡、觉恩乡等民族特色小镇建设力度，充分发挥资源优势、区位优势、产业优势，推动产业与城镇融合发展。

——着力提升投资效益。要致力解决投资支出不合理问题，聚焦提高投资质量效益，优化存量资源配置，突出稳增长的科学性、准确性和惠民生的实效性，落实好防风险的各项措施。一方面，大力促进有效投资。丁青县仍属投资拉动型经济，投入与产出不成正比，经济新常态下稳增长的任务十分艰巨，如果不转变发展方式、不优化投资结构，就难以保持经济稳定增长、难以实现高质量发展。要抢抓机遇争取项目，以“十三五”规划项目中期评估调整为契机，密切关注国家和自治区投资动态，强化政策研究，寻求上级政策与该县实际的最佳结合点，对齐对路、对门对接、对实对好，争取更多打基础、利长远的项目纳入自治区“十三五”规划总盘子；要瞄准导向争取项目，聚焦脱贫攻坚、供给侧结构性改革、改善民生、生态保护、市政建设等重点领域和重点项目，主动加强与自治区、市相关部门衔接，逐项跑办盯紧、逐一精准对接落实，确保新增项目资金争取到位、既定项目资金落实到位；要把准有效投资的发力点，坚持国家投资和社会投资联动发力、政府作用和市场作用结合用力、用好政策和争取项目协同发力，既要加快基础设施建设，又要增加公共产品和公共服务供给，规划实施一批对社会投资具有较大吸引力的产业项目、公共事业项目，千方百计扩大有效投资，增加生产性投资，提高投资边际效益；要树牢“三换”意识，用好用足金融政策，充分调动社会力量，加强政银企合作，采取市场运作、银行贷款、招商引资、社会参与等方式，建立有利于社会力量参与的融资方式、建管模式，促进民间投资合理增长，切实发挥政府资金“四两拨千斤”作用、政府性投资公司引领主导市场作用和金融资金撬动作用。另一方面，调整优化支出结构。坚持盘活存量、用好增量，科学合理安排财政预算，调整优化支出结构，强化绩效评估，建立资金分配竞争机制，加大执行落实力度，依法依规用好存量资金，不断提高使用效益，对长期闲置的资金要进行整合使用；对已批复项目未实施的，要尽快投资实施，确保项目投资安全和投资效益；坚持“政府过紧日子、群众过好日子”的思想，严控一般性支出和“三公”经费，完善财政向民生改善、产业发展等领域的稳定投入机制，把所有的资金、项目、政策等资源向基层和民生领域倾斜，多做雪中送炭之事，不为锦上添花之举，把钱花到最急需的地方，确保花出效益、花出水平。

三、全面推进作风建设，为推动丁青高质量发展提供坚强保障

（一）要全面提高本领。习近平总书记指出，“中国共产党人依靠学习走到今天，也必然要依靠学习走向未来”。要加强学习和实践，大兴学习之风，大兴调查研究之风。大力开展“大学习、转作风、走新路、再做实”主题活动，学懂弄通做实党的十九大精神、习近平新时代中国特色社会主义思想，特别是学好用好习近平新时代中国特色社会主义经济思想，培养专业能力，弘扬专业精神，既当好领导又成为专家，不断提高适应新时代、实现新目标、落实新部署的能力。要积极推进思想解放和观念变革，努力增强学习本领、政治领导本领、改革创新本领、科学发展本领、依法执政本领、群众工作本领、狠抓落实本领、驾驭风险本领，做到不说外行话、不干外行事，有力有序做好经济工作。特别要注重调查研究，放下架子、扑下身子，接地气、通下情，“身入”更要“心至”，抓住老百姓最急最忧最怨的问题，解决好群众最关心最直接最现实的利益问题，真正把功夫下到察实情、出实招、办实事、求实效上。

（二）要切实转变作风。习近平总书记强调，抓落实来不得花拳绣腿，光喊口号、不行动不行，单单开会、发文件不够，必须落到实处。我们要按照中央、区党委、市委要求，认真落实“一岗双责、一职多履、勤学多践”工作制度，真抓实干、一抓到底，确保各项政策措施不折不扣落到实处、见到实效。要按照市委“作风建设年”活动要求，认真贯彻落实习近平总书记进一步纠正“四风”、加强作风建设重要批示精神，强化监督检查，持续整治“四风”，着力整治损害群众切身利益、破坏发展环境以及“微腐败”问题，以作风转变推动高质量发展。要加强基层党组织建设，全面提升履职能力，继续深化“党建助扶贫、廉政保脱贫”工作，扎实推进扶贫领域腐败和不作为问题专项治理。要埋头苦干实干，树立正确的政绩观、事业观，不务虚功、不图虚名，不好高骛远、不心浮气躁，稳得住心神、看得淡名利，脚踏实地、务实工作、深耕细作、精准发力，创造经得起实践、人民和历史检验的业绩。要加强督促检查。紧紧围绕县委、县政府中心任务和重点工作，坚持综合督导和专项督导相结合，既督任务、督进度、督成效，又查认识、查责任、查作风，努力推动各项目标任务落到实处。要持之以恒正风肃纪。党员领导干部要带头遵守廉洁自律各项规定，坚决杜绝“节日腐败”，倡导勤俭文明过节新风尚，坚决反对特权思想和特权行为。紧盯“四风”新动向，有针对性地治理隐形变异的违规问题。加大监督执纪问责力度，对违规违纪行为严查快办，对典型问题点名道姓通报曝光，营造风清气正的节日氛围，让政治生态更加清朗纯净。

（三）要坚持统筹兼顾。各方面工作任务都十分繁重，领导干部要善于统筹兼顾，学会“弹钢琴”、牵住“牛鼻子”，协调推进改革发展稳定各方面工作。要坚持目标导向，一切工作都围着目标转、盯着目标干，及时对目标任务分解盘点，一项一项、一个节点一个节点把任务完成好。要注重项目化运作，把项目作为马上办抓落实的具体抓手，将每项工作都分解为一个个具体的、可操作性强的项目，使每项工作任务更加清晰、责任更加明确、要求更加具体。要强化问题意识，围绕解决制约发展的突出短板、突出障碍，正视问题、不回避问题，采取更加有力的措施解决问题，切实把短板变长、把弱项变强。

在全县打造生态绿色县暨落实河湖长制、垃圾分类处理专题会上的讲话

2018年4月12日

县委书记　晋　美

今天会议的主要任务是，深入学习贯彻习近平总书记关于生态环保的系列重要批示精神，践行“7654”总体工作思路，认真分析该县的环境形势，总结经验、查找不足，抓住有利时机，立即掀起新一轮全县环境保护和打造生态绿色县工作高潮。刚才，县环保局负责人汇报了该县2017年以来环境保护工作开展情况和2018年环境保护工作计划，生态环保涉及单位分管领导、负责人对2017年该县全民环保宣誓活动中涉及的七个方面工作开展情况进行了简要汇报。下面，我就下一步生态环保工作和打造生态绿色县讲三点意见。

一、抓生态建设的思路

习近平在海南考察时指出：“良好生态环境是最公平的公共产品，是最普惠的民生福祉。”随着经济社会的快速发展，人民群众对干净的水、新鲜的空气、洁净的食品、优美宜居的环境等方面要求越来越高。十八大以来，以习近平同志为总书记的党中央从中国特色社会主义事业“五位一体”总体布局的战略高度，对生态文明建设提出了一系列新思想、新论断和新要求，为推进生态文明、努力建设美丽中国、实现中华民族永续发展提供了根本遵循，指明了前进的方向和实现路径。

生态文明是人类为保护和建设美好生态环境而取得的物质成果、精神成果和制度成果的总和，是贯穿经济建设、政治建设、文化建设、社会建设全过程和各方面的系统工程。习近平在对《中共中央关于全面深化改革若干重大问题的决定》作说明时指出：“山水林田湖是一个生命共同体，人的命脉在田，田的命脉在水，水的命脉在山，山的命脉在土，土的命脉在树。用途管制和生态修复必须遵循自然规律，由一个部门负责领土范围内所有国土空间用途管制职责，对山水林田湖进行统一保护、统一修复是十分必要的。”资源环境问题，究其本质是发展方式、经济结构和消费模式问题。在生产、流通、分配、消费的各个领域，都不同程度地利用资源、影响环境，单独在某一个或几个方面推行节约环保，难以从根本上解决资源环境问题，因此我们要把节约环保的要求全面体现到经济发展的各个领域和每个环节。“环境治理是一个系统工程，必须作为重大民生实事紧紧抓在手上。”习近平同志结合新的实践需要，对推进生态文明建设提出了更加丰富、更加系统、更加明确的指导思想和总体要求，以系统工程思路抓生态文明建设。

首先，在空间结构上，调整空间结构，优化国土空间开发格局。习近平在中央政治局第六次集体学习时指出：“国土是生态文明建设的空间载体。要按照人口资源环境相

均衡、经济社会生态效益相统一的原则，整体谋划国土空间开发，科学布局生产空间、生活空间、生态空间，给自然留下更多修复空间。”党的十八大报告首次把优化国土空间开发格局放在突出位置，作为加快推进生态文明建设的重要载体之一。国土空间开发布局对生态环境保护具有根本性、战略性意义，也在一定意义上显现了生态环境在国家经济社会中的基础性地位。按照人口资源环境与经济社会生态相统一的原则，调整空间结构，合理开发，实现环境保护的宏观调控和综合管理，使生产空间更为高效、生活空间更为宜居、生态空间更为山清水秀。要大力实施主体功能区战略和环境功能区划，推动各地区严格按照主体功能定位发展，构建科学合理的城市化格局、农业发展格局、生态安全格局。

其次，在时间跨度上，倡导在发展中保护、在保护中发展。习近平同志提出“保护生态环境就是保护生产力，改善生态环境就是发展生产力”的理念，坚持以环境保护优化经济发展，环境政策从严从紧，把生态环境保护要求传导到经济转型升级上来，通过改善环境质量、增进民生福祉来倒逼中国经济改革。脱离环境保护搞经济发展是“竭泽而渔”，离开经济发展抓环境保护是“缘木求鱼”。对于中国而言，面临的环境问题比世界上任何国家都要复杂，解决起来的难度比任何国家都要大，任务也更加艰巨。对于丁青而言，在生态文明建设方面，我们的站位要高，因为我们是祖国的高原生态安全屏障；要找准防治污染的源头，该县工业污染压力小，主要污染来自取暖、白色生活垃圾等。因此，既要补上工业文明的课，又要走好生态文明的路，决不走先污染后治理、牺牲环境换取经济增长的老路，在推进脱贫攻坚、产业发展进程中将建设生态文明摆在首位，走科技含量高、经济效益好、资源消耗低、环境污染少、人力资源优势得到充分发挥的新型工业化道路，在持续保持和享有良好的生态环境中实现工业化、城镇化。

再次，在参与主体上，构建政府、企业、公众共同参与的生态文明建设大格局。以建立节约环保的空间格局、产业结构、生产方式、生活方式以及增强永续发展能力为着眼点，开展生态文明建设全社会行动，坚持走群策群力、群防群控的群众路线，让政府、企业、公众都参与到生态文明建设中来。社会的各阶层、各方面、各行业，从不同的层面、不同程度地利用资源、影响环境，单独在某一个或几个方面推行环境保护，都难以从根本上解决生态环境问题。按照谁开发谁保护、谁受益谁补偿的原则，在不同参与主体之间建立生态责任和补偿机制。

最后，在环节监管上，立足生产和再生产全过程，以节约为主，加强在生产、流通、分配、消费的各个领域的综合治理。习近平总书记提出：“节约资源是保护生态环境的根本之策。”要大力节约集约利用资源，推动资源利用方式根本转变，加强全过程节约管理，大幅降低能源、水、土地消耗强度，大力发展循环经济，促进生产、流通、消费过程的减量化、再利用、资源化。构建经济发展与资源消耗量、污染物排放量“脱钩”的经济模式，把节约环保的要求全面体现到经济发展的各个领域和每个环节。

二、着力打造生态绿色县

建设生态文明，是我们党深入贯彻落实科学发展观而提出的重大战略思想和战略任务，是中国特色社会主义伟大事业总体布局的重要组成部分。建设生态文明和开展生态创建时我们实现科学发展的必然要求和重大举措，关系到全县群众生活水平的提高，关系到全县的可持续发展。

（一）深刻认识创建国家级生态县的意义

全县各级各部门要深刻认识创建国家级生态县的重要意义。首先，创建国家级生态县是践行科学发展观的有效载体。党的十八大提出“五位一体”发展战略，把生态文明建设提升到与政治、经济、文化、社会建设并列的战略高度。生态环境本身就是生产力，保护生态环境就是发展生产力。生态县建设的实质就是建设以资源环境承载力为基础、以自然规律为准则、以可持续发展为目标的资源节约型、环境友好型社会，其建设过程中本身就是践行科学发展观的体现。其次，创建国家级生态县是解决群众最关心、最直接、最突出环境问题的现实需要。创建国家级生态县要求生态经济化，经济生态化；既要金山银山，更要绿水青山，通过生态县创建工作，着力解决损害群众健康、影响社会稳定的突出环境问题，为人民群众创造良好的生产生活环境，是以人为本、保障和改善民生的必然要求，是为丁青人民谋福祉的重大民生工程，是人民群众的共同愿望。最后，创建国家级生态县是一种荣誉。创建国家级生态县，既要求生态保护，也要求经济发展，是生态与经济双赢的协调发展。这种发展是建立在生态得到有效建设、环境得到有效保护基础上的发展，是充分体现发展第一要务、以人为本的发展，是一种全面协调可持续的发展。

（二）创建国家级生态县的基本条件

根据《全国生态县、生态市创建工作考核方案》，生态县考核指标包括5项基本条件和22项建设指标，涵盖了经济发展、生态环境保护、社会进步的方方面面。5项基本条件包括：一是制订《生态县建设规划》，并通过县人大审议、颁布实施。二是有独立的环保机构。环境保护工作纳入乡镇党委、政府领导班子实绩考核内容，并建立相应的考核机制。三是完成上级政府下达的节能减排任务。三年内无较大环境事件，群众反映的各类环境问题得到有效解决。外来入侵物种对生态环境未造成明显影响。四是生态环境质量评价指数在自治区名列前茅。五是全县80%的乡镇达到全国环境优美乡镇考核标准并获命名。5项基本条件全部是对一个地区生态环境工作上的要求，22项指标中，涉及环境保护的19条，占86%。这些考核指标的设置，充分表明了这种考核的重点导向是生态环境质量持续改善、生态文明程度显著提高。

（三）创建国家级生态县的措施

一是落实“党政同责、一岗双责”工作机制。牢固树立绿水青山就是金山银山、冰天雪地也是金山银山的理念，完善环境保护工作机制，全面落实各级党委、政府“双责”环保工作机制，严守丁青生态环境保护“底线”“红线”“高压线”。二是强化舆论引导。有计划、有重点地加大环境保护宣传力度，提升公众满意度和知晓率。完善公众参与机制，拓展公众参与渠道，健全公众诉求表达机制，深化信息公开。要加强引导社会各界共同推进、共同参与生态环境保护，打造人人参与环保的新格局。三是加强执法检查。全面落实“大气十条”“水十条”“土十条”法律法规，加强对全县大气、水、土壤的监管、监察力度，加大对污染的企业惩处力度；确保该县大气、水达到国家标准。对重点行业（如煤矿、砂石厂、医院、施工建筑、小型取暖锅炉等）进行重点监察，对发现的违法违规行业进行严惩，确保全县的生态环境得到有效保护。四是加强环保能力建设。进一步落实环保工作经费，提高环保监察、监测、信息、宣教等工作水平，环境保护能力建设达到国家标准化建设要求。加强环境保护应急能力建设，配备专职环境应急管理人员。加强信息报送系统建设，环境突发事件应急预案纳入突发事件应急预案体系。

三、扎实推进丁青县下一阶段环境保护工作

（一）继续推进河湖长制工作

一是强化组织领导。进一步加强组织

领导、层层传导压力、落实责任主体、明确工作职责、细化工作方案、强化工作措施，协调整合各方力量，确保河湖长制工作有序推进，各项目标任务如期实现。各级河湖长要进一步落实履职责任，在各自责任水域深入开展调查研究，坚持问题导向，帮助解决重点难点问题，带头履行好认河、巡河、治河、护河的河长职责。二是加强队伍建设。切实加强河长办组织机构和队伍能力建设，全面完善工作机制，开展常态化工作；按照属地原则落实乡、村两级巡查管护人员，加快推进河湖日常管护工作。三是推进河道治理。请县人民政府在第二季度环境保护工作中，重点围绕河道治理任务，开展打击“打击两项治理一项”工作（打击工程性污染、生活性污染和治理水土流失、草场退化、土地沙漠化等已存在的生态破坏问题）。

（二）打一场垃圾分类处理仗

以该县2018年虫草采集工作为有利契机，在全县范围内打一场“垃圾分类处理仗”，做好该县垃圾分类处理工作。一是加强组织领导。请县政府建立完整的垃圾分类处理工作组织构架，及时成立垃圾分类处理领导小组，由县长罗广前担任组长，充分发挥县政府主导作用，确保该县垃圾分类工作有人抓、有人管，形成强大工作合力。二是加强宣传引导。结合该县精准扶贫工作，充分发挥驻村工作队、生态岗位和双联户长作用，通过发放公益宣传材料、媒体宣传等多种形式对垃圾分类知识进行宣传，重点加强垃圾分类知识、意义进行宣传，特别突出做好垃圾清洁人员的宣传教育工作，让群众自觉投入到其中。要把垃圾分类宣传工作与其他工作有机结合，如将垃圾分类宣传教育纳入精神文明建设、素质教育体系，既有利于集中的宣传教育，更能通过“小手牵大手”带动每一个家庭提高环保意识、推动垃圾分类减排的初衷。三是加强分类处理。依“法”办事必须先要有“法”可依，确立合适的垃圾分类方式，既不会让群众觉得过于烦琐产生抵触情绪，又要便于掌握和实际操作，通过垃圾分类工作，提高该县各垃圾填埋场的使用年限。县人民政府要切实负起责任，结合丁青的实际情况，制定一套切实可行的垃圾分类标准和方法，并推行实施。四是加强回收利用。随着该县交通条件逐步改善，纸类、金属、塑料等可回收垃圾不断增多，垃圾回收处理的生态环保账特别是经济效益账开始凸显，请县人民政府就围绕垃圾回收处理进行招商引资，加快推进垃圾回收利用工作。

（三）强化资金使用管理

进一步规范生态环境保护资金使用，严把资金审核关，在资金使用和支出时，各分管领导要定期、及时向“生态文明县”创建领导小组汇报，确保每一笔资金都用出效益。同时，切实加大资金监督管理力度，纪检、财政、审计等部门要定期或不定期对涉及环保资金进行专项督察，严禁挤占、挪用、滞留资金。

在全县脱贫攻坚迎国检动员部署会上的讲话

（2018年4月13日）

县委书记　晋　美

从近期昌都市赴丁青县脱贫攻坚督导检查的情况看，全县上下对上一阶段脱贫攻坚工作存在问题和短板整改落实取得了明显成效，脱贫责任进一步压实、脱贫质量进一步提高、帮扶主动性进一步调动、群众满意度进一步上升，这些成效的取得，都是全县上下辛苦付出、艰辛努力的结果。特别是该县脱贫攻坚工作已经顺利通过贫困县摘帽市级初审、自治区级评估检查，取得了阶段性胜利，脱贫摘帽胜利在望。

值此全县“两会”胜利召开期间，县委组织如此高规格的迎检动员大会，旨在进一步动员全县上下在市级督导检查的基础上，“重整行装再出发”，对照国家验收标准，迎接即将在5月中旬到来的国家第三方评估验收。下面我讲三点意见。

一、站位再提高、认识再增强，以高度的历史使命感和政治责任感，打赢脱贫摘帽迎国检攻坚战

同志们，脱贫摘帽“国考”在即，大家没有“局外人”，都是“答卷人”。党的十九大报告把打好精准脱贫攻坚战，作为新时代三大攻坚战之一，可以看出党中央推进脱贫攻坚的力度越来越大，措施越来越实，要求越来越严。各级各部门一定要用心体会习近平总书记对贫困群众的一片深情，进一步提高政治站位，进一步把思想和行动统一到总书记的讲话精神上来，牢牢把握中央和区党委、市委关于开展脱贫攻坚工作的指导方针、政策措施、重要原则、目标任务、工作要求，切实做到“三个务必”，即务必充分认识到脱贫摘帽是必须完成的政治任务、必须过关的国家大考、必须打赢的攻坚战役；务必始终牢记自己所签的“军令状”，谨记“军中无戏言”，站位再提高、认识再增强，坚定必胜信心，以毫不懈怠的精神状态和愈战愈勇的战斗姿态，再加油、再鼓劲、再出发；务必充分认识摘帽迎检形势的严峻性、任务的艰巨性、时间的紧迫性，切实把脱贫攻坚作为践行“四个意识”的现实检验，作为衡量执政能力的直接考验，作为锤炼务实作风的具体行动，拿出时间表、施工图，在最后关头全力以赴、背水一战、压倒一切推进迎检工作，坚决打赢脱贫摘帽迎国检攻坚战。

二、问题再起底、措施再强化，高质量、高水平迅速抓好突出问题整改

（一）开展“大整改”行动

习近平总书记指出“知其事而不度其时则败”“知道去做却不懂得审时度势就会失败，知道顺应时宜并能依据具体情况而行才会成功”。从丁青脱贫攻坚工作的整体情况来看，去年以来全县上下把精准扶贫作为一项重要的政治任务和第一要务来抓，然而各级督查、考核结果并不乐观。4月5—9日迎接脱贫摘帽国家第三方评估验收市级督导组督导检查过程中，还是细节问题多多，各种错误百出。下面，由我向大家通报一下市级督导检查组反馈的该县脱贫攻坚仍然存在的6个方面共性问题。一是资料方面：1.部分户档资料没有及时更新、整理；2.户档资料存在逻辑性错误；3.户档资料数据不符合实情；4.结对帮扶手册填写不完善，没有照片，具体帮扶时间没有体现；5.户档资料上填写的数据与贫困户口中叙述不一致；6.宣传不到位，“等、靠、要”思想较为严重。二是易地搬迁方面：1.部分安置点基础配套设施建设缓慢；2.部分乡（镇）安置点水、电未通。三是产业建设方面：1.大部分产业项目未设立标识牌；2.产业项目进度缓慢。四是生态岗位方面：贫困户不清楚自己的岗位，对自身的岗位职责不清楚。五是入户走访方面：群众对政策了解不够，自身享受的很多政策，多数贫困户答不上来。六是群众认可度方面：部分乡（镇）村非建档立卡群众对精准扶贫识别、干部作风方面还存在不满意，认可度不高。

以上这些问题将严重影响该县迎接国检验收相关工作。全县各级各部门务必引起高度重视，对于反馈、查摆出来的问题照单全收、主动认领、建立台账、认真反思、深入剖析，拿出直面问题的勇气进行最后的“大整改”。“大整改”行动要实行清单管理，建立问题清单、责任清单、进度清单、效果清单，明确县级责任领导、责任单位、责任人、整改要求和完成时限，做到一项一项地整改、一个一个地销号，确保件件有着落、事事有回音，保证问题不解决不销号、不撤账、不收兵。具体的细化整改措施多布杰还要对大家进行专项培训，这里我就不多讲了。总之以上存在的问题，各乡（镇）必须在5月中旬前全面完成整改销号。

（二）开展“大对标”行动

请全县各级各部门认真对标对表“九条标准”，即“政策标准要记清、百姓干部均熟知，基本情况要弄清、动态静态把握准，家庭收支要核清、致贫脱贫情况明，档案资料要理清、逻辑错误慎防止，退出程序要搞清、数据文字有痕迹，三率一度要盘清、上下左右再复查，感恩教育要讲清、家喻户晓懂感恩，挨家挨户要查清、职责清单落人头，问题原因要督清、追责问责见实效”，逐条对照自查、把握时间节点、掌握标准尺度，进一步把各项工作细化量化具体化，最大程度把各项工作往前赶，切实牢牢把握迎检工作主动权，确保各项迎检指标5月中旬前必须全部达标。

（三）开展“大走访”行动

一是深化走访排查。动员全县力量，聚焦每户建档立卡贫困户，各联系点县级领导、结对干部群众全部逐级下沉到一线，深入走访，全面开展排查工作，进行“拉网式”逐户模拟评估，建立问题台账，逐户整改销号，确保不漏一户一人。二是深化结对帮扶。持续深化结对帮扶，各帮扶单位和帮扶人员要把办公室搬到村组、搬到田间地头，把工作重心转移到贫困户家中，“点对点、面对面”排查贫困户“两不愁、三保障”达标情况，宣传脱贫攻坚政策，同脱贫户一道梳理已享受政策，确保每户至少有一名政策明白人，确保户户经得起看、经得起问、经得起算、经得起查。同时，各乡（镇）要扎实解决好边缘户和其他普通群众的困难问题。

（四）开展“大氛围”行动

一是营造迎检浓厚氛围。全县广大干部要站在讲政治、讲大局、讲担当的高度，切实增强责任感、紧迫感和危机感，唯此为大，群策群力，努力营造上下同心、齐力攻坚、一举过关的迎检工作氛围。二是营造感党恩浓厚氛围。继续发挥“十九大精神党旗红宣讲队”“精准扶贫摘帽党旗红决战队”“精准摸排党旗红调研队”三支队伍宣传引导作用，结合“厚德丁青·涵养琼布”建设三年行动计划，通过村民大会、乡村广播、入户宣讲、QQ、微信等多种形式，大力宣传脱贫政策、脱贫成效和先进典型，引导贫困户树立脱贫光荣思想，使党的扶贫政策变成群众的自觉行动，增强建档立卡群众脱贫致富内生动力，进而提升群众认可度、满意度，主动向国家第三方评估验收组说出“共产党好、社会主义好、国家政策好”等弘扬主旋律和正能量的话语。三是营造乡村振兴浓厚氛围。一方面，结合易地搬迁分房入住工作，高标准、全域化开展农牧区环境形象、庭院卫生治理，重点治水、治路、治污、治乱、治脏，确保水电畅通、道路明畅、田园秀美、村庄洁净，向国检评估验收组充分展示该县乡村振兴新形象；另一方面，深入开展“学当文明、立改陋习、增强融入、促进发展”活动，用先进事迹教育人、引导人、激励人，使农牧民树立健康的道德风尚，养成良好的生活习惯，营造崇尚创业、敬佩富裕、热爱文明的浓厚社会氛围，让建档立卡贫困群众以最佳的精神面貌迎接国检。

三、责任再压实，组织再强化，坚决把脱贫摘帽重大政治责任落到实处

（一）统筹协调抓落实。接下来1个月一直到国检验收前，脱贫摘帽迎检验收与春耕春播、虫草采集管理、基本项目建设开复工等各项重点工作错综交织，工作任务异常繁重。这是对各部门统筹协调、综合衔接工作能力水平的极大考验，如何“十指弹琴”，如何在围绕脱贫摘帽这个主旋律“大合唱”的同时还能凸显自己所在“声部”的重点工作，全县各级各部门一定要科学谋划、提前计划、周密部署，即日起，全县干部除特殊情况外取消休假，全力以赴投入脱贫攻坚工作，确保脱贫摘帽迎检与自身重点业务工作两不误、双促进。

（二）强化责任抓落实。古人云：“国之兴也，视民如赤子；其亡也，以民为草芥。”全县各级领导干部要从巩固党执政的阶级基础和群众基础、从保持同人民群众的血肉联系的高度出发，保持顽强的工作作风和拼劲，满腔热情做好脱贫攻坚工作。想不想抓落实、敢不敢抓落实、会不会抓落实，直接关系到检验我们的行动、考验我们的能力。“老大难、老大难，老大一抓就不难”。这句话的要义是，只要党委和政府主要领导重视，以上率下，集中力量，把政治优势和制度优势发挥出来，这样再大的困难也能攻克。扶贫是党委领导、政府主导的事业，哪个地方脱贫攻坚没有做好，一定程度上就是领导没有带头干好。一是层层压实责任。从今天起，我们开始全面实行迎检责任制，按照“谁主管谁负责、谁牵头谁协调”的原则，一级抓一级，即县脱贫攻坚指挥部对全县摘帽验收负总体责任；各联系点县级干部对各乡（镇）、各乡（镇）包村干部对所包村脱贫摘帽评估验收负直接责任；各乡（镇）党委、政府和各驻村工作队、村“两委”班子分别对所辖区域摘帽验收负主体责任；各双联户长对联户单位内建档立卡群众国检验收表现负连带责任。各级责任人要下定决心，锁定目标，确保各自辖区万无一失，确保不拖全县后腿，确保国检顺利通过。二是创新落实载体。要把此次脱贫摘帽国检评估验收作为“一核心五主体”工作法的实践阵地，集中整治村级软弱涣散班子，发挥好基层党组织在脱贫攻坚中的战斗堡垒作用，确保基层党组织成为脱贫奔小康的“火车头”。三是凝聚社会合力。全县各级各部门要高度重视各级代表、委员的桥梁纽带作用，充分发挥他们在感党恩教育、政策宣讲、氛围营造和社会帮扶等工作中的聪明才智，最大限度调动一切可以调动的资源和力量，全力以赴包干推进各自辖区脱贫摘帽迎检验收工作。同时，全县各级代表、委员也要切实肩负起相应的政治责任，主动投身脱贫摘帽迎检大局，积极履行全面建设小康社会政治任务，切实把智慧和力量凝聚到推动新时代中国特色社会主义现代化丁青建设上来。

（三）严肃问责抓落实。大力发挥好问责的“鞭子”作用，以强力问责推动全县“一盘棋”抓脱贫攻坚，实现每户贫困户“有人问、有人管、有人扶”。以脱贫攻坚作风建设年为契机，集中力量解决扶贫领域存在的“四个意识”不强、责任落实不到位、工作措施不精准、资金管理使用不规范、工作作风不扎实、考核监督从严要求不高、结对帮扶流于形式等问题，以及形式主义、官僚主义、贪污腐败、弄虚作假、数字脱贫等突出问题，确保脱贫工作务实、脱贫过程扎实、脱贫结果真实；进一步加强扶贫资金、项目、物资的全过程监督管理，抓好建章立制，以“零容忍”态度严肃查处涉农领域、扶贫领域违纪违法行为，解决好群众身边的不正之风和腐败问题，充分发挥好扶贫资金最大绩效。

（四）明确奖惩抓落实。今年该县将建立完善的考评机制，将严格执行脱贫工作与干事档案、绩效考核、评先评优、职务升迁等挂钩，严厉督查脱贫攻坚不作为、慢作为、乱作为，以重奖重罚确保脱贫摘帽必胜。由县委、县政府对各乡（镇）党委、政府扶贫攻坚落实情况和县直有关部门帮扶工作进行综合考核，由县脱贫攻坚指挥部、县组织部、强基办对驻村干部帮扶情况进行考核。对脱贫攻坚工作成绩优秀的乡（镇）和部门，县委、县政府给予奖励和表彰；对工作不力、成效不好，在迎“国检”工作中出问题的县级领导干部、乡（镇）和部门要严肃问责。

在2018年全县宣传思想文化工作推进会暨深化“四讲四爱”群众教育实践活动部署会上的讲话

（2018年5月16日）

县委书记　晋　美

这次全县宣传思想文化工作推进会暨深化“四讲四爱”群众教育实践活动部署会议，是经县委批准召开的一次重要会议，是党的十九大后全县召开的第一次宣传思想文化和“四讲四爱”活动的会议，是开创全县宣传思想文化工作新局面的一次关键会议。主要任务是：深入学习贯彻习近平新时代中国特色社会主义思想和党的十九大精神，贯彻落实区党委九届三次全会、市委一届七次全会精神和全区、全市宣传部长会议精神，总结工作，分析形势，安排部署今年宣传思想文化及“四讲四爱”群众教育实践活动各项工作。

刚才，孙劲对2017年全县宣传思想文化和“四讲四爱”群众教育实践活动进行了总结，对2018年的各项工作进行全面部署。这里，我再强调三点意见。

一、分析形势、明确任务，准确把握新时代全县宣传思想文化工作目标要求

党的十八大以来，以习近平同志为核心的党中央，从坚持和发展中国特色社会主义、实现中华民族伟大复兴中国梦的战略高度，系统规划、全面推进宣传思想文化工作，习近平总书记先后10余次出席有关宣传思想文化工作的重要会议，发表了一系列重要讲话，亲切会见了宣传思想文化战线涌现出的典型代表，亲自给隆子县玉麦乡群众回信。尤其是在党的十九大报告中，大篇幅论述了宣传思想文化工作，阐明了宣传思想文化工作的重要地位、目标任务、职责使命和实践要求，形成了全面系统、科学完整的新时代宣传思想文化工作重要思想。区党委、市委高度重视习近平总书记关于宣传思想文化工作重要思想的贯彻落实，对丁青意识形态工作尤为关注。阿布书记等领导多次莅临丁青视察指导，并作出一系列重要批示指示，对宣传思想文化工作十分关心、寄予厚望，为我们做好工作指明了前进方向、提供了根本遵循。

2017年，在以阿布书记为班长的市委坚强领导下，我们紧扣迎接学习宣传贯彻党的十九大精神这条主线，实施了一系列大宣传战役，打赢了一个又一个舆论斗争主动仗，完成了一系列重大任务，取得了一系列重大成果，主要表现在：大效果深化思想教育，大力实施“五大讲堂”、“面对面宣讲 点对点落实 党的十九大精神进万家”党旗红宣传活动、“四讲四爱”主题教育实践活动，全县主流思想更加巩固，习近平新时代中国特色社会主义思想入脑入心；大思路改革创新载体，《厚德讲堂》、《向人民报告》、十大厚德人物评选、厚德村创建、创建全国文明城市及扶贫、环保、琼文化、特色产业等中心工作宣传卓有成效，丁青县荣获“全国文明城市（县城）”提名，县人民检察院荣获“第五届全国文明单位”表彰；大举措繁荣发展文化，热巴舞台剧《梦回溯源——丁青》正式进入编排阶段，全面启动《象雄藏文书法唐卡大集》制作，组织县热巴艺术团赴重庆、成都、丽江等地开展巡演推介，积极参加2017年国际旅游交易会展、“喜迎党的十九大文艺会演”“第三届三江茶马文化艺术节”“卓卓康巴文化旅游月”文艺会演，在类乌齐、杂多等县组织开展交叉演出，不断扩大丁青热巴知名度和影响力；大手笔谋划意识形态工作，党委（党组）意识形态责任更加明晰，阵地更加稳固，总体呈现向上向好态势。这些成绩的取得，根本在于习近平新时代中国特色社会主义思想的引领，根本在于习近平总书记关于宣传思想文化工作重要思想在丁青的成功实践，在于区党委、市委的坚强领导同时也离不开对口援丁省市企业的大力支援，离不开各单位各部门的鼎力支持，离不开全县宣传思想文化战线广大干部的团结奋斗。借此机会，我代表县委、县政府，向全县宣传思想文化战线、媒体及所有为丁青宣传思想文化工作作出贡献的同志们、朋友们表示衷心的感谢，并致以崇高的敬意!

在肯定成绩的同时，我们也要清醒地看到，意识形态领域面临的严峻形势，问题主要表现在四个方面：社会发展方面，该县正面临着社会转型期，处在全面建成小康社会的难得机遇期，诸多矛盾问题叠加，风险隐患交织，存在“去政治化”“去意识形态化”“去价值化”现象，引导良好社会风潮的任务异常繁重。宗教影响方面，宗教消极影响仍然存在，各种陈规陋习的束缚还比较突出，引导宗教与社会主义社会相适应的举措办法比较少。自身建设方面，宣传文化系统工作不平衡、不协调、不充分的问题比较突出，个别单位对宣传思想文化工作重视程度不够，基础设施建设投入不足、发展滞后，媒体传播力、影响力较弱，宣传方式单一、创新思维落后、社会主义先进文化未有效占领基层阵地，宣传思想文化系统干部队伍参差不齐。整体来看，全县意识形态领域情况复杂、任务艰巨。

2018年是贯彻党的十九大精神的开局之年，是改革开放40周年，是决胜全面建成小康社会的关键一年，是新一轮全国文明城市创建周期的起始之年，面对新形势，做好今年宣传思想文化工作的总体要求是：坚持以习近平新时代中国特色社会主义思想为指导，深入学习贯彻党的十九大、十九届二中、三中全会精神，贯彻落实自治区党委九届三次全会、全区宣传部长会议、市委一届七次全会和全市宣传部长会议精神，紧扣学习宣传贯彻习近平新时代中国特色社会主义思想和党的十九大精神这条主线，着力推动习近平新时代中国特色社会主义思想深入人心，着力建设具有强大凝聚力和引领力的意识形态，着力深化拓展“四讲四爱”群众教育实践活动，着力提升全县新闻舆论传播力引导力影响力公信力，着力挖掘打造系列宣传典型，着力推进网络安全与信息化发展，着力创建全国文明城市，着力打造文化强县，增强“四个意识”，坚定“四个自信”，在新的历史起点上，为推进丁青长足发展和长治久安、再创丁青新辉煌提供坚强思想保证和强大精神文化力量。

二、高举旗帜、主动作为，深入贯彻习近平总书记关于宣传思想文化工作的重要思想

党的十九大标志着中国特色社会主义进入了新时代、迈入了新的历史方位，宣传思想文化工作站在了新的历史起点上。我们要紧跟新时代，增强做好工作的政治自觉、思想自觉和行动自觉。

（一）坚持正确政治方向，准确把握做好意识形态工作新要求。习近平总书记强调，意识形态工作是党的一项极端重要的工作，事关党的前途命运，事关国家长治久安，事关民族凝聚力和向心力。这既要讲党性，也要讲人民性，把党的理论和路线方针政策变成全县各族人民群众的行动自觉，及时把基层群众创造的经验和面临的实际情况反映出来，丰富群众精神世界，增强群众精神力量，满足群众精神需求，做到让党放心、让人民群众满意。既要弘扬主旋律、传播正能量，也要开展思想舆论斗争，廓清思想认识，消解认同挑战，分清是非曲直，维护和巩固主流意识形态的引导力、凝聚力。既要尊重群众宗教信仰，也要加大信教群众教育，直面信教群众，直面宗教问题，不容忽视和回避，大力开展信教群众的教育引导，把宗教与迷信区分开来。

（二）坚持解读新思想，推进习近平新时代中国特色社会主义思想深入人心。党的十九大以来，以习近平同志为核心的党中央，创立了习近平新时代中国特色社会主义思想，开辟了马克思主义新境界，开辟了中国特色社会主义新境界，开辟了治国理政、管党治党、治边稳藏新境界。要深入解读习近平新时代中国特色社会主义思想，引导全县各族干部群众深刻领会这一思想的时代背景、科学体系、精神实质、丰富内涵、实践要求和历史地位，深刻领会这一思想贯穿的马克思主义立场观点方法，深刻领会蕴含其中的坚定信仰信念、鲜明人民立场、强烈历史担当、求真务实作风、勇于创新精神和科学思想方法，深刻领会大投入推进“十项提升工程”、大力度全面建设小康社会的重大意义和取得的显著成效，让广大干部群众在巨大恩泽、巨大收获中感知习近平新时代中国特色社会主义思想的光辉与伟大。

（三）坚持改革创新，提升新闻舆论传播力引导力影响力公信力。习近平总书记强调，要遵循新闻传播规律，创新方法手段，不断提高能力和水平。丁青县必须在媒体融合上下功夫，在“六个创新”方面有所突破：要在思路创新上求突破，打通报、台、网、号等各类传播平台，在内容、渠道、管理等方面实现深度融合，构建以县级主要媒体为龙头、各单位自办媒体为骨干的融合传播新布局；要在传播创新上求突破，注重快捷精简，多在“微”字上做文章，多播发精准短小、鲜活快捷、吸引力强的信息；要在服务创新上求突破，注重分众化互动化，在互动中参与，在参与中传播，着眼建设影响力最大、发出的声音最权威、社会公信力最高的媒体，打造“厚德第一媒体、琼布最强声音”；要在展示创新上求突破，综合运用图文、图表、动漫、音视频等多种形式，实现多媒体化展现，满足受众多种需求；要在体制机制改革创新上求突破，整合报纸、广播、电视、网络等各方力量，探索建设全媒体中心，创建新闻资源数据库，重构新闻采编生产流程，实现新闻信息一次采集、多种生成、多元传播；要在管理创新上求突破，完善人才管理、绩效考核机制，吸引人才、留住人才、用好人才，努力走出一条具有丁青特点的媒体融合发展之路。

（四）坚持夯实共同思想道德基础，培育和践行社会主义核心价值观。习近平总书记强调，要在全社会大力弘扬和践行社会主义核心价值观，注重落细落小落实，使之像空气一样无处不在、无时不有，成为百姓日用而不觉的行为准则。要达到“百姓日用而不觉”程度，必须发挥好“三个作用”。要发挥道德的引领作用。国无德不兴，人无德不立。强化教育养成，把核心价值融入全县所有思想道德教育、文化知识教育和社会实践教育各个环节，贯穿于中小学教育教学、校风学风之中，贯穿于各类精神文化产品创作生产传播之中，全方位提升群众的思想觉悟、道德水准、文明素养。要发挥干部示范引领作用。干部是群众中的先进，德可为师、行可为范。要全民行动、干部带头，从家庭抓起、从娃娃抓起，大力实施“摒弃陈规陋习倡导移风易俗”等活动，强化实践养成，培养担当民族复兴大任的时代新人。要发挥农牧民家庭的作用。家庭和谐则社会安定，家庭幸福则社会祥和，家庭文明则社会文明。要加强乡村社会主义核心价值观建设，在农牧区广泛开展文明家庭示范户创建活动，选树一批爱党爱国、崇德向善、重视教育、家风文明、家训优良的示范户，打牢农牧区核心价值观的根基。

（五）坚持以人民为中心，繁荣发展丁青文艺。习近平总书记指出，要坚持为人民服务、为社会主义服务，坚持百花齐放、百家争鸣，坚持创造性转化、创新性发展，不断铸就中华文化新辉煌。这就要求我们一切文艺工作必须构建以社会效益为主、社会效益和经济效益相统一的体制机制，推动文化事业和文化产业发展，推进基层文化均衡发展，实施文化惠民工程，开展文艺会演、文化“八进”活动，推动乡村文化活动常态化、制度化，最大限度满足人民群众对精神文化生活多方面、多层次、多样性的需求，努力打造“出文化精品、出文化人才、出文化效益”的文化土壤，打造具有酥油香、糌粑味、有道德、有温度的文艺精品。

（六）坚持安全与发展并重，推动丁青网信事业迈上新台阶。习近平总书记强调，网络安全和信息化是相辅相成的。网络安全是网络发展的前提，网络发展是网络安全的保障，网络安全和网络发展要同步推进。要加快丁青网信事业发展步伐。发展是解决一切问题的基础和关键，实施“缩小差距、并驾齐驱、弯道超车”战略，与时俱进更新升级管网治网设施设备，加大新技术、新功能的学习运用，全方位助推丁青网信事业发展，力争实现由“后卫”转向“前锋”的大逆转。要提升网络安全防御力、管治力。要巩固拓展互联网阵地。突出网络意识形态阵地管理，持续巩固网络红色地带，遏制改变网络黑色地带，教育转化灰色地带，有效治理网络乱象，我们必须旗帜鲜明、理直气壮，以敢于担当、敢于亮剑的浩然正气来确保全县网络绝对安全。

（七）坚持讲好丁青故事，提升丁青知名度、影响力。习近平总书记指出，要推进国际传播能力建设，讲好中国故事，展现真实、立体、全面的中国。就丁青而言，要持续讲好丁青故事。坚持把我们想讲的与区内外想听的相结合，以故事的形式全景式呈现、细节化展现魅力丁青。要持续扩大丁青知名度。善于借船出海，对接区内外主流媒体，构建涵盖援藏省市、毗邻藏区、自治区多个层面的涉丁青宣传布局。俗话说，百闻不如一见，要热情请进来，既要把媒体请进来做宣传，也要充分挖掘该县文化、旅游等各类资源，通过举办各项体验类、旅游类等形式多样的活动，把普通群众吸引进来，体验丁青发展巨变，借群众“好口碑”提升丁青知名度。要持续提升丁青影响力。借助区、市对外宣传渠道，争取更多丁青故事在外主流媒体上呈现，抢抓机遇，努力打造出丁入丁国道沿线外宣点。善于借助文化交流活动宣传丁青，积极参与区内外文化活动，推动琼文化“走出去”，以文化故事展示丁青文化魅力和发展成果。

（八）深化改革创新，解决全县宣传思想文化领域的老问题。习近平总书记强调，做好宣传思想工作，比以往任何时候都更加需要创新。如何创新，关键要靠理念创新、手段创新、基层工作创新。要强化理念创新。坚持以“不破楼兰终不还”的气概，打破传统思维，既要扎根丁青搞宣传，也要跳出丁青搞宣传，在实践中把握新时代、新要求，总结新经验，提炼新方法，丰富新理念，达到以新理念引领宣传思想文化工作新发展的目标。要强化手段创新。新理念必须借助新手段来实现，要针对不同受众，创新方式方法，加大新设备、新媒体、新技术的应用力度，在宣传报道中多采用动漫、H5、微电影等形式，让群众真正喜欢看。要强化基层工作创新。宣传思想文化工作的对象在基层，主体在基层，任务落实靠基层，要以乡村振兴战略为契机，实施宣传思想文化工作乡村示范工程，力求以点带面，辐射带动乡村宣传思想文化工作全面提升，解决基层工作不平衡不充分的问题，夯实农牧区宣传思想文化工作基础。

三、瞄准重点、精准发力，奋力开创丁青宣传思想文化工作新局面

重点抓住了、抓好了，宣传思想文化工作才能举重若轻，才能搞活、出彩。我们要善于抓大事，突出重点，破解难题，抓住“牛鼻子”，解决主要矛盾，这是做好工作的重要方法，也是一条成功经验。宣传思想文化工作繁重而庞杂，关键要选好切入点、找准着力点，抓重要领域和关键环节，达到“落一子而全盘活”的效果。

（一）压实责任，掌握意识形态工作领导权管理权话语权。习近平总书记指出，必须把意识形态工作的领导权、管理权、话语权牢牢掌握在手中，任何时候都不能旁落，否则就要犯无可挽回的历史性错误。我们必须强化领导权，落实意识形态工作政治责任。全县各单位各部门要始终绷紧政治这根弦，深入贯彻落实各单位各部门意识形态工作主体责任、单位主要领导第一责任、分管领导直接责任、其他成员“一岗双责”，尤其是各单位主要负责人要负起政治责任和领导责任，全面加强对辖区内意识形态领域重大问题的分析研判和重大任务的统筹指导，切实把意识形态责任落到实处。必须强化管理权，落实意识形态工作守土责任。意识形态工作不是宣传部门一家的事，全县各单位各部门要大力支持、积极配合宣传部门开展工作，形成一呼百应的大宣传格局。加大日常文化执法、“扫黄打非”“扫黑除恶”力度，遏制空中、网络、地面反宣渗透。加大全县意识形态领域风险点梳理排查力度。必须增强话语权，落实意识形态工作引领责任。在“立”字上做文章，高举中国特色社会主义伟大旗帜，运用习近平新时代中国特色社会主义思想武器，巩固壮大主流意识形态；在“破”字上下功夫，注重区分政治原则、思想认识、学术观点等问题，持续开展反分裂斗争教育，敢于同错误思想观点做斗争，尤其是对大是大非、反分裂斗争问题上，不能含糊其辞、退避三舍，必须拿出敢于亮剑的姿态，扶正祛邪、激浊扬清。

（二）从严从实，推动中心组学习上水平、出成效。中心组学习是全县各单位各部门领导班子和领导干部在职理论学习的重要组成形式，是严肃党内政治生活、强化党性修养的重要内容，也是建设学习型政党、巩固党在丁青的执政地位、提高党在丁青执政能力的重要平台，各单位要争做“大学习”的榜样。要高度重视集中学习研讨。必须严格贯彻执行中心组学习规则和实施办法，每次中心组学习必须明确两名以上中心组成员做交流发言，切勿推三阻四、推诿扯皮；切勿找借口推脱、不参与学习会；切勿弄虚作假、找理由不安排不落实。集中学习研讨不能搞“一人读大家听”的老一套，不能搞形式、走过场，要把重点发言、集体研讨、专题学习和系统学习结合起来，深入开展学习讨论和互动交流，做到学习次数不减、学习质量不降，做到学习研讨责任明确、群众明确、内容明确，做到长抓长严、常学常报、常考常评，做到学习资料、媒体报道、录音视频齐全。要高度重视个人自学。不日新者必日退。党的十九大报告突出强调“学习本领”，置于八项需要增强的执政本领之首，无疑是有深刻考量的。理论学习中心组成员要当好示范、做好表率，下功夫刻苦学习，努力提升学习本领，达到自我净化、自我完善、自我革新、自我提高的目标。

（三）注重效果，深化拓展“四讲四爱”群众教育实践活动。思想教育是推动社会发展进步的动力源泉。和今后一个时期，要拓展深化“四讲四爱”教育实践活动，这既是一次全面建成小康前的思想大动员，也是一次群众思想基础工程的新构建，在西藏宣传思想史上是前所未有的。到2020年，丁青县要与全国全区一道全面建成小康社会，群众思想也要达到小康社会的文明程度。要持续加大理论宣讲力度，抓好农牧民群众、青少年学生、寺庙僧尼这个重点，有针对性地进行靶向讲解习近平新时代中国特色社会主义思想，推动党的创新理论“七进”。要实施“五观两论”等教育活动，面向基层群众讲清楚国家观，讲清楚历史观，讲清楚民族观，讲清楚文化观，讲清楚宗教观，讲清楚唯物论和无神论，引导群众树立正确的“五观”，崇尚科学文明，过好美好人生，争做神圣国土守护者，争做幸福家园建设者，争做习近平总书记党的核心、军队统帅、人民领袖的坚决拥护者。

（四）精准发力，加快推进创建全国文明城市的进程。全国文明城市是综合评价城市发展水平的重要标尺，也是城市竞争中最具价值的“金字招牌”。全国文明城市是全国城市综合类评比中的最高荣誉。县委、县政府作出创建全国文明城市这一重大决策部署，是提高全县各族人民素质和文明程度的重要载体，是落实市委、市政府“七城同创”的重要举措，这不仅是一项阶段性任务，还是一个战略性目标，对再创丁青新辉煌具有积极而深远的重大意义。由于丁青已经成功入选2018—2020年创建周期全国文明城市提名，创建工作可谓首战告捷。入选全国文明城市提名县，既是对前期工作的一种肯定，更是一种鞭策。从今年起，中央文明办将对丁青县进行连续3年的暗访和综合测评。从全局来看，对照《全国文明城市测评体系》，当前该县的大部分测评项目不达标，一些软硬件基础建设与测评要求还存在较大差距，面临的形势不容乐观，全国文明城市的命名表彰，采取的不是简单的达标制而是名额制，我们只有在全国同类城市的连续3年测评排名中同时取得好位次，才能拿到全国文明城市的牌子；况且全国已获得提名的6个新入围的县级中，有些已经连续创建多年，经验非常丰富，基础工作比较扎实，有些新提名的也都奋起直追、志在必得。从全县来看，有绝大部分单位对创建全国文明城市重视程度不够，创建参与度不够，可以说我们面临“前有强敌、后有追兵”“不进则退、慢进出局”的严峻形势。全县各单位各部门一定要从再创丁青新辉煌的大局出发，切实把思想和行动统一到区党委、市委、县委的重大决策部署上来，以更大的决心、更大的勇气、更大的魄力，在经济、文化、社会、生态文明等方面齐发力，调整建强该县“创文”领导小组，抓紧配齐配强文明办人员，并且要加大人力、财力、物力等方面的支持保障力度，强力提升丁青文化品位、城市文明程度、居民文明素质和群众生活质量。牢固树立“人的全面发展、社会的全面进步”理念，以更好的精神状态、更严的创建标准、更实的创建作风、更有效的创建举措，努力打造厚德涵养、文化厚重、和谐宜居的丁青，坚决打赢创建全国文明城市攻坚战，力争实现通过“首评”目标。

（五）网宣并举，打造天朗气清的丁青网络空间。近年来，全县网络发展迅速，网络已发展成为丁青县十分重要的意识形态阵地，必须把“用网”作为基本功，把“管网”作为撒手锏，大手笔提升网信工作传播力、管治力和战斗力。要加快推进网络信息化发展。持续创新网络传播形式、方法手段、引导机制，健全“全网一体化”宣传引导体系，扎实做好网上理论宣传、群众宣传、成就宣传和典型宣传，提高转发率、阅读量和点赞率，最大限度壮大网上正能量。网络具有牵一发而动全身的威力，要不断加强全县网络安全基础设施建设和技术手段更新，提升全县网络安全威胁预警能力、决策指挥能力、应急处置能力和技术保障能力。

（六）坚持“五抓”，打造文化精品县。丁青具有悠久的历史、瑰丽的文化，是昌都乃至整个西藏文明“多元一体”的重要组成部分，坚定文化自信，建设文化精品县是我们义不容辞的历史使命，必须坚守中华文化立场，立足丁青县情，结合新时代，发展面向现代化、面向世界、面向未来的，民族的科学的大众的社会主义文化。要抓文化体制改革，优化公益性文化事业单位内部机制，完善公共文化服务体系、现代文化产业体系和市场体系，力争在重点领域、关键环节改革取得实质性进展。要抓文化惠民工程，实施一系列重大文化惠民项目，申报建设国家级、自治区级文化产业示范基地，在新区建立文化名街，创建公共文化服务体系示范区域，建设村（居）文化活动场所，组建乡村文艺表演队，解决乡村“精神食粮”短缺问题。要抓文化精品创作，推出一批歌颂党的领导、歌颂社会主义的文艺精品；推出一批纪念改革开放40周年文艺精品；推出一批歌颂丁青人民、赞美丁青山水、描绘丁青风情的文艺精品；推出一批全县各族干部群众在党的阳光沐浴下，在援藏省（市）企业的无私援助下，推动丁青发展稳定的感人作品；推出一批反映丁青新发展、新变化、新生活的作品。超前谋划部署“第十七届热巴文化旅游艺术节暨冬虫夏草、象牙玉石交易会”，及早启动中华人民共和国成立70周年、西藏民主改革60周年等相关文化精品创作，确保8月底前《梦回溯源——丁青》大型舞台剧正式登台会演、《象雄藏文书法唐卡大集》完成制作。要抓文化遗产保护，既要保护好物质文化，也要保护好非物质文化遗产；既要对丁青历史负责，也要对丁青人民负责，处理好保护与利用、传承与发展的关系，做到在保护中发展、在发展中保护，让陈列在丁青大地上的文化遗产活起来。要抓文艺人才队伍建设，努力打造文化艺术、文物保护、文化经营领军人才队伍；打造善于开拓文化新领域、掌握现代传媒技术、懂经营善管理、推动丁青文化走出去的文艺人才队伍；打造乡土文化能人、民间非物质文化传承人、基层各类文化活动积极分子、文化志愿者队伍，把丁青逐步打造成为文艺人才总量增大、领军人才辈出、老中青搭配合理的文艺人才高地。

在全县开展政治纪律教育活动动员大会上的讲话

2018年7月17日

县委书记　晋　美

根据自治区纪委的总体部署，决定从6月开始利用半年时间，在全区党员中开展加强政治纪律教育活动。前期，纪委已下发《丁青县关于开展政治纪律教育活动的实施方案》，要求全县各级党组织认真组织开展政治纪律教育活动。今天，我们召开全县政治纪律教育活动动员大会，主要任务是深入贯彻落实自治区纪委和市纪委关于政治纪律教育活动文件精神，进一步加强全县党的政治建设，严明党的政治纪律和政治规矩，坚定党员理想信念，提高政治站位和政治觉悟，始终保持党员队伍先进性和纯洁性。下面，我再讲几点意见：

一、提高思想认识，充分认识开展政治纪律教育活动的重要性和必要性

党的十九大把政治建设纳入党的建设总体布局并摆在首位，要求全党坚定执行党的政治路线，严格遵守政治纪律和政治规矩，在政治立场、政治方向、政治原则、政治道路上同党中央保持高度一致。习近平总书记强调，如果党的政治纪律成了摆设，就会形成“破窗效应”，使党的章程、原则、制度、部署丧失严肃性和权威性，党就会沦为各取所需、自行其是的“私人俱乐部”。开展政治纪律教育活动，是贯彻落实党的十九大精神，加强政治建设的客观需要，是深入开展反分裂斗争，维护祖国统一、民族团结的客观需要，是推动全面从严治党向纵深发展，维护西藏改革发展稳定大局，确保西藏长足发展和长治久安的客观需要。

全县各级党组织要站在坚持和加强党的全面领导、全面从严治党的战略高度，充分认识加强政治纪律教育的重大现实意义和深远历史意义，切实增强抓好政治纪律教育的责任感、使命感，紧紧围绕维护习近平总书记党中央、全党的核心地位，维护党中央权威和集中统一领导，精心组织、周密部署，教育引导广大党员进一步增强“四个意识”，坚定“四个自信”，聚焦习近平新时代中国特色社会主义思想，在学懂弄通做实上下功夫，学出更加强烈的责任担当、更加坚定的理想信念、更加纯粹的忠诚觉悟，确保遵守党的政治纪律和政治规矩成为每一名党员的自觉行动，确保党的路线方针政策和决议不折不扣贯彻落实，确保党中央的一系列决策部署、自治区党委和市委的安排要求贯彻到位、执行到底。

二、坚持问题导向，找准在严守政治纪律和政治规矩方面存在的突出问题

当前就该县来说，党员干部总体上是好的，严格要求、遵守纪律、勤奋工作，没有出现大的违反党纪党规的人和事。但我们要清醒地认识到，个别单位、个别党员干部还存在执行政治纪律不严、遵守政治规矩不力、组织观念淡薄、服务意识淡化的问题，必须引起我们每个党员干部尤其是各级党组织主要负责人高度重视，时刻告诫自己，警示自己。反思和对照党的政治纪律和政治规矩要求，主要集中表现在以下几个方面：

（一）政治立场不坚定。有的党员干部缺乏理想和信仰，党的观念不强，党性修养不够。政治理论学习不重视。对党的政策、方针、路线，理解不深，缺乏政治的敏锐性，政治素养需要提高；有的党员干部口无遮拦，喜欢传播小道消息，议论网上的热门话题，传播政治谣言、政治笑话，跟党中央不保持一致；有的党员干部政治意识比较淡薄，对党的保密规定纪律观念比较淡薄，有意识无意识造成泄密的问题；个别党员政治立场不坚定，理想信念动摇，明里暗里信仰宗教，在反分裂斗争中爱惜羽毛。

（二）组织纪律执行不严。有的党员干部对区党委、市委和县委的决策部署，不能够严格地执行，对自己有利的争着干，不利的绕道走。有的在执行中变形走样，在落实中搪塞变通，有令不行、有禁不止。

（三）组织原则不遵循。有的党员干部会上不说，会下乱说；有的热衷于建“小圈子”，编“关系网”，搞团团伙伙、亲亲疏疏。不按党性原则办事，不按制度程序办事，游离于制度约束之外，凌驾于组织领导之上。

（四）自身要求不严格。有的党员干部认为讲政治纪律和政治规矩是上面“大领导”的事，存在“与己无关论”；认为讲政治纪律和政治规矩就是喊喊政治口号、表表态，存在“口号论”；认为讲政治纪律和政治规矩是一种软约束，没有什么实际内容，存在“虚无论”，认为只要把实际工作做好了就行，讲不讲政治纪律和政治规矩都一样，存在“实用论”等等。有的干部认为自己没有腐败问题就行了，其他问题可以忽略不计；有的党员干部把自己混同于普通百姓，消极怠工，不问政治。认为无职无权，党的政治纪律与己无关；有的党员干部不遵守纪律要求，出差办事不请假，开会学习不按时参加，上班秩序不遵守。

以上这些现象和问题，都是不遵守政治纪律和政治规矩的表现形式，虽然是个别单位，少数党员干部，必须引起我们的高度重视。这些现象和问题不仅从一个侧面反映了个人的政治立场、政治态度、政治纪律，而且败坏了党风政风，损害了政府形象。究其原因：个人层面一是缺乏纪律约束。我们有的党员干部放松了对自己的纪律约束和自律，放松了世界观改造，人生观、价值观扭曲。在指导思想上，放弃了自己对党章的遵守，放弃了自己入党誓言和入党的动机和目的，忘记了自己的根本宗旨和为谁服务的义务；在行为和行动中，不按党的纪律要求，不按党的规矩办事，对党的各项规章制度该执行的不执行，该落实的不落实。丧失了共产党员应有的行为规范。二是缺乏党性锻炼。有的党员干部不注重党性锻炼，党性修养，放松世界观改造，组织纪律观念不强。主要表现在个人意识增强，组织观念弱化；本位意识增强，大局意识弱化；名利意识增强，公仆意识弱化。把政治纪律视为束缚手脚，把政治规矩视为行为约束。三是缺乏责任担当。有的党员干部对党的政治纪律、政治规矩概念不清楚，内涵不知道，认为遵守党的政治纪律和政治规矩是党员领导干部的事，对党员应尽的责任和义务不担当，对组织上分配的任务打折扣、不尽责。组织层面，一是教育有欠缺，党员干部的教育没有及时跟上。二是管理有欠缺，管理过松、过软、过宽，管理制度不严格。三是监督有欠缺，监督制度，监督渠道，监督的机制还不健全。四是对干部的违规违纪查处上有欠缺，下不了决心。

三、坚持整改问题，确保政治纪律政治规矩教育活动取得成效

开展政治纪律和政治规矩集中教育活动

具有鲜明的针对性，也是一个长期的系统的工程，县集中教育活动方案已经下发，各级党组织和领导干部要率先垂范当好领头雁，各个支部和全体党员都要从我做起，从现在做起对照自查，立行立改。真正能把我们的政治纪律和政治规矩立起来严起来。

（一）强化党性观念。全县各级党组织要按照自治区纪委和市纪委的决策部署和要求，雷厉风行坚决贯彻，决不能打折扣，搞变通，要树立大局意识和责任意识。全体党员干部要对照检查、自我反思，要严格按照遵守党内生活准则，正确处理同志关系，正确处理人际交往，对党纪国法始终保持敬畏之心，决不允许搞团团伙伙、帮帮派派。

（二）强化“四个服从”。严格执行“四个服从”原则，决不允许滥用权力、独断专行。个人服从组织、少数服从多数、下级服从上级、全党服从中央，是我们党最基本的纪律。每一名党员干部，都要牢固树立正确的权力观，正确对待权力，依法行使权力。自觉接受监督，严格按程序、按规矩、按集体意志办事，决不能搞“一言堂”或少数人说了算，决不能把个人意志凌驾于组织之上。

（三）强化对党忠诚。忠诚是党员领导干部的政治操守和政治生命。对党忠诚就是要在党言党、在党信党、在党爱党、自觉忠诚于党。立场坚定，是非分明，不信谣，不传谣，不说假话，不报假情况。即使在工作和生活中出现问题，发生错误也必须向党组织汇报，争取组织正确处理。在大是大非面前要做到旗帜鲜明、立场坚定。对诋毁党的形象、损害党的利益的言行，要擦亮眼睛、明辨是非，理直气壮进行斗争。

（四）强化责任义务。入党就意味着多了一份责任和义务，党员是有着特殊政治职责的公民，必须要在政治上讲忠诚、组织上讲服从、行动上讲纪律。入党誓词，就是我们履行党员义务的承诺和誓约，必须严格遵守。对党员干部来说，政治纪律和政治规矩是纪律底线，遵守政治纪律和政治规矩是最基本的义务。党员干部要健康成长，必须守住底线，做到懂规矩、守纪律。就是要认真学习领会习近平总书记关于政治纪律和政治规矩的重要论述，不断提升政治纪律和政治规矩意识，坚决贯彻执行中央和省委的决策部署，维护中央的权威，真正把严明政治纪律、严守政治规矩作为每名党员干部的自觉行动。

（五）强化主体责任。政治纪律政治规矩的严明程度，取决于党委领导班子，取决于主要负责人。领导班子、主要领导干部是牛鼻子，是政治生态的源头。全县各级党组织负责人要从加强党的领导、巩固党的执政地位的战略高度提高认识，要肩负起严明党的政治纪律和政治规矩的主体责任。带头严守政治纪律政治规矩。以领导的带头行动，不断推进全县保持风清气正的政治生态环境。领导干部要做好四个带头：一是带头学习。要结合学习习近平总书记系列重要讲话精神、“五位一体”的政治纪律政治规矩来全面领会，并自觉践行政治纪律政治规矩的最新论断和要求。二是带头守纪。要在遵守纪律方面发挥模范带头作用，以上率下形成良好的遵规守纪氛围。三是带头履职尽责。首先要坚持守土有责，守土尽责。在“正己”的同时“正人”，在“自律”的同时“律他”，要敢于落实、敢于负责、敢于担当。要教育所属党员干部有组织观念、程序观念，该请示的要请示，该报告的必须报告，决不能遮遮掩掩甚至隐瞒不报，或者不如实请示报告，糊弄党组织。要自觉维护党的团结统一，弘扬正气，敢于同违反民主集中制原则和制度的现象做斗争。对于苗头性的问题要早提醒、早纠正，早发现、早指出。对于造成危害的要严肃追责问责。四要带头接受监督。要自觉接受党纪党规的监督，接受全体党员群众的监督，接受社会和其他各个方面的监督，要学会在“显微镜”“放大镜”“聚光灯”下生活，纪委要担负起严明政治纪律政治规矩的责任，按照“五个必须”和“五个决不允许”的要求，把严明的纪律落到实处。

四、精心组织实施，确保政治纪律教育活动扎实有序推进

（一）敢于担当，推进责任落实。各级党组织要坚持以支部为单位组织召开党员大会，党支部书记作动员讲话，讲明加强政治纪律教育的重要性、必要性，讲明活动目标和主要措施，教育引导广大党员统一思想、提高认识。制定学习计划，采取支部学习、集中学习与个人自学相结合的方式，原原本本、联系实际学、深入思考学。要开展专题讨论，组织每名党员把自己摆进去，把职责摆进去，紧密联系思想和工作实际，谈心得体会，坦诚交流沟通。

（二）突出重点，确保活动质量。这次集中教育活动要取得实效，就必须抓好几个重点。要突出队伍建设事业发展的重点。各级领导班子成员都要严格按照严明政治纪律严守政治规矩标准做好个人承诺事项，接受党组织和群众的监督，环环相扣，层层传导压力；要深入开展自查，坚持从思想认识、日常行为等方面查找自身在遵守和执行政治纪律方面存在的问题，撰写剖析材料，明确整改措施或努力方向；要突出整改提高的重点，组织召开专题组织生活会，每名党员要放下思想包袱，坦诚相见，按照“照镜子、正衣冠、洗洗澡、治治病”的要求，认真严肃开展批评与自我批评。党员领导干部要以普通党员身份参加所在支部专题组织生活会，并带头作对照检查发言。

（三）广泛宣传，营造浓厚氛围。纪委要列出习近平总书记关于严明党的政治纪律和政治规矩重要论述的重点学习篇目和涉及政治纪律内容的党内法规；县委组织部要把政治纪律教育纳入党员干部培训总体规划，列入党校教学计划和培训内容；县委宣传部要开辟宣传、学习等专栏，通过学、思、谈，进一步统一思想、凝聚共识，同时要采取多种形式，大力宣传和推广集中教育活动中的好经验好做法，突出成效及先进典型。

（四）强化督查，严肃问责追责。纪委要坚持“严”字当头，对教育活动责任和措施落实情况进行监督检查，着力发现并推动解决问题；对共性问题，要加强分析研究，提出改进的意见建议，采取下达纪律检查建议书、约谈等方式，督促整改落实；对措施不实的，要督促改进，对责任不落实，教育活动走过场、流于形式的，要严肃追究“两个责任”。

在2018年度丁青县政府第一次常务会议上的讲话

（2018年1月24日）

县委副书记、县人民政府县长　罗广前

一、提高政治站位，切实增强做好环境保护工作的紧迫感和责任感

去年8月、9月，中央第六环境保护督察组在我区开展了环境保护督察，其间，自治区向该县交办环境问题9件，昌都市转办案件2件，区、市环境问题责任清单涉及该县18项，该县自查环保问题9项，对于这些问题，县委、县政府高度重视，印发了详细具体的整改方案，先后召开了问题线索交办会和督察问题整改会，组织开展了环境隐患排查、突出问题自查和通报问题整改集中督察行动，分管领导现场调度，相关部门跟踪督办，全面完成了整改任务。这次中央第六环境保护督察组向我区反馈的问题中，涉及该县的有3个方面11项。我想，要解决好这些问题，首先要解决好思想认识问题：第一，这是必须坚决完成的政治任务。中央开展环境保护督察，是加强环境保护工作的重大举措，督察组反馈的督察意见，代表中央的意见和权威。习近平总书记关于生态环境保护作出的一系列重要论述，把环境保护融入党的执政理念和发展理念，成为全党的共同意志。同时，国家出台了生态文明体制改革“1+6”方案、“大气十条”、“水十条”、“土十条”等法规制度，实行最严格的环保制度。彰显了中央对环保工作真抓真管、严抓严管的决心和定力。今后，环保标准将会更高，执法力度将会更大，责任追究将会更严，这就是环保工作的“新常态”。对于这些政策制度，我们只有坚决执行的责任，没有讨价还价的余地。因此，各级各部门一定要站在增强“四个意识”、维护以习近平同志为核心的党中央权威、遵守政治纪律和政治规矩的高度，认真落实督察组提出的意见建议，扎扎实实抓好生态环境保护各项工作。第二，这是必须着力补齐的发展短板。我们要深刻认识到，督察组反馈的问题，表象上看属于环境问题，实质上正是我们发展中的短板弱项。只有把这些问题解决好了，我们才能统筹解决好长远发展的问题，新的发展理念才能真正落到实处。因此，我们要牢固树立“绿水青山就是金山银山，冰天雪地也是金山银山”的理念，以解决环境突出问题为突破，将解决点上问题与面上问题结合起来，将解决个性问题与共性问题结合起来，将调整优化经济结构、推动产业转型升级与保护生态环境结合起来，切实强化环境保护的刚性约束，积极倡导绿色低碳循环发展理念，自觉践行绿色生产生活方式，努力实现全县经济社会转型发展、绿色发展、可持续发展。第三，这是必须全力做好的民生工程。近年来，从全国来看，群众对环境问题越来越关注，要求提升环境质量的诉求越来越强烈。从全区全市和全县来看，虽然讲西藏是最后一片净土，但是环境质量下行压力仍然很大，一些企业环境违法行为时有发生，环境安全隐患仍然突出，农村面源污染问题日益凸显。让群众喝上干净的水、呼吸到清洁的空气、吃上放心的粮食，是最基本的民生问题，也是我们为民执政最基本的要求。如果我们的环境被污染了，生态被破坏了，人民群众的健康和生命受到威胁，那我们的发展还有什么意义？我们一定要以对人民高度负责的态度，把解决环境突出问题、加强环境保护作为一项重大民生工程来抓，真正把事关群众切身利益的问题解决好。

二、坚持问题导向，全力抓好各项整改任务

落实中央环境保护督察组反馈问题及区、市指出的突出环境问题，涉及大气和水污染防治、水源地保护、矿产资源开采、自然保护区管理等多个方面、多个领域，整改要求高，问责追责严。各级各部门要切实把问题兜起来，把责任扛起来，诚恳接受，照单全收，坚持问题导向，聚焦工作短板，认真梳理研究，逐一找准症结，精心制定整改方案，逐条逐项提出整改措施，全力抓好整改落实。一要立行立改争主动。问题反馈之日就是整改落实之时，我们要不等不靠、立行立改，不能在制定方案、部署动员等环节上贻误时机，争取及早改、主动改。对反馈的所有环境突出问题，要逐条梳理，列出问题清单，制定切实可行的方案，建立工作台账，细化落实措施，明确时限要求，靠实整改责任。要把整改工作的着力点放在责任的落实上，建立整改销号制度，按月督查调度，一件一件抓好落实，做到所有问题彻底整改、全面到位、跟踪问效，不打折扣、不留尾巴、不出现反弹。二要紧盯重点求突破。环境突出问题涉及领域多、牵扯部门多，各级各有关部门要紧盯重点领域，分类施策、标本兼治，力求重点领域取得实质性突破。环境质量改善方面，要认真落实扬尘治理、清洁煤供应、散煤管控、燃煤锅炉关停、餐饮服务业油烟治理、机动车尾气管控等措施，加快推进“河长制”工作，强化水源地保护，加强土壤环境监测监管，坚决打好大气、水、土壤污染防治“三大攻坚战”，努力做到环境质量只能更好、不能变坏。环保基础设施建设方面，把城区污水处理厂建好，逐步推进村级垃圾收集池建设和村级水源地保护工作，推进垃圾分类及无害化处置工作。环境监管执法方面，要深入贯彻落实新《中华人民共和国环境保护法》，加强环境行政执法与刑事司法联动，保持环境执法高压态势，加大现场执法频次，对恶意排污、数据造假、屡查屡犯的企业要坚决依法依规严肃查处，确保在按日连续处罚、限产停产、查封扣押、移送行政拘留环境执法案件上实现“零突破”。三要全面排查抓整治。这次中央环境保护督察组反馈问题，有些是个性问题，多数是共性问题，该县也不同程度地存在。客观地讲，我们环境保护方面还有许多深层次的“隐性”问题，都需要通过这次集中整改一并解决。今天会议之后，各乡镇各部门要立即着手，开展一次全面深入彻底的环境突出问题大排查大整治活动，延伸触角，举一反三，认真梳理排查各领域、各层面、各环节存在的突出问题，逐条列出清单，逐个研究解决，严防类似性、重复性问题发生，着力扩大整改成效。四要着眼长远建机制。要从根本上解决环境突出问题，必须克服“头疼医头、脚疼医脚”的短期行为，注重从制度机制上下功夫，形成一整套务实管用、系统完善的生态文明建设制度机制。要以这次环境突出问题整改为契机，立足标本兼治，注重源头治理，把整改工作中的好思路、好做法，进一步总结提炼，用制度的形式固化下来，全面提升该县环境保护工作的常态化制度化科学化水平。

同时，要坚持把调整产业结构、发展绿色经济作为推进生态文明建设的主攻方向，以环境容量优化产业布局和产业结构，加快发展生态工业、生态农业、生态旅游业和现代服务业，大力推进供给侧结构性改革，最大限度实现资源有效转化利用。

三、靠实压实责任，努力形成齐抓共管的工作合力

整改环境突出问题、改善生态环境质量是一项系统工程，必须上下一心，齐抓共管，协调联动，确保实效。一是压力传导要到位。县整改领导小组要充分发挥牵头抓总作用，建立责任落实清单，逐问题明确牵头部门、责任单位和责任人，明确整改时限和目标要求，层层传导压力，构建责任链条，确保整改工作事事有人抓、件件有着落。各部门要明确班子成员在各自分管工作中的督查职责，尽快把工作抓到手上。各乡镇都要成立整改领导小组，党委、政府“一把手”亲自抓、主动管，班子成员按分管工作靠前指挥、跟踪落实。同时，要明确各部门、各单位、各企业的工作任务、目标要求和相关责任，条块结合、上下联动抓好工作落实。二是主体责任要明确。要严格落实生态环境保护“党政同责、一岗双责、失职追责”，严格按照“管发展必须管环保、管行业必须管环保、管生产经营必须管环保”的要求，认真履行环境保护职责。县委、县政府将建立“一岗双责、一职多履、勤学多践”的责任机制，各级各部门主要负责同志要切实履行好第一责任人的职责，定期研究环保问题，全力做好谋划部署、综合协调、现场督办等工作；分管负责同志要抓好各自分管领域环境突出问题整改工作的责任分解、组织实施、督查调度；各责任单位要充分发挥职能作用，细化实化整改举措，确保问题不折不扣整改到位。三是舆论宣传要跟进。宣传、文化、环保部门要加大宣传报道力度，策划组织开展系列环境保护宣传活动，进一步提高全社会和广大群众的环保意识，营造全社会重视环保、参与环保的良好氛围。四是考核追责要从严。县上已经成立了整改督导工作领导小组，负责全县整改落实工作的督导和检查，对整改工作不落实或落实不力的乡镇和部门，要坚决进行追责问责。环保局要把整改完成情况纳入乡镇和部门年度环保目标责任书考核，对未按国家和区、市、县要求完成整改任务的，实行“一票否决”。要加大追责问责力度，对整改落实不及时、措施不到位、工作不彻底的单位和个人，要启动问责程序，严肃进行查处。对中央环保督察后整而不改、死灰复燃、顶风作案的生产企业，该关停的必须关停，该处罚的坚决处罚，涉嫌环境违法犯罪的，要移交司法机关处理。

在全县经济、农村暨脱贫攻坚工作会议上的讲话

（2018年1月29日）

县委副书记、县人民政府县长　罗广前

一、砥砺奋进、持续攻坚，成绩值得肯定，问题不容忽视

总结去年的工作，为的是肯定成绩、查找问题，进一步明确今后工作的着力点，坚定做好今年工作的信心和决心，回顾一年来的工作，可以用三句话来概括，即成绩突出、压力较大、潜力明显。

（一）成绩突出，需要我们继续发扬。2017年，在市委、市政府和县委的正确领导下，全县上下认真贯彻落实市委、市政府“强工兴市、带动两翼、创建基地、融入东西南、协调发展、夯实三基”发展战略，紧扣县委“7654”工作思路，始终把加快经济发展、提升“三农”工作水平、深化脱贫攻坚摆在更加突出的位置，团结一心、开拓奋进、靠实责任、抢抓机遇、真抓实干，呈现出经济平稳发展、改革有序推进、民生持续改善、社会和谐稳定的良好局面。全年地方生产总值完成17.5亿元，同比增长16.3%；农牧民人均可支配收入达到10921元，同比增长16%，城镇居民人均可支配收入达到28686元，同比增长10.6%；地方一般公共预算收入完成7669万元，同比增长10%；社会消费品零售总额达到45714万元，同比增长13.2%；工业总产值完成2696万元，同比增长3.5%。一是改革创新持续深化，经济发展活力进一步增强。顺应改革的大势，高举改革的旗帜，不断提高行政效率和服务质量，切实优化加快发展的保障环境。有效承接市级下放行政审批事项60项，取消30项；制定《丁青县农村土地承包经营权登记颁证工作实施方案》并组织实施；全面停发国土使用证和房产证，换发不动产登记证50本；严肃行政执法纪律，认真组织17家执法单位近80名干部参加行政执法证资格考试；认真梳理各单位贯彻执行的法律、法规、规章，列出部门权力和职责清单，录入各类行政权力事项3605项，实行目录化管理，确保行政权力运行在阳光下、运行在法制的轨道上。二是项目建设成效显著，经济发展基础进一步夯实。把项目建设作为拉动经济增长、提升综合实力的“牛鼻子”，全力以赴抓投入、上项目、促落地，2017年开复工项目共计176项，项目总投资58亿元，完成固定资产投资19亿元。交通、水利、能源为重点的基础设施建设得到明显改善，瓶颈制约得到极大缓解，群众生产生活条件进一步改善。三是农牧业生产稳步发展，农牧民增收渠道进一步拓宽。坚持农业做稳、牧业做大及稳粮调结构的思路，农牧业综合生产能力进一步提高。农作物播种面积12.243万亩，其中：粮食播种9.9万亩、产量26600000千克；经济作物1.29万亩，油菜产量1279500千克，蔬菜产量6200000千克；青饲料1.05万亩，实现产量

6340800千克；严格落实牲畜注苗工作，注射覆盖率达100%，新生仔畜78451头（只、匹），成活率达97%，牲畜存栏总数达24.7万头（只、匹），出栏率达32.18%。四是脱贫攻坚步伐加快，困难群众生活条件进一步改善。紧紧围绕“两不愁、三保障”持续发力，严格落实县委“十大攻坚行动”，加大人力、物力、财力倾斜力度，稳步实施易地搬迁，帮助群众发展特色种植、规模养殖等增收产业，紧紧围绕率先实现脱贫摘帽，坚持问题导向，进一步创新扶贫思路，贯彻落实好“5+N”脱贫措施。分33个点为1642户建档立卡贫困群众实施易地扶贫搬迁，确保住房有保障；投资1.24亿元实施产业项目26个，做到各行业全覆盖，带动建档立卡户3583人脱贫增收；完成新增7431名生态岗位招收、培训工作；向建档立卡贫困学生、弱势群体大学生等发放奖金及补助40.86万元；将全县8780名农村低保对象和408名五保户全部纳入建档立卡范围内，做到“不落一人、应兜尽兜”；多方筹措80万元设立医疗救助垫资基金，有效解决了建档立卡户因病致贫问题，紧扣“决不把包虫病带进小康社会”的目标要求，扎实推进包虫病综合防治工作；不断探索援藏方式，20名建档立卡群众在天津和武钢实现就业；干部帮扶贫困户实现全覆盖，兑现帮扶资金210余万元；坚持金融政策统筹利用，县农行为671户建档立卡户发放贷款2855.5万元；加大基础设施建设力度，不断加大“十项提升”工程投入，切实保障和改善贫困群众生产生活条件，稳定实现2361户9236人脱贫，13个乡镇63个村退出，全县脱贫摘帽。五是社会事业协调发展，民生保障水平进一步提高。教育、文化、卫生、社保、就业创业等社会事业得到长足发展，“5·11”地震灾后重建稳步推进；13个乡镇全部通水，村居通水率85%，自然村通水率76%，户通水率75.2%，人口通水率76.7%；丁青县110KV输变电工程结束了丁青电力孤网运行的历史，当堆电站项目进展顺利，布塔电站试运行发电；64个村居均已通达，国道317丁斜段将于今年实现黑色化，届时13个乡镇均实现通畅；13个乡镇宽带光纤已入户，3G信号网络已全覆盖，64个村居委会所在地已覆盖信号网络，人民对美好生活的向往这一奋斗目标正加快实现。六是绿色发展日渐深入，生态文明建设进一步加强。牢固树立绿色发展理念，紧扣中央环境保护督查工作，突出重点、完善制度，守住丁青生态底线、红线、高压线；布托湖国家湿地公园通过国家评审，营造林面积1.6万亩，义务植树1270亩；大力实施人居环境工程和环境综合治理工程，全市首个县级污水处理厂在丁青顺利建设，创新开展全民参与的环境保护宣誓活动，全民环保意识不断提高；全面落实污染减排、建设项目环评管理、环境监察执法，生态建设实现新提升。

一年来的艰苦努力，让我们取得了来之不易的成绩，这些成绩的取得，是以习近平为总书记的党中央英明领导的结果，是新时期党的治藏方略成功实践的结果，是区党委、政府，市委、市政府和县委坚强领导、科学决策的结果，是天津人民和武钢职工无私援助的结果，也是全县各级各部门团结带领广大党员干部群众同心同德、顽强拼搏的结果，我们一定要加倍珍惜、保持清醒、继续努力。

（二）压力较大，需要我们强力攻坚。在肯定成绩的同时，我们也要清醒地看到发展中存在的薄弱环节和突出问题，我县经济仍然有许多不利因素和下行风险，需要引起大家重视。突出表现在：三次产业结构整体还不够协调，二、三产业对经济的带动力仍显不足，转方式、调结构的任务依然艰巨；骨干财源匮乏，财政结构性矛盾突出，且受“营改增”政策影响，财政税收增长乏力，财政对公共服务的支撑能力不强；周边县市竞相发展，资金、市场、资源、人才等要素竞争日趋激烈，基础设施建设短板明显，率先实现撤县设市的任务更加艰巨；企业持观望态度，投资信心普遍不足，招商引资进展放缓；领导机关“灯下黑”、领导干部“手电筒”和起始一公里，最后一公里问题没有得到有效解决；部门之间、乡镇之间工作上的执行力、落实力不平衡、不充分，个别干部职工的创新意识、担当精神、工作作风与新形势新任务的要求还不相适应，与改革发展稳定的需要和人民群众的期盼还有一定差距。这些问题，需要我们高度重视，客观冷静地分析和对待，在今后的工作中把困难估计得更加充分，把措施考虑得更加周全，把工作做得更加扎实。

（三）潜力明显，需要我们坚定信心。困难必须正视，机遇尤为可贵，展望新的一年，我们的发展也面临着一些难得的机遇。以习近平同志为总书记的党中央对西藏工作的特殊关心关怀和深切厚爱，一刻也没有停止，始终如一，实行了一系列优惠政策，并举全国之力支援西藏，这是我们全面建成小康社会、推进现代化建设独有的优势。从全区来看，西藏跨越式发展的良好态势没有改变，这为我们推动持续发展赢得了主动。从全县来讲，脱贫摘帽后，国家优惠政策不会发生变化，我们也能抽出更多时间、更多精力，围绕产业项目、基础设施、社会事业开展工作，加之近年来，在区、市两级领导及相关业务部门的关心支持下，我县项目、城建、民生等各项工作推进有力，后续效应将逐步显现，为提速发展奠定了坚实的基础。全县各族人民更加心向党、心向祖国、心向社会主义，思稳定、谋跨越、奔小康的愿望更加强烈、信心更加坚定，这是我们推动经济发展、促进社会和谐的坚实基础。只要全县广大干部群众紧紧围绕县委、县政府的决策部署，团结一致、真抓实干，就一定能把今年的工作做得更好。

二、冷静务实、精准发力，主动适应新时代，开启高质量发展新征程

习近平总书记指出，新时代我国经济发展的特征，就是由高速增长阶段转向高质量发展阶段，推动高质量发展，是保持经济持续健康发展的必然要求，是适应我国社会主要矛盾变化和全面建成小康社会、全面建设社会主义现代化国家的必然要求，是遵循经济发展规律的必然要求。中央经济工作会议、中央农村工作会议、全国扶贫开发工作会议、全区经济工作会议和全市经济、农村暨脱贫攻坚工作会议，围绕高质量发展、乡村振兴战略、脱贫攻坚等重点任务进行了全面安排部署。为适应新时代、聚焦新目标、落实新部署，推动全县经济实现高质量发展，县委、县政府紧扣上级决策部署，基于全县经济社会发展的形势判断，根据全面建成小康社会实现程度，确定了今年主要预期目标：全县地方生产总值增长10.4%，达到19.3亿元；财政公共一般预算收入增长10.8%，达到8500万元；税收收入完成4500万元；城镇居民人均可支配收入增长10.2%，达到31440元；农村居民人均可支配收入增长15%，达到12559元；社会消费品零售总额增长20.1%，达到54902万元；法治政府建设、脱贫攻坚、教育均衡发展、人力社会保障、公共卫生普惠、农田水利、基础建设、政府质量、安全生产、环境保护、“七城同创”等工作完成市政府下达的指标，全力以赴抓重点、补短板、强弱项，奋力推动丁青经济高质量发展。

为全面完成上述目标任务，我们要坚决贯彻落实习近平新时代中国特色社会主义经济思想，牢牢把握高质量发展这个根本目标，坚持以人民为中心的发展思想，正确处理好市委“二十一”对关系，用新发展理念统领发展全局，紧扣县委提出的指导思想和“四个坚持”“七个着力”的部署要求，拥抱新时代、聚焦新目标、落实新部署、实现新作为，保持定力、久久为功、绵绵用力，努力推动经济、农村和脱贫攻坚工作取得新进展。

（一）用“超常规”的力度抓项目建设，夯实经济发展基础。从我县投资拉动型的县情出发，项目建设仍然是经济工作的重中之重，是县域发展的重要支撑，关系发展质量，决定发展后劲，无论是稳增长、促转型，还是搞建设、惠民生都要落实到项目上。我们要紧扣转型发展的主要矛盾，抓住实现经济社会发展目标的关键，在项目“谋、争、推、引”四字上狠下功夫。一要在“谋”字上做足文章，狠抓项目谋划攻坚。各行业主管部门要认真研究吃透国家、自治区和昌都市各项政策措施，准确把握上级投资导向，结合我县资源优势和地理优势，找准县情实际与行业政策的对接点，切实加大前期投入，组织专门力量，筛选、论证、储备一批涉及基础设施、民生改善、脱贫攻坚、生态治理、技术改造等方面的大项目，抓好项目包装，做好前期工作，建立健全项目储备库，加强与上级部门的沟通联系，力争进入国家和区、市支持的“盘子”，切实做到项目储备充足、论证科学、符合政策，确保用时拿得出、申报能立项、审批通得过、投资能落地。二要在“争”字上用足心思，狠抓项目争取攻坚。对谋划好的项目，加大项目资金争取跑办力度，多方位了解和掌握项目信息，积极跟踪落实项目资金；通过吃透政策，认真研究、准确把握资金投向，精心筛选上报项目，全力争取中央、区、市级预算内资金；对有希望的项目，集中精力搞好项目的策划、可研、设计、论证和评估，完善规划、环评、土地等前期工作，真正做到以项目抓机遇；县委常委要带头跑办，县级干部要主动跟进，各分管副县长、各部门主要负责人要亲自联系，注重培养项目人才，派专人跟踪对接，随时捕捉各种项目信息和投资动态，及时掌握上级对口部门的项目资金安排意向，盯紧申报渠道，跟上上级工作节拍，第一时间调整、规范上报资料，确保上报项目推进有序、申报快速、效果明显。三要在“推”字上铆足干劲，狠抓项目建设攻坚。要按照“开工一批、推进一批、建成一批、储备一批”的工作思路，持续掀起项目建设新高潮。今年续建项目30个，已初步确定新开工项目44个，总投资14.94亿元，对于这些已争取到的项目，要扎实做好项目前期工作，符合条件的要立即开展招投标，保证3月份全部达到开工条件，确保早开工、早竣工、早见效；要继续以项目建设“五比”为抓手，严格按照基本建设程序和要求对项目的前期准备、实施、竣工和使用进行全过程管理，对围标、转包工程等不依法、不依规或不按有关要求开展相关工作的行为，必须严肃查处，对没有实力，空手套白狼，反复出现“双拖欠”，不讲诚信的企业要清出丁青市场；要扎实开展易地扶贫搬迁、灾后重建、县城棚户区改造项目收尾工作，确保年中竣工入住；乡级农牧业防抗灾物资储备库、桑多乡防洪工程、达曲防洪工程、觉恩乡河道治理、巴达乡防洪工程、嘎曲流域防洪工程、物流冷链库、县城客运站、老城区改造工程等项目要在年内建成；仲佰水库前期工作要取得实质性进展；要积极营造良好建设环境，配合推进斜拉山隧道、当堆电站、农村公路总承包建设和桑多公路、农村电网延伸等工程项目建设。四要在“引”字上下足功夫，狠抓项目招商攻坚。坚持以优质的项目吸引投资、以政府投资撬动社会投资、以优良的投资环境激发投资动力和发展活力，精心规划和筛选确定发展前景广阔、市场竞争力强的产业项目进行洽谈合作，全方位扩大招商引资规模，多层次激活民间投资，着力提高签约项目履约率、资金到位率和项目建设成功率，力争年内到位资金达到2亿元以上；加大PPP项目研究、挖掘、规划力度，举全县之力，大力实施民宿经济带动农村发展，积极引导社会资本参与农林水利、交通运输、科教文卫、保障性住房、市政基础设施等公共服务领域项目建设，提升合作水平，优化投资结构。

（二）用“革命化”的决心抓乡村振兴，推动农业农村优先发展。解决好农牧业、农牧区、农牧民问题，始终是一项事关全局的基础性工程，党的十九大首次提出“实施乡村振兴战略”，既体现了中央对“三农”工作的高度重视、对广大农民的深切关怀，也体现了中央坚持问题导向的深谋远虑和对农业农村工作定位的再思考。我们要抢抓国家战略契机，坚持农业农村优先发展，紧紧围绕农牧业供给侧结构性改革这条主线，以改善农牧区居住环境、增加农牧民收入、保障有效供给为目标，以提高供给质量为主攻方向，以体制改革和机制创新为根本途径，着力构建现代农牧业产业体系、生产体系、经营体系，促进农村一二三产业融合发展。一要让农牧业更强。要按照先布点、再布局的总体思路，紧盯绿色有机农畜产品基地建设这一目标，坚持市场引领、基地支撑、集群发展、绿色安全，做优做特蓝天圣洁品牌，做大做强五大养殖、七大种植基地，用好“三转三变三金”政策，推进土地整合代管，积极培育规模大、效益好、前景广的产业化龙头企业，重点加大对小蓝青稞、红土豆、牦牛肉制品、奶制品、矿泉水、油菜籽、饲草料及冬虫夏草的深精加工，全面提升农牧业标准化、规模化、品牌化建设水平，加快标准化生产进程；要注重挖掘高原品牌特征，全面实施品牌推进战略，引导、帮助企业申报、注册商标和地理标志，切实做好品牌定位、搞好品牌规划、抓好品牌宣传，培育出更多更好具有丁青高原特色的驰名商标和著名商标。二要让农牧区更美。要围绕农牧区发展瓶颈制约，以农牧区美丽宜居为抓手，着重在改善农牧民居住和生产生活条件上下功夫。交通上要围绕农村公路网络化，抓好35条新建续建农村公路及21个安置区点内点外道路建设；水利上要加快落实“水到户、电到屋”工作，实施小型农田水利重点县建设，逐步改善解决农村饮水安全问题，加快推进巴登电站、布塔电站及配套线路工程，争取年内解决西边乡村的基本用电问题，并积极与国网公司衔接不断将国家电网向偏远乡村延伸；住建上要稳步推进县城及色扎乡、觉恩乡、丁青镇四个重点棚户区改造；国土上要重拳出击整治土地私下交易和私搭乱建行为，凡在农牧区新建房屋，要严格按程序审批、按规划实施、按相对集中原则、按新农村标准建设；“水电路讯网、科教文卫保”十项提升工程各牵头部门要围绕自身工作职责，强化汇报衔接，加快完善基础设施建设力度；要统筹抓好农村污水处理、人居环境整治、国土绿化等工作，推进美丽宜居乡村示范创建工作，争取打造2个以上既有现代文明、田园风光，又有优势产业的小康示范村。三要让农牧民更富。要稳妥推进土地集体所有权、农户承包权、土地经营权“三权分置”办法配套改革，鼓励和引导农牧民以集体经营性资产为重点，推进经营性资产以股份或份额形式量化到集体成员，发展多种形式的自我管理、自我服务、自我发展的农牧民专业合作组织，探索“互联网+”“旅游+”“生态+”“特色产品+”等模式，多栽“摇钱树”，广开致富路；要积极组织农牧民外出务工经商和参与工程建设，大力开展农牧民科技和职业技能培训，用先进适用技术武装农牧民，千方百计拓宽农牧民增收渠道，切实让各族群众致富有路子，增收有技能，得到更多实惠。

（三）用“绣花式”的功夫抓脱贫攻坚，扩大精准扶贫成果。脱贫攻坚既关系百姓民生问题，又关系丁青长远发展，限时打赢脱贫攻坚战，是市委、市政府交给我们的重大政治任务，也是丁青百姓的最大期望，能否顺利实现脱贫摘帽，意义重大、关乎大局、关乎长远。各级各部门要始终把脱贫攻坚作为当前头等的政治任务和第一民生工程，巩固提升精准扶贫成果，从富民产业培育、基础设施建设、技能素质提升等方面入手，保证现行标准下的脱贫质量，确保2890户12116名群众无一返贫，确保贫困发生率控制在1.3%以下，全面完成年度各项目标任务。一要工作再加压。“大考”在即，没有退路，要紧盯顺利通过国务院第三方评估考核目标不放松，充分发挥各级各部门和广大党员干部的积极性、主动性，形成脱贫攻坚的整体合力，按照“摘帽”验收标准，把握关键、精准发力，从细微处着手，认真查漏补缺，扎实抓好问题整改，严格落实工作责任制，明责、压责、问责，层层压实责任，确保每个环节都做到有章可循、有据可依、环环相扣、公开透明，确保经受住更高、更严的检验和考验，圆满完成各级检查验收任务。二要施策再精准。围绕未脱贫的343户1064人贫困人口，按照“两不愁、三保障”要求，挂图作战、精准施策、专班跟进、对症下药，要切实改变“等着国家的钱，抱着虫草睡觉”的懒惰行为，通过扶志改变等靠思想，扶智增强内生动力，扶技拓宽收入渠道，扶资增添发展后劲，扶业提供收入保障，真正把“5+N”脱贫举措具体落实到贫困户；要对已脱贫对象开展“回头看、回头查、回头帮”，再弥补、再细化、再落实，实行攻坚期内脱贫不脱政策，确保脱贫成效经得起检验。三要产业再做强。产业带动是最直接、最有效的脱贫致富措施，要以提高群众自我发展能力为核心，以产业扶持为主线，将产业帮扶措施落实到贫困户、落实到企业和合作社，集中力量打造可复制、可推广的产业扶贫模式；要充分用足、用活、用好财政支持产业扶贫发展“334”政策，加快财政涉农资金整合使用力度，支持每个乡镇2~3个大型合作社或涉农企业的发展，通过企业发展收益分红给贫困户；支持每个乡镇选择一个村级集体经济发展试点，盘活村级集体经济，通过集体经济发展的收益帮扶贫困户；政府融资平台、担保平台要大胆解放思想，创新金融扶贫模式，全力支持涉农企业、新型农业经营主体发展，增强企业带贫能力。四要资金再监管。实施廉洁扶贫，强化扶贫项目资金使用情况的监督检查，开展扶贫领域专项资金巡查，对每一笔扶贫资金做到账务清、去向明，确保该是谁的钱就给谁、该什么时候给就什么时候给、该是多少就给多少，对因违反程序、降低标准、违规操作而出现重大问题和信访事件的，严肃追究有关责任人的责任。同时，要注重抓好贫困边缘人口的扶持工作，确保精准脱贫不漏一户、不落一人、稳定脱贫。

（四）用“主战略”的理念抓产业发展，增强经济发展支撑。特色产业是我县转变经济发展方式、优化经济结构的重要切入点，要坚持扩大产业体量与提升产业质量并重，改造传统产业与培育绿色产业并重，抓住新型产业培育、传统产业提升、园区支撑条件改善三大重点，以补链、延链、强链为方向，推进生态产业总量突破、质量提升。一要致力推进农牧业现代化。把稳定发展粮食生产作为现代农业建设的首要目标，强化耕地保护，坚守耕地数量红线，持续加大科技投入力度，广泛推广现代化农业生产模式，种植粮食9.9万亩，促进粮食生产稳定、提质、增效；不断拓宽经济作物种植面积，种植油菜1万亩，小蓝青稞2万亩，蔬菜3000亩，土豆4000亩，饲草料10万亩；加快养殖产业化进程，加强重大动物疫情防控，加强饲草料储备，严格控制草原载畜量，优化草原资源配置，强化宣传引导，实现牲畜成活率达到97.2%，出栏率达到32.25%，不断增加本地肉类、蔬菜市场比例。二要努力推动特色产业提质增效。坚持“工业强县”战略不动摇，着力提高工业运行质量和效益，督促金元煤业加大投资力度，提高煤矿产能，完善煤炭产业链条，确保全年煤产量达到3万吨以上；积极推进小蓝青稞种植基地、油菜籽种植加工、协雄农业生态产业园建设，强化农畜产品加工与牦牛育肥基地、红拉山鸡、卡若香猪等养殖产业的结合，深化细化“企业+合作社+农户”发展模式，做大做强“三塔”品牌，注重在产品特色化、高端化上下功夫，实现企业、农户双赢目标。三要聚力打造园区增长极。以县城廊通开发区为主中心，以觉恩、色扎为副中心，加快推进“六大产业基地”“三个中心”产业布局，突出抓好园区改革创新、基础配套、产业承接、企业培育，努力把园区打造成为经济发展引领区、现代产业集聚区、对外开放示范区；推进园区、城区、景区“三区合一”，把园区建设与城镇建设、基础功能与产业功能统一起来，加快完善园区水电路讯、污水处理、餐饮商贸、娱乐休闲等生产生活性服务配套，不断提升园区承载力和吸引力；突出招商引资、民间投资，全面提速园区项目建设，推进产业高端化、规模化、绿色化发展，年内新增开发面积712亩，完成11家企业入驻廊通开发区，不断衍生产业链，拓宽市场，加快形成“政府搭台、园区支撑、企业运作、项目带动、利益共享”的产业发展格局。四要大力发展现代服务业。以创建国家全域旅游示范区为抓手，以昌都市打造317茶马古道川藏北线中国最美景观大道精品旅游线路为契机，以补齐服务业短板为重点，立足丁青特有的高原风光、民族风情、历史遗迹等自然和人文资源，着眼培育“茶马古道、热巴文化、虫草体验、特色风光”四大旅游品牌，积极规划孜珠寺、布加雪山、布托湖、炳茸冰川、怒江峡谷等文化风光旅游路线，推进丁青旅游从过境游向重要旅游目的地游的转变，使丁青县成为国道317藏北线茶马古道特色游目的地；要补齐配套不足的短板，聚焦“吃、住、行、游、购、娱”等要素完善产业配套，突出在民宿旅游上下足功夫，引导群众在满足居住条件的基础上，将预留空间用于游客住宿、餐饮、特色产品展销等经营服务，实现多渠道增收，着力打一场现代服务业发展攻坚战；要顺应现代消费方式转变趋势，积极推动商贸物流、文化创意、智慧服务、家政物业等生产生活性服务业发展，争取全年实现游客接待突破1万人次，实现旅游收入1200万元以上；要积极探索发展电子商务、货物流通等行业，不断拓宽服务业，开展“互联网＋流通”行动，繁荣城市商贸、现代物流。

*（五）用“零容忍”的态度抓生态建设，履行时代赋予使命。*随着经济社会的发展，环境保护工作的重要性日益凸显，从2017年中央环保督察来看，要求之高、力度之大、追责之严前所未有。要把生态建设融入经济建设、政治建设、文化建设、社会建设各方面和全过程，认真践行绿色发展理念，坚持源头严防、过程严管、全民共治、标本兼治，贯彻落实国家“气十条、水十条、土十条”，加快推进美丽丁青建设。一要狠抓生态责任落实。要牢固树立尊重自然、顺应自然、保护自然的生态文明理念，严格落实环境保护“党政同责、一岗双责”，生态环境损害责任终身追究制，不断提高“大环保”意识，进一步强化环保和相

关部门的监督管理责任，按期完成承担的目标和任务，共同推进我县环境保护工作的顺利开展；要加快推行“河长制”，完善发布河长制相关制度，编制好全县江河湖泊调查报告，设立好河长制公示牌，建立起河长制信息平台，制定好“一河一策、一湖一策”的技术大纲，“一河一档、一湖一档”的台账方案，确保工作落到实处、取得实效。二要狠抓环保督察整改。要以中央环保督察反馈问题的整改为牵引，扎实开展环境隐患排查整治行动，对发现的突出问题建立台账、制定方案、逐一整改、彻底销号，决不允许留有余地，确保全县生态环境安全。要加强矿山开采、砂石采挖、建筑施工等领域环境监督检查，严格按照批准范围和内容进行施工；要结合丁青建筑建材需求，科学合理制定全县范围内河道采砂规划方案，清理整顿一批不符合要求，影响生态环境的砂石厂，实现河道采砂规范化管理。三要狠抓生态安全屏障。要稳步推进国土绿化，巩固扩大人工造林，全面完成造林6587.8亩，义务植树1270亩，“两江四河”造林4642.8亩，新建苗圃基地1000亩，经济林340亩，在宜林区积极消除“无树村、无树户”，争取建设资金3400万元实施森林围城造林项目，努力创造生态宜居环境；要全面落实好森林生态效益补偿、草原保护补助奖励等政策，及时足额兑现资金；要继续改善农村人居环境，统筹实施设施提升、环境整治、美丽乡村工程，年内争取创建自治区级生态乡镇2个、生态村19个；要按布托湖国家湿地公园批复内容，健全机构，落实资金，扎实开展湿地保护与恢复项目。四要狠抓环境监管治理。严格实行“生态功能区环境准入负面清单”，严格环境准入把关，加强对重点领域、重点企业、重点部位的环境监管，用好两把“利剑”和两个“问责”，做到铁腕治污、不欠旧账、不立新账；要加快推进垃圾分类减量，建立“村居收集、乡镇运转、县级处理”的垃圾处理机制，有效提高垃圾无害化处理水平和能力；要加快推进县城污水处理厂标准化建设，确保污水得到有效处理、达标排放；要加强饮用水水源地保护，确保县城集中水源地水质达标率100%；要进一步加大环保执法力度，对破坏生态环境的人和事，坚决做到零容忍、出重拳、严处罚，奋力开辟“绿水青山就是金山银山，冰天雪地也是金山银山”的新境界。

（六）用“大开放”的思维抓改革创新，激发经济发展活力。认真落实中央、区、市关于深化改革的各项部署，以改革创新推动发展方式转变、新旧动能转换，为经济社会发展注入新动力、增添新活力，着力破解制约发展的体制机制障碍，在重点领域改革上取得突破性进展。一要在加快政府职能转变上取得突破。突出阳光政务、行政审批和便民服务三个主题，深化“放管服”改革，严格执行政府部门权责清单，有序实施市场准入负面清单，不断加强法制政府建设，推进政府职能转变，进一步提高政府工作效率，增强政府公信力和执行力；扎实推进向乡镇简政放权工作，梳理一批公共事项服务清单，加大人财物向基层倾斜力度，促进基层职能转变。二要在推动供销社改革上取得突破。稳妥推进供销合作社试点工作，提升农牧业社会化服务能力，努力在发展农牧业适度规模经济、培育壮大农牧区新产业新业态、促进农牧民持续增收方面取得新进展。三要在持续推动创业创新上取得突破。全面落实国家和区、市各项优惠政策，提供优质高效公共服务。搭建平台载体，推进创客空间、创业孵化基地平台建设，鼓励丁青籍大学毕业生成立“丁青县人力资源公司”，强化创业服务指导，着力培养“民间高手”“草根精英”“能工巧匠”等创新人才，形成优秀人才精英创业、大学生实训创业、农牧民就地创业的生动局面；保障年内创业成功6人以上，高校毕业生就业率达到90%以上。四要在财税金融体制改革上取得突破。贯彻落实新预算法，实行全口径预算管理；围绕廊通工业园区建设和各类产业发展，加强骨干财源建设，形成可持续发展的财源体系，加强税收征管，坚持综合治税，保障财政收入均衡足额入库，扩大财政收入规模；深化国库集中收付制度改革，强化“一卡通”使用管理，年内实现全覆盖；清理规范各类财税优惠政策，加大专项资金整合力度，大力提高财政资金绩效；按照区、市人民政府对政府债务管理的决策部署，切实处理好推动发展和合理负债的关系，加快政府投融资平台转型发展，健全债务风险管控机制，坚决杜绝变相举债，妥善防控金融风险；着力推动银企合作，进一步加大对优势产业、重点企业的信贷支持，鼓励支持除农行外金融机构在丁设立分支机构。五要在推进社会事业领域改革上取得突破。继续推进教育、医疗卫生等民生领域改革，让人民群众有更多的改革获得感；积极推动不动产登记制度改革；力争实现撤县设市目标，为丁青跨越发展开创更为广阔的空间。

（七）用“心连心”的情怀抓公共服务，提高民生保障水平。解决关系人民群众切身利益的生活、生产和生命安全问题，使人民过上美好幸福的生活，是改革开放和社会主义现代化建设的根本目的，也是党和政府一切工作的根本出发点和落脚点。因此，我们尽管经济发展的底子薄、任务重、财力有限，但涉及民生的各类投入、各项工作，都不能有半点含糊。要以扎牢织密民生保障网为目标，以充分就业、收入增长、社会保障制度的完善和教育医疗、文化服务等普惠性民生实事办理为重点，让人民群众的获得感更实在、更普遍。一要更加注重教育事业发展。实现义务教育均衡发展是必须完成的政治任务，必须倾力倾为、抓实抓好。要着力强化基础设施建设，尽快实施第二初中、第二幼儿园、实验小学、教师周转房及8个乡镇小学改扩建工程，确保年内全部完工并投入使用，有效改善教育教学环境；要加强师德师风建设，坚决打击各类不正之风，努力打造一支有“理想信念、道德情操、扎实学识、仁爱之心”的教师队伍；要建立有效的竞争激励机制，充分挖掘教师“潜心教研、育人教书”的潜力，调动广大教师的积极性和主动性，全面提升教育教学质量，巩固完善藏汉双语教育体系，努力办好人民满意的教育，不断加大控辍保学力度，确保幼儿园、小学、初中入学率分别达到93%、99.6%、98%以上；要统筹全县各级各部门力量，积极投身义务教育均衡发展，努力在教师队伍建设、教育基础设施等方面投人、投资、投项目，确保目标全面实现。二要更加注重文化事业发展。围绕实施“文化精品县”战略，加强对琼文化的研究，充分挖掘民间艺术资源，加大对非物质文化遗产保护力度，加快农村书屋、民间工艺、民间艺术团队的发展，打造《梦回溯源——热巴丁青》热巴舞台剧、拍摄“虫草之恋”微电影，努力打造具有丁青特色的文化品牌；继续开展送电影、送文艺节目到乡村活动，着力丰富广大群众的精神文化生活；积极完善广播电视公共服务，建成覆盖城乡的广播电视公共服务体系，进一步满足农牧民群众享受现代化生活的多样化需求。三要更加注重卫生事业发展。要以健康丁青建设为载体，全力实施县人民医院、县疾病预防控制中心，丁青镇卫生服务站、尺牍镇区域中心卫生院及5个乡镇卫生院新建项目，完成觉恩、当堆、嘎塔、甘岩4乡镇卫生院标准化建设，健全和完善县、乡、村三级医疗卫生服务体系；要切实强化医德医风建设，充分发挥援藏医疗团队传帮带作用，有效提高医疗服务质量和水平；要不断强化农牧区医疗保障和公共卫生服务，确保孕妇住院分娩率达到85%以上，孕妇死亡率降低到110人/10万人以内，婴幼儿死亡率降低到14‰；要进一步提高全县地方病、重点传染病、慢性病的日常综合防治工作水平，突出抓好包虫病综合防治工作，确保各项工作趋于规范化；要着力加强食品药品安全监管工作，切实让广大群众用上放心的药物、吃上放心的食品。四要更加注重健全社保体系。加大就业再就业推进力度，突出抓好高校毕业生、农村转移劳动力、退役军人和零就业家庭的就业帮扶工作，围绕就业需求，丰富培训内容、扩大培训规模、严格培训管理，重点搞好职业转换能力培训、农村劳动力转移培训和创业培训三大培训，年内要招录一批未就业大学生充实到基层教师队伍，要确保全年实现新增就业350人，城镇登记失业率控制在2.5%以内，开发就业岗位290个，完成农牧民技能培训1500人，完成转移就业12590人，转移就业收入4700万元；要统筹推进城乡居民保险制度整合和管理服务一体化，积极做好养老保险、医疗保险、新农合、城乡低保、农村五保等各类社会保障工作，不断提高补助标准、扩大覆盖范围；要继续加强孤寡老人、孤儿、残疾人工作，切实为困难群众提供更好的社会服务。五要更加注重“七城同创”工作。要围绕“七城同创”工作目标，进一步补充完善工作方案，对照创建标准，理清工作思路，明确创建时限，完善创建措施，详细制定年度任务清单，细化责任分工，全力加快创建进度，年内争取创建国家级文明城市，全域旅游、生态园林、环保模范、民族团结、双拥模范、卫生城市六项创建工作完成总目标的50%以上。

（八）用“压倒性”的攻势抓安全稳定，促进社会和谐平安。维护社会和谐稳定是加快发展的前提和基础，也是政府开展一切工作的出发点和落脚点，需要全县上下高度重视、认真对待、狠抓落实。一要推进平安建设。以建设“平安丁青”为载体，推进全县社会治安防控体系建设，按照“智慧昌都”建设总体目标，争取项目和资金，注重科技与社会治理深度融合，全面提升“打、防、管、控”的科技化、智能化、专业化水平；要严守“三个不增加”底线，套牢“牛头”，牵住“牛鼻子”，落实好各项惠僧利寺政策，确保宗教和睦、佛事和顺、寺庙和谐；要继续抓好发展环境综合治理、矛盾纠纷化解、“七五”普法宣传等工作，确保全县社会治安持续和谐稳定。二要盯牢安全生产。坚持人民利益至上，牢固树立安全发展理念和红线意识，全面落实乡镇属地管理责任、行业部门监管责任和企业主体责任，切实做到“党政同责、一岗双责、齐抓共管、失职追责”；深入组织实施安全生产大排查活动，突出抓好煤矿、非煤矿山、危化产品、道路交通、建筑消防、食品药品等重点行业领域安全监管，有效预防和遏制安全生产事故发生；要进一步抓好应急管理和防灾减灾工作，强化部门协作和联合演练，提高应急队伍实战能力，全力保障人民群众生命财产安全。三要抓好信访工作。当前，全县信访总量仍在高位运行，信访秩序面临较大压力。要在积极做好现有信访积案化解的同时，强化隐性信访问题隐患排查，重点加大群众反映强烈、矛盾纠纷隐患较大的群访案件解决力度，确保各项事业稳中求进。

三、履职尽责、敢于担当，聚焦工作任务，狠抓工作落实

新时代赋予新使命，新征程召唤新作为，全县上下要着力强化责任意识、进取意识和效率意识，力求在转变职能上有新举措、在服务水平上有新提升、在工作作风上有新改进，全力抓好各项工作任务落实。

（一）坚持不忘初心，增强发展本领。牢固树立“四个意识”，自觉把习近平新时代中国特色社会主义思想贯穿到改革发展稳定各个领域，坚决维护以习近平同志为核心的党中央权威和集中统一领导，坚决落实中央和区党委、政府和市委、市政府的决策部署，自觉把政府工作置于县委的坚强领导之下，保证县委的决策部署在政府层面有力有效落实；要不断巩固“两学一做”学习教育成果，认真开展“不忘初心、牢记使命”主题教育，坚定“四个自信”，始终把以人民为中心的价值追求融入血脉、铸入灵魂，全心全意为群众办实事、解难事，不断满足人民群众日益增长的美好生活需要；要对今年确定的重点建设项目，实行“五个一”（一个挂帅领导、一个主管部门、一个工作班子、一套推进机制、一张进度表格）工作机制，明确责任单位、质量时限和具体工作措施，及时进行跟踪督办，做到每月有通报、季度有分析、半年有小结、全年有总结，确保重点项目建设顺利推进。

（二）提高行政效能，增强落实本领。今年经济、农村和脱贫攻坚工作任务艰巨、使命光荣、责任重大，各级各部门要进一步加强行风政风建设，严格执行中央八项规定实施细则和区党委“约法十章”“九项要求”，防止“四风”问题反弹回潮。要深入推进廉洁政府建设，健全资金管理、工程招投标、资源交易等制度，扎牢织密制度笼子。要加强行政效能监察和审计监督，健全重大决策部署执行情况督促检查和专项督查制度，着力提高政府执行力。要坚持应该做的事，克服困难也要干，必须负的责，顶着压力也要担；重大决策一以贯之，决不动摇折腾，重大项目一抓到底，决不半途而废，重大任务一鼓作气，决不无果而终，着力锻造担当的宽肩膀。要大兴调查研究之风，对改革发展中的各种挑战、人民群众关切的重大问题，敢于知难而进、迎难而上、克难而行。

（三）落实工作责任，强化督察督办。县委办、政府办要对全年工作任务进行分解落实，明确责任部门、时限要求和推进计划。各责任部门要牵头抓总、认真负责，把目标任务具体到项目、落实到岗位、量化到个人，以责任制促落实、以责任制保成效，形成一级抓一级、层层抓落实的工作局面。对县委、县政府安排部署的工作任务，任何单位和个人不得以任何借口打折扣、降标准、搞变通，必须按照规定的要求和时限抓好落实，坚决做到有令必行、有禁必止、政令畅通。凡是与市委、市政府，市直行业部门和县委、县政府签订的责任目标，各乡镇、各部门、各单位要从年初就高点定位，自抬标杆，不仅要全面完成责任目标，而且要力争上游、确保名次靠前。要强化政务大督查，对法定责任、议定事项、既定目标，一追到底，见人见事见结果；要进一步加大对重点工作、重大项目、重要事项的督查考核力度，针对问题、针对进度开展督促检查，及时通报反馈工作情况，力促各项工作强力推进。

在县委经济、农村暨脱贫攻坚工作会议上的讲话

（2019年3月3日）

县委副书记、县人民政府县长　罗广前

一、认清形势，凝聚共识，在新时代伟大征程中提振丁青信心

（一）深刻把握全县发展正在发生和孕育的积极变化。2018年，是丁青县经济发展进程中重要而又非同寻常的一年，是丁青县不断克服困难并取得显著成效的一年。我们坚持以习近平新时代中国特色社会主义思想为指引，牢牢把握高质量发展的新要求，牢固树立“四个意识”、坚定“四个自信”、做到“两个维护”，紧扣县委“7654”思路目标，坚持在大局下谋划、在大势中推进、在大事上作为，加快经济发展这个首要任务，全力推进乡村振兴战略、脱贫攻坚战等各项工作，全县经济和社会各项事业实现了又好又快发展。全县地方生产总值达到13.4亿元，同比增长10.4%；财政公共一般预算收入达到8516万元，同比增长11.04%；城镇居民人均可支配收入达到31496元，同比增长10.2%；农牧民人均可支配收入达到11220元，同比增长15.03%；社会消费品零售总额达到4.14亿元，同比增长20.2%，全部超额完成年初既定目标任务。2018年，主要做了以下工作：

我们主攻产业提升。粮食作物种植10.12万亩，经济作物种植2.12万亩，实现粮食产量27030000千克，油菜产量1165000千克，蔬菜产量7665000千克，青饲料产量5965000千克。牲畜注苗覆盖率达100%，新生仔畜78451头（只、匹），成活率达97.2%，出栏率达31.91%，农畜产品自给率逐年增长。高原菜籽油加工厂、型煤加工厂、冷链库、蓝天圣洁农畜产品加工厂、饲草料加工厂、藏药材加工厂、汽配汽贸中心等一批特色优势产业在开发区落地。

我们狠抓脱贫摘帽。全年实现59户207人稳定脱贫，贫困发生率降至0.99%；实施产业项目9个，带动896人脱贫致富；31个易地搬迁安置点全部完工，6525名建档立卡贫困人口乔迁新居；新招收生态岗位3880人，累计20897人吃上“生态饭”；57名建档立卡在校大学生获教育补助金65万元，190名新考录大学生获资助12万元；落实农村低保资金1176万元，医疗救助、临时救助困难群众166人次；继续深入实施行业扶贫、社会扶贫、援藏扶贫，大力改善贫困地区基础设施、公共服务水平，不断补齐脱贫攻坚短板。通过全县上下共同努力，顺利通过国务院脱贫摘帽第三方专项评估验收，实现摘帽退出。

我们致力城乡建设。全年完成固定投资13.6亿元，投资8.25亿元新续建53条农村公路及桥梁，总长250米的县城连接廊通新区大桥建成投用，斜拉山隧道、桑多公路、当堆至边坝界公路、布托湖公路等重大项目进展顺利。嘎曲流域防洪堤、布塔乡防洪堤、桑多

乡防洪工程、觉恩乡河道治理等项目顺利竣工；当堆电站及线路延伸项目实施顺利；实施小型农田水利重点县项目，农田灌溉面积不断扩张；克服困难稳步推进“5·11”地震灾后重建，4000余名受灾群众入住新居；集中整治土地私下交易和私搭乱建行为，依法拆除私搭乱建327户，收回的300余亩违法交易土地实施义务植树，实现绿化全覆盖；高度重视村级组织活动场所标准化建设，开工建设22个村委会，17个村级组织活动场所达到标准化要求，基层政权得到进一步巩固和加强。

我们聚焦民生事业。新建县二中学、实验小学、第二幼儿园、武钢幼儿园、公共体育场等项目，进展顺利，完成15个村级幼儿园、8个乡镇小学改造扩建工程；持之以恒抓好控辍保学，适龄青少年学前、小学、中学到位率分别达到97%、99.86%、96.8%，义务教育均衡发展顺利通过国家督导评估组评估检查。投资5124万元启动县人民医院改扩建工程，投入1919万元新建标准化卫生院7个，实施卫生院标准化查漏补缺2个；全面完成了“一村一室”工作，基层医疗服务基本全覆盖。大型民族歌舞诗“梦回溯源——热巴丁青”在拉萨首演成功，《象雄藏文书法唐卡大集》创造大世界基尼斯世界纪录，成功举办第十七届热巴文化旅游艺术节暨冰川音乐节、第二届“琼”文化论坛，得到了广大人民群众的广泛赞誉。全年接待游客93258人次，实现旅游综合收入1247万元，同比增长17%。开展农牧民技能培训15期，培训518人，新增就业380人，农牧区富余劳动力转移就业16861人次，转移就业收入4600万元，城镇登记失业率控制在2.5%以内；城镇居民医疗保险参保率达到98.8%，城镇职工医疗保险参保率达到99.5%，工伤保险参保率达到99.5%，生育保险参保率达到99.5%。严格按照各项创建指标要求推进“七城同创”工作，成功入选全市首个“全国文明县城”提名城市。

我们深化改革开放。持续深化“放管服”改革，积极开展“一次性办到底”改革，大力推广村居指导员、服务员、宣传员“三员”工程，着力解决“门好进、脸好看、事难办”问题，行政效率和服务质量不断提高，完成县城不动产权籍测量，权籍调查完成75%，完成全县集体土地使用权定界工作；金融服务体系不断完善，存贷款余额分别达到8.45亿元和11.32亿元；全面落实招商引资各项政策，全年招商企业30家，协议资金8.3亿元，到位资金达2.28亿余元；加快推进商事制度改革，非公经济发展迅猛，各类市场主体突破4000户，注册资本达23亿元。

我们稳推生态提升。积极推进中央环保督查组交办、市转办等环境问题整改工作，建立健全长效管理机制；投入1631万元，实施退耕还林、义务植树营造林8695亩、145.21万株，投资5600万元的县城污水处理厂顺利完工；全面推行河湖长制工作，县、乡、村三级河湖长常态化开展巡河巡湖；制定印发《丁青县生态文明建设三年行动计划（2018年—2020年）》，力争到2020年创建“国家生态文明县”。

我们维护平安稳定。严格按照“防东守西、关注南北，捕捉异常、掌握规律，抓好常态、备好应急”24字维稳工作思路，充分发扬连续作战的优良作风，深入开展“扫黑除恶、打非治乱、扫黄打非”专项斗争，严厉打击涉黑类违法犯罪，推动人民调解、行政调解、司法调解、仲裁调解“多调联动”，深化矛盾纠纷排查化解；进一步落实安全生产责任制，突出抓好道路交通、建筑施工、危险化学品、消防、矿山等领域的安全生产工作，严防重特大安全事故的发生，广大群众的安全感和满意度持续提升。

同时，统计、审计、编译、地方志等各

项事业取得新成绩。

总体来看，我们在投资乏力、产业短腿的情况下，能够保持经济平稳运行、较好发展，是我们坚定不移地贯彻落实习近平新时代中国特色社会主义思想，坚决贯彻落实区、市一系列决策部署的结果，主要得益于：一是千方百计抓落实。面对大事、难事，心往一处想、劲往一处使，积极向上争取项目、调度经济工作，顶着压力扎实干、克服困难奋力拼，促进了各项工作顺利推进。二是千方百计抓项目。我们坚持项目建设“五比”举措不动摇，着眼长远办大事，上争外引抓投资，争取并实施了一批打基础、利长远、惠民生的大项目、好项目。三是千方百计抓产业。始终以农牧民增收为核心，充分尊重自然规律、市场规律，坚持依托资源禀赋，深化供给侧结构性改革，务实抓好特色文章，努力做大经济总量，有力提升发展质量。四是千方百计抓民生。坚持从善如流，问政于民，问需于民，让利于民，藏富于民，将有限的财力最大限度投在民生事业上，努力用干部的辛苦指数换取群众的幸福指数。

借此机会，特别向为全县经济、农村、脱贫事业付出艰辛努力、做出积极贡献的广大干部职工、政法干警、部队官兵和社会各界人士表示衷心的感谢！向大会上受到表彰的先进单位和个人表示热烈的祝贺！

（二）深刻把握全县发展仍然存在和面临的严峻挑战。一年来的成绩大家有目共睹，同时也应清醒地看到，该县欠发达的基本县情没有根本改变，经济发展内生动力不足，过度依赖投资，缺乏支撑县域经济发展的大项目，招商引资氛围不浓、成效不明显，面临发展不足的挑战。产业基础薄弱，产业结构还不够科学合理，先布点、再布局的规划没有得到落实，产业项目带动力和影响力不强效益不高，农牧业现代化、特色产业培育任重道远，“虫草老大”的问题远未从根本上改变，面临产业不强的挑战。同步建成小康社会任务紧迫艰巨，城乡发展不平衡、不充分问题依然突出，基础设施、基本公共服务能力仍有一些短板和难题，与人民群众对美好生活的向往还有一定差距，面临民生欠账的挑战。安全生产和生态环保形势依然严峻，社会治理还有不少薄弱环节和风险隐患，面临安全稳定的挑战。个别干部惰性思维、惯性依赖还不同程度存在，在思维观念、工作方式、纪律作风、自身能力等方面还不适应新时代的发展要求，出生医学证明窗口设置不合理事件，严重影响了党委政府形象，影响了党群干群关系，面临执政能力的挑战，等等。对此，我们必须要增强忧患意识、紧迫意识，坚持问题导向，强化担当作为，采取有力举措，认真加以解决。

（三）深刻把握全县发展迎来和蕴藏的难得机遇。一元复始，万象更新，站在新的起点，该县既面临严峻挑战，更面临许多难得机遇，这是我们的信心之源。

政策机遇更好。中央特殊关心支持西藏的优势没有改变，援藏省市、企业对口支援力度只增不减，乡村振兴战略、农村人居环境整治三年行动、兴边富民行动、自然灾害防治“八大工程”的实施，供给侧结构性改革、农村土地制度改革的推进，与全县人民息息相关，给该县发展带来了更多的政策红利。

发展方向更明。区党委紧紧围绕改善民生、凝聚人心这个出发点和落脚点，从民生改善、项目建设、脱贫攻坚和乡村振兴、生态文明、产业发展、深化改革六个方面提出了具体要求；市委聚焦补短板、优环境、抓创新、建市场集中发力，大力实施“七大提升行动”；特别是县委围绕四个坚持，从“十个聚焦、十个着力”明确了今年经济、农村和脱贫攻坚的思路目标，与中央精神、区市要求在本质上高度一致，与丁青的具体实际完全契合，是中央、区、市各项决策部署在该县的具体化、实践化、特色化，全县改革发展的方向更明确、路径更清晰。

干群意愿更强。全县上下在县委、县政府的坚强领导下，坚定信心、主动作为，稳增长、促改革、调结构、惠民生、防风险各项工作不断取得新成绩、实现新突破，广大干部群众干事创业的愿望更强、激情更高、劲头更足，这也是我们攻坚克难，做好各项工作的底气所在。只要我们始终保持敢为人先的魄力，始终保持奋发有为的状态，变压力为动力、变危机为机遇、变论道为实干，就一定能在高质量发展的新时代征程中争得主动、占得优势、赢得未来。

二、聚焦目标，趁势而上，在高质量发展进程中开创丁青新局面

今年是决胜全面建成小康社会第一个百年奋斗目标的关键之年，也是顺利实现“十三五”规划的关键一年，做好经济工作至关重要。我们必须坚持以习近平新时代中国特色社会主义思想为指导，全面贯彻党的十九大和十九届二中、三中全会以及中央经济工作会议、中央第六次西藏工作座谈会精神，贯彻习近平总书记关于治边稳藏的重要论述和一系列重要指示批示精神，统筹推进“五位一体”总体布局，协调推进“四个全面”战略布局，坚持以人民为中心的发展思想，坚持稳中求进、进中求好、补齐短板、提高质量、改善民生工作总基调，把改善民生、凝聚人心作为经济工作的出发点和落脚点，坚持新发展理念，坚持推动高质量发展，坚持以供给侧结构性改革为主线，坚持深化市场化改革，扩大高水平开放，落实“六稳”要求，以处理好“十三对关系”的根本方法，加快建设现代化经济体系，继续打好三大攻坚战特别是脱贫攻坚战，深入推进乡村振兴，着力提高微观主体活力，突出保障和改善民生，注重提高质量、均衡发展，扎实做好稳增长、促改革、调结构、惠民生、防风险工作，增强人民群众的获得感、幸福感和安全感，促进经济持续健康发展和社会大局稳定，为全面建成小康社会收官打下决定性基础，以优异成绩迎接中华人民共和国成立70周年、西藏民主改革60周年。

综合考虑各方面因素，经认真分析研判，今年该县经济社会发展的主要预期目标是：地方生产总值同比增长10.5%（可比价），一般公共预算收入同比增长12%，社会消费品零售总额同比增长18%以上，城镇居民人均可支配收入同比增长10%，农村居民人均可支配收入同比增长13%以上、力争达到16%，居民价格控制在4%以内，城镇登记失业率控制在3%以内。

稳中求进是做好新时代经济工作的方法论，高质量发展是新时代发展的总特征。要实现今年的目标，必须进一步保持战略定力、坚定必胜信心、明确主攻方向、对标加压奋进，扎扎实实办好丁青自己的事，努力跑出高质量发展丁青加速度。为确保完成上述奋斗目标，结合丁青县实际，今年政府工作重点是：“三个七”工作任务，即着眼“七个重点”，抓好“七个坚持”，打造“七个新丁青”。

*（一）以产业发展为重点，坚持工业强县，全力打造崛起新丁青。*要保持全县经济持续发展的良好势头，必须坚持工业强县战略不能动摇，要按照高质量发展要求，坚持依托资源、依据市场、依靠创新、依赖环境，严格按照先布点、再布局总体原则，进一步优化产业格局，壮大产业规模，提升产业层次，把实体经济的根基筑得更牢、扎得更深。

一是园区载体要更有活力。园区是产业发展的第一阵地，是工业经济发展的主战场，廊通园区要借助市委、市政府关于“形成以市经开区为龙头，丁青等县产业园区为支撑的创新发展新格局”部署要求，充分发挥“产城互动”优势和交通区位优势，加大基础设施投入力度，配套生活服务设施，搭建起园区发展大框架，进一步提升园区发展的承载力；要加快园区内蓝天圣洁农畜产品加工厂、型煤加工厂、扶贫商贸楼、汽配汽贸中心等重大项目建设，加强与有意向企业对接，争取小商品集散中心、牦牛肉加工厂等项目落地，全力推进签约项目早日落地，开工项目尽快投产，投产项目达产达效，想方设法推动物流园区项目建设有实质性进展；要探索建立园区管理体制机制，全面激发创新活力，逐步实现“园区体制现代化、运行机制市场化、园区服务社会化”目标。

二是特色产业要更有实力。要按照“东小蓝西油菜，南养殖北畜牧”的产业发展基本思路，立足丁青生态优势和产业基础，围绕蓝天圣洁品牌，突出特色化、差异化、集约化发展路径，努力提高资源利用率、土地产出率、劳动生产率、产品市场率，增强产业发展实力，提升产品质量。要紧扣物流集散中心建设，培育壮大智慧物流、城乡快递，构建立体式现代物流产业格局。要注重龙头企业、特色品牌培育，加强产品营销推介，综合运用各类推介会、特色展销店等线下平台，积极探索发展淘宝、京东等网络平台，推广直供直销等营销模式，不断提升丁青特色产品知名度和影响力。

三是文旅服务要更有亲力。围绕昌都全域旅游示范城市创建，依托该县特有的文化旅游资源，主动对接国道317、国道214旅游线路，充分挖掘各类旅游资源文化内涵，把文化融入吃住行游购娱各个环节，开发生态风光、文化风情、绿色产品、民俗体验等旅游资源，全面提升商贸、餐饮、住宿等行业标准化服务水平，支持战略合作者或民间投资主体包装开发差异化、特色化旅游项目，加大对孜珠寺景区创A工作申报力度，建立完善布托湖基础设施，启动布迦雪山·炜茸冰川旅游规划，叫响“琼布·丁青”旅游品牌。

四是投资环境要更有引力。不折不扣落实招商引资优惠政策，抢抓先机，兑现承诺，提供服务，多措并举降低企业用工、审批、融资、物流及水、电等要素投入成本，打造投资“洼地”、发展“高地”。围绕破解产业项目建设和民营经济发展中的要素制约，推动资金投入向产业项目倾斜，要素保障向产业项目集中；推动普惠金融政策有效落地，将金融活水引向产业项目和实体经济，鼓励和支持银企更好更深更实地合作；用好国家对民营企业、退役军人、重点群体等税收优惠政策，引导和鼓励企业家组建产业投资联盟，拓宽民营企业融资途径；落实各项补贴政策，开展“春风行动”等专项招聘活动，帮助企业解决用工难题，确保投资客商不仅能招得来，还要留得住，更能发展得好，最终实现企地双赢。

（二）以项目建设为重点，坚持投资拉动，全力打造宜居新丁青。该县作为典型的投资拉动型经济，项目建设是县域发展的重要支撑，关系发展质量，决定发展后劲，无论是稳增长、促转型，还是搞建设、惠民生，都要靠项目来支撑，靠项目来实现。从情况看，项目少、投资小，基础设施短板明显依然是制约全县经济发展的主要症结。因此，我们要牢固树立抓项目就是抓发展，抓大项目就是抓大发展的思想，争取一批大项目，干成一批好工程。

一要全力抓好项目谋划。项目谋划是项目建设的第一颗扣子，必须做深、做实、做细，发改、住建、水利、交通等部门，要认真研究国家政策，紧盯国家和区、市资金投向，对接“十三五”规划，立足丁青区位和发展定位，以群众需求为导向，充分考虑环保、土地等因素，找准确立本系统、本领域的重大项目，认真谋划编制一批打基础、管长远、惠民生的大项目、好项目，做实做细立项前的支撑性文件，在跑办上下足功夫，确保项目快速落地、投产达效。同时，要全面启动“十四五”规划前期调研和项目库建设工作。

二要全力抓好项目建设。今年拟计划开复工项目123项，计划投资43.16亿元，截至2018年已完成投资7.75亿元，2019年计划完成投资19.26亿元。对已经确定实施的项目，尤其是审批类项目，发改、国土、环保、住建及相关职能部门，要对全县范围内项目建设涉及本系统的审批事项负总责，提前介入，搞好研究论证和政策服务，提高可研报告的成熟度，同步办理，限时办结；国土、林业部门要加大向上争取建设用地指标、推进集约节约用地和闲置土地清理处置利用力度，提前预审预判项目用地情况，加快土地指标申请报批，争取用最短的时间解决用地问题；环保部门要主动下沉，一次性解决刚性指标，避免项目因环保问题受限；各项目建设单位要严格程序、严格标准、严格要求，落实好招投标制度，坚决杜绝“打招呼、请托、围会”以及“跑风漏气”等各种干扰正常招投标工作的不端行为。项目主管部门要持续推动基础设施和公共服务全方位完善、品质化提升，争取交通项目完成8亿元以上的投资，加快推进丁青镇G317县岔口至布托村公路、桑多乡岔口至桑多村公路、甘岩乡至布堆村公路等26个续建工程建设，实施好已批复2条农村公路，积极争取剩余12个行政村通畅项目，年内建成投用县客运站，积极申报客运班线项目，推进客运路线向乡镇延伸。争取完成水利电力投资3亿元以上，完成当堆电站、巴登电站及线路延伸的建设任务，加快实施农村饮水安全巩固提升、小型农田水利重点县、新城区防洪堤工程等项目，积极争取嘎塔乡饲草料基地灌溉、丁青镇贡曲防洪工程等项目落地；加快电网建设，协调推进“三区两州”电力建设项目，实施巴达乡35千伏输变电线路、布塔乡35千伏输变电线路工程，年内完成总工程量的60%。要把县城提质的重点放在老城区，继续推动“以绿治违”，解决好路不平、灯不亮、供暖不热、绿化不好、给排水不通、服务管理不优、垃圾乱堆乱放等问题，让老城区焕发新面貌、老区人民过上新生活。

三要全力抓好项目调度。建立健全职能部门负责、项目化管理、协调调度等机制，严防“马拉松”工程、“频上访”工程，切实把项目资金转化成项目建设实物量。要在持续推进项目建设“五比”要求的基础上，分管领导要以身作则、以上率下，抓重点、攻难点，及时协调解决项目推进中存在的困难和问题，形成集中力量抓项目的良好氛围。各项目建设单位要建立项目工期台账，按季倒排工期、按月确定目标、按周细化任务，对项目建设进行贴身式服务、全流程跟进，直至竣工验收。要实行项目定期调度制度，由常务副县长牵头抓总，每月召开协调调度例会，及时解决项目建设过程中重大问题；县直部门要建立项目工作月度分析协调会，确保项目顺利推进。要健全工程项目民工工资保证金和违约金制度，完善用工合同，购置人身意外伤害保险，保证农民工合法权益；要加大项目推进督查力度，千方百计推动项目落地、落实，切实提高储备项目转化率、新建项目开工率、续建项目竣工率。

（三）以乡村振兴为重点，坚持“三农”优先，全力打造富裕新丁青。今明两年是全面建成小康社会的决胜期，“三农”领域有不少必须完成的硬任务。今年的中央一号文件谋划了今明两年“三农”工作，围绕全面建成小康社会总目标，中央提出了一系列到2020年必须完成的农村改革发展目标，比如，完成农村人居环境整治三年行动任务，实现农民人均可支配收入比2010年翻一番，确保农民生活达到小康水平等。全县各乡镇、各涉农部门的首要任务是深入贯彻中央一号文件精神，坚持以农牧业增效、农牧民增收、农牧区发展为目标，大力实施以“神圣国土守护者、幸福家园建设者”为主题的乡村振兴战略，统筹抓好“三农”工作，让广大农牧民群众的生活蒸蒸日上，越过越红火。

一要围绕产业兴旺，让农牧业变得更强。坚持市场导向，广泛推广现代化农业生产模式，以二级良种繁育田标准化高产创建及测土配方等项目工作为抓手，积极推进良种推广工作，着力在稳粮优经扩饲上做文章，推动“小农业”向特色农业迈进，在粮食作物种植面积保持在10.12万亩以上的基础上，今年继续拓宽经济作物种植面积，种植油菜1万亩，小蓝青稞2.5万亩，蔬菜4300亩，饲草料5000亩，云朵玫瑰500亩；强势推动畜牧产业做大做强，努力打破以家庭为基本单元的单、散、弱、粗模式，争取牧户家庭集中起来、组织起来，严格实行以草定畜、划区轮牧，优化畜群畜种结构，提高防灾保畜能力，推进畜牧业产业化、商品化，要依托已建成的牦牛育肥基地、生态养殖园，加大畜牧改良，抓好短期育肥，提高畜禽出栏率，增加本地肉、奶、酥油等市场比例。同时，发挥“世界第三极”“人间净土”“虫草之乡”的优势，打造生态品牌、高端品牌，做足“三塔”品牌，向区内外提供绿色无污染的生态农畜产品。

二要围绕生态宜居，让农牧区变得更美。坚持改善人居环境，同农牧区经济发展水平相适应、同当地文化和风土人情相协调，大力实施农村人居环境整治三年行动，抓实农村厕所革命、农村生活垃圾治理、农村生活污水治理、村庄清洁四个专项行动，推广生活垃圾“户分类、村收集、乡转运、县处理”模式，整合资金、力量实施美丽宜居示范村庄建设，推进生态乡（镇）、生态村创建工作。依托已建成的扶贫易地搬迁、灾后重建住房和美丽新农村等，充分发挥辐射带动作用，加强农村土地规划管理，认真开展土地增减挂钩工作，落实宅基地修补测，严格执行“按程序审批、按规划实施、按新农村标准建设、按相对集中”原则规范农村建房秩序，引领带动全县美丽宜居新农村建设上台阶、上水平。持续强化社会主义核心价值观教育和法治文化建设，深入开展“四讲四爱”主题教育实践活动，将厚德建设融入村规民约，引导村民践行遵守，积极倡导早晚刷一次牙、每天洗一次脚、三天洗一次衣服、每周打扫一次室内卫生、每月洗一次澡、每季度理一次发“六个一”健康行为，严厉打击“跑夜”行为，打造淳朴文明的良好乡风，努力构建自治、法治、德治相结合的新时代乡村治理体系。

三要围绕生活富裕，让农牧民变得更富。坚持把农牧民增收作为“三农”工作的头等大事，进一步拓宽农牧民增收渠道。要落实各项惠民政策，进一步规范政策操作，全面推行惠民资金“一卡通”，强化审计监管，确保惠民政策资金不折不扣、及时足额兑现到群众手中，大力宣传各项惠民利民政策，使群众真正明白惠从何来、恩向谁报。要支持鼓励当地农牧民群众参与工程项目建设，在施工企业保障项目建设吸纳当地群众务工人数不低于总用工量的30%以上的前提下，把技术难度小、农牧民施工队有能力承建的项目全部交由农牧民施工队实施。要以农村产权制度改革为载体，加快农村土地流转，积极培育种养大户、家庭农场、农牧民专业合作社和农牧业产业化龙头企业等新型经营主体，推行“企业+合作社+农牧户”发展模式，提高农牧民在产业链、价值链中的利益分享。要促进农牧民就业创业，落实好就业创业有关政策措施和奖励补助，鼓励支持唐卡、藏刀、泥塑制作等民间工艺的发展，培育一批家庭工场、手工作坊，提供更多就业岗位，有效增加农牧民工资性收入；要坚持市场导向，主动对接企业用工需求，用心规划，精心组织技能培训、创业指导，让农牧民群众享有一技之长，引导群众入企就业、外出务工、创业就业，促进多渠道转移就业。

（四）以脱贫攻坚为重点，坚持巩固提升，全力打造小康新丁青。坚持将脱贫攻坚作为头等大事和第一民生工程，强化脱贫攻坚2020年交总账意识，以今年基本消除绝对贫困人口为目标，持续保持攻坚态势，紧盯“两不愁、三保障”，坚决落实“摘帽不摘政策、摘帽不摘责任、摘帽不摘帮扶、摘帽不摘监管”要求，持之以恒抓好扶贫领域腐败和作风建设治理工作，巩固提升脱贫成效，坚决打赢脱贫攻坚战。

一要抓好年度减贫任务。紧盯今年解决281户872名贫困人口脱贫问题，找准致贫原因，区分贫困类型，把扶贫和扶志、扶智相结合，既不降低标准，也不吊高胃口，逐户制定帮扶计划，采取力度更大、针对性更强、作用更直接、效果更可持续的措施，集中力量开展扶持，重点解决因病致贫、因残和无劳动能力致贫等深度贫困问题，持续增加贫困农户收入，确保达到稳定脱贫标准。同时，对实现稳定脱贫的2914户、12492人开展脱贫成效巩固工作，防范“今年脱贫明年返贫”现象发生，做到所有政策件件落地，覆盖对象个个精准，务求扶贫政策在脱贫成果上看得出，受益群众说得出，台账资料反映得出，经得起历史检验。

二要抓实扶贫产业发展。一方面做好已建产业项目的正常运行，健全利益联结机制，确保每个产业项目发挥应有效益，让建档立卡受益户真正依靠产业增收致富。另一方面加大在建项目的监管力度，按照“归口”原则，对2017—2018年未完工的产业项目，加大督促力度，保障按期完工并发挥效益。同时，紧紧围绕全县产业布局和产业扶贫规划，加快实施已报批总投资1.03亿元的觉恩乡红土豆加工生产线项目、丁青县商品集散中心、丁青县农业生态园食用菌项目、农业综合开发孵化基地等4个产业项目的招投标和前期相关准备工作，确保覆盖带动181户、543名贫困群众持续增收。

三要抓细跟踪帮扶机制。要推动建档立卡动态管理常态化，对因病、因灾等不稳定因素返贫人口启动返贫预警机制，通过及时开展医疗救助、保障兜底、社会帮扶等措施，更加注重培养贫困群众内生动力和自我发展能力，最大限度减少和防止贫困人口返贫。要全面摸查易地搬迁入住情况，排查搬迁户产业配套和转移就业情况，按照“缺什么、补什么”要求，从搬迁入住、产业扶持、转移就业、社区管理等方面入手，加大帮扶力度，做好安置点社区管理和服务保障，持续提升公共服务水平，真正实现“搬得出、留得住、富得起”目标。同时，关注建档立卡外边缘低收入人口，把现状摸清、问题找准，弄清边缘人口具体数量、困难所在，制定具体意见，加大各项惠民政策及生态岗位、转移就业等扶贫政策倾斜力度，最大程度阻断返贫退路，切实控制返贫率。

四要抓紧查漏补缺工作。脱贫攻坚涉及面广、工作任务重、涉及部门多，资料要求高，各级各部门要切实下足绣花功夫，对标短板，及时更新补充好相关资料，确保档案资料规范完成。要围绕中央第三巡视组对脱贫攻坚专项巡视反馈问题，对照清单逐一整改，做到整改一个、销号一个要求，做到有台账、有措施、有结果，对存在的问题彻底整改到位，要加强对问题整改的督导检查，对整改不力、敷衍塞责的，严肃追责问责，为迎接区、市巡视巡查及2019年中央脱贫攻坚成效考核准备工作。要盯紧无房户、危房户、新分户和长期借住亲戚朋友家中这一类群体，找准原因，分类施测，用好危房改造、“棚户区”改造等政策，切实解决群众住房问题。

（五）以生态文明为重点，坚持保护环境，全力打造美丽新丁青。以创建生态文明示范县为目标，树牢绿色发展理念，落实环境保护责任，坚守生态红线底线，提升大环保工作格局，持续推进中央、自治区环保督察反馈意见整改，做好“回头看”工作，强化依法保护和综合治理，加强环境保护法律法规宣传，深入推进大气、水、土壤污染治理攻坚，倡导绿色生活，让绿色成为丁青最美的底色。

一要打好“净土保卫战”。全面实施“土十条”，强化土壤污染管控和修复，加强农业面源污染防治，加快推进垃圾分类处置，推进生活垃圾资源化利用。持续推进国土绿化行动，坚持增绿、增景、增效，紧盯荒山、荒坡、废弃地，大力开展生态造林绿化，年内完成义务植树、“两江四河”造林项目营造林6588亩，精心实施好新一轮退耕还林，加快实施木塔乡、布塔乡生态修复工程，稳妥推进布托湖国家湿地公园试点工作前期机构设施和公园确界工作。同时，要坚持造林绿化与日常管护并重，发挥好生态岗位作用，严格封山育林，严厉打击盗伐林木和破坏绿化行为。

二要打好“蓝天保卫战”。严格落实“大气十条”，严格建筑工地、道路交通、渣土运输等扬尘治理，最大限度管控餐饮油烟、成品油气、垃圾秸秆焚烧等面源污染；严格执行环保“三同时”制度要求，严把新建项目审批关，严禁高污染、高耗能、高耗水项目上马；加快“煤改电”“煤改气”，引导广大居民践行低碳生产生活方式，确保空气质量综合指数持续保持优良。

三要打好“碧水保卫战”。深入实施“水十条”，严格落实“河长制”，开展河湖流域岸线划定，制定县、乡、村三级巡河考核目标，全面落实巡河制度，集中开展河湖“清四乱”专项行动，系统治理河湖水域岸线和水资源、水生态、水环境问题，推动“河长制”加快从“有名”向“有实”转变。加强江河源头、水库、重点水源地保护，严格控制用水总量、提高用水效率，加强节约用水管理，严格执行水资源论证，按标准征收水资源费用；启用县城污水处理厂，推进县城污水处理标准化、规范化；要进一步规范河道采沙行为，依法履行相关手续，加大执法巡查力度，严厉打击河道非法采砂行为，有效遏制河道非法采砂乱象。

（六）以深化改革为重点，坚持为民谋福，全力打造活力新丁青。要在全面按期完成本轮机构改革任务、推动党委政府职能深刻转变、提升政务服务质量和效率的基础上，科学把握改革精神、改革部署和改革要求，不折不扣落实中央各项改革任务，通过改革释放发展活力、增进人民群众福祉、激励干部担当作为。

一要深化“放管服”改革。切实做好保留和调整的行政审批事项后续服务管理，优化备案流程，提高行政审批效率；要持续开展“减证便民”行动，通过减事项、减层级、减材料、减环节、减时间，进一步优化流程，提高办事效率，杜绝“奇葩证明”“循环证明”；要全面梳理各类政务服务事项，大幅提高即办件比例，缩短群众企业办事时限，特别是公安、人社、卫计、国土、民政、食药、安监、环保、工商等便民服务窗口单位，要率先向社会公布一批企业和公众办事“最多跑一次”政务服务事项，着力解决群众和企业反映强烈的办事难、办事慢、办事繁等突出问题，做到“马上办”；要完善政务服务中心大厅办事功能，推动政务服务事项应驻尽驻，优化窗口设置，积极践行“一窗受理、一站办结”，为工作人员和办事群众营造安全、整洁、舒适的办事环境；要全面实施“多证合一、一照一码”改革，进一步放宽市场准入，抓好“证照分离”改革，切实减少各种不必要的证，解决企业“准入不准营”的问题，构建“亲”“清”新型政商关系，千方百计营造重商、亲商、安商、富商的良好氛围。

二要深化金融财税体制改革。牢固树立过紧日子思想，完善财政预算管理制度，调整优化财政支出结构，全力保障教育、卫生、脱贫攻坚、惠民资金等公共事业和民生资金，及时足额拨付各项惠民资金，加大预决算公开力度，原则上全年不办理预算追加，加快推进国库集中支付改革制度，扎实推进“一卡通”改革工作，全面落实惠民资金全部通过“一卡通”发放；落实减税降费政策，清理规范涉企收费，加大对乱收费的查处和整治力度；用好用足金融信用县优势，积极引导金融部门加大对实体经济的支持力度，打造金融诚信体系，促使实体经济运行呈现健康、向上的态势；同时，要打好防范化解重大风险攻坚战，突出抓好防范化解金融风险，有效防控政府债务风险，强化高负债企业约束，全力防范化解扶贫小额贷款风险，严厉打击非法集资等违法违规金融活动。

三要深化农村集体产权制度改革。完善农村土地“三权分置”政策，积极鼓励土地流转，支持发展土地流转、股份合作、代耕代种、土地托管等多种形式的规模经营，培育壮大新型经营主体，不断提升农牧业生产效益，推动资源变资产、资金变股金、农牧民变股东“三变”改革和农村宅基地登记确权制度，拓展农业增收渠道，持续增加农牧民财产性和生产经营性收入。同时，要统筹抓好教育、卫生、统计、国企等领域各项改革工作。

（七）以民生改善为重点，坚持以人为本，全力打造幸福新丁青。始终把人民对美好生活的向往作为奋斗目标，全面推进幼有所育、学有所教、劳有所得、病有所医、老有所养、住有所居、弱有所扶，不断改善人民生活、增进人民福祉，让幸福丁青的内涵更丰富。

一要着力构建均衡化、优质化的社会事业网。加快振兴教育事业，巩固义务教育均衡发展成果，努力实现职业教育发展新突破，启动素质教育迎检准备工作，深入实施教育教学质量提升行动计划；建成县二中、实验小学、二幼、青青幼儿园，积极筹备开校、开园工作；致力于解决好教育发展中的突出问题，深化教育改革，抓实控辍保学，强化师资管理，通过实施教育信息化提升计划，提升教师教育信息技术应用水平；实施师德师风及能力提升计划，提升教师整体素质；继续推动学前教育联盟行动，提升学前教育水平，努力让每一个孩子都能享有公平而有质量的教育。持续推进全民健康，加快建设人民医院综合楼，完善配套设施，着力改善医疗卫生条件；深入推进县乡医疗卫生机构一体化改革，加快医疗信息化建设，优化医疗服务流程，使广大群众看病就医更加便捷高效；开展“优质服务进基层”活动，充分发挥“传帮带”作用，做实做细基本医疗、基本公共卫生服务和家庭医生签约服务等工作，使优质医疗资源下沉与乡镇卫生院服务能力提升实现有机互动；围绕继承和发扬传统医学，大力发展藏医药事业，不断提升广大群众的健康获得感。繁荣文化体育事业，坚持以文化提升城乡品位、树立丁青形象，深入挖掘、系统整理琼文化资源，支持热巴、唐卡等文化产业发展壮大，打造一批在全市、全区叫得响的文化品牌。培育和践行社会主义核心价值观，扎实开展文化下乡、全民阅读、文明创建、“厚德人物”评选等活动，新建全民体育馆，广泛开展群众文体活动不断丰富群众的文化生活。

二要着力构建高层次、广覆盖的社会保障网。全面落实稳就业政策，做好高校毕业生、农村转移劳动力、城镇就业困难人员、退役军人等重点群体就业工作。切实维护劳动者合法权益，保障农民工工资足额发放。做好残疾人、低保对象等困难群体就业援助工作，完善最低生活保障制度，做到应保尽保、应助尽助。进一步健全基本养老、基本医疗和失业、工伤、生育等社会保障制度，确保城镇职工养老保险参保450人，城乡居民养老保险参保37991人，城镇职工基本医疗保险参保2533人，城镇居民基本医疗保险参保2804人，失业保险参保1390人，工伤保险参保2340人，生育保险参保2242人。继续实施保障性住房建设工程，新建710套公租房，棚户区改造123户，公开、公平、公正分配114套已建成公租房，逐步解决困难群众住房问题。

三要着力构建全方位、立体化的社会平安网。树牢依法治县理念，抓实法治丁青、平安丁青建设，认真落实“谁执法、谁普法”的普法责任，扎实推进“七五”普法，提高全民法治素养。要强化服务管理，加强治安巡逻，提高街面见警率，全力构建立体化社会治安防控体系。要重点引深“扫黑除恶、打非治乱、扫黄打非”专项斗争，紧盯涉黑涉恶案件、黑恶势力经济基础、背后“关系网”“保护伞”不放，在打防并举、标本兼治上下功夫，切实把专项斗争向纵深推进。要全面落实党的民族宗教政策、惠寺利僧政策，严守“三个不增加”底线，确保宗教和睦、佛事和顺、寺庙和谐。要注重矛盾纠纷排查化解，解决好群众反映的突出问题，实现“案结事了、息诉罢访”。要全面落实安全生产党政领导责任，强化安全生产监管执法，扎实开展隐患排查治理，特别是要加大对矿山、危险化学品、地质灾害、道路交通、建筑施工、人员密集场所等重点行业领域的专项整治力度，切实消除各类风险隐患，坚决杜绝较大及以上生产安全事故发生，确保全县安全生产形势持续稳定好转。要全面提升食药监管水平，打造放心市场、放心商店、放心餐饮，切实保障广大群众饮食用药安全。要强化国防教育和国防后备力量建设，鼓励引导有志有为青年踊跃参军。要加强应急管理队伍建设，提高应急处突能力水平。同时，要支持工会、妇联、共青团等人民团体工作；统筹做好统计、审计、编制、地方志等工作，促进社会事业全面进步。

三、解放思想，开拓创新，在务实担当抓落实中彰显丁青作为

施政之要，重在实干，贵在落实。要坚持干字当头、干字为要，少说多干，埋头苦干，说了就算，定了就干，干就干好，圆满完成各项经济工作任务。

一要压实发展责任。对于今年确定的重点工程、重大事项、重要工作，要细化、量化、具体化序时进度、措施办法，注意建立工作台账，落实责任到岗到人，主要领导亲自抓、分管领导重点抓、具体工作专人抓，一级抓一级、层层抓落实，确保部署的工作件件有落实、事事有回音。

二要勇于担当作为。必须有“功成不必在我”的境界，更要有“功成必定有我”的担当。面对困难不说“不能干”，迎接挑战多想“如何干”，敢啃硬骨头，敢为天下先，凡是认准的就要一抓到底，凡是定下的就要按期交账，凡是承诺的就要办成办好。各级领导干部要以上率下、靠前指挥、下沉督战，进一步深化政府党组“六讲六做”活动，推动县委、县政府各项决策落地生根、开花结果。

三要提升服务效能。坚持把群众所盼、

企业所需作为第一信号，从反映最强烈的问题抓起，从问题最集中的领域抓起，坚决整治不作为、乱作为、中梗阻、下梗阻等顽疾，优化社会环境和营商环境。政府系统深入开展“丁青为家·政府为业”大讨论，深化“三个一十”工作制度，完善“十个一”工作法，推动各项工作见人见事、见效见果。

四要改进工作作风。坚决摒弃“做一天和尚撞一天钟”“不求有功，但求无过”的思想，坚决克服“慢、懒、散、浮”的问题，严防“四风”反弹，强化效能监察、实绩考核、督察督办，切实提高执行力。要大兴调查研究之风，放下架子、扑下身子，“心到”基层、“身入”一线，认真开展好县委“大排查”及政府“大调研”活动，抓住百姓最急最忧最怨的问题，解决好群众最关心最直接最现实的利益问题，察实情、出实招、办实事、求实效。

五要抓好政治生态。加强党的政治建设，树牢“四个意识”，增强“四个自信”，做到“两个维护”，严明政治纪律和政治规矩，扎实开展“不忘初心、牢记使命”主题教育，确保红线不触、底线不破、边线不越。严格依法依规办事，构建“亲”“清”新型政商关系，自觉接受人大法律监督、政协民主监督和社会舆论监督。严格执行中央“八项规定”和新修订的实施细则，严控“三公”经费，保持严惩腐败高压态势，切实做到干部清正、政府清廉、政治清明。

丁青县第十二届人民代表大会常务委员会工作报告

——在丁青县第十二届人民代表大会第四次会议上

（2018年4月11日）

县委常委、县人大常务委员会主任　巴桑次仁

一年来主要工作

2017年，在县委的坚强领导下，在“一府两院”的大力支持以及代表们的共同努力下，常委会以习近平新时代中国特色社会主义思想为指引，深入学习贯彻习近平总书记“治边稳藏”重要战略思想和“加强民族团结、建设美丽西藏”重要指示以及给隆子县玉麦乡群众回信精神，贯彻落实区党委稳藏兴藏系列决策部署，紧紧围绕统筹推进“五位一体”总体布局和协调推进“四个全面”战略布局，紧扣县委提出的“7654”工作思路，把扎实推进丁青长足发展和长治久安作为履职目标，坚持党的领导、人民当家做主和依法治国有机统一，依法行使宪法法律赋予的职权，各项工作取得新进展、新成效，为全县经济社会发展和民主法治建设作出了新贡献。一年来，丁青县人大常委会共召开5次常委会会议、6次主任会议、9次党组会议，听取和审议政府1—9月经济运行情况、1—9月政府半年财政预算执行情况、精准扶贫工作和政府两部门负责人的述职报告，批准1项决算决议和1项预算调整方案，检查县人民法院和县人民检察院的阳光司法工作，检查8部法律法规条例执行情况，开展12次专题调研；作出审议意见8项，审议通过关于个别代表的代表资格的报告及公告1个；补选市人大代表3名，决定和批准任免国家机关工作人员30人，全部进行了宪法宣誓，较好地完成了丁青县第十二届人民代表大会二次会议确定的各项任务，取得了一定的成效。

一、坚持党的领导，维护工作大局

常委会始终把坚持党的领导贯彻于人大工作的全方位、全过程，统筹推进各项工作的开展，保障县委的决策部署在全县工作中得到全面贯彻和有效执行。一是自觉接受县委对人大工作的领导。常委会牢固树立“四个意识”特别是核心意识和看齐意识，自觉把人大工作置于党的领导之下，开展重点工作，召开重要会议，组织重要活动，做出重大决定，均事先向县委请示、汇报，保证人大工作与县委的要求同步合拍。及时传达学习中央、自治区、昌都市人大工作会议精神，认真贯彻落实《中共西藏自治区委员会关于进一步加强和改进人大工作的意见》《中共西藏自治区人大常委会党组关于加强县乡人大工作和建设的实施意见》。围绕全县脱贫攻坚工作，倾心做好扶贫联系点、联系户的结对帮扶工作，竭力为基层群众办实事、做好事、解难事，努力发挥人大作用，切实履行职责，圆满完成各项任务。二是牢固树立大局意识。常委会在党委的领导下，

围绕党委中心依法履职尽责，正确处理对“一府两院”的监督关系，确保人大在监督工作中，不插手、不越位、不越权，在经济发展，维护稳定中发挥积极作用，决定重大事项中牢牢把握政治方向，以实现党委决策主张为根本，着力增强人大履行职能更加规范化，把党的主张同人民的意志有机统一，认真履行宪法和法律赋予的权限，认真贯彻党委决策部署的落实，凝心聚力，形成合力，共同推动发展稳定各项工作。三是牢固树立稳定压倒一切的思想。切实把维护稳定作为第一责任和硬任务，深入开展反分裂、维护祖国统一和社会长治久安工作。常委会领导班子积极参与每年三月、虫草采挖采集季节、十九大安保工作情况的维稳蹲点督导，确保联系乡镇“三无”“三不出”。

二、突出重点，不断增强监督实效

围绕县委工作重点难点，开展监督和跟踪问效，常委会始终把围绕中心，服务大局，在监督中跟踪、在跟踪中服务，在服务中落实。一是强化对经济工作的监督。常委会听取和审议2017年1—9月国民经济和社会发展计划执行情况报告，督促政府正确处理好稳增长、调结构、强改革、促支撑、惠民生、保稳定、防风险之间的关系，抓重点、强弱项、补短板，加强重点项目、重点产业、重点城镇建设，既完成好年初确定的发展目标任务，又加快经济结构调整和产业优化升级步伐。加强财政预算决算审查监督，听取和审议2016年财政决算和2017年1—9月预算执行情况、2016年财政预算执行情况、2017年财政预算收支安排变化情况等报告，依法审查批准2016年度财政决算2017年预算调整，促进政府依法理财，严格收支管理，健全事权与支出责任相适应的转移支付制度体系，加强审计查出问题整改落实，提高财政资金使用效益。二是强化对依法行政的监督。认真开展执法检查，强力推进依法行政。常委会加大依法行政监督力度，拓宽监督渠道，积极探索监督形式，促进和保障宪法、法律在丁青县的贯彻实施，推进依法治县，为全县经济社会发展营造良好法治环境。常委会综合运用执法检查、听取专项汇报、座谈、实地察看等多种方式，先后对《中华人民共和国档案法》、《西藏自治区实施〈中华人民共和国档案法〉办法》和《西藏自治区实施〈中华人民共和国水法〉办法》、《西藏自治区实施〈中华人民共和国水土保持法〉办法》、《中华人民共和国教师法》、《西藏自治区实施〈教师法〉办法》、《中华人民共和国消防法》、《中华人民共和国邮政法》和《西藏自治区邮政条例》等法律法规实施情况，开展执法检查，认真检查法律法规贯彻执行情况及存在的问题，形成了专题执法检查意见反馈给政府整改落实，强化问题导向，跟踪督查工作，确保法律法规和党委重大决策部署的贯彻落实，有效推动政府依法行政。三是强化对司法工作的监督。为维护和促进司法公正，常委会对丁青县人民法院、丁青县人民检察院的阳光司法工作开展情况和司法体制改革等进行监督检查，推进阳光执法廉洁司法，确保每一件司法案件的公平、正义，依法秉公办事公正司法。组织区、市、县三级人大代表对公安机关执法规范化建设进行视察，规范公安机关队伍文明执法、规范执法，提升执法素质。四是强化民生保障的监督。为进一步维护人民群众的根本利益，常委会高度重视保障和改善民生，围绕精准扶贫、易地扶贫搬迁、支农惠农政策落实等工作开展专项监督。组织区、市、县三级人大代表深入基层开展调研，并专门听取政府精准扶贫精准脱贫工作开展情况，县人大常委会提出意见，明确责任，分类监督，合力发挥扶贫效果。还督促政府完善对保障性住房、草补资金、规范财政收支、民生领域的投入机制和价格调控、重点项目工程进行监督，推动各项民生工作见实效。五是强化对环境保护工作的监督。为推进美丽丁青建设，持续开展“2017年中华世纪环保行——西藏行”专项检查活动，对全县河道治理、垃圾填埋场、污水处理厂、沙场、水源地、重大项目建设等地进行了监督检查调研，对环保法、环评法、水土保持法执行情况进行检查，督促政府、环保部门和项目单位认真落实生态文明建设责任制，普及绿色文明和生态环保法律法规，推动了生态文明建设。认真审议《丁青国土绿化实施办法》。为构建生态安全屏障，加大宣传力度，在全县范围内组织开展全民环保宣誓活动，营造全民环保氛围，确保丁青的山绿水清美丽丁青建设。

三、深化代表工作，发挥代表主体作用

强化组织，优化服务，充分发挥代表主体作用。县人大常委会始终坚持代表的主体地位，把代表工作作为人大工作的基础，完善代表工作机制，强化服务保障，构建代表依法履职平台，充分发挥代表作用。一是加强议案督办，增强代表履职动力。今年县人大十二届二次会议共收到各类有效批评、建议和意见37件，这些批评、建议和意见涉及全县的政治、经济、文化、建设、卫生等各个方面，按照《监督法》规定，37件全部办理完结。并在规定时限内分别向建议提出的代表逐一答复，所有建议、批评和意见均已全部答复完毕，办复率达100%，其中办理非常满意12件，满意19件，基本满意6件。二是加强代表联系，提高履职能力。认真落实常委会组成人员联系代表、代表联系选举单位和人民群众的“两联系”制度。常委会组成人员按照分工，分别联系13个乡镇人大主席团和人大代表。并采取召开专题讲座、实例宣传、专业法律知识宣讲等方式轮流对各乡（镇）人大主席团和各级人大代表进行了培训，对108名县乡两级农牧民人大代表进行集中学习培训，通过代表培训和基层人大机构工作经验交流，增强了代表为人民服务意识，引导代表正确行使职权和履行职责，提高了各乡（镇）人大主席团和各级人大代表依法履职水平，为更好地发挥人大机构基层作用提供了有效的保障。三是拓宽代表知政渠道，保障议政权。本届人大常委会严格落实人大代表列席常委会制度，每次召开县人大常委会邀请县级人大代表列席会议，确保任期内每位代表都能列席一次常委会。在2017年召开的人大常委会中共邀请了28名农牧民代表列席会议。通过听取和审议的“一府两院”专项报告和部门负责人所作的述职报告，接受媒体采访向人民报告制度等措施，赢得广大人民群众的广泛好评。依法保障了人大代表知情权、议政权。四是丰富代表调研视察活动，拓宽履职视野。扎实开展代表调研视察活动。根据年初县人大常委会工作要点和计划，紧扣改善民生为工作要求，组织区、市、县、乡四级人大代表75人次对脱贫攻坚、灾后重建、易地扶贫搬迁、防汛工作、环境保护、阳光司法、规范执法等进行调研视察，进一步拓宽代表履职视野。确保了全县人民普遍关注的领域和行业更加规范化和制度化，提升人民群众的满意度，提升党委、政府在人民群众心目中的公信力。

四、深化改革，健全机构

常委会要坚持把落实自治区党委、自治人大工作会议精神和市委、市人大工作意见作为主抓手，推动县乡人大全面贯彻落实中央、区党委和市委部署要求。结合深化民主法制领域改革，全面落实常委会已出台的改革举措，积极推进年度改革任务。以增强监督实效为目标，采取人大上下联动的形式开展检查和调研；加强对常委会审议意见的跟踪问效，更多地在常委会会议、主任会议上听取审议意见落实情况的汇报，推动审议意见落实。把加强监督工作与决定重大事项结合起来，根据需要就监督中涉及的重大问题依法作出决定决议，增强监督的刚性和效力。一是加强规范性文件备案审查工作。进一步规范备案范围，完善备案程序和审查程序，强化备案审查能力建设，对《丁青县国土绿化实施办法》进行审查。二是完善人大常委会述职评议和专项工作评议制度。“一府两院”组成人员及工作部门每届任期内至少向同级人大常委会报告一次履职情况，并接受评议。同时还要支持和配合人大及其常委会开展执法检查、视察调研、询问质询等活动。三是加强指导夯实基层人大。抓人大工作重点是抓基层人大，常委会领导多次深入基层指导乡镇人大工作，从而提升基层人大工作人员的业务水平和工作热情，加强对全县人大主席的培训，进一步规范基层人大工作走向法制化、规范化的轨道。四是深化改革，健全机构。全面推进中央、区党委、市委决策部署贯彻落实，在县委的领导和支持下，县人大及其常委会增设“一室三委”机构，配备精干人员，建立健全县级人大机构，完善人大职能，强化监督力量，增强执法力度，确保人大工作民主化、法治化、制度化、规范化、科学化水平发展。五是扎实做好监察委员会设立筹备工作。深化国家监察机制改革是党的十九大作出的重大决策部署，是全面从严治党向纵深发展，夺取反腐败斗争压倒性胜利的必然要求。县人大常委会高度重视此项工作，按照《全国人民代表大会常务委员会关于在全国各地推开国家监察体制改革试点工作的决定》和区党委、市委、县委要求，主动配合县监察体制改革领导小组工作，召开丁青县第十二届人民代表大会第三次会议，选举产生丁青县监察委员会主任，县监察委员会副主任、委员，圆满完成了丁青县监察委员会组建工作。

五、不断加强自身建设，提高履职能力

常委会十分注重自身建设，通过学习宪法、监督法、选举法、代表法等相关法律、法规以及学习党十九大精神丰富了常委会组成人员业务知识和政治理论素质，提高了常委会依法履职的能力。一是强化思想政治建设。把学习党的十九大精神作为当前首要政治任务，在学懂弄通上下功夫，原汁原味的学习，真正的领会十九大精神，切实把思想和行动统一到十九大重要思想、重大理论、重大判断上来，用习近平新时代中国特色社会主义思想武装头脑，把学习十九大精神的成果转化为坚决维护党中央权威的坚定行动，转化为人大工作的强大动力。二是强化政策理论学习。深入学习贯彻落实党的十九大、自治区党委九届三次全会、市委一届六、七次全会精神和党中央、区党委、市委关于人大工作的重要文件精神，推动县乡人大全面贯彻落实中央、区党委和市委部署要求，扎实推进全县人大系统各项工作。三是加强人大干部业务培训，提升工作能力。常委会积极组织常委会委员22名和乡镇人大主席12名开展培训。组织2名县人大常委会主任、副主任，到北京基层人大负责人集中培训，天津南开区人大挂职锻炼，使人大干部综合能力有了进一步提升。四是健全和完善人大工作机制。从制度层面着手建章立制，建立工作机制，健全和完善人大常委会议事规则和流程，健全常委会会议学习制度，建立党组会议和理论学习制度，完善人大“三会一课”制度，编制《人大机关工作制度汇编》十四项。用制度规范各项工作，用机制促进人大工作上台阶。五是扎实推进“两学一做”。人大党组狠抓“两学一做”教育常态化制度化。组织召开“政治合格”“执行纪律合格”“品德合格”3个专题研讨会，撰写发言材料15篇、心得体会15篇，学习笔记达45000字以上。

六、强化从严治党，推进作风建设

一是严明纪律，强化作风建设。人大

常委会党组坚定不移落实全面从严治党的新部署新要求，加强人大机关干部队伍作风建设，严格按照党内监督条例要求，管党员管干部，严禁在丁青人大系统出现拉票贿选和腐败问题，保障各项选举任务工作风清气正。严格落实中央八项规定精神和自治区“约法十章”“九项要求”，切实改进人大机关工作作风。二是落实责任，从严治党。根据党风廉政建设目标责任要求，人大党组书记与各党组成员、各专委会、办公室层层签订《2017年度丁青县党风廉政建设目标责任书》，把党风廉政建设目标责任制纳入常态化管理。加强党员领导干部对《中国共产党章程》《中国共产党党员领导干部廉洁从政若干准则》《中国共产党党内监督条例（试行）》和《中国共产党纪律处分条例》《坚决制止领导干部借婚丧喜庆事宜大操大办收钱敛财》等文件进行认真进行学习。继续在党员干部中开展以党性、党风、党纪为主要内容的学习，做到党风廉政建设入脑入心。

一年来，县人大常委会的工作虽然取得了一定的成绩，但也存在着一些不足：一是对“一府两院”的工作监督和法律监督还需进一步深化；二是“一府两院”对人大依法监督工作的认识还不足，对人大反馈的有关意见落实力度不够；三是对有法不依、执法不严、违法必究现象工作力度还需进一步加强；四是人大常委会和各专门委员会组织制度和工作制度需进一步完善；五是代表工作还需进一步加强，代表联系群众的力度和广度要加强，对乡镇人大工作的监督指导还需进一步加强；六是人大自身建设有待于加强。县人大常委会将在县委的领导下和上级人大的有力指导下用习近平新时代中国特色社会主义理论武装头脑，紧紧依靠全县各级人大代表和各族人民群众的支持，以习近平新时代中国特色社会主义思想和十九大精神为指导，更好地履行宪法和法律赋予的职能，不忘初心，牢记使命，为决胜全面建成小康社会而努力奋斗。

2018年的主要工作任务

2018年是改革开放四十周年，也是全面学习贯彻党的十九大精神的开局之年，更是实施“十三五”规划中期规划、打好防范化解重大风险、精准脱贫、污染防治三大攻坚战和实施乡村振兴战略的关键一年。县人大常委会将继续深入学习贯彻党的十九大和习近平总书记关于做好人大工作的一系列重要指示精神，全面贯彻落实中央第六次西藏工作座谈会和自治区第九次党代会、区党委九届二次、三次全委会，市委一届六次、七次全委会精神，紧紧围绕、服从服务于长足发展和长治久安总目标，坚持党的领导、人民当家做主、依法治国有机统一，按照健全人民当家做主制度体系、发展社会主义民主政治的部署要求，坚持学习贯彻党的十九大精神这条主线，把县、乡两级人大机构建设成为全面担负起宪法法律赋予的各项职责的工作机关和同人民群众保持密切联系的代表机关，认真履行宪法法律赋予的各项职权，不忘初心，牢记使命，砥砺奋进，努力以新的精神状态和奋斗姿态探索新实践、展现新作为。重点做好以下工作：

一、学习十九大，推动新时代人大工作与时俱进

深入贯彻十九大精神，关键在落实，重点看成效。常委会将紧紧围绕十九大报告对人大工作提出的新要求、新任务，以系统化思维谋划今后一个时期人大的行权重点、履职难点、创新亮点。自觉以十九大的新思想、新观点、新论断审视人大工作，自觉把习近平新时代中国特色社会主义思想贯穿于依法行使监督、决定、任免等职权的全过程，坚持县委对人大工作的领导，自觉同一切削弱、歪曲、否定党的领导和我国社会主义制度的言行做坚决斗争，坚定不移捍卫中国特色社会主义制度和民族区域自治制度，增强做好人大工作的政治责任感和历史使命感，把思想和行动统一到党的十九大和区党委九届三次全委会、市委一届七次全委会精神上来，统一到中央、自治区和市、县经济工作会议精神上来，始终在政治立场、政治方向、政治原则、政治道路上同党中央、区党委、市委、县委保持高度一致，坚定不移推动人大工作沿着正确政治方向前进。

二、完善监督工作机制，强化人大履职监督实效

围绕打好防范化解重大风险、精准脱贫、污染防治三大攻坚战和实施乡村振兴战略等重点工作，开展法律监督和工作监督，按照包括选题、组织、报告、审议、整改、反馈6个环节的“全链条”工作流程，运用执法检查、视察、调研等工作方式，深化专题询问监督，落实审议意见跟踪问效，探索开展工作评议，确保对“一府一委两院”的工作有效监督。

一是依法有效监督行政执行。对2017年财政决算、财政预算调整情况，2018年上半年财政预算执行情况进行审议。开展“十三五”规划纲要实施中期评估、国有资产管理、深化农业供给侧结构性改革、开展地方政府债务、脱贫攻坚等专项监督。

二是依法有效监督法律执行。检查新修订的宪法和新出台的监察法、统计法、大气污染防治法、农产品质量安全法、传染病防治法、代表法等法律的实施。加大规范性文件备案审查工作和能力建设，推进合宪性审查工作，坚决纠正违宪违法行为。

三是依法有效监督民生执行。围绕乡村振兴战略，视察新农村建设、乡村社会治理、土地确权登记、脱贫攻坚政策执行情况。听取审议财政医疗卫生资金分配使用、义务教育均衡发展、各项惠民资金的落实等专项报告。

四是依法有效监督监察、司法执行。加强对监察工作的监督，听取审议监委会监察体制改革试点情况、监察法执行情况的报告。维护司法公正，听取审议人民法院解决“执行难”，人民检察院加强民事诉讼和执行活动法律监督等专项报告。

五是依法有效监督环境保护。开展对生态补偿、草原生态环境保护、落实“河湖长制”情况等专题调研。重点对环境质量状况和环境保护目标完成、2018年中华世纪环保行——西藏行、污染防治、污染排放总量控制以及重点领域环境综合整治进行监督。

三、依法有序，履行重大事项决定和人事任免权

紧扣县委中心工作，认真贯彻落实《关于健全人大讨论重大事项制度、各级政府重大决策出台前向本级人大报告的实施意见》文件精神，结合实际，把握讨论决定重大事项的重点和范围，在深入了解民情，充分汲取民智的基础上，认真审议改革发展、社情民意、群众关心的重大事项，通过法定程序将县委的决策部署转化为全县人民的共同意志，让重大事项决定权更好地服务于全县改革、发展、稳定工作大局。坚持党管干部和人大依法行使任命权的有机统一，严格依法履行人大任免工作程序。加强对任命干部的监督，执行宪法宣誓制度，完善工作评议和述职评议机制。

四、强化服务，着力改进代表履职工作机制

人大代表来自人民，是人民代表大会的主体，也是做好人大工作的源泉和动力。常委会坚持代表主体地位，高度重视代表工作，积极为代表发挥作用创造条件、提供保障。健全代表工作各项制度，支持和保障代表依法履职，更好发挥代表工作积极性。坚持把办理代表意见和建议与推动“一府一委两院”改进工作有机结合起来，规范代表意见和建议的办理，强化办理力度，提高办理实效。丰富与代表联系方式和渠道，邀请基层人大代表参加常委会、专门委员会的视察、调研、执法检查和列席常委会，增强闭会期间代表活动实效。落实常委会委员联系代表及代表联系其选举单位制度。精心组织代表履职培训，通过多种形式培训学习进一步提高代表的履职能力。

五、尽心尽职，维护社会和谐稳定

充分发挥人大工作独特优势和人大代表的积极作用，围绕三月、虫草采挖季节等重要时段，坚持守土有责、守土尽责，深入开展反分裂斗争、加强民族团结、维护祖国统一，贯彻落实习近平总书记给西藏隆子县玉麦乡牧民卓嘎、央宗姐妹的回信精神，做神圣国土的守护者、幸福家园的建设者。

六、与时俱进，全面加强人大自身建设

强化政治建设。严格贯彻执行《中共中央政治局关于加强和维护党中央集中统一领导的若干规定》，牢固树立“四个意识”特别是核心意识和看齐意识，坚定“四个自信”和“五个认同”，把对党忠诚、为党分忧、为党尽责、为民造福作为根本政治担当，切实发挥人大常委会党组的领导核心作用，加强民族团结、维护祖国统一，坚定不移反对分裂，始终与党中央、区党委、市委、县委保持一个声音、一个步调、一个提法。强化廉政建设。认真贯彻落实中央“八项规定”实施细则，强化不敢腐的震慑，扎牢不能腐的笼子，增强不想腐的自觉，按照区党委、市委、县委要求，切实做好党风廉政建设工作。强化作风建设。聚焦忠诚干净担当，以求真务实的作风扎实做好人大各项工作，使人大工作真正严起来实起来新起来好起来。强化制度建设。进一步加强人大制度建设，制定出台县人大常委会讨论决定重大事项制度，完善激励保障和责任追究制度，激发干事创业活力。强化服务建设。从具体细节入手，从办文、办会、办事抓起，从工作作风改起，从工作质量严起，一个问题一个问题解决，一项指标一项指标提高，努力以严的措施和实的要求提升办公室“三服务”水平。强化能力建设。立足“八项本领”建设，加强对乡镇人大工作作用发挥的指导，加强机关干部能力建设，加大人大代表和人大工作人员培训力度，提升履职能力和工作水平，建设一支高素质干部队伍。

政府工作报告

——在丁青县第十二届人民代表大会第五次会议上

（2019年4月10日）

县委常委、县人民政府常务副县长　旺加顿珠

2018年政府工作回顾

2018年是丁青县爬坡过坎、充满挑战的一年，也是奋发有为、满载收获的一年。一年来，在自治区党委、政府，市委、市政府和县委的坚强领导下，在县人大、政协的监督支持下，在天津市、宝武钢集团的无私援助下，我们团结依靠全县人民，按照县委总体发展思路，解放思想，坚定信心，攻坚克难，拼搏实干，圆满完成了县十二届人大四次会议确定的各项任务，全县经济社会保持了健康快速发展的良好态势。

——这是一个不忘初心牢记使命的强县之年。我们始终坚持以习近平新时代中国特色社会主义思想武装头脑、指导实践、推动工作，牢固树立“四个意识”，坚定“四个自信”，坚决做到“两个维护”，把坚持党对一切工作的领导贯穿政府工作各方面和全过程，准确把握新时代新要求，紧密联系政府工作实际，认真贯彻落实中央方针政策和区、市、县委各项决策部署，切实做到政令畅通、令行禁止。

——这是一个干事氛围空前高涨的实干之年。在充满机遇与挑战的历程中，我们始终坚持把维护人民群众根本利益作为一切工作的出发点和落脚点，建成了一批打基础、利长远、增后劲、惠民生的重大项目，办成了一批与基层群众生产生活息息相关的好事实事，取得了一定的成绩，丁青进入了投资力度最大、干事创业氛围最浓、综合实力提升最快、城乡面貌变化最大、群众获得感最强的时期。

——这是一个勇于担当彰显本色的攻坚之年。过去一年，脱贫攻坚、环保督查、国土调查、拆违棚改、维护稳定等任务急难险重、相互交织，面对巨大挑战和空前压力，广大干部发扬顽强拼搏、连续作战的精神，勇于担当，敢于碰硬，迎难而上，统筹发力，精准扶贫顺利通过第三方评估，实现脱贫摘帽，教育均衡发展通过验收检查考评，啃下了一大批难啃的硬骨头，经受住了各种风险考验，展现出丁青干部特有的精气神。

——这是一个内强素质外塑形象的蝶变之年。坚持把廉政建设作为政府工作的重要保障，紧盯重大工程、重点领域、关键岗位，加大督查审计力度，深入开展反腐倡廉工作。严控“三公”经费，坚决整治领导干部利用虫草等特殊资源特殊产品谋取私利问题；巩固落实中央八项规定精神，强力正风肃纪，针对不作为慢作为、文山会海等突出问题，采取过硬措施，坚决加以整治，确保干部清正、政府清廉、政治清明。

——这是一个改革创新不断进取的关键之年。我们坚持以建设服务型政府为目

标，严格遵守宪法、法律和行政法规，更新服务理念、完善服务功能、创新服务手段、提高服务质量，不断深化重要领域和关键环节改革，提高行政效率和能力，大力推行政务公开，运用新媒体手段及时回应社会关切问题，不断提高政府工作的透明度和群众满意度，让权力在阳光下运行。创新性开展县委“一核心五主体”“三员”工程等自选动作，结合“三员工程”明确“水工、电工、理发工”三工192名，开设民生代办点64个，明确指导员64名，服务员、宣传员各128名。

2018年，我们突出抓了九个方面的工作：

一年来，我们坚持发展要务，经济实力明显增强。全县上下积极应对经济下行压力，深入推进供给侧结构性改革，持之以恒推动经济高质量转型发展，在稳增长方面取得了重大进展和突破。全县地方生产总值达到13.4亿元，同比增长10.4%；三次产业结构比例调整为28.1：28.4：43.5，农牧民人均纯收入达到11220元，同比增长15.03%；城镇居民人均可支配收入达到31496元，同比增长10.2%；工业总产值完成2800万元，同比增长3.9%；总财力达到16.6亿元，同比增长24.8%，县级财政一般预算收入完成8516万元（其中税收收入完成2748万元），同比增长10.2%；社会消费品零售总额完成4.14亿元，同比增长20.2%；银行存贷款余额分别达到8.45亿元和11.32亿元；电信营业收入完成2080万元，同比增长13.48%；邮政营业收入完成243万元，同比增长12.5%；经济稳定运行在合理区间，经济正在向高质量发展的方向稳步迈进。

一年来，我们坚持筑本强基，重点工程强力推进。始终坚持以项目建设为引领，一切围绕项目转、一切盯着项目干，不断夯实发展基础。全年开复工项目共计184项，完成固定资产投资13.6亿元。新续建道路交通项目53项，总投资8.25亿元，里程合计138.23千米，县城连接廊通新区大桥建成投用，斜拉山隧道、桑多公路、当堆至边坝界公路、布托湖公路等重大交通项目进展顺利，截至2018年底，全县通车里程达到1824.298千米，13个乡镇全部畅通；64个建制村（居）委会道路通达率100%，其中42个建制村（居）委会道路已通畅，通畅率66%。新续建水利项目12项（含市管项目），总投资5.09亿元，已完成投资3.97亿元，完成总投资的78%，布塔乡水电站、布塔电站线路延伸工程、桑多防洪工程、“5·11”地震灾后重建嘎曲流域安置点防洪工程、“5·11”地震灾后重建布塔乡安置点防洪工程、2017年水利工程运行与维护补助项目已顺利完工并通过验收；市管项目当堆电站及当堆电站线路延伸工程总投资3.11亿元，当堆电站线路延伸工程已完工，当堆电站已完成1亿元建设任务；实施易地扶贫搬迁安置点饮水工程，有效解决贫困群众安全饮水问题，实现13个乡镇全部通水，村居通水率92%，自然村通水率82%，户通水率75.2%，人口通水率76.7%；全年实施农牧项目5项，完成972万元投资，实施深松整地2230亩，实施小型农田水利重点县项目，农田灌溉面积不断扩张；实施易地扶贫搬迁安置点饮水工程，有效解决贫困群众安全饮水问题。全面实施教育基础建设，投入1.88亿元，新建第二初级中学、第二实验小学及武钢青青幼儿园；投资8059万元实施卫生事业，县人民医院改扩建、疾控中心妇幼保健院改扩建、6个乡镇卫生院标准化建设等项目进展顺利。全面落实招商引资各项政策，全年招商企业30家，协议资金8.3亿元，到位资金达2.28亿元；优化准入、管理和退出机制，非公经济发展迅猛，各类市场主体突破4000户，注册资本达23亿元。经济发展后劲不断增强，富裕丁青的建设步履铿锵有力。

一年来，我们坚持精准施策，三大攻坚战果丰硕。坚持以脱贫攻坚统揽经济社会发展全局，牢牢守住发展和生态两条底线，落实高质量发展要求，集中精力打好三大攻坚战。一是脱贫攻坚战果丰硕。按照先布点再布局的总体原则，投入资金1.59亿元，实施产业项目10个，带动1021人脱贫致富；31个易地搬迁安置点全部完工，6525名建档立卡贫困人口乔迁新居；新招收生态岗位3880人，累计20897人吃上“生态饭”；57名建档立卡在校大学生获教育补助金65万元，190名新考录大学生获资助12万元；落实农村低保资金1176万元，医疗救助、临时救助困难群众166人次；继续深入实施行业扶贫、社会扶贫、援藏扶贫，大力改善贫困地区基础设施、公共服务水平，不断补齐脱贫攻坚短板。通过全县上下共同努力，全年实现59户207人稳定脱贫，贫困发生率降至0.99%，顺利通过国务院脱贫摘帽第三方专项评估验收。二是重大风险有效防范。坚持常观大势、常思大局，将防范化解重大风险摆在突出位置，科学预见形势发展走向和隐藏其中的风险挑战，稳妥化解政府存量债务。常态化开展防范非法集资宣传教育和摸底排查工作，群众自我保护意识有所增强，坚决整治和有力打击非法集资、违法违规套利等非法活动，金融秩序持续趋好。三是污染防治成效显著。全面完成中央环保督察反馈的11个问题整改工作，积极推进自治区环保督查组反馈问题整改。大力开展环保宣传活动，常态化开展虫草采集点垃圾清运工作，严格落实环境影响评价和环保“三同时”制度。投入1631万元，实施退耕还林、义务植树营造林8695亩、145.21万株；完成畜禽养殖禁养区划定23个地块共计2.5万公顷。投资5600万元的县城污水处理厂顺利完工，成功申报布托湖国家湿地公园（试点）。全面推行河湖长制工作，县、乡、村三级河湖长常态化开展巡河巡湖。

一年来，我们坚持民生优先，群众福祉大幅提升。坚持以人民为中心的发展思想，绵绵用力、久久为功，群众获得感幸福感更加充实、更可持续。一是教育事业充满活力。新建县第二中学、实验小学、第二幼儿园、武钢青青幼儿园、公共体育场等项目，进展顺利，完成15个村级幼儿园、8个乡镇小学改造扩建工程；持之以恒抓好控辍保学，适龄青少年学前、小学、中学到位率分别达到97%、99.86%、96.8%，教学质量稳步提升，全县小学生18名考入其他省市西藏初中班、中学生23名考入其他省市西藏高中班，位列全昌都市11县区第二，共计300余名学生考入大学；义务教育均衡发展顺利通过国家督导评估组评估检查。二是卫计工作扎实有力。投资5124万元启动县人民医院改扩建工程，投资1125万元新建县级疾控中心，投入1919万元新建标准化卫生院7个，实施卫生院标准化查漏补缺2个；全面完成了“一村一室”工作，基层医疗服务基本全覆盖。对700余名白内障患者进行筛查，免费治疗246名，集中治疗重特大疾病患者69名、先天性心脏病患儿21名、唇裂患儿16名、精神病患者5名；深入实施“组团式”医疗援藏，进一步提高诊疗服务能力，危急重症病人抢救成功率达到90.88%，门诊量、住院量、手术量分别比上年增长22%、10.12%、19.3%，患者满意度达到95%，较上年提高6%；持续推进“两降一升”工作，住院分娩率达到73.1%，孕妇死亡率降低至0.47‰、5岁以下儿童死亡率降低至4.2‰；扎实做好包虫病筛查和“六病”普查工作。三是文化旅游更有实力。大型民族歌舞诗“梦回溯源——琼热巴”在拉萨首演成功，《象雄藏文书法唐卡大集》创造大世界基尼斯世界纪录；在全区首届热巴舞展演中获团体“金鼓奖”等6项奖项；成功举办第十七届热巴文化旅游艺术节暨冰川音乐节、第二届“琼”文化论坛、“第二届琼布最强音”歌手大赛，积极开展各类文艺活动55次；成功申报县级非遗24项，并开展

“首届民族民间‘萨瓦然达’挑战赛”等非遗传统活动15次；投入182.4万元，建成64个标准化村文化室，投入10万余元组建5个村级群众文艺队；投入文物安全保护经费650.5万元，申报县级文化产业基地8个，含市级文化产业基地3个；县文化活动中心接待人数6000余人次，县图书馆接待人数337人次，借阅图书648册次；全年接待游客93258人次，实现旅游综合收入1247万元，同比增长17%。四是社会保障精准发力。开展农牧民技能培训16期，培训518人，新增就业380人，农牧区富余劳动力转移就业16861人次，转移就业收入4600万元，城镇登记失业率控制在2.5%以内；城镇居民医疗保险参保率达到98.8%，城镇职工医疗保险参保率达到99.5%，工伤保险参保率达到99.5%，生育保险参保率达到99.5%，各类保险财政配套资金达到7150.41万元。共发放临时救助金58.7万元，救助157人；开展医疗救助1924人次，发放救助金442.6万元；开展流浪人员救助72人次，发放救助金2万元；对全县60岁以上复退军人和残疾军人发放抚恤金27.8万元；将7名手足残疾儿童送至重庆长城医院进行全免手术，对5名重度精神病患者送至重庆九龙坡卫生服务中心进行救助治疗；五是广电事业蓬勃发展。发放“户户通”卫星接收设备7000套，接收中央1台、西藏1台等优质频道12个，广播、电视、“户户通”覆盖率分别达到100%、96.4%、100%，成功开展“首届基层记者培训”、深入推进“2131”工程。严格按照各项创建指标要求推进“七城同创”工作，出台《丁青县生态文明建设三年行动计划（2018年—2020年）》，成功入选全市首个“全国文明县城”提名城市。

一年来，我们坚持城乡统筹，人居环境更加优美。着眼全域，整体推进，加快打造美丽县城、美丽乡村。高度重视村级组织活动场所标准化建设，投资3909.36万元开工建设30个村委会，其中新建22个、功能提升8个，基层政权得到进一步巩固和加强。克服资金短缺、施工期短、气候恶劣等重重困难，稳步推进“5·11”地震灾后重建工作，4000余名受灾群众喜迁新居；集中整治土地私下交易和私搭乱建行为，依法拆除私搭乱建327户，194户入住棚户区改造住房，46户返乡，收回300余亩违法交易土地实施义务植树，实现绿化全覆盖。不断引导群众按程序、按规划、按标准依法建房，城乡格局不断优化。聚焦群众最关心、最现实、最急需解决的环境卫生难题，广泛动员各方力量，扎实开展爱国卫生运动，改变影响人居环境的不良习惯，推动解决城乡环境“脏乱差”问题。城市管理水平不断提升，功能配套日趋完善，投资5600.18万元，新建协雄乡污水处理厂1座，投入209.13万元建成15个村级简易垃圾收集池，县城生活垃圾无害化处理率达98%。城乡面貌明显改善，琼布丁青的立体颜值持续提高。

一年来，我们坚持深化改革，经济活力不断释放。持续推进不动产登记制度改革，完成县城不动产权籍测量，权籍调查完成80%，累计颁发《不动产权证书》190宗，《不动产登记证明》42宗；全面完成13个乡（镇）64个村（居）农村集体土地使用确权登记发证工作，实测集体土地2597宗地、40.95万亩；全面完成农村土地（耕地）承包经营权确权登记颁证工作，共计实施11个乡镇、58个行政村、9217户、15.87万个地块实测面积20.75万亩，签订合同9217户，颁发证书9217件；完成粮食生产功能区划定任务9.73万亩；扎实开展集体林权制度改革，已完成1145户合同签订，共3788.8亩；继续深化“放管服”改革，完善权责清单制度建设，公示2017年度统一规范的县政府权责清单置换；加快推进商事制度改革，严控新设行政许可，严格按照《昌都市市级常用行政审批事项目录》要求，从公示之日至今，全县未增加任何行政许可审批事项。完成党政群机关统一社会信用代码赋码及换证4家单位；积极推进乡（镇）便民服务大厅规范化建设，将所有承接和为民服务事项全部纳入乡（镇）便民服务中心办理，实现了“一个窗口受理、一站式审批、一条龙服务”，完成工商“五证合一”工作；全面推行向乡（镇）简政放权工作，将11类52个方面行政职权一放到底，提升了基层组织的服务能力水平。

一年来，我们坚持产业带动，园区建设规模初显。继续深入推进农牧业供给侧结构性改革，促进农牧业提质增效、农牧民增收。全年粮食作物种植10.12万亩，经济作物种植1.43万亩，实现粮食产量27030000千克，油菜产量1165000千克，蔬菜产量7665000千克；新生仔畜7.85万头（只、匹），成活率达97.2%，年末牲畜存栏数21.59万头（只、匹），出栏率达31.91%，肉类产品总产量8362吨，畜产品自给率逐年增长；全面启动规划面积300余亩的廊通产业园区开发，投资3.28亿元，实施高原菜籽油加工厂、型煤加工厂、冷链库、蓝天圣洁农畜产品加工厂、饲草料加工厂、藏药材加工厂、汽配汽贸中心等一批特色优势产业在开发区落地，进展顺利。

一年来，我们坚持综合治理，和谐局面筑牢巩固。严格按照“防东守西、关注南北，捕捉异常、掌握规律，抓好常态、备好应急”24字维稳工作思路，充分发扬连续作战的优良作风，深入开展“扫黑除恶、打非治乱、扫黄打非”专项斗争，严厉打击涉黑类违法犯罪；推动人民调解、行政调解、司法调解、仲裁调解“多调联动”，深化矛盾纠纷排查化解；进一步落实安全生产责任制，突出抓好道路交通、建筑施工、危险化学品、消防、矿山等领域的安全生产工作，严防重特大安全事故的发生，广大群众的安全感和满意度持续提升。

一年来，我们坚持规范高效，政府建设全面加强。扎实推进“两学一做”学习教育常态化制度化，深入开展政治纪律教育活动，“四讲四爱”群众教育实践活动和县委“大学习”“大查摆”活动，政府“大调研、大查摆”“六讲六做”活动，扎实做好中央巡视反馈问题整改落实工作。坚持依法行政、为民执政，持续深化作风建设，把解决群众最关心、最直接、最现实的利益问题作为工作重点，严格落实政府常务会、政府党组会等议事规则和议事程序，积极做好政务公开，着力加强调度督导，决策能力和落实水平不断提高。认真落实县人大及其常委会决定决议，主动接受县政协民主监督、社会监督和舆论监督，全年办理人大代表建议33件、政协委员提案56件。深入推进政府系统党风廉政建设，强化“一岗双责”，严肃查处“四风”和腐败问题，营造了风清气正的良好政治生态。同时，审计、统计、编译、地方志、老年人、残疾人、机构编制、国防教育等事业全面发展，工青妇等人民团体作用得到良好发挥，人民群众满意度、社会认可度、政府公信度不断提高。

各位代表，一年来，我们旗帜鲜明讲政治，齐心协力谋发展，扑下身子抓落实，顶住了压力，经受了考验，保持了经济社会发展稳中向好、稳中有进的良好势头。这些成绩的取得，是以习近平同志为核心的党中央坚强领导和党中央国务院对西藏特殊关心支持的结果，是区党委、政府，市委、市政府坚强领导和县委科学决策的结果，是县人大、县政协有效监督、鼎力支持的结果，是天津市、宝武钢集团无私援助的结果，是全县人民凝心聚力、团结实干的结果。在此，我代表县人民政府，向全县人民、各界人士、驻丁部队和公安干警，向所有关心支持丁青发展的朋友们，致以崇高的敬意和衷心的感谢！

各位代表，成绩值得肯定，但发展中不平衡不充分的问题更加不能忽视，主要有：经济总量依然偏小，产业层次偏低，发展基础十分薄弱，产业培育举步维艰，项目选择不精准，优势资源难以转变为经济优势、富民优势，富民增收的支柱产业尚未成型，产业效益发挥不明显，建档立卡户参与率不高；城镇化水平偏低，城乡之间差距较大，公共服务供给不均衡，合作社建立不规范，空壳村较多，环保、土地、融资等瓶颈制约更加明显，民生资金兑现不及时，“双拖欠”问题严重；面对新时代新要求，部分领导干部、公务人员境界不高，形式主义、官僚主义仍然存在，基层能力不足，执行力落实不够，不担当、不作为现象存在，学习意识、争先意识不强，行政服务效能、便民营商环境还需进一步改进。

面对人民群众对美好生活的殷切期盼，我们将聚焦问题统筹发力，抓重点、补短板、强弱项，以强有力的担当，做好丁青的各项事业。

2019政府工作的目标任务

今年政府工作的指导思想是：以习近平新时代中国特色社会主义思想为指导，全面贯彻党的十九大和十九届二中、三中全会以及中央经济工作会议、中央第六次西藏工作座谈会精神，贯彻习近平总书记关于治边稳藏的重要论述和一系列重要指示批示精神，统筹推进“五位一体”总体布局，协调推进“四个全面”战略布局，坚持以人民为中心的发展思想，坚持稳中求进、进中求好、补齐短板、提高质量、改善民生的工作总基调，把改善民生、凝聚人心作为经济工作的出发点和落脚点，坚持新发展理念，坚持推动高质量发展，坚持以供给侧结构性改革为主线，坚持深化市场化改革、扩大高水平开放，落实“六稳”要求，以处理好“十三对关系”为根本方法，加快建设现代化经济体系，继续打好三大攻坚战特别是脱贫攻坚战，深入推进乡村振兴，着力提高微观主体活力，突出保障和改善民生，注重提高质量、均衡发展，扎实做好稳增长、促改革、调结构、惠民生、防风险工作，增强人民群众的获得感、幸福感和安全感，促进经济持续健康发展和社会大局稳定，为全面建成小康社会收官打下决定性基础，以优异成绩迎接新中国成立70周年、西藏民主改革60周年。

今年全县经济主要预期目标是：地方生产总值同比增长10.5%（可比价），一般公共预算收入同比增长5.03%，城镇居民人均可支配收入同比增长10%，农村居民人均可支配收入同比增长13%以上、力争达到16%，社会消费品零售总额同比增长18%以上，城镇登记失业率控制在3%以内。

各位代表，时代潮流，浩浩荡荡。我们要有勇立改革开放潮头的精神，抢抓机遇、乘势而上，在更宽视野、更大格局中谋划丁青未来!

*第一，狠抓宏观调控，打造经济发展新丁青。*牢固树立底线思维、红线意识，健全完善工作机制，突出提高供给结构对需求变化的适应性和灵活性，创造新供给，释放新需求，扩大有效供给。坚持从生产供给侧入手，着力培育高附加值、绿色低碳、具有竞争力优势的产业，重点打造藏东高原特色农牧业、文化旅游业、水电矿产业等，突出解决供给体系与需求矛盾。牢固树立过紧日子思想，完善财政预算管理制度，调整优化财政支出结构，全力保障教育、卫生、脱贫攻坚、惠民资金等公共事业和民生资金，及时足额拨付各项惠民资金，加大预决算公开力度，加快推进国库集中支付改革制度，扎实推进“一卡通”改革工作，全面落实惠民资金全部通过“一卡通”发放；落实减税

降费政策，清理规范涉企收费，加大对乱收费的查处和整治力度；用好用足金融信用县优势，积极引导金融部门加大对实体经济的支持力度，打造金融诚信体系，逐步恢复新形势下县、乡（镇）供销社，促使实体经济运行呈现健康、向上的态势；大力发展现代物流业，实施电子商务提升行动，推进便民消费服务，不断释放消费潜力；持续推进大招商行动；进一步强化人才支撑作用，实施更加开放便捷的引才引技引智政策，解决人才供给不足问题；提高土地节约集约利用水平；加大高新技术企业、科技型中小企业申报服务力度，支持创新型企业发展，培育高新技术企业。加快新品种、新技术、新工艺和新产品转移转化，深入实施商标品牌战略，推进技术创新、质量创优、品牌创建。同时，不断健全和完善财政管理体制，增强财务人员管理意识，强化审计整改报告制度，落实“三公经费”公开制度，要打好防范化解重大风险攻坚战，突出抓好防范化解金融风险，有效防控政府债务风险，强化高负债企业约束，全力防范化解扶贫小额贷款风险，严厉打击非法集资等违法违规金融活动。

第二，狠抓脱贫攻坚，打造富民安居新丁青。坚持将脱贫攻坚作为头等大事和第一民生工程，强化脱贫攻坚2020年交总账意识，以今年基本消除绝对贫困为目标，持续保持攻坚态势，紧盯“两不愁、三保障”，坚决落实“摘帽不摘政策、摘帽不摘责任、摘帽不摘帮扶、摘帽不摘监管”要求，持之以恒抓好扶贫领域腐败和作风建设治理工作，巩固提升脱贫成效，坚决打赢脱贫攻坚战。一要抓好年度减贫任务。紧盯今年解决281户872名贫困人口脱贫问题，找准致贫原因，区分贫困类型，把扶贫和扶志、扶智相结合，既不降低标准，也不吊高胃口，逐户制定帮扶计划，采取力度更大、针对性更强、作用更直接、效果更可持续的措施，集中力量开展扶持，重点解决因病致贫、因残和无劳动能力致贫等深度贫困问题，持续增加贫困农户收入，确保达到稳定脱贫标准。同时，对实现稳定脱贫的2914户、12492人开展脱贫成效巩固工作，防范“今年脱贫明年返贫”现象发生，做到所有政策件件落地，覆盖对象个个精准，务求扶贫政策在脱贫成果上看得出，受益群众说得出，台账资料反映得出，经得起历史检验。二要抓实扶贫产业发展。一方面做好已建产业项目的正常运行，健全利益联结机制，确保每个产业项目发挥应有效益，让建档立卡户真正依靠产业增收致富。另一方面加大在建项目的监管力度，按照“归口”原则，对未完工的产业项目，加大督促力度，保障按期完工并发挥效益。同时，紧紧围绕全县产业布局和产业扶贫规划，加快实施已报批总投资1.03亿元的2019年觉恩乡红土豆加工生产线项目、丁青县商品集散中心、丁青县农业生态园食用菌项目、农业综合开发孵化基地4个产业项目的招投标和前期相关准备工作，以“飞地”模式带动十三个乡（镇）181户、543名贫困群众持续增收。三要抓细跟踪帮扶机制。要推动建档立卡动态管理常态化，对因病、因灾等不稳定因素返贫人口启动返贫预警机制，通过及时开展医疗救助、保障兜底、社会帮扶等措施，更加注重培养贫困群众内生动力和自我发展能力，最大限度减少和防止贫困人口返贫。要全面摸排查易地搬迁入住情况，排查搬迁户产业配套和转移就业情况，按照“缺什么、补什么”要求，从搬迁入住、产业扶持、转移就业、社区管理等方面入手，加大帮扶力度，做好安置点社区管理和服务保障，持续提升公共服务水平，真正实现“搬得出、留得住、富得起”目标。同时，关注建档立卡外边缘低收入人口，把现状摸清、问题找准、弄清边缘人口具体数量和困难所在，制定具体意见，加大各项惠民政策及生态岗位、转移就业等扶贫政策倾斜力度，最大程度降低致贫风险；四要抓紧查漏补缺工作。脱贫攻坚涉及面广、工作任务重、涉及部门多，资料要求高，各级各部门要切实下足绣花功夫，对标短板，及时更新补充好相关资料，确保档案资料规范完成。要围绕中央第三巡视组对脱贫攻坚专项巡视反馈问题、2016年以来各级督导检查组和自查发现的问题，对照问题清单，按照整改一个、销号一个的要求，做到有台账、有措施、有结果，对存在的问题彻底整改到位，要加强对问题整改的督导检查，对整改不力、敷衍塞责的，要严肃追责问责，做好迎接区、市巡视巡查及2019年中央脱贫攻坚成效考核准备工作。要盯紧无房户、危房户、新分户和长期借住亲戚朋友家中这一类群体，找准原因，分类施策，用好危房改造、“棚户区”改造等政策，切实解决群众住房问题。

第三，狠抓乡村振兴，打造城乡一体新丁青。乡村振兴是新时代下做好“三农”工作的总抓手，牢固树立抓乡村振兴促民生改善意识，实现农业效益大提升、农村面貌大改观、农民收入大增长。一是发展现代农业，努力提高资源利用率、土地产出率、劳动生产率、产品市场率，增强产业发展实力，提升产品质量。以农业供给侧结构性改革为主线，坚持质量兴农、绿色富农、品牌强农，持续推进农业特色优势产业发展，广泛推广现代化农业生产模式，实现种植粮食9.78万亩以上，促进粮食生产稳定、提质、增效；不断优化经济作物种植结构，提升经济效益，种植油菜1万亩，蔬菜0.79万亩，土豆0.4万亩，青饲料0.48万亩；加快养殖产业化进程，加强重大动物疫情防控，加大饲草料储备，严格控制草原载畜量，优化草原资源配置，强化宣传引导，力争牲畜成活率达到98%，出栏率达到34%，不断增加本地肉类、蔬菜市场占比。同时，发挥“世界第三极”“人间净土”“虫草之乡”的优势，打造生态品牌、高端品牌，做强“三塔”品牌，向区内外提供绿色无污染的生态农畜产品。二是改善农村环境，坚持改善人居环境同农牧区经济发展水平相适应、同当地文化和风土人情相协调，大力实施农村人居环境整治三年行动，抓实农村厕所革命、农村生活垃圾治理、农村生活污水治理、村庄清洁四个专项行动，推广生活垃圾“户分类、村收集、乡转运、县处理”模式，整合资金、力量实施美丽宜居示范村庄建设，年内完成自治区级生态村5个生态乡（镇）、4个生态村创建工作。依托已建成的扶贫易地搬迁、灾后重建住房和美丽新农村等，充分发挥辐射带动作用，加强农村土地规划管理，认真开展土地增减挂钩工作，落实宅基地修补测，严格执行“按程序审批、按规划实施、按新农村标准建设、按相对集中”原则规范农村建房秩序，引领带动全县美丽宜居新农村建设上台阶、上水平。持续强化社会主义核心价值观教育和法治文化建设，深入开展“四讲四爱”主题教育实践活动，将厚德建设融入村规民约，引导村民践行遵守，积极倡导早晚刷一次牙、每天洗一次脚、三天洗一次衣服、每周打扫一次室内卫生、每月洗一次澡、每季度理一次发“六个一”健康行为，严厉打击“跑夜”行为，打造淳朴文明的良好乡风，努力构建自治、法治、德治相结合的新时代乡村治理体系；三是发展全域旅游，围绕昌都全域旅游示范城市创建，依托该县特有的文化旅游资源，主动对接国道317、国道214旅游线路，充分挖掘各类旅游资源文化内涵，把文化融入吃住行游购娱各个环节，开发生态风光、文化风情、绿色产品、民俗体验等旅游资源，编制丁青县全域旅游发展规划，实施孜珠山、布加雪山·炳茸冰川游客服务中心及配套设施项目，积极招商引资发展民宿产业，加大旅游对外宣传推介力度，加强旅游厕所管理维护力度，加快文化和旅游的融合发展，叫响“琼布·丁青”旅游品牌。争取游客接待突破10.5万人次，旅游收入1460万元以上；四是激发农村活力，推进农业适度规模经营；强化金融兴农，撬动更多资金流向农业农村；大力发展乡村文化事业，弘扬主旋律，推动形成家风正、村风淳、乡风美的社会风尚；支持民族经济和民族事业发展，全力抓好民族团结进步争创。促进基层党建和乡村振兴“同频共振”，推行“党员·能人”双培养模式。

第四，狠抓项目建设，打造强劲引擎新丁青。纵深推进新旧动能转换重大战略，贯彻中央“巩固、增强、提升、畅通”八字方针，以更大力度推动存量变革、增量崛起，强力支持实体经济发展。一是谋划项目稳定基础。项目谋划是项目建设的第一颗扣子，必须做深、做实、做细，发改、住建、水利、交通等部门，要认真研究国家政策，紧盯国家和区、市资金投向，立足丁青区位和发展定位，以群众需求为导向，充分考虑环保、土地等因素，找准确立本系统、本领域的重大项目，认真谋划编制一批打基础、利长远、惠民生的大项目、好项目，争取交通项目完成8亿元以上的投资，加快推进丁青镇G317线岔口至布托村公路、桑多乡岔口至桑多村公路、甘岩乡至布堆村公路等26个续建工程建设，实施好已批复2条农村公路，积极争取剩余12个行政村通畅项目，年内建成投用县客运站，积极申报客运班线项目，推进客运路线向乡镇延伸。争取完成水利电力投资3亿元以上，完成当堆电站、巴登电站及线路延伸的建设任务，加快实施农村饮水安全巩固提升、小型农田水利重点县、新城区防洪堤工程等项目，积极争取嘎塔乡饲草料基地灌溉、丁青镇贡曲防洪工程等项目落地；加快电网建设，协调推进“三区两州”电力建设项目，实施巴达乡35千伏输变电线路、布塔乡35千伏输变电线路工程，年内完成总工程量的60%。要把县城提质的重点放在老城区，继续推动“以绿治违”，解决好路不平、灯不亮、供暖不热、绿化不好、给排水不通、服务管理不优、垃圾乱堆乱放等问题，让老城区焕发新面貌。做实做细立项前的支撑性文件，在跑办上下足功夫，确保项目快速落地、投产达效。同时，要全面启动“十四五”规划前期调研和项目库建设工作。二是全力抓好项目建设。今年拟计划开复工项目113项，计划投资40.54亿元，截至2018年已完成投资7.67亿元，2019年计划完成投资16.8亿元。对已经确定实施的项目，尤其是审批类项目，发改、国土、环保、住建及相关职能部门，要对全县范围内项目建设涉及本系统的审批事项负总责，提前介入，搞好研究论证和政策服务，提高可研报告的成熟度，同步办理，限时办结；国土、林业部门要加大向上争取建设用地指标、推进集约节约用地和闲置土地清理处置利用力度，提前预审预判项目用地情况，加快土地指标申请报批，争取用最短的时间解决用地问题；环保部门要主动下沉，一次性解决刚性指标，避免项目因环保问题受限；各项目建设单位要严格程序、严格标准、严格要求，落实好招投标制度，坚决杜绝“打招呼、请托、围会”以及“跑风漏气”等各种干扰正常招投标工作的不端行为。项目主管部门要持续推动基础设施和公共服务全方位完善、品质化提升。三是依托园区建设拉动。园区是产业发展的第一阵地，是工业经济发展的主战场，廊通园区要借助市委、市政府关于“形成以市经开区为龙头，丁青等县产业园区为支撑的创新发展新格局”部署要求，充分发挥“产城互动”优势和交通区位优势，加大基础设施投入力度，配套生活服务设施，搭建起园区发展大框架，进一步提升园区发展的承载力；要加快园区内蓝天圣洁农畜产品加工厂、型煤加工厂、扶贫商贸楼、汽配汽贸中心等重大项目建设，加强与有意向企业对接，争取小商品集散中心、牦牛肉加工厂等项目落地，全力推进签约项目早日落地，开工项目尽快投产，投产项目达产达效，想方设法推动物流园区项目建设有实质性进展，打造藏东物流强县；要探索建立园区管理体制机制，全面激发创新活力，逐步实现“园区体制现代化、运行机制市场化、园区服务社会化”目标。年内完成15家企业入驻廊通开发区。四是强化特色产业保障。按照“东小蓝西油菜，南养殖北畜牧”的产业发展基本思路，立足丁青生态优势和产业基础，围绕蓝天圣洁品牌，突出特色化、差异化、集约化发展路径，紧扣物流集散中心建设，培育壮大智慧物流、城乡快递，构建立体式现代物流产业格局。要注重龙头企业、特色品牌培育，加强产品营销推介，综合运用各类推介会、特色展销店等线下平台，积极探索发展淘宝、京东等网络平台，推广直供直销等营销模式，不断提升丁青特色产品知名度和影响力。五是强化投资环境支撑。不折不扣落实招商引资优惠政策，抢抓先机，兑现承诺，提供服务，多措并举降低企业用工、审批、融资、物流及水、电等要素投入成本，打造投资“洼地”、发展“高地”；加强与祥云县、丰城市沟通协调，强化招商引资力度；围绕破解产业项目建设和民营经济发展中的要素制约，推动资金投入向产业项目倾斜，要素保障向产业项目集中；推动普惠金融政策有效落地，将金融活水引向产业项目和实体经济，鼓励和支持银企更好更深更实的合作；用好国家对民营企业、退役军人、重点群体等税收优惠政策，引导和鼓励企业家组建产业投资联盟，拓宽民营企业融资途径；落实各项补贴政策，开展“春风行动”等专项招聘活动，帮助企业解决用工难题，确保投资客商不仅能招得来、还要留得住、更能发展得好，最终实现企地双赢。

第五，狠抓生态文明，打造宜居环境新丁青。以创建生态文明示范县为目标，树牢绿色发展理念，落实环境保护责任，坚守生态红线底线，提升大环保工作格局，持续推进中央、自治区环保督察反馈意见整改，做好“回头看”工作，强化依法保护和综合治理，加强环境保护法律法规宣传，深入推进大气、水、土壤污染治理攻坚，倡导绿色生活，让绿色成为丁青最美的底色。一要打好“净土保卫战”，全面实施“土十条”，强化土壤污染管控和修复，加强农业面源污染防治，加快推进垃圾分类处置，推进生活垃圾资源化利用。持续推进国土绿化行动，坚持增绿、增景、增效，紧盯荒山、荒坡、废弃地，全面完成造林6423亩，义务植树1500亩，“两江四河”造林4923亩，产业扶贫苗木种苗基地1000亩，产业扶贫经济林698.3亩，精心实施好新一轮退耕还林，加快实施木塔乡、布塔乡生态恢复工程，稳妥推进布托湖国家湿地公园试点工作前期机构设施和公园确界工作。同时，要坚持造林绿化与日常管护并重，发挥好生态岗位作用，严格封山育林，严厉打击盗伐林木和破坏绿化行为。二要打好“蓝天保卫战”，严格落实“大气十条”，严格建筑工地、道路交通、渣土运输等扬尘治理，最大限度管控餐饮油烟、成品油气、垃圾秸秆焚烧等面源污染；严格执行环保“三同时”制度要求，严把新建项目审批关，严禁高污染、高耗能、高耗水项目上马；加快“煤改电”“煤改气”，引导广大居民践行低碳生产生活方式，确保空气质量综合指数持续保持优良。三要打好“碧水保卫战”，深入实施“水十条”，严格落实“河长制”，开展河湖流域岸线划定，制定县、乡、村三级巡河考核目标，全面落实巡河制度，集中开展河湖“清四乱”专项行动，系统治理河湖水域岸线和水资源、水生态、水环境问题，推动“河长制”加快从“有名”向“有实”转变。加强江河源头、水库、重点水源地保护，严格控制用水总量、提高用水效率，加强节约用水管理，严格执行水资源论证，按标准征收水资源费用；启用县城污水处理厂，推进县城污水处理标准化、规范化；要进一步规范河道采砂行为，依法履行相关手续，加大执法巡查力度，严厉打击河道非法采砂行为，有效遏制河道非法采砂乱象。四是打好“七城同创战”，对照创建标准，进一步补充完善工作方案，明确创建时限，细化责任分工，全力加快创建工作，争取全域旅游、生态园林、环保模范、民族团结、双拥模范五项创建工作年内完成总目标的70%以上，做好卫生城市准备申报工作，力争到2020年创建成“国家生态文明县”。

第六，狠抓社会事业，打造稳定安民新丁青。始终把人民对美好生活的向往作为奋斗目标，全面推进幼有所育、学有所教、劳有所得、病有所医、老有所养、住有所居、弱有所扶，不断改善人民生活、增进人民福祉，让幸福丁青的内涵更丰富。一是做好就业促保障，围绕推动高校毕业生更高质量和更充分就业目标，完善体制机制，强化政策保障，加强协调联动，做好高校毕业生、农村转移劳动力、城镇就业困难人员、退役军人等重点群体就业工作。切实维护劳动者合法权益，保障农民工工资足额发放。坚持“发展产业增就业、推动创业带就业、加强培训促就业、援藏平台助就业”工作思路，继续推进“订单式”“定向式”技能培训就业工作，深化产业转移就业、“春风行动”招聘、援藏平台等工作模式，确保今年应届毕业生就业率达到93%；二是素质教育提水平。加快振兴教育事业，巩固义务教育均衡发展成果，努力实现职业教育发展新突破，启动素质教育迎检准备工作，深入实施教育教学质量提升行动计划；建成县第二中学、实验小学、第二幼儿园、武钢青青幼儿园，积极筹备开校、开园工作；致力于解决好教育发展中的突出问题，深化教育改革，抓实控辍保学，强化师资管理，通过实施教育信息化提升计划，提升教师教育信息技术应用水平；实施师德师风及能力提升计划，提升教师整体素质；继续推动学前教育联盟行动，提升学前教育水平，努力让每一个孩子都能享有公平而有质量的教育，确保学前三年、小学、中学适龄儿童入学率分别达到75%、99.85%、99.03%。三是完善设施保健康，持续推进全民健康，加快建设人民医院综合楼，完善配套设施，着力改善医疗卫生条件；深入推进县乡医疗卫生机构一体化改革，加快医疗信息化建设，优化医疗服务流程，使广大群众看病就医更加便捷高效；开展“优质服务进基层”活动，充分发挥“传帮带”作用，做实做细基本医疗、基本公共卫生服务和家庭医生签约服务等工作，使优质医疗资源下沉与乡镇卫生院服务能力提升实现有机互动；围绕继承和发扬传统医学，大力发展藏医药事业，不断提升广大群众的健康获得感，力争孕产妇住院分娩率达到85%，孕妇死亡率降低到118人/10万人以内，婴幼儿死亡率降低到13‰。四是多管齐下促保障，做好残疾人、低保对象等困难群体就业援助工作，完善最低生活保障制度，做到应保尽保、应助尽助。进一步健全基本养老、基本医疗和失业、工伤、生育等社会保障制度，确保城镇职工养老保险参保450人，城乡居民养老保险参保37991人，城镇职工基本医疗保险参保2533人，城镇居民基本医疗保险参保2804人，失业保险参保1390人，工伤保险参保2340人，生育保险参保2242人。继续实施保障性住房建设工程，分批建设710

套公租房，棚户区改造123户，公开、公平、公正分配114套已建成公租房，逐步解决困难群众住房问题。

第七，狠抓创新体制，打造智慧城市新丁青。要在全面按期完成本轮机构改革任务、推动党委政府职能深刻转变、提升政务服务质量和效率的基础上，科学把握改革精神、改革部署和改革要求，不折不扣落实中央各项改革任务，通过改革释放发展活力、增进人民群众福祉、激励干部担当作为。一要深化“放管服”改革。切实做好保留和调整的行政审批事项后续服务管理，优化备案流程，提高行政审批效率；要持续开展“减证便民”行动，通过减事项、减层级、减材料、减环节、减时间，进一步优化流程，提高办事效率，杜绝“奇葩证明”“循环证明”；要全面梳理各类政务服务事项，大幅提高即办件比例，缩短群众企业办事时限，特别是公安、人社、卫生、民政、信访等便民服务窗口单位，要率先向社会公布一批企业和公众办事“最多跑一次”政务服务事项，着力解决群众和企业反映强烈的办事难、办事慢、办事繁等突出问题，做到“马上办”；要完善政务服务中心大厅办事功能，推动政务服务事项应驻尽驻，优化窗口设置，积极践行“一窗受理、一站办结”，为工作人员和办事群众营造安全、整洁、舒适的办事环境；要全面实施“多证合一、一照一码”改革，进一步放宽市场准入，抓好“证照分离”改革，切实减少各种不必要的证，解决企业“准入不准营”的问题，构建“亲”“清”新型政商关系，千方百计营造重商、亲商、安商、富商的良好氛围。二要深化农村集体产权制度改革。全面推进农村集体产权制度改革工作，确保年内完成农村集体资产清产核资工作；完善农村土地“三权分置”政策，积极鼓励土地流转，支持发展土地流转、股份合作、代耕代种、土地托管等多种形式的规模经营，培育壮大新型经营主体，不断提升农牧业生产效益，推动资源变资产、资金变股金、农牧民变股东“三变”改革和农村宅基地登记确权制度，拓展农业增收渠道，持续增加农牧民财产性和生产经营性收入。同时，要统筹抓好教育、卫生、统计、国企等领域各项改革工作。

第八，狠抓文化自信，打造厚德人文新丁青。一个国家、一个民族不能没有灵魂，坚持文化自信有助于推动社会主义文化繁荣兴盛，通过开展文化自信活动，让老百姓感受到文化的温暖、文化的力量。一是以扎实开展“不忘初心、牢记使命”主题教育活动为引导，加强政府思想政治建设，树牢“四个意识”、坚定“四个自信”、落实“两个维护”、坚持“五位一体”总体布局和“四个全面”战略布局，继续深化“7654”工作思路，以县委九届六次全委会精神为指导，继续开展“大学习、转作风、再做实、走新路”教育活动，将“大调研、大查摆”和“六讲六做”活动制度化、常态化，同时政府各部门以“丁青为家、政府为业”为主题，深入开展讨论活动，进一步改进工作作风，提高工作效率，使广大干部职工的思想和行动更加适应新时代政府工作要求。二是以打造“文化精品县”为引领，深入挖掘利用传统文化资源，繁荣文化体育事业，以自治区首批县级融媒体中心试点为契机，加快融媒体中心建设，提高宣传工作传播力、引导力、影响力和公信力；坚持以文化提升城乡品位、树立丁青形象，深入挖掘、系统整理琼文化资源，推动大型民族歌舞诗“梦回溯源——琼热巴”和《象雄藏文书法唐卡大集》赴全国巡演巡展，坚持与时代同步伐，记录新时代、书写新时代、讴歌新时代，为时代画像、为时代立传、为时代明德，同时打造一批在全市、全区叫得响的文化品牌，提升“琼文化”影响力，争取国家艺术基金；有序推进文化产业重点项目申报工作，不断完善公共文化设施、文化活动场所建设工作；培育和践行社会主义核心价值观，扎实开展文化下乡、全民阅读、文明创建、“厚德人物”评选等活动，在全县范围内深入挖掘“有信仰、有情怀、有担当、有高远理想追求、深沉国家情怀和民族卓越贡献”的先进典型，广泛开展群众文体活动不断丰富群众的文化生活，广泛开展“五下乡”“第三届琼布最强音歌手大赛”“送文化进寺庙、学校”等系列文艺活动，不断提高文化供给能力。

第九，狠抓社会治理，打造平安和谐新丁青。树牢依法治县理念，抓实法治丁青、平安丁青建设，一要加大普法力度，建设法治社会，认真落实“谁执法、谁普法”的普法责任，有序推进“法治创建”和“法治文化”建设工作，扎实推进“七五”普法，提高全民法治素养。要注重矛盾纠纷排查化解，解决好群众反映的突出问题，实现“案结事了、息诉罢访”。二要抓好专项斗争，强化社会稳定，加强治安巡逻，提高街面见警率，全力构建立体化社会治安防控体系。重点引深“扫黑除恶、打非治乱、扫黄打非”专项斗争，紧盯涉黑涉恶案件、黑恶势力经济基础、背后“关系网”“保护伞”不放，在打防并举、标本兼治上下功夫，切实把专项斗争向纵深推进。三是加强民族团结，确保寺庙和谐，持续巩固“遵行四条标准、争做先进僧尼”教育实践活动成果，深化“先进双联户”创建评选工作，严守“三个不增加”底线，确保宗教和睦、佛事和顺、寺庙和谐。四是落实主体责任，坚守责任担当，全面落实安全生产党政领导责任，强化安全生产监管执法，扎实开展隐患排查治理，特别是要加大对矿山、危险化学品、地质灾害、道路交通、建筑施工、人员密集场所等重点行业领域的专项整治力度，切实消除各类风险隐患，坚决杜绝较大及以上生产安全事故发生，确保全县安全生产形势持续稳定好转。全面提升食药监管水平，打造放心市场、放心商店、放心餐饮，切实保障广大群众饮食用药安全。强化国防教育和国防后备力量建设，鼓励引导有志有为青年踊跃参军。加强应急管理队伍建设，提高应急处突能力水平。五是狠抓治欠保支，维护合法权益，充分认识清欠工作的重要性和长期性，转变清欠工作方式，变被动清欠为主动预防，高度重视建设项目工程款和农民工工资支付的规范化、制度化，保障工程资金和项目建设的安全运行。

第十，狠抓自身建设，打造廉洁政府新丁青。人民对美好生活的向往，就是我们的奋斗目标，我们要顺应人民群众过上更好生活的新期待，县政府一班人将不忘初心，牢记使命，自觉用习近平新时代中国特色社会主义思想武装头脑、指导实践、推动工作，切实打造对党对人民高度负责的政府，打造勤勉高效奋发有为的政府，打造清清朗朗阳光诚信的政府。一是坚持科学施政，树牢一心为民的鲜明导向。牢固树立以人民为中心的发展思想，认真开展好主题教育活动，切实树牢“四个意识”、坚定“四个自信”、做到“两个维护”。加强政府系统干部学习培训，不断增强改革创新、科学发展、群众工作、驾驭风险等“八项本领”，提升引领新经济、推动新发展的能力。落实“十个一”工作法，创新工作方式方法，提升服务水平，提高站位、提升境界，胸怀坦荡、无私无畏，全心全意谋发展、干事业，多做打基础、利长远、惠民生的好事实事。二是坚持务实理政，健全便捷高效的推进机制。强化实干理念，砥砺严实作风，抢抓高质量发展的重大历史机遇，坚决不做贻误丁青发展的犹豫者、懈怠者、畏难者，坚决要做促进丁青发展的坚定者、奋进者、搏击者。深入推进“放管服”改革，以权力“减法”和服务“加法”，换取市场的“乘法”，最大限度激发市场活力和社会创造力，着力打造政务服务“最多跑一次”品牌。加大重点工作统筹力度，强化项目化管理落实机制，确保项目推进有力有效。完善绩效考核，健全督查激励问责机制，营造狠抓落实的浓厚氛围，不断提高政府执行力。三是坚持依法行政，打造法治阳光的政务环境。健全重大事项决策规则，严格按照法定权限和程序履职用权。大力推行行政负责人出庭应诉制度，充分发挥法律顾问作用，全面增强依法行政能力。深入贯彻《行政执法监督条例》，推进严格规范公正文明执法。自觉接受人大、政协和社会各界监督，加强政务公开，让权力在阳光下运行。深究不作为、慢作为、乱作为等现象，进一步整治文山会海等问题。四是坚持从严治政，树立清正廉洁的政府形象。严格落实全面从严治党主体责任，锲而不舍落实中央八项规定精神，严格执行国务院“约法三章”。深入推进政府系统廉政建设，严肃财经纪律，严控“三公”经费。推动落实监察体制改革，逐步实现公职人员监察全覆盖，督促政府公务人员严格自律、勤勉尽责，秉公用权、涵养正气，努力实现干部清正、政府清廉、政治清明。

名词解释：1.“两个维护”：是指坚决维护习近平总书记在党中央的核心、全党的核心地位；坚决维护党中央权威和集中统一领导。

2.“四个意识”：是指政治意识、大局意识、核心意识、看齐意识。

3.“四个自信”：中国特色社会主义道路自信、理论自信、制度自信、文化自信。

4.环保“三同时”：是指建设项目中防止污染的措施必须与主体工程同时设计、同时施工、同时投产使用。

5.“多证合一、一照一码”：多证合一是指证照整合改革，目的是实现企业一照一码走天下；一照一码就是通过“一口受理、并联审批、信息共享、结果互认”，将由三个部门（工商、质检、税务）分别核发不同证照，改为通过“一窗受理、互联互通、信息共享”，由工商部门直接核发加载法人和其他组织统一社会信用代码的营业执照，并将办理时限由8天缩短至3天以内。

6.“三权分置”：是指形成所有权、承包权、经营权三权分置、经营权流转的格局。“三权分置”下，所有权、承包权和经营权既存在整体效用，又有各自功能。

7.“三到位一处理”原则：三到位是指诉求合理的解决到位、诉求无理的思想教育到位、生活困难的帮扶救助到位，一处理是指行为违法的依法处理。

8.“八项本领”：增强学习本领，增强政治领导本领，增强改革创新本领，增强科学发展本领，增强依法执政本领，增强群众工作本领，增强狠抓落实本领，增强驾驭风险本领。

9.“一核心五主体”：是该县顺应新时代、承接新改革，不断推动村级基层组织建设步伐的举措，是以村党支部为核心领导，指导员的指导主体、驻村工作队的帮助主体、村民代表大会的决策主体、村委会的执行主体、村（居）务监督委员会的监督主体构筑的新型村级治理组织构架。

10.“三员”工程：顺应新时代、新部署、新要求，不断加快基层政权建设步伐，我县乡镇党委要从现有党委委员中确定1名乡科级干部或党务人员作为总指导员，带领2名宣传员、2名服务员、3名生态岗位人员开展服务群众工作。

11.“大调研、大查摆”教育活动：2018年9月17日在2018年县政府党组第九次会议上，罗广前县长提出，要全面开展大查摆，找准政府工作的难点和痛点，拿出实的举措，有针对性地加以解决，推动政府工作再上新台阶。对照自身存在的问题必须做出整改落实，及时开展大调研、大查摆，做到大宣传、大讲解，采取大督察、大整改，推动大落实、大办事，实行大回看、大回访。

12.“六讲六做”活动：2018年9月17日在2018年丁青县政府党组第九次会议上，罗广前县长提出，要全面开展大查摆，找准政府工作的难点和痛点，拿出实的举措，有针对性地加以解决，推动政府工作再上新台阶。政府班子成员和党组成员要做到：讲政治，做政府班子的表率；讲责任，做带头落实的表率；讲规矩，做严明纪律的表率；讲团结，做凝心聚力的表率；讲大局，做沟通协调的表率；讲核心，做一心为民的表率。

13.“丁青为家、政府为业”大讨论活动：2019年2月14日在2019年丁青县第三次政府党组会议上，罗广前县长提出，要加强政治纪律教育，要认真开展好“丁青为家、政府为业”大讨论。

14.“十个一”工作法：2019年2月14日在2019年丁青县第三次政府党组会议上，罗广前县长提出，要用好十个一工作法，一是明确一个目标，二是成立一个专班，三是指定一名领导，四是制定一套方案，五是建立一本台账，六是压实一项责任，七是限定一段时间，八是健全一套机制，九是严明一切纪律，十是达到一个目标。

政协第七届丁青县委员会常务委员会工作报告

——在政协第七届丁青县委员会第三次会议上

（2018年4月9日）

县政协副主席 美郎江村

2017年工作回顾

2017年，是实施“十三五”规划、决胜脱贫攻坚战和全面建成小康社会的关键之年。一年来，县政协常委会在县委的坚强领导和县政府的大力支持下，在市政协的精心指导下，坚持以邓小平理论、“三个代表”重要思想、科学发展观和习近平新时代中国特色社会主义思想为指导，牢牢把握团结和民主两大主题，紧紧围绕县委、县政府的中心工作，积极发挥协调关系、汇聚力量、建言献策、服务大局的作用，认真履行政治协商、民主监督、参政议政三项职能，圆满完成了七届二次会议确定的各项目标任务，为推进丁青的改革发展稳定做出了积极贡献。

一、加强领导，强化学习，确保正确政治方向

加强学习、提高认识，是政协工作与时俱进的根本保证。县政协始终把学习作为一项重要工作，通过主席会、常委会、委员培训会、支部学习会、民主生活会、组织生活会等多种形式，强化政治理论学习，不断提高思想认识，增进思想共识，确保政协工作正确的政治方向。

*加强领导牢记使命。*坚持和加强党的领导是十八大以来以习近平同志为核心的党中央推进人民政协事业发展的鲜明特点，县委坚决按照党中央、区党委、市委安排部署，把政协工作纳入县委总体工作部署，完善县政协党的领导体制，明确县政协党组领导核心作用。县政协党组认真执行请示报告制度，对召开重要会议、传达县委重要决策部署、执行县委重要决定等情况专题报告，遇有重大问题及时请示报告。确保了党的集中统一领导在政协的贯彻落实。县政协牢牢把握团结和民主两大主题牢记职责使命，把坚持和发展中国特色社会主义作为巩固共同思想政治基础的主轴，强化思想理论武装，组织引导广大委员深入学习习近平新时代中国特色社会主义思想，牢固树立道路自信、理论自信、制度自信、文化自信。聚焦县委、县政府中心工作，紧扣脱贫攻坚、加强生态文明、促进民族团结和宗教和睦等课题选准切入角度，进行视察调研，增强了履职时效。

*拓展学习提升素质。*充分发挥党组在政协工作中的领导核心作用，带头遵守党的政治纪律、政治规矩、带头加强学习，自觉在思想上政治上行动上同以习近平同志为核心的党中央保持高度一致。更加注重政治理论学习，坚持理论中心组、支部学习会以及日常性学习等制度，开展24次学习会议、5场专

题党课，认真学习贯彻十八大、十八届历次全会、十九大、十九届二中、三中全会和中央、自治区、市、县重大会议精神。12月，组织政协委员进行党的十九大精神专题学习和培训。10月，组织政协委员赴河北、市委党校进行了学习培训。加强同周边政协的学习交流。组织委员赴四川省甘孜州进行了为期10天的学习考察，接待了林芝市墨脱县政协学习考察组来丁青进行学习考察，促进了各地政协间的交流交往交融，达到了交流经验、促进合作、增进友谊的效果。

教育实践强化责任。按照县委的统一部署，结合政协实际，认真组织开展“两学一做”学习教育常态化制度化、“四讲四爱”主题教育活动和“厚德丁青·涵养琼布”建设等主题活动，强化政协委员和机关党员干部遵纪守法、履职为民的政治责任感和历史使命感。

二、围绕中心，服务大局，履行职责职能

县政协坚持围绕全县的发展目标和中心工作建净言、谋善举、献良策；始终把维护最广大人民的根本利益作为履行职能的出发点和落脚点，坚持关注民生、参与国是、助力发展、奉献社会。

充分利用全委会议协商议政。圆满召开政协丁青县七届二次会议。在大会上，委员们以强烈的责任意识和务实作风，认真审议了常委会工作报告和提案工作报告，听取、讨论了政府工作报告和法院、检察院工作报告及其他重要事项。大家聚焦全县改革发展稳定大局以及人民群众普遍关心的热点难点问题，通过提案、分组讨论、反映社情民意等形式认真履行职责，积极议政建言。期间，就环境保护、教育、医疗卫生、基础设施建设等重大问题提出意见建议。

积极开展视察调研和民主监督。根据年度工作任务以及年度调研工作计划，通过协助区、市政协联合调研和专题调研等形式，开展了相应的视察调研和民主监督。2017年组织委员，先后围绕基层维护稳定工作情况、农牧业结构调整及“良种”推广情况、发挥藏传佛教爱国爱教光荣传统服务发展稳定工作情况、基层环境污染工作开展情况、重点农牧业科技成果转化工作情况以及易地搬迁工作开展情况等重点项目和群众关切的问题开展了视察调研。同时，还对县委、县府决策部署的落实情况进行了常态化的监督。比如，组织部分政协委员参加县委常委班子、县政府党组班子的民主生活会，对上一年度民主生活会提出的整改落实等情况进行了监督。

认真组织扶贫帮困活动。县政协组织机关干部，以“创先争优强基惠民”“脱贫攻坚结对帮扶”等活动为载体，结合实际制定扶贫措施，扎实开展扶贫帮困工作。县政协主席班子和机关干部职工深入巴达、觉恩、丁青镇、布塔、色扎开展结对帮扶帮扶工作，帮助他们制定发展规划，解决生产和生活上的实际问题。根据贫困户的特点、所在村和乡镇的特点来因人、因村、因乡施策，通过精神上扶志、能力上扶技、经济上扶业来改变其生产生活状态。同时为所帮扶户送去大米、茶等生活必需品，真正将党的温暖送到群众中去。另外选派了1名副主席和2名干部驻村，帮助群众解决实际问题。

三、加强提案征办工作，突出提案作用发挥

常委会坚持把提案办理协商作为推进政协工作的重要抓手、密切联系群众的重要途径、促进党委和政府科学民主决策的重要形式和实现有序政治参与的重要渠道来予以重视和落实。

学习提案知识，提高提案质量。按照懂政协、会协商、善议政的要求，常委会始终向委员明确权利、义务和责任，强调坚持围绕党委政府的中心工作和社会各界普遍关注

的热点难点问题，圈定提案范围，引导委员通过调研，提出具有针对性、实用性和可操作性提案。通过集中培训、印发资料等方式规范提案撰写要求，鼓励多出高质量提案。

*努力协调各方，提高办理质量。*调整充实提案审查领导小组，明确提案审查领导小组职责，严格提案筛选督办程序，对做好提案办理协商工作、召开提案交办会议、形成提案办理协商意见和落实反馈等环节作出明确规定，注重与县委、县政府重大安排的同频共振，加强与职能部门的协调沟通，形成提案督办合力。

*改进工作方法，提高服务质量。*印发《提案须知》，严明提案征集撰写要求；搭建承办单位和委员之间联系平台，畅通提案办理跟踪和监督渠道；加强人民政协及政协提案在经济社会发展建设中的积极作用的宣传，营造全社会重视关心人民政协及其提案工作的氛围。2017年县政协七届二次会议期间，总计提交提案43件，审查立案37件。37件提案已全部办理完结。提案的及时有效督办，有效发挥了参政议政主渠道作用。

四、重视文史资料工作，助力文化建设工程

常委会坚持把文史资料的整理编撰当成是一项经常性、基础性、长远性的工作来抓，积极鼓励干部、委员投入到《西藏文史资料选辑》《丁青县志》《琼布·丁青3》的供稿编写中来。为调动干部、委员参与文史资料整理编写的积极性，县政协党组召开专题会议对文史资料征集工作进行安排部署，进一步完善了文史资料先进个人评选和表彰办法。2017年，政协委员在常委会领导下本着“亲历、亲闻、亲见”原则，坚持“以民主的方式写史，以写史的方式团结人”，深入基层和群众，发挥才华和智慧，共同完成了市政协下达的2017年度文史资料任务。同时，指导政协办完成了《西藏政协年鉴》的整理上报工作，为保护传承民族优秀文化，丰富群众精神文化生活，助力丁青县的文化建设作做了积极努力。

五、弘扬主题，凝心聚力，营造和谐发展氛围

县政协自觉突出团结民主主题，注重发挥政协的独特优势，拓宽渠道，广泛团结各界人士，为积极促进各方面关系和谐，维护社会稳定，不断凝聚丁青县改革发展稳定的强大合力。

*全力促进社会和谐稳定。*坚定不移地贯彻区、市、县关于维稳的工作方针和决策部署，始终高举维护社会局势稳定，维护人民群众根本利益，维护祖国统一，加强民族团结的旗帜，按照“防东守西、关注南北、捕捉异常、掌握规律、抓好常态、备好应急”24字维稳工作思路，全力开展维护稳定工作。在春节和藏历新年、全国“两会”、三月、虫草采挖期和十九大期间维稳安保攻坚战等关键时段，县政协主席、副主席以及办公室部分人员都蹲守在联系点乡（镇），认真开展视察调研、维稳督导、宣讲教育、走访慰问、调解纠纷、化解矛盾、协调关系等工作，为实现社会和谐稳定贡献了一份力量。

*发挥优势抓好涉宗教领域工作。*按照县委的安排部署，在孜珠寺大型宗教活动期间，县政协主席和3名副主席现场值守，实地协调，确保了活动的安全有序。政协委员特别是宗教界委员充分发挥界别优势，在寺庙广泛开展党和国家方针政策、法律法规宣教工作，教育引导僧尼潜心修佛、积善行德、遵纪守法、爱国爱教，积极引导宗教与社会主义社会相适应。

六、求真务实，开拓创新，倾力强化自身建设

县政协主动适应新常态，加强理论学习，转变工作作风，增强服务意识，各项履职工作更加规范，委员履职活力进一步激发，履职保障得到不断强化。

加强政协队伍建设。县政协进一步加强党对政协工作的领导，充分发挥党组织核心作用，全面加强党的建设，经批准，对政协支部支委成员进行了调整充实。坚持依托每周五理论学习时间在党员干部中开展党性、党风、党纪教育，严肃党内政治生活、加强干部提醒教育，使党员干部心中有戒、警钟长鸣。同时，注重政协委员队伍建设，根据《政协委员管理办法》，规范委员的履职、学习、培训等活动，不断提升履职水平。

健全完善制度。先后对县政协原有的各项规章制度进行了修改完善，并制定出台了《政协委员的管理办法》。严格政协党组民主生活会和政协党支部组织生活会制度，坚持集体讨论议定重大事项，抓好政协干部职工的干事档案填写工作，积极配合县纪委抓好领导干部廉政档案填报和建档工作，强化权力运行制约，维护规章制度的严肃性和权威性。

强化执纪监督。常委会全面把握深化落实主体责任具体要求，坚持从规范学习考察活动、请销假手续、严格公务用车、公务接待、办公经费使用等日常事务入手，定期开展监督检查和教育提醒工作。同时，参照《廉政建设责任书》配合县纪委每年开展一次党风廉政建设责任制执行情况检查考核，严格落实干部职工干事档案制度，并把考核结果作为评价干部、选拔任用干部、实施奖惩的重要依据，确保党员干部都能廉洁从政。

提高机关工作效能。以推进“两学一做”学习教育常态化制度化，“四讲四爱”主题教育活动和“厚德丁青·涵养琼布”建设为契机，坚持每周五下午的学习日活动，通过理论和业务的学习，使政协机关干部的思想政治素质和整体服务水平得到了进一步提高。扎实开展结对帮扶工作，切实转变机关作风，增强机关干部的服务意识，努力提高机关党员干部服务广大人民群众和政协委员的能力和效率，为委员履职提供更加宽松便捷的条件。

各位委员，过去的一年，我们虽做了一些工作、取得了一些成绩，这些成绩的取得，离不开县委的坚强领导，离不开市政协的精心指导，离不开县人大、政府和各级各部门、社会各界以及广大干部的大力支持、积极参与、担当尽责、辛勤付出。在此，我代表政协党组和常委会向大家表示衷心的感谢，并致以崇高的敬意！

在肯定成绩的同时，我们也清醒地认识到，县政协常委会工作与县委要求和群众的期盼相比，还存在差距和不足。

例如，调查研究还不够深入，建言献策的针对性和可操作性有待提高；提案工作质量还有待进一步提高；调动委员履职热情和积极性，密切同政协委员、各界群众的联系，发挥委员的主体作用还需作进一步努力；政协协商民主制度化建设还有待进一步加强。对这些问题我们将在今后的工作中认真研究并加以改进，不断提高工作水平，更好地履行政协职能。

2018年工作安排

2018年是全面贯彻落实十九大精神的开局之年，是改革开放40周年，是决胜全面建成小康社会，实施“十三五”规划承上启下的关键一年。今年，县政协常委会要在中共丁青县委的领导下，以习近平新时代中国特色社会主义思想为指导，以学习宣传贯彻党的十九大精神为主线，紧紧围绕县委九届五次全委会议提出的目标任务，紧扣“7654”工作思路，坚持团结和民主两大主题，围绕发展稳定生态三件大事，高度关注民生，在助力经济发展上献良策，在增进民生福祉上见成效，在凝聚各方智慧上谋作为，在加强自身建设上求突破，努力开创政协工作新局面，为实现县委九届五次全委会议确定的目标作出积极的贡献。

一、以学习党的十九大为动力，增进政治共识上下功夫

党的十九大是在全面建成小康社会决胜阶段、中国特色社会主义进入新时代关键时期召开的一次十分重要的大会。十九大的召开，开启了党和国家改革发展的新征程，描绘了全面建成小康社会，实现中华民族伟大复兴中国梦的宏伟蓝图。十九大报告提出了一系列新思想、新观念、新论断，特别是对新时期人民政协工作提出了新要求。县政协组织和广大政协委员，要把学习宣传好、贯彻落实好十九大精神作为今后一个时期的首要政治任务。要原原本本、原汁原味，在全面系统的基础上，突出重点，抓住关键，准确领会思想精髓、核心要义，把着力点聚焦到习近平新时代中国特色社会主义思想是党必须长期坚持的指导思想上，聚焦到五年来党和国家事业取得的历史性成就和发生历史性变革上，聚焦到作出中国特色社会主义进入了新时代我国社会主要矛盾已经转化为人民日益增长的美好生活需要和不平衡不充分的发展之间的矛盾等重大论断的深远影响上，聚焦到贯彻落实党的十九大的重大决策部署上，聚焦到习近平总书记是全党拥护人民爱戴当之无愧的党的领袖上，使十九大精神成为我们做好政协工作的强大思想武器，切实把十九大提出的各项目标任务落到实处。要在学懂上下功夫，多思多想、注重结合，努力掌握十九大精神的政治意义、历史意义、理论意义、实践意义，切实增强“四个自信”。要在弄通上下功夫，深化认识十九大关于党和国家事业各项战略部署的整体性、关联性、协同性，全面做好丁青各项工作。要在做实上下功夫，拿出实实在在的举措，一个时间节点一个时间节点往前推进，以钉钉子精神全面抓好十九大各项决策部署的落实。通过学习贯彻十九大精神，切实增强政协工作的紧迫感和责任感，要坚持学习致用、推动工作，自觉把十九大精神与人民政协履行职能的生动实践紧密结合起来，与县委九届五次全会确定的目标任务紧密结合起来，使学习贯彻十九大精神的过程成为统一思想、提高认识的过程，成为增进团结、实现民主的过程，成为凝聚力量、共谋发展的过程，不断增进社会各界人士和各人民团体对伟大祖国的认同、对中华民族的认同、对中华文化的认同、对中国共产党的认同、对中国特色社会主义道路的认同，牢固树立中国特色社会主义道路自信、理论自信、制度自信、文化自信，不断为丁青的长足发展和长治久安凝聚强大合力。

二、加强视察调研，服务中心大局工作

要紧紧围绕县委中心大局工作献计出力，紧扣县委提出的“7654”工作思路，围绕“优势资源促强工、提升功能促重镇、园区建设促兴业、辐射周边建基地”发展目标，聚焦经济社会发展稳定中的重大问题和关系群众切身利益的问题，本着选准角度、发挥优势、突出重点、保持特色的要求，把服务和推进全县改革发展稳定各项工作作为政协调研的主攻方向，重点围绕脱贫攻坚战役、供给侧结构性改革、推进新型城镇化、提升城市文明形象、培育现代产业、构建新型城乡形态、创造良好发展环境、建设幸福和谐社会、提案督办落实、教育均衡发展、撤县设市工作等事关全县经济社会发展的综合性、全局性、战略性问题，开展专题视察调研、联合视察调研和民主监督活动，为推进改革发展稳定广纳群言、广谋良策、广聚共识。

三、加强民生改善，提升民主监督实效

坚持议政为民，关注民计民生，想群

众之所想，急群众之所急，忧百姓之所忧，紧紧围绕满足人民日益增长的美好生活需要，是时代赋予政协组织的重要使命，也是政协履行职能的重要内容。2018年我们要以建言立论为手段，着重就教育、医疗、文化、社会保障、安全生产以及环境保护等与群众利益密切相关的热点、难点问题开展视察调研，对涉及民生问题的重大决策和重大项目进行协商论证，积极提出切合实际、操作性强的意见和建议，使人民群众关心的热点问题得到及时妥善解决。要以民主监督为途径，选择事关社会和谐稳定的重大民生问题，积极开展专项民主监督活动，并协助县委、县政府做好协调关系、化解矛盾、增进共识的工作。要以提案工作为抓手，改进督办方式，加强督办力度，进一步提高提案质量、办理质量和服务质量，推动提案所提内容建议更好地落实。要以社情民意为载体，经常深入基层，深入群众，调查研究，听取群众意见，了解群众的真实愿望，感受群众的喜怒哀乐，反映群众的呼声要求，切实维护好广大群众的合法利益。要以为民造福为目的，积极组织委员开展帮困济弱等活动，真心诚意地帮助困难群众反映和解决生产生活中的实际问题，不断提高广大群众生活的幸福感和满意度。

四、坚守两大主题，促进社会和谐稳定

要牢牢把握人民政协团结和民主两大任务、两大主题，自觉贯穿于政协工作的各环节和全过程。要充分发挥好人民政协统一战线性质组织代表广泛性和巨大包容性的优势作用，团结各族各界代表人士，坚持好包容共济的原则方针、利用好政协这个舞台，用例会、提案、视察、调研、反映社情民意等多种形式，更好地反映各族各界群众的意愿，密切与各族各界群众的联系，努力促进各族各界人民的大团结。要坚守“没有稳定一切为零”的思想，把维护稳定的责任记在心上、扛在肩上、落实到具体行动中，要坚持求同存异、体谅包容、合作共事的原则，最大限度地把各族各界人士团结在党和政府的周围，调动各方力量协助县委和政府多做解疑释惑、理顺情绪、化解矛盾、协调关系的工作，推动民族关系、宗教关系、阶层关系和谐发展，实现社会局势的持续稳定、长期稳定、全面稳定。

五、加强党的建设，提升履职服务水平

加强党的建设是人民政协履行职能的根本保证。加强党对人民政协的领导，必须加强政协组织党的建设，认真落实党要管党、全面从严治党的要求，引导广大委员在思想上政治上行动上同以习近平同志为核心的党中央保持高度一致，筑牢共同团结奋斗的思想政治基础。要不断加强党组织自身建设，切实承担政治领导责任。政协党组要坚持把抓好党建作为最大政绩，认真履行政治领导责任，深入贯彻落实中央大政方针和县委决策部署，发挥好把好方向、管大局、保落实的重要作用，以提高政协履职水平为重点，以制度建设为抓手，有效发挥在政协组织中的领导核心作用，推动中央和县委重大决策部署在县政协的贯彻落实。我们要把党的政治建设摆在首位，坚持和加强党对政协工作的领导，坚持党中央权威和集中统一领导，严格执行党的政治路线、严格遵守政治纪律和政治规矩，加强党性锻炼，不断提高政治觉悟和政治能力。用习近平新时代中国特色社会主义思想武装头脑，把坚定理想信念作为思想建设的首要任务，推进“两学一做”学习教育常态化制度化，认真组织学习《中国共产党章程》《中国共产党廉洁自律准则》《中国共产党纪律处分条例》等，引导党员干部自觉追求高线、严守底线、不越红线，严格按照党章和党规办事，做政治上的“明白人”，严格执行党的民主集中制，注重提高“三会一课”、民主生活会和组织生活会质量，用好批评与自我批评的武器，开展积极健康的思想斗争，不断提高党内政治生活的政治性时代性原则性战斗性，进一步强化对党员的教育监督管理。要进一步落实民主协商制度，积极探索专题协商、对口协商、界别协商、提案办理协商的有效办法，不断推进政治协商的制度化与规范化。要进一步加强委员队伍建设，创新委员活动方式，完善委员考核办法，充分激发委员履职的积极性、主动性和创造性，切实发挥委员的主体作用。广大政协委员一定要把坚持中国特色社会主义政治发展道路作为根本方向，提高参政议政、民主监督的水平，提高政治把握能力、组织领导能力、合作共事能力，贯彻落实习近平总书记“完善政党协商制度绝不是搞花架子，要做到言之有据、言之有理、言之有度、言之有物，真诚协商、务实协商，道实情、建良言，参政参到要点上，议政议到关键处，努力在会协商、善议政上取得实效”的指示精神，做到懂政协、会协商、善议政，守纪律、讲规矩、重品行，做到建言建在需要时、议政议到点子上、监督监在关键处。要进一步加强政协机关建设，倡导艰苦奋斗、厉行节约，改进文风会风，提高工作效能，大力弘扬勤政廉洁、务实高效的作风，不断增强机关干部的责任意识、效率意识和创新意识，积极营造认真工作、相互尊重、团结和谐、健康快乐的良好氛围，不断提高机关的服务水平和服务质量。

大事记

1月

8日 丁青县第十二届人民代表大会第三会议相继进行第二次和第三次全体会议。会议圆满完成大会各项议程。该次会议应到出席代表135人，实到84人，出席会议代表符合法定人数。会议由县人大常委会主任巴桑次仁主持。大会执行主席晋美、罗广前、王亮、巴桑次仁、魏永海、古金容、张耀晖、张玉科、宝邓以及县领导代表扎西伦珠、严焰、高木全、多布杰、提宝泽仁、卓玛、宋雨锋等出席会议。会议以举手表决的方式通过大会选举办法。在会上选举产生了丁青县监察委员会主任，这标志丁青县监察委员会正式成立。会议还选举了县人大法制司法民族宗教委员会主任委员1名、县人大财政农牧城建环保委员会主任委员1名、人大教育科学文化卫生委员会主任委员1名。此外，会议补选了2名丁青县第十二届人大常委会委员。

9日 市委组织部巡察二组成员、市委组织部研究室副主任周树勇到会指导丁青2017年度选拔任用干部“一报告两评议”专题会。

10日 丁青县开展“婚育新风进万家·户户盛开幸福花”主题宣讲活动。为进一步提高农村妇女群众的法律意识和道德观念，营造人人遵纪守法、家庭邻里和睦的社会风气。

11日 丁青县委宣传部、县司法局深入基层开展“法制宣传教育和反邪教警示宣传教育”活动。宣讲员以在中共十九大提出的依法治国是中国特色社会主义的本质要求和重要保障为出发点，大力宣讲了《中华人民共和国宪法》《中华人民共和国刑法》《中华人民共和国国家安全法》《中华人民共和国治安管理处罚法》和反邪教的法律法规条文。此次宣讲活动共发放各类宣传资料1000余份，受教育农牧民群众480余人。

同日 丁青县残联工作人员和评残医生为建档立卡户中行动不便的残疾人办理残疾证评定手续。已为13个乡（镇）180名残疾人办理了残疾证。力争让残疾人真正享受到国家相关惠民政策，解决好残疾人办证难的“最后一公里”问题。

12—19日 市委组织部巡察二组副组长、市委组织部党员教育测评中心主任昂旺曲扎、市委组织部巡视二组成员、市委组织部研究室副主任周树勇带队对丁青县2015年以来，在党的政治建设、选人用人、正风肃纪、自身建设等方面工作开展情况进行巡查。

13日 丁青县开展城乡居民养老保险及就业创业优惠政策宣讲活动。进一步加强全县城乡居民养老保险及促进就业创业政策宣讲，推动民生政策落实。丁青县人社局利用桑多乡桑多村组织开展的摩托车维修、餐饮客房服务员技能培训为契机，积极组织参训农牧民群众开展城乡居民养老保险及就业创业优惠政策宣讲活动，共计发放宣传资料700余份，受益农牧民群众200余人。

14日 为进一步开阔农牧民群众的视野，丰富他们的精神文化生活。丁青县向13

个乡（镇）63个行政村发放科技、农业书籍，共计5000余册。

同日 为进一步做好冬季校园流感防控工作，助推“七城同创”工作。丁青县疾病预防控制中心组织防疫人员及县人民医院、县藏医院、德康医院，赴县城内的学校、托幼机构开展全面消毒工作。此次校园传染病防控消毒工作为期一天，出动15人次，疾控应急车辆1辆、救护车1辆，对县城内幼儿园、小学、中学等8所学校的住宿楼、教学楼、食堂、教师办公楼等重点区域进行彻底消毒工作。

15日 丁青县开展“你报警我破案·警民联手创平安”活动。为确保辖区社会治安稳定，增强广大农牧民群众的安全防范意识，共发放宣传资料300余份，受教育群众达300余人。

17日 丁青县3所小学（沙贡乡小学、党恩乡小学、嘎塔乡小学）与天津市北辰区第二模范小学建立“手拉手姊妹校”关系，并签订了合作协议，双方将在课程教学、学校管理、教师培训等方面展开合作。

18日 丁青县完善优抚对象信息建档，将丁青县历年来退伍兵进行统计，将复员军人优抚对象信息及时录入系统。

20日 丁青县举行民族产业服装项目扶贫补助资金发放仪式，按照每人500元补助标准，为71名建档立卡户发放补助资金，共计发放补助金35500元。

同日 丁青县妇联及县卫计委开展了“婚育新风进万家·户户盛开幸福花”主题宣讲活动，深入宣讲《中华人民共和国婚姻法》《中华人民共和国妇女儿童权益保护法》《中华人民共和国反家庭暴力法》，普及优生优育，预防“两癌”、乙肝、包虫病等知识。发放藏汉双语宣传册200余份，避孕药具100余份。宣讲活动将实现13个乡（镇）全覆盖。

21日 为进一步深化妇女法治宣传教育，强化妇女自我保护、依法维权的意识和能力，丁青县司法局、县委宣传部、县妇联深入三个乡（镇）、五个村（居）开展以“依法维护妇女权益构建社会主义和谐社会”为主题的法制宣传活动。此次活动共发放《中华人民共和国反家庭暴力法》《党的十九大相关知识》《依法保护妇女儿童读本》等宣传册共1300余份，受益妇女群众500余人。

22日 丁青县积极开展中共十九届二中全会期间社会治安集中清查整治行动。为做好中共十九届二中全会期间的社会面防控工作，丁青县公安局在全县范围内积极开展治安集中清查整治行动，出动警力325人，车辆27辆，清查网吧、KTV、宾（旅）馆、酒吧等各类行业场所280余家次，处罚无证经营、不按规定登记信息3家。

23日 丁青县开展2018年春节、藏历新年节日期间文化市场检查专项行动。为切实履行好文化市场的监管职能，维护全县文化市场安全，确保“两节”期间各文化经营场所经营正常、有序，丁青县文化市场综合执法大队牵头，联合工商、政法委、国安等部门，出动执法人员9人，执法车3辆，对全县辖区内的文化娱乐场所进行综治检查，检查了网吧5家、音响制作店3家、电子产品销售店3家、民族宗教用品店4家，暂未发现违规违纪经营场所。

23—26日 丁青县旅游局与昌都市卓卓康巴旅游产业发展有限公司深入全县13个乡（镇）开展民宿经济前期调研工作。

25日 丁青县委常委班子召开2017年度民主生活会。丁青县委常委班子围绕认真学习领会习近平新时代中国特色社会主义思想，坚定维护以习近平同志为核心的党中央权威和集中统一领导，全面贯彻落实中共十九大精神，区党委九届三次全会，市委一届六次、七次全委会要求，召开2017年度党员领导干部民主生活会。县委常委班子成员参加会议，县人大、县政协、县纪委、县委组织部以及丁青县“两代表一委员”列席会议，会议由县委书记晋美主持并作重要讲话。

26日　在春节和藏历新年来临之际，由丁青县食药监局牵头，联合县公安局、发改委、安监局、工商局、农牧局（畜牧站）等相关部门，开展节前食品药品安全大检查活动，检查食品经营户30家次、药械经营和使用单位5家次，出动执法人员9人次、车辆2台次，立案1起（罚款人民币1万元），下达责令整改通知书2份，没收过期食品价值人民币1万余元。

27日　丁青县切实加强藏语言文字管理，为“双节”营造良好的社会用字环境。丁青县编译局牵头，联合县公安局、工商局、城管执法大队等部门对县城内621家个体工商户开展社会用词检查活动。对存在藏汉文书写错误、无招牌、无藏文招牌、LED显示屏无藏文、牌匾需以旧换新等问题的41家商户下发整改通知书，责令限期整改。

同日　丁青县村（居）委员会法人信用代码赋码工作顺利完成。丁青县按照《赋码通知》要求，与市同步开展“村（居）组织特别法人统一社会信用代码赋码工作”。截至1月27日，丁青县13个乡（镇）的64个村（居）民委员会的有关数据已全部录入系统，待代码生成之后及时对所有村（居）民委员会发放证书。

28日　为营造和谐的“两节”氛围。丁青县组织县疾病预防控制中心、县人民医院、县藏医院和德康医院等机构组建15人分2组，赴县城内幼儿园、小学、中学等8所学校开展全面消毒。此次消毒针对各学校的住宿楼、教学楼、食堂、教师办公室等区域进行逐一消毒，确保师生在安全、健康的环境中工作生活。

同日　丁青县组织开展“先进双联户”表彰奖励资金及“双联户”户长补助资金兑现工作，对65户“先进双联户”、3个“先进集体”、2个“先进村居集体”、1个“先进乡镇集体”及3个“先进民生信息员”发放奖励金额共28.3万元；对2004个区、市、县三级户长发放补助金额共400.8万元，同时还发放了双联户、民生信息、雪亮工程宣传手册、户长宣传手册等材料共1.7万余份。

29日　丁青县召开全县经济、农村暨脱贫攻坚工作会议，县四大班子在家县级领导、法检两长，各乡（镇）党委书记及乡长，县（中、区）直各单位副科级以上干部，各寺庙管委会主要负责人，脱贫攻坚指挥部全体干部参加主会场会议。各乡镇、寺庙管委会、各驻村工作队全体干部参加分会场会议。会上，县四大班子在家县级领导相继为2017年度综合考评先进乡（镇）、先进单位、先进寺庙管委会进行了颁奖，县委书记晋美，县委副书记、县人民政府县长罗广前分别作了讲话并与各乡（镇）、单位代表签订《丁青县2018年经济社会发展目标责任书》。

同日　丁青县召开政法综治暨维稳工作会议。县四大班子在家县级领导干部、县（中、区）直各单位负责人出席会议，县委常委、政协主席、统战部部长四郎尼玛主持会议，县委副书记、政法委书记、公安局党委书记、局长兼督察长王亮对2017年丁青县政法综治工作进行了总结，深刻分析维稳工作。县委书记晋美，县委副书记、县人民政府县长罗广前与各乡（镇）签订《2018—2020年丁青县社会治安总治理目标责任书》《丁青县2018年维护稳定目标责任书》。丁青县完成全县干部职工参保工作。

30日　丁青县完成全县2728名在职干部参保工作，参保金额82.87万元。

31日　丁青县组织召开脱贫摘帽工作推进会。县政府在家县级领导，各乡（镇）党委书记、乡（镇）长，县直相关部门负责人，县脱贫攻坚指挥部全体成员参加会议。县委副书记、县人民政府县长、县脱贫攻坚指挥部指挥长罗广前主持会议并作讲话。

同日 丁青县在县政府三楼会议室举行2017年困难职工救助（大病救助）资金发放仪式，对17名市、县级困难职工进行救助和慰问，共发放救助金16986元。

同日 丁青县完成农村土地（耕地）确权新一轮公示。为高质量做好土地确权工作，全面检验外业测绘调查成果，丁青县组织相关工作人员对全县土地外业和家庭信息情况进行调查、审核，完成了涉及全县59个行政村（4个纯牧业行政村）土地确权的一轮公示，共审核11007户农牧民，纠错1806户，纠正土地面积2万余亩，解决历史遗留问题2起、纠纷事件1起，群众满意度达98%以上。

2月

1日 根据《国家林业局关于同意河北蔚县壶河流等64处湿地开展国家湿地公园试点工作的通知》，丁青布托湖列为国家湿地公园（试点），该湿地公园规划区总面积为7306.60公顷。

3日 丁青县人力资源和社会保障局与相关部门，成功解决劳资纠纷6起，涉及外来务工人员39起，涉工资金额135.55万元。

6日 丁青县开展“春节、藏历新年”节前安全生产大检查。由县委副书记、县人民政府县长罗广前带队，到县农贸市场、水电站、各超市等场所进行了全面细致的检查，听取了相关负责人的情况汇报后，县委副书记、县长罗广前要求各级各部门一定要做好“春节、藏历新年”保障工作，让全县百姓过一个欢乐祥和的新春佳节。

7—9日 丁青县开展节前乡镇食品药品安全大检查。由县食药监局牵头，联合县安监局、电视台等相关部门对（觉恩乡、尺牍镇、色扎乡）开展了食品药品安全大检查。共出动执法人员16人、执法车1辆，检查食品经营户50家、诊所8家、药店1家，化妆品店2家，下达责令整改通知书2份，共收缴过期和假冒伪劣食品价值大约8100元，收缴的物品已交给当地乡政府进行销毁。

8日 丁青县开展“春节、藏历新年”节前消防安全大检查。为保证“春节、藏历新年”期间的消防安全。全县组织相关工作人员对加油站、客运站、人民医院、菜市场、养老院、加气站、丁青寺等场所进行了全面大检查，对存在消防安全隐患的责令限期整改。

同日 为营造出喜庆祥和节日氛围，维护丁青县文化市场安全，由丁青县文化市场综合执法大队牵头，联合工商、国保、文化、消防等部门共出动执法人员10人、执法车4辆，检查酒吧10家，在检查过程中暂未发现安全隐患。

9日 丁青县满金杰布藏医院组织医务人员前往县五保集中供养中心为老人们免费健康体检，并发放价值3万余元的药品。

25日 丁青县召开中共丁青县九届委员会第26次常委会（扩大）会议，县委书记晋美主持会议并作重要讲话，县四大班子在家县级领导，县（中、区）直各单位负责人参加会议，会议以电视电话形式召开至乡（镇）一级。

26日 丁青县召开全县干部职工收心会议，会议以电视电话形式召开至乡（镇）一级。县委副书记、县人民政府县长罗广前主持会议，县委书记晋美作重要讲话。会议要求全县干部职工及时收心，迅速进入工作状态，并就全县三月维稳、春耕备耕、精准扶贫等各项重点工作进行了安排部署。

同日 丁青县开展“激发文化力量·提升

扶志扶智水平”厚德讲堂。县委书记晋美为全县干部职工作主题为“激发文化力量·提升扶志扶智水平”的厚德讲堂授课。

28日 丁青县积极开展春耕备耕前期工作。2018年全县计划种植农作物面积为12.05万亩，推广种植品种包括藏青2000、藏青320、喜拉22、山东7号、脱毒马铃薯、油菜、小蓝青稞等。粮食播种面积为9.9万亩（其中春青稞9.3万亩、春小麦0.15万亩、冬小麦0.28万亩、豌豆0.17万亩），经济作物播种面积1.1万亩（其中油菜1万亩、蔬菜0.1万亩），青饲料种植1.05万亩，马铃薯种植0.4万亩，小蓝青稞种植2.5万亩。

3月

1—4日 市委组织部村级组织活动场所摸排第八抽查组组长、团市委副书记扎西卓玛带队对村级组织活动建设情况进行抽查。

2日 丁青县举行2017年“贫困母亲 两癌救助资金”发放仪式，为9名身患癌症的贫困母亲发放“两癌”救助资金9万元。

同日 丁青县举办基层医疗卫生服务管理规范化培训会，主要针对儿童、孕产妇保健规范，“降消”项目有关事项，有关妇幼服务表格填写及“艾、乙、梅”有关事项；疫苗种类、疫苗管理及冷链管理，卡证管理及严格规范填写接种卡证，0~6岁摸底调查表填写，麻疹主动监测及AFP主动监测，疫苗接种部位、疫苗禁忌证及接种异常反应处理；鼠疫疫情处置相关措施和包虫病防治工作等相关知识进行规范化培训。

3日 上午9点26分实现隧道主洞顺利贯通，斜拉山特长隧道主洞全长4088米，洞口海拔高度超过4400米（斜拉山垭口海拔高度4874米），贯通后可使路线总里程缩短10.6千米，可节省翻山时间40分钟。

4日 丁青县开展以“保护虎豹 你我同行”为主题的2018年世界野生动植物日法律法规宣传活动，向农牧民群众发放林业法律法规、野生动物肇事补偿、野生动植物保护、森林防火法、生态补偿法等藏汉文宣传资料1500余份，解决咨询100余人次，受益群众300余人。

同日 武钢集团钢能设备安装有限公司为丁青县当堆乡捐赠车辆1台。

5日 丁青县普降大雪，最低温度低至–18℃，丁青县供暖公司加大对供暖用户及相关供暖单位的检测，及时解决供暖用户温度不符合标准问题。

同日 丁青县仲佰村扶贫砂石场为16户54名建档立卡贫困户发放61万元红利。

8日 丁青县开展“巾帼心向党·建功新时代”三八妇女节表彰大会，对15个先进集体、30名先进个人进行表彰。

9日 丁青县组织驻丁青官兵、公安干警、学生代表等积极开展学雷锋军民“双拥”共建扫雪志愿活动。

12日 丁青县交警大队在全县范围内开展夜间突击检查行动，出动警力17人、警车3辆，检查车辆86辆，查处未带行驶证1起、未带驾驶证2起。

12—13日 丁青县开展为期两天的“三月综治宣传月”暨扫黑除恶专项斗争宣传活动，发放宣传资料6350余份，受教育群众1250余人次。

13日 来自天津市的6名援藏医生、5名援藏教师顺利抵达丁青。

14日 县委书记晋美深入北面边界乡（镇）木塔乡、布塔乡看望慰问维稳一线值班人员，对木塔乡、布塔乡的各村委会、驻村工作队、公安派出所、检查站、学校各项工作进行了督导检查，并对各乡（镇）的安全稳定、脱贫攻坚、社会发展等全面工作进行了安排部署，提出了具体要求。

同日　丁青县组织开展了“预防青少年违法犯罪，促进青少年健康成长”教育宣传活动，发放《中华人民共和国义务教育法》《青少年健康成长手册》《西藏自治区未成年人自我保护知识读本》等宣传资料500余份，现场解答青少年问题40余条，受益青少年1000余人。

同日　丁青县护送包虫病患者8人赴昌都进行免费救治手术。

15日　丁青县交警大队组织警力在全县范围开展“安全带—生命带”主题执法教育活动，出动警力15人次，警车3辆次，纠正未系安全带上路行驶行为269次，受教育群众500余人次。

18日　丁青县以巡回义诊的形式赴辖区内各警务站，看望慰问长期奋战在维稳一线的公安干警，并为公安干警发放了价值8000余元的药品。

同日　县人民法院“法制千里行”宣讲人员先后在当堆乡、嘎塔乡、县热巴广场等地开展以“法育未来、与法同行、做厚德丁青人”为主题的法制教育工作。宣讲员向广大居民以及学生讲解《中华人民共和国宪法》《中华人民共和国民法》《中华人民共和国刑法》《中华人民共和国婚姻法》等与居民生活息息相关的法律知识，以及居民关心的财产、遗产、抚养、婚姻等热点问题，发放了法制宣传手册3000余册、带有“法制千里行”字样的帽子1000余顶、“法制千里行”海报1000余张，受教育人数1610余人，其中中小学生540余人。

同日　丁青县开展“推进依法治国维护妇女儿童权益”主题宣传活动，发放法律宣传资料1600余份、现场解答群众法律咨询13人次，受教育妇女群众360余人。

18—23日　市商务局副局长、市强基办第二巡回检查组组长朱林带队对第七批驻村工作开展情况以及十九大宣讲等工作进行指导检查。

19日　丁青县文新广局联合县卫计委、强基办、藏医院、满金杰布藏医院深入布塔乡开展庆祝西藏百万农奴解放纪念日文艺会演活动，演出结束后藏医院、满金杰布藏医院为广大农牧民群众开展免费义诊活动。

同日　丁青县与甘语仓特色农产品开发有限责任公司顺利签约，计划在觉恩乡种植小蓝青稞5000余亩。

19—21日　自治区文物局局长刘世忠工作组一行到丁青县指导检查文物安全保护各项工作。

同日　昌都市文化局（文物局）党组副书记、局长德嘎旺姆深入丁青县各自治区文保单位检查指导文物安全保护工作。

20日　县委常委、政协主席、县委统战部部长四郎尼玛带队深入协雄乡、桑多乡及下辖村（居）开展创建民族团结进步示范县宣讲活动，400余人参加活动。

同日　丁青县采取闭卷形式，对全县1000余名在编宗教教职人员的宗教政策、法律基础知识等学习情况进行了考核。

22日　丁青县组织68名离退休老干部在活动中心集中学习宪法修正案。

23日　由丁青县气象局牵头，联合县委宣传部、国土局、农牧局等单位在琼布广场开展以“智慧气象”为主题的系列宣传活动，发放宣传资料500余份，受益群众800余人。

25日　色扎乡完成村“两委”干部绩效考核民主测评工作。5名村“两委”干部获“优秀”，31名村“两委”干部获“称职”。

26日　丁青县在全县范围内举行了“做自己的首席安全官——平安校园行”主题宣传活动暨“平安校园攻坚行动”启动仪式。在县中学设主会场，11个乡（镇）设分会场，县中学、县小学、协雄乡小学的1600余名师生参加了主会场启动仪式，11个乡（镇）小学的1.3万余名师生参加了各自分会场启动仪式。

28日 为纪念西藏百万农奴解放59周年，讴歌西藏解放以来特别是改革开放以来丁青发生的巨大变化、取得的巨大成就，丁青县在新区广场举行热烈庆祝西藏百万农奴解放59周年升国旗仪式。县委书记晋美致辞，县委副书记、县人民政府县长罗广前主持升旗仪式，昌都市人大常委会副主任邓文昌，全体在家县级领导、县（中、区）直各单位全体干部职工、驻丁青部队官兵、离退休老干部代表、县中小学学生及教师代表、农牧民代表、僧尼代表等1000余人参加升国旗仪式，随后进行了“创建全国文明城市（县级），争做厚德丁青·涵养琼布人”宣誓暨签名仪式。

同日 下午，丁青县在琼布广场举行西藏百万农奴解放59周年文艺会演，县委副书记、县人民政府县长罗广前出席演出现场并致开幕词。文艺会演涵盖热巴、舞蹈、小品、独唱、合唱等，吸引了全县2000余人观看。

29日 在昌都市2018年度文化（文物、新闻出版广播影视）暨“扫黄打非”工作会议上，丁青县文广局获评“2017年度文化产业发展先进单位”，丁青县选送的《高山上的寻宝人——丁青县虫草采挖人阿旺次仁的一天》新闻作品荣获2017年度昌都市优秀电视新闻奖一等奖。

同日 觉恩乡组织金卡村村组干部、农牧民党员、双联户户长以及群众等55人，参加了2018年度村（居）干部文化素质提升工程培训班开班仪式。

29—30日 由丁青县总工会牵头，联合县人社局、县扶贫办、县妇联深入觉恩、沙贡、尺牍、色扎等5个乡（镇）12个行政村开展“促进转移就业、支持返乡创业、助力增收脱贫”为主题的“春风行动”就业创业维权宣传活动，发放宣传资料600余份，发布岗位需求58条，受益群众3600余名。

30日 县民政局对13个乡（镇）的手足伤残儿童进行筛查统计，将符合条件的71名伤残儿童，送往昌都市民政局进行专业的筛查，市民政局将根据伤残儿童病情轻重，送往昌都市人民医院、重庆市长城医院进行免费治疗。

4月

1日 丁青县积极组织工商联会员企业开展“百企帮百村”工作，8家企业为187户建档立卡贫困户送去价值11.5万余元的生活必需品。

1—3日 市委组织部副部长王斌对罗文进行期满考核。

2日 2018年丁青县“两江两河”造林工程总投资1497万元，造林面积4642.8亩，涉及3个乡（镇）6个行政村，预订树苗45.20万株，已经全面开工。

同日 丁青县以“培训强技能 就业促脱贫”为主题的摩托车维修技能培训班正式开课，各乡（镇）建档立卡贫困青年、致富带头人等50余名学员将参加为期1个月的技能培训。

同日 丁青县召开2018年度教育工作暨均衡发展工作推进会。会议由县委副书记、县人民政府县长罗广前主持，县委书记晋美出席并讲话。县（中、区）直单位负责人，各乡（镇）党委、政府负责人，各学校校长及教师代表220余人参加会议。会上，县委书记晋美，县委副书记、县人民政府县长罗广前与13个乡（镇）党委书记、乡（镇）长签订“控辍保学”军令状，并对丁青县2017年“控辍保学”和教育工作先进的乡（镇）、学校进行表彰，发放奖金1.35万元。

5日 丁青县组织县四大班子在家领导、干部职工代表、学生代表、农牧民群众代表等200余人在烈士陵园开展祭扫活动。

6日 丁青县人民检察院着力推进环境民事公益诉讼，以司法助力环境保护最后“一公里”。

同日 丁青县2018年生态岗位补助资金共发放7313.95万元，涉及13个乡（镇）20897人。

7日 丁青县觉恩乡荣获自治区全民阅读活动“书香之乡”称号，群众次仁家庭荣获昌都市全民阅读活动“书香之家”称号。

8日 丁青县组织开展全民义务植树活动，在家县级领导、县直各机关单位干部职工、中小学生、驻丁青部队官兵、公安干警等460人参加植树活动，在35亩荒地上植树2200棵。

9日 2018年首季度，在丁青县怒江河谷区域，牧民检测员捕捉到世界级濒危物种、国家一级保护动物雪豹活动影像56次，同时还检测到中华鬣羚、马麝等国家二级重点保护动物的活动影像。

同日 县土地确权办工作人员对沙贡乡然强村土地进行二轮公示，丁青县土地（耕地）确权二轮公示工作全面展开，涉及8593户农户186175.8亩土地，对175520.81亩土地（耕地）确权情况开展调查，调查率达94.28%，其中承包地174902.38亩、自留地1.97亩、集体土地554.19亩、四荒地62.27亩。

同日 丁青县藏医院荣获2018年“达实杯”中国医院建设奖。

10日 丁青县将初步筛选出的143名手足伤残儿童送至昌都市民政局，经专业筛查后，41名手足伤残儿童将送至重庆市长城医院进行专业手术救治，6名手足伤残儿童将在昌都康复机构进行康复手术治疗。

12日 丁青县全面开展春耕春播工作，计划完成春播面积11.15万亩，其中，土豆种植4000余亩，油菜种植1万余亩，小蓝青稞种植2万余亩。

同日 由市旅发委主办、市职业技术学校承办的2018年高端定制民宿及“酒咧”营地从业人员餐饮服务技能培训班正式开课，丁青县2018年民宿建设试点乡（镇）的8名农牧民参加了此次培训。

13日 丁青县虫草采集管理办公室已办理虫草采集证副本800张，其中新增483张、补办309张、激活8张。

同日 丁青县开展32个易地扶贫搬迁安置点绿化工作，总投资200万元，涉及1642户6525人，造林绿化面积837.8亩。

14日 丁青县积极推进山杏等高原经济林建设，新建苗圃基地500余亩、退耕还林经济林698.3亩，将有效带动建档立卡户26户108人增收致富。

15日 丁青县2018年度第一批次城市建设项目用地已通过昌都市国土资源局审查，涉及科教用地（实验小学）43.871亩、工业用地（110千伏变电站、加工厂房）304.269亩、商服用地（顺达加油站）4.8亩，共计352.94亩。

同日 丁青镇人民政府、县委宣传部、县司法局三家单位开展全民国家安全教育日宣传活动。大力宣传《中华人民共和国宪法》《中华人民共和国国家安全法》《中华人民共和国治安管理处罚法》等法律法规，发放《“七五”普法读本》《和谐寺庙建设》《农牧民工维权》等法制宣传手册共计300余份，受教育群众900余人。

15—17日 市委组织部副调研员、政策研究室主任翟创峰带队对村级组织活动场所标准化建设进行督导检查。

16日 在中央文明办公布的《关于确定2018—2020年创建周期全国文明城市提名城市名单的通报》中，丁青县入围新一轮创建周期文明城市提名。

同日 丁青县藏医院荣获国家卫生计生系统“先进集体”称号。

17日 丁青县组织协调老党员、中青年

代表、学生代表紧密结合“四讲四爱”积极开展“新时代、新面貌、新生活”主题宣讲活动。此次活动发放宣传资料2500余份，受教育群众2000余人次。

同日 丁青故土特色优品展销馆向甘语仓、岗翁布等20家企业、合作社兑现销售资金。

18日 市委书记阿布先后深入觉恩乡、沙贡乡、协雄乡、丁青镇，看望慰问建档立卡贫困户，实地调研民生保障、脱贫攻坚、产业发展、易地搬迁等情况。

同日 县总工会组织全县各乡（镇）、县直各单位、企业等70名工会干部在县政府二号办公楼五楼会议室开展扶贫政策知识考试，并对考试前十名的干部每人奖励300元。

19日 丁青故土特色优品展销馆销售各乡（镇）的特色产品7大类200种，2017年11月至2018年4月19日销售金额达10万元。

20日 丁青县将1.22亩“3414”田间肥效试验田划分为21个小区，并顺利播种，为进一步掌握N、P、K等肥料对该县粮食作物产量的影响，分析不同施肥水平对土壤理化性状的影响，提高粮食产量奠定了良好基础。

同日 丁青县举办以“促进转移就业、支持返乡创业、助力增收脱贫”为主题的“春风行动”人力资源专场招聘会暨政策法规宣讲会。招聘会采取“演出+宣讲+招聘”的新模式，对接29家用人单位99个就业岗位，吸引了2000余名农牧民群众参加，100余名求职者登记个人求职信息，发放各类政策法规宣传资料5800余册。

21日 为切实做好2018年度虫草采集期间边界管控工作，确保社会局势持续和谐稳定，类乌齐与丁青两县在丁青召开了加强睦邻友好共建平安边界座谈会，就虫草采集期间各项工作进行沟通和交流。丁青、类乌齐两县政法系统主要领导出席此次会议。

22日 为深入贯彻落实“用两到三年时间基本解决执行难”工作要求，自4月2日起，丁青县人民法院依法对“老赖”利用工程款和银行存款划拨等方式采取强制执行措施。执行结案5件，结案率100%，结案标的达297826元。

23日 丁青县召开2018年虫草采集管理工作安排部署会议。县委四大班子领导、法检两长、各工作组抽调的部分负责人、各乡（镇）党委政府主要负责人及县（中、区）直单位负责人参加主会场会议，各乡（镇）设分会场。会议由县委副书记、政法委书记、公安局党组书记、局长兼督察长王亮主持，县委书记晋美出席会议并就做好虫草采集管理工作作了讲话。同时，县委书记晋美和县委副书记、县人民政府县长罗广前与各乡（镇）党政负责人签订了《2018年虫草采集管理目标责任书》。

同日 丁青县集体林地确权登记工作进展顺利。已完成3个乡（镇）7个行政村，2600余亩林地确权登记。

24日 第十四届海峡旅游博览会在福建厦门国际会展中心开幕，丁青县积极参加此次盛会，向与会嘉宾展示了丁青象牙玉、藏香、藏药材等特色产品，介绍了布托湖、布迦雪山、孜珠寺、炳茸冰川等特色景区，为推介丁青、促进对外交流起到了积极作用。

25日 丁青县农牧局深入各乡（镇）开展“放心农资下乡进村”宣传活动，向农牧民群众宣传农资打假法律法规，普及农资识假辨假常识和农资选购使用知识，发放农业种植技术读本2000余份，受教育群众800余人。

26日 在农牧民上山采挖虫草前夕，丁青县人民法院深入嘎塔乡开展法制宣传教育，就《中华人民共和国宪法》《中华人民共和国草原法》《中华人民共和国野生动物保护法》《中华人民共和国刑法》《中华人民共和国民法》等法律法规进行了详细讲解，为进一步提高农牧民群众的法律意识提供了坚强保障。

26—28日 市委组织部副部长、调研员王大章带队对干部选拔、领导干部“不担当、不作为”、干部人事档案等工作开展检查指导。

27日 丁青县食品、药品监督管理局对县城内的2家学校、26家食品经营户、20家餐饮经营户、10家肉制品销售单位进行了食品安全大检查，收缴价值1000余元的过期食品，对未达到安全生产条件的食品经营企业责令限期整改。

同日 丁青县对县域内影响周边居民生活，破坏当地水质及生态环境的砂石场、沥青站、热拌站等开展集中检查，检查中发现存在防治污染措施不到位、相关手续不齐全、随意圈地占地、私自屯砂经营等行为。共检查22家，并针对各自存在的问题逐一进行教育整改。

同日 为贯彻落实全面从严治党要求，扎实推进县（区）委巡察工作，丁青县委巡察办以检查指导巡察工作为契机，举办丁青县巡察工作培训会，邀请市委巡察办督查科负责人樊宗政授课，县委巡察办人员、巡察工作人才库人员共计50余人参加培训，集中进行“充电”打磨。

28日 西藏甘语仓特色农产品开发有限公司在丁青县觉恩乡举行“小蓝青稞”首期化肥、种子补贴及土地流转费发放仪式，为48户农牧民群众兑现100万元首期化肥、种子补贴及土地流转费。

同日 西藏雄巴拉实业有限公司赴丁青县就炳茸冰川矿泉水开发事宜与县投资公司进行洽谈，并深入水源地进行考察，双方达成了合作开发意向，后续相关工作持续推进。

29日 丁青县开展《西藏自治区重点公益林管护合同》签订工作，县林业局与全县7471名护林员签订了合同书，进一步明确了护林员职责和工作权限。

同日 为全面完成“基本解决执行难”各项工作任务。丁青县人民法院开展虫草案件集中执行行动，案件执结9件，结案标的达30余万元，并向6名群众进行了兑现。

4月至10月 完成了布塔乡汝塔村，甘岩乡色达村、卡崩村，觉恩乡巴河村、卡龙村，色扎乡卡通村、汝化村，尺牍镇上依村、索果村、瓦河村，桑多乡桑多村，协雄乡协雄村，巴达乡邮巴村、达麦村，丁青镇布托村，丁青镇丁青村，木塔乡羊塔村等17个村居活动场所建设。

5月

4日 丁青县教育系统举办教学大练兵之喜迎藏文书法日师生书法比赛，此次比赛分教师组和学生组，参赛人数共计66人，分别评选出教师楷书和草书组前三名，学生组前三名，并颁发证书及奖金。

5日 丁青县向60周岁以上退役军人和退出现役伤残军人发放抚恤金。

6日 丁青县文新广局副局长洛追江村获评“全市五四青年奖章个人”，当堆乡人民政府科员旦增拉确获评“全市优秀共青团员”。

7日 丁青县持有虫草采集证人员共61212名，为确保虫草采集井然有序，丁青县派出23个工作组，抽调346名工作人员、90余名公安干警，分别进驻85个虫草采集点开展工作。

8日 丁青县开展上衣至嘎塔公路通达养护工作，平整路面36千米，加宽路基22千米，清理道路两侧落石15千米，清理落石1000立方米，为广大虫草采集群众提供安全便捷的通行环境。

10日 由县总工会牵头，联合县委宣传部组织开展“不忘初心 牢记使命——中国梦·劳动美”演讲比赛，县委书记晋美、副县长洛松达瓦出席比赛现场，并为4名获奖选手颁奖。

同日　天津市民政局向丁青县五保集中供养中心捐赠价值300余万元的生活物质。

11日　丁青县教育局积极组织爱心人士开展以“我为扶贫添光彩”为主题的资助丁青籍贫困大学生“一对一”帮扶活动。14名爱心人士与14名贫困大学生签订了“一对一”帮扶协议，助力贫困大学生顺利完成学业，贫困大学生将收到每人每月500元的资助（每年按10个月发放）。

12日　为进一步提高防汛抢险救灾实战水平和应急处置能力，有效应对山洪灾害，确保人民群众的生命财产安全。丁青县色扎乡木查村积极组织220余名群众开展防汛应急演练。

13日　2018年丁青县“两江四河”造林工程总投资1497万元，栽种苗木45.2万株，造林面积4642.8亩，涉及3个乡（镇）9个小班，全部实施完成，为建档立卡户533户1921人发放劳务费573.2万余元。

15日　由县民政局牵头，联合县委宣传部、公安局、水利局、消防大队、气象局等单位开展防灾抗灾宣传活动，发放应急包200余个，发放各类宣传资料2000余份，受教育群众1500余人。

同日　丁青县乡（镇）中心人民法庭书记员、安保人员招录工作完成，共招录8人。

16日　丁青县召开2018年全县宣传思想文化工作推进会暨深化“四讲四爱”群众教育实践活动部署会。县四大班子在家县级领导，县（中、区）直各单位负责人、武警官兵、政法干警等相关人员参加主会场会议，各乡（镇）参加分会场会议。会议由县委副书记、县人民政府县长罗广前主持，县委书记晋美出席会议并就做好思想文化宣传工作提出具体要求。

17日　丁青县与巴青县、索县就2018年虫草采集管理工作及边界稳定等11项事宜达成友好协议。

18日　丁青县第二期幼儿教师培训班在武汉市青春教育管理有限公司开班，此次培训为期20天，18名幼儿教师将通过进园跟班的形式，全方位学习幼教理论和执教技能。

20日　丁青县丁青寺僧人伟色金巴活佛编纂的《门库经典汇编》（150卷）荣获“第四届中国藏学研究珠峰奖基础资料成果类三等奖”。

21日　丁青县对各虫草采集安置点地质灾害情况进行了集中排查整治，共排查出安全隐患2处，已督促相关安置点迁移安置，并设立安全标志牌1个。

23日　丁青县老干局组织40余名离退休老干部前往敬老院开展纪念西藏自治区和平解放67周年宣讲活动。活动主要围绕“自治区和平解放67周年光辉历程”、“老西藏精神”、67年来西藏取得的主要成就等进行了宣讲，向孤寡老人发放棉被、被套各50套，茶叶30件，大米50袋，菜籽油30桶，价值1万余元。

同日　丁青县电影管理站在木塔乡、嘎塔乡、布塔乡、甘岩乡采集区，为各采集点群众放映爱国主义教育电影50余场次，观影人数达9000余人次。

同日　丁青县电视台强巴欧珠在参加昌都市“中国梦·劳动美”职工演讲比赛中获得全市第三名，县总工会获优秀组织奖。

23—24日　县食药监局深入巴达乡、甘岩乡、嘎塔乡、布塔乡、木塔乡等虫草采集点，对商店、餐饮店、诊所等进行重点检查，检查各类食品药品经营场所73家，没收价值2000余元的过期和劣质食品，对不符合卫生要求的餐饮场所责令限期整改。

24日　由天津市合作交流办对口支援一处副处长高全存带队的一行工作组对协雄乡幼儿园、协雄乡惠民种植农牧民专业合作社、廊通虫草藏街施工点、县人民医院等援藏项目进行实地调研。

25日　丁青县扎实推进社会救助工作，切实改善困难群众生活条件。共发放临时救助金22.76万元，救助68人；开展医疗救助987人次，发放救助金223.27万元；开展流浪人员救助14人次，发放救助金4100元。

28日　丁青县协雄乡中心校教师斯朗群措被评为“国家级优秀教师”。

29日　丁青县丁青镇仲佰村拥忠曲培家庭被自治区级妇联、自治区家庭教育学会授予自治区级“五好文明家庭”称号。

同日　为进一步改善易地扶贫搬迁点居住条件，丁青县以“十项提升”工程为契机，积极开展易地扶贫安置点绿化工作。2018年总投资200万元为全县31个安置点、3个幼儿园实施绿化工程，安排各类树种花卉苗29190株、草坪种子2500千克、格桑花种子250千克。已完成19个安置点、3个幼儿园绿化工作，共计种植大云杉3154株、柳树10344株、紫丁香1000株、玫瑰花1750株、格桑花种子250千克，绿化面积453.6亩。

6月

1日　丁青县交警大队深入辖区内各交通要道、路口开展隐患排查工作，排查交通安全隐患11处，新增道路警示牌11个，增设弯道、陡坡、临崖傍水路段警示牌6个，更换损坏警示灯10个。

2日　丁青县第二中学投资建设，建筑面积26292平方米，建设内容包括教学楼、实验楼、学生宿舍、教师周转房、食堂以及其他配套附属设施，建设完成后可容纳2400名学生。丁青县实验小学投资建设，建筑面积18271.32平方米，建设内容包括教学楼、学生宿舍、教师周转房、食堂、简易运动场以及其他配套附属设施，建设完成后可容纳1080名学生。

5日　由县环保局牵头，联合县林业局、县总工会、县农牧局等单位在琼布广场开展了“世界环境日”宣传活动，发放《环境保护宣传手册》《垃圾分类宣传手册》等资料5400余份，环保袋2300余条。县委副书记、县人民政府县长罗广前到现场进行活动指导，并对群众进行了环保知识的讲解。

同日　农行丁青县支行组织成立流动金融服务队，深入丁青县木塔乡各虫草采集点开展流动金融服务活动，向广大农牧民群众、商户、收购商宣传了反假币、反洗钱、反非法集资等知识，发放各类宣传手册600余份。同时，为有效缓解虫草交易期间零钞需求量大的问题，方便群众交易，流动金融服务队积极开展残币、零钞兑换工作，共计兑换残币67855元、零钞93.9万元。

6日　由县财政局牵头，联合县委宣传部、县工商局在琼布广场开展了严厉打击非法集资宣传活动，发放宣传资料1000余份，受教育群众400余人。

同日　丁青县投入77万余元开展村（居）文化综合室规范化建设，已完成64个村（居）文化综合室电视、音响、阅览桌凳、书架、村（居）文化室门牌等基础设施建设。

7日　为进一步规范道路交通规则，切实减少因超速导致的交通事故，6月6日，县公安局在G317线丁青至类乌齐段设立40千米/时、20千米/时限速警示牌20个，为群众出行安全提供保障。

同日　丁青县召开2018年招生考试部署会，切实为中、小考提供保障。

同日　为进一步提高和改善村民用水质量，确保全村喝上干净、卫生、安全的生活饮用水，丁青县第七批驻木查村工作队与县水利局积极沟通协调，计划改造和新建布容村、布青达村、仲堆组取水口、蓄水池、供水管网及配套水利设施。饮水维修建设工程到位资金100万元，将解决木查村142户866人的饮水安全问题。

8日 丁青县廊通新村和县城新区连接桥梁项目总投资3685.87万元，全长257米。项目于2016年7月开工建设，计划于2018年9月建设完工。累计完成投资3390.76万元，占总投资的92%。

9日 为进一步提高群众法律意识和法治观念，丁青县各采集点开展巡回法制宣传活动。共开展法制宣传6次、发放宣传资料1800份、悬挂横幅12条，采集点的宣传覆盖面已达50%以上，受益群众达1.8万余人。

13日 为期两天的丁青县2018年其他省市西藏初中班招生考试暨小升初考试结束，实现了“零失误”“零舞弊”工作目标，完成了“七个好”以及“四无”工作任务，达到预期效果。该次考试丁青县共设58个考场，其中西藏初中班9个考场、本地初中班49个考场。报名参考人数共计1255人，实际参考1253人，参考率达到99.84%。

15日 丁青县举办了“关爱女职工”健康知识讲座，讲座特别邀请天津援藏医生就女干部职工身体、心理等方面健康知识进行了专题宣讲，受教育女干部职工150余人。

同日 县食药监局对全县各大中型超市、餐饮店、农贸市场等56家食品经营场所进行安全生产检查，收缴价值1000余元的过期食品。

16日 丁青县召开迎接国家第三方2017年贫困县退出专项评估检查再安排再部署暨脱贫攻坚专项知识培训会，县四大班子在家县级领导、县（中、区）直各单位全体在家干部职工参加二号办公楼五楼主会场会议，会议以电视电话形式召开至各乡（镇），各乡（镇）全体干部职工、各寺管会负责人、各驻村工作队负责人参加分会场会议。会议由县委副书记、县人民政府县长罗广前主持，县委书记晋美出席会议并就迎国检工作作具体安排部署；下午，就迎国检中的具体工作及脱贫攻坚专项知识等进行了专题培训。

同日 由县安监局牵头，联合县总工会、县发改委、县教育局、县环保局、县人社局、县卫计委等单位开展了丁青县“安全生产月”和“安全生产丁青行”活动启动仪式，县委常委、人民政府副县长孙劲出席活动并讲话。活动现场发放各类宣传资料3500余份、安全生产小礼品500余份，受教育群众2000余人。

17日 丁青县共检查各类火灾易发社会单位537家次，督促整改各类火灾隐患557处，下发责令整改通知书297份、行政处罚决定书5份，责令“三停”单位2家、临时查封2家，罚款1500元。

18日 针对五保供养中心老人慢性病多、身体虚弱等情况，丁青县启动“五保老人温泉疗养行”活动。此次疗养共计10天，参加疗养的五保老人200名。疗养期间为五保老人免费提供食宿场地，每日提供5顿饭菜和水果饮料，24小时配备医生和护士值班，并为五保老人进行针灸和藏药推拿等治疗。

19日 丁青县与成都鹏翔生物科技有限公司举行了以“踱步世界屋脊 寻觅花王基地”为主题的“云朵玫瑰”丁青县高原基地签约仪式。该项目第一期种植时间为2018年8月，规划种植面积500亩，后期将扩大种植面积。

20日 由昌都市水利局质监站带队的联合验收工作组完成当堆乡水电站大坝、厂房基础验收工作。

同日 为进一步增强全县干部对脱贫攻坚政策知识的掌握，奠定脱贫摘帽的坚实基础。丁青县组织开展脱贫攻坚政策知识考试，共计239人参加考试（其中县级领导15人），分5个考场重点对精准扶贫相关概念、内容等政策知识进行闭卷测试，及格率达98.74%，其中90分以上129人，占总参考人数的53.97%。

20—21日 县委副书记、县人民政府县长罗广前深入布塔、木塔、嘎塔乡就精准扶贫、义务教育均衡发展、虫草采集管理等重点工作进行调研和安排部署，并慰问长期奋战在基层一线的乡干部、驻村工作队员、虫草采集点工作人员。

22日 丁青县完成2018年西藏自治区高中、中职学校招生考试昌都考区（丁青考点）考试工作，共计1031名学生参加考试。

同日 县委常委、人大常委会主任巴桑次仁带队深入觉恩乡、协雄乡、色扎乡、尺牍镇4个乡（镇），通过采取召开座谈会、听取汇报、走村入户、现场询问、实地查看等方式，对自治区党委提出的青稞增产行动、有条件地方消除无树村（户）和中央统一部署的农村土地确权工作落实情况进行调研，并提出了具体要求。

23日 丁青县农行结束23年手工网点历史，实现乡（镇）营业所电子化网点全覆盖。

25日 由县国土局牵头，联合县委宣传部、县林业局、县农牧局、县安监局、县环保局等部门在琼布广场开展了以“珍惜土地资源 建设美丽家园”为主题的宣传教育活动，发放《中华人民共和国土地法》《地质灾后防治》《私拉乱建违法行为》等宣传资料3200余份，接受群众咨询320余人次。

26日 丁青县巴达乡达麦村举行脱贫攻坚集体经济收益分红大会，为28户建档立卡贫困户发放价值7.56万元的家具。

26—29日 自治区督导评估组完成对丁青县义务教育均衡发展督导评估验收，同意报请国家对丁青县义务教育均衡发展进行认定验收。

7月

1日 上午，丁青县举行庆祝中国共产党成立97周年升国旗仪式，22名新入党党员代表在党旗前宣誓，全体老党员重温入党誓词。仪式由县委副书记、常务副县长王春雷主持，县委书记晋美出席仪式并作讲话。县四大班子在家县级领导，县（中、区）直各单位干部职工、公安干警、武警官兵、僧尼代表、农牧民代表、学生200余人参加升旗仪式。

2日 丁青县气象局深入当堆乡伊塔西村青稞地开展田间调查。

同日 九三学社天津市滨海新区青年工作委员会无偿捐赠丁青县人民医院新生儿暖箱、蓝光治疗仪及稳压器等价值10万余元的医疗设备。

同日 丁青县组织200余名丁青籍高校毕业生、中职毕业生、“两后生”在二号楼五楼召开高校毕业生、中职毕业生、“两后生”就业政策宣传大会，并对前期公益性岗位招考笔试成绩进行统一公布。

5日 县移动公司在琼布广场开展“移动4G惠享全县暨丁青县移动公司惠民促销、预防网络诈骗”宣传活动，受益群众2000余人。

6日 中国民主同盟天津市滨海新区委员会与天津市第五中心医院向丁青县人民医院捐赠价值10万余元的骨科手术器械。

同日 县文新广局组织召开《象雄藏文书法唐卡大集》制作工程一期验收会，对来自全县的60余名藏文书法家绘制的150余种字体进行验收。

7日 丁青县召开国家第三方2017年贫困县退出专项评估检查汇报会，北京民生智库负责人包启挺及国家第三方评估组各位带队老师、部分学生代表，市政府副市长欧珠达瓦，县四大班子在家领导，各乡（镇）、县直各单位负责人参加会议，会议由县委书记晋美主持。会上，县委副书记、政府县长、脱贫攻坚指挥部指挥长罗广前汇报了丁青县脱贫攻坚工作开展情况，北京民生智库负责人包启挺对评估方和被评估方提出纪律要求，评估检查组负责人胡志丁介绍了该次专项评估检查工作的目的、内容、方法、注意事项和纪律要求，市政府副市长、市脱贫攻坚指挥部副指挥长欧珠达瓦代表昌都市委、市政府和丁青县委、县政府作表态发言。

同日 由县委副书记，政法委书记，公安局党委书记、局长兼督察长王亮带队，抽调96名精干警力分为6个大组17个工作小组赴觉恩乡开展走村入户政策宣讲活动，截至7月6日，集中开展政策宣讲39次，完成对觉恩乡建档立卡户、非建档立卡户2333户的政策宣讲，走访率100%全覆盖。

7—13日 国家脱贫攻坚第三方评估考核组对丁青县脱贫攻坚成效进行了为期6天的评估考核验收工作，38名调查员赴13个乡（镇）26个行政村93个村民小组（抽查82个、普查11个）实地评估考核了丁青县1079人，其中建档立卡户621人、非建档立卡户458人。

8日 西藏甘语仓特色农产品开发有限公司董事长贡布多加被中国青年创业联盟秘书处评为中国青年创业导师。

9日 经过8个月跟班学习，已熟练掌握供暖设备运行原理的6名丁青籍学员到武钢总公司进行培训学习，同时参加7月底上岗操作证考试。

10日 丁青县农村土地（耕地）承包经营权确权登记颁证工作顺利通过终检。

11日 觉恩乡绒通村6组多热玛自然村发生泥石流灾害，9户群众房屋受损，房屋倒塌5间，严重受损24间，造成经济损失约47.5万元。县减灾委积极救灾，提供应急救灾帐篷4顶、雨衣20套及生活物资若干，并就后续洪水疏通、泥沙石清理、地质灾害监测和受灾群众安置等工作进行安排部署。

同日 县妇联组织县直机关女干部在二号楼五楼会议室观看了以“巾帼心向党·建功新时代”为主题的首场“全国三八红旗手”巡讲活动直播。

同日 丁青县消防大队官兵连夜对现有救生抛投器、救生衣、救生绳、安全钩等抗洪救灾装备进行全方位检查，确保灾害发生时能做到“拉得出、冲得上、打得赢”。

同日 西藏自治区党委政法委副秘书长、区综治办主任、区扫黑办主任陈文强一行工作组到丁青县就扫黑除恶打非治乱专项斗争开展情况进行督导检查，县委书记、县扫黑领导小组组长晋美就丁青县基本情况，扫黑除恶打非治乱专项斗争工作开展情况、存在问题及下一步工作建议作了汇报，陈文强对丁青县前期专项斗争所取得的成绩给予充分肯定，并就扎实推进扫黑除恶打非治乱专项斗争工作提出具体要求。

12日 青海杂多县气象局局长卫高一行四人到丁青县气象局调研指导工作。

16—17日 丁青县召开了第十二届人民代表大会常务委员会第十次会议，会议由县委常委、人大常委会主任巴桑次仁主持，会议审议通过了县人民法院、县人民检察院专项工作报告，县人民政府关于2017年本级财政预算决算报告，县人民政府关于2018年上半年国民经济和社会发展计划执行情况报告，县人民政府关于2018年上半年财政预算执行情况报告和人事任免案，并做出审查意见，形成决议。

17日 丁青县在二号办公楼五楼会议室召开了“大学习、转作风、再做实、走新路”活动推进会，县四大班子在家县级干部，县直机关党委党组织负责人等90余人参加主会场会议，各乡（镇）党政主要负责人和干部职工、寺管会负责人、驻村工作队及选派村支部书记参加各乡（镇）分会场会议，会议由县委副书记、县人民政府县长罗广前主持，县委书记晋美出席会议并作讲话。

18日 丁青县人民检察院《培育文化铸检魂·守望正义促和谐》宣传片获由最高人

民检察院政治部、检察日报社联合举办的“全国检察机关第三届微电影专题片等新媒体作品优秀作品征集展播活动”优秀专题片奖。

同日 丁青县“乘新时代东风 共逐青春梦想”第四届“青年杯”“虫草杯”体育比赛正式开始，15支足球队、11支篮球队，共500余人参赛。

同日 丁青县组织来自全县64个村（居）的67名干部，开展了村（居）干部电脑操作及藏文输入法培训，并对所有参训人员进行了集中考核，向9名培训表现及考核成绩优异者发放了证书及奖金3800元。此外，为64个村（居）发放了价值2000余元的键盘藏文输入标识贴，方便村（居）干部办公。

19日 丁青县公安局交警大队开展道路交通安全突击检查。此次检查共出动警力12人、警车3辆，检查过往车辆500辆，查获无证驾驶1起、未带驾驶证2起。对检查出的违法违规交通行为，严格按照有关法律规定进行了相关处罚。

同日 丁青县职工书屋和职工之家挂牌成立，并向全县干部职工免费开放。

19—20日 丁青县开展“关爱职工、健康体检”免费体检活动，为52名在档困难职工、19名农民工和5名劳模进行免费体检，体检项目有血常规、心电图、B超、肝功能、肾功能、胸部透视等6个项目，健康体检费用由县总工会承担。

24日 丁青县中心幼儿园举行2018届大班毕业典礼及文艺会演。

25日 由县人社局牵头，联合布托村村委会在丁青镇布托村牦牛角加工专业合作社举行了2018年牦牛角加工技能培训班开班仪式，30余名农牧民群众将参加为期1个月的培训。

26日 丁青县召开县委理论学习中心组第九次集中学习会，会议传达学习了《牢牢把握正确处理好“十三对关系”这个根本办法》《关于4起扶贫领域不作为慢作为问题的通报》《重温习近平总书记强调的“七个有之”“五个必须”》等文件精神，会议由县委常委、县纪委书记、监委会主任高木全主持，县委书记晋美出席并作讲话。

同日 丁青县在县中学开展了以“禁止传销进校园，拒绝传销，从我做起”为主题的防止传销进校园宣传教育活动，1000余名师生参加此次活动，活动最后举行了千人拒绝传销签名仪式。

同日 丁青县公安局按照上级维稳工作的安排部署，组织警力在县城及各乡（镇）同步开展夜巡逻清查行动。此次社会治安夜巡逻大清查行动出动警力300人、车辆30台次。

27日 县环保局前往13个乡（镇）42个村（居）对环境卫生整治、饮用水源地保护等10余项环境问题开展环保督察整治工作，对存在环保问题的21家单位进行了整治，其中下发整改通知书5份、督办单16个，对存在环保隐患的满金杰布藏医院、格仁鼎锋商砼站行政处罚15万元，对环评手续不齐全的尺牍镇洪亮砂场、觉恩乡金卡砂场现场查封关闭。

8月

1日 县妇联邀请市妇幼保健站专家组对丁青镇、协雄乡、当堆乡、县环卫队的135名妇女进行“两癌”免费筛查。

同日 县委书记晋美一行前往武装部、生产连、武警中队、消防大队驻地，向广大官兵致以节日的祝福，并发放慰问金1.2万元。

2日 丁青县召开县委理论学习中心组第十次集中学习会，会议传达学习了《习近平谈治国理政》（第二卷）之《中国共产党的领导是中国特色社会主义最本质的特征》和中共西藏自治区纪委相关文件精神，会议由县委常委、县政协主席、县委统战部部长四郎尼玛主持，县委书记晋美出席并就学习内容提出具体要求。

同日 丁青县召开2018年上半年乡（镇）党委书记抓基层党建工作述职评议会，会议以电视电话形式召开至乡（镇）一级，13个乡（镇）党委书记依次述职，会议由县委副书记、常务副县长王春雷主持，县委书记晋美出席会议并就基层党建工作提出具体要求。

3日 县人民检察院开展以“关爱未成年人健康成长，未检护航同行”“小手拉大手”为主题的检察开放日活动。通过参观检察主题文化长廊、作预防青少年犯罪和依法维权宣传、观看警示教育微电影《归巢》等，教育引导学生提高法制观念、健康成长。活动共计发放宣传资料及宣传物品200余份，县中学52名学生应邀参加。

同日 由县民政局牵头，联合县人武部开展走访慰问丁青籍现役军人家属活动，为军人家属送去了1.7万元的慰问金及慰问品。

同日 丁青县召开中共丁青县九届委员会第32次常委会（扩大）会议，在家县委常委出席会议，在家县级领导及县中（区）直各单位负责人列席会议，县委书记晋美主持会议并作讲话。

7日 丁青县举行2017年“金秋助学金”发放活动，为89名受助大学生发放助学金共计30.2万元。

同日 丁青县为建档立卡户开设1期水电工技能培训班。该次培训班建档立卡户共计20人。培训合格后，该批学员将被安排到各自所属村居担任专职水电工，在解决建档立卡户个人就业问题的同时，也将为同村群众的日常用电用水提供安全保障。

7—11日 丁青县举办川渝专家组援助丁青教师第二阶段培训班，培训内容主要为师德师风、通识培训、班主任能力提升实操、校本培训、校本教研能力实操、成果体验分享等，培训方法主要以讲授+体验、案例形式讲座、讲座+实践、高位指导讲座、合作+分享等形式展开，此次培训由11名川渝专家对67名老师进行培训。

8—10日 丁青县成功举办了第二届琼文化学术研讨会。研讨会吸引了来自北京、甘肃及拉萨等地30名专家、学者，近180人参加。此次研讨会专家学者分别以“琼文化的特色与发展方向”“‘琼’与象雄之间的关系”“关于古老苯式家族旭布论述”“苏毗论述”“藏文化渊源与发展阶段的划分论述”“什么是琼文化”“琼绘画方面论述”“一支“琼”的后代如何演变为“肿欧尔”家族”等为题进行讨论发言。

9日 丁青县人民法院对一起故意伤害致人死亡案进行公开开庭审理。庭审中实行同堂办案，县人民法院院长担任审判长、县人民检察院检察长出庭支持公诉，全程通过互联网同步直播。

10日 丁青县总工会与县职业教育培训中心民族服装厂联合组织开展以“当好主人翁·建功新时代”为主题的劳动和技能竞赛。该次竞赛参赛选手共18名，设现场制作四件套和秋季校服2个竞赛项目，分职工组和学徒组2个竞赛小组，为4名获奖者颁发奖金1700元。

15—17日 天津市北辰区学校管理和学科教学专家团队14人到丁青县开展学校管理及教学交流活动。此次活动专家团队进行中小学学科教学示范课4节次，举办班级管理、学校管理专题讲座2场次，两地“姊妹学校”座谈交流会1场，丁青县学科教师及管理人员320余人次参加了交流活动。

16日 丁青县第十七届热巴文化旅游艺术节暨首届冰川音乐节新闻发布会在昌都市举行，县委常委、政府副县长孙劲在新闻发布会上向与会媒体记者通报了本次活动的筹备情况。

同日　丁青县召开县委理论学习中心组第十二次集中学习会，会议传达学习了《习近平谈治国理政》（第二卷）之《协调推进“四个全面”战略布局》、《在督导全区集中整治不作为慢作为文山会海等形式主义官僚主义突出问题时的讲话要点》、《关于共产党员、党组织违反党的政治纪律行为的处分规定》、《习近平、李克强、韩正同志在全国生态环境保护大会上的讲话》等文件精神，会议由县委常委、纪委书记、监委会主任高木全主持，县委书记晋美出席并就学习内容提出具体要求。

同日　天津市北辰区人民政府向丁青县协雄乡夏拉村捐赠乡村振兴示范点项目资金1500万元。

同日　安排16名唇腭裂患儿赴昌都市人民医院进行免费治疗。

同日　由丁青县人社局主办，昌都益民职业技术学校承办的丁青县2018年第四期SYB创业知识培训班顺利结业，来自各乡（镇）30名青壮年完成参训。

17日　丁青县农业产业园区出产的黄瓜、白菜、辣椒等3个产品获得有机蔬菜认证，并取得有机转换认证证书，将有效提高丁青本地蔬菜的市场竞争力，促进群众增收。

23日　丁青县热巴舞蹈队亮相全区首届热巴舞展演暨热巴艺术高峰论坛，在昌都市举行。丁青县民间艺术团荣获团体奖金牌“金鼓奖”，获得唯一一个“热巴舞传承贡献奖”，《琼热巴》和《窝托热巴》分别获得团体“优秀奖”。展演个人技巧赛分为男子组和女子组，共有22人参加，丁青县贡松罗布和索朗措姆分别荣获本领域的唯一奖项“金铃奖”和“金鼓奖”。

27日　丁青县发放2018年下半年护林员工资。涉及13乡（镇）1525人（其中，公益性600人，临时性925人），每人每月补助资500元，共发放资金464.56万元。

29日　丁青县第十七届热巴文化旅游艺术节暨首届冰川音乐节在色扎乡开幕，开幕式由县委常委、县人民政府常务副县长旺加顿珠主持，县委副书记、县人民政府常务副县长王春雷宣读了贺电贺信，县委书记晋美为开幕式致辞并宣布丁青县第十七届热巴文化旅游艺术节暨首届冰川音乐节正式开幕。2000人参加开幕式。

同日　自治区体育局在丁青县开展“送体育下基层服务”马术表演（昌都站）活动，自治区马术队的数十名队员为观众表演了马背上的舞蹈斩劈、单人单马组合项目、马上射箭、单马双人、马上拾哈达等精彩的节目，将整个艺术节活动推向了一个新高潮，深受广大农牧民群众的欢迎，观看表演群众1万余人。同时，西藏自治区体育局为丁青县捐赠了足球、篮球、羽毛球、乒乓球、篮球架等体育器材，价值达7万元。

29—31日　丁青县成功举办第三届特色产品展销会，展销会设有展位26个，展品为来自13个乡（镇）的特色农畜优质产品、民族手工业产品、藏药材、象牙玉等，共有4大类200余个品种，销售额达884360元。

30日　丁青县举行第十七届热巴文化旅游艺术节暨首届冰川音乐节招商引资推介会。推介会由丁青县政府副县长多布杰主持。银元集团、香港铭德堂国际集团有限公司、甘语仓、百米马农业发展有限公司、西藏丁青县琼布冬虫夏草商贸有限责任公司、恒久钢结构有限公司等企业参加推了介会。该次推介会上，丁青县与香港铭德堂国际集团有限公司签订了关于冬虫夏草销售网点项目意向协议书，项目总投资2亿元；与昌都市恒久钢结构有限公司签订了关于廊通新区钢结构加工厂项目意向协议书，项目总投资4800万元。

同日　享有“金虫草之乡”美誉的丁青县举办“青藏高原冬虫夏草节暨优质产品”

评选活动，来自全县13个乡（镇）的选手带着500克虫草参赛。此次活动共评选出“虫草王”前三名，第一名得主为丁青镇次仁扎巴，560根500克36.2万元成交；第二名得主为色扎乡拥洛，600根500克；第三名得主为布塔乡确扎，620根500克。

同日 丁青县结合正在举办的第十七届热巴文化旅游艺术节，在丁青县图书馆（新华书店）举办藏文书法展览会。

同日 丁青县“十大厚德人物”、“十大厚德人物提名奖”及“五大贡献人物”颁奖典礼在色扎乡举行。颁奖典礼上，县委书记晋美及在家县级领导为获得“十大厚德人物”称号的次仁扎巴（丁青镇）、曲桑（巴达乡）、郎朗（巴达乡）、次多（色扎乡）、格桑央吉（丁青镇）、旺措次仁（丁青镇）、索旺和次旺仁青（木塔乡）、次成云丹（巴达乡）、扎西（觉恩乡）、布劳（丁青镇）等10人颁发奖章及奖金5万元；为获得“十大厚德人物提名奖”的次仁扎巴（尺牍镇）、朗卡多吉（甘岩乡）、美拉措（沙贡乡）、次旺顿珠（丁青镇）、丁达（丁青镇）等5人颁发奖章及奖金5000元；为获得文化贡献奖的丁青县文化旅游形象大使扎西拉达嘎布、获得宣传贡献奖的摄影师齐齐格果果、获得社会贡献奖的五保集中供养中心格桑德吉、获得科技创新奖的丁青县津鹏农贸有限公司董事长贾士博、获得发展贡献奖的天津华北集团有限公司周文起颁发了奖章。

同日 丁青在协雄乡小学操场开展“首届廉政文化艺术节”文艺演出活动。此次廉政文艺演出将反腐倡廉相关内容融入节目当中，既富有时代气息又极具地方特色。演出以歌舞、独唱等群众喜闻乐见的艺术形式进行党风廉政宣传教育。

31日 丁青县成功举办第四届民间赛马活动。丁青镇热玛桑珠、丁青镇孜琼旦巴、嘎塔乡永忠直美、色扎乡次多分获民间赛马第一轮、第二轮、第三轮、第四轮的第一名。

同日 丁青县第十七届热巴文化旅游艺术节暨首届冰川音乐节胜利闭幕。闭幕式在色扎乡举行，由县委常委、县政协主席、县委统战部部长四郎尼玛主持，县委书记晋美出席并为闭幕式致辞。闭幕式上，在家县级领导为该次艺术节上赛马、虫草王评比及各项体育比赛获奖选手以及“十大厚德人物”、“十大厚德人物提名奖”、“五大贡献人物”颁奖。

9月

1日 丁青县“琼布爱心墙”荣获2018西藏自治区青年志愿服务交流会青年志愿服务大赛银奖。

5日 中国宝武钢集团副总张锦刚代表团一行到丁青县调研对口帮扶工作，双方就丁青县产业园区建设、集中供暖改建、老城区改造和就业扶持等方面进行深入磋商。

同日 丁青县为建档立卡贫困户开设一期理发师技能培训班。该次培训班特邀昌都市职业技能学校3名理发技师为30名丁青籍建档立卡户展开培训。

6日 县总工会组织开展全县在档困难职工生活救助发放活动，兑现重庆市总工会援助丁青县总工会在档困难职工生活救助金7万元，为70名在档困难职工每人发放生活救助金1000元。

7日 为全力推进“六病筛查”工作，丁青县与易和健康科技有限责任公司、协和医院、满金杰布藏医院、德康医院四家医疗机构达成一致协议。由协和医院、满金杰布藏医院、德康医院组成3组筛查队深入13个乡（镇）开展登记筛查工作。已对4183人进行了结核病、骨关节疾病筛查，对3873人进行了高血压、糖尿病筛查，对3584人进行了

COPD（慢性阻塞性肺疾病）筛查，病毒性肝炎因筛查对象为孕产妇及5岁以下儿童，故安排后期筛查。待筛查工作结束，立即采取相关救治工作。

8日 丁青县庆祝第三十四个教师节表彰大会在政府二号楼五楼举行，会议表彰了全县教育事业发展中涌现出的7名优秀校长（园长）、39名模范班主任、47名优秀教师、21名先进教育工作者。县四大班子在家县级领导，县直各单位负责人，各学校校长、师生代表等200人参加了会议，会议由县委副书记、县人民政府常务副县长王春雷主持，县委书记晋美出席会议并就全县教育工作提出具体要求。

9日 丁青县协雄乡中心小学“琼布向上”中队被评为全国优秀少先队中队候选集体。

同日 全县河（湖）长制实施范围已覆盖全县所有河流、湖泊，共设立县级河长16名、乡（镇）级河长52名、村级河长130名。

10日 丁青县顺利完成第二次全国污染源普查入河排污口监测工作，排查5个入河排污口，并对1个具有代表性的入河排污口进行丰水期监测。该次监测项目包括污水流量、化学需氧量、氨氮含量、五日生化需氧量、总氮含量、总磷含量、动植物油等7项指标，在1天入河排污口采样3次，共监测出21个有效数据。

11日 自丁青县爱心教育帮扶资金专户设立以来，将13名贫困大学生列为长期帮扶对象，并根据实际情况，对其他需要帮扶的学生进行爱心帮扶，确保爱心帮扶资金真正帮扶到贫困学生。全县爱心帮扶资金专户共计兑现了帮扶资金55.62万元，累计帮扶学生179人次。

同日 丁青县召开宗教领域“遵行四条标准 争做先进僧尼”教育实践活动僧尼心得体会交流研讨会。各寺庙管委会（特派机构）负责人、藏传佛教宗教界代表人士等60余人参加会议。会议由县委常委、县政协主席、县委统战部部长四郎尼玛主持，县委书记晋美出席会议并讲话。

11—12日 由自治区纪委副书记、监委会副主任拉巴次仁带队的督导组到丁青县对脱贫攻坚工作主体责任落实情况进行专项督导检查，与县四大班子主要领导，纪委监委、脱贫攻坚指挥部等部门负责人开展个别谈话23次，对脱贫攻坚及扶贫领域监督执纪问责工作、脱贫攻坚重大项目、资金使用及政策落实、自治区巡视组反馈问题整改落实情况和市委第五轮巡察反馈问题整改落实情况等工作的落实情况进行了全面监督检查，督导过程中，督导组对丁青县扶贫领域作风专项治理、巡视巡察整改等工作予以充分肯定，并对存在的不足提出了具体要求。

18日 国务院扶贫办发布《国务院扶贫办关于反馈西藏自治区2017年贫困县退出专项评估检查结果的函》，经国家专项评估检查，丁青县符合贫困县退出条件。

同日 县委书记晋美以“新时代党员干部要‘以人民为中心’加强和改善调查研究”为主题，给全县干部职工上党课，党课以电视电话的形式召开至乡（镇），县（中、区）直各单位干部职工200余人参与学习。

同日 丁青县组织县人大代表、政协委员10人及各相关职能单位11人对县城各个路段、建筑施工现场、停车场、自来水厂等基础设施进行调研，对城市交通、供水、火灾隐患、环境卫生盲区、乱排污、公共厕所管理、停车场收费管理、建筑领域安全等进行拉网式、立体式大排查，并与老干部、群众等20余人进行座谈交流，全面了解县城基础设施情况。

19—20日 西藏自治区气象局装备中心仪器计量检定所到丁青国家基本气象站开展两年一次的气象探测仪器现场检定工作。

20日 丁青县《象雄藏文书法唐卡大

集》获大世界基尼斯“藏文字体最多的唐卡集”认证。《象雄藏文书法唐卡大集》由丁青县80名本土民间书法家，历时2年的时间，通过收集、整理，采用象雄时期的列砖体、稞体、乌金体等藏文字体书写而成，内容包括《习近平谈治国理政》、四讲四爱、《萨迦格言》、《水木格言》、《琼布民间谚语》等，其中藏文书法类唐卡218种，人物造像类唐卡5幅，前言、结语唐卡2幅，共计225幅唐卡。

23—24日　国家义务教育均衡发展督导评估组到丁青县开展义务教育均衡发展工作的评估认定，召开了丁青县义务教育均衡发展国家督导检查汇报会；深入丁青县觉恩乡小学、县中学、县小学，丁青镇热昌村和格仁村教学点，通过听取负责人汇报，查阅档案资料，访谈教师、学生及学生家长等方式，重点对学校办学条件、教育管理、师资队伍建设、安全卫生工作、课程设置、功能室使用情况、仪器设备和图书资料的配置等方面对照标准逐项进行督导评估，并就存在的问题进行了反馈。

25—26日　县委书记晋美带队的党政考察团与天津市北辰区委书记冯卫华，北辰区委副书记、区长王宝雨等北辰区党政代表，就双方进一步深化对口支援工作进行了座谈交流，并实地考察了天士力集团、双街现代农业都市产业园、华北集团、王朝酒厂和信誉楼百货等企业。

27日　丁青县召开深度贫困地区脱贫攻坚三年行动计划部署会。县四大班子在家县级领导、脱贫攻坚各成员单位负责人、各乡（镇）扶贫专干参加主会场会议，各乡（镇）全体干部、驻村工作队负责人、寺管会负责人参加各乡（镇）分会场会议。会议由县委副书记、县长、脱贫攻坚指挥部总指挥长罗广前主持。会议从做好产业项目建设、开展好第三季度结对帮扶工作、做好扶贫领域腐败问题自查自纠工作等十个方面对丁青县近期扶贫领域重点工作进行了安排部署。罗广前就开展好各项重点工作提出具体要求。

同日　丁青县文化旅游形象大使扎西拉达嘎布获2018年世界星超级模特大赛广东赛区总决赛冠军和最佳T台表现奖两项奖项。

28日　武钢实业钢能公司丁青分公司为丁青县捐赠12500件爱心物资，总价值50余万元。

同日　丁青县组织200余名干部职工对国道317沿线开展环境卫生综合整治行动，清理垃圾约2吨，进一步营造了“全民参与 人人创卫”的社会氛围。

同日　县委副书记、县人民政府县长罗广前带领县住建局、水利局、交通局、农电公司等单位负责人前往嘎塔、布塔、木塔三个乡，通过听取工作汇报、座谈交流、实地察看等方式就易地搬迁、灾后重建、村级活动场所等重点项目建设情况开展调研，针对存在的问题和困难现场进行讨论交流、协调解决。

29日　丁青县教育局向57名建档立卡贫困学生，发放教育补助金65万元（其中自治区28.7万元，昌都市19.2万元，县级17.1万元）。

29—30日　县委书记晋美一行与中国宝武党委副书记伏中哲、工会主席傅连春等进行了友好交流，并实地参观了武钢博物馆、武钢有限生产线，慰问了楠山康养公司丁青籍员工，与银元集团就317旅游开发事项，农牧产品、水资源开发等事项进行了洽谈。

同日　国家林业和草原局昆明勘察设计院专家组一行到丁青县开展林业有害生物普查工作，对全县13个乡（镇）天然林、人工苗圃、草地等进行了全面普查，发现疑似林业病16种，经野外初步鉴定，主要种类为川西云杉落针病、川西云杉枯梢病、旱柳锈病、大果圆柏落针病、北京杨煤污病等症状，主要危害枝梢、树叶等部位，全县各乡（镇）林业病害均为常见种类，未发现成片危害。

10月

8—10日 由市委副书记于树民带队的昌都市2018年重点工作重点项目综合督察第三督导组深入丁青县开展重点工作重点项目督导检查，县委副书记、县人民政府县长罗广前，县委常委、县委办主任魏永海等县级领导及相关单位负责人陪同检查，督导组一行先后深入觉恩乡、沙贡乡、桑多乡等8个乡（镇），通过查阅资料、听取汇报、现场查看等方式就各乡（镇）重点工作、重点项目建设情况进行了督导检查，并就存在的问题和困难进行现场交流、协商解决，于树民书记对该县重点工作重点项目建设提出具体要求。

11日 县食药监局前往协雄乡廊通新村幼儿园开展“食品安全进校园”活动，通过看视频、看图片、玩游戏等幼儿喜爱的形式，为幼儿讲解了垃圾食品的危害、辨别“三无”食品和过期变质食品的方法、怎样养成良好的饮食习惯等食品安全知识。

同日 丁青县召开脱贫攻坚指挥部贯彻落实中央脱贫攻坚专项巡视迎检部署会，在家县级领导，各相关单位，丁青镇、协雄乡、觉恩乡、桑多乡、沙贡乡、当堆乡等6个乡（镇）主要负责人参加了会议。县委副书记、县人民政府县长罗广前主持会议，并就迎接中央脱贫攻坚专项巡视工作进行具体安排部署。

12日 丁青县中学成功举办第15届秋季田径运动会。

同日 为进一步扎实推进“六病”普查工作，丁青县与西藏易和健康科技有限责任公司、昌都市协和医院、丁青满金杰布藏医院、丁青德康医院四家医疗机构签订了普查协议，对13个乡（镇）开展全面普查。已对43081人进行结核病筛查，对43077人进行骨关节疾病筛查，对37490人进行高血压筛查，对38472人进行糖尿病筛查，对37248人进行COPD（慢性阻塞性肺疾病）筛查，对55名5岁以下儿童进行乙肝表面抗原（HBsAg）筛查。

同日 深入色扎乡完成区域自动站的改造升级工作。

15日 丁青县成功举办首届中学生诗词大会，比赛决出的前五名学生将代表丁青县出征昌都市教育系统首届诗词比赛。

16日 县文广局成功举办首届民族民间“萨瓦然达”挑战赛，来自全县的72名参赛选手以“歌舞+比赛”形式将“萨瓦然达”挑战赛推向了高潮，观众1000余人。县委书记晋美出席活动，并为获奖选手颁奖。

17日 县脱贫攻坚指挥部在虫草交易市场组织开展了“精准扶贫·你我同行”暨全国第五个扶贫日宣传活动，通过悬挂横幅、播放脱贫攻坚视频、摆放展板、发放宣传单等多种形式向群众宣讲国家扶贫政策内容，此次活动共计发放宣传资料1000余份，受教育群众1500余人。

18日 丁青县通过“笔试+面试”的方式，完成“三农”专职农保员面试录取工作，录取“三农”转职农保员11名。

19日 县公安局组织召开了2018年度工作总结部署会议，会议总结回顾了2018年以来全县公安工作开展情况、深刻分析了形势，安排部署了后半年及之后一个时期的重点工作，会议以电视电话形式召开至各乡（镇）派出所，县委副书记，政法委书记，公安局党委书记、局长兼督察长王亮出席会议并作讲话。

同日 海尔集团西宁分公司在丁青县开展“百企帮百村”捐助活动，为25户贫困户捐赠半自动洗衣机25台，价值3万余元，并为

3233户建档立卡贫困户每户发放500元购买家电优惠券。

23日 丁青县召开2018年度“先进双联户”表彰大会，对4个乡（镇）“先进双联户”创建评选工作先进集体、6个村（居）“先进双联户”创建评选工作先进集体、237个“先进双联户”、10个“优秀民生信息员”、3个“优秀气象信息员”进行了表彰，县四大班子在家领导，县（中、区）直各单位负责人、各乡（镇）负责人、“双联户”户长代表共计177人参加了表彰大会。县委书记晋美就围绕贯彻落实区党委、市委关于深化“先进双联户”创建评选活动的决策部署提出具体要求。

同日 县公安局组织召开提升履行新时代职责使命能力水平、转变“庸懒散”工作作风、集中整治“不作为、慢作为、乱作为”问题专项活动推进会议，对集中整治专项活动再动员、再安排、再部署。县委副书记，政法委书记，公安局局党委书记、局长兼督察长王亮出席会议并提出具体要求。

24日 县食药监局在全县范围内组织开展肉产品质量安全检查行动。对县域内的学校肉制品供货商、超市、农贸市场、批发市场内猪肉冷库、肉制品专营店进行拉网式排查，重点对生鲜猪肉经营单位卫生管理情况、存储、查验、索证索票等方面进行检查。此次行动共检查超市2家，生猪肉摊点5家，冻制品店3家，冻库4家，屠宰场1家，未发现过期、变质肉产品。

24—28日 中共西藏自治区气象局党组第二巡察组对丁青县气象局开展巡察工作。

26日 丁青县涉宗教领域召开在“1拖N”宗教活动场所管理工作中实行“一主体五责任”工作法动员部署会，县政协副主席、统战部常务副部长平措就如何落实“一主体五责任”工作法进行了动员部署。

同日 丁青县在桑多乡举行农村土地承包经营权确权登记颁证首发仪式。

同日 县司法局组织60余名县（中、区）直单位、各乡（镇）党员干部代表开展《中华人民共和国宪法》、“谁执法·谁普法”普法责任制大讲堂学习活动，并对学习情况进行了考核。

27日 丁青县土地确权工作顺利通过自治区抽查验收。丁青县教育局组织学生参观《象雄藏文书法唐卡大集》。

同日 丁青县土地确权工作顺利通过自治区抽查验收。丁青县土地确权工作于2017年3月份启动，丁青县共完成11个乡（镇）、58个行政村、158740个地块测量工作，实测面积20.75万亩，家庭承包9217户。

28日 县教育局组织各乡（镇）学生参观了大世界基尼斯之最《象雄藏文书法唐卡大集》。

30—31日 丁青县首届妇女代表大会召开，来自全县各族各界、各行各业、各条战线的120余名妇女代表、12名特邀嘉宾、14名列席人员参与。此次大会通过了《关于丁青县妇联第一届执行委员会报告的决议（草案）》，选举产生了丁青县妇联新一届领导班子成员。县委书记晋美代表县委、县政府对全县妇女儿童工作提出了具体意见和要求。

31日 丁青县召开全县网信、生态环保暨卫生健康工作会议，会议以电视电话形式召开至乡（镇）一级，四大班子在家县级领导，县（中、区）直各单位干部等150余人参加主会场会议，县委书记晋美就如何做好全县网信、生态环保暨卫生健康工作进行了安排部署。

同日 丁青县正式成立车辆管理所，丁青县车辆管理所可办理驾驶证、行驶证补办、换证，6年以下五座小型机动车免检；后期将逐步开放摩托车、小汽车上牌等交管业务。

同日 丁青县举行国奶扶贫工程项目启动大会，北京联慈健康扶贫基金会向首批婴幼儿家庭代表发放了配方奶粉，国奶扶贫工程启动后，北京联慈健康扶贫基金会将为50户建档立卡贫困家庭0~3岁幼儿全额提供婴幼儿奶粉、科学育儿培训及儿童福利津贴，公益资助规模达1920万元。

11月

1日 丁青县召开了“四讲四爱”群众教育实践活动第三节点总结暨第四节点培训会，县四大班子在家县级领导，县（中、区）直各单位负责人、13个乡（镇）主要负责人、64个村（居）宣讲员等200人参加了会议。会议由县委副书记、常务副县长王春雷主持，县委书记晋美，县委副书记、县人民政府县长罗广前出席会议，县委书记晋美就开展好“四讲四爱”群众教育实践活动作讲话。

同日 县总工会在县职业教育中心开展了“学习贯彻党的十九大·工会服务在基层”为主题的五送活动，县委宣传部、县司法局、团县委、县人民医院、县藏医院等单位部门及110名环卫工人、企业职工、农民工参加了此次活动，为24户困难职工、农民工发放帮扶资金1.2万元，发放价值6000元的药品；发放过冬衣物、棉鞋300件，发放惠民政策、法律法规等宣传资料500份。

5日 县畜牧站对全县辖区内养殖场进行排查。共排查生猪4626头，没有发生可疑疫情。

同日 丁青县组织129名建档立卡户重特大疾病患者在县级公立医院进行复检及治疗工作。按照疾病分类以及患者意愿，52名患者已在县级公立医院进行治疗（其中人民医院20名，藏医院32名），其余患者救治工作正在组织实施中。

8日 大型民族歌舞诗“梦回溯源——热巴丁青”在西藏自治区藏戏艺术中心首演。“梦回溯源——热巴丁青”是由丁青县与昌都市群艺馆协作历时两年共同打造的大型民族歌舞诗，节目以“丁青热巴”为核心素材，运用艺术的手法，以热巴文化历史发展脉络为主线，热巴艺人学艺之路为辅，对热巴的起源、保护、传承、创新、发展进行呈现，同时整合了昌都市具有明显地域特色的各类歌舞，整部作品由序《鼓魂》、《鼓灵不灭》、《鼓韵长久》、《鼓缘相惜》、《鼓舞梦想》和尾声《丁青印象（鼓潮）》六大部分组成，是一部具有较高艺术性、舞台完整性的歌舞作品。歌舞诗参演群众共有60名，其中22名来自贫困户，这也是丁青县发挥文化优势，助力脱贫攻坚的重要体现。

同日 色扎乡农行营业所农户小额贷款突破亿元大关，达到1.01亿元，成为昌都市首个突破亿元的基层营业所。

同日 丁青县在县热巴广场举行第28届“119消防宣传月”活动，政府办、县公安局、县安监局、县消防大队、县武警中队等单位负责人及县中小学师生代表等120余人参加了活动。

同日 县总工会为13个乡镇和21个寺管会职工之家添置262套健身器材。其中跑步机51台、动感单车48台、乒乓球38台、哑铃37套、五人综合器14套、仰卧健腹器55套、举重床19套，共计价值75.69万元。

13日 丁青县组织5名重性精神病患者赴重庆进行免费治疗，诊疗费、餐饮费、住宿费从丁青县农牧民合作医疗大病治疗经费中统一报销，5名患者将在重庆市进行为期不少于3个月的治疗。

同日 丁青县教育局与广州视睿电子科技有限公司（希沃）举行教育信息化提升工程战略合作协议签订仪式，广州视睿电子科技有限公司向丁青县教育系统捐赠12台65寸希沃交换智能平板、2台75寸希沃交互智能平板及配套推拉黑板、展板、电脑模块等设备，价值47.5万元，将对丁青县中小学100余名教师进行教育信息化能力提升专题培训。

同日 当堆乡为56户未脱贫贫困户发放56台背负式收割机。

同日 丁青县满金私人藏医院藏药制剂室通过自治区藏药审批认证中心验收，可制作藏药丸剂、硬胶囊剂、散剂等。

同日 丁青镇仲佰村组织356名群众对约6千米的出行要道进行修正填补。

15日 丁青县召开县委理论学习中心组第二十一次集中学习会，会议传达学习了《关于对三起共产党员和国家工作人员参与赌博或带有赌博性质娱乐活动典型案例的通报》、《关于贯彻落实自治区第二环境保护督察组有关反馈意见的整改方案的通知》、《关于全市党委（党组）理论中心组深入学习贯彻习近平总书记对黄群、宋月才、姜开斌、王继才同志先进事迹的重要指示精神的通知》、《关于边巴扎西常委在昌都调研情况报告》的通知、《习近平谈治国理政》（第二卷）之《保护生态环境应当而且必须成为发展的题中应有之义》和《树立“绿水青山就是金山银山”的强烈意识》等文件精神，会议由县委常委、县政协主席、县委统战部部长四郎尼玛主持，县委副书记、县人民政府县长罗广前出席并作学习交流。

同日 丁青县色扎乡农行营业所农户小额贷款突破亿元大关，达到10116万元，成为昌都市首个突破亿元的基层营业所。

20日 县公安局接到群众报警，在嘎曲甘岩乡段附近，一辆白色轿车坠入河中，甘岩乡派出所按照上级指示立即出警，2名民警跳入河水中，经过40分钟紧急救援，成功救起水下被困群众，并及时送至甘岩乡卫生院救治，被困人员已脱离生命危险。

同日 针对昌都市脱贫攻坚交叉考核反馈问题，丁青县召开整改部署会，会议以电视电话的形式召开至乡（镇）一级，县四大班子在家县级领导，县直各单位负责人及脱贫攻坚指挥部各专项组负责人参加主会场会议，县委副书记、政府县长、脱贫攻坚指挥部指挥长罗广前主持会议并就整改工作提出具体要求。

同日 丁青县举行企业家爱心捐赠物资发放活动，共发放衣服1万件，鞋子2000双，价值30万余元，13个乡（镇）的近万名群众受益。

同日 丁青县甘语仓特色农产品开发有限责任公司为觉恩乡103户群众兑现小蓝青稞种植土地流转资金96万余元。

23日 县总工会启动冬季送温暖活动，为70户困难职工发放慰问品和慰问金，共计7万元。

25—26日 在华云公司高工的指导下，完成日照、雪深自动观测设备安装、调试工作。

27—28日 丁青县召开第十二届人民代表大会第十二次常务委员会，会上听取和审议了《县监察委员会工作报告》《县人民政府关于2018年环境状况和环境保护目标完成情况的报告》《县人民政府重大转移支付资金和重大项目资金预算执行情况的报告》《〈中华人民共和国道路交通安全法〉执行检查的情况报告》《县人民政府对第十二届人民代表大会人大常委会第六次会议审议意见的落实情况报告》《县人大法制司法民族宗教委员会关于县政府国家机关“谁执法、谁普法”普法责任落实情况的执法检查报告》《县人民政府“七五”普法中期工作情况的报告》《县人大常委会十三项工作制度》等内容，县委常委、人大常委会主任巴桑次仁主持会议并就会议内容提出具体要求。

30日 由自治区文化厅党组成员、副厅长赵斌带队的区、市、县三级联合检查专项工作组对丁青县“扫黄打非”工作开展情况进行了为期2天的检查调研，检查组一行对县域内文化市场和娱乐场所进行了详细检查指导，对县“扫黄打非”办公室、文化执法大队、网信办等成员单位的工作开展情况及丁青镇“扫黄打非”基层站点的建设情况进行了细致检查，并就“扫黄打非”相关工作提出具体要求。

12月

1日　自治区民政厅慈善总工会在协雄乡小学开展困境儿童慰问活动，为300余名困境儿童发放了价值9万余元的慰问品。

2日　为构筑食品安全防火墙，保障人民群众舌尖上的安全，丁青县投入资金31.3万元建设食品快检实验室及购买设备，已投入使用。快检室对当天上市的蔬菜、肉类及水产品进行检测，合格的产品才予以上市，检测结果公示在LED显示屏上，并将数据传输到昌都市食品安全信息公示平台，从源头上强化了对食用农产品的监管，提升全县食品安全监管水平。

同日　巴达乡中心校成功举办首届“藏文书法展”，此次活动共有书法作品200余幅，参与人数500余人。

4日　县司法局联合普法成员单位在琼布广场开展了“12·4”全国普法宣传日活动，发放法制宣传资料1000余份，受教育群众500余人。

7日　丁青县召开2018年“遵行四条标准、争做先进僧尼”教育实践活动表彰大会，对18个优秀组织单位、20名优秀驻寺干部、18座模范寺庙和768名优秀僧尼进行了表彰。会议以电视电话形式召开至各乡（镇），县四大班子在家县级领导，县（中、区）直各单位负责人、各乡（镇）及寺管会负责人、僧尼代表等120人参加主会场会议。会议由县委常委、政协主席、统战部部长四郎尼玛主持，县委副书记、县人民政府县长罗广前出席会议并作讲话。

同日　丁青县召开2018年民族团结进步表彰大会，全面总结2018年全县民族团结进步示范创建工作取得的成果和经验，安排部署民族团结创建工作，对10个民族团结先进集体和15名民族团结先进个人进行了表彰。会议以电视电话形式召开至各乡（镇），县四大班子在家县级领导、县（中、区）直各单位负责人、寺管会及专职管理特派机构负责人、僧尼代表、获得民族团结进步示范的先进集体和个人等200人参加主会场会议。会议由县委常委、政协主席、统战部部长四郎尼玛主持，县委副书记、县人民政府县长罗广前出席会议并作讲话。

8日　在昌都市第二届中小学生电脑制作活动暨第六届中小学电脑运动会比赛中，丁青县4名中小学生获得二等奖1名、三等奖3名。

9日　西藏自治区慈善总工会到丁青县开展慰问活动，为300名困难儿童及200名单亲母亲送上了价值14万元的慰问品，并通过宣讲政策、法律法规以及卫生知识，引导困难儿童及单亲母亲树立信心、积极生活。

同日　丁青县中心幼儿园组织开展以“家园牵手 圆梦童年亲子”为主题的冬季亲子运动会，800余名家长、幼儿及教师参加了此次比赛。

10日　县文新广局创新宣传方式，在热巴广场举办了一场以“四讲四爱”为主题的精品文艺会演，通过群众喜闻乐见的文艺会演形式大力宣传“四讲四爱”，500名群众受益。

同日　丁青县气象局局长陆奎勇一行工作组在色扎乡自动气象站看护人员次旺欧珠家中进行走访慰问。

11日　县总工会在困难职工帮扶中心开展“情系职工 冬送温暖”帮扶活动，为84名困难环卫工人送去了慰问金2.52万元及价值4.18万元的“暖心”环卫衣。

12日　县老干局举行了离退休干部特困帮扶资金发放仪式，为15名离退休特困帮扶对象发放帮扶资金3万元。

14日　丁青县组织13个乡镇的14名学员开展乡镇文书藏汉双语培训。此次培训主要结合丁青基层翻译人员实际，采取集中授课和会议交流等方式，以翻译经验、翻译技巧和翻译理论为主要内容，旨在提升基层干部藏汉双语工作能力。

15日　木塔乡组织6名干部到县中学为76名木塔乡籍学生举办了一场集体生日庆祝活动，让学生们切实感受到冬日里的温馨与快乐。

16日　丁青县木塔乡组织开展中学生青少年“冬日送阳光”活动，为76名县中学木塔籍学生庆祝生日。

17日　丁青县消防大队严格按照相关规定，集中采购50个品种434件（套）消防救援装备器材价值72.6万元，联合财政局和供货商完成验收。

同日　甘语仓特色农产品开发有限责任公司为36户建档立卡户共送去大米72袋、面粉72袋、食用油72桶、挂面72箱、大茶36条、毛毯36条等物资，总价值10万余元。

18日　丁青县举行了离退休干部特困帮扶资金发放仪式，为15名离退休特困帮扶对象发放帮扶资金3万元。

22—23日　在琼布广场顺利举办“琼布·记忆——庆祝改革开放40周年暨首届琼源文化影像艺术展”。该次活动共分为“新旧对比”“老照片”“民族文化”“魅力丁青”四个展区共计100余幅摄影作品，吸引农牧民群众2000余人。

27日　丁青县举行“四讲四爱”群众教育实践活动第四节点总结和“回头看”安排部署会，由县委副书记、县人民政府常务副县长王春雷主持并作重要讲话。

27—29日　丁青县开展党员政治教育培训，由县委常委、县委组织部部长严焰作重要讲话。

29日　十大厚德人物、五大特殊贡献奖评选是丁青县深入践行社会主义核心价值观，践行“四讲四爱”教育实践活动的生动体现，更是全县厚德建设的一项标杆工程。为积极响应号召，丁青县邮政局、电信局、医院、便民服务中心等9个服务窗口为厚德群体提供绿色通道，旨在全县范围内营造学习厚德人物，争当厚德人物的良好环境。

丁青县概览

地理环境

【地理位置】 丁青县所辖地区中华人民共和国成立前属霍尔措三十九族地区。原名琼波，历史上称为琼布丁青、霍尔丁青。在汉文史籍中有多种写法，曾译为定青、穷布丁青、穹布丁青等。丁青县位于西藏自治区东北部、昌都市北部，地跨北纬31° 01′~32° 31′，东经94° 31′~96° 17′，地处怒江上游。东邻类乌齐县，南接洛隆、边坝两县，西与那曲市巴青、索县接壤，北与青海省玉树州囊谦、杂多两县毗邻，是昌都的西大门。境内有孜珠寺、金卡寺、布托湖、布托温泉、布迦雪山、乃查姆玛尼堆等名胜古迹和自然风光。

【地貌】 县境地处藏东山地峡谷三江流域的怒江上游地段，全县最高点为北部他念他翁山主峰布迦岗日雪山，海拔6328米。县境北部他念他翁山脉岭脊为分水岭，水岭分为南北两部分，以北为澜沧江水系，以南为怒江水系。怒江是县内最大的河流，位于丁青县与洛隆县的交界线上，县境内流长408千米。

自然资源

【矿产资源】 县境内自然资源十分丰富，主要有金（岩金、沙金）、银、铜、铅、锌、镍、钛、锑、铁、锰、铂族元素、稀土、铀、钍、菱镁矿、白云岩、溶剂灰岩、水泥灰岩、玉石等矿种。

【动物资源】 县内野生动植物种类繁多，动物主要有白唇鹿、马鹿、金钱豹、雪豹、野牦牛、金雕、藏野驴、水獭、旱獭、熊、野山羊、香獐、野鸡、豺、狼、猞猁、藏雪鸡等上百种，数量近万头。

【植物资源】 植物主要有灌木、乔木、云杉、圆柏、桦树、杨树、榆树、柳树和众多的草本植物，其中仅牧草植物就达36科105属174种，还有虫草、贝母、知母、秦艽、人参果、红景天、大黄、雪莲花、当归等植物类药材300多种，特别是名贵中药材丁青虫草产量高品质好，在全区乃至全国都享有很高的知名度。

国民经济与社会发展

【经济发展】 全县地方生产总值达到13.4亿元，同比增长10.4%。三次产业结构比例调整为28.1：28.4：43.5，农牧民人均纯收入达到11220元，同比增长15.03%。城镇居民人均可支配收入达到31496元，同比增长10.2%。工业总产值完成2800万元，同比增长3.9%。总财力达到16.6亿元，同比增长24.8%，县级财政一般预算收入完成8516万元（其中税收收入完成2748万元），同比增长10.2%。社会消费品零售总额完成4.14亿元，同比增长20.2%。银行存贷款余额分别达到8.45亿元和11.32亿元。电信营业收入完成2080万元，同比增长13.48%。邮政营业收入完成243万元，同比增长12.5%。经济稳定运行在合理区间，正在向高质量发展的方向稳步迈进。

【城市建设进程加快】 全年开复工项目共计184项，完成固定资产投资13.6亿元。新续建道路交通项目53项，总投资8.25亿元，里程合计138.23千米，县城连接廊通新区大桥建成投用，斜拉山隧道、桑多公路、当堆至边坝界公路、布托湖公路等重大交通项目进展顺利，截至2018年底，全县通车里程达到1824.298千米，13个乡镇全部畅通。64个建制村（居）委会道路通达率100%，其中42个建制村（居）委会道路已通畅，通畅率66%。新续建水利项目12项（含市管项目），总投资5.09亿元，已完成投资3.97亿元，完成总投资的78%，布塔乡水电站、布塔电站线路延伸工程、桑多防洪工程、“5·11”地震灾后重建嘎曲流域安置点防洪工程、“5·11”地震灾后重建布塔乡安置点防洪工程、2017年水利工程运行与维护补助项目已顺利完工并通过验收。市管项目当堆电站及当堆电站线路延伸工程总投资3.11亿元，当堆电站线路延伸工程已完工，当堆电站已完成1亿元建设任务。实施易地扶贫搬迁安置点饮水工程，有效解决贫困群众安全饮水问题，实现13个乡镇全部通水，村居通水率92%，自然村通水率82%，户通水率75.2%，人口通水率76.7%。全年实施农牧项目5项，完成972万元投资，实施深松整地2230亩，实施小型农田水利重点县项目，农田灌溉面积不断扩张；实施易地扶贫搬迁安置点饮水工程，有效解决贫困群众安全饮水问题。全面实施教育基础建设，投入1.88亿元，新建第二初级中学、第二实验小学及武钢青青幼儿园。投资8059万元实施卫生事业，县人民医院改扩建、疾控中心妇幼保健院改扩建、6个乡镇卫生院标准化建设等项目进展顺利。全面落实招商引资各项政策，全年招商企业30家，协议资金8.3亿元，到位资金达2.28亿元。优化准入、管理和退出机制，非公经济发展迅猛，各类市场主体突破4000户，注册资本达23亿元。

【脱贫攻坚】 坚持以脱贫攻坚统揽经济社会发展全局，牢牢守住发展和生态两条底线，落实高质量发展要求，集中精力打好三大攻坚战。按照先布点再布局的总体原则，投入资金1.59亿元，实施产业项目10个，带动1021人脱贫致富。31个易地搬迁安置点全部完工，6525名建档立卡贫困人口乔迁新居。新招收生态岗位3880人，累计20897人吃上“生态饭”。57名建档立卡在校大学生获教育补助金65万元，190名新考录大学生获资助12万元。落实农村低保资金1176万元，医疗救助、临时救助困难群众166人次。继续深入实施行业扶贫、社会扶贫、援藏扶贫，大力改善贫困地区基础设施、公共服务水平，不断补齐脱贫攻坚短板。通过全县上下共同努力，全年实现59户207人稳定脱贫，贫困发生率降至0.99%，顺利通过国务院脱贫摘帽第三方专项评估验收。坚持常观大势、常思大局，将防范化解重大风险摆在突出位置，科学预见形势发展走向和隐藏其中的风险挑战，稳妥化解政府存量债务。常态化开展防范非法集资宣传教育和摸底排查工作，群众自我保护意识有所增强，坚决整治和有力打击非法集资、违法违规套利等非法活动，金融秩序持续趋好。全面完成中央环保督察反馈的11个问题整改工作，积极推进自治区环保督查组反馈问题整改。大力开展环保宣传活动，常态化开展虫草采集点垃圾清运工作，严格落实环境影响评价等制度。投入

1631万元，实施退耕还林、义务植树营造林8695亩、145.21万株。完成畜禽养殖禁养区划定23个地块共计2.5万公顷。投资5600万元的县城污水处理厂顺利完工，成功申报布托湖国家湿地公园（试点）。全面推行河湖长制工作，县、乡、村三级河湖长常态化开展巡河巡湖。

【社会事业协调发展】　教育事业充满活力。新建县第二中学、实验小学、第二幼儿园、武钢青青幼儿园、公共体育场等项目，进展顺利，完成15个村级幼儿园、8个乡镇小学改造扩建工程；持之以恒抓好控辍保学，适龄青少年学前、小学、中学到位率分别达到97%、99.86%、96.8%，教学质量稳步提升，全县小学生18名考入其他省市西藏初中班、中学生23名考入其他省市西藏高中班，位列全昌都市11县区第二，共计300余名学生考入大学。义务教育均衡发展顺利通过国家督导评估组评估检查。卫计工作扎实有力。投资5124万元启动县人民医院改扩建工程，投资1125万元新建县级疾控中心，投入1919万元新建标准化卫生院7个，实施卫生院标准化查漏补缺2个。全面完成了“一村一室”（一个村一个卫生室）工作，基层医疗服务基本全覆盖。对700余名白内障患者进行筛查，免费治疗246名，集中治疗重特大疾病患者69名、先天性心脏病患儿21名、唇裂患儿16名、精神病患者5名。深入实施“组团式”医疗援藏，进一步提高诊疗服务能力，危急重症病人抢救成功率达到90.88%，门诊量、住院量、手术量分别比上年增长22%、10.12%、19.3%，患者满意度达到95%，较上年提高6%。持续推进“两降一升”工作，住院分娩率达到73.1%，孕妇死亡率降低至0.47‰、5岁以下儿童死亡率降低至4.2‰。扎实做好包虫病筛查工作。文化旅游更有实力。大型民族歌舞诗“梦回溯源——琼热巴”在拉萨首演成功，《象雄藏文书法唐卡大集》获得大世界基尼斯世界纪录认证。在全区首届热巴舞展演中获团体“金鼓奖”等6项奖项。成功举办第十七届热巴文化旅游艺术节暨冰川音乐节、第二届“琼”文化论坛、“第二届琼布最强音”歌手大赛，积极开展各类文艺活动55次。成功申报县级非遗24项，并开展“首届民族民间‘萨瓦然达’挑战赛”等非遗传统活动15次。投入182.4万元，建成64个标准化村文化室，投入10万余元组建5个村级群众文艺队。投入文物安全保护经费650.5万元，申报县级文化产业基地8个，含市级文化产业基地3个。县文化活动中心接待人数6000余人次，县图书馆接待人数337人次，借阅图书648册次。全年接待游客93258人次，实现旅游综合收入1247万元，同比增长17%。社会保障精准发力。开展农牧民技能培训16期，培训518人，新增就业380人，农牧区富余劳动力转移就业16861人次，转移就业收入4600万元，城镇登记失业率控制在2.5%以内。城镇居民医疗保险参保率达到98.8%，城镇职工医疗保险参保率达到99.5%，工伤保险参保率达到99.5%，生育保险参保率达到99.5%，各类保险财政配套资金达到7150.41万元。共发放临时救助金58.7万元，救助157人。开展医疗救助1924人次，发放救助金442.6万元。开展流浪人员救助72人次，发放救助金2万元。对全县60岁以上复退军人和残疾军人发放抚恤金27.8万元。将7名手足残疾儿童送至重庆长城医院进行全免手术，对5名重度精神病患者送至重庆九龙坡卫生服务中心进行救助治疗。广电事业蓬勃发展。发放“户户通”卫星接收设备7000套，接收中央1台、西藏1台等优质频道12个，广播、电视、“户户通”覆盖率分别达到100%、96.4%、100%，成功开展“首届基层记者培训”、深入推进“2131”工程。出台《丁青县生态文明建设三年行动计划（2018

年—2020年）》，成功入选全市首个“全国文明县城”提名城市。

【统筹城乡发展】 着眼全域，整体推进，加快打造美丽县城、美丽乡村。高度重视村级组织活动场所标准化建设，投资3909.36万元开工建设30个村委会，其中新建22个、功能提升8个，基层政权得到进一步巩固和加强。克服资金短缺、施工期短、气候恶劣等重重困难，稳步推进“5·11”地震灾后重建工作，4000余名受灾群众喜迁新居。集中整治土地私下交易和私搭乱建行为，依法拆除私搭乱建327户，194户入住棚户区改造住房，46户返乡，收回300余亩违法交易土地实施义务植树，实现绿化全覆盖。不断引导群众按程序、按规划、按标准依法建房，城乡格局不断优化。聚焦群众最关心、最现实、最亟须解决的环境卫生难题，广泛动员各方力量，扎实开展爱国卫生运动，改变影响人居环境的不良习惯，推动解决城乡环境“脏乱差”问题。城市管理水平不断提升，功能配套日趋完善，投资5600.18万元，新建协雄乡污水处理厂1座，投入209.13万元建成15个村级简易垃圾收集池，县城生活垃圾无害化处理率达98%。城乡面貌明显改善，琼布丁青的立体颜值持续提高。

【深化改革】 持续推进不动产登记制度改革，完成县城不动产权籍测量，权籍调查完成80%，累计颁发《不动产权证书》190宗，《不动产登记证明》42宗。全面完成13个乡（镇）64个村（居）农村集体土地使用确权登记发证工作，实测集体土地2597宗地，40.95万亩。全面完成农村土地（耕地）承包经营权确权登记颁证工作，共计实施11个乡镇、58个行政村、9217户、15.87万个地块，实测面积20.75万亩，签订合同9217户，颁发证书9217件。完成粮食生产功能区划定任务9.73万亩。扎实开展集体林权制度改革，已完成1145户合同签订，共3788.8亩。继续深化“放管服”改革，完善权责清单制度建设，公示2017年度统一规范的县政府权责清单置换。加快推进商事制度改革，严控新设行政许可，严格按照《昌都市市级常用行政审批事项目录》要求，从公示之日到结束，全县未增加任何行政许可审批事项。完成党政群机关统一社会信用代码赋码及换证4家单位。积极推进乡（镇）便民服务大厅规范化建设，将所有承接和为民服务事项全部纳入乡（镇）便民服务中心办理，实现了“一个窗口受理、一站式审批、一条龙服务”，完成工商“五证合一”工作。全面推行向乡（镇）简政放权工作，将11类52个方面行政职权一放到底，提升了基层组织的服务能力水平。

【农业特色经济】 继续深入推进农牧业供给侧结构性改革，促进农牧业提质增效、农牧民增收。全年粮食作物种植10.12万亩，经济作物种植1.43万亩，实现粮食产量27030吨，油菜产量1165吨，蔬菜产量7665吨。新生仔畜7.85万头（只、匹），成活率达97.2%，年末牲畜存栏数21.59万头（只、匹），出栏率达31.91%，肉类产品总产量8362吨，畜产品自给率逐年增长；全面启动规划面积300余亩的廊通产业园区开发，投资3.28亿元，实施高原菜籽油加工厂、型煤加工厂、冷链库、蓝天圣洁农畜产品加工厂、饲草料加工厂、藏药材加工厂、汽配汽贸中心等一批特色优势产业在开发区落地，进展顺利。

政 治

中共丁青县委员会

【概况】 2018年，中共丁青县委下辖直属工作部门7个、党组6个、党委25个、机关党支部96个、农村基层党支部64个。截至年底，机构、编制无变化。2018年度，围绕县委中心工作，按照“7654”工作思路，充分发挥协调作用，组织力量对全县经济、政治、文化、党建等全局性、战略性重大问题进行调查研究，提供意见和建议供县委决策参考，当好县委的参谋助手作用。负责对党中央决策部署和自治区党委、市委、县委工作安排贯彻执行情况进行督促检查。承担党中央及自治区党委、市委、县委交办的重要事项和重要指示的查办，并及时向县委反映落实情况。动员全县各方力量，做好办文办会办事，抓好县委、机要、档案管理等重点工作。

【理论学习】 2018年，丁青县委始终将学习贯彻落实中共十九大精神作为今后一个时期的重要政治任务，精心组织，强化宣传，在全县上下推动形成学用习近平新时代中国特色社会主义思想的大格局。制定《丁青县学习宣传党的十九大精神实施方案》《丁青县党的十九大精神宣讲方案》，迅速掀起学习贯彻中共十九大精神热潮。县委及时召开常委扩大会议，传达学习中共十九大精神，对学用习近平新时代中国特色社会主义思想提出了明确要求，同时制定《丁青县理论学习中心组2018年理论学习安排意见》《丁青县理论学习中心组学习制度》，全年共开展县委理论中心组集中学习21次。组织开展中共十九大精神“八进”活动280场次，参与人数达9万人，制作并发放宣传册6万份，以实际行动确保习近平新时代中国特色社会主义思想在丁青落地生根、结出硕果。

【基层党建】 2018年，丁青县委不断深化党的建设制度改革和机构编制领域改革，不断提升基层党组织学习能力、服务能力、创新能力、引领能力和战斗能力。基层基础不断夯实，深入开展党组织设置及党员基础台账摸排工作，建立《丁青县机关党支部设置摸排台账》等7个台账，梳理党小组575个、虫草采挖临时党支部8个、“两新”党组织6个。持续开展软弱涣散整顿排查和标准化建设自查工作，确定软弱涣散党组织11个。出台《丁青县关于加强和创新寺管会党建工作实施意见》《丁青县加强和创新寺管会“一主体五责任”的实施意见》，不断加强寺管会党建工作；完成新接收发展对象183名，其中35岁以下149名、妇女41名、致富能手6名。县乡举办党务专题培训10期，受教育党员378人次，完成区、市两级党校培训4期18人、自主培训6期360人。投入40万元用于机关党支部标准化建设。加快推进村级组织活动场所标准化建设，对全县30个村级组织活动场所进行新建和功能提升。管党治党责任不断压实，启动《丁青县关于深入开展“大学习、转作风、走新路、再做实”的实施意见》，实施《丁青县关于认真落实“一岗双责、一职多履、勤学多践”责任的实施意见》。开展县处级、乡科级干部不作为自查活动，形成县处级干部自查汇报58篇、班子自查6篇，乡科级自查387篇。进一步规范党内组织生活，督促提醒154个基层党支部按期召开组织生活会。服务能力不断提升，制定《丁青县关于深入开展“一核心五主体”工程的实施意见》，突出基层组织作用发挥。结合“三员工程”明确水工、电工、理发工192名，开设民生代办点64个，明确指导员64名，服务员、宣传员各128名，为群众解难事办实事340件。

【廉政建设】 2018年，丁青县委坚决扛起管党治党主体责任，牢固树立西藏客观条件特殊但全面从严治党和反腐倡廉没有任何特殊性的思想，以永远在路上的恒心和韧劲，大力弘扬“老西藏精神”“两路精神”，持续加压发力，不断推动廉政建设和反腐败工作向纵深发展。制定《丁青县深化国家监察体制改革试点工作实施方案》，突出宣传教育，强化执纪审查，全面检查整治不作为慢作为、文山会海等形式主义、官僚主义突出问题，持续抓好扶贫领域腐败和作风问题专项治理，全面整治领导干部名贵特产类特殊资源牟取私利问题，持续保持反腐败斗争高压态势。2018年，推送廉政信息30条，发放党风廉政宣传资料1100份，转发典型案例通报22份，组织观看廉政警示教育片320场次，受教育人数达1.2万人次。政治纪律教育活动有序开展，全县各级党组织召开思想动员大会120次，开展集中学习教育300次，形成心得体会400篇，党员交流讨论3000人次。紧盯中央八项规定精神，持续整治“四风”，开展关于违反中央八项规定精神专项监督检查30次。

【维护稳定】 2018年，丁青县委始终将维护稳定作为首要政治任务抓在手里、扛在肩上，坚持以自治区十项维稳措施和昌都市十五项维稳意见为基本指导，以“三不出”（大事不出、中事不出、小事不出）、“三稳定”（全面稳定、持续稳定、长期稳定）作为根本目标，认真落实工作要求，按照自治区党委书记吴英杰提出的“以防患于未然为原则、以防止出大事为基础”的工作要求，以县委“防东守西、关注南北，捕捉异常、掌握规律，抓好常态、备好应急”24字维稳工作思路为抓手，创新建立维稳机制，准确把握、科学研判全县反分裂斗争和维护稳定工作面临的新局面、新任务，紧紧抓住影响丁青稳定的基础性、源头性、根本性问题，齐抓共管，上下联动，横向互动，将全县各级维稳战线力量交错编织成一张无漏洞、无空白、无盲点的维稳网络体系，实现了全县社会局势“三不出”“三稳定”工作目标。

【民族团结】 2018年，丁青县委牢牢把握各民族“共同团结奋斗、共同繁荣发展”的民族工作主题，踊跃投身到经济建设的主战场、维护稳定的前沿阵地和改革开放的伟大实践中，深入持久地开展“三个离不开”和“团结稳定是福、分裂动乱是祸”思想教育，不断增进全县各民族的交流交往交融，极大地增强了各族人民的大团结，大力推动社会主义经济建设、政治建设、文化建设、社会建设和生态建设，进一步巩固和发展了平等、团结、互助、和谐的社会主义民族关系。12月7日，授予协雄乡中心小学等10个单位“丁青县2018年民族团结进步模范集体”称号，授予尼玛扎巴等15人“丁青县2018年民族团结进步先进个人”称号。

【机要工作】 2018年，丁青县机要局坚持

“忠于党、站好岗、强保障、服好务”，确保密码安全，提高保密意识，始终坚持服务大局、服务核心，确保机要密码工作绝对畅通，绝对安全。2018年安全准确转发办理各类密码电报300份、2058页，收发电子政务内网文件1376份、9056页。为县委、县政府提供加密视频会议技术保障78次，提供随行密码通信服务1次。新增县乡党政信息网14家单位、维护109次。完成密码专项检查工作4次。举办机要秘书培训2次，培训人员76人。完成机要秘书上岗审查35名。完成全县35名涉密人员的备案存档工作。开展县乡党政信息网专题培训2次，培训人员76人，发放培训手册76份。

【保密工作】 2018年，丁青县保密委员会以开展保密自查自评督查工作为契机，坚持“以查促改，以查促防、以查促管、以查促建”的方针，进一步细化方案、明确任务、强化措施、落实责任，抓好贯彻落实。按照保密自查自评督查工作要求，结合领导班子、各单位人员实际情况，调整充实保密工作领导小组成员，明确任务分工，逐级落实保密工作责任，加强对涉密人员的管理，严格控制涉密事项知悉范围和人员。及时传达上级保密文件及相关会议精神，突出抓好领导干部、重点涉密人员的理想信念、保密形势、法规法纪、知识技能的教育培训工作，并将保密教育纳入全年学习计划，全方位提高保密意识，筑成一道严防泄密的思想屏障。

【档案工作】 2018年，丁青县档案局（档案馆）严格依法履职，紧紧围绕市委、市政府“狠抓落实年”工作，依法推进档案规范化建设，努力提升档案现代化管理和规范化服务水平，主动为县委、县政府服务，为民生服务，为基层服务。共接收县委办、政府办2281份文件进馆，其中，永久性文件1181份，定期30年文件756份，定期10年文件344份。

组织编制

【概况】 2018年，丁青县委组织部的机构、编制无其他变化。县委组织部深入贯彻落实中共十九大，十九届二中、三中全会精神，深入贯彻落实习近平新时代中国特色社会主义思想，贯彻落实全国、全区、全市组织部长会议精神和全市组织工作暨宣传思想工作会议精神，认真履行全面从严治党主体责任，不断深化党的建设制度改革和机构编制领域改革，强化自身建设，组织（编制）和党的建设工作质量全面提升，为丁青长足发展和长治久安提供坚强组织保障。

【思想党建和制度建设】 制定印发《丁青县关于开展党组织设置排查及党员基础台账排查的紧急通知》，围绕党组织、农牧区党员、机关党员、党小组、“两新”党支部，建立《丁青县机关党支部设置摸排台账》等7个台账，梳理党小组575个、虫草采挖临时党支部8个、“两新”党支部6个。按照10%比例，制定《丁青县党建“体检单”》，持续开展软弱涣散整顿排查和标准化建设自查工作，确定11个软弱涣散未达标党组织。针对寺管会党建薄弱的问题，制定出台《丁青县关于加强和创新寺管会党建工作实施意见》《丁青县加强和创新寺管会“一主体五责任”的实施意见》。

【资金保障落实】 兑现2014年至2017年选派村（居）党支部书记安家费61万元，兑现村干部基本报酬和业绩考核奖励资金266万元，落实村务监督委员会成员报酬75.2万元，发放离任村干部生活补助42万元，下拨农牧民党员活动经费26万元。“三大节日”走访慰问生活困难党员、因公牺牲党员家属，发放慰问金30万元。合理利用中央划拨补交党费15万元用于困难党支部建设，投入9万元用于因公牺牲党员、干部困难家庭帮扶资金，投入40万元用于机关党支部标准化建设。

【场所建设稳步推进】　建立村级组织活动场所建设微信交流群和“实施、监理、设计”三家单位项目进展群，从4月开始，每月25日确定为领导小组分析研判日，召开分析研判专题会8次，布展工作专题会2次。制定《丁青县关于成立村级组织活动场所标准化建设督导组的通知》，成立县专项督导组1个、乡（镇）督导组13个，县、乡开展实地督导260次。对全县30个村级组织活动场所进行新建和功能提升，在落实上先行一步，锁定“图纸设计、实地察看、功能提升”3个环节，按大村500平方米、中村400平方米、小村300平方米，采用坡屋底建筑，四类区全部加盖阳光棚。主动与天津北辰对接，整合援藏资金650万元，用于新建丁青村、瓦河村、协雄村3个村（居）活动场所。同时，投入援藏资金60万元用于布塔乡日塔村、木塔乡木塔村弥补主体工程和附属设施建设。

【干部队伍建设】　建立党建督查人才库85人，指导员信息库154人、联络员154人，建立党务人才库212名，启动党务培训全覆盖计划，对全县110名专干开展3天集中培训，实施乡（镇）党务工作者“月”跟班学习制度，覆盖率达31%。按照党组织书记、党建指导员1：2，党务工作者1：1，农牧区党组织班子成员正职1：2，其他成员和妇女干部1：1的比例，建立干部后备库530余人。

【基层党建】　制定《丁青县2018年度发展党员工作计划》，列出发展指标，对性别、年龄、学历等进行明确，对入党积极分子到上级党组织报备、预备党员向县级组织部门报备进行再强调。完成新接收发展对象183名，其中，35岁以下149名，妇女41名，致富能手6名，收集整理预备党员报备183份。督促提醒154个基层党支部按期召开组织生活会。

启动《丁青县关于深入开展“大学习、转作风、走新路、再做实”的实施意见》，实施《丁青县关于认真落实“一岗双责、一职多履、勤学多践”责任的实施意见》。开展县处级、乡科级干部不作为自查活动，形成县处级干部自查汇报58篇、班子自查6篇、乡科级自查387篇。制定《丁青县关于进一步规范“三会一课”制度的通知》，明确主题指引，做到“有签到、有记录、有台账、有简报信息”，同时，采取“微党课”“微平台”“微党务”等方式，在“丁青党建”“微观驻村”等微信公众号平台发布学习内容130条。

制定《丁青县关于深入开展“一核心五主体”工程的实施意见》（以下简称《实施意见》），3月在色扎乡率先推行工作法，4月印发藏文版《实施意见》，发布“一核心五主体”流程图。结合“三员工程”明确水工、电工、理发工192名，开设民生代办点64个，明确指导员64名，服务员、宣传员各128名，为群众解难事办实事340余件。出台《丁青县干部干事档案管理办法》，对表格格式进行简化，将人事档案纳入党建促脱贫工作考核验收的重要依据。

【人才队伍建设】　丁青县共有各类人才4473名，其中党政人才1069人，专技人才1301人，农村本土人才2090人，企业管理者13人。对丁青县2016年至2018年专招的31名干部和引进的55名干部建立“导师制度”，由所在单位主要负责人担任导师，及时掌握、了解人才思想和工作动态，帮助解决困难和改善环境。2018年，从致富带头人中成功发展党员138人，从党员中培养致富带头人138人。

【权责清单编制和政府机构改革工作】　自2018年1月11日公示2017年度统一规范的县政府权责清单置换，继续督促相关单位按2018年新出台的法律法规及时调整、修改权责清单，确保与新清单保持一致。进一步实现编制实名制数据库动态化，建立组织、人社、纪委、财政、教育等部门沟通协调机制，紧紧抓住人社、纪委、财政、教育4家重点部门，统一输出口，严格控制虚增虚减、“吃空饷”、混岗混编、超职数配备等问题的发生，实现机构编制信息与审批文件相统一，机构人员信息与工资统发一致，保证信息的准确性，做到单位、人员信息不漏录、不错录。全县共上编干部345人，下编干部85人。

2018年，完成事业单位网上登记、党政群机关统一社会信用代码赋码和换证工作，完成党政群机关统一社会信用代码赋码及换证9家单位。起草《关于深化丁青县党政机构改革的工作方案》，重点明确机构改革中的工作任务和实施步骤，积极开展机构改革前期调研，收集整理各部门意见建议，起草丁青县机构改革初步方案，及时与市编办沟通，制定机构改革部门前后对照表，为机构改革做好充分的前期准备。争取资金7万余元配置人事档案密集架、保险柜、防盗门和台式电脑、打印机等硬件设施。截至2018年底，县直各单位、公安、乡镇复审已全部完成。

【干部教育】　按照《2018—2022年全国干部教育培训规划》、《干部教育培训工作条例》和市委相关要求，县委党校结合丁青实际，制定《丁青县2018年干部教育培训计划》，积极发挥县委党校主阵地作用，按照“县、乡、村”三级培训模式，采取“区内外培训+自主培训”模式，完成区内外培训102期255人次，其中村（居）干部培训17期34人。完成自主培训5期560人次。完成保密工作，加强和创新寺庙知识更新培训、综治专干培训、司法助理跟班学习、精准扶贫等5期384人次。完成农牧民党员培训12期433人次，创业就业培训4期120人次。培训离退休党员2期60人次。乡镇举办党务专题培训15期，培训500人次。

建立33人培训师资库，深入乡（镇）、村（居）开展生产生活专业技术培训、致富技能及法律知识培训6期700人次。结合各大节点，到困难党员家中进行宣讲慰问，开展学习贯彻中共十九大精神、习近平新时代中国特色社会主义思想、新党章、精准扶贫、精准脱贫等宣讲活动20次，受教育人员达2100人次。联合人社、组织、纪委、扶贫、环保、教育、农牧、司法等部门，落实党建知识、党建联络员、党风廉政建设、精准扶贫、虫草采挖工作、环保工作、保密工作、农牧业技术8项培训7期900人次，在全县13个乡（镇）64个村（居）积极开办“夜校”，加大培训力度，突出实用性和实效性，开展藏汉“双语”、“双语双百”、“村（居）干部素质文化提升工程”等学习400次。通过“琼鹏丁青”“丁青党建”“网信丁青”“丁青微观驻村”等微信平台，发布学习贯彻中共十九大精神、习近平总书记系列重要讲话精神、党建知识、精准脱贫等学习内容600期。开展党员讲堂190次、厚德讲堂14次、领导讲堂57次、廉政讲堂6次、司法讲堂5次。印发《丁青县关于在全县党组织中建立“固定党日”制度的通知》，将每月7日确定为固定党日，开展活动924场次，受教育党员达2.4万人次。

【援藏工作】　2018年邀请自治区、市委专家6名，开展讲座、学习考察2次，选派7人到援藏省市挂职锻炼。以对口援藏丁青省市为突破口，在援助工作上做到突出重点、点面结合、成效明显。通过对口援藏引进医疗卫生、农牧科技、工程供暖、教育、住建、财政等重要领域专业技术人才23人。2018年，以重点项目为依托，从援藏省市、中央企业引进援藏项目15个，分别为江苏援建丁青县实验小学、武钢援建丁青县青青幼儿园、天津援建丁青县木塔乡卫生院、天津援建丁青县巴达乡卫生院、江苏援建丁青县人民医院急诊楼、江苏援建丁青县疾控中心、江苏援建丁青县尺牍镇区域中心卫生院、江苏援建丁青县当堆乡卫生院、江苏援建丁青县色扎乡卫生院、江苏援建丁青县桑多乡卫生院、江苏援建丁青县丁青镇社区卫生服务站、江苏援建丁青县协雄乡卫生院、江苏援建丁青县乡镇卫生院标准化建设、武钢援建丁青县各乡镇业务用车、江苏援建丁青县精准扶贫及新农村建设，完成总投资13.5688亿元。

宣传工作

【概况】 截至2018年底，机构和编制无变化。县委宣传部工作坚持以科学发展为统领，认真学习贯彻党的各项工作会议精神，围绕县委、县政府认真推进基层宣传工作建设，努力提高宣传工作科学化水平，着力认真为做好思想政治理论学习、“四讲四爱”主题教育实践活动、新闻舆论宣传、网管与网宣、精神文明创建、文化市场综合执法、“厚德丁青·涵养琼布”建设三年行动、文化广电事业发展、宣传思想文化队伍建设、创建全国文明城市（县级）等工作，为推动全县跨越式发展提供坚强保证。

【理论武装】 围绕习近平新时代中国特色社会主义新思想新理论，制定《丁青县学习宣传党的十九大实施方案》《丁青县党的十九大宣讲方案》。明确学习重点，截至2018年底，县委理论学习中心组开展25次集中学习活动。结合实际，制定《丁青县理论学习中心组2018年度理论学习安排意见》《丁青县理论学习中心组学习制度》，下发《丁青县“大学习、转作风、再做实、走新路”活动“一课程·三清单”》《丁青县“大学习、转作风、再做实、走新路”活动实施意见》等文件。2018年已将学习宣传《习近平谈治国理政》纳入各级党委（党组）意识形态工作巡视巡察的重点内容，列入党委（党组）意识形态工作责任制考核范围，学习情况也纳入年度各单位精神文明考核内容，进一步明确学习重点，完善学习制度，促进全县深入学习理论，指导实践，推动工作。在县委常委会上听取3次《习近平谈治国理政》的学习情况，全县各级党委（党组）、各部门、各支部结合“大学习、转作风、再做实、走新路”学习活动，进行学习《习近平谈治国理政》第一、二卷活动达208场，取得良好效果。县委理论中心组充分发挥带头作用，认真开展理论学习，多次学习中央、区党委、市委关于脱贫攻坚、“两学一做”学习教育、党风廉政、中央八项规定、维护社会局势稳定、生态环保等一系列指示批示精神，将学习《习近平谈治国理政》第一、二卷的学习心得在中心组上进行发言，并撰写《习近平谈治国理政》学习心得75份。

【舆论引导】 丁青县委宣传部积极引导网民、管理网站，及时防范负面舆情。开展网络安全应急演练3次，参与24人次。开展“网络安全”宣传活动8场次，并在全县5家网吧电脑显示屏制作文明上网宣传标语。制作拍摄以虫草资源纠纷为背景的藏语法制教育微电影，阅读量破万。利用综治宣传月，做好法律书本、资料等收集整理、编写发放工作以及工作成果的收编管理、宣传报道和经验交流工作。2018年开展法制宣传教育13场次，发放宣传资料1.6万份，受益群众达1万人。确保意识形态领域绝对安全，进一步营造风清气正的社会环境。通过公众微信平台发送丁青政务、旅游、文化、历史、正能量小故事各类信息2900条，已受到5624人关注，浏览量达4万次。

【主题教育】 2018年，丁青县委宣传部始终围绕“四讲四爱”群众教育实践活动，层层动员部署，逐级成立主题教育实践活动领导小组，制定出台工作方案和措施，明确责任，逐级贯彻落实，逐级督办，迅速掀起“四讲四爱”群众教育实践活动高潮。制定印发《丁青县关于开展“讲党恩爱核心、讲团结爱祖国、讲贡献爱家园、讲文明爱生活”群众教育实践活动总体工作方案》《督导工作方案》《宣讲工作方案》《新闻宣传工作方案》《文艺宣传工作方案》，把各项任务分解落实到具体部门、具体责任人，做到责任主体明确、工作标准明确、完成时限明确，确保每一项活动任务有专人负责、专人落实、专人督导。2018年创新宣讲方式，灵活运用宣讲主线始终不偏、宣讲对象全面覆盖、宣讲方式生动等特点，将群众教育实践活动推向新高潮。截至2018年底，全县13个乡（镇）、64个村居、21个寺庙管委会、56家县（中、区）直单位、各学校开展集中宣讲600场次，悬挂横幅90条，发放宣传资料7万份，直接受教育群众达7万人。县委书记带头进行宣讲3场，以宣讲为重点，壮大宣传队伍，强化示范引领，增强宣讲效果，吸引2万名农牧民群众。同时，督促讲师团成员示范讲，道德模范和致富带头人巡回讲，驻村队员和双联户代表机动讲，学校教师课堂讲，驻寺干部和僧尼现身讲，把“四讲四爱”群众教育实践活动与全县脱贫攻坚，创建全国文明县城，创建民族团结进步、和谐寺庙暨爱国守法先进僧尼评选，“厚德丁青·涵养琼布”建设，包虫病防治等工作有机结合起来，真正达到“讲党恩爱核心”的目的，真正让活动走进基层一线，贴近农牧民群众，让中共十九大精神和“四讲四爱”深入人心。

【创文工作】 践行社会主义核心价值观，以全国文明城市（县级）创建为牵引，融入七城同创。制定印发《丁青县创建全国文明县城实施方案》、测评体系、操作手册、任务分解表，建立未成年人思想道德建设工作领导小组，统筹协调和指导教育系统未成年人思想道德建设工作。定期听取学生思想道德状况汇报，深入基层调查研究制度，及时了解和分析学生思想道德状况，研究和解决青少年学生思想道德建设存在的重大问题。加大城乡秩序维护与管理力度。加强城市“牛皮癣”整治，遏制乱搭乱建、乱设置、乱堆放、乱吊挂、乱张贴、乱刻画、乱涂写等现象。加强建筑工地管理，规范施工围挡设置，落实文明施工措施。举行“创建国家文明城市·争做厚德丁青涵养琼布人”签名仪式。全县开展环境卫生整治活动18次。开展“全面义务植树”活动。开展“不忘初心·牢记使命·中国梦·劳动美”演讲比赛。在全县各建筑工地围挡张贴“厚德丁青涵养琼布”及“全国文明城市”宣传标语14条，进一步加大社会主义核心价值观宣传教育融入群众生活。持续不断开展“厚德丁青·涵养琼布”建设，深化拓展“四讲四爱”群众教育实践活动，夯实广大干部群众思想基础，举行2018年春节、藏历土狗年文艺会演、联欢晚会和“西藏百万农奴解放59周年”纪念活动，同时开展“党旗红”“摒弃陈规陋习·树立文明新风”宣讲活动及五下乡文艺演出共计16场，发放宣传资料及读本2.4万份，直接受教育群众9000人。

【宣传引导】　丁青县委宣传部紧紧抓住“宣传到心”重心，结合和谐文化建设，以“琼鹏丁青”为龙头的29个微信公众平台建立了微信矩阵，已开通今日头条丁青县官方账号，构建县乡两级政务微信公众号全覆盖的新格局。在“琼鹏丁青”公众号推送3条先进事迹，上报3条典型线索，将丁青一批独具特色、凸显亮点、展示全方位的琼布文化遗产进行宣传报道。积极与区内外新闻媒体协调、沟通、合作，挖掘、搜集新闻素材，深入宣传报道丁青。加强网络正能量传播能力建设，把网络正能量传播能力建设放在重要位置，利用好今日头条、抖音等软件，做大做强“琼鹏丁青”微信矩阵，积极抢占新兴媒体阵地。以文化兴县为指引，以新闻媒体为重要载体，深化厚德建设，制作电视节目时长达4000小时，发布《向人民报告》《厚德讲堂》《厚德眼》《丁青新闻》等节目共计746期，并且充分利用新媒体“琼布眼”“琼布新闻早点”微信公众号，深入宣传全县各领域工作及热点新闻，“琼布新闻早点”关注人数达到1.2万人，“琼布眼”关注人数达到1.08万人，有效引导社会文明新风尚。县电视台播出党建、脱贫摘帽、美丽乡村建设、“四讲四爱”、中国梦、社会主义核心价值观、厚德建设、援藏工作宣传及各行业新闻305条，采用达到186条（昌都电视台128条、自治区电视台16条、康巴卫视42条），“丁青政府新闻网”2018年共传稿303条。通过成功举办第十七届丁青县热巴文化旅游艺术节暨首届冰川音乐节，为宣传丁青起到实质性作用。

【文化建设】　2018年，县民间艺术团参加春节和藏历新年演出活动、“3·28”西藏百万农奴解放纪念日演出等各类演出共计150场次。围绕“多彩非遗·美好生活”主题，开展弘扬优秀传统文化共享时代美好生活丁青县第二届文化和自然遗产日产品展览会，丁青还出现首个博物馆，自民俗博物馆开馆以来，吸引广大农牧民群众逾1万人参观。按照区党委、市委的要求建设5个村级综合文化服务中心，其中3个已建设完成，2个待村委会建设完成后落实。完善农家书屋64个、寺庙书屋60个，平均藏书1000本，实现基层文化阵地全覆盖。广播、电视和“村村通”的覆盖率分别达到100%、96.4%、100%，为实现乡村振兴打下坚实的基础。开展“琼布读书会”“文化沙龙”“我们聊非遗”“非遗进校园”等全民阅读特色活动33期。成功举办第十七届热巴文化旅游艺术节暨首届冰川音乐节、第二届“琼文化学术研讨会”，邀请自治区内外28名专家学者，围绕“琼文化”以学术讨论、参观、互动等形式开展学术研讨会，开展首届“琼布最强音”歌手大赛，挖掘优秀民间歌手30名。双管齐下，开办文化夜校，深入开展“三区人才”培训11次。组建乡（镇）热巴民间艺术团3个，为抢救和保护热巴文化起到推动作用。参加昌都市“第四届三江茶马文化艺术节”。在全区首届热巴舞展演中取得团体“金鼓奖”、个人“金鼓奖”和“金铃奖”等6项重量级奖项。全县共创建13家县级文化产业示范基地，申报市级文化产业示范基地3家。同时，精心打造民族歌舞剧《梦回溯源·热巴》、《象雄藏文书法唐卡大集》、《琼布民俗》系列丛书、《医学典籍曼唐》等项目，并将225种象雄藏文字体制作成唐卡，已成功申报上海大世界基尼斯纪录。

【筑牢思想】　丁青县委宣传部结合全县文化市场工作实际，年初与各文化经营单位签订目标责任书，做好演职人员和从业人员登记工作，统一制作演员证200份，下发各类管理制度300份，组织召开文化市场管理座谈会5次。联合成员单位对全县的宾馆、酒店、茶楼、文具店进行净化市场行动。在“三大节日”（元旦、春节、藏历新年）期间，深入开展“固边”“清源”“护苗”“秋风”“净网”五个专项行动。截至2018年12月31日，重点整治网络淫秽色情有害信息突击检查活动，累计出动执法车辆30台，出动执法人员168人次，检查文化经营场所500家，其中责令整改电子游艺厅1家，依法收缴非法音像制品1000张。对规范全县文化市场起到积极作用。县文化执法大队大力开展非法电视卫星接收设备查缴专项行动，在全县范围内逐步构建立体化，全方位的反渗透防控体系，切实维护意识形态领域的绝对安全。

【基层党建】　2018年，县委宣传部突出学习型党组织建设和队伍素质提升两个重点，狠抓自身建设，取得明显成效。采取带动式、轮讲式、讲座式、实践式的“四模式”方式强化学习型党组织建设，树立全员学习、终身学习的理念，促进干部队伍理论基础、执政能力的提升，营造学风优良、创先争优的学习环境。县委宣传支部深入学习贯彻习近平总书记系列重要讲话精神和习近平新时代中国特色社会主义思想，结合“两学一做”学习教育常态化制度化、“主题党日”等学习教育活动，以“三会一课”为依托，坚持把学习教育融入日常，开展专题研讨5次，累计研讨发言人11名，抄写党章11份，召开民主生活会议2次、组织生活会2次，组织学习《中国共产党章程》等活动，党员干部按时向组织缴纳党费，受教育党员达8人次，撰写心得体会12篇。党支部在抓机关党组织建设时，始终注意通过抓党内活动把党员组织起来，充分发挥先锋模范作用，先后组织全体党员干部开展对口扶贫、送温暖活动2次。组织全县广大干部职工观看《铲除“乱收费”》《狠刹浪费之风》《廉政》《从政德为先》《家庭腐败警示录》等教育纪录片。县委书记授课开展以“激发文化力量·提升扶志扶智水平”为主题的厚德讲堂，以“为官之道·首在修德”为主题的专题讲座，使广大干部职工有效提升自身素质，促进加强学习，加强实践。2018年，向县（中、区）直各单位、各乡（镇）、各村（居）、各寺庙管委会、各学校发放《走好法治长征路》、《领导干部科学论坛》、《党的十九大宣讲提纲》、《沧桑巨变·克松村》、《习近平谈治国理政》第一、二卷等一系列学习资料1万册。努力提升学习的广度和深度，让党的各项精神有效覆盖至每一级党组织和每一名党员，落实到每一项具体工作中去，对全县党员提出新的更高的要求。

【廉政建设】　丁青县委宣传部将党风廉政建设列入工作重要议事日程，坚持在抓好业务工作的同时也认真抓好党风廉政工作，做到把党风廉政建设工作与各项工作一起部署、一起检查、一起落实、一起考核。聚焦“四风”“两问题”“一薄弱”“六不强”等突出问题，教育引导党员干部牢固树立群众观念、为民意识，扎实组织开展好“两学一做”学习教育“三会一课”等常态化活动，及时传达上级有关反腐倡廉的文件、规定和会议精神。将党风廉政建设融入党日活动，每季度至少上一次廉政党课，通过微信公众号或其他媒体等多种网络渠道宣传廉政故事、廉政人物事迹、违法违纪案件等，使广大群众从思想深处认识到党风廉政的高压态势。狠抓党员干部队伍作风建设，抓好中央八项规定、区党委“约法十章”“九项要求”等的贯彻落实，以践行党的群众路线为主线，以“为民、务实、清廉”为标准，着力解决部分党员干部精神不振、工作不实、创新不力、效率不高、服务不优、纪律不严等作风建设方面的问题，进一步营造“讲大局、树形象、讲奉献、重实干”的良好风气，切实改进党员干部作风，提升办公效能和办事效率，加快推进丁青经济跨越式发展和社会长治久安。

统一战线工作

【概况】　截至2018年底，丁青县委统战部机构和编制未变化，共有编制8名，其中领导职数2人。归口管理寺庙管理机构25个，其中正县级管委会5座、副县级管委会7座、正科级管委会9座、寺庙片区管委会4座。全年，县委统战部主要负责宗教领域和谐、创新寺庙管理、完善数据统计、巡视反馈问题整改、干部管理、党建和党风廉政建设等内容，推进统战工作水平进一步提升。

【创新寺庙管理】　为切实推进“1拖N”宗教活动场所管理，先后召开了丁青县涉宗教领域“1拖N”推进会、调度会，并组成由统战部部长为组长的工作组，多次深入片区管委会、牵头管委会和乡镇督促工作落实，各牵头管委会和乡镇基本按自已职责履职尽职，宗教领域基本形成片区管理思维，实现了力量和资源整合。“1拖N”项目建设稳步推进。为进一步改善驻寺条件，按照片区管委会业务用房维修项目，共投资697万元，全部片区已完成阳光暖房、蔬菜大棚等“五小工程”建设。按照县委指示要求，结合丁青县实际多次完善修改“一主体五责任”寺庙管理工作法，即寺庙片区宗教管理工作领导小组的领导主体，寺庙管委会的教育、服务、管理责任，寺庙民管会的直接管理责任、寺庙活佛堪布的第一管理责任、村（居）“两委”的属地管理责任、寺庙双联户的协助管理责任，实现寺庙管理网络化。

【完善数据统计】　为进一步规范宗教教职人员和宗教活动场所管理，防止出现未批先建、违章建设，专门成立统计组，为全县宗教活动场所建筑数量、建筑面积、编内僧尼、编外僧尼、居家僧尼、社会游散僧尼等18项基本情况建立信息库。为保证党外人士信息数据的准确性，按照上级要求，对县党外人士基本信息进行细致统计，建立党外人士档案信息库，确保全面、真实、有效，为区党委、市委、县委选拔培养、管理广大党外人士提供翔实的数据支撑。

【干部纪律整顿】　为切实强化涉宗教领域干部管理，统战民宗部门和各寺管会严格周学习制度，提升自身素养。严格干部请销假制度，特殊节点一律不放，平常时间保证三分之二在岗。对脱岗、漏岗干部及时上报组织、纪检部门。经常性明察暗访，避免寺管会干部产生“天高皇帝远”的思想。经过整治，效果非常明显，干部在岗率有了显著提升，干部中“干与不干一个样，早干晚干一个样，干多干少一个样，干好干坏一个样”的思想明显下降，“想干事、能干事、会干事”的思想逐步提升。

【基层党建】　加强统战民宗支部和工商联支部的建设，坚持“三会一课”制度、“两学一做”学习教育常态化、固定党日和主题党日活动，积极完善上墙《组织生活制度》《中国共产党党员教育管理工作条例》《党支部工作制度》《党支部学习制度》《民主评议党员制度》等8项制度，按党建目标责任书按时完善党建材料。全年，开展中共十九大精神、《习近平谈治国理政》（第二卷）学习10次，自学人均2次以上，书写中共十九大学习笔记18本，让广大党员不忘初心、牢记使命，以学习促党建、以党建促进步、以进步促落实。

【党风廉政】 党风廉政建设是净化干部队伍、保护干部的关键性建设，统战民宗部门按时组织干部职工开展学习，对区、市、县三级纪检监察部门下发的典型案例进行深入学习15次，组织干部观看自治区典型案例《贪欲·黑洞——黄羽天违纪违法案件警示录》影片。通过支部书记讲党课重点对《中国共产党党内监督条例》《中国共产党党内领导干部廉洁从政若干准则》进行2次深入学习，撰写读书笔记16篇。认真落实中央八项规定，按照精简文件、改进会风精神，全年发文数同比下降8%、会议数同比下降6%。进一步规范公务接待、车辆保养维护、办公用品采购程序，先审批后办理，形成统一安排、统一结算、从严审批、严格程序的管理体系。

老干部工作

【概况】 2018年，丁青县老干局的机构和人员编制无变化。退休老干部人数增加，丁青县城乡建设日益完善，老干部各项工作全面得到落实，坚持每周二、周四下午组织全县离退休干部集中学习理论知识、相关文件精神、会议通报、知识讲座、党员干部讲党课，开展一系列文体娱乐活动，丰富老干部精神文化建设。

【各项待遇落实】 2018年“三大节日”期间，组织全县离退休干部集中于老干部活动中心召开2018年度离退休干部“三大节日”慰问座谈会，县在家四大班子成员参加会议，问候离退休干部退休后身体生活情况，同离退休干部共享丁青发展成果，发放2018年度“三大节日”慰问金37700元，慰问人数达377人（包含全县离退休干部、退休工人），藏历新年期间，县委、县政府主要领导看望慰问县级退休干部7人，带去节日慰问金及新年祝福，共计发放慰问金2万元。七一建党节前夕，县委、县政府主要领导走访慰问年龄较大、长期卧病在床及行动不便的8名离退休老干部，发放慰问金4000元。开展庆祝改革开放40周年主题活动，在西藏和平解放67周年庆典期间，到县敬老院开展宣传纪念日活动，带去棉被、大米、菜籽油、大茶、糌粑等慰问品，折合1万元。贯彻落实离退休干部生活待遇和政治待遇，根据相关要求，拨付2018年度离退休干部、退休工人体检费38.36万元，发放人数272人。坚持老干部生病住院、去世干部家属走访慰问制度，全年对生病住院、去世干部家属看望慰问20人次，带去慰问金和慰问品1.26万元。根据市委老干部局文件精神要求，组织安排25名老干部赴海南、广东、广西等地进行为期15天时间外出参观疗养。

【老干部发挥作用】 积极组织老干部参加各种重要会议、重大活动、座谈会，主动征求老干部的意见和建议，定期召开老干部情况通报会、学习会，组织老干部代表参加全县党代会、人代会等重要会议，让老干部了解全县的发展方向和奋斗目标。2018年组织经验丰富、威望高、经历西藏民族改革的老干部代表到各行业各系统，开展“讲党课”活动10场次，其中，3月28日，组织老干部代表到教育系统开展“新旧西藏”对比厚德讲堂活动5场次，授课人数累计2000人次；组织老干部老党员代表参加县直机关“讲党课”活动2次，授课人数累计600人次；虫草采挖期间，组织老干部代表赴虫草采挖点开展改革开放40周年主题讲堂活动2场次，受教育农牧民群众800人次；离退休党员干部深入丁青镇社区开展服务群众宣讲团活动1场；开展西藏和平解放67周年进敬老院宣讲团1场，受教育孤寡老人300人次。

【活动阵地建设】　老干部活动中心有1680平方米的活动阵地，为老干部发挥作用搭建良好平台，在老干部活动中心原有设施基础上，加强文化养老建设，建立健全集学习、娱乐、健身、休闲、办公功能为一体的活动阵地，功能齐全，内容丰富，基本满足广大离退休干部的精神文化需求。每年订阅十几种报纸供老干部阅读，全面更新阅览室书籍。同时，加强离退休干部党支部建设，实现老有所教，利用会议影视播放设备，观看中央重要会议、革命影视资料以及老年人健康常识专题教育片等。充分发挥老干部活动阵地的优势与资源，助力文化养老，传递正能量。

【特殊困难帮扶情况】　根据中共昌都市委关于进一步加强离退休干部管理服务工作的意见，针对离退休干部高龄结构和身体状况特殊情况，特别是对长期患重病和有特殊困难的离退休干部，给予适当的经济补助。2018年，对照文件特困帮扶关怀资金标准和要求，县老干局通过实地走访、问卷调查，根据离退休干部实际情况确定20名特困户、30名困难户，共帮扶关怀资金7万元。

【自身建设】　根据老干部工作实际，及时召开调研专题会议，认真组织开展“加强离退休干部教育引导工作”“发挥离退休干部的独特优势”“做好离退休干部服务保障工作”“完善离退休干部工作制度机制”等课题的调查研究，及时了解离退休干部工作新形势下新情况、新问题，做到早发现、早解决、早上报。坚持每周二、周四集中老干部活动中心组织老干部进行学习，及时传达学习上级领导重要讲话及有关会议精神，及时组织学习上级下发文件精神，特别是和老干部息息相关的政策性问题。做到有组织、有安排、有服务、有保障，确保各类活动开展经常化、常态化，使老干部晚年生活更健康、更充实、更幸福。

【维护稳定】　贯彻执行上级有关社会治安综合治理，维护社会稳定的方针、政策和总体部署。对群众、离退休干部的诉求事项依照国家法律和相关政策，按照程序做好化解或协调相关部门进行办理。3月，成立丁青县老干局联防巡逻组，建立领导待岗值班制度，确保本单位、本领域安全稳定。在日常生活中，离退休干部发挥职能作用，利用自身经验和潜能，维护社会稳定，做丁青社会守护者。

【脱贫攻坚】　2017—2018年，深入13个乡（镇）64个村（居）开展二轮次巡视督查，做好相关工作台账、反馈意见报县脱贫攻坚指挥部。全局干部职工与丁青镇热昌村7户贫困家庭结对帮扶。局领导班子定期不定期到扶贫挂点村调查研究，与村干部共商脱贫攻坚工作，2018年走访慰问贫困户8户25人次，带去慰问品及资金帮扶折合人民币7000元。

【党建工作】　2017年10月，老干部活动中心开始投入使用，根据老干部实际情况，建立健全党支部领导班子，及时调整充实支部领导机构，明确责任分工，以老干部活动阵地为依托，建立读书兴趣爱好、歌唱舞蹈、棋牌娱乐、各类文体娱乐活动等小组，实现“老有所医、老有所养、老有所乐、老有所为、老有所学”的晚年生活，继续打造具有老干部品牌特色的工作亮点。

【廉政建设】　全面落实党风廉政建设主体责任，切实加强对党员特别是党员领导干部和离退休党员干部的廉政教育，认真学习和贯彻《中国共产党党员领导干部廉洁从政若干准则》。充分利用休闲时间学习领会中央及自治区党委、市委、县委的相关会议精神，学习领会习近平新时代中国特色社会主义思想，进一步树牢“四个意识”，坚定“四个自信”，坚决做到“两个维护”，切实在思想上政治上行动上同以习近平同志为核心的党中央保持高度一致。坚持每周二、周四理论学习制度，以实际行动带动本单位廉洁自律工作的开展，在实际工作中不断改造自己的人生观、价值观，脚踏实地，全心全意，从严、从细、从精服务管理好老干部。

丁青县人民代表大会

【概况】　2018年，丁青县人民代表大会常务委员会及办公室的机构、编制无其他变化。2018年度坚持党的领导、人民当家做主、依法治国的有机统一，自觉服从服务于全县改革发展稳定大局，聚焦中心工作，依法履行宪法法律赋予的各项职权，共召开常委会会议6次，主任会议11次，听取审议“一府一委两院”工作报告18个，听取并现场评议工作述职2人，开展执法检查5次、专题调研6次，配合自治区、市人大常委会到丁青县开展代表视察、执法检查、调研5次，较好地完成了县十二届人大四次会议确定的各项任务，为推动丁青县经济社会发展和民主法治建设做出了积极贡献。

【丁青县第十二届三次会议】　2018年1月8日，丁青县第十二届人民代表大会第三次会议在县城召开，会期1天。应出席会议的人大代表135名，因病因事请假代表53名，实际参加会议代表82名。会议宣读成立丁青县监察委员会的决定，宣布丁青县监察委员会主任、丁青县人大常委会委员、丁青县人大法制司法民族宗教委员会主任委员、人大财经农牧城建环保委员会主任委员、人大教育科学文化卫生委员会主任委员选举结果。

【丁青县第十二届四次会议】　2018年4月18日至4月21日，丁青县十二届人民代表大会第四次会议在县城召开，会期4天。应出席人大代表135名，因病因事请假代表1名，实际参加会议代表134名。听取和审议丁青县人民政府工作报告，答复丁青县第十二届人民代表大会第二次会议代表议案、建议、批评和意见办理情况，审查丁青县2017年国民经济和社会发展计划执行情况及2018年国民经济和社会发展计划草案的报告，审查丁青县2017年财政预算执行情况及2018年财政预算草案的报告；听取和审议丁青县人大常委会工作报告，听取和审议丁青县人民法院工作报告；听取和审议丁青县人民检察院工作报告；补选丁青县第十二届人大常务委员会委员；通过6项决议。

【经济监督】　依法听取和审议半年计划执行、半年预算执行和2017年度决算工作报告，审查批准上年度财政决算和2018年度财政预算调整方案，及时分析和查找经济运行中出现的困难和问题，并提出符合实际、可操作性的意见和建议，及时反馈县政府，做到一会一反馈、一次一跟踪，做到全过程跟踪、全链条监督。强化全口径预算监督，加大对政府重点支出、重点投资项目资金、转移支付的监督，就实施预算审查监督重点向支出预算和政策拓展，征求相关单位意见。开展“十三五”规划纲要实施情况中期评估调研，并听取审议县政府专项报告，做出批准有关指标调整的决议。组织青稞增产情况调研，有针对性地提出意见建议，促进全县经济持续健康发展。

【法律监督】　大力支持监察和司法部门依

法独立自主履行职责、行使权力，深入推进法治丁青建设和依法治县进程。听取县法院和县检察院关于司法体制改革工作情况报告，听取县监察委员会工作情况报告，开展法检两院司法改革专题调研，要求司法部门遵循司法规律，把握改革方向，增强改革的系统性、整体性、协同性，坚持顶层设计与基层探索相结合，积极向影响司法公正、制约司法能力的深层次问题和关键环节聚焦，加快构建权责明晰、监管有力、运转有序的司法权运行机制。督促县监察委员会准确把握监察机关的性质、地位和职能定位，自觉在宪法法律范围内和法治轨道上开展工作，依法履行监督、调查、处置职责。

【执法检查】　以促进治理体系和治理能力现代化为目标，以推动“一府一委两院”依法行政和公正司法为重点，先后对《中华人民共和国全国人民代表大会和地方各级人民代表大会代表法》《中华人民共和国传染病防治法》《中华人民共和国预防未成年人犯罪法》《中华人民共和国大气污染防治法》贯彻实施情况及“七五”普法工作进行执法检查，对县人民法院工作、县人民检察院工作进行专项检查。听取和审议执法司法专项工作报告2项，行政机关依法行政、司法机关公正司法意识进一步增强，有效保障法律法规的贯彻实施。结合中央环保督察工作，围绕打好大气、水、土壤污染防治“三大战役”，深入开展生态环保监督。听取审议县政府2018年度环境状况和环境保护目标完成情况，检查《昌都市爱国卫生管理条例》贯彻执行情况，开展大气污染防治法执法检查、“中华环保世纪行——西藏行”活动和丁青县环境保护目标任务完成情况专题询问、草原生态保护补助奖励机制建设情况调研，督促县政府及其职能部门坚持用法律的武器治理污染、用法治的力量保护生态环境，严格落实法律责任，抓紧解决突出生态环境问题，加大投入力度，走实走好生产发展、生活富裕、生态良好的文明发展道路。

【代表工作】　坚持把代表培训作为一项基础性工作来抓，组织3名代表到福州、厦门、泉州和拉萨、林芝等地，对人大工作开展、代表履职和产业脱贫亮点工程、农村合作经营成功经验、智能城县建设、城县规划管理等进行考察学习，使基层代表不仅学到履职新经验，提升履职能力，也增长见识、开阔眼界。安排8名市人大代表列席市人大常委会和庆祝“3·28”座谈会，安排26名县级人大代表列席县人大常委会，组织50名代表参加各类执法检查、专题调研和座谈会等，不断丰富代表履行职务的渠道和形式。制定《丁青县人大常委会组成人员联系基层县人大代表意见》和《丁青县人民代表大会人大代表联系群众意见》，加强常委会组成人员与代表和代表与群众的联系。2018年，十二届人大四次会议上收集到的33件代表书面建议和20条代表发言所提意见建议，分别在会后移交、反馈给县政府办公室集中组织办理，其中代表建议100%得到办理答复。

【调研视察】　坚持把关注民生、保障民生、改善民生作为监督工作的重中之重，对精准扶贫、老城区基础设施、阳光执法等进行视察检查，听取和审议“一府一委两院”专项工作报告3项，听取和审议县人大常委会视察检查组专项检查报告8项。利用下乡维稳督导和扶贫巡查的机会，针对基层贯彻落实县委重大决策部署面临的难题，放下架子、扑下身子，不设“经典调研线路”，直插基层现场，直接同基层对话，多次深入困难较多、情况复杂、矛盾突出的地方搞调查研究，获得很多难以看到、不易听到的新情况，形成一批有情况、有分析、有深度、有见地的调研报告，得到县委的充分肯定和高度评价，为县委科学决策提供重要参考依据。

【自身建设】 坚持以习近平新时代中国特色社会主义思想为指导，进一步增强“四个意识”、坚定“四个自信”，坚决做到“两个维护”，在思想上政治上行动上同以习近平同志为核心的党中央保持高度一致，确保人大工作正确的政治方向。坚持政治建设，积极推进“两学一做”学习教育常态化、制度化，组织人大机关干部深入学习习近平新时代中国特色社会主义思想、中共十九大精神和与人大履职密切相关的法律法规，及时传达学习自治区党委书记吴英杰对做好人大工作的指示要求和洛桑江村主任在全区人大工作座谈会等一系列会议上的讲话精神，努力使人大干部的工作能力与岗位职责相匹配。坚持和完善党组中心组理论学习制度，先后开展3个专题的学习。认真学习《中华人民共和国宪法》《中华人民共和国各级人民代表大会常务委员会监督法》《中华人民共和国地方各级人民代表大会和地方各级人民政府组织法》《中华人民共和国预算法》等相关法律法规，做到带头学法守法用法，弘扬法治思维，严格依法办事。坚持县人大常委会党组成员带头上党课，把学习党章党规、中共十九大精神和习近平新时代中国特色社会主义思想作为做好新形势下人大工作的政治保证，引导党员干部不断提升与岗位职责相匹配的政治能力。从制度层面着手建章立制，健全常委会会议学习制度，建立党组会议和理论学习制度，完善人大“三会一课”制度，在常委会上通过《丁青县人民代表大会议事规则》等13项工作制度，进一步完善规范人大工作，用机制促进人大工作上台阶。全面贯彻落实党风廉政建设责任制，县人大常委会党组始终做到履行主体责任不放手，党组成员履行“一岗双责”领导责任不松手。

【人事任免】 2018年共任免国家机关工作人员25人。补选昌都市人大代表1人，补选县级人大代表5人，接受辞去委员和代表职务3人，终止代表资格5人，及时将县委决策部署通过人大法定程序变成人民群众共同意志，将县委推荐的人选通过人大法定程序变成地方国家机关工作人员。注重强化新任命人员的宪法意识、责任意识和公仆意识，对18名新任命人员集中举行宪法宣誓仪式。常委会的所有领导，积极参与全国“两会”和5月、6月虫草采集维稳督导，圆满完成各项承担任务。加强对任命干部的监督，通过听取部门工作汇报和部门负责人述职报告等形式，了解掌握被任命干部的履职情况，听取和审议2个政府部门专项报告和部门负责人的述职评议。

【党风廉政】 丁青县人大常委会党组坚定不移落实全面从严治党的新部署新要求，加强人大机关干部队伍作风建设，严格按照党内监督条例要求，管党员管干部，严禁在丁青人大系统出现拉票贿选和腐败问题，保障各项选举任务工作风清气正。严格落实中央八项规定精神和自治区“约法十章”“九项要求”，切实改进人大机关工作作风。深化警示教育，经常组织学习典型案例，做到以案释法、以案明纪，认真汲取典型案例的深刻教训，从严从实执行党的各项纪律，坚决防止“四风”反弹回潮。严格执行公务接待、外出报备、财务管理、公务用车管理等各项制度，切实改进文风会风、加强视察调研，推进作风建设常态化、长效化。根据党风廉政建设目标责任要求，人大党组书记与各党组成员，各专委会、办公室共签订8份《2017年度丁青县党风廉政建设目标责任书》，签订12份《个人承诺书》，上交5份

《领导干部廉政档案》、5份《个人述廉报告》，把党风廉政建设目标责任制纳入常态化管理。加强党员领导干部对《中国共产党章程》《中国共产党党员领导干部廉洁从政若干准则》《中国共产党党内监督条例（试行）》《中国共产党纪律处分条例》《坚决制止领导干部借婚丧喜庆事宜大操大办收钱敛财》等文件进行认真学习。继续在党员干部中开展以党性、党风、党纪为主要内容的学习，做到党风廉政建设入脑入心。

【党的建设】　2018年，在县委和县机关党委的正确领导下，人大党组（支部）深入贯彻落实“两学一做”学习教育实践活动的各项要求和党建责任制，认真按照党建工作要求，进一步加强党的思想建设、组织建设、制度建设、作风建设，狠抓落实，充分发挥党支部的战斗堡垒作用和共产党员的先锋模范作用，有力地推进人大党组（支部）各项工作再上新台阶。全年人大党组（支部）共组织党员干部集体学习10次，学习先进典型人物事迹2次，观看进行爱国主义教育影片6次，进行形势教育1次，极大地提高党员干部的思想理论水平。支部党员干部积极利用书籍、报刊、网络等媒体加强自身理论学习，形成浓厚的学习氛围。

丁青县人民政府

【概括】　截至2018年12月，县政府直属工作部门共有24个，下辖2个镇、11个乡、64个行政村（居）。

【经济实力明显增强】　全县地方生产总值达到13.4亿元，同比增长10.4%。三次产业结构比例调整为28.1：28.4：43.5，农牧民人均纯收入达到11220元，同比增长15.03%。城镇居民人均可支配收入达到31496元，同比增长10.2%。工业总产值完成2800万元，同比增长3.9%。总财力达到16.6亿元，同比增长24.8%，县级财政一般预算收入完成8516万元（其中税收收入完成2748万元），同比增长10.2%。社会消费品零售总额完成4.14亿元，同比增长20.2%。银行存贷款余额分别达到8.45亿元和11.32亿元。电信营业收入完成2080万元，同比增长13.48%。邮政营业收入完成243万元，同比增长12.5%。

【重点项目强力推进】　2018年全年开复工项目共计184项，完成固定资产投资13.6亿元。新续建道路交通项目53项，总投资8.25亿元，里程合计138.23千米，县城连接廊通新区大桥建成投用，斜拉山隧道、桑多公路、当堆至边坝界公路、布托湖公路等重大交通项目进展顺利。截至年底，全县通车里程达到1824.298千米，13个乡（镇）全部畅通。64个建制村（居）委会道路通达率100%，其中42个建制村（居）委会道路已通畅，通畅率66%。新续建水利项目12项（含市管项目），总投资5.09亿元，已完成投资3.97亿元，完成总投资的78%，布塔乡水电站、布塔电站线路延伸工程、桑多防洪工程、“5·11”地震灾后重建嘎曲流域安置点防洪工程、“5·11”地震灾后重建布塔乡安置点防洪工程、2017年水利工程运行与维护补助项目已顺利完工并通过验收。市管项目当堆电站及当堆电站线路延伸工程总投资3.11亿元，当堆电站线路延伸工程已完工，当堆电站已完成1亿元建设任务。实施易地扶贫搬迁安置点饮水工程，有效解决贫困群众安全饮水问题，实现13个乡（镇）全部通水，村（居）通水率92%，自然村通水率82%，户通水率75.2%，人口通水率76.7%。全年实施农牧项目5项，完成972万元投资，实施深松整地2230亩，实施小型农田水利重点县项目，农田灌溉面积不断扩张。实施易地扶贫搬迁安置点饮水工程，有效解决贫困群众安全饮水问题。全面实施教育基础建设，投入1.88亿元，新建第二初级中学、第二实验小学及武钢青青幼儿园；投资8059万元实施卫生事业，县人民医院改扩建、疾控中心妇幼保健院改扩建、6个乡（镇）卫生院标准化建设等项目进展顺利。全面落实招商引资各项政策，全年招商企业30家，协议资金8.3亿元，到位资金2.28亿元。优化准入、管理和退出机制，非公经济发展迅猛，各类市场主体突破4000户，注册资本达23亿元。

【三大攻坚战果丰硕】 2018年，丁青县坚持以脱贫攻坚统揽经济社会发展全局，牢牢守住发展和生态两条底线，落实高质量发展要求，集中精力打好三大攻坚战。脱贫攻坚战果丰硕。按照先布点再布局的总体原则，投入资金1.59亿元，实施产业项目10个，带动1021人脱贫致富。31个易地搬迁安置点全部完工，6525名建档立卡贫困人口乔迁新居。新招收生态岗位3880人，累计20897人吃上“生态饭”。57名建档立卡在校大学生获教育补助金65万元，190名新考录大学生获资助12万元。落实农村低保资金1176万元，医疗救助、临时救助困难群众166人次。继续深入实施行业扶贫、社会扶贫、援藏扶贫，大力改善贫困地区基础设施、公共服务水平，不断补齐脱贫攻坚短板。通过全县上下共同努力，全年实现59户207人稳定脱贫，贫困发生率降至0.99%，顺利通过国务院脱贫摘帽第三方专项评估验收。重大风险有效防范。坚持常观大势、常思大局，将防范化解重大风险摆在突出位置，科学预见形势发展走向和隐藏其中的风险挑战，稳妥化解政府存量债务。常态化开展防范非法集资宣传教育和摸底排查工作，群众自我保护意识有所增强，坚决整治和有力打击非法集资、违法违规套利等非法活动，金融秩序持续趋好。污染防治成效显著。全面完成中央环保督察反馈的11个问题整改工作，积极推进自治区环保督查组反馈问题整改。大力开展环保宣传活动，常态化开展虫草采集点垃圾清运工作，严格落实环境影响评价制度。投入1631万元，实施退耕还林、义务植树营造林8695亩、145.21万株。完成畜禽养殖禁养区划定23个地块共计2.5万公顷。投资5600万元的县城污水处理厂顺利完工，成功申报布托湖国家湿地公园（试点）。全面推行河湖长制工作，县、乡、村三级河湖长常态化开展巡河巡湖。

【群众福祉大幅提升】 教育事业充满活力。新建县第二中学、实验小学、第二幼儿园、武钢青青幼儿园、公共体育场等项目进展顺利，完成15个村级幼儿园、8个乡镇小学改造扩建工程。持之以恒抓好控辍保学，适龄青少年学前、小学、中学到位率分别达到97%、99.86%、96.8%，教学质量稳步提升，全县18名小学生考入其他省市西藏初中班、23名中学生考入其他省市西藏高中班，位列全昌都市11县区第二，共计300名学生考入大学。义务教育均衡发展，顺利通过国家督导评估组评估检查。卫计工作扎实有力。投资5124万元启动县人民医院改扩建工程，投资1125万元新建县级疾控中心，投入1919万元新建标准化卫生院7个，实施卫生院标准化查漏补缺2个。全面完成了“一村一室”工作，基层医疗服务基本全覆盖。对700名白内障患者进行筛查，免费治疗246名，集中治疗重特大疾病患者69名、先天性心脏病患儿21名、唇裂患儿16名、精神病患者5名。深入实施“组团式”医疗援藏，进一步提高诊疗服务能力，危急重症病人抢救成功率达到90.88%，门诊量、住院量、手术量分别比上年增长22%、10.12%、19.3%，患者满意度达到95%，较上年提高6%。住院分娩率达到73.1%，孕妇死亡率降低至0.47‰，5岁以下儿童死亡率降低至4.2‰。扎实做好包虫病筛查普查工作。文化旅游更有实力。大型民族歌舞诗“梦回溯源——琼热巴”在拉萨首演成功，《象雄藏文书法唐卡大集》获得大世界基尼斯世界纪录认证。在全区首届热巴舞展演中获团体“金鼓奖”等6项奖项。成功举办第十七届热巴文化旅游艺术节暨首届冰川音乐节、第二届“琼”文化论坛、“第二届琼布最强音”歌手大赛，积极开展各类文艺活动55次。成功申报县级非遗24项，并开展“首届民族民间‘萨瓦然达’挑战赛”等非遗传统活动15次。投入182.4万元，建成64个标准化村文化室，投入10万元组建5个村级群众文艺队。投入文物安全保护经费650.5万元，申报县级文化产业基地8个，含市级文化产业基地3个。县文化活动中心接待人数6000人次，县图书馆接待人数337人次，借阅图书648册次。全年接待游客93258人次，实现旅游综合收入1247万元，同比增长17%。社会保障精准发力。开展农牧民技能培训16期，培训518人，新增就业380人，农牧区富劳动力转移就业16861人次，转移就业收入4600万元，城镇登记失业率控制在2.5%以内。城镇居民医疗保险参保率达到98.8%，城镇职工医疗保险参保率达到99.5%，工伤保险参保率达到99.5%，生育保险参保率达到99.5%，各类保险财政配套资金达到7150.41万元。共发放临时救助金58.7万元，救助157人。开展医疗救助1924人次，发放救助金442.6万元。开展流浪人员救助72人次，发放救助金2万元。对全县60岁以上复退军人和残疾军人发放抚恤金27.8万元；将7名手足残疾儿童送至重庆长城医院进行全免手术，将5名重度精神病患者送至重庆九龙坡卫生服务中心进行救助治疗。广电事业蓬勃发展。发放“户户通”卫星接收设备7000套，接收中央1台、西藏1台等优质频道12个，广播、电视、“户户通”覆盖率分别达到100%、96.4%、100%，成功开展“首届基层记者培训”、深入推进“2131”工程。严格按照各项创建指标要求推进“七城同创”工作，出台《丁青县生态文明建设三年行动计划（2018年—2020年）》，成功入选全市首个“全国文明县城”提名城市。

【人居环境更加优美】　高度重视村级组织活动场所标准化建设，投资3909.36万元开工建设30个村委会，其中新建22个、功能提升8个，基层政权得到进一步巩固和加强。克服资金短缺、施工期短、气候恶劣等重重困难，稳步推进“5·11”地震灾后重建工作，4000余名受灾群众喜迁新居。集中整治土地私下交易和私搭乱建行为，依法拆除私搭乱建327户，194户入住棚户区改造住房，46户返乡，收回300余亩违法交易土地实施义务植树，实现绿化全覆盖。不断引导群众按程序、按规划、按标准依法建房，城乡格局不断优化。聚焦群众最关心、最现实、最亟须解决的环境卫生难题，广泛动员各方力量，扎实开展爱国卫生运动，改变影响人居环境的不良习惯，推动解决城乡环境“脏乱差”问题。城市管理水平不断提升，功能配套日趋完善，投资5600.18万元，新建协雄乡污水处理厂1座，投入209.13万元建成15个村级简易垃圾收集池，县城生活垃圾无害化处理率达98%。城乡面貌明显改善，琼布丁青的立体颜值持续提高。

【经济活力不断释放】　2018年，丁青县持续推进不动产登记制度改革，完成县城不动产权籍测量，权籍调查完成80%，累计颁发《不动产权证书》190宗，《不动产登记证明》42宗。全面完成13个乡（镇）64个村（居）农村集体土地使用确权登记发证工作，实测集体土地2597宗地，40.95万亩。全面完成农村土地（耕地）承包经营权确权登记颁证工作，共计实施11个乡（镇）58个行政村9217户，15.87万个地块，实测面积20.75万亩，签订合同9217户，颁发证书9217件。完成粮食生产功能区划定任务9.73万亩。扎实开展集体林权制度改革，年底已完成1145户合同签订，共3788.8亩。继续深化“放管服”改革，完善权责清单制度建设，公示2017年度统一规范的县政府权责清单置换。加快推进商事制度改革，严控新设行政许可，严格按照《昌都市市级常用行政审批事项目录》要求，全县未增加任何行政许可审批事项。完成党政群机关统一社会信用代码赋码及换证4家单位。积极推进乡（镇）便民服务大厅规范化建设，将所有承接和为民服务事项全部纳入乡（镇）便民服务中心办理，实现了“一个窗口受理、一站式审批、一条龙服务”，完成工商“五证合一”工作。全面推行向乡（镇）简政放权工作，将11类52个方面行政职权一放到底，提升了基层组织的服务能力水平。

【园区建设初现规模】 2018年，丁青县继续深入推进农牧业供给侧结构性改革，促进农牧业提质增效、农牧民增收。全年粮食作物种植10.12万亩，经济作物种植1.43万亩，实现粮食产量27030吨，油菜产量1165吨，蔬菜产量7665吨。新生仔畜7.85万头（只、匹），成活率达97.2%，年末牲畜存栏数21.59万头（只、匹），出栏率达31.91%，肉类产品总产量8362吨，畜产品自给率逐年增长。全面启动规划面积300余亩的廊通产业园区开发，投资3.28亿元，实施高原菜籽油加工厂、型煤加工厂、冷链库、蓝天圣洁农畜产品加工厂、饲草料加工厂、藏药材加工厂、汽配汽贸中心等一批特色优势产业在开发区落地，进展顺利。

【社会治理】 2018年，丁青县严格按照“防东守西、关注南北，捕捉异常、掌握规律，抓好常态、备好应急”24字维稳工作思路，充分发扬连续作战的优良作风，深入开展“扫黑除恶、打非治乱、扫黄打非”专项斗争，严厉打击涉黑类违法犯罪。推动人民调解、行政调解、司法调解、仲裁调解“多调联动”，全年化解信访积案102起，化解率65.4%，涉及金额达4433.32万元。进一步落实安全生产责任制，突出抓好道路交通、建筑施工、危险化学品、消防、矿山等领域的安全生产工作，严防重特大安全事故的发生，广大群众的安全感和满意度持续提升。

【政府建设】 2018年丁青县扎实推进“两学一做”学习教育常态化制度化，深入开展政治纪律教育活动，“四讲四爱”群众教育实践活动和县委“大学习”“大查摆”活动，政府“大调研、大查摆”“六讲六做”活动，扎实做好中央巡视反馈问题整改落实工作。坚持依法行政、为民执政，持续深化作风建设，把解决群众最关心、最直接、最现实的利益问题作为工作重点，严格落实政府常务会、政府党组会等议事规则和议事程序，积极做好政务公开，着力加强调度督导，决策能力和落实水平不断提高。认真落实县人大及其常委会决定决议，主动接受县政协民主监督、社会监督和舆论监督，全年办理人大代表建议33件、政协委员提案56件。深入推进政府系统党风廉政建设，强化“一岗双责”，严肃查处“四风”和腐败问题，营造了风清气正的良好政治生态。同时，审计、统计、编译、地方志、老年人、残疾人、机构编制、国防教育等工作全面发展，工青妇等人民团体作用得到良好发挥，人民群众满意度、社会认可度、政府公信度不断提高。

信访工作

【概况】 2018年，丁青县信访局以中共十九大精神，按照区、市两级信访工作会议总体部署，结合自身实际，采取有效措施，认真完成来信来访、矛盾纠纷化解等各项工作任务。

【来信来访】 2018年，丁青县信访局接待群众来信来访130批件419人次，已办结130件，办结率100%（协调兑现“双拖欠”资金4433.32万元）。信访总量批次同比上升11.5%，信访人次同比下降32.5%。全县网上信访信息系统（包括区、市网上信访信息系统转办）共录入案件61批件，已办结61批件，办结率100%。

【督查督办】 2018年，丁青县信访局在采取限期交办、重点约访、干部代访、带案下访以及限期答复等形式的基础上，组成信访督察工作组采取专项联合督察、线上线下督察、定期不定期督察、明察暗访等形式，增加督察频率、提升督察质效。全年先后4批次8人次，赴各乡（镇）和县直各单位（部门）开展信访工作督察督办，督办信访事项66批件。

【典型调处案例】 丁青县嘎塔乡“5・11”灾后重建项目第一标段和甘岩乡“5・11”灾后重建项目第二标段，因“双拖欠”发生信访案件，2018年，丁青县联席办（信访局）高度重视，深入核查，形成书面材料上报给县委、县政府。根据县委、县政府作出的批示精神，县信访局和县住建局牵头，在相关部门共同参与和上级部门的大力支持下，限时化解问题，解决民工工资1352万元。

【党政领导接访下访】 2018年，丁青县在全县开展党政领导接访下访工作。县委、县政府领导每月安排1天时间到县信访接待室接待群众来访，各乡（镇）党政领导每周安排1天时间到乡（镇）信访接待场所接待群众来访。领导接访主要采取现场接访、带案下访、重点约访等方式，固定接待地点，直接听取群众诉求，了解社情民意。领导接访时间、地点和形式向社会公布，接受群众监督。每次接访均做到记载完整、材料齐全。

【领导包案化解】 2018年，丁青县信访局梳理群众重要信访问题等。领导包案按照“谁包案，谁负责”原则，实行责任制。包案领导听取各有关责任单位案情汇报，组织研究制定处理方案，各有关责任单位对包案领导确定的处理意见定措施、定时间、定责任，按期按要求落实到位。领导包案实行动态管理，对问题已化解并停诉息访或按照信访程序终结的，各责任单位及时形成包案专题报告分别报县包案领导和县信访联席办，经县信访联席会议核准取消领导包案，做到化一件、结一件、稳一件。对新发生的疑难复杂、涉及面广、社会关注度高的信访事项，县信访工作联席会议根据谁主管、谁负责原则，及时纳入领导包案。上级交办和新发生的突出信访问题，按信访程序办理。县信访联席办定期督查通报包案落实情况，督查结果纳入年度综合考核。

【宣传教育】 2018年，丁青县信访局不断加大对《信访条例》及各类法律法规、政策规定的宣传力度，积极参加综治宣传月、法制宣传日、法制宣传教育等活动。深入乡（镇）开展信访法制宣传教育和信访工作4批次，参与人数1000人，印发宣传资料3000份。

【信访工作责任落实】 形成有权必有责、

权责相一致、有责要担当、失责必追究的正确工作导向。通过领导干部接访下访、包案化解疑难复杂信访问题，建立健全信访事项统筹督查和实地督查制度，改进信访工作考核，层层落实信访工作责任，各级信访部门经常性采取通报、约谈、重点管理等形式传递工作责任和压力。对因决策不当、不作为、乱作为，引发信访问题或者造成矛盾激化的，严肃问责、追责到位。建立健全失职失责典型问题通报制度，对追责问责情况公开通报。

【信访调研】 2018年，县信访局注意调研分析信访发生变化特点，加大矛盾纠纷排查力度，全面摸排底数，分类分层推动。通过政策兑现、教育疏导、帮扶救助等措施积极钝化矛盾，把问题解决在县内。在全国“两会”等重大活动期间，县信访局贯彻落实县委、县政府的部署安排，做好应急预案。

【基层党建】 2018年，丁青县信访局作为财政局党支部成员单位，积极参加支部学习会议，学习贯彻习近平总书记系列重要讲话精神和中共十九大精神，结合“两学一做”学习教育常态化制度化、“主题党日”等学习教育活动，以“三会一课”为依托，坚持把学习教育融入日常，开展专题研讨3次，累计研讨发言人2名，抄写党章3份，召开民主生活会议1次、组织生活会2次，组织学习《中国共产党章程》等活动3次，撰写心得体会5篇。党支部在抓机关党组织建设时，始终注意通过抓党内活动把党员组织起来，充分发挥党员先锋模范作用，先后组织开展4次对口扶贫、送温暖活动，4名党员干部深入5家贫困户，捐款捐物折合人民币4000元。组织党员干部开展植树活动1次。组织党员干部开展净化卫生、清理垃圾活动2次。

准确把握中共十九大精神的实质内涵，结合专家解读和权威解释，召开专题座谈会开展学习研讨，确保党员领导干部先学一步，学深悟透，融会贯通。积极举办学习中共十九大精神专题文艺演出、干部夜校、集中研讨，增强学习的系统性和针对性。发放学习辅导读本，开展中共十九大知识测试，制定学习计划，撰写心得体会，以学促行，学用相长。开设中共十九大精神学习专栏，为党员干部群众学习中共十九大精神营造良好氛围。针对中共十九大提出的新思想、新战略、新要求，积极开展“学习党的十九大精神活动”，党员干部带头，学精神、谈体会，立足工作岗位推进新精神落地生根。党支部还结合“三会一课”、组织生活会、开展党组书记讲一次党课、党员进行一次集中讨论、每人撰写一篇心得体会的“三个一”活动。结合推进“两学一做”学习教育常态化、制度化和“主题党的生日”等活动，设置学习组长，指导督促党员深入学习、长期学习，努力提升学习的广度和深度，让中共十九大精神有效覆盖至每一级党组织和每一名党员。

【廉政建设】 2018年，丁青县信访局作为财政局党支部成员单位，按照党支部安排部署，在节假日期间，有效地预防节假日和8小时以外不正之风问题的发生。学习中央及自治区党委、市委和县委关于反腐倡廉的重要指示3次，学习各项规定2次，召开民主生活会2次，讲《中国共产党廉洁自律准则》和《中国共产党纪律处分条例》3次，并组织观看警示教育片1次，对干部进行廉政教育，重大节日前后廉政提醒和检查10次。坚持节前教育，节后检查，筑牢拒腐防变的道德防线；严格执行中央及自治区党委、市委和县委关于领导干部廉洁从政的各项规定；对自己的配偶、子女和身边的工作人员严格管理，自觉抵御社会上不良风气的腐蚀和影响，促进各项工作健康发展。

创先争优强基惠民生工作

【概况】　2018年，共派驻村（居）工作队72个256人［其中县级选派39个工作队59人，乡（镇）选派33个工作队197人］，工作队队长均由乡科级及以上干部担任。全县各级强基办、各驻村（居）工作队根据第七批驻村工作的总体要求和统一部署，始终把服务群众、惠民生作为出发点和落脚点，严格标准、落实责任，提前谋划、周密部署，积极行动、主动作为，各项工作进展顺利并取得阶段性成效。

【贯彻中共十九大精神】　各驻村（居）工作队把学习宣传贯彻中共十九大精神与习近平总书记系列重要讲话精神相结合，学习宣传中共十九大精神与“两学一做”学习教育、“四讲四爱”、脱贫攻坚、惠民政策落实等相结合，丰富的学习内容与有效的学习形式相结合，观念的引领与立岗践行中共十九大精神相结合，学习成果转化与推动实践工作相结合“五结合”的部署要求，把学习习近平新时代中国特色社会主义思想作为重中之重，充分运用《党的十九大报告辅导读本》和《党的十九大报告学习辅导百问》等辅导材料以及《将改革进行到底》《法治中国》《大国外交》《巡视利剑》《辉煌中国》《强军》《不忘初心、继续前进》等电视专题片，以召开大会、结对帮扶和深入田间地头、农户家中的形式，交叉讲、巡回讲、反复讲，真正让中共十九大精神深入基层、深入群众、深入人心，真正让广大群众听得进、记得牢、用得上。截至2018年底，各驻村（居）工作队共撰写中共十九大精神学习心得体会435篇、学习笔记806篇，组织集中宣讲462场次、入户宣传396次，制作宣传栏192期、宣传标语296条，发放宣传材料38471份。

【助力打赢脱贫攻坚】　各驻村（居）工作队严格按照精准扶贫工作的要求，在掌握的贫困户基本数据信息的基础上，多次对户表、村表、县表录入情况进行复核完善，并通过集中宣讲、入户宣传和发放宣传手册、张贴宣传标语等方式，向所驻村（居）群众大力宣传扶贫相关政策。截至2018年底，共开展扶贫政策宣讲845场次，入户宣讲2013次，印发扶贫宣传资料63026份，开辟宣传栏336期，参与群众达63489人次，为扶贫政策真正在群众中入脑入心奠定坚实基础。在驻村工作队的帮助下，广大农牧民群众通过产业扶贫受益747户6389人。易地搬迁扶贫受益1436户6785人。生态岗位补偿受益4868户10405人。技能培训就业受益529户601人，实现就业人数237人，增加经济收入40.22万元。教育扶贫受益2560户7133人。社会保障受益1168户3152人。同时，各驻村（居）工作队严格按照每人包户帮扶2~3户贫困户的要求，结对帮扶502户2850人，建立帮扶台账64个，帮助困难群众研究制定帮扶措施193条，梳理群众生产生活方面存在的困难和问题339个，收集整理群众意见和建议317条，帮助解决困难和问题301个，投入资金3.76万元，并从各渠道争取扶贫项目4个，涉及资金422万元。

【推进乡村振兴】　各驻村（居）工作队结合村组实际，在大量走访调研的基础上，帮助所驻村（居）理清发展思路186条，制定完善经济社会发展规划87项，帮助所驻村发展壮大集体经济1个，投入资金45万元，有效解决制约村（居）发展的瓶颈问题。同时，各驻村工作队还大力宣传保持土地草场承包关系稳定并长久不变相关政策227次，教育群众37265人次。组织开展以“植树造林添新绿、共筑蓝天一片蓝”为主题的义务植树活动，共计种下树苗8.79万株，消除“无树户”3068户，绿化面积达3925.8亩。组织开展环境整治活动463次，开展河流环境治理521次，为建设生态宜居的美好家园贡献自己的力量。

【维护社会稳定】　各驻村（居）工作队始终将维护稳定作为首要任务摆上重要议程，健全规章制度、优化组织设置、配齐配强力量，充分发挥党员群众在维护稳定上的基层主体作用，实行队长全面负责制，切实加大排查摸底力度，全面执行队长带班、24小时值班。按照“扫黑除恶、打非治乱”专项斗争的安排部署，积极动员“双联户”户长、“民生信息员”发挥作用，发动群众积极参与专项斗争，切实形成整体合力。同时，各驻村工作队还在辖区内大力开展安全生产宣传教育，并对易燃易爆物品、老旧线路、食品安全等方面进行集中检查，有效确保群众生产、生活安全。截至2018年底，各驻村工作队共帮助制定完善维稳工作应急预案、突发事件处突预案等各类维稳工作机制386条，开展专题会议247场次，参与群众34134人次。调处各类矛盾隐患235起，调解矛盾纠纷62件。协助乡（镇）党委和公安部门张贴藏汉双语版通告180份，发放宣传资料1万份，受教育群众达2万人。开展安全生产排查163次，食品安全检查136次，实现“三不出”和“四无”的维稳目标，为全县改革发展稳定打下坚实的基层基础。

【强基础惠民生】　各驻村（居）工作队从群众反映最为强烈、最为突出的热点难点问题入手，从群众最关心的利益问题抓起，从群众最希望做的事情做起，以实际行动服务群众，帮助解决民生问题178件，为群众办实事好事502件，投入资金17.5万元，开展送科技、送技术、送卫生、送服务活动168次，投入资金3.06万元，并指导村（居）“两委”兑现各项惠民资金共计10305.39万元，农牧民群众更加真切地感受到党和政府的关怀和温暖。特别是针对2—3月期间连降大雪，道路积雪结冰严重，群众出行和生产生活存在较大安全隐患的实际情况，各驻村（居）工作队主动作为，在召开会议进行周密部署和加强宣传引导的同时，联合村（居）“两委”出动人员1280人次，对出行道路、危险路段、主要街道及村委会、教学点等进行除冰扫雪，有力地确保群众生产生活及出行安全。在各驻村（居）工作队按照要求制作完成服务联系卡，进一步拉近党群干群关系的同时，积极协助发放从上级部门争取到的7000套“村村通”直播卫星接收设备给7000户农牧民群众，实现“村村通”全覆盖。

【加强精神文明建设】　各驻村（居）工作队为切实引导广大农牧民群众树立科学健康文明的生活理念、生活态度、生活方式，自觉摒弃陈规陋习，积极举办“争做神圣国土守护者、幸福家园建设者”专题讲座234场次，参与群众45863人次，发放宣传资料15689份。大力开展文明家庭、道德模范、身边好人评选创建等活动201次，发放奖励资金3.67万元。并针对村风民情，帮助村级组织健全村规民约134个，用“约定成俗”规范农牧民群众日常行为。同时，充分利用春节、藏历新年、“3·28”西藏百万农奴解放纪念日、七一建党节、国庆等重要节庆日，组织群众开展文化娱乐活动，大力协助村（居）“两委”推进“厕所革命”，持续抓好“两降一升”和包虫病防治等工作，让广大农牧民群众在潜移默化中自觉破除陈规陋习。截至2018年底，各驻村（居）工作队开展活动

231场次，覆盖群众34965人次，建立孕产妇台账79个，开展住院分娩补助奖励政策和孕产期保健知识宣传活动167场次，发放宣传资料8213份，受教育群众1.56万人，帮助143名孕产妇到医院分娩。制作包虫病防治专题宣传栏80期，开展相关宣传活动198场次，协助卫生部门筛查8636人。协助村（居）“两委”深入开展“七五”普法特别是学习宣传宪法、组织群众学习、宣传法律常识等活动282场次，受教育群众40562人次。

【落实“传帮带”活动】 各驻村（居）工作队为充分发挥指导作用，提升村（居）“两委”班子的干事能力，不断夯实基层党组织建设，结合丁青县“一核心五主题”工作法，各乡（镇）强基办、各驻村（居）工作队深入开展干部驻村“传帮带”活动。截至2018年底，各驻村（居）工作队以开办“双语夜校”的方式开展村干部文化提升工程426次，为村“两委”班子成员上文化课1298学时、党课925学时，指导村（居）“两委”开展支部主题党日、固定党日活动425次，举办126期党员培训班，培训党员3984人次，投入经费30620元。

【推进厚德建设】 各驻村（居）工作队紧紧围绕“忠、爱、诚、孝、善”五项主题，进一步深化“厚德丁青·涵养琼布”活动建设成果。利用春节、藏历新年、“3·28”西藏百万农奴解放纪念日、国庆等重要节庆日，依托农家书屋、广播电视、远程教育等平台，以“身边人讲故事”、新旧西藏、新旧丁青对比等方式，组织集中宣讲368场次，入户宣传2815次，受教育群众达5.26万人次。同时，积极组织开展爱心帮扶活动102次，投入帮扶资金11.04万元，受益群众达6521人。开展树立“百善孝为先”理念活动325场次，受教育群众达3.56万人次。

消防大队

【概况】 2018年11月9日，国家综合性消防救援队伍正式成立，由应急管理部管理，实行统一领导、分级指挥，设有专门的衔级职级序列和队旗、队徽、队训、队服。作为应急救援的主力军和国家队，承担着防范化解重大安全风险、应对处置各类灾害事故的重要职责。

【火灾防控】 2018年，丁青县消防救援大队始终保持对火灾隐患整治的高压态势，深入开展“安全生产宣传月”火灾隐患大排查，累计排查单位1.2万家次，开展社会消防安全宣传16次，发放宣传资料2.6万份，开展消防安全培训20次，培训人员600人次。出警26起，其中火灾3起，抢险救援5起，为民助民18起，全年无人员伤亡和重特大火灾事故。累计为人民群众开门取钥匙21次。先后3次开展县城道路冲洗活动。

【勤务安保】 2018年，丁青县公安消防大队相继完成元旦、春节、藏历新年、清明节、五一国际劳动节、全国“两会”等重要时段和节点的消防安保任务，累计出动车辆121台次，出动警力680人次。完成金卡寺、丁青寺、孜珠寺等自治区寺庙保护单位的6次佛事活动消防安保工作。开展火灾隐患集中整治行动5次，累计发放各类消防宣传资料3400份。联合县统战、县民宗采取实地检查、现场指导、翻阅资料、调查询问、现场培训等形式，累计深入农牧区开展火灾隐患排查共4次，深入自治区级文物保护单位开展隐患排查8次，累计检查寺庙14家次。

【岗位练兵】 2018年，丁青县公安消防大队自岗位练兵以来，始终坚持全员参训的原则，真正落实除执勤以外均每天不少于1小时的体能训练，开展装备器材学习150次，开展理论学习50次，坚持周考核52次，月考核8次。按照工作要求，同步组织指战员开展训练，真正做到以训促练、以练检训。借助练兵之机，将“条令条例学习月”活动有机融入岗位大练兵活动中去，不断提升官兵自觉遵守部队各项纪律规章的意识，在整个学习月活动中，先后组织教员授课9次，队列训练14次，内务卫生集中检查20次，警容风纪检查22次，督促每名官兵抄写笔记60篇。

【安全防事故】　2018年，丁青县公安消防大队召开形势分析会12次，主要分析全体官兵思想、训练、工作、安全等出现的新情况新问题，对大队阶段性安全防事故工作开展情况进行通报，并实现全年大队无安全事故案件。规范交接班和值班备勤制度，规范网络安全管理制度，规范车辆管理制度，实现执法规范化，规范内务标准、一日生活制度、晚点名制度、查铺查哨制度、交接岗交接班制度，规范装备器材制度、保养、管理，完善公章使用、会议制度和“八本一表一册”的填写。重点规范大队党的“七项组织生活”制度落实，规范干部月绩效考核，切实做到以考核促进干部队伍工作积极性和主动性。

【专题教育】　2018年，丁青县公安消防大队党支部开展改革强警和“两学一做”学习教育常态化教育活动，共召开党委中心组集中学习16个课时，撰写心得体会16篇。坚持每周一次政治理论授课和专题学习，开展6次集中专题研讨活动。落实每月开展两次交心谈心活动（一次由大队干部组织，一次由班长骨干组织），并经常性地开展思想教育，尤其是在上半年士兵职业技能鉴定和选取套改工作中，避免安全事故的发生，截至年底，共开展交心谈心12次，建立人员档案240份。

【党风廉政建设】　2018年，丁青县公安消防大队党支部严格按照中央八项规定等的要求，成立党风廉政督导小组，利用各种切实可行的监督方法，重点加强对消防监督执法人员的监管，及时刹住执法过程中的不正之风，切实内树素质，外树形象，在部队内部营造风清气正的良好氛围，共组织学习领导干部廉洁从政的各项规定4次，召开民主生活会6次，讲《中国共产党廉洁自律准则》和《中国共产党纪律处分条例》2次，并组织干部观看警示教育片2次，对干部进行廉政教育，重大节日前后廉政提醒和检查15次。

【基层党建】　2018年，丁青县公安消防大队党支部深入学习贯彻习近平总书记系列重要讲话精神和中共十九大精神，结合“两学一做”学习教育等主题教育活动，以“三会一课”为依托，开展专题研讨3次，累计研讨发言人7名，抄写党章7份，召开民主生活会议4次、组织生活会4次，组织学习《中国共产党章程》等活动2次，撰写心得体会7篇，主要领导授党课2次。组织党员干部开展“备齐镰刀、助民收割”活动1次。组织全体党员干部开展净化卫生、清理垃圾活动10次。召开学习中共十九大精神4次，开设中共十九大精神学习专栏，立足工作岗位推进新精神落地生根。

【警营文化】　2018年，丁青县公安消防大队党支部将警营文化建设和从优待警作为抓兵心、聚警力、促建设的有效途径，分别在春节、元旦、藏历新年、五一国际劳动节、十一国庆节举办警营娱乐活动，极大地丰富官兵的节日文化生活。利用节假日之机，与县友邻单位、兄弟部队之间开展篮球比赛活动。

【结对帮扶】　2018年，丁青县公安消防大队累计走访慰问贫困户8家，送去大米、青油、罐头、酥油等生活用品达2万元。官兵主动结对帮扶，利用空余时间到受帮群众家中、县福利机构帮忙老弱病残群众做些力所能及的事情。按照县精准扶贫领导小组的相关要求，对大队定点联系点的布托村进行了深入调研，并开展扶贫帮困和慰问困难群众活动。大队2名营以上干部分别对4户定点扶贫帮困对象相继开展6次扶贫帮困活动。

【社会化消防】　2018年，丁青县公安消防大队积极协调县电视台、县政府微信平台分别开设消防宣传平台，充分利用县电视台黄金时段，定期播放消防公益广告、消防安全常识教育片，每天在政府微信平台刊播消防知识。截至年底，播发消防公益广告340条次、消防安全知识常识短片120条次、微信330条次，开展“冬春火灾防控专项行动”“夏季消防安全检查专项行动”“电气火灾专项治理”“暑期消防专项行动”等专项行动。

藏语委（编译）工作

【概况】　2018年，丁青县编译局以全面贯彻落实党和国家的民族政策为目标，牢固树立民族语言工作是民族工作的重要组成部分，通过开展社会用字专项检查、藏汉双语人才培训及编撰《汉藏对照新词术语词典》、《琼布丁青藏汉对照地名汇编》（上、下册）等双语书籍，坚持藏语文工作的正确政治方向，紧紧围绕民族团结进步大局，与时俱进、积极进取，圆满完成各项工作。截至年底，单位机构、编制，人员均无变化。

【翻译工作】　2018年全年共完成四大班子的文件、领导讲话、“两会”材料、地方性法规、人大代表建议、政协委员提案等翻译任务210多万汉字。完成《习近平总书记重要论述摘要》、丁青县第十七届热巴文化旅游艺术节暨首届冰川音乐节、丁青县首届妇联代表大会、协助民政局翻译辖区内第二次地名普查整理工作、《四讲四爱宣传手册》、《丁青县母子健康手册》、《丁青县路段名称》等由县委宣传部、县卫计委、县民政局、县委统战部、县司法局等部门交办的应急翻译任务近70万汉字，保证党和国家的方针政策以及县委、县政府的决策部署及时准确地贯穿到基层，为广大干部群众参与经济、政治、文化和社会活动提供优质的服务。截至年底，全年完成翻译总量近280万汉字。

【编撰双语书刊】　2018年，部门编撰出版《琼布丁青藏汉双语寺庙简介》、《琼布双语自学教材》（第五期）、《汉藏对照新词术语词典》、《琼布丁青藏汉对照地名汇编》（上、下册）等书籍。其中编纂《琼布丁青藏汉对照地名汇编》（上、下册），部门利用近一年的时间，先后赴县13个乡镇64个行政村及60处宗教场所，采取下乡实地调研、实地取景，翻阅相关历史资料、收集各乡镇地方志、询问当地老百姓及负责人的方式，进行编撰整理出版。内容共分为10大章、74小节，涉及内容广而多，数据较新，可参考性较大，做到精准考察、有根有据，符合历史与现实实际。

【干部培训】　为着力提升基层翻译干部业务素质，丁青县编译局承办基层翻译骨干培训1次，培训期限为2天，参训学员共计14人。培训方式以集中授课（藏汉双语）和大会交流为主，发放资料每人7份，共计98份。

结合县基层翻译人员实际情况，以翻译经验、翻译技巧和翻译理论为主要授课内容，进一步规范基层藏汉“双语”翻译工作，同时提升基层翻译业务水平。

【社会用字】 根据《昌都市藏文社会用字管理办法》《藏语委办（编译局）关于认真做好全地区藏语文社会用字检查整改阶段工作》的精神，部门新增设社会用字宣传栏2个，并联合县宣传部、工商局、城管大队等部门，成立社会用字检查整改领导小组。与县内经营的8家广告公司签订《社会用字整改工作目标责任书》。为提供方便、快捷、高效的翻译服务，专门设立社会用字电子邮箱，截至年底，通过电子邮箱翻译204份，极大满足广大制作公司，金融、通信等部门的藏汉翻译需求。全年共开展社会用字专项检查4次，发现问题并下发整改通知书214份，翻译LED显示屏滚动标语11条，整改完成率90%，逐步消除社会用字混乱现象。

【脱贫攻坚】 县编译局积极推进精准扶贫编译工作，先后协助县脱贫攻坚指挥部编撰整改《精准扶贫培训手册》《精准扶贫精准脱贫宣传标语》等，翻译字数近1万字。为认真落实好结对帮扶“4321”工作，将“党员干部进村入户、结对认亲交朋友”活动引向深入，扎实推进精准扶贫、精准脱贫工作。2018年，丁青县编译局先后4次深入甘岩乡岩堆村集体帮扶点及个人帮扶联系点，以自筹资金的形式，对7户34人扶贫对象送去价值1.96万元的物资和资金，并用通俗易懂的语言向大家讲解精准扶贫的主要宗旨及重大意义，宣讲“四讲四爱”等党的方针政策，特别是精准扶贫的惠农支农政策。

【基层党建】 组织党员干部认真学习中共十九大精神、《习近平谈治国理政》、《中国共产党章程》、《中华人民共和国宪法》、习近平新时代中国特色社会主义思想等，结合单位实际开展专题学习研讨5次，集中学习《平“语”近人——习近平总书记用典》6次，手抄学习笔记15篇，撰写学习中共十九大精神心得体会12篇。为落实好《中共昌都市委关于严守党的政治纪律和政治规矩严禁党员信仰宗教的通知》，与每一位党员签订不信仰宗教的承诺书。结合支部工作计划，先后开展“大学习、转作风、走新路、再落实”活动，并坚持“三会一课”制度，定期不定期召开支部党员大会和支部委员会，听取支委会的工作情况，讨论审议有关事宜，传达上级精神，采取上党课和支部学习讨论的形式加强党员干部职工党的基本知识教育，把支部的党建工作不断引向深入。认真执行有关党费管理工作要求，主动交纳党费，做到专人负责，专项管理，专款专用。全年共交纳党费1558元。

【宣传推广】 为传达中共十九大会议精神，特别是宣传惠农支农政策，部门先后2次开展以“加强规范使用双语、提高服务群众水平”主题的宣传活动，重点宣传党的十九大报告汇编、《西藏自治区学习、使用和发展藏语文的规定》、《昌都市藏语文社会用字管理办法》等相关规定，活动共发放宣传手册和图书近2000份，解答相关知识21人次，为构建全民共同推动藏语文工作营造浓厚的氛围。

【维护稳定】 2018年，部门严格落实“稳定压倒一切”的工作方针，全面落实维稳各项责任，认真学习贯彻“治国先治边、治边先稳藏”的重要战略思想和“依法治藏、长期建藏”重要指示精神，层层落实维稳责任，逐一细化维稳措施。在节假日、大型会议等重要节点，组织召开全体干部职工大会，及时传达贯彻上级领导对维稳工作的安排部署，并结合单位实际，坚持领导带班，全体人员值班，确保24小时有人坚守岗位，实现维稳工作“三不出”“三稳定”。

政协丁青县委员会

【概况】　2018年，丁青县政协办的机构和人员编制无变化。深入学习习近平总书记在2018年全国“两会”上的系列重要讲话精神，结合自身工作实际，认真组织召开政协会议、委员视察等，完成年初既定的工作目标任务。

【全体委员会议】　2018年4月9日至11日，中国人民政治协商会议第七届丁青县委员会第三次会议在丁青县新区二号办公楼5楼会议室召开，会议审议通过会议议程，听取和审议政协第七届丁青县委员会常务委员会工作报告，听取和审议政协第七届丁青县委员会常务委员会关于政协七届二次会议以来提案工作情况的报告，听取丁青县委书记晋美的重要讲话；补选四郎尼玛为丁青县政协主席；审议通过政协第七届丁青县委员会第三次会议关于常务委员会工作报告的决议；审议通过政协第七届丁青县委员会常务委员会关于政协七届二次会议以来提案工作情况报告的决议；通过政治决议和提案审查报告。2018年，提案审查领导小组共收到提案54件，经提案审查小组审查，予以立案50件，并案2件，未立案并作为来信另行处理的2件。具体分类如下：住建方面3件，统战民宗方面5件，教育方面3件，商务方面1件，工信方面5件，交通方面13件，水利方面8件，卫生方面2件，文化方面1件，环保方面5件，国土方面1件，农牧方面1件，政法方面1件，林业方面1件。

【常务委员会会议】　4月8日，中国人民政治协商会议第七届丁青县委员会常务委员会第四次会议在丁青县召开，应到常委11名，实到8名。会议审议通过会议议程（草案），审议通过关于召开政协第七届丁青县委员会第三次会议的决定，审议通过政协第七届丁青县委员会第三次会议议程（草案），审议通过政协第七届丁青县委员会第三次会议日程（草案）、审议通过政协第七届丁青县委员会第三次会议秘书长名单（草案），讨论通过人事事项、审议通过政协第七届丁青县委员会常务委员会工作报告（草案），审议通过政协第七届丁青县委员会常务委员会提案工作情况的报告（草案），审议通过政协第七届丁青县委员会常务委员会工作报告和提案工作情况报告人建议名单（草案），审议通过政协第七届丁青县委员会第三次会议分组情况和小组召集人名单、审议通过政协第七届丁青县委员会第三次会议提案审查领导小组名单（草案），审议通过政协第七届丁青县委员会第三次会议参会人员名单。会议由副主席美郎江村主持。

中国人民政治协商会议第七届丁青县委员会常务委员会第六次会议于4月10日在丁青县召开。应到常委11名，实到8名。该次常委会共进行8项议程：通过选举办法（草案），通过主席候选人名单（草案），审议通过总监票人、监票人名单（草案），通过政协第七届丁青县委员常务委员会工作报告的决议（草案），通过政协第七届丁青县委员常务委员会关于提案工作情况报告的决议（草案），通过政协第七届丁青县委员会第三次会议政治决议（草案），审议通过政协第七届三次会议提案审查情况的报告（草案），听取各小组讨论情况。会议由副主席美郎江村主持。

中国人民政治协商会议第七届丁青县委员会常务委员会第六次会议于4月10日在丁青县召开。应到常委11名，实到8名。该次常委会共进行8项议程：通过选举办法（草案），通过主席候选人名单（草案），审议通过总监票人、监票人名单（草案），通过政协第七届丁青县委员常务委员会工作报告的决议（草案），通过政协第七届丁青县委员常务委员会关于提案工作情况报告的决议（草案），通过政协第七届丁青县委员会第三次会议政治决议（草案），审议通过政协第七届三次会议提案审查情况的报告（草案），听取各小组讨论情况。会议由副主席美郎江村主持。

【重要活动】 1月28日，召开政协党组班子专题民主生活会，县纪委委员彭措达瓦、县委组织部科员李雕以及昌都市政协委员格列和县政协委员罗布玉加、尼玛罗亚，1名人大代表、办公室干部职工列席会议，会上县委常委、县政协主席、统战部部长通报上一年度民主生活会整改落实情况，宣读政协党组班子对照检查材料，班子成员依次宣读个人对照检查材料，并互相提出比较中肯的批评意见。2月20日，政协支部组织党员、干部传达学习中国人民政治协商会议第一届昌都市委员会第六次会议精神，县政协主席四郎尼玛要求政协党员干部要发挥好模范带头作用，深入学习领会昌都市“两会”精神，自觉以昌都市“两会”精神为指导，结合丁青县政协工作、全县重点工作，合力实现县委制定的宏伟目标。2月25日，县政协副主席美郎江村带领干部走访慰问离退休政协委员和部分僧人，传达县委、县政府的关心和关怀，希望退休政协委员为丁青的长足发展和长治久安发挥余热。

【视察调研】 6月27日，区政协副主席扎西达娃带队的调研组，在市政协副主席赤来，县委常委、政协主席四郎尼玛的陪同下，就全县的热巴舞现状、网信办工作开展情况开展调研。8月8—10日，市政协党组成员、副主席扎西次仁带队的调研组，在县政协副主席、县委统战部常务副部长平措的陪同下，就全县基层农牧民技术员在服务农牧业上发挥作用情况进行调研。9月18日，由县人大常委会副主任古金蓉、县政协副主席陈显国、县政协副主席美郎江村带队，组织县发改委、县住建局、县交通局、县水利局、县环保局、县安监局、县爱卫会、县交警大队、县城管执法大队、县自来水公司、丁青镇负责人以及部分人大代表、政协委员就“老区基础设施情况”进行视察调研。10月15日，县政协办组成帮扶集团在甘岩乡开展精准扶贫结对帮扶，为结对帮扶户送去大米、油、大茶等生活用品，详细了解生产生活状况，并向群众宣传精准扶贫各项政策。10月15—17日，由市政协提案委员会主任索郎格列带队的调研组，在县政协副主席、统战部常务副部长平措的陪同下，就全县提案工作开展情况进行调研。

【提案办理】 县政协七届二次会议以来，常委会高举中国特色社会主义伟大旗帜，深入贯彻落实中共十九大，十九届二中、三中全会精神，深入贯彻落实习近平总书记系列重要讲话精神和治国理政新理念新思路新战略，以提高提案质量为重点，增强办理实效为目标，提升服务水平为保障，围绕中心、服务大局，为全县长足发展和长治久安作出积极贡献。2018年共收到委员提案54件，经提案审查小组审查，予以立案50件，并案2件，未立案并作为来信另行处理的2件；不予立案的2件（1件提案内容不明确，1件属于一案多议）。

2018年度西藏昌都市丁青县政协组织及委员数量一览表

表1　　　　　　单位：个、人

项目	数量	合计
组织数	1	1
委员数	60	60

纪委（监察）工作

【概况】　2018年1月撤销丁青县监察局，正式挂牌成立丁青县监察委员会（简称监委），稳步推进监察全覆盖。设主任1名，副主任2名，委员2名，由县人大常委会选举产生。中共丁青县纪律检查委员会与丁青县监察委员会合署办公，实行一个机构、两块牌子的体制，受丁青县委和市纪委监委的双重领导。

【党风廉政建设】　县纪委认真学习中纪委、自治区纪委、市纪委重要会议和各级纪委主要领导重要讲话和指示批示精神，积极发挥协助作用，县委先后召开8次常委会研究党风廉政建设工作，分析和解决研究管党治党存在的问题，县纪委向县委专题汇报工作4次，每季度向县委汇报全县党风廉政建设开展情况，向县委书记呈报立案审查事项6次和处理处分决定12次，直送重要文件31份。层层与13个乡（镇）、21座寺庙管委会、54个县（中、区）直单位签订《2018—2020年党风廉政建设目标责任书》，首次实行县委书记与四大班子成员签订目标责任书。按照市纪委不再对各县区党风廉政建设进行集中考核，结合实际制定《关于落实党风廉政建设责任制的实施意见》，管党治党主体责任全面压实。带头转变作风，整合各方力量，统筹结果运用，形成共同推进的工作局面，制定《丁青县2018年度落实党风廉政建设党委主体责任和纪委监督责任清单任务分解表》，促进责任制考核从“量化”到落实党风廉政建设责任“常态化”转变。

【九届丁青县纪委三次全会】　2018年3月，召开九届丁青县纪委三次全会，纪委书记、监委主任高木全作全会报告。在市纪委监委和县委的坚强领导下，县委积极担负起管党治党主体责任，以党的政治建设为统领，强化对反腐败工作的全面领导，深入推进全面从严治党向纵深发展。县纪委常委会团结带领全县各级纪检监察机关深入学习贯彻落实中纪委、自治区纪委、市纪委历次全会精神和决策部署，以习近平新时代中国特色社会主义思想为指导，围绕中心、服务大局，聚焦主责主业，忠诚履行党章和宪法赋予的职责，主动担当，积极作为，推动全县党风廉政建设和反腐败工作取得新成效。

【党建工作】　牢固树立“抓好党建是本职，不抓党建是失职”的思想观念，制定全年基层党建工作计划、设立基层党建工作领导小组、制定党员发展计划，严格组织开展支部学习，做到年初计划、半年有总结。严格执行“三会一课”制度，定时召开党员代表大会、支部委员会、党小组会和党课，提高支部党员党性意识。对纪检支部2名入党积极分子进行培训，严格审查，经县委组织部进行考察，最终确定发展2名入党积极分子为预备党员。全年共缴纳党费3200元。贯彻落实中共十九大精神，纪检支部制定《学习贯彻落实党的十九大精神实施方案》，组织支部党员干部进行学习，做到学习有计划、有笔记、有心得，强化党员教育培训工作，采取定时不定时对支部党员干部进行专题教育培训。认真执行《丁青县纪委监委纪检干部理论学习制度》，不断提高纪检干部的业务能力与水平，适应新形势新任务新要求的反腐倡廉工作的需要，组织召开纪检支部理论学习会议20次。

【纪律和作风建设】　坚持不懈地贯彻落实中央八项规定精神和自治区党委“约法十章”“九项要求”和市委实施办法，紧盯元旦、春节、藏历新年、五一国际劳动节、中秋节、国庆节等重点节点，聚焦公款吃喝、违规使用公车、借婚丧喜庆敛财、违规滥发津补贴、公款购买高档烟酒、参与赌博活动等突出问题，坚持早打招呼、早提醒，及时下发廉洁过节纪律通知，召开会议强调重申，转发典型案例通报等。紧盯干部群众反映强烈的部门、岗位和人员、事件，紧盯老问题，关注新动向，以发现问题线索为重点，拓展监督渠道、发挥监督作用。坚持节中督查，节后处理，盯住“关键少数”，对“四风”问题线索专项处置。严格执纪、寸步不让，对顶风违纪的从严从重查处，坚决遏制“四风”问题反弹回潮。全年开展“四风”问题监督检查40余次，建立健全公务用车管理制度，在全县公务用车中推行统一标识，强化全社会对公务用车的监管，较好遏制公车私用问题，通报提醒4家违规停放公车单位，问责处理2起4人。深入开展不作为、慢作为、乱作为集中治理工作，围绕贯彻执行、机关作风、会风会纪、窗口服务等监督检查30余次，在全县通报曝光7人，提醒约谈1人。深入开展党员干部禁赌活动专项整治，从纪检监察机关作表率开始，全面向全县党员干部职工延伸展开，开展监督检查8次，未发现党员干部的违纪问题线索。开展购买高档白酒和香烟及“三公”经费的专项整治与督查工作，督促行业主管履行责任，强化自查自纠，坚持监督并重，未发现涉嫌违纪的问题。加强环保领域、安全生产领域的督查，推动责任担当，主动作为，贯彻落实政策规定，两项领域保持良好的工作局面。

【廉政教育】　加强廉政教育，党员干部的思想防线不断筑牢。协助配合市纪委开展巡回宣讲5场次，发放党风廉政宣传资料1100份，编印党规党纪知晓小册子100本，广发各单位部门组织党员干部学习掌握。建立“廉洁丁青”微信公众号，推送廉政信息30条，广大党员干部纪律意识、纪律要求不断树牢。转发典型案例通报22份，用身边事教育身边人。组织观看《打铁还需自身硬》等廉政警示教育片3部，受教育人数5000人次。对中共十九大精神学习贯彻落实情况督导8次，促进广大党员对全面从严治党、持续深化纪律建设的认识。各级党组织积极开设廉政宣传栏、加强廉政文化长廊建设，广大党员干部遵规守纪意识不断提高。

【监察体制改革】　扎实推进国家监察体制改革。坚持上下同步，统一部署，县委切实担负起主体责任，研究成立改革试点工作实施方案，成立试点工作小组及办公室。县委书记牢记使命，履行“施工队长”职责，对试点工作高度重视，挂帅出征，认真研究，动员部署，听取汇报，明确任务，审核把关，层层负责。各涉改部门大力支持、通力合作，主动作为。县纪委切实担负“施工队”职责，及时召开5次会议研究讨论，及时主动与相关部门对接，积极参加区纪委改革培训，明晰方法步骤、改革措施。严格规定程序，围绕步骤措施，开展摸底调查、思想教育、交心谈心、走访了解，推动实现摸清家底，掌握情况，情感交融，工作磨合，奠定转隶基础。在自治区、市纪委的指导下，于2018年1月上旬组建挂牌，内设机构调整、转隶人员调配、案件线索移交等工作全部完成。资产移交、制度衔接、监委工作规则、12项调查措施程序性规定有序推进执行。

【执纪审查】　不断修改完善反腐败工作机制和协调机制，强化党对反腐败工作的全面领导，建立监察机关与司法机关协调、配合等机制，线索处理、信息沟通、案件移送、联合办案流程全面建立，受理检察院、公安局移交线索2件2人。完成“走读式”谈话室建设，把违反中央八项规定精神问题作为审查调查重点，强化有效运用“12+3”调查措施，以“零容忍”态度惩治腐败，受理各类问题线索31件，立案11件，结案7件，了结20件。给予党纪政务处分11人。把握运用“四种形态”，坚持挺纪在前，综合运用监督执纪“四种形态”。发出函询8份，监察建议10份，运用第一种形态批评教育、约谈提醒21人，运用第二种形态处理10人，运用第三、四种形态各处理1人。

【维稳督导】　切实维护全县安全稳定大局，确保县委各项维稳部署落到实处。在重要时间节点，由县纪委牵头联合县直有关单位部门组成的维稳联合督导组，分批分组对全县13个乡镇、64个驻村工作队、各级公安检查卡点和县（中、区）直各单位落实全县维稳会议精神情况和维稳值班备勤工作中存在的问题要求限时整改，对不整改落实的单位严肃问责处理，进一步健全和完善各项监管制度，确保了丁青县社会局势的持续稳定及“三不出”“四无”目标的实现。共开展监督检查38次。持续强化反分裂斗争纪律，高度警觉，紧盯节日和重大活动开展明察暗访4次，协助县委严明政治纪律。

【扶贫领域】　深入推进扶贫领域专项治理。制定《关于2018年至2020年开展扶贫领域腐败和作风问题专项治理的工作方案》，细化措施、明确目标，紧盯扶贫政策、资金、项目落实，加强扶贫领域、行业部门的衔接协调。制作并发放扶贫领域纪律作风“群众监督卡”1000余张，开展专项监督检查20余次，发现受理扶贫领域问题线索4件，立案审查调查1件，涉及问责5人。

【巩固监督执行成效】　纪检监察工作理念、方式方法和工作作风仍不断改进，思想政治水平、把握政策能力和业务水平进一步提高，纪检监察机关认真履行监督责任。持续落实“三转”工作，4个乡镇突破“零线索”，乡镇纪委履职能力有所提升。建立并更新廉政档案140份，出具廉政意见回复59次1171人。6名领导干部被严肃问责，落实不力的党组织班子成员被约谈，监督执纪问责成效得到彰显。

人民团体

丁青县总工会

【概况】　丁青县总工会属正科级群众团体机构。核定行政编制1名，其中科级领导干部职数2名。机构、编制至2018年底无变化。

【扎实营造勤学善学的氛围】　2018年全年先后召开办公会、党员大会、党组理论学习会、党支部组织生活会，传达学习中共十九大及习近平同志关于工会工作重要批示精神，学习中国工会十七大和西藏工会十大精神，要求各级工会组织迅速掀起学习贯彻热潮，全年累计共召开8次学习会，其中召开3

次主题党日和2次固定党日，召开3次专题讨论会，特别是就如何贯彻落实中国工会十七大和西藏工会十大精神进行座谈讨论。紧密结合实际，推动工会工作，将学习贯彻中国工会十七大和西藏工会十大精神作为推动工会工作的强大动力，在贯彻落实中坚持做到将学习贯彻精神与深入开展党风廉政建设相结合，进一步持续深化推动党风廉政建设，促进党建带工建，创新工作方式，落实工作责任，以更大的激情、更实的作风投入到工会改革创新的实践工作中。

【加强工会组织建设】 按照《中国工会章程》和《西藏自治区总工会基层组织建设工作规划（2015—2018年）》，按照“哪里有职工，哪里就有工会组织”的要求，继续大力抓好工会组建和发展会员工作，最大限度地把包括个体工商户、农民工、公益性岗位工人在内的广大职工组织到工会中来。县工会下设3个国有企业工会，20个基层工会委员会、65个工会小组，全县工会会员2949人，其中机关会员1944人，企业工会会员72名，农民工会员933人。2018年新入会机关会员246人、农民工入会389人，4家事业单位和2家非工企业建会，建会率达85%，入会率达95%，13个乡镇和21个寺管会完成建设职工之家，县级职工书屋、职工之家，困难职工帮扶中心完成规范化建设，真正实现工会组织全覆盖。

【推进企事业单位民主管理】 职工代表大会制度、工资协商签订集体合同制度、厂务公开制度是基层工会民主管理的三项基本制度，形成工会组织多角度维权的格局。丁青县总工会在工作中坚持和完善“三项制度”，强化源头参与、源头维护，积极组织职工参与企事业单位民主管理。全县3家国有企业，全部建立了职工代表大会制度和厂务公开制度，1家事业单位建立了职工代表大会制度和院务公开制度。全县2家国有企业签订了集体合同，签订率全部达到100%。“三项制度”的建立和完善，进一步维护了职工的民主参与权、民主决策权、知情权、监督权，维护了职工的劳动权利和经济利益，并促进了企业的党风廉政建设。

【扎实开展关爱职工】 建立常态长效帮扶机制，加大帮扶救助工作力度。全年举办送温暖、金秋助学、大病救助和生活救助等工会特色的各项帮扶活动，帮助解决职工生活、就医、子女上学等困难问题。发放2017年度困难职工生活救助金和大病救助金，对17名困难职工进行救助和慰问，共计发放救助金16986元，其中，市级5名生活救助、1名大病救助，共计7786元，县级9名生活救助、2名大病救助，共计9200元。“三大节日”期间，慰问环卫工人，为42名困难职工及环卫工人发放大米、大茶、清油、糌粑、面粉慰问品，共计价值21000元。2018年开展藏历新年在档困难职工和劳动模范集中慰问活动，全县19名非公企业农民工、51名企业困难职工和5名劳动模范参加活动，共送去节日慰问金71900元。五一国际劳动节慰问劳模，为全县5位劳模送上节日祝福，并感谢他们在过去的工作中做的贡献，最后为每位劳模送上慰问品。开展“5·12”国际护士节慰问活动，向“白衣天使”致以节日的问候，为他们送去了工会组织的关心和爱护，同时送去了慰问金。情满中秋，关爱暖人心，对全县21名援藏干部进行走访慰问，通过开展中秋节前慰问援藏干部活动，把党和政府对援藏干部的关心送到了他们家中，让他们感受到了党和政府的关爱。中秋佳节尺牍镇工会慰问镇困难农牧民工并送去大米、大茶、清油。开展重阳节慰问困难退休职工活动，对15名困难退休职工进行集中和走访慰问，还为每位困难职工送去了节日的慰问品和慰问金。开展慰问记者活动，到县广播电视台看望慰问奋斗在一线的新闻记者，为他们送去了节日的慰问金和祝福，努力为全县困难职工办实事、办好事、解难事，惠及更多困难职工。

【扎实推进就业协助工作】 为充分发挥工会优势助力脱贫攻坚，县总工会组织2名建档立卡农民工和1名在档困难职工，派往昌都参加为期30天的机动车技能培训，使有就业、创业愿望的在档困难职工和农民工充分享受帮扶政策，帮助他们实现就业有门路、创业有技能，用技能引领贫困农牧民脱贫致富。开展劳动和技能竞赛活动，县人民医院工会和县职业教育培训中心民族服装厂工会开展以“当好主人翁、建功新时代”为主题的劳动和技能竞赛活动，为职工搭建相互学习、沟通、交流的平台。

【扎实做实职工宣传工作】 “三八维权周”开展女职工维权活动，宣传了职工文明素养、工会惠民帮扶政策、劳动合同法律法规、职工（农民工）维权服务，并向过往市民放发了《中华人民共和国工会法》《中华人民共和国合同法》《中华人民共和国职业病防治法》等法律法规宣传资料3800份，接受妇女职工咨询4人。各级工会委员会开展三八妇女节座谈会，沙贡乡工会委员会和三家企业工会委员会工会干部带着节日的美好祝福，组织女职工举行座谈会，使妇女职工充分感受到了节日的欢乐和喜悦。开展“三月综治宣传月”法制宣传活动，以“构建和谐劳动关系、维护发展职工利益”为主题，大力宣传中共十九大并发放《中华人民共和国宪法》《中华人民共和国工会法》《中华人民共和国社会保险法》《中华人民共和国劳动合同法》等法律法规宣传资料300份。开展公益性岗位工人、临时工集中入会暨职工维权宣传活动，深入居委会开展“公益性岗位工人、临时工集中入会暨职工维权宣传活动”，全县各单位公益性岗位人、临时工60名参加活动。开展自治区劳模进社区宣讲活动，通过自治区劳模的认真讲解，群众了解了西藏社会发生的翻天覆地变化。开展“春风行动”创业就业维权宣传和招聘会活动，活动前期调查摸底就业需求，准确了解用人单位的需求，后期深入5个乡镇，发放宣传资料600份，发布岗位需求58条，受益群众3600名。开展“4·15”全民国家安全教育日宣传活动，发放各类宣传资料2000份，受教育群众600人次。劳动模范进社区、进校园、进班组宣讲活动，职工群众和学生深受启发和教育。

【文体活动】 2018年迎“春节、藏历新年”体育活动落幕，体育活动包括3项团体比赛项目（足球、篮球、拔河）、6项个人比赛项目［台球、象棋、跳棋、五子棋、乒乓球、藏牌（男女组）］等9个比赛项目，吸引了来自全县各行各业的10支足球队、5支篮球队、10支拔河队和110余名各界干部群众积极参与。倡议和开展“做新时代雪域高原文明职工”活动启动仪式，活动上首先宣读西藏自治区总工会在全区职工中倡议和开展“做新时代雪域高原文明职工”倡议书，发放倡议书和签名活动。开展庆“中秋”女职工趣味活动，此次活动比赛共设抢板凳、运乒乓球、跳绳等趣味项目，全县各单位女职工20多人参赛。庆中秋佳节，各级工会组织开展文体活动，甘岩乡工会开展文体活动，比赛共设抢板凳、拔河、踩气球等项目。粮油公司工会开展趣味活动，活动设夹篮球、运乒乓球等项目。举办迎“国庆”职工文体活动，活动比赛设置男女乒乓球、男女台球2个项目。

【职工之家建设】 完善职工书屋和职工之家，集中购买书和健身器材，共收集整理包括政治、法律、文化、经营管理、文学、生活、科技6大类共2000多册图书。新添置4台台球桌、1台乒乓球桌、综合健身器材各1套。发放基层一线单位建设职工之家设备设施，为13个乡镇和21个寺管会发放建设职工之家设备设施，共计262套健身器材，其中跑步机51台、动感单车48台、乒乓球案38台、哑铃37套、综合器14套、仰卧健腹器55套、举重床19套，共计价值75.69万元。在天津市北辰区总工会的大力支持下，全县基层工会组织顺利完成建设职工之家全覆盖工作，全县13个乡镇和21个寺管会工会建设职工之家活动室，近千名职工感受到工会组织的温暖。

共青团丁青县委员会

【概况】 2018年，共青团丁青县委员会坚持以习近平新时代中国特色社会主义思想为引领，贯彻中共十九届二中、三中全会精神，严格落实团中央十八大精神和西藏团十大精神，深入学习习近平总书记“7·2”重要讲话精神，开展“不忘初心、牢记使命”思想教育常态化工作，坚持新时代、新青年、新征程，加快完善共青团改革，积极利用青年工作开展“共青团助力脱贫攻坚”，为打赢脱贫攻坚战做出努力。

【团建工作】 2018年，共青团丁青县委员会紧紧围绕党政工作重心，开展青年教育常态化工作，把维护国家统一、促进民族团结作为工作的重中之重，为把全县青年培养成学习好、思想好、工作好、纪律好、作风好的社会主义现代化建设者接班人而努力。不断积极引导全县青年坚定理想信念，立志走在民主改革的最前线，为维护民族团结，国家统一贡献自己的青春力量。以团十八大精神和习近平总书记“7·2”重要讲话精神为思想主阵地加强思想宣传工作，丁青县团委利用“7·2”精神进校园活动，组织团委干部和西部计划志愿者到班级进行团十八大和“7·2”讲话精神的宣传，通过印制发放宣传单，到街道、到人群密集区进行宣讲和发放，积极动员全县青年干部开展“青年大学习”，真正做到将团十八大和“7·2”重要讲话精神全方位、无死角覆盖全县青年。利用“3·28”西藏百万农奴解放纪念日开展民族团结教育活动，通过集体观看《战狼2》来加强青年民族自豪感，国家自豪感，不断巩固民族团结思想。完善预青机制，协调多部门齐抓共管，县团委联合县公安局、法院、检察院、教育局、司法局等多家单位开展“青春与法同行”主题宣传教育活动，到中小学进行法制知识宣讲活动，通过观看法制动画教育中小学生知法、懂法、用法、守法，积极联系各乡（镇）政府，结合不良少年在校表现召开家长会，形成家庭、社会、学校三位一体共同协作预青犯罪的局面。

【共青团工作】 2018年，共青团工作有了新的要求，各级团组织将紧紧围绕团的使命开展赋有共青团特色的活动。开展以“第四届青年杯”为主题的大型足球篮球友谊联赛，教育青年学生应时刻牢记先辈的付出和期望，明白当代青年应有的责任和使命。丁青县团委联合教育局对即将参加中考的学生进行考前课业辅导，告诫他们放平心态，戒骄戒躁，以一颗平静、自信的心迎接人生中每一次重要考试，教育学生知识改变命运，教育成就未来。2018年，丁青县团委累积接收多名企业家为丁青百姓捐赠的爱心物资8万件，共计价值100万元，丁青县团委重点对物资进行分类，根据各乡（镇）的实际情况，按照不同比例进行派发，为贫困家庭人员的基本生活保障贡献力量，同时教育贫困青年勿忘来时的路、勿忘送来的情。丁青县团委在重大节日来临之际，组织青年志愿者，联合青年文明号单位，为丁青县五保供养中心的老人们以及偏远村（居）的贫困家庭送去关心和慰问品。2018年，累计慰问5次，慰问品价值共计10万元。丁青县团委联合当地消防部门，公安部门开展“9·16”维稳宣传宣讲和119防火安全进万家活动，是动员青年党团群众开展爱党、爱国、爱家的典型事例。2018年，丁青县团委安排组织摩托车技术相关培训，邀请技术人员对农牧民百姓进行培训，帮助他们解决相应的技术问题，鼓励青年创业，扶持丁青当地青年，鼓励他们自主创业，为全县的经济发展做出贡献，推报本地优秀青年企业家，为他们的创业空间提供便利。2018年全年，丁青县团委推报5家青创空间企业名单，为这5家企业以后的扩展、融资提供一定的条件。配合县人社局，开展大型招聘会，为丁青县未就业青年提供300个招聘岗位，提供岗位的企业涉及广东、安徽、天津、四川、重庆以及西藏本土企业，招聘面广，服务性高，为丁青未就业青年带来就业的福音。2018年，丁青县团委通过国酒茅台集团、天津市政府、国资委等多家机构及企业的资助，不断拓宽全县贫困学生的就学道路，通过乡（镇）一级团委开展助学金评审发放工作，为贫困学生就学减轻负担。

【共青团改革】　2018年，习近平总书记在“7·2”重要讲话中对团干部提出了新的要求，共青团丁青县委员会利用自身优势，结合改革路径，大力实施改革措施。精简作风，开展共青团干部工作能力考察，丁青县团委定期组织全体在职团干部学习中共十九大方针政策、团的十八大精神以及团西藏十大精神，用科学的理论武装头脑，指导实践，精简作风，每季度定期考察团干部工作能力，以任人唯贤的标准，把每名团干部调整到适合自己的岗位上工作。加强从严治团，落实团干部考核机制。丁青县团委为加强团干部素养，全面落实从严治团方针，对团干部进行思想、政治、品德、能力等方面的考核，从工作能力到工作方向，从个人品质到学习水平，严格落实标准，不断推进团的工作开展。

丁青县妇女联合会

【概况】　丁青县妇联机构、编制至2018年底无变化。县妇联主要职责是代表和维护妇女权益、促进男女平等，同时维护少年儿童权益。工作方针是团结教育广大妇女，贯彻党的基本路线，在建设富强、民主、文明的社会主义现代化国家中发挥积极作用。

【注重示范引领】　2018年，丁青县积极探索示范带动机制，突出妇女在经济建设和社会发展中的重大作用。组织丁青镇仲佰村、沙贡乡沙贡村等开展了“精准扶贫·巾帼巧娘”串珠手工艺品编织培训和“促进增收致富·助推精准扶贫”编制技能培训，为75名建档立卡贫困妇女进行了手工技能培训。妇女手工班盈利14万元。同年丁青县人社局联同丁青县妇联积极协调天津北辰区相关单位专业人员深入丁青县开展妇女手工编制技能培训，30余名建档立卡贫困妇女参加培训。10月，丁青县妇儿工委联同县人社局、布托村驻村工作队为41名布托村妇女开展精准扶贫转移就业中餐、藏餐厨师培训班顺利结业，并申报了扶贫特色小吃餐馆项目，希望通过大学生创业、选派支部书记指导、妇女参加的新型模式为布托村的妇女就业工作提供坚强的保障。

【妇女权益维护】　2018年，利用“三八”

维权周普法宣传日、“安全生产月”、“综治宣传月”、“春风行动”、“五下乡”等平台，组织协调各成员单位在县城和各乡（镇）积极宣传法律法规和防治“两癌”等相关知识。全年维权宣传共26场次，发放宣传资料1.85万份。

【申请扶贫项目】 2018年，丁青县妇儿工委深入基层调研摸底，丁青县3岁以下婴幼儿贫血患病率为78.7%，婴幼儿生长迟缓发生率高达70.28%。丁青县农村及贫困地区婴幼儿的营养不良、贫血患病率、生长迟缓率居高不下，导致后期不可逆转的生长和认知发育迟缓，已成为威胁婴幼儿健康成长的突出问题。政府高度重视，争取到北京联慈健康扶贫基金会项目，为丁青县50户贫困家庭争取到3年的“国奶扶贫工程”。

【关爱妇女儿童】 2018年春节期间，丁青县妇联看望慰问贫困母亲10人，送去慰问金5000元。丁青县妇联召开了2017年“贫困母亲两癌救助资金”发放仪式，为9名“两癌”患者发放9万元的救助金。在虫草采集期间深入觉恩乡、沙贡乡、尺牍镇、色扎乡等地走访慰问了40名留守儿童、留守老人、“两癌”患者。六一儿童节期间顺利开展了“感党恩、听党话、跟党走”庆六一活动，为甘岩乡中心小学毕业班学生送去了价值4500元的慰问品。丁青县妇儿工委联合县总工会、团县委将爱心御寒衣物进行发放，共发放鞋子2000双、衣物1万件，13个乡镇及留守老人、贫困儿童、留守儿童近万人受益。

【妇女组织建设】 2018年，召开村（居）妇代会主任业务素质提升培训班，共77名乡镇妇联主任和村（居）妇代会主任参加培训，培训会上学习《中共中央关于加强和改进党的群团工作的意见》以及昌都市妇联系统下发的一系列会改联相关文件精神和《在改革创新中实现妇女工作新发展》等。通过走村入户、发放宣传册等形式，深入宣传妇代会改建妇联的目的和意义，使改建工作家喻户晓，深入人心，积极动员广大妇女参与改建工作，为改建工作营造良好的社会氛围。合理配置，在改建工作前期，各级妇联组织深入基层开展调研，摸清各村妇女人口结构情况和底数，并建立一村一档妇女花名册，并以此为基础充分考虑确定妇代会名额及村妇联执委名额。同年，丁青县妇联在一号办公楼3楼举办了基层妇女组织改革培训暨妇女代表第一次筹备会，对2018年10月需启动的乡（镇）妇联组织区域化建设和村妇代会改妇联工作进行全面动员部署和培训，13个乡镇妇联主任参加会议。丁青县妇女第一次代表大会顺利召开，来自全县各族各界各行各业的120名妇女代表、12名特邀嘉宾、14名列席人员参加会议。

【廉政建设】 丁青县妇联紧紧围绕2018年党风廉政建设和反腐败工作安排。坚持持之以恒把纪律规矩挺在前面，要求全体党员干部深刻吸取严重违反政治纪律和政治规矩典型案例的教训，在政治立场、政治方向、政治原则、政治道路上同以习近平同志为核心的党中央保持高度一致。聚焦“四风”问题，认真落实党员干部工作调研制度，坚持不懈抓好作风建设。2018年妇联签订《党风廉政建设目标责任书》4份，开展党风廉政教育共计3次，理论学习会议3次，撰写廉政学习心得体会3份，主要领导述职述廉报告2份。

丁青县工商业联合会

【概况】 2018年，丁青县工商业联合会调整领导职数1名，工商联共有会员企业44家，其中有1人担任自治区总商会理事，3人担任昌都市工商联执委（常委）。丁青县设有工商联执委会，有工商联副主席2人（兼职）、执常委11人。2018年丁青县工商业联合会继续贯彻落实中共中央、国务院《关于加强和改进新形势下工商联工作的意见》和《中国工商业联合会章程》，坚持团结、服务、引导、教育的方针，通过座谈、培训、交流交易、参政议政等方式帮助和引导非公有制企业健康发展、非公有制经济人士健康成长，促进全县非公有制经济健康发展。2018年，在思想政治建设、组织建设、精准脱贫、非公党建、参政议政、党风廉政、宣传等方面取得实效。截至年底，机构、编制无其他变化。

【思想政治】 县工商联坚持以习近平新时代中国特色社会主义思想为指导，贯彻落实中共十九大，十九届二中、三中全会精神，贯彻落实习近平总书记关于治边稳藏重要论述和加强民族团结、建设美丽西藏的重要指示以及给隆子县玉麦乡群众的回信精神，贯彻落实全国工商联第十二次代表大会，区党委九届三次、四次全会，全区第二次非公经济发展大会，自治区工商联（商会）第六次代表大会以及昌都市工商联（商会）一届三次、四次执委会议精神，贯彻落实习近平总书记11月1日在民营企业座谈会上的讲话精神，召开2次专题会议、1次工商联界座谈会，传达学习党的方针政策以及重要会议、文件指示精神，先后组织会员10人次参与区市工商联组织的培训，让工商联会员走出去，学习知识、与时俱进、拓展思路。引导非公经济人士树立社会主义核心价值观，提振民营企业的信心与社会获得感，增强担当、奉献的社会责任意识，营造良好的营商舆论环境，增强工商联干部的服务意识，构建和谐的“亲”“清”新型政商关系。

【组织建设】 按照争创“五好”（领导班子好、会员发展好、工商联建设好、作用发挥好、工作保障好）县级工商联建设标准，规范化建立“五型机关”（学习型、创新型、廉洁型、效能型、服务型）体制。完成“一个设立、五个有”工作目标：设立完善工商联党支部、实现有人员编制、有工作经费、有办公用房、有办公设备、有丰富多彩的活动内容。

开展培训学习、征求意见座谈会、现场会、培训等5项活动，使企业在工商联活动中找到归属感。在征求意见座谈会上，面对面与县四大班子主要领导进行沟通交流，就企业自身发展提出5条意见与建议。在发展壮大会员队伍方面，工商联积极宣传、积极倡导，吸引更多的非公企业加入工商联会员队伍，组织非公经济人士座谈会，深入非公企业调研，工商联会员从年初的39家增至年末的44家，工商联会员企业的属性也不断多元化。坚持开展民营企业经营状况调查问卷及营商环境评介工作，不断努力优化营商环境。组织有影响力的非公经济人士参加区、市培训，同时西藏甘语仓特色农产品开发有限责任公司、丁青县岗翁布商贸有限责任公司参与各类展销会22场次，实现交易额50万元，其中，丁青县岗翁布商贸有限责任公司签约3个项目。

【精准脱贫】 引导工商联会员把自身企业做大做强的同时，还积极引导参与社会公益活动，奉献爱心回馈社会。通过发倡议书，广泛宣传，发动会员及会员企业开展捐资助学、助教、助残、扶困等“百企帮百村”社会公益活动15场次，捐赠物资、现金价值达27.9万元，就业帮扶45.7万元，技能帮扶5万元。帮扶户数571户，帮扶人数3123人。帮扶的会员企业有甘语仓特色农产品开发有限公司、布热仓惠民驾校、琼桑加油站、丁青县扶贫汽修厂、阿夏奶制品农牧民专业合作社、岗翁布商贸有限责任公司、甲木堂特色产品有限责任公司、当堆乡龙措农牧民建筑施工队、奇迹有限责任公司、为民农牧民建筑施工队、琼纳糌粑加工厂、德勒藏式家具厂、聚宝便民加油站。扶贫方式既有“输血扶贫”也注重“造血扶贫”，通过实施产业扶贫带动贫困户脱贫致富。甘语仓特色农产品开发有限公司实行“公司+基地+农户”的模式，积极发展小蓝青稞种植及深加工产业项目。公司以“订单农业”和“土特产品深加工”相结合，通过土地流转实现规模化种植，着力打造“蓝天圣洁”产业，助力巩固脱贫成效。小蓝青稞种植项目已使213户农牧民群众通过土地流转实现增收149.55万元。甲木堂特色产品有限责任公司与当堆乡斯荣村的10户贫困户签订协议，由公司提供种子、技术指导，同时保障基础设施的配置（地膜、水管配备），充分利用轮休地种植紫土豆。2018年，从签约农户中收购土豆1000余千克，通过“公司+贫困户”的经营模式实现每户增收3000元左右。

【参政议政】 坚持积极引导非公经济人士参政议政，为党委政策建言献策，发挥工商联参政议政职能作用。县工商联组织会员中有3名县政协委员、1名市政协委员、1名市人大代表。在市、县“两会”期间，工商联界别政协委员与人大代表共提交提案6件。2018年12月组织召开了以促进两个健康工作为主题的工商联界别征求意见座谈会，搜集意见建议5条，其中对于促进全县非公经济健康发展的有2条。

【非公党建】 开展非公经济组织党建工作。2018年协助县委组织部对全县非公党员与组织进行全面摸底调查与梳理，对有条件的企业，帮助建立党支部，非公经济党支部6个，党员33人，其中企业党支部3个。实现了党的组织与党的工作全覆盖。同时加强企业党建督导，开展非公党组织书记培训2次，帮助企业支部不断规范党建工作。发挥党员示范引领作用，甘语仓党支部积极参与脱贫攻坚战，实施党建促脱贫。

【党风廉政】 始终坚持从维护党的绝对领导和团结的高度，坚定地把遵守和执行党的政治纪律作为开展工商联工作的政治准则和自觉行动，始终在思想上行动上政治上与以习近平同志为核心的党中央保持高度一致。支部组织工商联干部集中学习强调党员干部要牢固树立纪律意识和规矩意识，把党章、党纪熟记于心，自觉接受党的纪律约束，做到执行纪律无条件、遵守规矩不含糊、守住底线不逾越。同时把党风廉政建设工作列入重要议事日程，组织召开党风廉政专题会议4次，组织集体观看廉政教育警示片4次，撰写心得体会。通过组织生活会，开展批评与自我批评咬耳扯袖、红脸出汗，相互监督提醒，指出在工作中存在的问题，不断改进工作作风。深入民企开展走访调研，积极推进“亲”“清”政商关系构建，向县委、县政府反馈民营企业发展中的困难与问题4件，政策梳理2件，协助解决问题2件。

【宣传服务】 为全县非公经济发展营造良好的营商环境，工商联坚持“团结、服务、引导、教育”的工作方针，为构筑良好的社会舆论环境，广泛宣传党的方针政策、非公经济发展中的典型人与事。开通“丁青工商联e家”公众号，建立微信群，将党的声音、先进典型进行及时传播宣传。将丁青县奇迹有限责任公司、西藏甘语仓有限责任公司、丁青安通客运公司、当堆乡龙措农牧民施工队、琼桑加油站、丁青县甲木堂特色产品有限责任公司等企业的典型做法、社会帮扶等事迹分别在《西藏商报》、中国西藏新闻网、昌都新闻网、西藏工商联公众号、西藏统战公众号、昌都统战公众号、琼布眼公众号、琼鹏丁青公众号等媒体宣传推广，其中自治区媒体采用信息共计16篇次。

法 治

政法委及综治

【概况】 2018年，丁青县委政法委以全区政法工作会议精神及紧扣县委的部署和要求，认真完成了各项工作任务。截至年底，机构、编制无其他变化。

【政法综治工作】 政法各单位充分发挥职能作用，依法严厉打击各类侵犯民生民利、破坏市场秩序等犯罪活动，不断提升服务经济发展的能力和水平，进一步提升司法公信力。为落实好全县综治宣传活动，营造平安建设人人参与的良好氛围。以“三月综治宣传月”、“4·15”国家安全宣传日、“六月综治宣传周”、“9·16”平安西藏宣传日、“七五”普法活动为契机，在全县范围内掀起宣传热潮，截至11月，全县各级宣讲团共开展宣传活动134场次，发放各类宣传资料（海报、手册）31180份，受教育群众达49625人。全面加强和推进综治信息化建设，努力推动信息化建设成果转化为平安建设能力。年底已建成县级综治中心1个，乡级综治中心13个。充分利用综合网数据平台，为下一步“雪亮工程”、综治视联网、综治中心资源共享三大平台的融合提供信息数据的基础保障。年底，数据信息收集、数据录入等共7000条。为进一步推进全综治工作规范化、标准化建设，全面落实对全县各级综治及“三项重点”工作的业绩考核，实行推行“凭星定绩”的考核模式，县、乡、村、联户、户“五级联动”，切实形成一级抓一级、层层抓落实的工作格局，确保综治工作取得实效。已落实县对各乡（镇）、乡（镇）对村（居）的业绩考核，村一级对户长的考核正在落实中。以开展平安校园建设为载体，坚持问题导向，进一步落实安全主体责任，强化工作措施，创造校园周边的健康环境。自活动开展以来，各级开展专项整治活动37次，出动执法人员80人。

【维护稳定】 2018年全年共召开12次维稳专题会议，实现“三不出、三稳定”维稳工作目标。每月定期召开维稳分析研判例会，听取专项工作汇报，全面掌握信息，会商研判县域情况，安排好下一步工作。将风险评估工作纳入社会治安综合治理领导责任制，列入年度综治工作考核内容，把社会稳定风险评估的能力和水平作为考核使用干部的重要标准。坚持“有黑扫黑、无黑除恶、无恶打非、无非治乱”的原则，严厉打击各类涉黑涉恶分子，持续开展打击黄赌毒及缉枪治爆等专项行动，共展开专题安排部署会议5次，发放藏汉文宣传资料4万份，张贴藏汉文通告2.3万份，悬挂横幅100条，在各乡镇、村居设立举报箱90个，张贴举报线索海报50份，截至年底，共摸排掌握线索7条。严格落实工作要求，健全完善工作机制，全县矛盾纠纷调处实现“四个零”，即排查零积案、调处零激化、衔接零空隙、矛盾零上交。截至年底，共排查调处矛盾纠纷238起，成功调处238起，调处成功率达100%。加强繁华地段、人员密集场所的武装巡逻力度，截至11月，共开展武装巡逻30次。组织管理员、双联户、“红袖标”成员、社区义务巡逻队等群防群治力量，加强县城主辖区和大街小巷的巡逻防控，截至11月，各村组共开展治安巡逻370次、参与群防群治共计6000人。积极组织开展集中清查整治行动，清查重点单位180家，娱乐场所400家次。旅馆业3500家次，检查各类商铺54000家次，其他行业场所26000家次，检查流动人口（暂住人员）17000人次，劝返各类人员340次，确保社会面上治安环境良好。

【安全生产管理工作】 严格落实属地安全生产责任机制，全面排查堵塞各类安全隐患漏洞，严防发生各类重大公共安全事故。消防安全领域。加强对各类人员密集公共场所、加油站、加气站等易燃易爆重点场所，寺庙文物建筑和民房密集区等火灾易发区的隐患排查整治，同时要做好火灾的预防工作。截至11月，共检查企事业单位183家次，安全排查104次，排查整改安全隐患383起，其中当场整改223起，限期整改160起，停产整改4家次，下达行政处罚决定书2份，罚款20000元。

【双联户服务管理工作】 紧紧围绕“16+1”目标任务，创新思路、强化措施，破解难题、补齐短板，健全机制、狠抓落实，进一步夯实城乡发展稳定的根基。通过对全县双联户档案信息的再审核，将原有不符合联户划分要求的单位进行整合调剂，原有2004个户长增加至2059户，全县联户单位共有2059个，选任双联户户长2059名，涉及联户人数93025名，户数16819户，覆盖率达到100%。分批分期对全县2059名双联户长开展轮训，培训内容囊括党的政策、法律知识、户长职责、社会主义核心价值观、公民道德、致富帮带、技能创业、联户合作经济等方面。截至年底，全县共举办双联户长培训68场次，受益户长达800人。全面落实奖励资金兑现工作，不断强化激励机制。兑现2017年村、乡、县三级表彰资金共1195870元，市级表彰资金共283000元，自治区级表彰资金共57000元。全县2004名联户长配套资金共4008000元。积极推行“1+N”警政群异常排查机制。加强源头治理，将乡镇双联户划分为若干个片区，采取民警、乡镇干部、驻村工作队、联户长分片包村包户的方式（1个公安民警与若干个乡镇干部、驻村工作队联系若干个“双联户”户长）开展平安和谐共建，深入村（居）源头排查各类隐患，将排查的各类问题隐患消除后移交给“双联户”户长进行管理。公安民警、乡镇干部、驻村工作队与“双联户”户长签订责任书，引导“双联户”户长主动作为，落实职责，把可防性案件减少到最低。通过深入开展双联户工作，充分调动和发挥“双联户”齐抓共管、群防群治作用，截至11月，全县户长带头宣讲各类政策132场次，受惠达34526人次。开展联防巡逻达3632人次，排查整治社会治安重点183处，消除安全隐患111起。开展环境卫生整治共计89次。联户长带头帮扶困难家庭户数达8475户，受惠人达36330人，办好事实事件达5204件，邻里间义务投工投劳达15025人次，帮扶困难家庭投入资金达101.4万元。同时，也确保全县“双联户”单位内无极端事件发生。

【虫草采集服务管理工作】 面对近6.3万人集中采挖虫草长达两个月的维稳攻坚任务，该县重点突出“早安排、早部署、早排查”，全面落实“零距离”服务、“零差错”指导、“零容忍”打击、“零报告”制度。开展为期15天的摸底调研，深入5个虫草集中乡（镇），共梳理问题17个，搜集意见建议17条。全力开展集中办证业务，严格实行一人一证的发放制度，从源头上预防和减少雇人采挖虫草、倒卖、伪造、转让、出租、出借虫草采集证等破坏虫草采集秩序现象的发生。该县共办理采集证2911张，其中新增1969张、补办934张、激活8张，年底全县可用的采集证（IC卡）60955张。组建精兵强将，调整充实虫草采集管理领导小组及办公室，抽调14名县级干部和346名县、乡干部组成23个职能小组（其中5个临时警务站、7个驻点工作组、3个设卡检查站），各驻点工作组于4月30日分批进驻85个采集点。大力推进检查站作用，充分发挥产区“过滤网”作用。检查进点人员61509人、进点车辆15987辆。接收教育外来人员620人，年底已劝返574人，46人正在劝返组接受学习教育。组织产区“双联户长”和“民生信息员”，开展产区巡逻防控170次，提供矛盾纠纷苗头隐患信息3条。结合“五下乡”活动，深入各采集点，放映《敌后文工队》等爱国主义教育电影50场，观影人数达13000人。农行丁青县支行多次组成流动金融服务小队，深入木塔乡虫草采挖点开展流动金融服务活动，通过开展残币兑换、现场存款等方式为农牧民百姓提供便捷，还对反假币、非法集资等金融知识进行普及，切实为老百姓提供优质便利的金融服务，共残币兑换9万元，现场存款97万元。

维护稳定工作

【概况】　2001年，丁青县设立维稳指挥部，并下设维稳指挥部办公室，由县委政法委统一领导，合署办公。一直到2014年2月，经丁青县委、县政府研究决定，丁青县维稳指挥部办公室独立办公，办公室设在丁青县公安局，人员从政法各单位抽调组成，属常设的临时机构，隶属关系不变。截至2018年底，共有6名工作人员。

【武装思想】　统一思想，提高认识，牢固树立“一盘棋”思想。始终将中共十九大精神和习近平总书记系列重要讲话精神作为今后一个时期的首要政治任务，作为思想政治建设和理论武装工作的重中之重，确保学懂、弄懂、做实，抓好贯彻落实。坚持治边稳藏重要战略思想不动摇，确保维稳工作正确方向不动摇，更加自觉捍卫党的领导地位、维护习近平总书记核心地位、坚持党对维稳工作的绝对领导。认真结合工作实际，把中共十九大全会精神和习近平总书记系列重要讲话精神融入维稳工作的实践中去，全力维护社会稳定，打造过硬队伍，统筹做好维稳各项工作。按照自治区党委书记吴英杰“牢牢掌握意识形态工作的领导权、管理权、话语权”的指示要求，坚持把维护意识形态领域绝对安全作为对敌斗争的主阵地，筑牢反分裂斗争的思想防线，自觉维护民族团结、社会稳定，感党恩、听党话、跟党走。

【社会面防控】　强化街面巡逻防控力度。启动最高等级勤务，加强值班备勤，强化巡逻防控，切实挤压犯罪分子活动空间，形成无缝衔接的一体化综合防控体系。强化卡口防控。充分发挥巴达、布塔公安一级检查站过滤作用，坚决筑牢入丁青第一道防线。强化群防群治工作。强化管理，发挥基层维稳力量作用，将自查隐患苗头及时消除、化解在辖区内。

【涉稳隐患排查】　坚持把中央和自治区党委关于开展影响社会稳定矛盾问题摸排调研作为抓实抓牢抓细维稳工作的一项基础性、长期性工作，严格按照自治区党委书记吴英杰“抓重点、抓关键、抓薄弱环节”和“重点问题要防、难点问题要抓、热点问题要疏、一般问题要复”的工作要求，铲毒瘤、去病灶，细摸排、精施治。2018年，维稳办全面加强涉稳领域隐患排查，突出虫草采集隐患、草场林地隐患、复仇引发的群械冲突、“供废”矛盾、劳资隐患、项目开发建设等重点涉稳隐患，逐乡、逐村、逐户、逐项目开展集中排查，对排查出的涉稳隐患，形成台账，分解任务，明确牵头领导、责任人、责任单位、完成时限，本着“什么问题突出就解决什么问题”的原则，认真梳理问题隐患的成因、历史、现状，以往整治的成效、是否存在反弹等，抓实列表督办，深入推进矛盾纠纷排查化解，坚持集中排查与轮动排查相结合，摸排掌握、化解处理，第一时间消除涉稳隐患。

【专项整治】　结合丁青县实际，严格按照“有黑打黑、无黑除恶、无恶治乱”的工作要求，深入推进“扫黑除恶”专项行动，做到发现一个、处置一个、打击一个、摧毁一个、教育一片，深挖彻查幕后策划者和组织者。深入持续开展治安隐患排查，整治治安突出问题和乱点，加大对执法人员的维权力度，严厉打击阻碍国家工作人员依法执行职务的行为。同时保持对严重刑事犯罪的高压态势，严厉打击黑恶势力、团伙犯罪，打击严重暴力犯罪、“两抢一盗”等违法活动。对重特大案件，及时固定证据，及时移送起诉，及时审理，确保打击工作取得实效。认真落实好中央、自治区、市委、县委关于防暴恐的各项部署，始终把防暴恐作为该县维稳工作的重中之重，坚持主动出击、打防并举，实现全县无暴恐的目标。同时各维稳执勤力量高度戒备，加强演练，熟练掌握处置流程，加强军警民共同参与、共同协作的工作机制，坚决做到万无一失。

【能力建设】　坚持把打牢维稳物防技防基础、加强维稳能力建设作为促进长治久安的基础性工作，根据新形势、新任务、新变化、新需求，立足维稳能力达标的根源性、瓶颈性问题，坚持满足工作、适度超前的原则，大力实施社会治安治理、维稳技防能力、维稳指挥体系等，力争做到硬件能力建设和软件实力提升并举，不断提升社会治理能力和水平。健全完善社会治安治理领域、矛盾纠纷排查化解领域等方面的制度。

【督导检查】　充分认识到在维稳工作中“队伍内部问题才是大问题”，始终把督促检查作为维稳工作的重要一环，切实加强督导工作，采取蹲点督导、专项督导、片区督导三种督导模式，确保无缝对接，工作落实无盲区。结合实际制定《中共丁青县委关于2018年县级领导督导乡（镇）维稳工作的通知》等配套工作方案，及时选派干部分赴各乡（镇），分片区、分领域、分时段、分批次组派综合督导组和宗教领域专项督导组，深入全县各级各部门，全面开展督导检查，帮助发现问题，协助整改隐患。各督导组分工协作，密切配合，严格落实县委的督导要求，抓住问题紧盯不放，加大明察暗访力度，层层传导压力，压实工作责任。要求各被督导单位对查出的各类问题，建立台账，逐条整改，逐一销案，坚决做到立行立改、整改不到位不放过，坚决纠正工作不到位、不落实、不整改的问题现象，确保维稳各项措施落地见效。

公　安

【概况】　2018年，丁青县公安局始终坚持以习近平新时代中国特色社会主义思想为指导，紧紧围绕以捍卫安全特别是政治安全、政权安全为第一要务，以不断增强人民群众获得感、幸福感、安全感为总目标，以深入践行“对党忠诚、服务人民、执法公正、纪律严明”四句话、十六字为总要求，以扎实推进区党委提出的社会治理“七个提升”为抓手，严格按照全国、全自治区、全市政法工作会议和公安会议上系列部署要求，不断强化“四个意识”、坚定“四个自信”，狠抓维护国家安全和社会稳定各项工作措施的落实。至2018年底，丁青县公安局机构设置无变化。

【边界区域管控】 2018年，丁青县公安局各公安检查站充分发挥“护城河”“防护网”“过滤器”的职能作用，在各边界卡点强化治安联防，调动当地民兵、“双联户”熟悉地形地貌的优势，加大巡察力度。

【缉枪治爆行动】 深入动员、全体参与，多次组织精干警力深入县各乡（镇）、村（居）委会、牧场、涉爆单位、城乡接合部、出租房屋等部位、场所，全方位、多角度开展排查整治行动和法制宣传活动，及时发现和收缴各类枪爆物品和管制刀具。2018年，共排查乡（镇）68次、村（居）委会113次，清查公共复杂场所330次。

【严打整治工作】 2018年，丁青县公安局依法打击危害人民群众生命财产安全和社会治安秩序、干扰破坏发展环境的各类违法犯罪行为，有力震慑各类违法犯罪分子的嚣张气焰，有效净化丁青发展的社会环境。共立各类刑事案件29起，破案20件，抓获犯罪嫌疑人29人、破案率为69%，与上年同期相比，案件数上升0.93%。

【公共安全】 2018年，丁青县公安局通过各部门联动，综合检查的方式，深入开展道路交通、消防安全隐患、项目工程建设等领域的排查整治工作，从严落实油气水电网设施和民爆物品企事业单位的安全监管措施，强化对人员密集场所、交通枢纽及重点部位、重点目标的安全防范工作，坚决防止发生重特大公共安全事故。共开展路检路查630次、检查各类车辆1.38万台、查处各类交通违法行为630次、教育劝导8715人。排查道路安全隐患191处、整改183处，增加警示牌54处、警示灯30个、减速带12条，悬挂宣传横幅176条次、张贴挂图360份、摆放宣传图版116块、制作和发放各类宣传资料8万份，直接受教育群众8.6万人次，检查涉爆企事业单位113家次。

【行政管理】 户证股、各乡（镇）派出所持续深入开展户籍人口清理整顿，彻底清查户籍错、漏、重、假以及死亡未注销、出生未登记、达到年龄未办身份证等问题。2018年，共办理户籍纠错及常规业务1476人次、办理二代身份证1156张。投入资金建设视频监控系统，并在原有监控视频的基础上，增加多处视频探头，基本上实现“无空隙、无盲区、无漏洞、全覆盖”的要求。投资建设规范的执法办案场所。投资重新建设物证室。投资购置电脑、打印机、执法记录仪、单警装备等执法装备。

【队伍建设】 丁青县公安局深入贯彻中共十九大关于全面从严治党做出的新部署和公安部党委《关于加强公安队伍建设的建议》要求，坚持从严治警不放松、正风肃纪不停步、反腐惩恶不手软，坚持党建带队建、抓党建促队建，坚持从优待警、爱警暖警，努力打造一支忠诚、履职、干净、担当的过硬公安队伍。

【基层党建】 丁青县公安局党委始终贯穿落实民主集中制原则，实行重大问题集体决策制度，凡是涉及重大问题和人事问题都坚持召开党委会议，由党委班子集体研究决定。2018年共召开党委会议13次、局长办公会议33次、研究各类事项113件次，有力地提高党委班子民主决策和科学决策的水平，同时按照“提升素养、树立形象、保持先进”的要求，不断为党组织补充新鲜血液，丁青县公安局共有正式党员197人、预备党员18人、入党积极分子28人。

【廉政建设】 丁青县公安局党委高度重视党风廉政建设工作，按照“两个责任”的规定和要求，积极探索落实党风廉政建设党委主体责任的有效办法、具体举措，毫不动摇地坚持业务工作和党风廉政建设“两手抓、两手都要硬”，认真履行党风廉政建设主体责任。成立领导小组，建立由“党委统一领导，统一组织协调，各警种各司其职”的工作机制，并根据工作需要，先后制定印发党风廉政各类工作方案28份，并层层签订责任书，为切实履行好公安工作职能，提供强有力的政治和纪律保证。先后出台丁青县公安局党委成员谈心谈话、重大问题集体决策等意见，修订制定财务管理、公务接待等36项规章，并严格执行《党政机关厉行节约反对浪费条例》，加强公务用车管理，杜绝公车私用，严格公务接待标准，压缩“三公”经费开支，通过制度规范的有力执行，2018年度，丁青县公安局各项业务经费支出均同比下降23%以上。

检 察

【概况】 2018年1月，因国家监察体制改革，转隶干警2人，向县监察委划转政法专项编制4个。县人民检察院担负着刑事和监所案件、控告申诉、民事行政、公益诉讼检察等工作。

【维护稳定】 2018年县检察院围绕自治区委、市委、县委及上级院维稳工作要求，在全年维稳期间强化值班带班、巡逻，党组书记、检察长宋雨锋深入联系点乡镇督导检查维稳工作，同时按照县委和该院的工作要求深入乡（镇）进行专题法制宣传39次，先后派出干警200人次，派出车辆40台次，投入资金5万元，参与各项维护稳定工作，确保“三不出”“三稳定”。

【刑事检察】 2018年，丁青县人民检察院共受理案件29件50人，其中受理提请批准逮捕案件15件25人，不批准逮捕案件5件13人，批准逮捕案件9件12人。受理公诉案件13件16人，提起公诉案件11件14人，不起诉案件1件1人，改变管辖案件1件1人，退回侦查公安机关补充侦查案件2件3人，办案准确率达99.9%，审判机关有罪判决率达100%。对公安机关监督立案案件1件，向公安机关发出纠正违法通知书2份，提出口头检察建议6次，书面检察建议2次。通过出庭支持公诉并全程加大审判活动监督，保证法院裁判的公正。2018年，监督刑事审判活动12场次。围绕重大案件办理，积极同公安机关开展“一案一评”，与法院召开“业务交流会”，着力解决“不愿监督、不善监督、监督不规范”等问题，加大沟通衔接，打开检察工作新局面。2018年，与相关单位开展“一案一评”活动8次，召开业务交流会3次。强化刑事民事执行监督。认真开展财产刑执行活动监督2起案件，建立社区矫正人员个人档案21份，开设法制课堂16场次，开展“三访三谈”活动7场次。

【民事检察】 2018年，丁青县人民检察院按照上级院对开展好公益诉讼的检察工作要求，加大公益诉讼办案力度，维护国家利益和公共利益。积极争取县委、县政府对检察公益诉讼工作的理解和支持，丁青县委、县政府及时下发《关于全面支持检察机关提起公益诉讼工作的通知》文件，同时与国土、住建等10余家单位部门召开公益诉讼联席会议，并制定实施《丁青县人民检察院与各相关单位关于开展公益诉讼的实施意见》并发文至县直各部门和乡（镇），最大限度地争取工作的支持理解。深化民事行政检察监督，开展检察机关提起公益诉讼工作，深入摸排案件线索，办好诉前程序案件，加大提高诉讼力度，重点办理生态环境和食品药品安全领域案件。截至2018年底，监督行政执法机关执法活动8次，完成诉前程序案件2件，向相关单位下发检察建议2份；摸排相关案件线索14条。

【未检工作】 2018年，丁青县人民检察院加强未成年人检察工作，完善“捕、诉、监、防”一体化机制，推动完善未成年人权益综合保障、犯罪预防和社会化帮教工作体系。依托“雪莲花未检工作室”作用，强化检察官法制副校长作用，深化“小手拉大手”工作，先后深入中小学开展法制宣讲10次，发放宣传资料400余份，受教育学生达1500余人次。此外，通过检察开放日活动，组织邀请中学生到院参观学习，强化维权意识、法制意识。2018年，共逮捕2件2人。

【职务犯罪审查起诉】 2018年，丁青县人民检察院为对接国家监察体制改革，做好纪法衔接贯通工作。围绕《西藏自治区检察机关与监察委员会办理涉嫌职务犯罪案件工作衔接办法（试行）》的要求，结合县检察院工作实际，专门成立专项记录档案柜。全年组织集中、自主学习监察委、高检院《关于印发〈国家监察委员会移送最高人民检察院职务犯罪证据收集审查基本要求与案件材料移送清单〉的通知》文件15次，学习人数达176人，在打击职务犯罪，反对腐败工作上继续发挥检察机关审查起诉等职能。

【法制宣传】 2018年，丁青县人民检察院通过创新普法工作模式，依托“琼布检察官宣讲队”“雪莲花未检工作室”，深化“谁执法谁普法”责任，结合“综治宣传月”、“民族团结月”、“扫黑除恶、打非治乱”专项活动以及虫草采集、联系点乡镇帮扶等工作，深入开展送法下乡活动。2018年，开展法制宣讲50场次，派出人员200人次，派出车辆34台次，制作发放藏汉双语版案例汇编手册520份，海报300张，便民布袋、杯子、帽子等550件，接受法律咨询20场次，受教育群众达21000人次。

【阳光检务】 2018年，丁青县人民检察院坚持把案件信息公开作为检务公开、取信于民、接受人民监督的重要举措，积极构建公开、透明、阳光检察工作机制。共发布案件程序性信息21件，公开法律文书11份，制作电子卷宗10份。进一步规范和加强对刑事诉讼涉案财物的监管，建立健全了严格的“审管分离”和“出入库”登记台账制度，落实了从“入库”到“出库”的责任到人和“一案一柜、一物一码”的管理制度，达到了各类随案移送物品登记、入库、借出、出库、移送有序规范和统一业务应用系统内同步录入的要求。围绕案件质量评查标准，完成案件质量评查18件，有效梳理和总结以前办案中的薄弱环节，吸取教训，更好地服从服务于司法规范。建立流程监控管理员、一案一档动态监控和流程监控定期通报制度，专人负责跟踪各部门的案件。健全流程监控台账、工作日志，详细记录案件的受理日期、办结日期、案件承办人，实时监控案件流转情况。建立案管定期通报制度，分析汇总本季度办理案件的情况，通报办案中存在的问题和整改情况，积极提供分析决策依据。2018年，在全国检察统一业务应用系统内开展丁青县人民检察院案件流程监控4件，并以发送流程监控通知书及口头提示承办人的方式进行案件流程预警、管理工作，成效明显。

【党建工作】 2018年，丁青县人民检察院把思想政治教育放在队伍建设的首位，围绕党建抓队建，抓好队建促党建，打造“五个过硬”检察队伍。以开展“两学一做”学习教育、“四讲四爱”、“大排查、促整顿、强规范、深改革”等活动为契机，以“周二、四学习”“月例会”“季度通报”等为抓手，深入学习贯彻中共十九大，十九届二中、三中全会精神，认真学习贯彻习近平新时代中国特色社会主义思想理论78次，学习人数达450人次。开展民主生活会议2次、组织生活会2次，民主评议党员4场次，主题党日活动2场次，组织党员大会开展学习80场次，参加人数达430人次，讲党课11场次。全年党费收缴3653元。并指派1名党建专干围绕精准扶贫开展结对帮扶活动4场次，送去30000元帮扶资金，价值20000元的帮扶物资，16名检察人员结对帮扶工作全覆盖。对联系点尺牍镇给予解决帮助资金2万元，同时检察人员认真担负起扶危济困社会责任。驻村工作队员为群众办实事23件。以“抄写党章50天坚定理想信念”“承接改革温三定”“纪律作风整顿”等活动为载体，全面加强对党章的了解和掌握，温习三定方案，明确定人定岗定责，熟知自己的职责任务，坚决克服和解决不作为、慢作为的现象，强化忠诚、务实、为民、清廉的政法干警核心价值观教育，抄写党章16份，温习三定方案15次，开展核心价值观教育5场次、设立党员先锋岗5个、示范岗3个、服务岗3个，建立健全各项制度52项、干事档案15份，学习各级纪委通报文件39次，参训人员260人次；以检察文化建设推动队伍建设。把党建和检察文化建设深入融合，积极组织开展“检察职业精神大讨论”“检察官宣讲”“文化讲堂”“读书会”“宪法宣誓”“检察官宣誓”“检察官教检察官”“先进事迹座谈会”等活动，组织收看“检察职业行为”“检察职业礼仪”讲座，“守望正义—群众最喜爱的检察官”评选表彰活动、“全国优秀公诉人业务竞赛”、“为了公平正义”专题片15次，组织观看《人民检察官》《人民的名义》等优秀检察影视作品2场次，引导检察人员牢固树立规范司法理念，筑牢严格规范公正文明司法的思想根基。紧密结合县委“厚德丁青、涵养琼布”三年实施计划，利用文化长廊、橱窗、庭院等载体，调动检察人员的积极性和能动性，参与设计、规划、制作反映规范司法理念。体现检察职业精神、检察职业要求的格言警局、警示语、承诺牌等，营造浓厚的文化氛围。坚持聚焦司法办案工作、聚焦一线办案人员，深入挖掘检察工作战线上的先进典型和生动事迹，大力宣传先进典型，充分发挥引领示范作用，使全体检察人员学有榜样、赶有目标，形成检察文化建设的思想和行为的导向，文化引领队伍建设，促进检察工作科学发展。投入资金30万元，用于检察文化建设和规范化建设，在耳濡目染中接受文化的熏陶，努力营造检察人员讲奉献、讲付出、讲服务的干事创业、奋力拼搏的良好氛围。7月，县检察院的《培育文化铸检魂，守望正义促和谐》宣传片荣获“全国检察机关第三届微电影专题片等新媒体作品征集展播活动”专题片类优秀作品的荣誉。

【党风廉政】 2018年，丁青县人民检察院根据与昌都市人民检察院、丁青县纪委签订的党风廉政建设目标责任书的要求，召开4

次专题会议，部署党风廉政建设工作，与党组成员、科室负责人层层签订了《目标责任书》和《承诺书》，利用“周二、周四集中学习”、党组理论中心组学习的方式，深入学习中共十九大精神，深入学习习近平新时代中国特色社会主义思想，全年组织干警进行政治学习132场次，参加人员550人次，同时学习有关违纪违法典型案例通报40次，参训人员260人次。建立健全干部管理制度52项，举办廉政讲堂5场次，建立“廉政档案”15份、“干事档案”15份、领导干部述责3次，报告个人有关事项6人，廉政谈话32人次，未出现违纪违法违规的现象。严格遵守领导干部有关外出报备及请销假制度，遵守财经纪律，规范财物审批职权和流程，对工作开支、财务报销、“三公”经费等方面严格落实“财物一支笔”制度，自觉接受自治区党委巡视组、自治区检院党组第四巡视组巡视，主动认领巡视整改任务并逐一整改落实，同时严格执行中央八项规定、“约法十章”、“九项要求”和高检院有关制度禁令，规范公务接待、公务用车，严禁公款吃喝、公款请客送礼，严禁公款旅游，严禁公车私用，2018年，“三公”经费支出明显减少。

法　院

【概况】　2018年，丁青县人民法院的机构和编制无变化。该院坚持为大局服务、为人民司法的理念，实现超负荷工作状态下审判业绩和工作水平的不断提升。坚持基础管理和改革创新，法院科学发展的能力显著提高。坚持从严治院与人文关怀，队伍的整体素质明显提升。丁青县法院充分发挥人民法院打击、保护、调解和促进等职能作用，全面开展刑事、民事、行政、执行各项工作，该年县法院共受理各类案件676件（含非诉案件318件），同比增加156件，增长30%，扣除中止、鉴定案件3件，审执结671件，同比增加158件，结案率达99.2%。

【刑事审判】　2018年，全面贯彻落实自治区党委、市委、县委关于开展扫黑除恶打非治乱专项斗争的会议精神，牢固树立以人民为中心的发展思想，切实把专项治理和系统治理、综合治理、依法治理、源头治理结合起来，把打击黑恶势力犯罪和维护稳定结合起来，既有力打击震慑黑恶势力犯罪，形成压倒性态势，又有效铲除黑恶势力滋生土壤，形成长效机制，不断增强人民获得感、幸福感、安全感，维护社会和谐稳定，巩固党的执政基础。同时克服全年异地审理刑事案件实际困难，为实现司法资源的科学管理，县法院根据案件难易程度，科学分配工作时间，实行简案简办快办，繁案细办精办。对“事实清楚、证据充分”的案件实现高效庭审、当庭宣判、次日送达判决书。加大刑事附带民事案件调处力度。提高办案效率，有效打击刑事犯罪。县法院受理各类刑事案件10件（旧存1件），审结 10件，结案率达到100%。

【民事审判】　民商审判按照“能调则调、当判则判、调判结合、案结事了”的原则处理民商事纠纷，以化解矛盾、平息纠纷为宗旨，服务地方经济社会发展大局。加大农牧区婚姻家庭、邻里矛盾、民间借贷等案件的庭前、庭中、庭后调解，有效化解群众内部矛盾，保障人民安居乐业，确保司法惠及农牧区群众。截至年底，该院受理各类民商事案件300件（旧存5件），审结296件，结案标的额达1035万元，结案率98.7%，减、免、缓诉讼费6.3万元。

【执行工作】　全院受理执行案件48件，审结47件，执行案件48件，扣除中止案件1件，执结47件，执结率97.9%，执结标的259.8万元。已达到“四个90%，一个80%”的目标要求。以执行工作信息化和西藏自治区高级人民法院“雪域飓风”执行专项行动及昌都中院“藏东破冰”执行专项活动为抓手，克难攻坚，全力破解执行难题，维护司法权威，并积极推进社会信用体系建设，对失信被执行人采取限制高消费、招投标、出入境等信用惩戒措施，构建“一处失信、处处受限”的信用惩戒格局。

【基层党建】　2018年，县法院坚持以党的建设为引领，队伍素质不断提升，坚持全面从严治党。坚持以加强党建工作为有力抓手，利用党组理论中心组学习会、支部会议、党课和组织生活会、“七一”重温入党誓词、“为祖国点赞与宪法合影”、“我是党员我承诺”等各种形式，切实发挥党组织对干警的教育、管理、监督作用，不断增强干警党性意识、规矩意识和业务本领，建强建好党组织、建设党员活动室，使人民法院党组织成为宣传党的主张、贯彻党的决定、团结引领各族群众、服务凝聚广大干警、推动法院改革发展的坚强战斗堡垒。县法院共有13名党员，2018年新收1名党员。组织召开党建专题会4次、讲党课12次、支部学习会15次，中心组学习42次，组织生活会2次，民主生活会1次，并把党建工作情况纳入法院综合考核指标体系，促进党建工作任务有效落实。

【廉政建设】　2018年，县法院结合工作实际，坚持以习近平新时代中国特色社会主义思想为灵魂，结合开展“两学一做”学习教育、“四讲四爱”、“创建全国文明城市”等活动，大力开展中共十九大知识竞赛、政治纪律教育等，改善管理，滋养队伍。持续加大人才培养，组织干警研读中共十九大报告，新修订的《中国共产党章程》《中华人民共和国宪法》《中国共产党党内监督条例》《中华人民共和国监察法》，同时在国家法官学院及国家法官学院西藏分院参加各类专题培训19人次，全面提升干警运用法治、防控风险、改革创新、群众工作、狠抓落实的本领。充分发挥党组理论中心组学习会和“三会一课”平台作用，以《习近平谈治国理政》学习为重点，以开展党员干部政治纪律教育活动为契机，深入学习社会主义核心价值观，开展“五观”“两论”教育活动，有效地预防节假日和八小时以外不正之风问题的发生。完善《随案廉政监督卡制度》，确保当事人对案件主审法官的廉政监督，要求案件承办人在立案后第一次接触当事人时将随案廉政监督卡送达给双方当事人，该卡随案发放，随卷存档，分管领导定期对案卷进行检查或抽查，严格落实责任，方便当事人监督和举报。坚持节前教育，节后检查，筑牢拒腐防变的道德防线，通过开展“发扬传统、坚定的信念、执法为民”主题教育实践活动，整治在司法活动中的不规范、不文明、不廉洁行为，自觉抵御社会上不良风气的腐蚀和影响，促进该院审判工作健康发展。

【维护稳定】　2018年，县法院领导班子成员围绕县委中心任务，积极参与社会治安防控体系建设和重点地区、重点领域、重点部位、重点问题的重点治理，以多元化纠纷解决机制改革为契机，强化矛盾纠纷和风险防范、排查、化解。县法院共参加维稳工作200人次、深入基层维稳督导13次、执行攻坚35次，维稳督导检查6次、出车65台次。虫草下乡期间的维稳、巡逻、执勤共计70人次20车次。建立起以法院、中心法庭、乡镇、人民调解委员会为具体机构的纠纷化解组织，全年共排查纠纷调处43次，人民法庭建设调研10次，达到涉法涉诉案件为零的目标。积极开展消防、安保演练3次。

【法制宣传】　2018年，县法院深化“法治千里行”活动，在市中院的部署安排下，坚持以群众需求为导向，以突出实效为目的，有针对性地宣传法律法规，全年开展法制宣传70场，受教育人数达2.1万人，发放宣传资料2.3万份、发放带有法制千里行徽标的帽子1万顶，受理群众法律咨询1200多人次，办理案件81件，悬挂横幅12条，努力把矛盾纠纷化解在当地、解决人民群众急需要解决的司法难题。

【宣传创新】　2018年，县法院运用新媒体，以真实案件改编，拍摄一部以虫草资源为背景的《恪守天平，铸就丰碑》法制教育微电影，微电影运用藏语配音、汉语字幕，使广大农牧民群众更直观地吸取法律知识，用法律武器来维护自身的合法权益，从而取得很好的法律宣传效果，首次阅读量超过6000人次，得到农牧民群众及社会各界人士的一致好评。坚持车载流动法庭审判常态化、制度化，在全县13个乡镇及虫草采集点开展形式多样的审判9场次，其中真实案件6件，当庭判决当场制作并发送裁判文书，旁听人员累计达4000人。

【扩充人员】　2018年，县法院为解决中心人民法庭“案多人少”的困难，在县委、县政府及各职能部门的帮助下招录4名书记员及4名安保人员，昌都市中级人民法院招录3名书记员。县法院率先推出1名入额法官多名书记员组成的法庭工作队伍，促进中心人民法庭各项工作的顺利开展。为增强法庭工作人员的素质，宣传人民法庭的工作，丁青县人民法院两个中心人民法庭分别设立藏汉双语文化长廊、廉政文化、党小组文化、干警生活文化4个板块，中心人民法庭办公楼及诉讼服务大厅贴有藏汉诉讼流程等各式信息，能够有序引导人民群众参与诉讼。中心人民法院还积极同人民调解员组织实现对接，努力构建调解格局。积极整合各方面调解资源，加强与相关部门之间的协调配合，构建职能互补、分工合作、各扬所长的调解新体系，切实增强联调合力，实现人民陪审员、司法助理员、民政助理员入驻法庭开展工作新格局。

【司法体制改革】　人民陪审员推行“2+1”模式（1名法官、2名人民陪审员组成合议庭）。2018年，县法院大力推行两审一陪合议庭模式和人民陪审员全过程参审制度，依法保障人民陪审员的阅卷权、参审权、表达权、培训权、监督权，着力提高司法公开透明度。庭审前，安排人民陪审员阅卷、参加庭前合议庭会议，使其熟悉案情、了解庭审重点。庭审中，人民陪审员就事实问题发问，确保其享有与法官同等的地位和权力。庭审后，人民陪审员独立、充分的发表意见，与法官共同行使事实认定权，根本上解决人民陪审员陪而不审的弊端，全院人民陪审员参与案件审理51件，让人民陪审员更好地参加案件的审理工作。建立完善审判管理制度。制定院庭长办案规定，把员额法官推向审判一线，推向重大、疑难、复杂和新型案件的审理一线。制定合议庭、主审法官工作守则，明确独任审理案件由主审法官对承办案件全权负责，合议庭审理案件时，合议庭成员均对事实、证据、法律适用和裁判结果等共同承担责任。制定审判人员权力清单，理清员额法官、法官助理、书记员的审判权责。入额以来，院庭长参与审理案件的占已结案件的80%以上，其中主审案件的占已结案件的60%以上。评查各类案件300件次、各类文书320篇、案件信息300条，庭审评查21次。在中国庭审公开网直播各类庭审5次。进一步提高立案登记制工作，让立案难这一历史性问题真正成为历史。全面实行立案登记制，对符合起诉条件的当场登记立案，对无法判断是否符合立案条件的，收下材料、出具收据，7日内给予回复。对起诉材料不齐的，一次性告知需要补充提交材料，材料补齐后及时立案受理，真正实现有案必立、有诉必理，切实保障当事人诉权。登记立案数量351件，当场登记立案率超过75%，一次性告知41次，实行一站式服务97次，开通绿色通道18次接待“12368”热线的群众93次160人。为当事人提供印有“诉讼流程图”的西藏昌都市丁青县人民法院便民诉讼袋，以便群众高效、便捷、及时参与诉讼。

司法行政

【概况】 2018年，丁青县司法局共有专项编制6名，其中正科级领导职数2名，副科级领导职数2名，科级干部2名。

【基层党建】 2018年，丁青县司法局深入学习贯彻习近平总书记系列重要讲话精神和中共十九大精神，结合“两学一做”学习教育常态化制度化、主题党日、固定党日、民主生活会、组织生活会等学习教育活动，以“三会一课”为依托，坚持把学习教育融入日常，开展专题研讨12次，累计研讨发言人11名，召开民主生活会2次、组织生活会2次，组织学习《中国共产党章程》《习近平谈治国理政》等理论知识12次，受教育党员达4人次，撰写心得体会12篇，主要领导授党课2次。党支部在抓机关党组织建设时，始终注意通过抓党内活动把党员组织起来，充分发挥先锋模范作用，先后组织开展共计4次结对帮扶和集团式帮扶送温暖活动，4名党员干部探访全局帮扶的贫困户家中，全局干部捐款捐物折合人民币共计19500元。组织党员干部开展义务植树活动1次。组织全体党员干部开展净化卫生、清理垃圾活动3次。

截至2018年底，全局深入机关单位、学校、乡镇、企业、社区、寺庙开展中共十九大精神宣讲活动7场次，建立中共十九大精神学习专栏，组织学习中共十九大精神解读等辅导材料。党员干部带头，学精神、谈体会，立足工作岗位推进新精神落地生根。并结合“三会一课”、组织生活会，开展党支部书记讲党课、党员进行集中讨论、每人撰写一篇心得体会的活动。结合推进“两学一做”学习教育常态化、制度化和“主题党日”等活动，设置学习委员，指导督促党员长期学习、深入学习，努力提升学习的广度和深度，让中共十九大精神有效覆盖至司法党支部的每一名党员。

【廉政建设】 引导党员干部牢固树立群众观念、为民意识，扎实组织开展好“两学一做”学习教育、“三会一课”等常态化活动。狠抓党员干部队伍作风建设，抓好中央八项规定，自治区党委“约法十章”、“九项要求”，市委贯彻实施意见以及丁青县关于进一步加强干部队伍作风建设意见的贯彻落实，以践行党的群众路线为主线，以“为民、务实、清廉”为标准，着力解决部分党员干部精神不振、工作不实、创新不力、效率不高、服务不优、纪律不严等作风建设方面的问题，进一步营造“讲大局、树形象、讲奉献、重实干”的良好风气，切实改进党员干部作风，提升办公效能和办事效率，加快推进丁青经济跨越式发展和社会长治久安。认真找准党风廉政与业务工作有机结合的切入点，把廉洁自律同激励党员在本职岗位上创先争优结合起来，建立起风清气正的工作与生活环境。并且严格按照“坚持标准、保证质量、改善结构、慎重发展”的方针，加大发展党员力度，确保党员发展速度适当、结构不断优化、质量不断提高。落实“三会一课”制度，定期召开支部党员大会、支部委员会、党小组会，按时上好党课。完善党员党性教育、党性分析、民主评议、党内民主管理、党内关怀帮扶等制度，着力解决好组织生活不经常、不认真、不严肃的问题，使组织生活制度化、经常化、规范化，加强党员党性锻炼，提高党员队伍素质。强化党员日常管理，改善党员管理服务工作。另外，在组织生活会上按照党章和党内有关规定，对党员严格要求、严格教育、严格管理、严格监督，对在考核评价中不合格党员进行严格处置，充分发挥组织生活会开展思想交流、提高党性修养、增进班子团结的重要作用。

【法治宣传教育】 2018年，丁青县司法局在县直机关、各乡镇进行普法宣传讲座共计42场次。与普法成员单位和13个乡镇协调，积极开展“法律七进”活动，贯彻落实“七五”普法，发放法治宣传资料共计25000份。

【法律援助】 2018年，丁青县司法局法律援助中心共解答法律问题咨询59件，代写起诉状、答辩状、执行申请书等法律文书共计224份，纠纷涉及婚姻、抚养费、债务、买卖合同、民间借贷、追索劳务报酬、交通事故等，受援助人达243人次。

【人民调解】 2018年，丁青县司法局使用“司法行政基层工作信息管理平台”对13个乡镇、64个村居两级人民调解组织各类矛盾纠纷进行统计，由13个乡镇的专职和兼职司法助理员负责在系统中填报，经丁青县司法局审核后，统一上报给上一级司法行政系统，截至2018年底，共解决并上报人民调解的各类矛盾纠纷共48起。

【社区矫正】 2018年市、县两级社区矫正系统已建立健全，由于资金原因，除丁青镇司法所已建立，其余12个乡镇司法所均未建立，乡一级社区矫正填报工作由县司法局完成。在“三大节日”期间，对社区矫正人员进行走访慰问，在敏感节点对社区矫正人员进行集中教育、学习培训，并组织开展公益劳动。2018年社区矫正人员共计24名，于平时不定期开展人员抽查、走访、慰问。

【安置帮教】 截至2018年底，丁青县安置帮教人员共计132名，县司法局全面启动刑满释放人员管理系统，对在册的安置帮教人员基本信息进行核实、补录，做到数据完整、信息全面，为安置帮教成员单位提供有针对性、目的性、实效性的帮扶工作。

【维护稳定】 2018年，丁青县司法局积极参与虫草采集期和“三大节日”期间的维稳安保工作，并制定应急预案，做好日常值班备勤安排，并协助公安局调解重大纠纷，积极提供扫黑除恶、“打非治乱”的有关线索。

【基层基础建设】 截至2018年，丁青县司法局在丁青镇、协雄乡、觉恩乡、色扎乡、尺牍镇、嘎塔乡、巴达乡的司法所建设项目已纳入“十二五”规划中，并设有专职司法助理员，其中丁青镇司法所已建成。

军　事

丁青县人民武装部

【概况】　丁青县人民武装部（简称县人武部）属团级单位（正处级），下设3个科室：军事科、政工科、后勤科。管理一个生产连（连级）。县人武部日常工作：维稳执勤、民兵工作、兵役工作、国防动员、政治教育和军事训练。机构、编制至2018年底无变化。

【党建工作】　丁青县人民武装部党委下设党支部1个、思想工作领导小组1个、安全领导小组1个、党小组2个、纪律检查委员会1个、军事训练工作领导小组1个等。2018年开展专题教育、形势政策教育及党委中心组理论学习，通过民兵训练、整组和征兵工作，向各乡（镇）武装部传达党的民族宗教政策，开展国防教育和国防日宣传活动。通过黑板报、宣传栏平台设立教育活动专栏，反映活动动态及拥政爱民举措。做好一人一事工作，针对官兵现实思想反映，结合部队内部实际，对80名官兵开展“谈心交心”、“三互（互帮、互教、互学）”及“三责（我的安全我负责，他人安全我有责，单位安全我尽责）”教育活动。2018年，组织官兵学习“两会”精神，围绕“如何做强军兴军的好战士”进行专题讨论。学习配套活动开展了“不忘初心、牢记使命”“传承红色基因担当强军重任”主题教育活动，撰写心得体会文章136篇。冬季民兵训练期间，县人武部编印70册“藏汉双语十九大精神宣讲提纲”分发给民兵学习并组织宣讲。

【国防动员】　县人武部把军事训练摆到中心位置，对生产连和民兵队伍各阶段训练内容进行考核验收，对考核达不到合格以上成绩的科目进行复训，保证训练质量，民兵整组工作按照国动委要求，积极与县政府协调，安排干部对基干民兵组织整组，对普通民兵组织整组，及时调整超龄、调离等人员，完成年度民兵整组。开展民兵和学生军事训练，民兵组织10天军事训练。2018年，县人武部干部6次下乡蹲点，人均下乡26天，组织民兵检查调研6次。

【征兵工作】　2018年，全县完成上级下达的征兵任务，建立完善的组织领导，增补征兵工作领导小组成员，2次召开县征兵工作领导小组会议明确责任。3次通过县视频会议系统召开全县征兵工作会和征兵工作推进会，对征兵任务部署，细化任务，明确分工，责任到人。县电视系统滚动播放国防部下发征兵宣传片和征兵政策规定，在全县和各乡（镇）街道悬挂横幅8条、张贴标语12处，将全县13个乡（镇）虫草采挖点组织宣传。政审组、体检组分别培训，纪委全程监督，经昌都市征兵办公室复检复审，定额完成征兵任务。将县人武部征兵政策汇编成小册子，发放到征兵人员手中，召开征兵工作会议和业务培训，组织廉洁征兵专题教育和征兵违法违纪典型案例剖析。县人武部成立廉洁征兵领导小组，抓廉洁征兵监督落实，利用横幅、电视媒体公布征兵监督咨询电话。征兵期间深入全县乡（镇）进行廉洁征兵专项巡查3次。把廉洁征兵作为底线、红线，发现征兵违纪问题，从快调查处理，取消单位评先资格并追究领导责任。

【后装建设】 县人武部按照原则，开展财务工作清查活动，集中财力、物力，改善部队战备、训练、工作生活条件。生产连党支部重视农副业生产，早计划、早安排，搭配合理，生产连菜地种植蔬菜25个品种，出栏猪15头，产肉1850千克。在落实装备管理方面，开展武器装备安全教育，落实枪弹规章制度和责任制、日检查、周保养制度。每周五组织车辆维护与保养，组织驾驶员观看驾驶员警示教育纪录片，进行车辆事故教育。杜绝非驾驶员开车、私自动车、酒后驾车、违章开车行为，确保行车安全。

【安全稳定】 县人武部安全稳定是基础工程、保底工程，安全教育方面，组织官兵学习《中国人民解放军安全工作条例》等，增强官兵明辨是非能力和自我管控能力。加强人员管理和自身安全防范，落实封闭式管理制度措施，抓请销假、晚点名、查铺查哨制度落实，根据季节、任务、人员变化及时完善“防范与处置重大安全问题预案”，开展安全小组、“三互”对子和安全员作用。县人武部贯彻落实严密防范网络泄密保密指示，组织官兵观看法纪教育光盘，抓官兵意识形态领域斗争教育，撰写心得体会168篇。

【维稳巡逻】 2018年春节、虫草采挖期、五一国际劳动节、八一建军节、国庆节，县人武部出动车辆83台次、官兵3320名，配合县公安、武警展开街面武装巡逻，震慑违法犯罪活动。在丁青镇、协雄乡动员基干民兵。在人民医院、电信公司、水电公司、农牧局，公路养护段动员基干民兵。317国道线（黑昌线）沿途各乡（镇）组织基干民兵，对公路、桥梁进行巡逻、警戒，保证交通线路畅通。维稳执勤过程中，人人签订“遵守群众纪律和维稳执勤纪律责任书”，谁签字谁负责制度，强化武装巡逻和盘查重要性，确保丁青县城社会稳定。

【廉政建设】 组织官兵学习《中国共产党廉洁自律准则》，开展“不拿官兵一份礼，不占士兵一点利”教育活动，写出心得体会12篇。6月开展了廉洁征兵工作，针对《中华人民共和国兵役法》《退役士兵安置条例》政策性、原则性季节性、时效性较强的特点，征兵工作人员在征兵工作开始前组织法制警示教育和业务培训。

机动四大队丁青中队

【概况】 2018年武警丁青县中队更名为机动四大队丁青中队，属于连级单位，下设1个党支部。由武警昌都支队直接领导。截至年底，机构、编制无其他变化。

【支部建设】 2018年，机动四大队丁青中队坚持从严治警方针，大力加强部队正规化建设。严格按照条令条例加强部队管理，坚持民主集中制原则，发扬党支部战斗堡垒作用，继承和发扬尊干爱兵、官兵一致的优良传统，确保中队建设高度稳定和集中统一。以增强党支部凝聚力、战斗力为出发点，以提高党支部“三个能力”为落脚点，加强“三个一线”建设，在提高能力、发挥作用、增强战斗力上下功夫，按照“三治四建”的要求，严格落实“七项组织生活制度”，“三个能力”有明显提高。以增强党支部凝聚力、战斗力为出发点，以提高党支部“三个能力”为落脚点，以“两学一做”学习教育为抓手，确保年度工作不断线，能够始终把执行上级指示作为统一思想、凝聚力量的重要手段，干部的事业心责任感得到显著提升，抓工作落实的成效更加明显。党支部“一班人”坚持重大问题集体研究决定，自觉做到在思想上互补，多交流、多谈心、多交心，不争你高我低，在工作上互助，多支持、多理解、多配合、多补台，不争功诿过，在生活中互帮，多关心、多照顾、多体谅，不计较你得我失，全年未发生不团结的问题，同时认真落实党的组织生活、评议党员、报告工作等七项制度，依靠制度来管党员、管干部，努力造就每个党员自觉接受党组织监督和管理的环境，从而增强党支部的凝聚力和战斗力。中队始终坚持民主集中制原则，在处理和决策重大问题上，既有民主又有集中，在处理重大敏感问题时能够做到公平公正公开，不搞个人说了算，支部各委员都能做到大事讲原则，小事讲风格，全年推荐技术学兵2人，党员发展对象2人，新训保障4人，均是经民主测评、支部讨论研究决定，充分体现支部的战斗堡垒作用。

【思想政治】　2018年，机动四大队丁青中队始终坚持把思想建设摆在首位，从思想上、组织上、行动上牢牢掌握部队，针对驻地环境复杂、执勤形势严峻等特点，努力探索思想政治工作的新特点、新规律和新方法，围绕“传承红色基因、担当强军重任”这一最高政治目标，结合官兵思想实际，制定教育计划。强化思想政治建设的首位意识，进一步校正官兵的人生观、世界观、价值观，筑牢拒腐防变的思想防线。开展密切内外关系教育、法纪教育、爱装管装教育、时事政策教育、心理健康教育、执勤教育、爱国奉献主义教育等。通过开展一系列教育活动，进一步激发官兵爱岗敬业精神，提高官兵明辨是非的能力。官兵理想信念坚定、思想稳定、纪律严明、争创优意识明显加强。加强思想骨干队伍培训，在每月思想骨干汇报会上分析研究身边事例，探讨创新工作方法，通过召开专题会议、组织理论背诵、典型案例剖析等方法，进一步提高能力素质，每周进行人员思想分析，扎实开展谈心活动，及时把准战士的思想脉搏，对个别人员坚持人文关怀，尊重战士的人格，在严格管理的基础上加强心理疏导和随机教育，鼓励战士多与人沟通，多参加集体活动，达到放松身心的效果。结合“传承红色基因、担当强军重任”主题教育开展的实际，利用黑板报、小广播、手抄报等载体手段，不断浓厚学习氛围，引导官兵坚定改革强军信念，使官兵自觉投身于改革强军的伟大实践中去。始终注重用身边人、身边事来引导战士，积极开展向优秀士官、个人学习等活动，坚持每月评选红星战士，每周评比工作训练、作风纪律、内务卫生好的班级，日常养成更是做到随时讲随时说，通过持续不断的随机教育，帮助战士树立正确的是非观、荣辱观、价值观。在周末节假日，立足现有条件，开展“警营好声音”、篮球赛、集体生日、欢乐烧烤等喜闻乐见的健康向上的集体活动，同时加大对图书阅览室的建设和管理，不断充实图书和报纸，大大方便官兵的学习，圆满完成围墙文化建设，以保证官兵能够有个舒适的室外文化环境，进一步搭建官兵享受文化成果、接受文化熏陶、参与文化创造的载体平台。

【维稳使命】　2018年，机动四大队丁青中队全力干好维稳这件大事，持续深化练兵备战，不断提高遂行多样化任务能力。积极配合地方政府在三月重要时期、虫草采挖期，对县城进行武装巡逻50次和机动备勤，出动官兵600人次，圆满完成各项临时勤务，维护丁青县社会稳定，用实际行动树立武警部队能打仗、打胜仗的良好形象。坚持以习近平总书记一系列稳藏建藏兴藏重要战略思想为指导，以共产主义、爱国主义思想为引领，认真贯彻落实支队战备工作集训精神，严密组织官兵参加教练员集训、特战队员集训和“魔鬼周”训练，打牢官兵能力基础，提升官兵综合素质。牢牢贴近训练实战化，坚持从难从严训练，不断提高中队训练水平。坚持勤训结合，着眼形势，组织官兵训练内容、训练标准、训练任务实战化。加强训练保障，改善训练设施，严格落实奖惩制度，训练成绩与评先评优相结合，树立练兵备战的鲜明导向。

【安全教育】　2018年，机动四大队丁青中队坚持以强军目标为统领，深入贯彻习近平主席依法从严治警一系列重要讲话精神，以法规制度为依据，下大力抓好经常性管理工作，解决一些影响和制约安全稳定的隐患，使正规化管理水平明显提高。在抓安全工作上，中队始终牢固树立“安全工作不是中心影响中心，不是全局影响全局”的观念，结合官兵现实思想及季节性特点，认真搞好安全教育，通过集中教育、点名强调、官兵自查等形式，官兵安全意识树得较牢，教育取得较好效果。在安全隐患治理上，中队支部重视，安全领导小组认识负责，隐患排查治理上，主官把关，隐患排查做到全面覆盖，全员参与，每次隐患排查都力求将不安全因素彻底消除。根据支队统一部署，扎实组织开展安全大检查活动和“百日安全”竞赛活动，活动中，按照时间节点有秩序推进，定期组织进行安全检查，扎实开展安全教育，各班、个人组织开展竞赛活动，对容易出现的安全问题适时进行提醒，通过活动开展，官兵安全意识进一步树牢，安全防范意识进一步增强。

【军事训练】　2018年，机动四大队丁青中队按照年初制定的计划，狠抓军事训练落实，圆满完成各阶段军事训练任务，军事训练成绩效果显著。在每个训练科目结束后都会进行全面的普考，并将创先争优和“双争”活动结合起来，评选训练标兵、训练尖子。对于考核成绩不达标的个人，利用课余时间进行补差补训，限期整改。中队创先争优氛围浓厚，官兵训练热情高。全体官兵牢固树立常备不懈、居安思危的思想，严格落实战备要求，坚持做好处置各类突发性时间和群体性事件的准备。加强各级各类值班，强化内部管理，加强应急班反恐力量建设，严密组织固定执勤工作，对重险点目标实施加强部署，确保目标万无一失。加强训练，提高部队反恐处突的能力。为使官兵在训练、生活等方面丰富全面，加强官兵体能素质，中队积极协调县政府修建训练场，确保官兵训练有场地。

【后勤保障】　2018年，机动四大队丁青中队根据加快现代化后勤建设的要求，坚持把保中心、保生活作为保障重点，注重在巩固和提高后勤综合保障能力上下功夫。党支部重点抓好伙食管理五项制度的落实，在财务开支方面，严把经费预算、审核、执行关，坚持主官每天审查采购预算，勤俭办事，压缩开支，既保证资金安全，又提高经费使用效益，达到标准。在经费使用上，坚持支部当家，司务长理财，严格控制各项经费，加强对经费的使用和监督检查，做到事前有计划，事中有监督，事后有检查，增强开支透明度。立足自身，因地制宜抓生产，实施立体种植，积极请教经验丰富的菜农给予技术指导，指派专人具体负责种植养管理，共有2个温室大棚，蔬菜年总产2000千克，饲养生猪8头、鸡20只、鸭20只，基本实现农副产品自给。年初以来，正规化建设稳步推进。为使官兵在训练、生活等方面丰富全面，积极协调驻地政府协调经费，对楼顶广告字重新制作，安装水箱，更换防盗门20扇，墙体墙面的粉刷维护，并及时协调地方政府为中队官兵改善打井用水、用电、取暖条件，进一步提升中队官兵生活水平，积极营造拴心留人的美好环境。

【党风廉政建设】　2018年，机动四大队丁青中队党支部始终做到任何时候、任何情况下，都在思想上政治上行动上同党中央保持高度一致，对党中央绝对忠诚，严肃反分裂斗争纪律。加强学习，统一思想，提高认识，构筑牢固的思想认识，党支部成立党风廉政建设领导小组，制定2018年党风廉政建设工作计划，修订和完善党支部各项管理制度，完善党内民主生活会制度。每周一次行政例会，两周一次干部政治理论学习会，每月一次党课、每季度一次党务公开研讨会。与每一位干部签订《党风廉政建设承诺书》，落实好党风廉政建设工作。全年，开展党务政务公开10次，召开学习活动40次，观看影视历史记录教育片1场，撰写心得体会6篇，廉政述职报告2份。2018年度丁青县中队未发生公车私用、“吃拿卡要”等违法违规行为，保持队伍清正廉洁、机关风清气正。

【基层党建】　2018年，丁青县中队党支部深入学习贯彻习近平总书记系列重要讲话精神和中共十九大精神，结合“两学一做”学习教育等主题教育活动，以“三会一课”为依托，坚持把学习教育融入日常，开设中共十九大精神学习专栏，每名官兵发放中共十九大精神解读等辅导材料。党支部结合“三会一课”、组织生活会，开展党组织党支部书记讲一次党课、党员进行一次集中讨论、每人撰写一篇心得体会的“三个一”活动。全年，开展专题研讨4次，累计研讨发言人22名，抄写党章10份，召开民主生活会议4次、组织生活会4次，开展组织学习《中国共产党章程》等活动12次，撰写心得体会22篇。

经济管理

发展改革委员会工作

【概况】 2018年，县发改委在县委、县政府的正确领导下，在上级发改部门的大力支持下，全面贯彻中共十九大精神，以习近平新时代中国特色社会主义思想为指导，坚持稳中求进工作总基调，统筹推进稳增长、促改革、调结构、惠民生、防风险各项工作，促进经济社会持续健康发展。以改革的实际行动庆祝改革开放40周年，深入学习贯彻新发展理念，充分发挥“观全局、谋大事、出实策”的参谋助手作用，进一步解放思想，求真务实，改革创新，部门各项工作均取得了卓著成效。截至年底，该委机构设置无变化。

【发展改革】 2018年，丁青县地方总值达到18.3亿元，同比增长10.4%。农牧民人均可支配收入达到11220元，同比增长15.03%，城镇居民人均可支配收入达到31496元，同比增长10.2%，社会消费品零售总额达到4.979亿元，同比增长20.2%。

【项目建设】 在项目管理方面，积极筹备安排落实，年初按照昌都市与丁青县人民政府签订的基本建设目标责任书，结合丁青建筑市场实际制定基本建设项目计划，下发给各项目管理实施单位。2018年，全县开复工项目184项（包括自治区、市管项目），总投资39.99亿元，2018年完成固定资产投资13.6亿元。

依据昌都市基本建设项目管理办法制定出台《丁青县基本建设管理办法》。加强项目建设招投标管理工作，建立了丁青县建筑工程交易市场，所有项目招投标均在建筑交易市场进行，项目开标邀请项目管理单位、县政府办、财政局、司法局、人社局等单位专家、人员参与，做到有专家评标，有监督人员监督。严格按照项目基本建设程序和有关规定，切实做好项目建设前的准备工作，促使项目建设尽早开工建设，在项目实施过程中强化调度，合理安排工期，加快建设进度，严格工程监管，注重工程质量，强化项目资金使用管理，确保项目工程质量和资金安全高效规范使用。加强项目跟踪督察，确保项目顺利开工建设，并加快建设进度，严格执行项目建设相关法律法规政策，不断探索完善项目管理机制，严格质量管理，加强监督稽查，深入整治突出问题，确保工程质量，严防重复建设和资源浪费。

【对口援藏丁青资金和项目】 根据中共中央办公厅、国务院办公厅印发《关于进一步加强东西部扶贫协作工作的指导意见》精神，对口支援省市、企业进一步加强创新援藏方式、丰富援藏内涵、扩展援藏领域，从政策上资金上给予了大力支持，对口支援省市、企业突出支援工作重点，向基础设施、公共设施、生态环境和民计民生倾斜，远近结合，统筹兼顾，切实提高对口支援的经济效益、社会效益和生态效益。2018年，实施对口援藏项目26个，其中续建9项，新建17项目，总投资29835万元，2018年完成投资12396万元。

【商务和质监】 对全县商贸领域、油气领域、特种设备等开展了59次安全生产大检查，在县区内检查各类企事业单位295家，排查出隐患问题36条，其中当场整改34条，限期整改1条，停产停业整顿1家。加油站更换双层罐或油气回收治理工作是该县加强地下水污染治理工作的重要一环，该县共有6家加油站，其中已完成油气回收治理及双层罐改造的有4家，还未完成双层罐改造的有2家。该县顺达加油站因搬迁原因，未安装油气回收设备及双层罐改造，严重影响该县环保工作。由县环保局组织县商务、安监、消防等相关单位进行安全隐患检查，根据《西藏自治区环境保护厅、西藏自治区商务厅公告》文件的有关规定，6月25日，依法对原加油站作出了查封的决定，而新建加油站已开工建设，预计2019年8月建设并投入使用。丁青县中石油加油站需进行双层罐改造，但前期根据加油站实地调研，经丁青县委、县政府及地方等职能部门同意，把中石油加油站列入县城整体规划，对中石油搬迁问题正在核实前期工作，制定科学可行的计划方案。

2018年累计组织该县甘语仓、琼布菜籽油、达那藏香、琼贡藏药材等企业及个人参与昌都、拉萨、成都、广州等地举办的土特产品展示及展销会7次。

【工信】 2018年农牧民食用碘盐配送工作已全面完成，总金额为248124.25元。2018年检查该县农村第四期综合信息服务站的建设及运行情况。第四期服务站共有15个，丁青村、觉恩乡巴河村设备损坏，在协调市工信局后予以维修。同时完成该县电子县政务网设备的安装工作。全县在9月份内组织开展农村综合信息服务站信息员培训。

【粮食管理】 县发改委严格要求粮油公司贯彻落实各项保粮措施，执行储粮保管责任制，做好消防安全工作，确保储粮安全。结合年初制定的工作目标，根据粮食行业改革、发展的要求，实行粮食部门自主经营、自负盈亏政策，县发改委要求粮油公司按照微利经营原则销售粮食，既符合粮食价格微观调控需要，又符合其自身经营需要。截至2018年底，共计销售粮食1654.24吨，调入粮食1581.5吨，库存粮食416.27吨。为了更好地保障粮仓储备粮食安全，粮油公司贯彻落实各项保粮措施，执行储粮保管责任制，对储粮保管员实行定岗、定仓、定责，要求对粮食品种、数量、质量、入库时间等做到心中有数、有账可查、账实相符。坚持定期粮情检查和登记制度，同时做好消防安全工作，确保储粮安全。2018年丁青县现存自治区和市级储备粮共799.5吨，其中自治区储备粮青稞300吨，大米200吨，面粉50吨，共550吨；市级储备粮青稞160吨，大米84.5吨，糌粑5吨，共249.5吨。

2018年，粮油公司认真落实党风廉政建设工作，倡导企业文明精神建设，多次参与捐款献爱心活动。爱心捐款达到1万元，上门看望慰问离休老人及遗属15人次，发放慰问金3万余元。

【物价工作】 2018年，严格按照市委、市政府及主管部门的要求，组织县工商、税务、农牧、卫生、食药监、公安等部门组成的联合检查组。定期到县城及周边乡（镇）对食品药品及日常生活必需品价格、商品供应情况及质量进行检查。2018年，该县日常生活必需品供应量充足，主要商品价格基本与上年同期持平。为了规范涉案财物价格鉴证行为，保障司法、行政执法、仲裁活动客观公正，维护国家利益，保护公民、法人和其他组织的合法权益，根据《中华人民共和国价格法》和有关法律、法规规定。2018年物价鉴定9起，共计23.01万元。

【结对帮扶】 根据县委、县政府有关文件精神，与色扎乡、甘岩乡、巴达乡、觉恩乡及桑多乡结对帮扶。2018年该委结对帮扶共39人，下乡慰问4次，帮扶资金达到9900元。该委走访慰问，同时为较困难的结对帮扶对象带去米、油等慰问品。

统计调查

【概况】 在丁青县委、县政府的正确领导下，在昌都市统计局的大力支持和指导下，丁青县统计局开展全县经济、社会、科技和资源环境统计调查工作，统一核定、管理、公布全县基本统计资料，定期公布全县国民经济和社会发展情况的统计信息，组织建立服务业统计信息共享制度和发布制度，对国民经济、社会发展、科技进步和资源环境等情况进行统计分析、统计预测和统计监督，向丁青县委、县政府及有关部门提供统计信息和咨询建议。对2018年各项统计数据进行核实，编制出《丁青县2018年国民经济年报》。截至2018年底，机构、编制无变化。

【农牧生产】 2018年，全县总户数16968户，其中乡村农牧民户数14458户，农牧民户数中农业户数10786户、牧业户数3672户。年末全县总人口92784人，其中农业人口65494人，牧业人口22265人，非农业人口5025人。人口自然增长率9.90‰。年末牲畜存栏总数215915头（只、匹），比上年减少13275头（只、匹），其中大牲畜176471头（只、匹），小牲畜39444头（只、匹）。牲畜出栏率31.91%。年末耕地面积8385公顷，其中常用耕地面积7678公顷。农作物总播种面积8154公顷，其中粮食作物播种面积6600公顷。粮食产量27030吨，同比增长1.62%，其中青稞产量25943吨，同比增长2.74%。油菜籽产量1250吨，同比增长7.3%。肉食总产量8362吨，同比增长3.57%，其中牛肉产量7807吨，同比增长8.4%，羊肉产量555吨，同比下降36.4%。

【经济统计】 2018年，丁青县统计局按昌都市统计局下算指标核算县地方总值为13.6762亿元，同比增长9.1%。第一产业增加值3.718亿元，同比增长4.2%；第二产业增加值4.7248亿元，同比增长27.4%；第三产业增加值5.2334亿元，同比增长1.2%。工业总产量2800万元，同比增长3.9%。农牧民人均可支配收入达到10792元，同比增长10.6%，城镇居民人均可支配收入达到31296元，同比增长9.5%。社会消费品零售总额达到4.8642亿元，同比增长17.4%。县级财政一般预算收入8516万元，同比增长11.04%，其中税收完成2748万元，同比下降2.41%，全县银行存、贷款余额分别达到8.4536亿元和11.3159亿元，分别比上年同期下降13.75%和增长10.47%。全县电信营业收入2080万元，同比增长13.48%，邮政营业收入243万元，同比增长12.5%。全县固定资产投资预计完成13.6亿元，同比下降24.08%。

【经济普查】 丁青县统计局制定《丁青县第四次全国经济普查工作领导小组》《丁青县第四次全国经济普查工作实施方案》并报至政府办公室，根据昌都市第四次全国经济普查工作领导小组的领导部署，进行普查前期清查工作。清查工作采取入户调查、现场登记、电话核查、企业填报等方式，联合编制办、县工商局调出全县单位、企业及个体工商户基本信息，确定13个乡镇的普查员，并组织培训，对全县590家法人单位和1405户个体工商户进行调查。

【基层党建】 2018年，按丁青县发改委和统计支部安排部署，深入学习贯彻习近平新时代中国特色社会主义思想和中共十九大精神，全面贯彻中共十九大和十九届二中、三中全会精神，专题研讨8次，累计研讨发言人2名，抄写党章5份。参加民主生活会议4次，组织学习新党章15次，撰写心得体会12篇。

【党风廉政】 2018年2月，与全体干部职工签订党风廉政目标责任书，成立党风廉政小组，组织党员集中开展廉政党课，听取反腐败思想汇报，建立学习台账。深入开展不作为慢作为、文山会海等形式主义、官僚主义突出问题集中整治工作，把集中整治工作列入重要日程，落实责任制。认真开展自查自纠工作，查漏补缺，坚持问题导向，提高思想认识，积极开展政治纪律教育活动，集中学习20次，撰写个人自查自纠报告12篇、心得体会9篇。

【脱贫帮扶】 2018年，县统计局积极开展帮扶工作，在认真做好丁青镇和协雄乡6户贫困家庭帮扶工作的基础上，积极开展“集团式”帮扶工作，2018年对“集团式”帮扶户共集中慰问3次，捐助资金1500元。

经济合作

【概况】 2018年度丁青县经济合作局（县招商局）机构、编制无变化。县招商局积极协调丁青县各企业、项目负责人，收集各企业的资金凭证、税务登记（复印件）、法人身份证（复印件）、协议合同（复印件）等，确保招商引资工作举措落到实处、收到实效。截至年度，招商引资项目共计32个企业，收集资金凭证共计20个企业。

【招商引资情况】 认真完成2018年招商局计划经济指标（2018年完成市委下发招商引资任务2亿元）。继续认真完成招商引资项目库的更新工作，不断完善项目库。积极协调各相关部门，按照“请进来、走出去”“政府搭台、经济唱戏”总体思路继续开展招商引资项目“一站式”服务工作，及时协调解决企业在项目进展过程中遇到的困难和问题。7月20日，在成都与云朵玫瑰洽谈，协议资金2亿元。8月29日，在十七届丁青县热巴文化艺术节暨首届冰川音乐节的招商引资推介会上，与香港铭德堂国家集团有限公司签订关于冬虫夏草销售网点项目意向协议书，协议资金2亿元。与昌都市恒久钢构有限责任公司签订关于朗通新区钢结构加工厂项目意向协议书，协议资金4800万元。

【招商引资成效】 截至年底，招商引资协议资金82947.43万元，到位资金22865.77万元，完成任务的27.6%。其中，高原特色农牧业项目3个、生物医药项目2个、商贸物流电子商务业项目2个、服务业项目13个、绿色清洁能源业2个、房地产建筑业8个。

【招商措施】 2018年，县经济合作局优化环境，增强招商引资吸引力，营造优质高效的服务环境，牢固树立“管理就是服务”的观念，形成招商引资的绿色通道。建立起重商、亲商、惠商、富商、安商的良好氛围，努力为客商提供最优质、最满意的服务。突出抓好对外宣传，扩大影响，增强吸引力。突出抓好以商招商，进一步激活引导外来投资企业增资投入和引入新的客商。突出抓好项目跟踪落实，完善项目负责制，力争使新的签约项目尽快落户、尽快投资创造效益。坚持选准目标招商，在精心挑选的基础上，采取走出去请进来的方式，有针对性地登门拜访，上门招商。拓宽宣传平台，通过昌都市招商引资网站和微信服务平台进一步扩大丁青影响力，提升丁青的知名度。

【党风廉政】 2018年，认真深入学习中共十九大精神，开展党组书记讲一次党课、党员进行一次集中讨论、每人撰写一篇心得体会的“三个一”活动。全年，召开学习活动8次，观看警示教育片4场次，撰写心得体会10篇，廉政述职报告2份。2018年度，无违法违规行为发生。

【廉政建设】 2018年，加强廉政文化建设。贯彻落实党风廉政法规制度，推进制度创新，深化体制机制改革，从源头上预防和治理腐败。强化权力制约和监督，建立健全决策权、执行权、监督权既相互制约又相互协调的权力结构和运行机制，推进权力运行程序化和公开透明，加强作风建设，纠正损害群众利益的不正之风，切实解决党风政风方面存在的突出问题，建立党风廉政建设责任制的检查考核制度，建立健全检查考核机制，制定检查考核的评价标准、指标体系，明确检查考核的内容、方法、程序。

国土资源

【概况】 2018年丁青县国土资源局（不动产登记局），属正科级建制。全局核定编制11名，领导职数2名（正、副科级）。内设办公室、国土执法大队、不动产登记中心3个职能科室。截至2018年底，无其他变化。

【土地资源管理】 2018年，完成不动产权证办理190宗，不动产登记证明办理42宗。截至2018年底，丁青县农村集体土地使用权确权登记发证工作完成全县13个乡（镇）、64个村（居）集体土地使用权定界及外业相关工作，对全县2579宗集体土地进行了归档工作，并通过市国土资源局的验收。

认真履行基本农田及耕地保护责任，基本农田及耕地保护工作取得良好实效，严格落实耕地占一补一制度，通过土地开发项目来补充耕地。加强基本农田保护宣传工作，截至2018年底，树立基本农田保护标志牌5处，并和13个乡（镇）签订耕地及基本农田保护目标责任书，确保全县基本农田7.2万亩不减少的目标。

丁青县国土资源管理部门切实抓好土地市场管理工作，进一步完善国有土地使用权出让平台，使国有土地使用权的出让，更加公平、公正、公开，确保土地资产保值增值。2018年，制定国有土地使用权出让方案，按照出让方案发布公告，公示25天后，县国土资源局按照国有土地使用权出让规定在丁青县国土资源局拍卖国有土地使用权7宗，成交7宗，面积3876.1平方米，成交价款491.0266万元。

2018年，易地搬迁及产业项目用地量大，县国土资源局积极争取建设用地指标，与市国土资源局加强沟通协调，共争取到1095亩的建设用地指标。指标争取后，全面启动用地报批工作，全县上报新增建设用地3个批次，其中城市2个批次，村镇1个批次，批复总面积1094.2亩，为村镇建设用地。在抓好土地报批工作的同时，提倡集约、节约利用土地资源，从而更好地缓解土地需求，全面保障全县经济发展对土地的需求。

【矿产资源管理】 截至2018年底，探明县境内的金属矿种有金、银、铂族元素、铁、铬、钛、铜、铅、锌、镁、锑、稀土、铀、钍、菱镁矿等。非金属矿有白云岩、熔剂灰岩、煤、油页岩、泥浆、蛇绿岩、石膏、水泥灰岩、玻璃原料、砖瓦黏土、玄武岩、饰面材料（大理岩、象牙玉、黑绿玉、草绿玉、生物灰岩、花岗石、片麻岩）、玉石类（唐古拉玉、象牙玉、黑绿玉、红色玛瑙、杂色玛瑙、水晶）、半宝石类（红柱石、透辉、电气石、钢玉）、雕刻类（大理石、象牙玉、黑绿玉、玛瑙）等矿种。启动丁青县第三轮矿产资源规划，全面对矿业相关信息进行梳理。

丁青县在矿产开发和管理上，始终坚持在政府的统一规划下进行开采，开发矿产资源的基本路线主要以公路沿线为主，必须经县级主管部门签字同意方可进行开采，县政府成立专门的监督部门，对投资开发企业进行监督，对矿产资源进行有序的开发。企业在丁青投资开发，在缴纳资源使用费的同时，必须承担治理环境污染的成本，并向政府交纳一定数额的保证金和管理费。2018年，由县国土资源局负责管理，与矿山企业签订安全生产及环境保护目标责任书，根据《中华人民共和国矿产资源法》《中华人民共和国土地管理法》等法律法规，进一步规范矿山企业相关秩序。丁青县华鑫矿业有限责任公司对森格日乌铜多金属矿、瓦公铅多金属矿投资220万元，用于物探，钻探投资155万元，槽探投资105万元。丁青县金元煤业有限公司自家浦煤矿完成投资1100万元，其中主井掘进540米，风井掘进570米。

【地质环境】 制定《丁青县2018年度地质灾害防治方案》《丁青县2018年度地质灾害应急预案》，并下发至13个乡（镇）及各相关单位，成立副县长提宝泽仁为组长的地质灾害防治工作领导小组。5月，副县长提宝泽仁为组长，国土、安监为成员的工作组分别对布塔乡、木塔乡、嘎塔乡虫草采集群众安置点周边地质灾害隐患进行统一排查。对各采集点的群众及各采集点工作队召开安全隐患工作部署会，会议要求各采集点工作队要切实担起责任，细致排查各虫草采集点安全隐患情况，切实保障群众的生命财产安全。通过排查发现两处采集点有地质灾害隐患，分别是木塔恰龙采集点滑坡、嘎塔江塔采集点泥石流，主要威胁色扎乡、觉恩乡、桑多乡、尺牍镇的虫草采集群众约800人，帐篷约180顶。工作组及时组织对受威胁群众及帐篷进行安置转移，成功转移受威胁群众800余人及帐篷180余顶。县国土资源局针对木塔恰龙采集点滑坡、嘎塔江塔采集点泥石流、色扎康曲扎杂崩塌、布塔龙日给滑坡，制定了专门的应急预案，并下发至木塔乡、嘎塔乡、色扎乡、布塔乡。并针对4处地质灾害隐患制定地质灾害警示牌。针对色扎康曲扎杂崩塌、布塔龙日给滑坡，县国土资源局形成报告上报市国土资源局地质科，地质科派专业人员对两处隐患点进行查看，并形成调查报告反馈给丁青县国土资源局，县国土资源局根据调查报告下发至相关乡镇，并对地质灾害警示牌进行相关修改后前往实地树立。2018年共发生15次地质灾害，造成直接财产损失127万元，无人员伤亡。丁青县是昌都市地质灾害易发频发区，地质灾害类型主要以泥石流、塌方和滑坡为主。截止到2018年底，丁青县共有地质灾害隐患点188处。

【执法监察】 2018年，丁青县国土资源局严格监管，加强执法监察，加大巡逻力度和日常监管。国土执法大队以定时及不定时的方式对县城及周边区域进行巡逻执法72次，通过巡逻执法制止土地违法行为8次。不定时的对各乡镇及矿山进行巡逻执法，共计31次。对矿山企业提出整改意见3次。

【私搭乱建拆迁工作】 2018年，根据《私搭乱建拆迁工作方案》，私搭乱建拆迁工作领导小组采取一对一及多对一入户方式，对丁青县县城周边私搭乱建户信息进行摸底调查统一汇总，采取法律宣讲、思想沟通等方式对私搭乱建户主及有关人员进行宣传及思想动员。私搭乱建拆迁工作领导小组召开部署会，开展入户签订协议工作。经过私搭乱建改造领导小组不懈努力，县城周边私搭乱建户已全部拆除，完成县城周边71户的拆除工作，并对71户农牧民进行妥善安置。

【国土领域法律宣传】 2018年，国土领域法律宣传工作取得新进展，与县林业局、国土资源局、农牧局等单位进行联合，通过宣传、宣讲、悬挂横幅等方式，宣传22次，悬挂宣传横幅12条，发放国土法律法规宣传手册及资料1063份，不动产宣传资料967份，私搭乱建宣传资料656份，地质灾害宣传手册1523份，集体土地宣传资料578份，受益群众达7342人次。

【党建】 2018年，丁青县国土资源局党支部深入学习贯彻习近平总书记系列重要讲话精神和中共十九大精神，结合“两学一做”等学习教育活动，以“三会一课”为依托，坚持把学习教育融入日常，开展专题研讨2次，累计研讨发言人7名，抄写党章7份，召开民主生活会议1次、组织生活会2次，组织学习《中国共产党章程》等活动10次，撰写心得体会3篇。组织开展对口扶贫、送温暖活动28次，6名党员干部深入12家贫困户。

丁青县国土资源局党支部积极开展学习贯彻中共十九大会议精神内容，开设十九大精神学习专栏。党支部还结合“三会一课”、组织生活会，开展党组织党支部书记讲一次党课、党员进行一次集中讨论、每人撰写一篇心得体会的“三个一”活动。

【党风廉政】 2018年，丁青县国土资源局党支部始终做到任何时候、任何情况下，都在思想上政治上行动上同党中央保持高度一致，对党中央绝对忠诚，严肃反分裂斗争纪律。加强学习，统一思想，提高认识，构筑牢固的思想认识，党支部成立党风廉政建设领导小组，制定2018年党风廉政建设工作计划，修订和完善党支部各项管理制度，完善党内民主生活会制度。每周一次例会、每周五一次干部政治理论学习会，每月一次党课、每季度一次党务公开研讨会。与每一位干部签订《党风廉政建设承诺书》，落实好党风廉政建设工作。全年，开展党务政务公开10次，召开学习活动40次，观看影视历史纪录教育片2场次，撰写心得体会6篇，廉政述职报告2份。2018年度，丁青县国土资源局未发生公车私用、“吃拿卡要”等违法违规行为，保持队伍清正廉洁、机关风清气正。

安全生产监督管理

【概况】 丁青县安全生产监督管理局是县政府主管全县安全生产工作的职能部门。属正科级建制，行政编制3名。下设执法监察大队（安全生产应急救援中心），副科级事业单位，事业编制2名，其中副科级领导职数1名。截至2018年底，该单位机构、编制无变化。

【安全生产责任】 2018年，丁青县安全生产监督管理局按照安全生产工作部署会议（全年共召开9次）安排部署，结合实际，突出重点，狠抓薄弱环节，认真开展安全生产专项整治工作，做到责任明确、措施到位，有效预防和减少安全生产事故的发生。按照“分级负责、属地管理”和“管行业必须管安全、管业务必须管安全、管生产经营必须管安全”的原则，由县政府在年初与13个乡（镇）人民政府和50个县（中、区）直单位签订《安全生产目标责任书》63份，健全完善安全生产责任体系，压实县、乡（镇）、村（居）和双联户安全生产责任、安全生产责任，确保安全生产监督管理责任得到有效落实。

【安全生产检查】 丁青县安全生产监督管理局紧紧围绕“安全第一、预防为主、综合治理”的安全生产工作方针，遵循“横向到底、纵向到边、责任到人、不留死角”的安全生产工作原则，结合实际、突出重点，围绕特殊时期、危险化学品、道路交通、食品药品、校园安全、建筑施工、特种设备、消防安全、煤矿、非煤矿山等重点行业领域，认真分析研判不同时间、重要节点的安全生产形势，切实开展安全隐患排查治理工作。全年共组织开展各类安全生产隐患排查108次，累计投入人力264名，检查各类生产经营单位190家，出具执法文书33份，其中责令限期改正指令书31份，行政处罚决定书2份。排查整改隐患395起，其中当场整改227处，限期整改168处，停产整顿4家，对存在违法违规的2家企业罚款2万元，为全县营造健康稳定的安全发展环境。

【宣传教育】 丁青县安全生产监督管理局在全社会大力弘扬“生命至上、安全发展”的思想，增强全民应急意识，提升公民安全素质，提高防灾、减灾、救灾能力，有效防范和坚决遏制重特大事故发生，结合实际认真开展“安全生产月（6月）”、“安全生产丁青行（7—12月）”和“安全生产法制宣传周（12月）”等系列活动，认真开展安全生产知识宣传活动。“安全生产月”活动期间，印发《关于印发〈丁青县2018年“安全生产月”和“安全生产丁青行”活动实施方案〉的通知》，6月16日上午，由县安全生产监督管理局牵头，10家单位在丁青县虫草广场举办“安全生产宣传咨询日”活动及“安全生产月”和“安全生产丁青行”活动启动仪式，该活动共设置主会场1个、咨询台5个，悬挂宣传条幅3幅，宣传咨询人员15人次，发放宣传资料3500份，安全生产小礼品500份，接受群众咨询50人次，受教育人员达2000人。县安全生产监督管理局深入嘎塔乡虫草采集点进行安全生产知识宣传教育，发放宣传资料200份，切实提高社会公众的安全生产法律意识、从业人员的自我保护意识，营造全社会关心安全生产、支持安全生产、参与安全生产的良好氛围。全年共开展宣传教育活动14次，发放宣传资料5800份，受教育人数4400人。

【安全生产领域改革发展】 丁青县安全生产监督管理局牵头起草丁青县《安全生产领域改革发展实施意见（草案）》，经常委会研究通过，已印发《中共丁青县委丁青县人民政府关于推进安全生产领域改革发展的实施意见》（以下简称《意见》）。丁青县安全生产委员会深入推进安全生产领域改革，组织干部带头学、深入学，加强对《意见》指导思想、基本原则、目标任务的系统理解和把握，重点掌握健全落实安全生产责任制、改革安全监督检查体制，大力推进依法治理、监理安全预防体系和加强安全基础保障能力建设等内容，切实提高宣贯的主动性和能动性。

【基层党建】 丁青县安全生产监督管理局党支部始终把党员的思想教育摆在更加突出的位置，结合主题党日等活动，采取上党课、专题研讨等方式，认真开展“两学一做”学习教育常态化学习、中共十九大精神学习活动，严格落实“三会一课”制度，坚持把学习教育融入日常，4名党员都有党建专题笔记本，全年共开展专题研讨会12次，累计研讨发言28次，上专题党课4次，开展组织生活会1次，撰写心得体会12份。县安全生产监督管理局成立了党支部活动室，有标识、有党旗、有领袖像，配备办公桌椅、党建专用电脑、党建专柜、宣传栏和党务公开栏，宣传栏中明确党支部基本职责、党员的义务、党员的权利、“三会一课”制度、支部组织生活会制度、党支部书记职责等，在党务公开栏中，定期公开党建经费使用情况，2018年收缴党费823元。严格做好党员发展工作，充分发挥党支部的战斗堡垒作用，经过支部委员会研究决定，将2名积极分子转为发展对象。

【廉政建设】　丁青县安全生产监督管理局把党风廉政教育列入干部日常学习内容，充分运用廉政党课、警示教育、谈心谈话等形式，结合政治纪律学习教育活动，积极主动学习《中华人民共和国监察法》和新修订的《中国共产党纪律处分条例》等内容，让全局干部职工牢固树立“四个意识”，增强“四个自信”，牢记“五个必须”，严防“七个有之”，让先进的廉政精神文化引领安全生产监管执法工作，累计开展集中学习12次，印发简报12期，撰写心得体会24份，4名党员均有学习笔记。结合实际，制定丁青县安全生产监督管理局《2018年度党风廉政承诺书》，与全局4名党员签订落实。

食品药品监督管理

【概况】　2018年，丁青县食品药品监督管理局全局核定编制5人（行政编制2人，事业编制3人），下设食品药品稽查局，属事业副科级建制，核定编制3人。2018年，成立由13个乡（镇）及县各单位组成的食品安全委员会。截至2018年底，机构、编制其他无变化。丁青县食品药品监督管理局主要负责食品、药品、化妆品、保健品等执法监督检查。

【基层党建】　2018年，按照卫生党总支的安排部署，县食品药品监督管理局深入学习贯彻习近平总书记系列重要讲话精神和中共十九大精神，结合“两学一做”学习教育常态化制度化、“主题党日”等学习教育活动，以“三会一课”为依托，坚持把学习教育融入日常，开展专题研讨6次，累计研讨发言人3名，抄写党章5份，组织参加民主生活会议6次，组织学习《中国共产党章程》等活动6次，受教育党员达5人次，撰写心得体会5篇，主要领导授党课1次。先后8次组织开展对口扶贫、送温暖活动，3名党员干部深入5家贫困户，捐款捐物折合人民币4300元。

【廉政建设】　2018年，根据年初与县纪委签订的廉政建设责任书，县食品药品监督管理局成立党风廉政建设领导小组，制定工作计划，每周召开一次干部政治理论学习会、每月一次党课、与每一位干部签订《党风廉政建设承诺书》，实行政务、财务公开化，落实好党风廉政建设工作，共开展召开学习活动15次，观看影视历史记录教育片3场次，学习党风廉政条例和准则撰写心得体会5篇，廉政述职报告1期。2018年度，严格遵守中央八项规定、自治区党委“约法十章”等，全局未发生违法违规行为。

【食品监管】　2018年，丁青县食品药品监督管理局在三月重要期和全国“两会”、虫草采集期等期间，积极开展各类专项整治行动51次，出动执法人员353人次、执法车辆31台次，检查食品经营企业1432户次。全县中小学食堂办证率已达到100%，个体食品经营户办证率已达到98%，完成重大活动期间食品安全保障任务。通过制订方案，落实责任，事前指导，全程监督等措施，确保重大活动期间餐饮服务食品安全保障。引导新开办的餐饮服务单位优化场所布局，基本达到“明厨亮灶”要求。换证的餐饮服务单位，根据业态、经济实力、厨房位置及布局等，利用换证改造时机进行“明厨亮灶”建设。积极开展“量化分级”活动，全县共计餐饮服务单位326家，其中完成明厨亮灶工程建设300家，完成率92%。

【业务培训】 2018年，丁青县食品药品监督管理局开展餐饮行业和食品销售单位管理人员培训11次，培训食品从业人员达1000人次，切实提高从业人员的食品安全意识和依法经营意识。

【专项整治】 2018年，丁青县食品药品监督管理局始终把学校食品安全作为食品监管工作的重中之重，积极开展学校及周边食品安全专项检查35家次，下达责令整改书18份。开展学习食品安全培训3次，培训食品从业人员和学校师生500人次。积极开展餐饮服务单位油烟和餐厨废弃物污染防治工作，出动执法人员26人次，检查餐饮服务单位215次，签订《餐饮服务单位油烟和餐厨废弃物污染防治承诺书》200份。

【医药、化妆品监管】 2018年，丁青县食品药品监督管理局坚持以整顿和规范药品、医疗器械市场秩序为目的，强化市场监督管理，坚决查处各类违法违规行为，共出动检查人员40人次，执法车辆3台次，监督检查涉药涉械和化妆品经营单位73家次。向上级部门报告药品不良反应35例，完成率100%，化妆品不良反应10例，完成率100%。

【稽查执法】 2018年，丁青县食品药品监督管理局以“严格执法规范市场，打击违法确保安全”为根本任务，稽查局立案查处食品案件5件（食品2件、化妆品3件），结案5件，罚没金额1.6万元，有效维护市场秩序。

【许可情况】 2018年，丁青县食品药品监督管理局开展行政审批工作，共受理“食品经营许可证”办证申请570件，办结570件，无逾期、零投诉。

【食安办协调作用】 2018年，丁青县食品药品监督管理局在节日、虫草采集、敏感期间，组织开展主题为“落实‘四个最严’，推动社会共治”“食品药品投诉举报3·31主题宣传日”“食品安全宣传周”“全国安全用药月”等活动，发放《中华人民共和国食品安全法》《食品药品安全知识手册》等资料2000份，接受群众咨询100人次，组织全县食品安全相关会议1次。

【抽样情况】 2018年，丁青县食品药品监督管理局根据年度抽检计划要求，开展食品抽检9个批次，完成率100%，化妆品抽样14个批次，完成率100%。

农 业

粮食工作

【概况】 1965年10月，成立丁青县财粮科。1979年，财务工作从财粮科中分出，粮油部门单独成立粮食科。1985年粮食科改称粮站，1987年改设为丁青县粮食局（简称县粮食局），下设粮油公司。2005年9月进行粮食流通体制改革，县粮食局和粮油公司政企分开，粮油公司实行“自主经营、自负盈亏”政策，至2018年，县粮油公司机构未变动。

【粮食购销存】 截至2018年底，购买粮食2114.55吨，其中青稞162吨、大米972.25吨、面粉768.28吨、清油152.02吨、碘盐60吨、大茶9643条。丁青县粮油公司坚守微利经营的原则，全年销售粮食2312.13吨，青稞251.75吨、大米1036.27吨、面粉812.23吨、清油171.35吨、碘盐40.53吨、大茶10012条，保证丁青县2018年粮食供需平衡要求。2018年12月，库存粮油180.02吨，其中青稞45.16吨、大米56.66吨、面粉51.77吨、清油0.73吨、碘盐25.7吨。

【粮油价格】 2018年，粮油主要品种价格稳定，未出现价格大起大落、抬价哄抢等现象，年内大米1.4元/千克，面粉1.2元/千克，清油3.5元/千克，青稞1.05元/千克，糌粑2.1元/千克，大茶75元/条，碘盐1元/千克。

【储备粮管理】 2018年，丁青县粮油公司储存有自治区和市级储备粮共806.5吨，其中自治区储备粮青稞300吨，大米200吨，面粉50吨，市级储备粮青稞165吨，大米84吨，熟青稞2.5吨，糌粑5吨，公司认真贯彻落实科学发展观，按照守住管好天下粮仓，做好‘广积粮、积好粮、好积粮’三篇文章的总要求，坚持以防为主，综合防治的保粮方针，落实各项保粮措施，严格执行储粮保管责任制。2018年，完成自治区储备粮550吨的两次定时轮换和市级储备粮256.5吨的动态轮换任务。

【经济效益】 2018年，丁青县粮油公司主营业务收入1576.33万元，净利润137.76万元，增加固定资产25.37万元，实现国有资产保值增值。

【安全生产】 2018年，公司组织开展储粮安全和安全生产隐患大排查活动3次。重点针对库区、生活区储粮仓房、出租房、粮用机械、现存粮油以及安全生产管理制度落实情况、消防、用电及各项消防设施配置与管理情况等方面，切实做到不走过场，不留死角，彻底查清粮库安全生产隐患，发现安全隐患1处，立即进行整改。

【党建】 2018年，丁青县粮油公司党建工作以习近平总书记在全国国有企业党建工作会议上精神和学习中共十九大作为重要的政治任务，成立学习领导小组1个，制定学习方案计划各1个，学习宣传中共十九大精神10次，撰写心得体会6篇，落实“三会一课”学习33次，发展预备党员2名，召开1次民主生活会，发放民主测评12份，公司党建列入公司章程中，存在的“四化”问题进行1次整改，围绕中共十九大和习近平总书记系列重要讲话精神，紧扣公司工作，带动党员3人上台讲党课8次，藏历新年和春节以及脱贫攻坚期间到党建扶贫点尺牍镇俄列村进行3次慰问活动，捐赠物资3.3万余元。

【党风廉政建设】 2018年，丁青县粮油公司学习习近平总书记系列重要讲话精神12次，学习政治纪律教育10次，学习自治区纪委通报的典型案件6次，观看反腐电影1个，撰写心得体会8篇，跟县纪委签订目标责任书1个，跟党员干部职工签订目标责任书6个，健全党风廉政建设制度，对存在的“四风”问题建立台账，进行整改。

农牧业

【概况】 丁青县农牧局管理着全县种植业、畜牧业及开展相关技术的职能机构，主要工作：农牧业科技推广、良种推广、科技特派员队伍建设、农牧民科学技术培训、草原生态保护补助奖励机制、草原防火机制、基本草原划定、农牧业特色产业发展、农牧业项目规划实施、农牧业保险、农牧业防灾工作、农机购置补贴管理、农畜产品质量安全监管等。2018年全县坚持农业农村优先发展，深入实施乡村振兴战略，深化农业供给侧结构性改革，助力脱贫攻坚战，加快补齐农村基础设施和公共服务短板，扎实做好乡村规划建设和社会治理各项工作。落实各项支农惠农政策，切实抓好粮食生产，完成全县粮食生产功能区划定，稳定粮食播种面积，调整优化生产结构。将环境保护工作放在重点位置，开展畜禽养殖禁养区划定、推进“大棚房”问题清理整治。毫不松懈抓好非洲猪瘟防控工作。大力发展乡村产业，促进农牧民就地就近就业创业。全面深化农村土地制度改革和产权制度改革，创新农业经营方式，完善农业支持保护制度。实施村庄基础设施建设工程。

【农牧业指标完成情况】 2018年，丁青县委、县政府及农业部门紧抓首要任务不放松，以农牧业增产增效、特色产业开发、非农产品发展及劳动力转移为主要内容的增收渠道不断拓宽，收入稳步增长。重点通过政策增收、劳务输出、虫草采集、多种经营参与特色产业开发、加强惠民强农政策的落实等工作，农牧民人均收入持续增长，农牧民人均纯收入达到11220元，同比增长15.03%。农作物播种面积12.24万亩，其中，粮食播种9.9万亩、产量26600吨；经济作物1.29万亩，油菜产量1279.5吨，蔬菜产量6200吨；青饲料1.05万亩，实现产量6340.8吨；新生仔畜78451头（只、匹），成活率达97%，牲畜存栏总数达21.5915万头（只、匹），出栏率达31.91%。肉食总产量达到8362吨，其中牛肉产量7807吨，羊肉产量555吨。全面完成粮食生产功能区9.73万亩划定工作，其中青稞9.3万亩、小麦0.43万亩。紧紧抓好支农惠农政策落实，农牧民生产生活条件不断改善。积极落实各项支农惠农政策，其中，落实农机补贴336万元，兑现2018年科技特派员补助76.8万元及村级兽防员生活补贴76.8万元，兑现2018年草补资金2768.27万元，让农牧民群众切实感受到党和国家对农牧业的支持，充分调动农牧民群众生产的积极性。

【种植业】 为确保全县2018年春耕备耕工作能够按时、有序开展，县农牧局于2018年年初就积极与昌都市农牧局及市农推中心沟通、协商。在市农牧局和市农推中心的协助下，全县共订购化肥1102.05吨。同时，全县订购藏青2000品种110吨、喜拉22品种40吨、油菜10吨、青薯9号300吨，订购新型农药总量为1.782吨。全县完成粮食作物种植面积10.12万亩。根据丁青县实际，积极开展良种繁育和标准化高产创建工作，大力推广配方施肥技术。2018年，青稞高产创建面积9.17万亩，测土配方面积9.17万亩、二级麦类种子田面积4500亩，打造800亩小蓝青稞种植基地，带动314户平均增收800元以上，作物良种覆盖率达到88%。主导品种统供率达到80%。2018年度粮食高产高效创建、耕地保护与质量提升、良种繁育基地建设、病虫害绿色防控、良种推广等项目均已通过自治区验收。全县实施深松整地2230亩，重点在协麦村、夏拉村、协雄村、朗通村、桑多村、沙贡村、然强村、觉恩村、巴河村、汝化村、卡通村等村。

【畜牧业】　2018年，全县全面开展春秋两季预防五号病（口蹄疫）疫苗注射工作，全县组织技术人员赴各乡（镇）包干点指导，对村级动物防疫员进行注苗培训，下发（藏文版）注苗说明书，严格要求注苗人员按照“六不漏”（县不漏乡、乡不漏村、村不漏户、户不漏畜、畜不漏针、针不漏量）原则，免疫密度达到100%，并填好免疫登记卡。春季“预防五号病”注射牦牛16.62万头、羊3.91万只、猪0.034万头，秋季“防五”注射牦牛16.42万头、羊3.74万只、猪0.075万头。全县对布塔、木塔、甘岩、嘎塔、巴达5个重点牧业乡开展巡回治疗，组织人员在各乡蹲点6天，其间，注射牲畜43178头（只、匹），其中口蹄疫疫苗注射（三价1毫升、二价2毫升）21534头（只、匹）、牛出败疫苗注射（牛出血性败血症）7251头（只、匹）等，有效地预防和抑制县牲畜常见病的发生。2018年全县发放包虫病知识手册3057份，讲解包虫病相关知识13场次。开展流浪犬收容管理与给药驱虫工作，全县对收容的936条流浪犬全年进行12次驱虫，做好驱虫登记台账。2018年县农牧局组织2名检疫人员，对县城菜市场、摊点实行双岗检疫值班制度，主要检查外来肉食品、腊制品、牛肉皮张等。在早、中、晚的时间段内检查各地运往的活畜、畜产品（冻制品）、屠宰场等，全年查获无检疫证肉制品1000余千克。为积极有效应对突发性强降雪天气，全县先后调运和储备防抗灾物资378吨，其中，县级储备饲草料200吨，嘎塔乡储备饲草料50吨、木塔乡储备20吨、布塔乡储备25吨、甘岩乡储备23吨、巴达乡储备20吨、尺牍镇储备20吨、桑多乡储备20吨。全面加快乡（镇）级防抗救灾体系建设进度，13个乡（镇）修建防灾物资储备仓库建成并投入使用，各类防抗灾物资全部到位。2018年全县将重大动物疫病防治工作纳入重要议事日程，坚决遏制重大动物疫病。县农牧局着手制定具体防治目标和防治计划，实行政府主要领导负责制，并纳入政府目标管理考核。各乡（镇）主要领导、干部、村级兽防员参加的重大动物疫病防治工作，落实政策措施，解决突出问题。

【农改工作】　2018年全县全面完成农村土地（耕地）承包经营权确权登记颁证工作，累计完成11个乡（镇）、58个行政村、158740个地块，实测面积207522.80亩，家庭承包农户9217户，签合同率与发证率达到100%。全力引导组织农牧民以土地承包经营权等入股农业经营主体，开展股份合作，丁青县觉恩乡觉恩村建立市场主体与贫困户利益联结机制，结合自身的耕地资源，按照“企业+合作社+农户”的发展模式，与西藏甘语仓特色农产品开发有限责任公司就“小蓝青稞”种植项目达成了4000余亩的土地租赁协议，让农牧民作为股东获得收益分红，务工农牧民获得工资性收入。加快农村土地和产权制度改革，2018年8月丁青县以沙贡乡为试点开展农村集体资产清产核资工作，积极引导农村集体经济组织发展集体土地股份合作社，建立“土地变资本、农牧民变股民、收益按股分红”的经营机制。2018年全面推行惠民资金“一卡通”，确保惠民政策资金不折不扣、及时足额兑现到群众手中。以农村产权制度改革为载体，培育种养大户、家庭农场、农牧民专业合作社和农牧业产业化龙头企业等新型经营主体。

【环保工作】　2018年，丁青县根据《丁青县畜禽养殖禁养区划定工作实施方案》，对县境内涉及县城中心规划、湿地公园、水源保护区、文物保护单位、乡（镇）集镇规划区在内的23个地块的划定，总面积约为24779.42公顷，并在划定的禁养区开展专项排查工作，没有要搬迁、关闭的养殖场或养殖大户。全面推进畜禽养殖粪污资源化利用，对全县范围内的规模化养殖场进行全面排查，加强规模化养殖场畜禽粪污资源化利用的日常监管，建立畜禽粪污资源化利用台账，准确记录畜禽粪污去向和数量。2018年全县严格按照农药装箱程序与要求，做好农药仓库的清理盘点工作与装箱打包工作，全年盘点过期农药3.3吨。将过期农药运输至昌都市，由市农业技术推广站负责运输至拉萨市危废处置中心。2018年开展“大棚房”问题专项清理整治工作，对全县范围内荒废的各类大棚进行排查，摸清荒废大棚的个数、面积、地点、资金投入、经营主体等情况，累计出动车辆11次，52人次。建立违法违规占用耕地有奖举报制度，对设施大棚、温室等进行建档立卡，完善配套规章制度，强化流转土地用途管制。

【科技支撑】　2018年，全县切实做到“农业科技到户，技术要领到人，良种良法到田”。连续三年与西藏农牧学院开展培训，由西藏农牧学院派遣专家在该县开展新型职业农牧民教育培训工作，累计培训人数达360人次。充分利用科技活动月的有利时机，深入各乡（镇）开展农牧民科学技术教育活动13次，并在活动中利用多媒体进行教学，真正地让群众看得见、听得懂、学得会。加强“三秋”工作指导，积极组织县农牧局技术人员赴各乡（镇）实地指导秋收、秋耕、秋播工作，真正做到成熟一块收割一块，防止霉烂和穗上发芽，做到颗粒必争，颗粒归仓，并技术指导冬青稞、冬小麦的种植。连续3年对8个农业乡（镇）（协雄、丁青、桑多、觉恩、沙贡、尺牍、色扎、当堆）集中进行农作物测产。加强科技特派员管理工作，让广大科技特派员深入农业生产第一线，充分发挥自身技术和专长优势，积极开展调查研究、提供技术咨询与服务、开展各类科技培训，为农业产业发展提供强有力的科技支撑。2018年在春耕春播工作展开之际，全县组织农技推广人员下乡，就青稞、油菜、蔬菜的种植现状、种植区域、种植类型、栽培技术、施肥、灌溉、合理密植技术、中耕除草技术、病虫害防治技术、安全合理使用农药及粮食生产的经济意义等进行系统详细的讲解培训8次，受益人数达500人次。

【农牧业项目建设】　2018年，丁青县共实施8项农牧业项目，总投资为2487.6419万元，全部为国家投资。其中续建项目2项，主要包括昌都市丁青县草原防火基础设施建设项目、丁青县重大动物疫情应急物资储备及冷链设施建设项目；新建项目6项，主要包括人工种草与天然草地改良建设项目、丁青县村级兽医室建设项目、丁青县乡级防抗灾物资储备库工程、丁青县丁青镇茶龙村肉牛标准化规模养殖场建设项目、丁青县肉牛肉羊标准化养殖基地建设项目、2018年人工种草建设项目。

【党建】 2018年初，农牧支部召开专题会议对党建工作进行安排部署，明确全年党建工作的目标任务。制定《丁青县农牧党支部2018年党建工作计划》，并成立党建工作领导小组，按照每周五定期学习和不定期学习相结合的方式进行学习。全年农牧党支部多次召开党建工作专题会议，根据支部党建工作实际，研究抓好党建工作思路、方法，制定各项活动方案和责任制度。党支部将党建工作目标层层分解，切实做到有计划、有检查、有总结。坚持每季度至少召开一次党建工作例会，解决工作中出现的新情况、新问题，使全体党员干部队伍风正气顺、纪律严明。先后多次深入到联系帮扶的桑多、沙贡、尺牍实地调研，帮助制定脱贫奔小康规划。农牧支部组织干部到部分乡（镇）进行惠农政策宣讲，召开全体党员民主生活会，为丁青的农牧业工作建言献策，开展评优竞选优秀共产党员活动并进行表彰，进一步增强了党的凝聚力和战斗力。2018年底，农牧支部下属党员27名（预备党员转正式党员1名），发展入党积极分子3名。

【廉政建设】 2018年，农牧支部认真贯彻落实中共十九大精神，深入贯彻习近平新时代中国特色社会主义思想，以强化责任落实、不断推进农牧支部党风廉政建设工作。在元旦、春节、藏历新年等重大节日期间，农牧支部重点抓干部廉洁自律，组织干部职工对《党政机关厉行节俭反对铺张浪费条例》、中央八项规定等加强学习，并建立健全干部职工廉洁自律监督机制，要求干部职工互相监督。在重大节日期间，农牧支部干部职工没有出现任何违反廉洁自律规定的行为。全年农牧支部共召开党风廉政工作会议6次，廉政党课4次，二级单位党风廉政建设工作汇报会4次，支部书记关于党风廉政方面约谈4人。农牧支部对县科技局、农业技术推广站、畜牧站、草监站进行党风廉政建设目标责任制落实情况进行检查考核打分，建立台账，明确党风廉政建设中领导班子、领导干部的职责分工，构建“一把手”履行第一责任人职责，班子成员履行“一岗双责”职责的层级分明、权责明晰、全面覆盖的党风廉政建设责任体系。农牧支部全体干部成员填写廉政风险防控自查表，梳理每个岗位风险点及应对举措，严格落实情况报告制度。

林　业

【概况】 2018年，县林业局全面落实生态文明建设的总体部署，进一步加强丁青林业工作，推进丁青生态文明建设。根据自身实际，不断解放思想，更新观念，狠抓各项工作的落实，坚持在理论联系实际，着力解决实际问题上下功夫，突出抓好生态保护与建设，推动社会走上生产发展、生活富裕、生态良好、资源节约的跨越式发展道路。坚持以人为本，人与自然和谐相处的原则，以林业生态建设为主，以改善生态环境，保护和培育现有森林资源为重点，把保护森林资源、增加农牧民收入、促进生态良性发展作为根本任务，加快丁青林业产业发展步伐，积极组织引导广大群众参与林业建设，维护生态平衡，努力建设丁青县的秀美山川。截至年底，机构、编制无其他变化。

【森林资源现状】 2018年县林业局围绕县委、县政府中心工作，立足林业工作的实际，狠抓森林资源保护管理，加快植树造林国土绿化工程，推动全县林业生态建设。全县林地面积193251.38公顷，占国土总面积的15.62%，森林覆盖率13.79%，林木绿化率14.38%。其中林地面积按地类分：林地面积52839.58公顷，占全县林地面积的27.34%；疏林地面积273.02公顷，占0.14%；灌木林地面积124955.62公顷，占64.66%；未成林造林地面积274.20公顷，占0.14%；宜林地面积14695.93公顷，占7.60%；无立木林地面积211.04，占0.11%；苗圃地面积1.99公顷。全县活立木总蓄积5019605立方米。其中，森林蓄积5010881立方米，占99.83%；疏林蓄积3352立方米，占0.07%；散生木蓄积4741立方米，占0.09%；四旁树株数32885株，蓄积631立方米，占0.01%

【营造林工作】 2018年，县林业局完成累计造林总面积8695.8亩（其中义务植树4053亩、两江四河4642.8亩），累计造林145.2067万株。消除无树村、无树户2702亩，共涉及9个乡镇、46个村、8977户，共21万株。易地搬迁绿化，易地搬迁安置点整合资金200万元并实施绿化31个点，绿化已完成29个点。

【林权制度改革工作】 2018年县林业局完成8个乡镇、500户、26个行政村、2306个小班点、面积6232.8亩（其中，国有林占240.2亩、集体林占5992.6亩）。

【林业产业项目投进】 2018年县林业局实施3个产业项目总投资4488.8万元，其中觉恩乡绒通村新建500亩苗圃基地、尺牍镇俄列村新建500亩苗圃基地、当堆乡洛河村经济林698.3亩。

【布托湖湿地公园保护区申建】 2018年布托湖湿地自然保护区拟申报建立国家湿地公园（试点），已通过专家实地考察论证和专家评审，总面积7306.06公顷，建立管理机构落实编制人员，标桩立界，建立健全规章制度，逐步建立保护管理与合理利用的保障机制，保障布托湖湿地公园试点工作健康推进。

【野生动物保护】 2018年，县林业局立足区域野生动物资源，大力开展宣传和保护工作，培训护林员1000人次，累计发放藏汉文宣传材料12000份，发放巡山记录本20000本，发放《西藏自治区公益林管护办法》1500本，发放森林相关法律法规2500本，发放《中华人民共和国野生动物保护法》等各1100本。同925名护林员签订《公益林管护合同》，为护林员配备巡山臂章、办理工作证。责、权、利统一，把森林资源保护管理的各项责任落到实处，认真执行管护人员巡山制度、责任制度、工作考核制度和奖惩制度，充分发挥管护人员的主力军作用。无乱砍滥伐林木发生。

【精准扶贫生态补偿】 县林业局生态脱贫岗位20897人，助推脱贫攻坚、巩固2018生态岗位人员。为全面巩固做好生态补偿脱贫攻坚，抓好乡（镇）党委、政府和相关责任部门年度考核，并定期不定期检查资金兑现情况，进一步明确工作主体、责任主体、实施主体，扎实推进生态补偿脱贫工作。截至2018年底，生态脱贫岗位工资7313.95万元。

【廉政建设】 2018年县林业局围绕学习中共十九大精神为主线，以习近平新时代中国特色社会主义思想为指导，全面强化政治纪律教育和大学习，积极以学习中共十九大精神、《中国共产党章程》、《中国共产党廉洁自律准则》、《中华人民共和国宪法》、《中国共产党纪律处分条例》、《中华人民共和国监察法》和《习近平谈治国理政》以及中央及自治区、市、县委领导有关加强党风廉政建设的讲话和文件精神，全面加强全局党员干部的政治学习，筑牢全局党员干部的信仰和信念，牢固树立党的领导和权威，自觉维护以习近平同志为核心的党中央，自觉维护党的集中统一领导，切实发挥党组织的战斗堡垒作用和党员先锋模范作用，有力地促进各项工作有序开展。全年制定2018年党风廉政建设工作计划，修订和完善党支部各项管理制度，完善当党内民主生活会制度。每周一次行政例会、两周一次干部政治理论学习会，每月一次党课、每季度一次党务公开研讨会。与每一位政法干部签订《党风廉政建设承诺书》，落实好党风廉政建设工作。全年，开展党务政务公开2次，召开学习活动10次，观看警示教育片1场次，撰写心得体会7篇，廉政述职报告1份。2018年度，丁青县林业局无公车私用等违法违规行为发生。

【基层党建】 2018年，县林业局深入学习贯彻习近平总书记系列重要讲话精神和中共十九大精神，结合“两学一做”学习教育常态化制度化“主题党日”等学习教育活动，以“三会一课”为依托，坚持把学习教育融入日常，开展专题研讨3次，研讨发言人累计2名，抄写党章5份，召开民主生活会议1次、组织生活会2次，组织学习《中国共产党章程》等活动12次，受教育党员达5人次，撰写心得体会13篇，主要领导授党课3次。党支部在抓机关党组织建设时，始终注意通过抓党内活动把党员组织起来，充分发挥先锋模范作用，先后组织开展3次对口扶贫、送温暖活动，7名党员干部深入10家贫困户，捐款捐物折合人民币12000元。

积极开展学习贯彻中共十九大精神活动，深入机关、学校、企业、社区开展十九大精神宣讲活动5次，开设十九大精神学习专栏、十九大精神解读等活动。积极参与“党旗红”宣传活动、中共十九大精神党旗红宣传队、精准扶贫党旗红决战队及精准摸排党旗红调研队，党员干部带头，学精神、谈体会，立足工作岗位推进新精神落地生根。党支部还结合“三会一课”、组织生活会，开展党组书记讲一次党课、党员进行一次集中讨论、每人撰写一篇心得体会的“三个一”活动。结合推进“两学一做”学习教育常态化制度化和“主题党的生日”等活动，设置学习组长，指导督促党员深入学习、长期学习，努力提升学习的广度和深度，让中共十九大精神有效覆盖至每一级党组织和每一名党员。

【森林防火】 2018年县林业局加大森林防火宣传力度，增强广大干部群众森林防火意识。加强巡山护林，强化野外用火管理，从源头上预防山火发生。加强队伍建设，定期举行森林消防队伍培训演练，从而提高各乡（镇）应急处置能力，做到科学、高效、安全扑救森林火灾。

【林政管理现状】 2018年县林业局严格按照《西藏自治区公益林管护办法》，结合实际，加大对森林资源管护模式运行的监督检查，进一步修订完善农牧民管护员管理办法，坚持以制度管人、以制度管事，切实将管护责任落实到山头、地块、人头，强化农牧民管护人员的责任意识，充分调动发挥广大农牧民管护员参与立业建设的积极性和能动性。持续加大森林资源管护的投入力度，管护队伍明显加强，基层设施进一步健全，全县林地资源持续改善。全县护林员1525人，其中原有护林员925名、临时护林员600名。脱贫林业系统生态岗位6526人，生态岗位野保监督员295人、生态岗位湿地监督员121人、护林员6110人，新建公益林专业管护站4个，招录专业管护人员20人。森林资源管护的基础设施、人员队伍、装备设备全面提升。

水利工作

【概况】 2018年，县水利局在县级各部门、各乡（镇）政府的密切配合下，深入开展“大排查、促整顿、强规范、深改革”活动，发扬“献身、负责、求实”的水利精神，抓住水利工作目标任务，坚持“以项目促发展，抓建设保质量，用管理带服务”的总体思路，狠抓工程安全、资金安全、质量安全，各项工作取得良好成效。截至年底，单位机构、编制均无变化。

【全面推行河长制】 2018年，河长制、湖长制工作在全县上下高度重视下，加强领导，采取有效措施，全力推进河长制工作。强化组织领导，构建工作推进体系。全面建立区域与流域相结合的以县、乡、村三级“河长”为主要内容的“河长制、湖长制”组织体系，对全县范围内94个河湖全部落实具体责任人，并落实办公场所和工作经费。严格落实责任，健全工作推进机制。研究下发《丁青县全面推行“河长制”工作方案》，建立五大机制，已编制完成“一河一档”基础资料，“一河一策”编制正在做前期调研工作。把握工作重点，着力开展污染源治理。为实现全县境内河道达到标准，实行乡（镇）级河长每月巡河不少于2次，村（居）级河长每月巡查不少于4次，村级水管员不定期进行巡河，并建立工作台账，做好巡河记录，对发现的问题及时上报、及时整改。加强宣传引导，大力营造工作氛围。充分利用标语、电视、网络、宣传栏、宣传车等多种形式宣传“河长制”工作，向各乡（镇）发放河长制宣传册、海报共计1万份，制作“河长”公示牌40块、县级“河长”公示牌82块。

【安全饮水工程】 在安全饮水工程建设上，县水利局结合精准扶贫工作要求，2018年，实施农村饮水安全巩固提升工程共17个点，总投资687万元，其中，易地搬迁安置点9个，教学点8个，受益人口3370人，累计完成投资412万元，易地搬迁安置点全部竣工，并投入使用，教学点8个将在2019年续建。

【农田水利灌溉工程】 2018年，小型农田水利设施建设工程总投资2033.43万元，新建取水枢纽2座，新建渠道13条，其中，干渠5条，支渠6条，斗渠2条，渠道总长度为48.9772千米，该年完成60%工作量，完成投资1200万元。

【流域综合整治水利建设】 2018年，全面实施流域综合整治工程4项，项目总投资8203.5万元，治理河道长度17.28千米，修建防洪堤16.1千米，主要保护项目区1432户、5326人的生命财产安全，同时有效控制水土流失，保护耕地、草地避免洪水破坏，改善项目区“逢雨必涝，小雨小灾，大雨大灾”的问题。实施防洪工程7项，总投资1.56亿元，新建堤防41.39千米，防洪标准为10年一遇。

【河道采砂专项整治】 2018年，县水利局进一步清理、整顿和规范全县河道采沙市场，实现科学、合理有序地开发和利用河沙资源，建立河道采沙管理长效机制，确保河道行洪安全。同县发改、国土、住建、安监等部门联合开展河道采砂专项检查工作，出动执法车辆15台次、人员70人次开展打击河道非法采沙行动，非法采沙行动得到有效遏制。结合“河长制”巡河行动，进一步推动河道专项整治工作，制定完善河道整治专项整治工作方案，县水利局成立2个督察组开展沿河水体整治专项督察工作，每月不少于2次，下达整改通知12份，清理河道沿岸垃圾，拆除河渠违章搭建物，水环境整治成果明显。

【防汛抗旱工作】 2018年，认真贯彻落实自治区、昌都市、丁青县三级防汛抗旱工作部署会议精神，将防汛抗灾工作作为中心工作抓牢抓实，确保防汛抗旱工作万无一失。及时调整充实防汛抗旱指挥部成员，成立防汛抗旱领导小组，与各乡（镇）签订防汛抗旱目标责任书，明确职责，落实防汛责任制，把防汛责任和抢险责任落实到人。调整充实县、乡、村三级防汛抗旱应急抢险队伍，补充完善县、乡防汛抗旱应急预案，坚持24小时值班制度，有事报事，无事报平安，畅通信息渠道，确保信息传递准确及时。县财政年初预算90万元防汛抗旱经费和20万元山洪灾害预警监测设备运行管理资金，用于储备防汛抗旱物资和维修预警监测设备等各项工作，根据防汛抗旱工作需要，提前采购编织袋、铅丝笼、发电机、雨衣等各类防汛抗旱物资。及时开展水毁修复工程，通过县级财政垫资、企业垫资和向上级申请资金等方式筹措资金350万元，对部分2017年度汛期水毁水利设施等水利设施进行提前修复，确保各类设施运行正常。

【水文水资源】 2018年，实施《丁青县实行最严格水资源管理制度工作实施方案》和《丁青县实行最严格水资源管理制度考核办法》，将用水总量控制、用水效率控制、水功能区水质达标率控制指标分解落实到各乡（镇），组织开展实行最严格水资源管理制度试点工作。用水总量控制指标为2885.409万立方米（平水年），万元工业增加值用水量较2017年降低10%，农田灌溉水有效利用系数达0.439，重要江河湖泊水功能区达标率达100%。年用水总量为2159.49万立方米。经测算，全县万元国内生产总值用水量为153.37立方米/万元，降低10%，工业增加值用水量为199.61立方米/万元，同比下降8%。

【基层党建】 2018年，县水利支部深入学习贯彻习近平总书记系列重要讲话精神和中共十九大精神，结合“两学一做”学习教育常态化制度化、“主题党日”等学习教育活动，以“三会一课”为依托，坚持把学习教育融入日常，开展专题研讨4次，累计研讨发言人4名，抄写党章11份，召开组织生活会1次，组织学习《中国共产党章程》等活动24次，完成党费收缴4196.8元，受教育党员达11人次，撰写心得体会11篇，主要领导授党课3次。党支部在抓机关党组织建设时，始终注意通过抓党内活动把党员组织起来，充分发挥先锋模范作用，先后组织开展2次对口扶贫、送温暖活动，11名党员干部深入13家贫困户，捐款捐物折合人民币8500元。

积极开展学习贯彻中共十九大精神活动，深入机关、学校、企业、社区开展十九大精神宣讲活动3次，发放宣传资料3000份。党员干部带头，学精神、谈体会，立足工作岗位推进新精神落地生根。结合“三会一课”、组织生活会，开展党组书记讲一次党课、党员进行一次集中讨论、每人撰写一篇心得体会的“三个一”活动。结合推进“两学一做”学习教育常态化、制度化和“主题党的生日”等活动，设置学习组长，指导督促党员深入学习、长期学习，努力提升学习的广度和深度，让中共十九大精神有效覆盖至每一名党员。

【党风廉政建设】 县水利局党员干部始终做到任何时候、任何情况下，都在思想上政治上行动上同党中央保持高度一致，对党中央绝对忠诚，严肃反分裂斗争纪律。加强学习，统一思想，提高认识，构筑牢固的思想认识，县水利党支部成立党风廉政建设领导小组，制定2018年党风廉政建设工作计划，修订和完善党支部各项管理制度。每周一次行政例会、一周一次干部政治理论学习会，每月一次党课、每季度一次党务公开研讨会。与每一位水利干部签订《党风廉政建设承诺书》，落实好党风廉政建设工作。全年，开展党务政务公开2次，召开学习活动20次，观看警示教育片1场，撰写心得体会11篇，廉政述职报告2份。2018年，丁青县水利局无公车私用等违法违规行为。

扶贫（农发）工作

【概况】 2018年，在县委、县政府的坚强领导下，在县委组织部正确引导下，3月份，丁青县农牧开发建设领导小组办公室更名丁青县扶贫开发办（丁青县农业综合开发办公室），核定编制5个，其中领导职数4名，截至2018年底，机构、编制无其他变化。

【精准扶贫】 2018年，丁青县扶贫办（县脱贫攻坚指挥部办公室）紧紧围绕验收摘帽、扶贫领域巡视巡查两项重点工作任务抓紧抓实抓细脱贫攻坚工作，全面贯彻落实党中央、国务院，自治区党委、政府和市委、市政府关于脱贫攻坚的决策部署，坚持精准扶贫、精准脱贫基本方略，以实现“两不愁三保障”为目标，认真落实脱贫措施，发动全民力量，稳扎稳打，顺利通过国家第三方评估组评估，如期实现脱贫摘帽目标。

【产业项目】 按照市委“七大种植基地、五大养殖基地”总体产业布局，结合县“以虫草为招牌，实现工业强县、牧业富民”产业发展思路，制定《丁青县“十三五”产业发展规划》《丁青县精准扶贫产业实施方案（2018—2020年）》，规划种植业、养殖业、民族手工业、资源开发业、农畜产品加工业、文化旅游业等产业项目87个。规划扶贫开发区3个，规划面积9.2平方千米。县城廊通产业扶贫开发区已全面启动，重点打造丁青“三塔酥油”和“蓝天圣洁”农畜产品品牌，落地项目7个，总投资35926.34万元，完成投资5588万元。以“政府+企业+合作社+农户”四种产业化运作模式和利益联结机制，以循环经济模式培育产业，强化加工、包装、储运、销售、服务“五个链条”，推动产业快速发展。2018年实施产业项目11个，总投资15888.8万元。

【易地搬迁】 严守“人均面积25平方米、户均自筹不超过1万元”的政策红线，科学规划31个易地扶贫搬迁安置点。全县易地搬迁共安置建档立卡户1640户6525人，新建31个安置点，易地扶贫搬迁建设项目总投资65492万元，已全部完工并入住。31个安置点中，实现通水31个；实现通电31个（采用户用光伏供电8个）；道路实现通达31个，实现通畅23个，在建8个；通信已覆盖31个（宽带入户将按照群众需求自愿申请）；已配套邮政网点31个，金融网31个，广电网31个；完成科技配套31个；幼儿园已配套31个；新建村委会10个，使用原村委会11个，在建10个；卫生室与新建村委会共用20个，与原村委会共用11个；文化室与新建村委会共用20个，与原村委会共用11个；村民活动广场已配套31个；垃圾收储设施已配套31个；绿化工程已完成31个。31个安置点均配套1个以上产业项目，已修建配套产业项目45个，确保安置点搬迁群众持续增收。

【转移就业】 建立“帮扶就业、技能脱贫、创业带动、跟踪服务”转移就业体系，设立培训、就业基地4个，2018年，实现城镇新增就业187人，开发就业岗位160个，开展就业指导286人，成功为150名求职者推荐就业，城镇登记失业率控制在2.5%以内。共举办各类培训班16期，共培训农牧民群众533人。完成全年目标任务的100%，其中建档立卡户农牧民77人，建档立卡贫困户转移就业77人。农牧民富余劳动力转移就业16816人，转移就业收入4000万元，完成全年目标任务的98%。全县2018年应届高校毕业生113人，就业（创业）成功79人，就业率达70%。

【生态补偿】　充分利用国家和自治区生态补偿政策，让有劳动力的贫困人口、边缘人口就地转化为护林员、环境保护监督员、草原监督员等，最大限度增加贫困人口收入，让全县贫困群众和低收入人口吃上了“生态饭”。全县共招收生态岗位20897人（建档立卡5489人、边缘人口15408人），其中2018年新招收生态岗位3880人，兑现资金7314万元。

【发展教育】　全县各乡镇各学段建档立卡贫困户子女3726名。2018年“三包”经费年初预算为5107.38万元，严格落实“三包”和营养改善资金。按照“三免一补”政策规定，发放2017—2018学年57名建档立卡在校大学生免费教育补助金65万元（其中自治区28.7万元、市级19.2万元、县级17.1万元）。完成2017—2018学年新考录大学生190名奖励，重点本科奖励900元，一般本科和专科奖励600元，从县教育局事业经费中列支12万元，兑现弱势群体在校大学生资助45.4万元，共计资助42名在校贫困大学生。设立县职业培训中心，开设4个专业实训基地，招收学生370人，就业率达80%以上。依托县职教中心人力资源成立穹鹏民族服装厂，提供就业岗位21个，人均月增收1200元。

【社会兜底】　坚持应兜尽兜。大力实施社会保障兜底脱贫工程，将全县8611名低保人口纳入建档立卡，做到扶贫与低保“两项制度”无缝衔接，累计兑现低保、五保资金3080万元。向6296名建档立卡无劳动能力人群兑现政策性补助163.696万元，实现了“不落一人、应兜尽兜”目标。强化社会救助。2017—2018年累计进行社会救助782人（其中，救助低保户297人、五保户44人、残疾人54人、孤儿10人、建档立卡贫困户377人），兑现救助金257万元。社会服务管理。为有效防范精神障碍患者肇事肇祸案（事）件的发生，降低社会风险，切实加大对他们的救助救治力度，引导监护人承担好监护责任，有效推动“以奖代补”等政策落实，做好精神障碍患者的管理服务工作。根据县卫生局、县民政局核实，全县共有重度精神病患78人，并及时向符合申领条件的78名重度精神病患监护人发放2017年度的“以奖代补”监护补贴187200元。

【援藏扶贫】　始终坚持用好“援藏扶贫”重要平台，开辟技术援藏、产业援藏、民生援藏新模式。抓好结对帮扶。2018年4月，丁青县党政代表团开展援藏回访活动，与援藏团队召开援藏工作和招商引资座谈会，签订了对口帮扶协议。抓好就业援藏。深入开展“就业援藏”工作，通过“天津市北辰区对口帮扶丁青县就业招聘对接会”，与武钢集团楠山康养公司进行远程视频面试会，实现8名丁青籍群众到小护士（天津）实业发展股份有限公司转移就业、12名群众前往武钢集团楠山康养公司转移就业。抓好项目建设。天津、江苏、宝武钢集团共在丁青实施援藏扶贫项目15个，涉及扶贫、教育、卫生等领域，总投资21570万元，完成投资13357万元。

【党建扶贫】　压实责任“树导向”。采取

“领导班子+领导干部+机关党员干部+农牧民党员”四位一体模式，推行“一核心五主体”村级组织工作法，建立责任清单和工作机制，树立正确的党建扶贫导向。健全机制“激活力”。建立绩效奖惩、向群众报告、典型带动等3项机制，制定出台《丁青县干部干事档案实施细则》，将脱贫攻坚成效作为评先树优的重要参考依据，切实让干部从“推着干”到“跑着干”“比着干”“撸起袖子加油干”的转变。搭建载体“带好头”。选派69名干部担任村（居）第一书记，成立党建扶贫临时党支部13个、一线先锋队67支。大力实施党员致富带富“星火工程”，培树农牧民党员致富带头人128名。实体经济“助脱贫”。采取“支部+贫困户+协会+基地”的模式，申报集体经济51个，置办村级实体经济37个，实现年产值1300万元。

【金融扶贫】 坚持金融政策统筹利用，充分利用丁青县作为“金融信用县”的优势，大力支持精准扶贫工作，县农行累计向建档立卡贫困户1364户发放小额信贷5700万元，截至2018年8月，发放贷款426户，贷款金额1901万元，极大帮助群众发展生产。

【扶贫宣传】 2018年，丁青县扶贫办（县脱贫攻坚指挥部办公室）动员全县上下力量通过电视、手机报、广播媒体的大力宣传，进一步营造浓厚的舆论氛围，县脱贫攻坚指挥部宣传组、转变观念教育组和宣传报道组，结合“五下乡”“四讲四爱”先后深入13个乡（镇）、63个行政村开展精准扶贫相关政策宣讲45场次，发放相关资料8500余份，受教育群众6.3万余人次。以县政府新闻网站为主，开设专栏，通过图片、消息等形式，全面宣传报道全县精准脱贫攻坚工作的思路、举措和成效。利用琼鹏丁青、网信丁青等微信公众平台，发布信息160余条，扩大了县脱贫攻坚工作的覆盖面和影响力。集中力量大力挖掘丁青县脱贫攻坚的亮点和特色，向中央及自治区、市电视媒体推介县精准扶贫精准脱贫的先进经验和先进典型。

工　业

电力工作

【概况】　2018年，丁青县供电有限公司核定企业编制44人，内设职能部室3个（综合管理部、运检部、营销部）。所辖水电站7座，其中现运行5座，分别为县一级电站、桑多电站、色扎电站、巴达电站、布塔电站，在建电站2座，巴登电站、当堆电站，总装机容量9740千瓦。架设35千伏输电线路182.48千米，35千伏变电站6座，10千伏输电线路881.58千米，0.4千伏低压线路421千米，供电服务范围覆盖13个乡镇9750户，65112人。机构编制至2018年底新增4名。主要经营水电发电，电力供应，电力调度及经营管理，电机设备安装、维修，线路测试、安装、调校及维修，电器材料销售、安装。

【经营指标】　2018年，丁青县供电公司累计完成供电量2808.2986万千瓦时，同比增长35.26%，其中自发电量1101.425万千瓦时，购电量1706.8736万千瓦时，购电量同比增长81.5%。完成售电量2041.97万千瓦时，同比增长38.12%。电费应收1276.23万元，实收1200.56万元，完成电费回收率94.07%，电费回收率同比增长1.69个百分点。综合线损率27.29%，同比降低0.3个百分点。

【电网覆盖面】　丁青县供电有限公司始终坚持“人民电业为人民”的企业宗旨，充分发挥“经济发展、电力先行”的作用。2018年解决22处易地搬迁安置点通电问题。深入各乡镇进行变压器维修维护，更换小容量变压器、排查线路隐患，2018年下乡进行线路维护及巡视累计200余次，排除150余处安全隐患。配合施工单位完成那通、尺牍、当堆与巴登4个变电站的投运工作，极力扩大丁青县电网覆盖面，为全面实现小康社会提供供电保障。

【基层党建】　以习近平新时代中国特色社会主义思想为指引，紧抓党员干部理论学习能力不强的薄弱环节，2018年开展“十九大专题”学习会5次，形成学习笔记120份。完成书记讲党课4次，形成“三会一课”记录20份，提高党员干部的政治站位，增强“四个自信”，提高“四个意识”。聚焦党日活动，完成电力完全宣传工作、故障抢修工作、结对帮扶工作、保电工作等32次，充分发挥电力支部战斗堡垒作用。

【人才队伍建设】　丁青县供电有限公司2018年吸收国网公司统一新分大学生4名，其中本科学历2名、大专学历2名。组织专业技能培训3次，参培人数174人次。利用“天津援藏”力量，公司年轻职工与援藏干部签订“师徒协议”，以“师带徒”的方法，为公司培养一批专业技术过硬的年轻队伍。

【安全生产管控】　“安全生产、预防为

主”是供电企业开展各项工作的重中之重，丁青县供电有限公司为提高广大职工的安全生产意识，2018年组织运检人员开展安规考试1次。针对不同季节，编写防汛预案，2018年开展防汛演练5次，进行防汛督察3次。聚焦消防安全领域，开展火灾隐患排查工作2次，进行防火演习2次。

【优质服务】 深入贯彻以客户为中心的服务理念，积极创新服务方式。精心组织电力生产，科学安排重要输电线路检修，以保障电力可靠供应为前提，彻底整治供电薄弱环节，不断提高供电可靠性。2018年为减少停电频次，最大限度降低对客户的影响。在国网昌都公司指导和帮助下，完成35千伏鲁然卡变电站改造。完成对1号、3号、22号台区变压器更换、扩容，累计增加425千伏安。成立丁青县供电公司共产党员服务队，由领导班子带队组织深入灾后重建、易地搬迁小区宣传安全用电知识，发放宣传手册，架起党群“连心桥”作用。及时更新用电客户档案，完善客户档案4360户，其中高压用户13户，低压用户4347户，为丁青县客户安全、有序用电奠定基础。

【廉政建设】 2018年组织学习《中国共产党纪律处分条例》5次，加强党员干部的警示教育力度，宣传文件精神16次，上级单位组织专题讲座4次，观看教育宣传片6次，逐步强化不敢腐的震慑、扎紧不能腐的笼子、增强不能腐的自觉，实现公司上下同向发力、一体推进。公司在力戒形式主义、精简会议、精简文件简报、厉行勤俭节约等方面有了明显改善，制定并整改负面清单6项，有效提高了丁青县供电有限公司工作质效。

中国石油天然气股份有限公司西藏昌都销售分公司丁青县加油站

【概况】 中国石油天然气股份有限公司西藏昌都销售分公司主要负责质量管控、石油销售、服务、收银服务、便利店服务、卡片业务服务、接卸油等工作，2018年该加油站圆满完成各项工作任务。

【基本情况】 该加油站占地面积16013平方米，房建135.32平方米，加油岛罩棚面积216平方米，主要从事车用柴油及汽柴润滑油的零售。加油站共有4台加油机，其中柴油双枪加油机、汽油双枪加油机各2台。站内30立方米储油罐6个，其中柴油储罐3个，汽油储罐3个，油罐总容积为180立方米，折合汽油容积90立方米，柴油容积90立方米。各员工均受过相关岗位业务知识及安全技能等培训，具有较强的业务技能和工作经验。

【数质量管控】 严格按照《质量管理手册》要求，落实质量目标责任，推进质量管理体系建设。对进入油品实行监测，确保油品销售质量达标。持续对运车辆施行铝封管理制度，实施源头监督等，全年重大数量质量事故为零。

【安保工作】 积极推行双卡加油，有针对性开展维稳安保管理工作任务。建立日常巡检监督制度，通过临时检查和食品远程抽查等方式库站和加油落实检查任务。通过针对不同时期和不同重点，组织开展防火、防恐应急演练。维稳重要节点严格履行带班值班制度，全年未发生各类事故。

【制度管理】 加油站完善安全生产制度、收银员管理制度、加油员管理制度、接卸油制度、卫生责任制度、站内管理奖惩制度，进一步建立健全各项规章制度，并以适应多变的实际情况进行落实，全年未发生任何安全生产责任事故、客户投诉案。始终把员工安全和健康放在首位，改善员工的工作环境、劳保用品，不定期地开展员工培训和学习，实行工作规范化和专业化。对设备管理和维护实行日常巡检、设备定期检查检测进行维修。截至年底，该站设施设备正常运行和使用。加油员牢记“加油十三部曲”，做到“来有迎声、问有答声、走有送声”，收银员牢记“收银六步曲”，满足客户要求，实现服务五颗星。办理卡片操作达到牢记于心。接卸油作业由综合管理员负责，并严格按照规定进行安全、规范、专业操作。

【基层党建】 2018年，党支部召开专题会议对党建工作进行安排部署，明确全年党建工作的目标任务，真正把党建工作纳入重要议事日程，构建起上下同心，齐抓党建的良好运行机制。制定《丁青县加油站党支部2018年党建工作计划》，并成立党建工作领导小组，按照每周五定期学习和不定期学习相结合的方式进行学习。根据工作实际，研究抓好党建工作思路、方法，制定各项活动方案和责任制度。党支部将党建工作目标层层分解，切实做到有计划、有检查、有总结。党支部始终把党员的思想教育摆在更加突出的位置，采取专题研讨、上党课等方式，深入学习贯彻习近平总书记系列重要讲话精神和中共十九大精神，结合“两学一做”学习教育常态化制度化、“主题党日”等学习教育活动，以“三会一课”为依托，坚持把学习教育融入日常。

【党风廉政建设】 2018年，认真贯彻落实中共十九大精神，深入贯彻习近平新时代中国特色社会主义思想，以强化责任落实、不断推进农牧支部党风廉政建设工作。组织职工对《党政机关厉行节俭反对铺张浪费条例》、中央八项规定等加强学习，并建立健职工廉洁自律监督机制，要求职工互相监督。在重大节日期间，职工未出现任何违反廉洁自律规定的行为。

丁青县津鹏祥供水供热有限责任公司

【概况】 丁青县津鹏祥供水供热有限责任公司，主要以“供水供热”工作重点，截至2018年底，公司共有职工22名。公司在丁青县委、县人民政府的领导下，在天津援藏资金的大力支持下，先后分别建设第一期和第二期集中供暖锅炉房。截至2018年底，第二期集中供暖锅炉房项目总投资为6832万元，其中中央预算资金为2910万元，地方自筹为3922万元。为达到环保要求，拆除2台10蒸吨锅炉。

【供暖工作】 每年从11月1日开始供暖至下一年的4月30日，半年的供暖期，2018年，供暖面积达到11万平方米。2009年和2012年分别修建集中供暖第一、二期锅炉房，并由天津技术人员专家和河南省辉县福旺锅炉有限公司两家公司进行运营。每年承包费用为1377万元左右，其中为了减少财政支出，该公司承担200万元左右的运行费。每到采暖期，为能够在第一时间内解决好出现的故障，外网队及检修人员24小时待命，接到用户的消息都第一时间赶到现场进行排查。为改变2018年老区部分用户无供暖和用户供暖气不充分的现状，供暖公司本着从安全、经济、有效的指导思想出发，把太阳能、电锅炉、热水管、蒸汽管四种方案反复比较，初步选定从二期锅炉房到一期锅炉房新建一条蒸汽管方案。该单位特邀请有设计资质技术人员，对现场情况进行实地路由考察，经过互相交流、探讨，设计方案。

【供水方面】　公司经营的供水项目范围覆盖丁青县城的老区和新区，供水人口达到近20000人，公司在原有的自来水管网不断改进的同时，为了逐步提高县城居民的用水质量、改善县城居民生活条件，逐步将原有的自来水表更换为智能磁卡水表，大力推广智能磁卡水表，按市场化的要求给每家每户安装智能磁卡水表，规范用水行为，以此改变收费难、用水无度等现状，也逐步规范供水工作。

【设备设施管理工作】　天气最严寒时期，因为天气的影响导致设备上出现的各种故障，外网队及运行检修人员每天到外面排查供水、供暖管网的状况，每天进行检修与维护，确保供水供暖系统的高效、安全。

【队伍建设】　公司专门成立外网小分队，24小时待命，提供随叫随到的维修维护服务工作，保证能够在第一时间赶到现场，排除故障，并不定期地组织人员进行管网排查，保障管网畅通，使百姓切切实实地感受到供水供暖所带来的方便。

【财务工作】　财务部紧紧围绕公司的发展方向，认真组织会计核算，规范各项财务基础工作，站在财务管理和战略管理的角度，以成本为中心，资金为纽带，不断提高财务管理服务质量，做大量细致的工作，严格遵守财务管理制度和税收法规，认真履行职责，组织会计核算。

交通　邮政

交通运输

【概况】　2018年，丁青县交通运输局深入贯彻习近平总书记关于治边稳藏的重要论述，紧密结合西藏实际，凝心聚力补短板，全力以赴促发展，各项工作取得了新成绩。全年完成农村公路固定资产投资50664万元，新增里程75.894千米。

【项目建设】　2018年全年，共实施公路建设项目54个，总投资82451万元，完成投资50664万元，54个农村公路项目获批实施。丁青县斜拉山隧道、当堆至边坝热玉乡公路改扩建工程、丁青县朗通新村和县城连接桥梁、当堆乡洛霍村岔口至洛隆俄西乡公路工程等重点项目进展顺利，圆满完成全年建设任务。实现乡乡通油路和村村通公路的丁青交通历史性跨越，截至2018年底，13个乡镇都已实现通畅，64个行政村（居委会）已全部通公路，52个行政村（居委会）已通硬化路。59座寺庙已通公路，16座寺庙已通硬化路。417个自然村（5户以上），390个自然村已通公路，55个自然村已通硬化路，全县通车里程为1824.298千米。

【项目质量】　围绕交通项目质量提升年活动开展，进一步树立“质量第一，安全至上”的发展理念，不断完善全过程、全方位、全覆盖的质量安全监管体系。建立“政府负责、交通承办、部门配合、群众参与”的质量监督工作机制，形成县、乡（镇）、村三级监督管理体系，根据《昌都市交通工程质量安全监督管理办法》，进一步规范约束各方行为，保障公路工程建设质量。2018年，县交通运输局领导带队的综合检查组对全县在建项目进行专项检查28次，其中发现问题35处，现场责令整改27起，限期整改8起，限期整改项目派专人跟踪监督检查，并在时限内完成了整改工作。

【项目管理】　成立以县长为组长、分管县长为副组长、相关部门负责人为成员的公路建设协调领导小组，各乡（镇）成立由主要负责人亲自抓、分管负责人具体抓的专项工作小组，各村组建由村干部、党员代表、村民代表组成的专门班子，形成县、乡（镇）、村三级组织管理体系，建立健全“政府负责、交通承办、部门配合、群众参与”的工作机制，协调解决工程建设过程中出现的各种困难和问题，确保农村公路建设顺利实施。道路交通建设项目，由当地无偿提供，不得以神山圣水为名阻挠施工方开采砂石原料。施工方根据图纸规定地点开采砂石料，项目完工后对采集点进行恢复生态原貌。县委、县政府审时度势，深入调查研究，确定当地群众参与工程运输，价格统一标准，按5+1.5元/立方米执行（即1千米路程之内，1立方米材料运输价格为5元；超出1千米路程之外，每增加1千米，1立方米材料运输价格增加1.5元），杜绝强拉强卸、漫天要价的现象。围绕工程建设带动群众增收，助推脱贫致富，强化协调服务，支持群众参与，明确群众自发组织运输车辆和施工方运输车辆参与比例为4：1（即当地农牧民参与运输的车辆每达到4辆，施工方可自行搭配1辆），并由村“两委”班子成员承担运输车队长，组织当地群众车辆参与运输，确保参与车辆的管理规范化。

【公路养护】　按照年初与市交通运输局签订的养护目标责任书要求，全面完成对乡村道路裂缝、路面坑槽、沉陷、涵洞堵塞等病害处置，做到路面整洁、路肩无堆积物、边沟畅通、行车舒适。全年，完成34条农村公路682.78千米的日常性养护工作，其中投入机械90台次、人员162次。在雨季来临前制定《丁青县汛期道路抢险保通应急预案》，一旦出现灾情导致公路交通中断，立即启动应急预案，积极开展抢险保通工作，尽快恢复通车，并加强信息报送和数据上报工作，及时向上级部门汇报辖区内应急处置情况和公路畅通情况。全年完成积雪、水毁、滑坡治理，清理塌方、泥石流等应急抢险10处，投入机械10台次，出动人员15人次，确保重要节点、重点时段、重点路段公路安全畅通。

【精准扶贫】　2018年，丁青县31个安置区道路工程，29个项目已完工，年底对29个安置区道路工程进行验收工作，通过的项目有26个，3个项目要求责令整改。2018年交通运输局组织县2家参建企业开展帮扶活动，对15户建档立卡贫困户发放价值20万元藏式家具。交通生态岗位养护员584名，并兑现生态岗位资金2044000元。

【道路安全管理】　认真落实安全生产制度，全年召开安全生产会3次，层层签订安全生产目标责任书，制定安全生产措施。施工路段两侧设置醒目的安全标志，佩戴安全帽，确保各项生产工作的正常开展。2018年，对安通出租车公司进行5次安全检查，未发现安全生产问题。持续开展“平安交通”“安全生产月”等宣传活动，积极开展道路运输安全、“打非治违”等专项整治活动，推进交通运输企业安全生产标准化工作，全面开展安全隐患排查整治。全年开展安全督导检查10次，出动工作人员35人次，发现安全生产隐患40起，随后跟踪督导全部得到整改，交通领域安全生产态势持续稳定好转。

【基层党建】　以“两学一做”学习教育活动为抓手，狠抓机关干部作风建设。组织干部深入开展“两学一做”学习教育活动12次，认真学习党章，并制定学习计划和目标任务，严格落实学习制度，每月组织交通支部集中学习。在全局开展“手抄党章”活动，全面提升向心力和凝聚力。组织开展专题讨论会和民主生活会，开展谈心谈话，认真撰写完成发言提纲，交通党支部书记形成对照检查材料。所有班子成员紧扣主题、突出主线、把握主旨，大家相互批评，找准问题，达到“红红脸、出出汗、加加油、鼓鼓劲”的要求。同时，完成党费收缴，交通支部开展“主题党日”活动11次，民主生活会12次，针对查找出来的问题，制定整改方案、划定整改时限。全国第十九次全体代表大会期间，县交通局组织全体干部学习十九大精神交通活动。活动以“不忘初心司法为民”为主题，全体交通干部围绕学习中共十九大精神，结合各自工作岗位，分享学习心得。

【廉政建设】　2018年，县交通运输局始终坚持大力加强党风廉政建设责任制，以习近平新时代中国特色社会主义思想武装头脑、指导工作，认真学习宣传贯彻中共十九大精神，扎实推进“两学一做”学习教育常态化制度、“四讲四爱”主题教育活动、“厚德丁青·涵养琼布”建设行动，“四个意识”不断增强，服务发展能力水平不断提高。坚持将落实党风廉政建设责任制工作与其他工作一起部署、一起检查、一起考核。把全年反腐倡廉工作分解细化，狠抓干部日常教育、监管和管理，推动机关作风进一步转变。落实落细“三重一大”集体决策制度，行政权力运行规范透明。重点围绕《中国共产党纪律处分条例》和《中国共产党廉洁自律准则》开展宣传，全年召开党风党纪会8次，集中学习中央、自治区以及市纪委相关会议精神。通过学习强化干部，转变工作作风，加强自我廉洁自律意识。严格执行中央八项规定及市县实施意见，严明重申交通工作纪律规定，紧盯重要节点，严禁公车私用、吃拿卡要、大操大办等问题。

丁青公路养护段

【概况】 丁青公路养护段于1981年1月5日成立，前身为丁青维修队，曾荣获“全国文明”道班、全区“十佳”养护道班“民族团结”先进集体等荣誉，涌现出全国劳动模范、全区十佳养护职工和先进个人。下设2个工区、8个公路养护道班及1个保通点（原十五道班）。段机关设政工股、养护生产股、纪检监察室、路政所、财务股、机料股、行政股7个部门。有在册人员243人，其中在职职工69人（干部23人，合同工46人）、一线聘用人员113人，公益性人员1人，退休人员60人。党员46人（在职党员44人，退休党员2人），入党积极分子6人。工会会员173人。

负责管养国道317线木穷达至嘎洛卡，全长约213.36千米，其中木穷达至丁青县城87.36千米正在实施管养，平均路基宽度7.5米，路面宽度6米。有桥梁31座，涵洞279道，养护机械65台（套）（其中4台待报废）。丁青县城至嘎洛卡126千米正进行改建，同时接养省道204线161.6千米，接养省道302线116.844千米。

【养护生产工作】 2018年全年累计整理路肩72964.5平方米、整理边坡44620平方米、清理边沟126839米、清扫沥青路面3881152平方米、清扫砂石路面22600平方米、清理边坡杂物167513.4平方米、清理挡墙堆积物17682.3平方米、清除积雪107093立方米、清除积冰1556平方米、融雪剂使用共计11.075吨、桥涵日常检查养护累计280座、疏通桥梁泄水孔138个、养护桥梁伸缩缝1054米、清扫桥面1368平方米、粉刷涵洞台帽554个、疏通涵洞累计425道，累计公路巡查49203.16千米。养护生产股2018年加固培土路肩7292立方米、加固路基边坡4184立方米、清理塌方5968.25立方米、修补砂石路面磨耗层18970平方米、桥涵清淤2982立方米（桥梁6座、涵洞226道）、铺撒防滑料1380平方米、沥青灌缝77346米、灌缝胶用量11.415吨、开挖土质边沟288米、清理公路沿线生活垃圾7.4吨、清洗路面污垢5800平方米、新栽公路里程桩87块、更换波形护栏148米、更换桥梁信息牌62块、更换及新增设公路标志标牌80块。极大程度上保障了过往司乘人员的生命财产安全。

【汛期抢险保通】 针对丁青公路养护段管养路段落石坍塌频繁、地质地貌特殊的情况，丁青公路养护段养护生产股结合实际制定《丁青公路养护段汛期抢险保通预案》，并在实施中不断加以完善，同时将汛期应急抢险纳入年度工作一同安排部署，形成了公路养护与抢险保通都是为了公路安全畅通的保障机制。汛期丁青公路养护段管辖路段内发生大小型塌方16处，共计清理塌方量2742.25立方米。按照预案要求，第一时间备足所缺的抢险物资。汛期储备汽油300升、柴油4000升、铅丝笼500个、编织袋1000个，为抢险保通工作顺利开展提供了物资保障。强化责任意识，加强信息报送，保障抢险保通顺利开展。每次发生灾害时，养护生产股始终坚持在实施抢险第一时间上报灾毁初期信息，并随时报告抢险工作进展动态，切实做到了边抢边报告，为上级指挥协调和单位全面实施抢险提供了决策依据。累计上报初期短信息42条。

【道路安全工作】　在公路工作会议上将安全生产工作纳入公路养护年度计划和重要议事日程，签订《安全生产目标责任书》12份，对全段安全生产工作进行了明确细化和责任落实，做到同安排、同监督、同检查、同落实、同考核，积极在全段范围内开展"安全生产西藏行""安全生产昌都行"宣传活动，在公路沿线张贴宣传标语12幅，积极向公路沿线及周边农牧民群众传递安全正能量，做到了"横向到边、纵向到底、责任到人、不留死角"的安全生产防范措施。积极完善安全防护设施建设，为一线养护工区储备临时警示标志标牌68块，更换公路沿线损坏标志标牌板面72块，在飞石等危险路段新增设飞石标志标牌8块，为一线工区配备养护作业爆闪灯3套，预订养护作业标志服68套、反光背心30件。同时，为进一步消除临水临崖路段交通安全隐患，丁青公路养护段领导及工程技术人员经过多次调查和协商，通过向昌都公路分局工程科请示并于国道317线生命安防工程项目负责人协调在绒通沟临水临崖危险路段处增设波形护栏10千米左右，有效保障了过往车辆的行车安全。此外，为进一步提升公路交通服务水平，消除行车安全隐患，丁青公路养护段抓住有利时机，全面处置董日西重点堵车路段病害，提前确保五一国际劳动节及汛期的道路安全通行，通过对路面、弯道狭窄处、路基缺口处填筑砂土及疏通边沟，该处路况明显得到改善，道路整体通行能力进一步提高，得到了过往司乘人员的好评，该处路段病害整治共计填筑砂土2112立方米。全年丁青公路养护段安全生产办公室共计开展安全生产培训3期，开展《公路养护安全作业规程》培训1期，受教人数达150余人，下发各类安全生产通知50余份。

【省道接养工作】　丁青公路养护段接养省道为S204和S302。S204线桑多乡至洛隆段约20千米，8千米正在施工建设中；色扎乡至木塔乡共计141.6千米，砂石路面为4千米，沥青路面为137.6千米，现由昌都市交通局组织工程技术人员进行病害调查。S302线丁青至边坝县约80千米，其中当堆乡至边坝段约30.6千米正在施工改建中；丁青至布托湖段36.844千米（其中27千米路段正在施工建设中），布托湖至青海界约23.156千米未施工建设。丁青公路养护段到S204线桑多乡至洛隆段清除较大塌方2处，零星塌方5处，清除土石方约542立方米，修补大小坑槽约460平方米，在K18+200处有大型塌方1处，塌方量约1000立方米，全部为特大石块，装载机无法清理，需要炸药爆破后才可清除，丁青公路养护段及时同县交通局联系并由项目办处理。到S302线丁青至布托湖段查看路况，从丁青到布托湖钢架桥约34千米处，路况良好，无重大公路病害，主要是路面坑槽较多，严重影响行车舒适性，丁青公路养护段安排人员、机械修补大小型坑槽共计约520平方米。

【路政管理】 2018年，丁青公路养护段路政所在上级领导的正确领导和关心支持下，以“集中整治不作为、慢作为文山会海等形式主义、官僚主义等突出问题”活动为契机，以年终公路大检查为动力，以全面实现规范化管理为目标，全面贯彻落实年初工作会议精神，紧密围绕2018年昌都公路分局路政工作的总体要求和主要目标，进一步转变观念，改进作风，强化功能，创新管理，各项工作均取得了良好的成绩，较好地履行了保护路产，维护路权的职责。

【开展宣传活动】 2018年，丁青公路养护段路政开展以“规范执法，护路为民”为主题，以法律法规及规章的相关规定为基点的宣传教育活动，并结合丁青公路养护段实际，利用宣传标语、微信公众平台、《平安公路》宣传漫画册、传单等多种形式对公路相关法律法规进行广泛的宣传，扩大社会影响力。以“12·4”宪法宣传日，5月路政宣传月、6月综治宣传周等活动为契机，开展路政法规宣传活动10余次，在交通要道悬挂横幅标语8条，刷新挡墙宣传标语6条，发放宣传资料4000余份，为路政管理工作的顺利开展营造良好的社会氛围。在虫草采挖期间，丁青公路养护段路政执法人员深入国道317线木穷达至嘎洛卡以及省道204色木公路沿线的虫草采集点开展法制宣传活动。路政员们走进帐篷、走进商户，认真细致地为采挖群众讲解与他们生活息息相关的法条，通过法条与生活的紧密结合，使更多的人更加清晰地了解路政管理工作。为加强丁青公路养护段法制宣传阵地建设，丰富宣传载体，在分局路政部门的大力支持下，丁青公路养护段在国道317线觉恩乡路段处新设立一块大型LED电子显示屏，该电子显示屏可全方位、不同时段、定期滚动播放路政宣传标语、天气等内容，大大提高丁青公路养护段路政宣传工作的直观效应，扩大覆盖面和知晓率。

【路巡路查】 2018年丁青公路养护段路政执法人员路巡路查累计达242次，巡路里程达12463千米，完成巡路笔记242篇。发案9起、破案9起、结案9起、结案率达到100%，收取公路赔（补）偿费共计17290元。办理路政许可2件，收取普耀加油站增设平交道口公路赔偿5万元。办理大件运输许可19件，收取公路补偿费468元。查处未经批准从事超限超载运输车辆4辆，收取公路补偿费580元，按相关规定收取K1539+210处洗车场占用公路用地补偿费4800元/年。

【加强队伍建设】 丁青公路养护段路政所始终把加强队伍建设和内部管理作为重要工作来抓。2018年丁青公路养护段路政人员参加各类路政管理培训3次，培训后谈感悟、谈收获、写心得。制定年度学习计划，时常组织学习党的思想理论和法律法规知识，积极开展业务交流活动。特别是2018年5月，为掀起宪法学习的热潮，丁青公路养护段路政组织开展了“为祖国点赞、同宪法合影”的活动，通过集中学习宪法，同宪法合影，增强了全体干部职工的法律意识和责任感。

路域环境综合整治涉及面广，牵涉部门多，2018年丁青公路养护段路政所积极加强与各相关部门的横向联系，紧密配合，齐抓共管，对丁青公路养护段管养的国道317线木穷达—丁青县城公路沿线进行了全面的路域环境综合治理及安全隐患排查工作，全年丁青公路养护段路政所对丁青县各单位、沿线施工方送达协商函7份、专项整治通告12份。下达责令整改通知书5份，整治新建违章建筑5处，总面积280.7平方米。取缔违规加水点2处、私设平交道口4处。拆除非公路标志标牌、挡墙宣传标语25块。同时，在管辖沿线组织开展了关于对平交道口、渣土砂石运输车辆、非公路标志标牌的专项整治行动，并通过丁青电视台、“琼鹏丁青”微信公众号播报整治动态。

【机料管理】　根据《西藏自治区公路养护机械设备管理办法（试行）》《昌都公路分局机械设备管理办法》的要求，以“保证完好率、提高使用率、降低成本、增加成效、确保安全”为机械管理工作目标，丁青公路养护段机料股全面落实2018年养管工作会议精神，继续强化机料管理工作，进一步完善各项制度。丁青公路养护段有养护机械65台（套），机械完好率达99%，使用率达53%。

2018年丁青公路养护段新建沥青拌合站1座，油料使用量及材料购买量较大，丁青公路养护段机料股认真核实了机械油料使用，做好了材料购买、入库、出库、使用的工作，严格按照《丁青公路养护段油料管理规章制度》《丁青公路养护段材料工具管理办法》的要求，做到了丁青公路养护段油材料的较好把关，积极同财务部门对账并对仓库的材料物资进行逐项盘点，做到了“账账相符、账物相符”。

按照相关要求并结合上年的不足补充和完善机械设备档案，对新购机械设备做好验收工作，严格按照机械设备的走合期进行走合记录，并按要求及时建档立卡和固定资产账务处理，严格按照《西藏公路行业标识暨管理机构基础设施标准化建设图集》《西藏自治区公路养护机械设备管理办法（试行）》的要求对其喷涂机身颜色和机械设备编号标识。做好了机械设备维修保养工作，做到及时保养、及时维修，保障机械设备的良好运行。及时对丁青公路养护段车辆进行年检、年审工作，进一步保障了车辆、驾驶人员的安全。补充和完善了《丁青公路养护段机械设备安全生产责任制度》并同各工区（道班）机械操作手签订了《丁青公路养护段2018年度机械设备安全生产目标责任书》，与拥有私车职工签订了《私家车协议书》，进一步提升机械操作人员安全责任意识，明确了各项责任。由于类丁公路改建，丁青公路养护段管辖路段新增了许多直径较小的波纹管涵洞，一线养护职工无法直接进入涵洞进行清理，只能通过冲水的方式进行清理，经段领导研究决定，利用丁青公路养护段原有拖拉机加装水泵改造成了涵洞清理水车，有效对涵洞进行了清理，另外结合丁青公路养护段实际，自行研究改造了路肩刮路机和路面扫地机，在做好公路路肩工作和路面清扫工作的同时，大大减轻了丁青公路养护段一线职工的劳动强度。

截至2018年底，丁青公路养护段机料股共开展了机械操作手的安全和技能培训3次。安全方面主要由段领导和机料股人员对机械操作手进行宣传和教育，时刻警醒安全的重要性。技能方面实行“老师傅带新人”的方式对机械设备的结构、零部件功能进行认识和了解，有效提高了他们的业务能力。

【党组织建设及党风廉政建设】　强化组织领导，坚持领导带头，教育实践活动有序展开、不断推进。进一步强化党支部书记为全段党建工作“第一责任人”的责任，完善丁青公路养护段党支部党建工作制度，明确党建工作目标、任务和要求，段党支部党建工作领导小组切实履行职责，在年初与段属各工区、道班负责人签订了“党风廉政建设目标责任书”，明确“一岗双责”责任意识。召开民主生活会1次，以“党建带工作”研究解决在公路养护工作中遇到的各类问题，共计召开11期支部委员会。段党支部围绕公路养护工作重点，立足本段、本单位实际，制定了各项党建工作任务，深入开展各项公路养护工作。

进一步建立和完善党建例会制度，理论

学习和工作考核等各项制度，层层分解，责任到人，建立和健全丁青公路养护段干部素质的激励机制，使各项工作步入制度化、规范化轨道。为了切实加强干部的责任意识，丁青公路养护段严格执行《关于新形势下党内政治生活的若干准则》《中国共产党党内监督条例》的基本精神，都做出了重点要求。要完完全全、一丝不苟的对中央的各项条例准则严格落实与执行，进一步转变工作作风，充分发挥工作的积极性和创造性，努力营造积极向上、风清气正的学习工作氛围。

严格落实支部“三会一课”制度，发挥党组织生活对党员的教育、管理、监督作用，组织党课1次，党小组学习活动2次。完成廉政教育学习专题活动5次，组织开展廉政准则学习4次，观看廉政警示片3次。

在昌都公路分局的统一安排部署下，结合2018年理论学习安排精神，开展了一系列学习教育活动。加强丁青公路养护段干部职工的思想意识、法律意识、爱国意识。全年共开展党章党规专题学习会1次，《中国共产党廉洁自律准则》专题学习会1次、《中国共产党纪律处分条例》专题学习会1次。

2018年丁青公路养护段组织开展了学习“中共十九大、十九届二中、三中全会精神”、“关于推进‘两学一做’学习教育常态化制度化”、“老西藏精神”、“两路精神”、“加强政治纪律教育”等一系列学习教育活动。共计召开党员大会1次、民主生活会1次、开展民主测评1次、党课学习1次、党小组集中学习2次、十九大专题考试1次、《习近平谈治国理政》读书会1次，观看爱国主义影视2次，参加各级组织的培训16人次，单位自发组织培训4次150人次，深入基层一线宣传教育10次，收集每人6篇专题学习会及党课心得体会。

集中整治不作为慢作为、文山海会等形式主义、官僚主义突出问题。根据昌都公路分局下发的《关于印发〈昌都公路分局关于集中整治不作为慢作为，文山海会等形式主义、官僚主义突出问题的整治方案〉的通知》精神及相关部署，丁青公路养护段严格落实中央八项规定和自治区党委“约法十章”，狠抓作风效能建设，持续推进效能风暴行动，结合丁青公路养护段实际情况，认真开展自查自纠工作，并坚持以问题为导向、教育惩处并重、标本兼治的原则，逐项对照检查作风转变情况，优化环境、提高效能、推动发展为目标，以“改进工作作风、加强自查自纠、落实重大责任”三大攻坚战为重点，坚持依靠群众、专项治理、评改结合、公开公正、不断创新的工作原则，对照教育实践活动中作风方面查摆出的问题，着力解决制约影响作风的突出问题，促进段各部门进一步转变了作风和服务理念。

【干部建设】 丁青公路养护段根据昌都公路分局关于开展“六能”（提笔能写、开口能讲、问策能答、遇事能办、遇险能出、执法能严）干部队伍建设活动的实施方案，结合丁青公路养护段实际情况，成立“六能”干部领导小组并安排部署丁青段“六能”干部建设方案。经过多次开展学习活动，丁青公路养护段干部职工以深刻领悟到开展“六能”干部建设的重要意义，并主动参与“六能”干部建设活动，丁青公路养护段进一步加强“六能”干部建设活动，使丁青公路养护段干部职工真正做到“六能”。2018年丁青公路养护段共吸收6名入党积极分子，4名预备党员转为正式党员共缴纳党费7267.00元。

【综治维稳工作】 牢固树立“治国先治边、治边先稳藏、稳藏先安康”治藏策略，严格守好综治维稳这条“生命线”。丁青公路养护段纪检、行政股人员先后5次深入一线宣传综治维稳相关文件精神，提高了丁青公路养护段干部职工的维稳意识。在重要节点上，提前部署应急预案，成立维稳领导小组，实行领导带班制度，并制定“双联户”楼长责任制，对丁青公路养护段机关、各工区（道班）所辖区域，来往进出人员都做了详细的登记，群策群力、全民皆兵，早部署，早预防，合理有效地管控了丁青公路养护段辖区的安全联防。

【扶贫工作】 为积极响应昌都公路分局党委，丁青县委、县政府号召，推进区扶贫工作取得新成效，打好扶贫攻坚战。2018年丁青公路养护段两次前往尺牍镇巴格村进行“进村入户、结对认亲交朋友”活动，分两批扶贫小组前往帮扶点开展“进村入户、结对认亲交朋友”。

丁青公路养护段以“修文明路、塑文明人”为根本，以建设一流班子、带出一流队伍、实现一流管理、达到一流服务、树立一流形象、创建一流业绩为目标，开创品牌活动，开展“3·12”植树日、“缅怀先烈祭英灵”、“清明扫墓活动”、“丁青是我家清洁靠大家”为主题禁白活动、“五一创先锋”、“庆七一”等一系列活动。

【职工文化生活水平】 随着丁青公路养护段工作环境的不断优化，活动场地的不断完善，为丰富职工业余生活，加强建设文化生活阵地，丁青公路养护段在上级工会组织的关心支持下，进一步完善了十一工区图书阅览室、健身房、氧吧、活动室、洗澡堂等场所，根据2018年“五小一院”建设工作计划，2018年丁青公路养护段机关院坝绿化面积完成2650平方米，并在机关及觉恩工区绿化区域种植了60棵苹果树、100棵雪松树及多种花卉植物，为提倡全民健身，在丁青县教育局的支持下，丁青公路养护段在机关及十一工区增设了2个篮球场。

2018年丁青公路养护段工会慰问因病20名干部职工，共发放慰问金5800元。慰问3名去世职工遗属，共发放慰问金3000元，体现丁青公路养护段以人为本的管理理念。

以党建带工建，丰富职工生活。由于丁青公路养护段一线职工业生活单一，工会把积极丰富职工业生活作为工作的出发点与落脚点，在段党支部的带领下，工会积极组织职工开展各类文体活动，在藏历新年节日当口，组织全段职工进行篮球赛、拔河比赛、在增强了职工身体素质的同时也增进了职工之间的友谊。

积极宣传政策法规，保障职工权益。县工会注重政策法规的宣传，到基层一线宣传《中华人民共和国工会法》《中华人民共和国劳动法》《中华人民共和国妇女权益保障法》活动2次，受教人次达100人次。

向一线、高山道班及退休干部职工送去了10460.5千克蔬菜及909.7千克肉。因丁青县海拔较高冬季严寒，职工取暖问题一直是丁青公路养护段党支部致力解决的问题。为解决职工切身利益，段领导多次与县政府及供暖公司协商后，每户共计降低了1498.00元的供暖费。2018年洪水造成原供水管道堵塞无法正常使用，严重影响了工区职工的生活用水，为保障职工每天能够饮用干净的生活用水，丁青公路养护段自行从蓄水池铺设了936米长的主管道，解决工区职工吃水难问题。

为更好地帮助丁青公路养护段辖区路段受困司旅，在路况较险的融通沟建立了救助站，2018年共救助6名受困司旅。在日常养护及巡路期间发生的交通事故，丁青公路养护段职工都第一时间救助事故当事人及疏导事故现场车流，2018年丁青公路养护段共收到3面锦旗。

中国电信丁青分公司

【概况】 截至2018年底，下设5个三乡一店（尺牍镇、色扎乡、觉恩乡、巴达乡、嘎塔乡），城区13个代理商、8名营业员、6名装维人员、14名销售人员，电信普遍服务点19个行政村，有2辆宣传车，1辆维护车。

【市场经营情况】 丁青县邮电局在年初积极承接公司的战略计划和一系列“春季战役”“存费抽奖”“存费送礼”“存费送机”“天翼惠民79礼包”“积分兑换”等促销活动，从各个层面激发放号、维系的活力。利用主厅和合作代理商均在市内繁华地段的有力优势节假日、周六、周天吸引厅店的人流量。为了强化业务发展攻防体系，进一步激活农村、城区经营活力，按照分公司要求，实施5级、4级网格划分，5个三乡一店为农村4级网格划分，城区分为新区、老区5级网格划分，从最初的经营模式向承包人为主的模式转变。

【无线基站建设】 2018年，丁青县电信局通过上下对接，采取有效措施，进一步加大对无线基站建设工作力度，截至年底，基站建设累计达到130座，其中3G网络优化及盲区覆盖基站25座、4G基站105座，全面巩固和提升64个中国电信任务行政村无线网络信号覆盖和信号质量的基础上，进一步扩大行政村、公路沿线、重要景区以及自然村的无线网络信号覆盖范围，行政村电信无线信号覆盖率达85%，同时全面部署完成电信4G网络业务。

【宽带网络资源建设】 2018年丁青县电信局继续加大有线光纤宽带网络建设力度，在全面承建电信普遍服务行政村光纤宽带资源建设工作的同时，继续巩固乡镇及以上城区光纤宽带100%覆盖的基础上，进一步扩大行政村及扶贫搬迁点光纤宽带资源建设工作，实现乡（镇）及以上城区光纤宽带覆盖100%，行政村光纤宽带覆盖达72%，进一步实现扶贫安置点宽带资源建设覆盖率达到100%，覆盖率已实现85%。

【重点指标完成情况】 截至2018年12月，收入累计完成2284.7万元，完成全年收入任务的96.53%，其中固网294.5万元，进度80.46%，股份1990.2万元，进度99.51%。截至12月27日，市场份额从年初的41.25%达到44.45%，增长了3.2个百分点。移动发展10417户，完成年度任务的129.17%，宽带发展1674户，完成年度任务的89.28%，高清发展1990户，完成年度任务的98.95%。

【服务品质】 2018年，丁青电信局面向城区接入方式为FTTH的公众宽带客户和天翼高清客户（不含政企客户和校园客户），以六项承诺为主，开展西藏公司宽带服务年工作，具体承诺内容为当日装、当日修、慢必赔，真宽带、真速度、低必赔，无条件受理，零拒单，老用户免费提速，新装用户免费调测无线Wi-Fi，7×24小时在线服务。

【业务管理】 2018年，丁青电信局全面推行投诉“首问责任制”，加强了用户信息安全管理，尤其注重电信售后服务，建立通报制度，不断提高视察工作有效性。服务质量持续提高，服务水平明显提升，保障用户的合法权益。加强对装维、服务、资费等环节的质量管控，及时、规范、妥善地处理和解决客户投诉问题。逐步加大检查的频次和范围，细化考核指标，进一步强化对服务的整治和监督检查力度，规范企业的经营行为，提升用户满意度。

【强化安全管理】　2018年，丁青电信局加强安全生产管理，及时开展安全生产专项整治活动，严格落实各项安全生产责任制度，进一步加强用户实名制、资金、消防、车辆等安全管理。开展消防安全专项检查，发现并整改消防安全隐患。持续加强网点、业务库、车辆等的安防力度，提升安保效率。狠抓安全稳定工作，加强节假日值班制度，确保“三不出”的维稳工作目标。

【企业党建】　以习近平新时代中国特色社会主义思想为指引，丁青电信积极推进党的基层组织建设和党建工作，充分发挥党组织在企业职工群众中的政治核心与企业发展中的政治引领作用，结合“两学一做”学习教育常态化制度化、“主题党日”等学习教育活动，以“三会一课”为依托，坚持把学习教育融入日常，制定学习计划，召开集中学习8次，抄写党章3份，参加民主生活会议4次，撰写心得体会3篇，主要领导授党课2次。

【党风廉政建设】　丁青县电信局深入学习贯彻习近平同志关于党风廉政建设的重要论述，把党性党风党纪教育作为加强思想建设的战略任务、作为坚定理想信念的有效途径，使广大党员干部不断提升党性修养，打牢绝对忠诚的思想根基，始终不忘当初为什么出发，始终保持对远大理想和奋斗目标的清醒认知和执着追求，永葆共产党人的政治本色。严格按照年初与丁青县纪委签订的党风廉政建设责任书规定内容，把党风廉政建设贯穿到各项业务工作。按照“标题廉治、综合治理、注重预防”的工作方针，不断加强党员干部廉政教育，促进丁青县电信局党风廉政建设风清气正发展。

丁青县移动分公司

【概况】　丁青县移动分公司成立于2005年10月，自运营以来，在昌都市委、市政府和县政府以及区市移动公司党组的正确领导下，紧紧围绕“远赶西部先进、近创区内一流”的企业奋斗目标，坚持以市场为导向、客户为中心、效益为目标，不断深化“服务与业务领先”战略，在竞争中成长，在创新中发展。通过实施“起步年、发展年”，企业综合实力和运营效益不断得到提升，实现网络能力、客户规模的快速发展，为丁青经济发展、政治稳定、民族团结和社会进步奠定基础。

【市场经营指标】　市场经营方面，夯实服务基础，以保有中高端市场为基础，以拓展潜在市场为动力，以效益增长为目标，全面推进各项工作。以市场掌控为导向，以客户发展为动力，提升市场发展空间，强化目标存量客户、星级客户。截至2018年，丁青县移动分公司用户达到1.7万户，继续保持移动用户良好的市场主导地位，全县移动宽带用户1200户左右，用户应用感知良好，移动数据专线、互联网专线、语音专线等专线及ICT工程、信息化项目投入应用，为全县经济开展提供有力支撑和便利。2018年，4G客户数达到11000户，收入完成24230万元，市场份额达到52%。

【通信网络建设】　立足网络基础，强化运营能力，2018年分公司不断提升网络质量，打造“百分九五畅通网络”，围绕4G覆盖网络质量优于对手的要求，狠抓网络质量提升工作。对短板制定严格的考核目标，以竞赛促生产、以竞赛带队伍，全面推进网络质量的提升工作。分公司积极响应互联网+行动，向昌都分公司争取优惠政策，参与教育城网丁青县23个学校网络建设及13个乡政府雪亮工程网络建设、31个易地搬迁点位网络建设。64个行政村信号覆盖率97%，自然村信号覆盖率49%，317国道信号覆盖率95%，乡镇易地搬迁信号覆盖率为95%，虫草采挖点信号覆盖率为65%。家宽覆盖率、县城覆盖率为100%、13个乡镇覆盖率为92%，行政村覆盖率为75%，易地搬迁覆盖率为65%。截至年底，累计完成应急保障3次，出动车辆5辆，出动人员21人。

【安全生产】　丁青县分公司始终把安全生产作为头等大事来抓，坚持“安全第一，预防为主”的生产方针，坚持管理、培训、落实并重，正确处理安全与生产、安全与改革、安全与效益的关系，全面加强安全生产管理，强化监管和考核制度，实施全员、全方位、全过程的安全监督，营造“关注安全，平安是福”的浓厚氛围，为建设“精细化管理”的平安移动奠定基础，全力确保丁青县移动分公司安全生产形式持续稳定。

城乡建设与环境保护

住房和城乡建设

【概况】　根据《昌都地区行署办公室关于〈丁青县人民政府机构改革方案〉的通知》和《昌都地区机构编制委员会关于印发〈丁青县人民政府机构改革方案实施意见〉的通知》精神，设丁青县住房和城乡建设局，为县政府工作部门。主要负责全县城市规划、村镇规划、村镇建设、工程建设、工程监管、质量监督等相关工作。县住房和城乡建设局（城乡规划局）核定行政编制3名，其中科级领导职数3名。截至2018年，机构无变化。

【住房保障】　全县建设周转房32套，总投资980万元，总建筑面积1140平方米及附属设施，2018年12月完成基础施工。2018年，全县建设公共租赁住房36套，总建设面积1800平方米，总投资630万元，2018年11月竣工。2018年实施2017年棚改建设，全县2017年棚户区改造指标为239户，分为4个项目，分别为：2017年丁青县丁青镇棚户区改造项目（80户）、2017年丁青县色扎乡棚户区改造项目（43户）、2017年丁青县觉恩乡棚户区改造项目（40户）、2017年丁青县协雄乡棚户区改造项目（76户）。根据全县整体规划和群众实际需求，将全县2017年棚户区4个改造项目调整为3个项目，即2017年丁青县丁青镇棚户区（城中村）改造项目、2017年丁青县协雄乡棚户区（城中村）改造项目、2017年丁青县觉恩乡棚户区（城中村）改造项目，上述3个项目改造户数共239户，其中，丁青镇94户，协雄乡120户，觉恩乡25户。该项目PSL前期贷款资金已到位3716万元，其余贷款资金正在与农发行对接。全县2017年棚户区改造项目已完成房屋评估、初步设计等前期工作，觉恩乡安置点完成9户，待借款资金落实后可立即全面组织实施。

【市政基础设施】　投资5600.18万元，实施丁青县污水处理厂项目建设。新建总长16.932千米的污水管网，格栅间及调节池1座，旋流沉砂池1座，絮凝沉淀池1座，储泥池1座，紫外线消毒渠及八氏计量槽1座，人工湿地（温棚）9300平方米。综合用房、加药间、门卫室、污泥脱水机房等附属用房1476.44平方米，以及厂区道路、广场、绿化、给排水、电器、围墙、排水沟等附属设施和必要的设备等，破路修复28432.80平方米。该项目于2017年4月1日正式开工建设，于2018年11月完工。

【城建重点项目】　全县灾后重建项目共涉及7个乡镇，总户数1952户，建设面积29.6万平方米及附属配套工程，总投资10.29亿元。其中嘎塔乡1个集中安置点474户，甘岩乡1个集中安置点277户，巴达乡1个集中安置点393户，木塔乡2个集中安置点137户（羊塔村100户、木塔村37户），尺牍镇1个集中安置点313户，布塔乡2个集中安置点150户（布塔村

102户、日塔村48户），协雄乡廊通坝1个集中安置点208户。截至2018年12月，除木塔乡安置点未完工，其他安置点全部竣工，木塔乡安置点由于气候恶劣、工期短、施工环境差，只完成主体、主干道路，完成总体工程量的85%。

【环境卫生整治】 加强环境秩序管理，持续开展住宅小区私搭乱建、侵占公共空间、破坏道路、破坏绿化、破坏公用管网和共用设施、破坏小区环境等方面的专项整治行动，并定期对小区内乱堆、乱种、乱搭、乱晒、乱贴小广告等不文明行为进行整治。以专项整治为突破口，加大巡查和执法力度，严管店外经营和流动摊贩，对各类违章行为进行疏导、规范，共开展大型综合整治行动23次，共查出流动摊贩、马路市场及店外经营6起。不断加大巡查力度，对占道堆放的建筑材料和建筑垃圾，发现1起，立即处理1起，共整治和清除各类违章占道现象7起。2018年，对管辖区域的在建工地、拆迁地块、市政道路、桥梁、排水设施、道路绿地、保洁区域、公厕、垃圾填埋场等场所，开展大规模、全方位的环境整治活动，按照“定目标、定时间、定措施、定人员、定责任”的工作要求，加强与县环境保护局、卫生局、交通运输局等部门的协作，形成整治合力，确保落实到位。截至年底，共清运生活垃圾2.5万吨。规范建筑工地10个，处置及消纳建筑渣土18万立方米，清除无主垃圾、卫生死角30处，垃圾量500吨。发放宣传资料和公开信宣传，提高居民对垃圾分类的认可认知度，引导居民积极参与垃圾分类行动。

【质量监管】 严格要求建设、施工、监理单位对进入施工现场的工程建筑材料、成品、半成品、构配件等进行进场报检、核查验收的基础上，增加监督抽测措施，不定期开展建筑材料的专项检查，确保建材品质，坚持做到“两个不能使用”，即材料进场前先检后用，无材料检测报告不能使用；检测检验不合格坚决不能使用。扎实开展工程建设领域突出问题专项整治工作，制定《2018年丁青县工程建设领域突出问题专项治理工作实施方案》。2018年6月13日，召开丁青县工程建设领域突出问题专项整治工作调度会，要求各施工企业对工程建设领域存在的突出问题再进行一次回头看，上报一批不良行为、“黑名单”和差别化管理的项目。在联合相关单位联合检查的基础上，组织2个检查组对其进行抽查，共检查在建项目45个，下发工程整改通知书13份，停工通知单1份，约谈企业7家。开展建筑市场监督执法考核暨建筑工程质量安全督察工作，共抽查项目23个，发现质量安全隐患整改和不规范行为50条，下发整改通知书12份、不良行为告知书3份，向施工企业下发检查通报。举办安全生产法律法规学习及培训3次。结合2018年6月份“安全生产月活动”“安全生产大检查活动”，开展宣传、培训、现场指导等工作，发放宣传资料180份，答复咨询19人次，悬挂标语38幅，强化安全生产责任制，切实加强管理施工现场值班，确保全县建设工程安全、平稳，杜绝安全隐患的发生。

【规范建筑市场秩序】 结合全县整顿和规范建筑市场秩序工作的实际情况，围绕“五个”转变开展工作：一是整顿和规范建筑市场秩序以整顿为主向以规范为主转变，重点在完善建筑市场监督管理的规定、措施上下功夫，积极开展建筑市场治本之策的研究，逐步实现建筑市场的规范管理；二是行政执法由普遍执法检查向重大案件查处转变，重点查处群众反映强烈的严重违法违规案件和加大执法监督力度；三是工作方式由一般部署向目标责任制转变，重点抓各项工作的落实和行政效能考核：四是建筑市场整顿由普遍整顿向薄弱环节、重要环节转变，重点是加强有形建筑市场和工程质量管理，充分发挥有形建筑市场作用，严格贯彻施工图设计审查。从源头上制止建设工程不依法建设、不按建设程序办理建设手续、项目违法转包、分包以及中标与施工过程相脱节、工程技术人员、项目经理、八大员等违法乱挂乱靠等行为，采取有针对性措施。一是抓住治“乱”源头，规范业主行为。整顿和规范建筑市场，首先应从依法规范业主行为开始，从严把好关，坚决不允许违法项目开工建设。二是加大管理力度，严格办事程序。各级建设行政主管部门不断提高自身的政治和业务素质，切实负起责任，真正履行职责，真抓实干，加大执法检查力度。首先，从严规范执法行为、办理各项基本建设手续开始，依法严格办事程序，该办的一定要办，不该办的一定不能办，杜绝问题进入市场。其次，办理各项手续规范到位，尽职尽责，为市场主体各方做好榜样。三是加大执法力，严肃查处违法行为。求真务实，见到实效，真正起到震慑作用。四是加强对施工企业的管理工作，引导和帮助企业提高整体素质，提高企业技术人员自有率，提高企业的自律能力，提高企业的市场执行力，切实依据企业自身的技术优势，充分调动管理人员的积极性，逐步使市场竞争中的最基础层次的价格竞争转向中间层次的质量竞争，最后达到最高层次的品牌竞争，使企业真正走向做大做强之道。五是认真开展不执行强制性标准和在施工中偷工减料行为的专项治理。加大对新版《建筑工程施工质量验收规范》的宣传力度，贯彻实施《建设工程质量管理条例》《实施工程建设强制性标准监督规定》等强制性条文，依法严厉查处不执行强制性标准、偷工减料、降低工程质量以及指定、购置使用不合格的建筑材料、建筑构配件和设备的勘察、设计、施工和监理等单位的违法违规行为。

组织开展整顿规范市场秩序执法检查，分赴各乡（镇）开展综合执法检查12次，对全县在建工程共45项进行执法检查。其中手续完善的工程43项，未办理手续的工程2项。并加强与地区住房和城乡建设局各科室的联系与沟通，及时掌握与了解全县建筑企业的具体情况，严把准入关，杜绝利用虚假资质、过期资质、出借资质在丁青县承接工程。

【基层党建】 2018年，住房和城乡建设支部坚持把党建工作列入重要议事日程。年初对支部全年的工作认真进行安排部署，以《丁青县党建工作目标考核责任书》为目标落实党建工作，拟定《住房和城乡建设局党建工作责任书》，并与支委成员和党员进行签订，将党建工作目标分解到人，形成层层抓落实的工作格局。通过支部会议、测试、知识竞赛等多种方式开展中共十九大学习，2018年累计开展支部会议12次，答卷测试4次，知识竞赛4次，撰写心得体会100篇。组织民主生活会、专题座谈会开展学习研讨，确保单位领导干部先学一步，学深悟透，融会贯通。要求党员干部逐人制定学习计划，撰写心得体会，以学促行，学用相长。营造良好氛围，形成学习常态。针对中共十九大提出的新思想、新战略、新要求，积极开展学习中共十九大精神活动，党员干部带头，学精神、谈体会，立足工作岗位推进新精神落地生根。党支部还结合“三会一课”、组织生活会，开展党组书记讲一次党课、党员进行一次集中讨论。结合推进“两学一做”学习教育常态化制度化和“主题党的生日”等活动，设置学习组长，指导督促党员深入学习、长期学习，努力提升学习的广度和深度，让中共十九大精神有效覆盖至每一级党组织和每一名党员，落实到每一项具体工作中，对单位党员提出新的更高的要求。

【廉政建设】 大力倡导求真务实、真抓实干的优良作风，倡导勤俭节约，反对奢侈浪费，建设节约型机关，继续加强对党员干部的宗旨教育、法纪教育、党风廉政建设教育。党员设岗定责明确，承诺服务项目和范围落实，带头完成工作任务，全心全意为人民服务，群众满意率高。加强对党风廉政建设工作的组织领导，一把手负总责，分管领导各负其责，班子成员齐抓共管，召开会议，出台方案，对2018年度的党风廉政建设责任内容细化分解，层层落实责任，与党员干部签订《党风廉政建设目标责任书》，细化党风廉政建设的责任范围及主要任务分工，明确责任主体、办理期限和目标任务。召开党风廉政建设会议11次，签订承诺书2份，观看廉政教育片4场次，开展学习活动12次，主要领导干部廉政述职6次，开展各项领域透明度工作5次，截至2018年底，丁青县住建局无违法违纪行为发生，各项工作取得预期的目标。

环境保护

【概况】 丁青县环境保护工作在自治区党委、政府和市委、市政府的坚强领导下，在自治区、市环保部门的大力支持下，以邓小平理论、“三个代表”重要思想、科学发展观和习近平新时代中国特色社会主义思想为指导，以中共十九大，十九届二中、三中全会精神为统领，牢固树立绿色发展理念，把“保护好青藏高原生态就是对中华民族生存和发展的最大贡献”作为最重要责任，围绕昌都市“七城同创”目标，紧扣县委“7654”工作思路，强化属地管理原则，坚持在发展中保护、在保护中发展，突出重点、完善制度，标本兼治、严格执法，切实守住丁青生态底线、红线、高压线，较好地完成了各项工作任务。截至年底，机构、编制无其他变化。

【职能职责】 2018年，贯彻执行环境保护方针政策和法律法规规章，拟订并监督实施丁青县环境保护规划和年度计划。牵头协调重大环境污染事故和生态破坏事件调查处理，建立健全突发环境事件的应急预警机制。负责环境保护行政稽查和执法检查。承担落实主要污染物总量减排目标的责任，组织实施排污许可证制度和环境保护目标责任制，承担从源头上预防、控制环境污染和环境破坏的责任，受丁青县政府委托对经济和技术政策、发展规划以及经济开发进行环境影响评价，监督管理对环境有影响的建设项目。负责环境污染防治的监督管理。对大气、水体、噪声、固体废物、土壤和光、恶臭以及机动车等的污染防治和生态环境保护实施统一监督管理。组织指导城镇和农牧区的环境综合整治工作，组织开展生态环境质量调查，进行生态环境质量分析和评估，监督对生态环境有影响的自然资源开发利用活动、生态环境建设和生态破坏恢复工作。组织协调生物多样性保护，协调和监督生物植物保护、湿地环境保护工作、牵兴生物物种工作。参与指导推动发展循环经济有关工作，参与应对气候变化工作。负责核安全和辐射安全的监督管理，监督管理放射源安全、电磁辐射、伴有放射性矿产资源开发利用中的污染防治工作。组织开展辐射环境监测工作。负责辐射环境事故应急处理工作。负责环境监测网络、环境统计和环境信息系统的建设和管理。组织开展生态文明建设和环境友好社会建设宣传教育工作。组织、指导和协调环境保护宣传教育工作。推动社会公众和社会组织参与环境保护。

【项目环评】 项目环评坚持政府“一支笔”审批，严格落实项目审批，严格落实项目审批前的现场核查，是否依法履行环评手续，查看环评文件及环评批复等。故意提供虚假环境影响评价文件，情节严重的，或者严重不负责任，出具的环境影响评价文件存在重大失实，造成严重后果的，应当依照刑法规定，以提供虚假证明文件罪或者出具证明文件重大失实罪定罪处罚。查看项目的性质、生产规模、地点、采用的生产工艺或采用的污染治理的措施等是否与环评批复文件一致，积极征求当地群众及政府意见。2018年共受理建设项目环评148个，审查过程中严格环保法律法规和技术标准，对不符合上会要求的项目予以退回处理。从源头上控制环境污染和生态破坏的新增量。加大重点企业支持力度，积极衔接上级环保部门。

【污染防治】 为进一步严厉打击非法砂石场和砖厂违法行为，相关部门对丁青县的砂石场和砖厂进行全面清理整顿，着重检查环评和“三同时”执行情况，以及针对施工扬尘、噪声、生活废水等污染物采取的措施到位情况进行专项检查，手续齐全但存在问题的砂石场和砖厂，要求限期整改，手续不齐全的砂石场和砖厂现场关闭，下发限期整改通知17份，现场关闭12家。扎实开展娱乐场所专项整治工作。县环保牵头组织宣传、文化部门对丁青县的15家娱乐场所和部分餐饮业，就经营手续、卫生环境、噪音污染等开展专项检查，并针对存在问题，要求限期整改，杜绝噪声扰民。县环保组织相关单位多次在自家浦煤矿、华鑫矿业，现场执法检查两矿的污染防治设施运行情况、排污情况、环境应急管理情况等，并针对存在问题要求限期整改。为更好地做好公路建设沿线生态恢复工作，投入专班力量对建设过程中、公路两侧、弃土弃渣场、取料场等进行专项检查，对不符合环评要求和设计范围内的点位，下发整改通知书，要求限期整改。全面掌握丁青县所有个体工商户、企业单位排污单位污染排放情况，建筑、交通等领域环境保护情况，依法查处环境违法行为，有效防范环境风险，确保丁青县环境安全，结合《丁青县第二次全国污染源普查工作》和《丁青县人民政府关于开展“大调研、大查摆、大宣传、大讲解、大督查、大整改、大落实、大办事、大回看、大回访”活动的实施方案》，进一步摸清排污单位底数和环境保护监管薄弱环节，全面落实监管责任，认真自查自纠，依法严厉打击环境违法行为，全面深入排查环境风险隐患，对各类环境问题究其缘由、整改到位。根据《中华人民共和国环境保护法》和《中华人民共和国大气污染防治法》规定，为贯彻落实《关于转发〈高污染燃料目录〉的通知》文件要求，结合丁青县实际，县环保局下发了《关于丁青县做好散煤、煤块整治工作的通知》，要求严禁在丁青县范围内使用不具备环保认定和排放标准不达标的煤质，该专项整治行动是打赢污染防治攻坚战的重要举措，作为县环保局特色亮点工程。开展整顿非法分类回收垃圾行为的专项整治工作。根据《中华人民共和国环境保护法》《中华人民共和国国土废物污染环境防治法》《中华人民共和国环境影响评价法》《建设项目环境影响分类管理名录》等法律法规规定，结合全县实际，整顿丁青县范围内存在的非法、违规分类回收资源（垃圾）现象，为资源（垃圾）分类回收营造良好的市场环境，制定并印发《关于整顿非法分类回收垃圾行为的方案》，相关单位联合下发《丁青县关于整顿非法、违规分类回收资源（垃圾）行为的通知》，丁青县范围内的垃圾分类回收企业开展一次专项整治工作，作为提高资源回收利用率的重要举措，同时作为特色亮点工程来推进。相关企业正在开展整改工作，已达序时要求，按期完成整改工作。按照自治区、昌都市燃煤锅炉淘汰有关文件精神，丁青县环境保护局及时开展专项整治工作，丁青县范围内所有不合规格的锅炉均已完成拆除或整改，丁青县集中供暖公司2台不合规的锅炉也按照上级要求完成拆除工作。扎实开展水源地保护专项整治工作。为贯彻落实好自治区、昌都市集中式饮用水水源地环境保护专项行动相关要求，严格依据《中华人民共和国水污染防治法》等法律法规要求，制定了《丁青县集中式饮用水水源地环境保护专项行动方案》《丁青县格仁村城镇饮用水水源地专项整治实施方案》，丁青县环境保护局协同相关部门，对丁青县格仁村城镇生活饮用水水源地进行排查，在排查过程中，发现上游有6户居民。丁青县人民政府主要领导及丁青镇人民政府、丁青县水利局、丁青县环境保护局主要负责人多次到居民家中进行思想教育和宣传工作。丁青县格仁村水源地上游6户居民已全部搬迁，丁青县环境保护局对拆迁费及后期生活垃圾和建筑垃圾清理费，共投入资金40万元。垃圾填埋场垃圾规范处置，已成为丁青县一大环境安全隐患，县环境保护局分管领导带队，协同有关单位多次深入到格仁村、觉恩乡、色扎乡生活垃圾填埋场进行督导检查。县环境保护局要求格仁垃圾填埋场按照中央第六环境保护督察及自治区第二环境保护督察组的处置规范要求，对生活垃圾规范填埋，规范使用渗滤回喷系统，规范设置导排气、检测井、标识标牌、相关台账等设施提出明确整改要求，下发限期整改通知书及督办单，已达序时要求，能够按时完成各项整改工作。要求觉恩乡、色扎乡生活垃圾填埋场尽快开展环保专项验收，并正式投入使用。

【环境监察】　在《中央环境保护督察组反馈整改问题清单》中，涉及丁青县四类37项问题（其中，中央环境保护督察组反馈整改问题11项、中央第六环境保护督察组交办案件13项、自治区核定昌都市存在环境问题4项、昌都市自查自纠存在环境问题9项）。丁青县在整体推进整改落实工作中，中央环境保护督察反馈整改问题11项，已完成9项，正在完成2项；中央第六环境保护督察组交办案件13项，已完成9项（对2个转办案件，按照相关法律法规进行了行政处罚，处罚金为17.6余万元），其中4项为不属于受理范围。自治区核定昌都市存在环境问题4项，已完成4项；昌都市自查自纠存在环境问题9项，已完成5项，其他4项为长期坚持整改项。2018年7月20—21日，自治区第二环境保护督察组副组长罗杰、昌都市政府副市长刘文德一行对丁青县进行督导检查，通过与丁青县委副书记、县人民政府县长罗广前谈话，并对丁青县的垃圾填埋场、水源地、供暖公司、污水处理厂等进行现场督察。督察组现场督察反馈整改问题10项，已完成10项。2018年11月5日，自治区第二环境保护督察组向昌都市反馈督察期间存在的环境问题13大类25项中涉及丁青县的有8大类21项问题（个性问题1个、其余为共性问题），丁青县整改办已制定整改方案、整改措施、整改清单，以丁青县委、县政府名义下发至乡镇级，督促整改落实。中央第六环境保护督察期间，昌都市转办案件2件，办结2件；昌都市交叉检查发现问题3项，已完成3项；丁青县环境保护局自查问题7项，已完成4项，正在完成3项（全县河道采沙、两乡垃圾填埋场环保专项验收、水电资源开发问题），其中2家企业单位，按照相关法律法规进行行政处罚，处罚金为15万元。县环境保护局以此次中央环保督察及自治区环境保护督察为契机，借势借力推进问题排查常态化、问题整改常态化，补齐环境保护工作短板，进一步摸清环境风险底数，排查丁青县环境隐患问题。为了将虫草采集工作群众产生的生活垃圾集中、统一处置，及时协调丁青县相关部门，成立虫草采集环境整治领导小组，于5月23—25日，分别到布塔乡、木塔乡、色扎乡、嘎塔乡、甘岩乡、巴达乡虫草采集点进行环境整治检查工作。6月28日至9月1日组织专班力量对虫草采集所产生的垃圾进行验收，统一运输、规范处置，并对验收合格的乡（镇）进行拨付相应费用。

【环保考核】 为进一步加大丁青县环境保护工作覆盖面，做好丁青县2019年度环保考核前期准备工作，落实年初签订的《丁青县环境保护工作目标责任书》，赶赴丁青县13乡（镇）和部门进行统一考核，被考核的大部分乡（镇）能够较好地完成年初签订的目标责任书，但有些被考核乡（镇），领导重视程度有待提高，考核资料须进一步查漏补缺，须建立环保工作长效机制。

【环境宣传】 不断加大生态环保工作宣传力度，引导丁青县各族干部群众保护环境、共建美好家园，积极参与生态良好县建设，不断推动生态文明建设。丁青县多渠道、全方位深入开展环保宣传工作。按照丁青县委、县政府安排部署，进一步加大虫草采集区的宣传教育力度，为虫草采集工作期间群众产生的生活垃圾集中、统一处置，环境保护局及时协调丁青县相关部门，深入布塔乡、木塔乡、嘎塔乡、甘岩乡、巴达乡等乡镇虫草采集点开展宣传工作，给群众发放环境保护知识手册、垃圾分类宣传单、垃圾分类海报等资料2500余份，切实提高虫草采集区群众的环保意识，并且组织开展虫草采集区31个点的垃圾清运工作，共计投入55.8万元。通过悬挂横幅标语、微信公众号、LED显示屏、电视广播等多种途径和方式，大力宣传习近平总书记关于加强生态文明建设和环境保护重要批示指示精神和党中央、国务院决策部署，宣传自治区党委、政府，昌都市委、市政府，丁青县委、县政府关于着力构建国家重要生态安全屏障，推进生态文明建设的系列工作部署和举措、取得的成效，着力营造人人关心环保、人人参与环保的浓厚氛围。丁青县悬挂横幅标语33条，有16个LED显示屏连续播放环保标语，张贴宣传栏3个。电视台累计播出环保类新闻8条，环保公益广告5个，转载环保评论文章2个，进行环保知识宣传1条，微信公众号、琼鹏丁青宣传环保11条。

【制度改革】 准确核实“两项清单”，核实单位权力清单和责任清单，包括单位各项行政审批、污染防治和监察执法等工作。继续严守生态环保底线、红线，健全工作机制，细化工作责任，建立“权责一致”的责任体系及问责制度。加大环保突出问题整改措施的落实力度，已经整改完成的继续加强后期跟踪督导工作，定期开展检查，防止问题反弹。正在整改的继续加大督促落实力度。

【基层党建】 2018年，环保支部召开专题会议对党建工作进行安排部署，明确全年党建工作的目标任务，真正把党建工作纳入重要议事日程，构建起上下同心、齐抓党建的良好运行机制。制定《丁青县环保党支部2018年党建工作计划》，并成立党建工作领导小组，按照每周五定期学习和不定期学习相结合的方式进行学习。根据支部党建工作实际，研究抓好党建工作思路、方法，制定各项活动方案和责任制度。党支部将党建工作目标层层分解，切实做到有计划、有检查、有总结。丁青县环境保护局党支部始终把党员的思想教育摆在更加突出的位置，采取专题研讨、上党课等方式深入学习贯彻习近平总书记系列重要讲话精神和中共十九大精神，结合“两学一做”学习教育常态化制度化、“主题党日”等学习教育活动，以“三会一课”为依托，坚持把学习教育融入日常，召开党代会3次、支部委员会7次，开展专题研讨9次，专题党课21次，组织生活会1次，抄写党章7份，撰写心得体会7份。党支部在抓机关党组织建设时，始终注意通过抓党内活动把党员组织起来，充分发挥先锋模范作用，党支部3次组织开展对口扶贫、送温暖活动，带领全部党员前往尺牍镇，对口帮扶10户困难户，7名党员向尺牍镇困难群众捐款捐物折合人民币4900元。

【廉政建设】　2018年，丁青县环保支部认真贯彻落实中共十九大精神，深入贯彻习近平新时代中国特色社会主义思想，以强化责任落实、不断推进环保支部党风廉政建设工作。组织干部职工对《党政机关厉行节俭反对浪费条例》、中央八项规定等加强学习，并建立健全干部职工廉洁自律监督机制，要求干部职工互相监督。在重大节日期间，环保支部干部职工没有出现任何违反廉洁自律规定的行为。全年环保支部共召开党风廉政工作会议5次，廉政党课2次，开展专题教育6次。结合环境保护局实际，制定丁青县环境保护局《2018年度党风廉政建设目标责任书》，与环境保护局7名党员干部签订落实。深入推进惩防体系建设，抓关键环节，对执法办案、重大事项决策等，强化防范措施，规范权力运行，严格落实中央八项规定、自治区党委“约法十章”“九项要求”，认真学习贯彻《中国共产党党内监督条例》，履行监督执纪职责，撰写心得体会7份。明确党风廉政建设中领导班子、领导干部的职责分工，构建“一把手”履行第一责任人职责，班子成员履行“一岗双责”职责的层级分明、权责明晰、全面覆盖党风廉政建设责任体系。

财政　税务

财政工作

【概况】 2018年，丁青县财政局以丁青县2018年经济社会发展为目标，通过强化措施抓征管、全力以赴保重点的方式，采取强化支出结构、强化务实创新、强化财政管理等措施，达到财政政策稳增长、强支撑、促改革、调结构、惠民生、保稳定、防风险以及为实现丁青县2018年经济社会发展各项目标提供坚强的财力支撑。截至年底，机构编制无其他变化。

【预算收入情况】 2018年，丁青县财政局一般公共预算总财力91128.98万元，其中，公共财政预算收入8500万元，税收返还632万元，一般性转移支付64110.34万元，专项转移支付17886.64万元，比2018年初预算71899.97万元，增加19229.01万元，增长26.74%。全县公共财政预算收入8500万元，比2018年完成财政一般预算收入7669万元增加831万元，增长10.84%，其中税收收入3000万元，非税收入5500万元。

【决算收入情况】 2018年,一般公共预算收入166036万元，同比增长24.84%。其中，上级补助收入157029万元，同比增长26.08%；地方财政收入完成8516万元（税收收入2748万元，完成年度预算的91.6%，同比减少2.4%，主要是受减税降费政策和投资减少的影响；非税收入5768万元，完成年度预算的104.9%，同比增长17.45%），为年度预算的100.19%，同比增长10.21%；调入预算稳定调节基金491万元。

【决算支出情况】 全县公共预算支出166036万元，比上年增长24.63%。其中，一般公共服务支出10389万元，同比减少92.16%；公共安全支出11030万元，同比增长3.86%；教育支出40016万元，同比增长63.91%；科学技术支出1万元；文化体育与传媒支出3039万元，同比增长331.16%；社会保障和就业支出6739万元，同比增长3.63%；医疗卫生与计划生育支出9726万元，同比增长4.71%，进一步支持基层医疗卫生服务体系建设，城乡居民医保财政补助标准提高到人均460元/年，不断完善医疗救助体系，建立健康扶贫兜底政策，持续推进生育关怀行动，全面落实计划生育家庭奖励扶助和特别扶助政策；节能环保支出2804万元，同比减少42.94%；城乡社区支出16936万元，同比减少1.3%；农林水支出39532万元，同比增长4.52%，落实各项惠民补贴政策，支持农业生产发展，支持高标准农田建设项目，不断深化国有林场改革；交通运输支出3916万元，同比增长1559.32%；资源勘探信息支出663万元，同比增长36.98%；商业服务业支出694万元，同比减少17.18%；国土海洋气象支出650万元，同比减少200.92%；住房保障支出17192万元，同比增长252.87%；粮油物资储备支出45万元，同比减少83.93%；其他支出1648万元；补充预算稳定调节基金1016万元。

【政府性基金执行收支】　2018年政府性基金收入完成934.69万元。根据量入为出、收支平衡的原则，政府性基金支出934.69万元，其中，支出安排附属设施建设700万元；支出精神和重度残疾人办证评定补贴0.69万元；支出残疾人文化家庭“五个一”项目0.25万元；支出贫困残疾人家庭无障碍改造项目1.75万元；支出乡村学校少年宫运转补助项目12万元；支出体育事业彩票公益金5万元；支出教育事业彩票公益金15万元；支出扶贫彩票公益金200万元。

【财税体制改革】　2018年，丁青县财政局按照财政改革工作要点，稳步推进“一卡通”改革工作。已经正式使用“一卡通”支付系统，发放惠民资金1057.16万元。完成债务监控平台工作，进行每月债务月报上报，确保规范化管理。继续使用国库支付系统、预算信息操作平台细化预算编制完成年初预算，将预算执行的主体责任落实到各部门。持续规范权责发生制事项，配备专人负责财政专户、往来资金以及国库现金管理，合理调节国库资金余额。

【财政管理】　2018年，丁青县财政局根据昌都市制定“三公”经费使用管理的相关文件，严格控制“三公”经费支出。接待费每人每天不得超过120元，接待人数10人以内陪同人数不得超过3人，油料费、修车费等费用根据相关规定限制支出。完善行政事业单位国有资产管理体系，加强资产管理，切实强化公务车辆编制管理。健全财政监督管理制度，坚持用制度管人、管权、管事。加大对工程建设、公共资源交易、政府采购等方面的财政监督力度，做好财务监管工作。推进和深化财政国库管理制度改革，加强规范财政专户和预算单位银行账户管理。

【民生保障】　2018年，兑现发放惠民资金15902.58万元。落实义务教育的各项财政扶持政策，统筹推进城乡社会保障体系建设，完善机关事业单位养老保险制度改革，大力推进五保集中供养，落实农牧民科技特派员生活补助政策，大力支持深化医疗卫生体制改革、积极落实职业培训补贴政策，推动城镇新增就业和农牧区劳动力转移就业，发放城镇低收入住房保障家庭租赁补贴加强保障性住房建设。

【基层党建】　2018年，丁青县财政局党支部深入学习贯彻习近平总书记系列重要讲话精神和中共十九大精神，结合“两学一做”学习教育常态化制度化，“主题党日”等学习教育活动，以“三会一课”为依托，坚持把学习教育融入日常，开展专题研讨2次，累计研讨发言人17名，抄写党章16份，召开民主生活会议2次、组织生活会2次，组织学习《中国共产党章程》等活动3次，撰写心得体会16篇，主要领导授党课4次。财政局党支部在抓机关党组织建设时，始终注意通过抓党内活动把党员组织起来，充分发挥先锋模范作用，先后组织开展4次对口扶贫、送温暖活动，17名党员干部深入贫困户27家。

【廉政建设】　2018年，丁青县财政局结合工作实际，党组经常组织班子成员学习中央及自治区党委、市委和县委关于反腐倡廉的重要指示3次，学习领导干部廉洁从政的各项规定12次，召开民主生活会2次，讲《中国共产党廉洁自律准则》和《中国共产党纪律处分条例》4次，重大节日前后廉政提醒和检查5次。坚持节前教育，节后检查，筑牢拒腐防变的道德防线。严格执行中央及自治区党委和市委关于领导干部廉洁从政的各项规定，对自己的配偶、子女和身边的工作人员严格管理，自觉抵御社会上不良风气的腐蚀和影响，促进财政各项工作健康发展。

国家税务工作

【概况】　2018年，丁青县税务局按照国税地税征管体制改革工作要求，于2018年7月20日国家税务总局丁青县税务局挂牌成立。截至2018年底，编制无变化。2018年以来，丁青县税务局以深化增值税改革和国税地税征管体制改革工作为重点，认真开展全面从严治党工作、维稳工作，在做好税收组织收入、纳税服务以及绩效管理等方面工作。

【基本情况】　县税务局共有干部15人，其中正式干部11人，公益性岗位4人，担负全县2128户纳税登记户，其中，1899个个体工商户、229户企业（含44户增值税一般纳税人）的税收管理工作。

【日常管理】　深化绩效管理、数字人事工作，有效指引日常工作。丁青县税务局通过绩效管理工作不断优化岗位配置，做到工作开展有秩序。按照指标落实税收工作，做到工作开展有导向。按照市局、上级部门工作要求意见开展日常工作，做到工作开展有质量。丁青县税务局干部积极参加团队业务考试和数字人事“两测”考试。按照考试要求，丁青县税务局干部按考试类别积极报名，通过学习，在一定程度上提高自身理论和业务水平，2018年共有3名干部入选昌都市税务局人才团队，其中入选纳税服务团队2名，征管评估团队1名。

【税收收入】　2018年，全局共计组织各项收入6079.2万元，同比增收386.2万元，上升6.78%，完成市局下达计划6080万元的99.98%。其中，税收收入5834万元，同比增收374万元，与上年同期相比增长6.85%；其他收入入库245.2万元，与上年同期相比增长12万元，同比增长5.15%。

【征收管理】　2018年度，丁青县税务局在市局及县委、县政府的正确领导和大力支持下，以组织收入工作为中心，坚持“依法治税、从严治税”的工作原则，牢固树立和贯彻落实创新、协调、绿色、开放、共享的发展理念，在2018年4月2日上午成功开出第一张环境保护税税票，意味着环境保护税在丁青县成功申报。同时该局按照市局汇算清缴工作要求，对辖区89户单位纳税人完成汇算清缴工作，申报率为100%，申报准确率为100%，组织收入3214637.99元，与上年同期相比增收3164635.22元，汇算清缴合计户数89户，与上年同期相比增长51户。为做好增值税改革工作，丁青县税务局干部积极提高认识，主动作为，总结经验，确保增值税改革工作圆满完成。

【机构改革】　为做好国税地税征管体制改革工作，丁青县税务局召开局内座谈会，进行交心谈心，统一干部职工的思想认识，成立征管体制改革领导工作小组，对相关业务数据清理同时进行资源整合，确保工作落实到位，责任落实到人。同时严格做好保密和做好业务衔接工作，根据深化征管体制改革的相关任务要求，丁青县税务局干部签订保密协议书，对微信、QQ、微博等公众平台进行备案，针对规范印章使用，更新表单证书，调剂使用发票、税收票证、税务检查证件相关业务规范，积极与市局相关业务科室进行沟通、协调，确保各项业务在机构改革期间顺利开展。严格按照时间节点开展国税地税征管体制改革重点工作，按照自治区局的统一部署和昌都市局的指导安排，丁青县税务局稳妥开展机构挂牌等机构改革重点工作。

【纳税服务】 以实际行动解决纳税人难点，优化税收营商环境，搭建纳税人培训平台，为给纳税人提供更优质的政策辅导服务，丁青县税务局为纳税人开展“纳税人学堂”培训工作4期，培训纳税人约220人次。丁青县税务局按照总局工作要求于10月向全县推广“自然人税收管理系统扣缴客户端”软件，通过纳税人学堂对纳税人开展5批软件操作培训，共135人次。2018年10月底，丁青县税务局开展“问需求 优服务”纳税人座谈会，共邀请15位纳税人代表参加，其中企业代表13位，个体工商户代表2位，纳税人代表反映问题共16个，需求、建议6条，丁青县税务局已逐一解决，满足纳税人需求。为深入贯彻落实习近平总书记在民营企业座谈会上的重要讲话精神，进一步支持民营经济发展。11月底，丁青县税务局干部从走访调研、请纳税人参加座谈会、对提出的问题进行整理解决，分三步开展民营企业需求调查工作，对企业在日常经营过程中遇到的问题及难点，进行了沟通解决。

【社保非税】 丁青县税务局扎实落实市局对社会保险和非税收入工作安排部署，该局积极加强与市局相关科室的联系沟通，定期向市局做好工作进度汇报，不断落实市局有关工作安排，同时安排专人到县社保局对城乡居民养老保险、医疗保险和农牧区医疗保险进行详细的摸底调查，为后续工作开展打好基础。为落实好丁青县社会保险和非税收入征管职责划转工作联席会议工作要求，确保2019年1月1日起社保费如期顺利征收，丁青县政府高度重视此项工作，于11月28日召开了丁青县社保费和非税收入征管职责划转工作联席会议，会议要求加大社保费政策的宣传，提高征缴力度和进度。各部门必须密切配合，共同做好社保费和非税收入划转交接工作。针对全县13个乡镇，县社保局、卫计委需专门召开业务培训会。

【党建工作】 丁青县税务局以全面从严治党为引领，稳步开展党风廉政建设工作，深入贯彻落实全市税务系统全面从严治党工作会议精神，从多方面深入开展党建、党风廉政建设工作，为推进税收现代化提供坚强的政治保证。丁青县税务局以习近平新时代中国特色社会主义思想武装头脑、指导实践，组织党员干部学习了《习近平谈治国理政》《习近平新时代中国特色社会主义思想三十讲》等。深入学习贯彻中共十九大精神，通过集中培训学习6次、研讨交流3次、知识测试1次、抄写十九大报告内容11人次等，多种形式深入学习中共十九大精神。严肃“三会一课”制度、建立谈心谈话、主题党日活动、中心组理论学习制度、细化分解党建任务，将党建部署落实落细。该局共召开党员大会8次，支委会11次，党小组会议13次，领导班子讲党课4次。该局以多种形式开展理论、警示教育学习，重点学习了党章、《中华人民共和国监察法》、新修订的《中国共产党纪律处分条例》，学习“习近平总书记在纪念马克思200周年诞辰大会上重要讲话精神”、“郑德荣等7名同志先进事迹”、“违反中央八项规定通报文件”，召开“学通报、强警示”和组织干部观看《榜样3》等活动，组织开展理论、警示教育学习共24次，其中，理论知识学习7次，警示教育学习7次，中心组理论学习6次，领导班子讲党课4次。丁青县税务局干部撰写相关学习心得体会每人6篇。为纪念建党97周年，全局党员干部在廉政文化走廊举行了“党在我心中·重温入党誓词”纪念活动。7月31日，丁青县税务局与丁青县消防中队携手举办了“迎八一”军民共建主题活动。在县消防队参加座谈会，座谈会就开展共建活动、建立联络机制等内容进行探讨并签订协议。按照丁青县《关于做好全县2018年在职党员到社区（村）报到服务群众活动的通知》要求，丁青县税务局党员干部积极参与，经过和社区党组织沟通协作，丁青县税务局党员干部开展了以改善社区环境和进社区“讲税法”为主题的志愿活动。

金 融

中国农业银行股份有限公司丁青县支行

【概况】 2008年7月，改名为中国农业银行股份有限公司丁青县支行。中国农业银行股份有限公司丁青县支行地处丁青县甲木塘中路，下设营业股、信贷股、保卫股3个股。下辖色扎营业所、觉恩营业所、沙贡营业所、嘎塔营业所、尺牍营业所、当堆营业所、丁青镇营业所、协雄营业所8个营业所，共有干部职工55人。2018年，本着“以市场为向导，以客户为中心”的经营理念，紧密结合县委、县政府发展战略，努力支持丁青县实体经济发展，大力增加信贷投放总量，积极提升对重点建设项目、战略性新兴产业、中小企业、“三农”和民生工程的金融服务。随着自身综合实力的不断增强，各项业务得到持续健康稳定发展，在丁青县树立了良好的口碑，为在当地的可持续发展打下了坚实的基础。

【各项存款稳步增长】 2018年，中国农业银行丁青县支行以市场新增占比第一为使命，全力做大核心存款。支行充分认识抓好存款的重要性和艰巨性，调动一切资源和力量，大力拓展成本低、稳定好的客户存款，改变传统存款业务拓展方式，强化日均绩效导向和要求，千方百计促进存款快速、稳定增长。截至2018年底，各项存款114137万元，较年初增加16112万元，其中，公司类存款77506万元，较年初增加18780万元，个人存款36631万元，较年初减少2668万元。

【资产业务】 2018年，结合丁青县当地金融市场，把营销目标定位在产品有市场、发展有潜力、经营效益好、社会信誉好的中小企业，把做好中小企业的金融市场作为一项可持续发展战略来抓。同时积极创新产品，服务当地实体经济，在积极拓展各项业务的同时，确立资产质量零不良目标，认真筛选授信准入客户，加强贷后管理，全年将风险防范作为各项工作的重中之重，2018年丁青县支行色扎营业所各项贷款突破亿元大关。2018年支行资产业务零不良，各项贷款额113159万元，较年初增加10722万元，其中，公司类贷款33968万元，较年初减少1051万元；个人贷款（含生产经营、消费、住房贷款）16933万元，较年初增加1388万元；涉农贷款（农户小额贷款）62258万元，较年初增加10385万元。

【中间业务】 坚持中间业务强行，依托传统业务，积极实施新产品带动、服务带动，加快创新应用。积极宣传、推广电子银行的各项应用，提高企业、个人网上银行、手机银行的动户率、交易额，提升银企合作深度。重点发展卡分期业务，将贵金属、基金、保险销售纳入持续常态化销售管理，实现中间业务的快速发展。2018年，实现中间业务收入114万元。

【强化管理】　坚持“内控惟要”，努力提高内控管理水平。强化内控意识，坚持每季度开展一次内控防案分析会，每季度组织一次安全保卫预案演练以及开展一系列的警示教育、职业道德教育等活动，增强全行员工的风险意识、制度意识和自我保护意识，逐步提高全行的管理水平和防风险、防案件的能力。健全和完善内控机制，狠抓各项制度落实、实行动态管理，使管理工作更加科学化、规范化、系统化，达到日常警示、长效管理的目的。加强自查检查，重点落实内控管理内源性机制建设，解决业务发展和内控防案流程清晰化问题，将防案关口前移，促进各项制度落实。加强党风廉政建设，深化廉政教育，大力弘扬新风正力，形成良好的内控氛围。认真落实党风廉政建设和案防工作责任制，提升案防工作水平。完善安防体系，落实安全责任，加强员工教育，提高队伍素质，加强安全防范设施标准化建设，提升防范能力，确保安全稳健经营。

【企业文化建设】　坚持以客户为中心的经营理念，始终把“发展业务才是硬道理”作为抓党建工作的核心，以“人”为结合点、以业务发展为切入点，坚持党建工作与业务发展相结合，着力提高队伍素质。强化文优服务深层化，将文优服务转化为全行员工内在的自动自发行为，从服务理念、知识技能、执行过程三个层面构筑“知行合一”的服务体系。加强员工技能练兵和技术测评，制定切实可行的训练计划和考核机制，不断提升服务效率。积极妥善处理客户投诉，积极争创当地金融服务第一窗，保持领先同业的服务品牌。

【基层党建工作】　随着金融改革的不断深入，金融业务发展迅速，行业竞争日趋激烈。面对金融发展的新形势和该行股份制改革的新要求，全行通过加强思想政治工作，引导全体员工顾全大局，把大家的思想统一到业务发展上来，把大家的注意力吸聚到业务发展上来，把大家的力量汇集到业务发展上来，坚持解决思想问题与解决实际问题相结合，既以理服人又以情感人，努力增强思想政治工作的说服力、凝聚力和感召力，充分调动各方面的积极性。坚持政治、业务学习例会制度。宣传贯彻全行发展目标和发展战略，培育和发展企业文化化。加强廉洁自律教育，提升县行自身形象。开展健康向上、丰富多彩的团队活动。加强组织建设，做好发展新党员工作。

【队伍专业化建设】　支行领导班子带头勤于学习，着力提升管理水平和应对复杂局面的能力。通过任职资格培训、考试等手段，强化公司客户经理、个人客户经理、理财经理等专业岗位任职资格准入管理，并对各岗位客户经理进行针对性培训，储备理财和综合客户经理等领域的专业人才，为接下来的经营发展做好坚实的基础。

丁青县邮政分公司

【概况】　2018年，县邮政分公司紧盯年初既定的工作目标不放松，认真贯彻执行《中华人民共和国邮政法》，通过采取提升邮政服务质量等措施，全年圆满完成函件业务、包裹业务、储蓄业务、报刊发行等工作任务。截至年底，机构、编制无其他变化。

【招聘工作】　2018年，该公司大规模扩招外包人员63人，其中乡（镇）邮投递员32个、营业员12个、驾驶员6个、各乡（镇）报刊投递员13个，签订劳务合同，实行业绩考核。

【经济指标】 2018年，该公司以年初既定的238万元目标任务，通过结合实际，细化目标任务，层层分解目标任务，截至年底，完成各项业务收入额241.8万元，完成全年计划的101.6%，其中代理金融业务收入额61.2万元、报刊发行收入额62.2万元、集邮业务收入额18万元、快递包裹收入额15.5万元、代理速递业务收入额额13.5万元、函件业务收入额27万元、分销额23万元、其他业务收入额21.4万元。实现代理储蓄存款额2898万元，其中定期储蓄存款额578万元，活期储蓄存款额2320万元。

【邮务类业务】 2018年，公司在全县范围内完成函件业务收入额额27万元。完成集邮业务收入额18万元，同比增长88.8%，完成预算进度100%，完成报刊业务收入额62.2万元，完成进度100%。大收订提前6天完成流转额计划，进度全市第1名。电子商务业务实现收入额1.02万元，完成预算进度100%。分销业务收入额23万元，同比增长95.6%，完成预算进度的100%。按照“一县一品、一县一册”的任务，开发教辅、各单位宣传册、宣传海报、丁青县邮政邮册，打破零售业务的新局面，实现稳定增升的同时，宣传邮政辉煌历程和项目政策。

【代理金融业务】 2018年，该公司在全县范围内累计实现新增代理储蓄余额680万元，较2018年提前5个月实现余额转正目标，个人储蓄存款市场占有率较年底初提升近1个百分点。累计销售理财产品18万元，累计实现代理保险手续费收入额1.26万元。手机银行累计注册488户。全市在用POS（销售终端）商户35户，全县代理金融电子银行交易替代率22%。

【包裹快递业务】 2018年，公司完成标准快递收入额15万元，增幅列全市第2位，出口邮件量1.1万件。完成快递包裹收入额10万元，增幅列全市第2位，进口邮件量27万件，同比增长66.6%。大力推进包裹快递上门揽收业务，全部开通上门揽收业务。通过不断改进服务质量，提升客户体验。邮运安全行驶里程32.5万千米，出动邮政运输车2345次。

【电商业务】 2018年，该公司开办电子商务业务工作，共开办12个电商网店，其中自营店2个，加盟店10个。截至12月底，进销存金额11万元；代购件数234件，代购金额0.9万元；销售机票745张，收取服务费2.4万元。

【积极开展劳动竞赛】 2018年，公司积极开展劳动竞赛，通过制定出台切实可行方案，采取有效措施，使劳动竞赛适应邮政发展的需要，增强企业新业务开发能力、市场竞争能力和抵御风险能力。全年，办理车险98笔，交通违法短信业务322笔，订阅报刊流转额1.3万元，销售分销商品9.2万元，营销贺卡3万元，日历销售1.1万元。在做支撑工作的同时，主动营销，做好表率。

【经营管理】 2018年，该公司完成投递党报党刊58.1万份，寺庙报刊12万份。组织全县邮政工作人员，包括乡（镇）邮员先后开展6次培训，主要进一步加大保密意识，安全意识、法律意识，截至年底，未发生一起通信纠纷或案件。在全县范围内设立13个乡（镇）邮网点，配齐办公场所、人员提供普遍服务。投递段道共计汽车51条、里程29.6千米，摩托车班56条、里程11.9万千米。农村投递均为每周一班，各项业务逐步已驶入正规化轨道运营。制定业务发展目标，促进人事、激励政策、网点运营等措施，开展投递邮路营销竞赛活动。全年，13个乡（镇）邮员销售数字电视机90台、各类大米2280袋、面粉100袋、白酒256瓶，揽储活期315万元，定期268万元，邮政创收逐年得到增长。对于业绩突出人员发放证书和资金鼓励。

【强化安全管理】　2018年，公司完成加大对金库、银行送存款、资金、车辆、值班等重点环节的监督检查力度，确保安全生产。健全业务检查和质量管控体系，围绕储汇内控、违规经营、邮政服务等重点工作积极开展专项检查，确保邮政生产高质量运行。建立健全各种安全防范制度，制定重点环节安全应急预案。开展“提升通信服务质量”专项活动，按照推进方案，面向营业员、投递员签订《服务质量承诺书》，通过现场、非现场检查等方式进行地毯式检查，顺利通过区公司、市分公司专项活动的验收。开展无着邮件清理专项整治工作，对分公司无着邮件清理情况及退回质量跟踪排查，对于处理不规范情况现场进行督导整改。提高邮件传递质量、邮件进出口时限达标率和投递信息及时上网率。

【廉政建设】　丁青邮政分公司成立党风廉政建设领导小组，下设办公室，指定专人办理日常工作，通过制定计划、承诺书等办法，各项工作取得良好成效。2018年，共召开4次党风廉政会议，签订《个人承诺书》3份，开展党风廉政教育8次、理论学习会议5次，撰写廉政学习心得体会6篇、主要领导人述职述廉报告12份，截至年底，无一起公款挪用、吃拿卡要等违法违纪行为发生。

【党建带团建】　丁青邮政分公司紧紧围绕党建工作为重心，以党建带邮政建设，不断完善领导机制、健全工作机制、强化保障机制，全年开展学习党课24次，组织开展各类学习教育活动12次，围绕中共十九大精神，组织开展中共十九大精神研讨会3次，撰写个人心得体会6篇，阅读十九大精神辅导材料3册，开展中共十九大精神宣传教育实践活动2次，普及人数6人，开展“两学一做”学习教育实践活动12场次、开展“一学一做”学习教育实践活动6场，开展结对帮扶活动8次，对贫困群众送去大茶、大米、食油等进行慰问，共计1.4万元。开展“我的中国梦”主题宣讲活动2次，进一步推进邮政事业蓬勃发展。结合“3・28”西藏百万农奴解放纪念日、五四青年节、清明节、六一儿童节等重大节假日，积极开展“四讲四爱”、“五四青年读书会”、清明节祭扫、“手抄团章100天”等形式新颖、内容丰富的爱国主义教育活动，不断筑牢邮政事业跟党走的坚定理想信念。

【文化建设】　丁青邮政分公司开展各文化活动4次，丰富干部职工娱乐生活。在重大节日期间，慰问困难干职、退休老干部4次。开展锻炼身体活动12次。2018年被自治区、昌都市邮政授予区级荣誉集体奖1个、个人奖2个、市级荣誉集体奖1个。2018年，丁青县分公司获评“先进集体”十强支局。

商 贸

工商工作

【概况】 2018年丁青县工商局干部职工5人，大专及本科学历以上5人。县工商局核定编制6人，截至2018年底，机构、编制无变化。按照“谁管辖、谁监管、谁负责”的原则，严格执行“先照后证”“宽进严管”政策，在全局干部职工共同努力下取得了一定成效。

【市场主体发展】 2018年，各类市场主体4345户，注册资本238611.92万元，同比分别增长27.68%、19.84%，其中个体户3916户，注册资本7861万元，分别同比增长22.3%、35.3%；各类企业373户，注册资本222889.87万元，分别同比增长16.82%、16.16%；农民专业合作社56户，注册资本7861.05万元，分别同比增长20.68%、13.58%。全年新增各类市场主体947户，注册资本39508万元，其中新增个体户877户，注册资本为9740万元；企业58户，注册资本为28828万元；农民专业合作社12户，注册资本940万元。按照企业简易注销程序积极做好引导和指导，通过简易注销程序已有12户企业简易注销。根据自治区工商局“五证合一”、个体“两证整合”工作要求，建立健全相关工作机制，做好新旧营业执照换发工作，截至2018年底，共设立和换照的个体户2440户，占个体户总数的56.7%。2018年继续推进和巩固企业信用公示制度，督促市场主体履行信息公示的法定义务，提升市场主体信息公示的数据质量，提高市场主体公示出资、行政许可等即时信息的公示率、及时率和准确率。2018年1—6月开展2017年度企业年报公示，全县应年报公示的市场主体3178户，已公示3146户，公示率为99%，年报公示工作按时按质完成。按照商事制度改革“先照后证”“双告知”工作机制，截至2018年底，已向3个部门送达42份“后置审批告知函”，42户企业当面签署“承诺书”，切实履行好告知义务。

【事中事后监管】 充分发挥工商职能，打击各类违法行为，依法履职，维护市场有序发展，着力构建公平公正的市场竞争环境，坚决杜绝行政不作为、行政乱作为等行为。根据自治区工商局确定的定向和不定向抽查，172户市场主体（其中个体150户，企业18户，农专4户）已全部完成抽查。经实地核实，未按规定公示的2户，发现问题责令整改4户，发现问题待后处理25户，列入异常名录9户，下发责令整改通知书4户，无法联系32户。

【竞争执法】 着重加大“扫黄打非”，从严把关，从严检查。开展出版物市场集中清查行动，打击各种侵权盗版和非法出版物活动，检查市场主体187家，出动执法人员76人次，出动执法车辆19台次。

2018年仍保持打击传销高压态势，3月，在昌都市工商系统工作会议上与市工商局签订目标责任书。并在4月与各乡（镇）签订工作责任目标，动员协调各乡镇、社区组织、学校共同参与的打击传销工作。7月26日上午，县工商局在县中学开展“禁止传销 从我做起 共建和谐校园”活动。活动以挂横幅、宣讲、观看警示片的形式开展，活动最后举行了千人签名拒绝传销仪式。活动共参与中学师生1000人，发放宣传资料1000份，出动执法人员3人次，执法车辆1台。

2018年4月11日，开展农机具专项整治行动。主要针对县辖区及城乡接合部农机具经营主体资格及进货渠道开展检查，同时执法人员宣传了《中华人民共和国消防法》。开展红盾护农专项整治行动，检查市场主体4家，出动执法人员2人次，出动执法车辆1台。

2018年县工商局执法人员积极配合县食品药品监督管理局，认真组织开展季节性、节日性食品市场，把校园周边、城乡接合部、偏远乡村、虫草采集区作为重点，展开食品安全检查。检查学校食堂12家，各类食品经营户40户，出动执法人员25人次，执法车辆3台，确保广大考生中、小考前的饮食安全。对虫草采集区的商户进行不定期回访，在虫草采集区开展执法检查时发现违规销售含酒精类饮料，执法人员将含酒精类饮料暂扣，交由乡政府暂存，待虫草采集结束后返还经营者，没收垃圾食品100多千克，价值2000元，检查市场主体73家，出动执法人员5人次，出动执法车辆1台。

【商标监管】 以蓝天圣洁产业为契机，积极推进全县商标的发展，尽心尽力搞好商标发展创牌服务，尽职尽责保护商标知识产权，结合实际，着力保护商标专用权，加强商标监管执法，以高知名度商标、地理标志商标为重点，严厉查办侵权假冒行为，保护商标专用权，开展打击侵权商标专项行动，检查市场主体28户市场主体，出动执法人员2人次，出动执法车辆1台。

【基层党建】 积极组织学习中共十九大精神，深入开展思想政治教育，制定党支部学习计划，固定在每月7日为支部学习日，始终做到旗帜鲜明、立场坚定、认识统一、表里如一、态度坚决、步调一致，始终在思想上政治上行动上同党中央、自治区党委保持高度一致、绝对忠诚。积极落实好“三会一课”，引导教育全体干部职工牢固树立执法为民的思想，转变干部作风，提高工作效能，弘扬正能量，促进政风持续好转。2018年县工商局开展精准扶贫结对帮扶活动，对每名党员干部扶贫对象的情况作进一步了解，定期组织党员干部下乡深入扶贫对象家庭，了解情况，送去温暖和关怀，以脱贫为目的，积极帮助贫困户脱贫。2018年县工商局干部职工进入联系点建档立卡户4次，送去大米、面粉、食用油、茶等慰问物资。

【党风廉政】 加强党风廉政建设以及廉政文化建设，强化公务用车的管理，强化干部组织纪律，在办公区域悬挂警句格言，严明政治纪律、组织纪律、廉洁纪律、群众纪律和生活纪律，4月19日县工商局支部与昌都市工商局党组在市工商局工作会议中签订《党风廉政建设责任书》，严格落实“三严三实”、自治区党委“约法十章”及中央八项规定，强化公车管理，筑牢拒腐防变的思想道德防线，强化监督执纪和惩戒问责，执行“一站式服务”“一次性受理”“限时办结”的窗口服务。强化党内监督，积极听取群众意见，自觉接受群众监督，杜绝窗口服务及执法办案腐败，杜绝不作为乱作为、失职渎职，2018年县工商局未发生“吃拿卡要”现象，保持队伍清正廉洁、机关风清气正。

【维护稳定】 严格落实各项维稳措施，全力维护社会和谐稳定，以“抓早、抓小、抓快、抓好”和“三不出”的维稳工作要求，3月，县工商局全体干部全员在岗，认真抓好辖区维稳工作，做到“守土有责，守土尽责”，全力以赴抓好维护稳定工作。

【消费维权】 深入推进“12315”“五进”（进商场、进超市、进市场、进企业、进景区）和“一会两站”（“一会”，即消费者协会分会，“两站”，即消费者投诉站和“12315”联络站）工作，有效维护消费权益。加强“12315”“诉转案”工作，在处理消费者投诉时调查经营者是否存在其他违法行为，符合“诉转案”条件的，依法以“诉转案”立案处理。严厉查处消费侵权案件及“霸王条款”行为。贯彻实施《中华人民共和国消费者权益保护法》《无证无照经营查处办法》为重点，开展普法宣传，充分运用媒体，充分运用网络、新闻媒体等多种载体，以宣传日为契机，重点开展法制宣传教育，2018年先后组织开展5次“消费维权”宣传，发放宣传资2500份，现场接待消费者咨询10人次，受理消费者投诉4件，调解成功4件，调解成功率100%。

烟草（公司）工作

【概况】 2018年，烟草（公司）坚持以习近平新时代中国特色社会主义思想为指引，深入学习贯彻中共十九大和十九届二中、三中全会精神，坚定不移贯彻落实习近平总书记治边稳藏重要论述和一系列重要指示批示精神，认真贯彻落实区局（公司）及市局（公司）工作部署，坚持稳中求进工作总基调，以推动高质量发展为主线，以“当好神圣国土守护者、专卖体制捍卫者、现代化烟草经济体系建设积极作为者”为主责，以“管理提升年”为主题，久久为功，持续发力，补短板、打基础、上水平，呈现了大局和谐稳定、经济持续健康发展的良好局面。

【网络订烟建设】 继续坚持“明确目标，稳销量，提结构。坚持市场状态优先，掌握消费规律，深挖市场潜力，全力满足市场真实需求、增效”的生产经营方针，把经济运行工作的着力点放在建立可靠的市场基础和扎实的工作基础上，并以卷烟零售户为中心，加大乡镇访销配送覆盖面，进一步开发市场潜力，促进卷烟销售工作平稳发展。2018年丁青县所辖区13个乡镇、丁青县网点发展辐射9个乡镇卷烟实施卷烟配送，2018年，共销售卷烟7354万支，与上年同比增加6.25%，实现销售收入5324万元，与上年同比增加9.43%。

为使公司步入“三增一高”（销量、结构、效益和管理）的良性发展轨道，在遵循“城网高标准、农网重实效、城网增效益、农网保需求，以城网带动农网”的前提下，继续按照“突出服务、注重效率、优化流程、提高素质”的要求，全面提升网建水平。

【专卖管理】 2018年，丁青县网点落实昌都烟草坚持“内管外打，守土有责”的工作方针，紧紧围绕“打假打私、内部监管、基层建设”三项任务，深入开展专卖管理各项工作。坚持打源头与打网络并重，以端窝点、打源头为突破口，重点从运输、仓储、销售环节入手，坚决铲除制售假烟网络。同时，主动与公安等部门通力合作，建立联合办案、信息互通等工作机制，使打假打私工作日常化、规范化、制度化。按照“全面提升、抓好典型、突出重点、检查落实”的要求，以内部专卖管理监管检查为突破口，重点对2018年的经营活动及内部专卖管理监督工作情况进行了检查，针对检查出的问题进行整改，规范内部经营行为。同时，进一步完善内部专卖管理监督相关制度，建立专卖内管长效机制，切实加强经营的日常监管、同级监管。为进一步优化专卖队伍结构，开展对专卖人员的工作能力、业务水平等情况的综合考核，实行竞聘上岗，并对专卖稽查人员进行专业培训，提高专卖队伍的整体素质和依法行政能力。

【企业管理】 2018年丁青烟草始终加强基础管理，以预算管理、对标和加强质量管理体系建设工作为抓手，完善各项管理制度，夯实企业管理基础，努力提高企业管理的规范化、标准化、系统化程度，全面提升工作水平。

【网络建设】 大力拓展网上订货，积极推广使用电子结算，截至2018年12月底，全县电子结算比率达到100%，网上订货比率达到98.75%，跨行结算达到8户。发展自律互助小组成员45户，覆盖率70.35%。坚持客户至上理念，克服道路偏远、环境恶劣等不利因素，稳步运行“集中订货、一库式配送”模式，努力增加市场供应，提高客户获得感和满意度。

【廉政建设】 坚持党风廉政建设与业务工作同部署、同落实、同检查、同考核，层层压实主体责任和监督责任。深化反腐倡廉学习教育，注重抓早抓小，实现由“事后处置”向“事前预防”转变，建立起廉政短信抓节点、警示教育管日常的廉政教育模式，真正起到警钟长鸣的作用。紧盯重点环节、重点岗位、敏感节点、突出问题不放，驰而不息纠“四风”，锲而不舍落实中央八项规定精神，扎实开展一系列专项整治，推动作风建设常态化。切实提高政治站位，对标市局（公司）党委要求。在2018年重大节日期间，丁青烟草职工无任何违反廉洁自律规定的行为。

丁青烟草网点坚持民主集中制，狠抓班子建设，搞好团结。丁青网点坚持沟通在会议之前，决策在会议之中，落实在会议之后，抓思想教育，增强民主意识。通过加强学习教育，努力提高成员的思想理论素养和执行民主集中制的自觉性，增强政治观念、组织观念和纪律观念，提高科学决策、民主决策的能力。抓制度建设，完善工作机制。以建立健全相关的制度为保障，规范完善贯彻执行民主集中制的工作机制，不断提高执行民主集中制的自觉性和约束力。如坚持完善集体领导、集体议事决策的工作制度，完善党风廉政建设责任制、工作交接制度，合理安排成员分工、积极探索建立决策责任制，对每项重大问题的决策各自承担的责任。抓执行落实，提高工作成效。在具体工作中，狠抓专卖销售、安全稳定等重点工作，加强日常工作的督促落实。坚持按照“集体领导、民主集中、个别酝酿、会议决定”四项原则的要求，按照议事规则由集体讨论决定，确保民主集中制的落实和工作的成效。抓队伍建设，提升凝聚力。一方面加强学习教育，提高整体素质；另一方面认真执行个人分工负责制，在党组集体领导下，明确成员各自所承担的行政分工和党廉建设职责，做到事事有人管，人人有责任。同时努力营造讲实话、办实事、求实效的工作环境，增强队伍协调合拍程度。

教育 科技

教育工作

【概况】 2018年丁青县教育局内设机构17个，在编人员43名。全县有各级各类学校61所，其中义务教育阶段学校19所（县初级中学1所、小学14所、教学点4个），各级幼儿园42所［县中心幼儿园1所、乡（镇）幼儿园14所，村级幼儿园27所］。截至2018年底，其机构编制未变。2018年，丁青县教育局坚持中共十九大，十九届二中、三中全会精神和习近平新时代中国特色社会主义思想为指导，深入贯彻落实自治区第九次党代会和全国教育大会，自治区、市教育工作会精神，紧紧围绕教育质量，以义务教育均衡发展为主要任务，均衡配置教育资源，改善办学条件，加大师资培训，提高学校管理水平，全面推进丁青县教育健康和谐发展。

【学前教育】 丁青县各级幼儿园42所［中心幼儿园1所、乡（镇）幼儿园14所，村级幼儿园27所］。在全县幼儿园推广“双语”教育，依法依规推广国家通用语言文字，提高藏语教学水平。加强学前教育的管理，促进学前教育水平提升，努力促进丁青县学前教育稳步发展。加强对全县幼儿园园长、教师进行专业培训，加强对招聘（中职班）的新幼师进行岗前学习培训。已建成幼儿园全部开园招生，提升乡、村两级幼儿园入园率，集中力量办好县级幼儿园，推进教育起步公平。武钢青青幼儿世界挂牌成立，对外加强协调合作，共同推进丁青县学前教育发展。

【义务教育】 2018年，丁青县7~12周岁正常适龄儿童9905人，适龄儿童在校生9890人。13~15周岁正常适龄少年3495人，辖区内初中在校生3190人。进城务工人员随迁子女71人、留守儿童64人，均在校就读。适龄三类残疾儿童少年41人，入学36人，残疾儿童少年入学率达到87.8%。3月，丁青县教育局对《丁青县小学阶段考试和教学质量奖惩办法》进一步进行修改完善，丁青县中学根据实际情况制定《丁青县中学阶段考试和教学质量奖惩办法》。丁青县教育局下发《丁青县关于对各学校2017—2018学年第一学期期末统考奖惩决定》，全县兑现奖金55.95478万元，兑现罚金10.52257万元。2018年全县18名学生考上其他省市西藏初中班，丁青县中学23名学生考入其他省市西藏高中班，位列昌都市11县区第二名，丁青县教育局兑现4.1万元学生奖金。同时积极组织多次中小学质量监测考试，召开中小学期末统考质量分析会，多次组织下乡开展教育教研活动。9月，昌都市教研队伍到丁青县开展送教下县乡活动。

【职业教育】 截至2018年底，丁青县建成1所县职教中心，学校设有缝纫、摩托车和汽车维修、藏医、绘画、土陶制作、驾驶等专业和班级，该校以市场为导向，不断优化专业设置，进一步扩大职教生规模，逐步实现普职学生比大体相当的目标。同时加强丁青县职教中心与对口援藏职教集团和社会力量的纵深交流合作，找准学校专业与丁青经济社会发展之间的契合点，提升服务能力和水平。积极和丁青县人社局等相关部门或社会企业协调合作，妥善解决各省份西藏中职班和丁青县职教中心毕业生就业问题，鼓励各省份中职毕业生在各省份就业，支持热血青年自主创业。

【师资队伍建设】　2018年，利用“组团式”教育人才援藏项目，激发援藏教师“带管理、带教学、带队伍”作用。2018年教师节，表彰优秀教师、优秀班主任、先进教育工作者，发挥示范带动作用，营造全社会尊师重教的良好氛围。丁青县教育局组织教师和校长队伍到外地参观考察，努力建设一支“招得来、下得去、留得住、教得好、管得好”的教育队伍。选派18名丁青学前教师到湖北武汉青青幼儿园培训，选派15名师生代表到天津北辰区各学校访学。邀请宝武钢集团第二批5名优秀学前教育专家到丁青县部分幼儿园进行为期1个月的蹲点视导学前教育工作，为丁青县学前教育注入了新的发展理念。邀请重庆市10名教育专家组团到丁青县开展第二阶段班主任、校本研修骨干教师培训，培训教师达65人。邀请天津北辰区教育局党委书记带队14名教育专家到丁青县指导学校教学工作，与天津北辰区学校建立“手拉手姊妹学校”，加强交流合作，促进共同发展。丁青县教育局与广州视睿电子科技有限公司（希沃）签订教育信息化提升工程战略合作协议和捐赠协议，为丁青县教育系统捐赠价值47.5万元的65英寸希沃交互智能平板12台、75英寸希沃交互智能平板2台及配套推拉黑板、展台、电脑模块14套等设备，为全县广大教师开展信息化教育培训工作。

【义务教育均衡发展】　2018年1月24日，丁青县委副书记、县人民政府县长罗广前主持召开全县2018年义务教育均衡发展推进会，对全县义务教育均衡发展工作做安排部署，1月30日，分管教育副县长主持召开全县义务教育均衡发展工作再安排再部署会议，对全县义务教育均衡发展和控辍保学工作作出安排。4月2日，召开全县2018年教育（体育）工作暨均衡发展攻坚动员会，对2018年全县教育工作和义务教育均衡发展工作进行安排部署。6月11日，组织召开全县义务教育均衡发展“迎检”工作推进会，就迎检工作进行全面安排部署。9月14日，组织召开全县义务教育均衡发展迎国检动员大会，会议以电视电话会议形式召开到乡镇，对丁青县义务教育均衡发展迎国检进行全面安排部署。9月18日，组织召开义务教育均衡发展成员单位工作联系会，对各成员单位工作进行安排部署。按照义务教育均衡发展相关文件要求和标准，丁青县全面有序推进丁青县义务教育均衡发展各项工作。2018年6月底，顺利通过义务教育均衡发展自治区督导评估验收，9月底顺利通过国家督导评估验收，丁青教育各项指标达到义务教育均衡发展各项验收标准。

【安全工作】　按照“党政同责、一岗双责”要求落实学校安全稳定责任制，各学校校长牢固树立维稳底线意识和安全红线意识，深入开展生命安全教育，严密防范校园暴力和极端恶性事件发生。认真贯彻落实《中小学公共安全教育指导纲要》，各级各类学校完善各类应急处突预案，定期开展安全避灾、消防疏散演练，加强师生预防和应对社会安全、公共卫生、意外伤害、自然灾害教育。加大校园周边环境治理工作，密切警校联动，持续推进“护校行动”和“平安校园”建设。2018年，丁青县教育系统未出现任何重特大安全事故。

【基建项目建设】　2018年，丁青县教育基建项目资金23998万元，3月份招标，4月份开工，实施尺牍、觉恩、上依3所乡小学改扩建项目，投入资金2080万元。全县2018年所有学校绿化、硬化工作基本施工完毕，丁青县第二初级中学、丁青县实验小学主体结构基本完工，武钢青青幼儿园进入施工阶段，丁青县教育教学环境得到全面改善。

【德育和思想政治教育】　根据西藏自治区党委对“四讲四爱”（讲党恩爱核心、讲团结爱祖国、讲贡献爱家园、讲文明爱生活）群众教育实践活动要求，丁青县教育局精心安排部署，落实责任，强化督导，有序推进活动。各学校把“四讲四爱”群众教育实践活动与学校德育工作有机结合，创新活动方式、丰富活动内容，邀请见证西藏几十年沧桑巨变的老干部、老党员到校园开展民族团结、爱国主义、新旧西藏对比等方面的主题教育活动。各学校一个月至少开展1次教育活动，累计开展教育宣讲207次，受教育人数覆盖全体学生。在思想政治教育方面，牢牢把握正确的政治方向，严守政治纪律和政治规矩，坚决维护中央权威，在政治上思想上行动上同以习近平同志为核心的党中央保持高度一致。以“两学一做”学习教育制度化常态化为载体，加强政治理论学习，加强对党员干部教育管理，为教育工作提供强大的政治保障。各中小学通过唱红歌、红色经典诵读、演讲比赛，宣讲典型事迹、宣传社会主义核心价值观和“中国梦”，抓好学生思想道德建设，确保培养的学生能够为我所用，成为合格的社会主义建设者和接班人。

【基层党建】　丁青县教育局高举马列主义、毛泽东思想和邓小平理论的伟大旗帜，践行科学发展观，深入学习中共十九大精神和习近平新时代中国特色社会主义思想，深入推进“两学一做”学习教育制度化常态化。开展政治纪律教育，强化政治理论学习。积极落实“三重一大”决策机制，扎实开展“三会一课”活动，加强党员教育和管理，广大党员自觉树牢“四个意识”，坚定“四个自信”，坚决做到“两个维护”，党员干部政治敏锐性和政治鉴别力得到增强，支部凝聚力和战斗力得到提高。与学校签订《党建目标责任书》，加大对学校党建工作督导，督促学校各支部落实党建主体责任。2018年丁青县教育局党委召开党委会20次，开展政治纪律专题教育15次，召开党委理论中心组学习15次，召开2018年“七一”表彰会1次。局党委加大对招生考试、基建项目、物资采购、财务管理、“三包”经费使用等重点领域和关键环节的监督管理、执纪问责。丁青县教育局党委和各支部在思想教育、凝聚人心、把控大局、引领方向、作风建设等方面发挥核心作用。截至2018年底，全县教育系统有党委1个，党支部19个，党员教师231人，基本实现党的基层党组织、党员和党组织活动全覆盖，党建对教育工作的引领和带动作用逐渐显现。

【精准扶贫、结对帮扶】　2018年“三包”经费支出4643.940767万元，“营养改善”经费支出929.45572万元。依托全县爱心帮扶资金专户，在教育经费中每年拿出10万元投入到爱心帮扶资金专户用于帮扶贫困学生，按照标准进行长期帮扶，直至其大学毕业。截至2018年，丁青县爱心帮扶资金专户共计兑现帮扶资金55.62万元，2018年帮扶学生新增19名。2018年全县兑现300名大学新生奖励资金17.8万余元，向上级部门申报大学新生资助57人，资助金额达17.1万元。全县建档立卡户中贫困学生人数为3726人，全县教育系统教职工开展结对帮扶1521人次。2018年丁青县教育局号召爱心人士资助丁青籍贫困大学生

"一对一"帮扶活动，14名贫困大学生获得每月500元（一年按10个月计）的资助。2018年丁青县教育局被评为丁青县2018年度脱贫攻坚行业扶贫综合评价"先进集体"。

【廉政建设】 2018年，丁青县教育局与各学校签订党风廉政建设目标责任书，传导压力，明确责任，落实党风廉政建设主体责任。丁青县教育局加强党风廉政教育，每次会议必谈党风廉政建设，及时传达各类违纪通报，收看廉政警示片，干部职工廉政意识进一步增强。丁青县教育局在重要节点，向各级学校发出加强廉洁自律的通知，及时进行廉政提醒。2018年丁青县教育局开展廉政专题教育4次，收看廉政警示片2次，下发重要节点加强廉洁自律通知文件4次，开展廉政提醒2次，丁青县教育局负责人对学校负责人和科室负责人开展廉政谈话31次。丁青县教育局重点监控廉政风险点，加强廉政风险点防控研究，探索建立廉政风险防控机制，从源头上进行防控，营造风清气正的教育环境。

【援藏工作】 2018年，天津市选派8名教师到丁青县中学支教，江苏省援助6700万元修建丁青县实验小学，宝武钢集团援助1500万元修建丁青县武钢青青幼儿园，武汉钢能设备安装有限责任公司捐助7万元助力丁青县开展教育扶贫工作。湖北省武汉青青幼儿园为丁青县18名丁青学前教师开展学前教育培训，天津市北辰区邀请丁青县15名师生代表到北辰区各学校访学，宝武钢集团第二批5名优秀学前教育专家到丁青县部分幼儿园进行为期一个月的蹲点视导学前教育工作，重庆市10名教育专家组团到丁青县开展第二阶段班主任、校本研修骨干教师培训，天津北辰区教育局党委书记带队14名教育专家到丁青县指导学校教学工作，天津市北辰区学校与丁青县15个中小学建立"手拉手姊妹学校"。

科技工作

【概况】 丁青县科技局（科技协会）主要工作为贯彻执行上级有关科技工作的方针、政策和法律、法规；研究拟定科技发展战略、中长期规划和年度计划；研究提出合理配置科技经费的意见和建议；负责申报、认定高新技术企业、高新技术产品和高新技术成果转化项目；研究拟定加强技术创新、加强科技成果产业化的政策措施；归口管理科技成果、科技奖励、科技保密、技术市场和科技信息市场；协调组织与科技相关的知识产权保护工作；负责新建和调整科研机构的审核、申报工作；负责民营科技企业的认定、审批及管理工作；负责科技型中小企业认定和创新基金的归口理；归口管理科技外事工作，组织开展对外科技合作与交流，协同有关部门组织技术出口和技术引进、消化、创新工作；负责管理科技信息、科技宣传工作；统筹协调科普工作；指导科技咨询、招标、评估等科技中介服务机构的工作；负责科技统计工作。协同有关部门研究有关科技人员的政策，参与地方科技管理人员的教育培训工作。承办县委、县政府交办的其他事项等。

【科普宣传】 2018年，全县科技水平有了较大幅度的提升。县农牧（科技）局和全县科技特派员指导全县蔬菜合作社、青稞种植、畜牧良种改良等工作。精心组织科普宣传活动，认真开展科技下乡活动。丁青县利用农闲时节，按照"短期和长期培训相结合、课堂授课与实地教学相结合，理论讲授与实践动手相结合"的原则。针对结构调整中农牧民急需的种植养殖技术（蔬菜种植技术、青稞高产示范技术、油菜、土豆种植与管理技术等），2018年县农牧（科技）局组织专业人员70人次奔赴13个乡镇，举办实用技术培训班，培训农牧民275名，宣讲科技知识、科普活动覆盖全县13个乡镇，培训人数达1000人次，发放科技书籍15000余册，并邀请市相关业务部门专家重点指导县蔬菜种植基地、青稞生产基地、油菜生产基地。

【种植基地建设】　2018年，在觉恩乡建设“小蓝青稞”良种种植基地5600亩，总投资1800万元，通过使用机械化、规模化种植技术，有效提高青稞产量，进一步推广宣传科学种植技术，使得项目区种植业得到稳定发展。建立青稞深加工生产线，提高产品的附加值，示范促进带动当地种植业向标准化、集约化、规模化方向发展，解决部分当地群众就业问题，促进丁青县传统的“靠天种植”向现代化设施农业方向发展，提升农业发展潜力，促进经济发展，维护社会长治久安。基地建设使当地农牧民187人受益，人均年增收2500元以上，效益显著。2018年丁青县申报在协麦村修建藏药材种植基地，在朗通村修建藏药材开发基地，占地2680.96平方米，共计投资1000万元。充分利用地方特色优势，走资源科学开发、合理持续利用之路，加快发展藏药材产业化经营，以政府为主导，有效应对小农户大市场矛盾，提高组织化经营水平，通过土地集中规模经营，实现由传统农业向现代化、标准化农业的转变。基地的建设带动藏药材加工、物流、仓储和包装等关联产业的发展，优化项目地产业结构，促进全县产业结构战略性调整。

【科技队伍发挥作用】　2018年，县三区科技人才共举办农村实用技术培训8次，发放培训材料2000份，共培训学员2000人次。充分利用科技活动周的有利时机，深入到乡（镇）开展农牧民科学技术教育活动4次，教育人数达到1936名，活动利用多媒体进行教学，让群众看得见、听得懂、学得会。加强科技特派员管理工作，让广大科技特派员深入农业生产第一线，充分发挥自身技术和专长优势，积极开展调查研究，提供技术咨询与服务，开展各类科技培训，为农业产业发展提供强有力的科技支撑。在秋收、秋耕、秋播工作中，积极组织各村科技特派员农户指导秋收、秋耕、秋播工作，真正做到成熟一块收割一块，防止霉烂和穗上发芽，做到颗粒必争，颗粒归仓，并技术指导冬青稞种植。

气象工作

【概况】　西藏丁青县气象局属国家基本气象站，位于北纬31°25′，东经95°36′，观测场海拔3873.1米，是国家二类艰苦气象台站。截至2018年底，西藏丁青县气象局内设机构有综合管理科、气象台、防灾减灾科，地方机构有气象防灾减灾指挥部、雷电防护所等科室，有干部职工共计7名。丁青县气象局担负着该行政区域内气象工作的政府职能，依法履行对该行政区域内的气象活动进行指导、监督和行业管理，对行政区域内气象探测管理、气象预报管理、气象信息传播管理、气象防灾减灾管理、雷电防御管理、人工影响天气管理、气候资源开发利用和气象科普宣传管理乡（镇）气象工作（服务）组织及气象信息员管理、组织协调和管理行政区域的气象行政执法工作。会同县人民政府对乡（镇）气象工作机构实施以地方政府为主的双重管理，会同地方党委和政府有关部门做好气象部门的党的建设、党风廉政建设、精神文明建设、社会治安综合治理以及维护社会稳定等工作。

【气象业务】　建站至2018年，该站观测业务工作从未间断，观测时间：1954年2月至1960年7月每天进行01、07、13、19四次定时观测。1960年8月1日起每天观测时间改为北京时间：02、05、08、11、14、17、20、23时八次观测，夜间守班。2008年1月1日开始主要以自动站进行8次天气观测，进入双轨运行。2014年业务改革后调整为5次（08、11、14、17、20）观测。丁青县人民政府印发《丁青县气象探测环境和设施保护办法的通知》文件，截至2018年，丁青县所辖气象站探测环境能够得到有效保护。2018年，丁青县气象局实现自动化观测气象要素有气压、温度、湿度、风向、风速、能见度、地面温度、5～20厘米浅层地温、40～320厘米深层地温、土壤水分、GPS水汽、闪电定位仪、降水、蒸发。人工观测的气象要素有冻土、云量、云高。人工观测与自动观测并行的气象要素有天气现象、日照、雪深。观测站除该站（县城）外，在丁青县色扎乡建有区域自动站1座，自动观测气象要素有气温、相对湿度、气压、风向、风速、降水，数据会实时采集并上传到西藏自治区气象局数据科服务器。

【服务站建设】　2018年，完成嘎塔乡、色扎乡、当堆乡、觉恩乡气象信息服务站挂牌工作，落实人员、办公设备。配齐气象信息服务站站长、协理员、信息员，建立工作职责及信息服务反馈制度、信息发布安全管理和审核制度、信息处理制度，制作农作物适宜性区划图、气象灾害区划图并悬挂于气象信息服务站内，每乡（镇）建立一支队伍气象信息员队伍。

【气象概况】　丁青县属高原温带半湿润季风气候，空气稀薄，日照充足，气温年较差大，冬季寒冷多大风，夏季凉爽湿润。年平均气压为635.7百帕，年平均相对湿度52.8%，年无霜期213天，年日照时数为2062.1小时，冻土深度达50厘米，出现日期为1月26日。最大雪深为9厘米，出现在3月7日。年平均气温4.3℃，较常年值偏高0.6℃，最高温度为25.1℃，出现在7月6日。最低气温为-18.6℃，出现日期为12月30日。年降水量为739.4毫米，较常年值偏多98.3毫米，日最大降水量为29.7毫米，出现日期为7月31日，丁青县雨季为5月中下旬至9月底，与常年相比雨季开始期偏早，夏季降水频繁且强度大，多地出现冰雹、大风、雷电、暴雪等灾害性天气，洪涝、泥石流等衍生灾害性天气，给农牧业生产和交通带来一定的影响。

【主要气象灾害】　丁青县主要气象灾害有干旱、雪灾、霜冻、冰雹、大风、洪水、泥石流、滑坡等，其中干旱、雪灾、冰雹、泥石流每年都有不同程度地发生。由于强对流性天气较多强降雨持续，引发山体滑坡对山上农田造成危险、村里道路部分路段的路基被冲走，对道路造成很大的安全隐患。

【气象防灾减灾】　2018年丁青县气象局落实气象防灾减灾“政府主导、部门联动、社会参与”的机制建设，利用“3·23”世界气象日、“5·12”防灾减灾日，联合县府办、民政局、国土局、农牧局、宣传部、电视台等部门在虫草广场、县中学开展气象知识、法律法规、防灾减灾等的宣传活动。虫草采挖期间，深入虫草采挖点联合当地乡（镇）政府进行防雷知识科普宣传活动，与农牧局等单位组织乡（镇）气象信息服务站、气象信息员进行气象信息知识的培训工作，针对全县易发生的气象灾害类型开展应急演练工作，增强农牧民的防灾减灾意识。与县农牧局签订《农业气象灾害预警联动合作协议》，与县电信局、移动公司签订《气象灾害预警信息传播“绿色通道”合作协议》，与县电视台签订《气象预警信息传播协议书》，达到信息共享、联动机制，确保气象预警信息传播的及时性。做好全县危险化学品、易燃易爆企业安全隐患“三查三改”防雷检测工作，主要是针对全县的加气站、加油站。建立丁青气象地质灾害防治群（微信群），及时将气象灾害预警信息传达到乡（镇）、村，方便收集、统计、整理灾情、雪情、雨情等上报县委、县政府及昌都市气象局相关部门，为其开展防灾减灾抗灾工作提供气象服务保障工作。

【气象为农服务】 2018年，丁青县气象局发布为农气象服务产品有春耕春播气象服务8期、农业气象服务信息15期、秋收秋种气象服务3期、牧草生长专题预报3期。6次准确的预报重大灾害性天气过程，主动向县委、县政府及相关职能部门汇报天气实况和未来24小时天气趋势预测，做好重大活动、重要节日、虫草采挖季专题天气预报。推动“三农”服务专项建设，年内分别在觉恩乡绒通沟、协雄至当堆乡乡道旁、国道214色扎至布塔段安装山洪、泥石流隐患点警示牌，给过往的农牧民群众提醒。制定2018年丁青县农业气象服务周年方案，联合开展春耕春播、田间管理期的指导、灾情调查工作，开展农业气象专项服务，针对青稞、土豆、油菜作物及其关键农事季节、主要农业气象灾害（干旱、冰雹、霜冻等），开展全生育期精细化农用天气预报、农业气象灾害监测预警等专题服务，开展关键农事气象保障服务，及时向重点服务对象、乡（镇）政府及村委会提供专题气象服务，及时发布农用天气预报产品，指导农牧民科学合理安排生产。严格按照要求完成了气象防灾减灾历史数据的收集和整理工作，为下一步做好农村气象防灾减灾工作打下了坚实的基础。在江苏无锡农田小型气候站厂家高级工程师和全局干部职工的努力下，农田小型气候站于3月中旬在协雄乡蔬菜大棚安装完毕，经测试所采集到的数据能正常传输到区局数据与网络科。

【基层党建】 建立每周五为党支部学习时间的制度，重点学习党的路线、方针、政策，学习习近平总书记系列重要讲话精神，以及中共十九大和十九届二中、三中全会，自治区第九次党代会会议精神。开展“两学一做”学习教育、“四讲四爱”专题教育活动，使活动贯穿到各项工作中，增强了党员干部的政治意识、大局意识、核心意识、看齐意识。按照县委组织部的要求，积极开展“干事档案”专题活动，组织开展民主生活会以及民主测评等活动，不断增强党组织的战斗力、凝聚力和感召力。按照基层党建标准化建设的要求完成标准化建设，积极配合区局第二巡察组开展对丁青县气象局的巡察工作，并按照要求整改。

【党风廉政建设和精神文明建设】 成立以局领导为组长的党风廉政建设和精神文件建设工作领导小组，落实“一岗双责”责任制，层层签订《党风廉政建设目标责任书》《精神文明建设目标责任书》，将各项目标责任落实到人。践行“情为民所系，利为民所谋，权为民所用”，保持和发扬清正廉洁、团结务实的优良作风，坚持民主集中制原则，深入开展局务（政务）公开工作，积极开展“讲学习、讲忠诚、正风纪、转作风、提效能”主题活动，多措并举推进党风廉政月宣传教育月活动，与干部职工签订不参与赌博承诺书，组织干部职工看廉政纪录片，不断加强领导干部的作风建设，严格落实“三重一大”制度。建立健全各项规章制度，使财务和车辆管理有规可循，组织职工学习自治区党委、自治区气象局、市委、市气象局、县委、县政府关于反腐倡廉的重要指示批示精神，重大节日前后廉政提醒和检查10次，严格执行廉洁从政的各项规定，对干部、干部配偶、子女和身边工作人员严格管理，自觉抵制社会上不良风气的腐蚀和影响。进一步增强干部特别是党员领导干部责任意识、廉洁自律意识和风险防范意识，不断筑牢反腐倡廉的铜墙铁壁。10月24—28日，西藏自治区气象局党组第二巡察组对丁青县气象局开展巡察工作，形成问题清单，领导班子照单全收，抓整改，促落实。

【精准扶贫】　2018年丁青县气象局深入当堆乡伊塔西村开展结对帮扶工作，每季度1次共4次，送去大米、面粉、茶叶等慰问品，总计送去慰问金9600元，年底开展集团式帮扶，送去慰问金1000元。宣传党的惠民政策、找准致贫的因子、深入剖析，找到扶贫工作的切入点。6月5日至7月13日，按照县委、县政府的要求，选派彭措扎西深入当堆乡开展丁青县脱贫攻坚迎“国检”督导工作。

【安保】　成立以局长为组长的维稳工作领导小组，制定《丁青县气象局“三大节日”期间安保工作方案》《丁青县气象局维稳值班管理制度》《丁青县气象局维稳值班制度》等制度，确保在紧急情况下有据可依，做到临危不乱。落实维稳值班领导24小时带班及值班人员24小时值班制度、维稳工作常态化。牢固树立“维稳压倒一切”的思想观念，加强矛盾纠纷排查和“双联户”服务管理等工作，明确职责要求，落实岗位责任，认真做好值班督查、夜间巡查工作，严格落实请示汇报制度。确保“大、中、小”事不出。3月8日至15日，按照县委、县政府安排选派干部职工深入当堆乡开展维稳督导工作。针对局大院、职工周转房开展安全生产大检查工作，对安全生产工作要多检查、多督促、多教育、多提醒，及早及时预防和制止安全生产事故的发生。认真落实安全生产目标管理责任制。参与县政府组织关于安全生产的集中宣传活动，安全维稳局势良好。

【抗洪救灾】　2018年，丁青县进入汛期相对往年较早，按照县委、县政府的要求，组织人员参加在县里组织的关于防洪工作的会议，积极部署，抓住重点，密切监测天气过程，及时预测，将过去24小时实况、未来24小时天气预报及时通过西藏县级公共服务平台向社会发布，纸质档报送县应急办、县防汛抗旱指挥部，为县委、县政府的决策部署提供气象服务保障工作。

【援藏工作】　2017年5月上旬在拉萨召开的全区气象部门援藏协调会上，达成协调天津东丽区气象局对口援建丁青县气象局，2018年援藏经费用于平台建设。

文化·旅游

西藏自治区新闻出版广播电影电视局丁青中波转播台

【概况】 丁青县中波转播台围绕年初制定的广播安全播出目标责任书，按照新闻出版广电总局《广播电视安全播出管理规定》和有关专业实施细则，认真做好2018年度周检、月检、季检和重要保障期前的设备检修工作，采取安排职工参加西藏自治区新闻出版广电局安排的业务学习和该台自行组织业务学习等方式，加强对值班人员和技术维护人员的培训工作，提高设备维护水平和处置突发事件（事故）的能力。做好重大节日、重大活动、重点时段等重要保障期间的安全播出工作，2018年度，丁青中波转播台未发生任何技术事故和人为事故。截至年底，全台机构、编制无变化。

【安全播出】 2018年，始终贯彻落实安全播音“生命线”的神圣使命，圆满完成元旦、春节、藏历新年、区“两会”、全国“两会”、五一劳动节、上海合作组织国际峰会、萨嘎达瓦、端午节、雪顿节、藏博会、中非合作论坛北京峰会、国庆、中国国际进口博览会重要保障期间的安全播出任务，无任何技术事故、人为事故和重特大事故发生，截至12月底，四套节目累计播音时间为28377.33小时，把安全、优质的广播节目传送到千家万户，丰富人民群众的娱乐文化生活。

【基层党建】 深入贯彻落实新时代党的建设总要求，以提升党支部组织力为重点，突出政治功能，根据《丁青县2018年县直属机关委员会各党组织基层党建工作目标责任书》和《丁青县大力推进基层党组织标准化建设的实施方案》指示精神和要求，结合丁青中波台党支部实际情况，选定二楼会议室作为党建“九有”标准化建设场所，并配备必要的附属设施，进一步为支部党课学习和活动开展，提供强有力的场所保障。

【廉政建设】 2018年，丁青中波台规定每周周五为集中学习思想政治时间，重点学习《中国共产党章程》、新修订的《中国共产党廉洁自律准则》、《中国共产党纪律处分条例》和党风廉政建设有关党纪法规、文件及讲话精神，观看一些违反中央八项规定精神警示片。根据西藏自治区新闻出版广电局纪检组下发的《关于进一步做好“元旦”“春节”“藏历新年”“五一”“端午”“国庆”“中秋”重大节日期间纠正“四风”加强作风建设的通知》文件精神和指示要求，丁青中波台在重大节日来临之前，组织党员领导干部认真学习、及时传达，让“红红脸、出出汗”成为常态，向党员干部打招呼、提要求，重点排查党员干部公车私用、公款吃喝、出入高档会所、参加赌博或带有赌博性质的娱乐活动存在的突出问题，拿出见人见事的过硬措施，切实加以整改，监督检查领导小组认认真真地开展监督检查工作，加强对廉洁自律和厉行勤俭节约工作的监督力度。

【中共十九大精神学习】 深入贯彻学习习近平新时代中国特色社会主义思想和中共十九大精神，用党的最新理论成果武装头脑，指导实践，推动工作。丁青中波台党支部迅速掀起学习热潮，集中组织党员学习21次，撰写心得体会50份，党内知识考试2次，支部活动3次，发展党员2名，发展积极分子2名，参加县党课（讲座）7次，参加县组织的活动4次，结对帮扶下乡4次，精准扶贫迎“国检”下乡蹲点10天。

文化新闻出版广电

【概况】 2018年，丁青县文化新闻出版广电局（县文物局）紧紧围绕全县中心工作大局，以文化供给侧结构性改革和新旧动能转换为目标，不断坚定文化自信，提高文化自觉，着力夯实文化发展基础，提升文化凝聚力、影响力、服务力、创造力，不断完善文化基础设施，提升文化服务供给能力，推进“全民阅读活动”，培育和践行社会主义核心价值观，着力构建品牌文化，全年在文物安全保护上投入经费，开展文物安全检查；挖掘整理传统技艺、传统医药等文化资源；创建完成非遗产业项目；举办非遗趣味活动、文化和自然遗产日产品展览会等非遗系列活动，组织召开非遗座谈会；在全县创建文化产业示范点，文化创意产业园区工程建设稳步推进；坚持正面引导，稳步推进广电事业发展。坚持文化安全，不断加强文化市场监管。截至年底，机构、编制无变化。

【培育和践行社会主义核心价值观】 2018年，县文化新闻出版广电局以人民宣传员、校园、新媒体为载体，以广大农牧民群众、学生为宣传教育对象，以弘扬传统文化、培育践行社会主义核心价值观为目标，开展琼文化沙龙5次、大师沙龙3次、人民宣传员宣讲15次，琼布眼传统文化报道发布200期。评选出十大厚德人物、五大贡献人物。开展厚德联盟创建活动。新设《厚德眼》专栏，发布厚德事迹44期，抖音、微博发布厚德事迹15期，开展惠民工程1400场次。定期组织召开集中学习，2018年共学习53次，推动社会主义核心价值观落实落细。

【构建文化品牌】 2018年，县文化新闻出版广电局坚持以人民为中心的创作导向，根植丁青琼文化土壤，历时2年，精心打造的大型歌舞诗“梦回溯源——琼热巴”，11月8日在拉萨首演圆满完成。全剧60名群众演员，其中22名贫困户让非遗“活”起来，是文化助力脱贫攻坚的重要体现。历时2年，收集、制作藏文书法类唐卡218种，人物造像类唐卡5幅前言、结语唐卡2幅，共计225幅唐卡，被“大世界基尼斯”认证为藏文字体最多的唐卡集——《象雄藏文书法唐卡大集》。成功举办丁青县第二届琼文化学术研讨会，研讨会吸引全国各地专家、学者200人参与。

【繁荣文艺创作】 社会主义文艺创作坚持以人民为中心的导向，不断推出讴歌党、讴歌祖国、讴歌人民、讴歌英雄的精品力作，同时加强文艺队伍建设，意在造就一大批德艺双馨名家大师，培育一大批高水平创作人才。在首届全区热巴舞展演暨热巴艺术高峰论坛中丁青荣获团体奖金牌“金鼓奖”、“热巴舞传承贡献奖”、团体“优秀奖”、“金铃奖”和“金鼓奖”6项重量级奖项。县艺术团2018年创新创作舞蹈《原生态热巴舞》《琼热巴》《热巴歌伴舞》《现代舞》《女子玄舞》《琼布锅庄》等，歌曲类《琼归来》《梦中的布迦》《缘结丁青》《美丽的丁青》《热巴之乡》《走进琼布》《流淌的岁月》等。成功举办第十七届热巴文化旅游艺术节暨首届冰川音乐节。成功举办首届廉政文化艺术节专场文艺晚会。成功举办2届“琼布最强音”歌手大赛，挖掘优秀民间歌手80人。深入开展“三区人才”培训，开设民间艺术团舞蹈、器乐培训班，建立月考制度，注重培养德艺双馨的艺术人才。开展各类文艺会演150场，被誉为“丁青县村村都有热巴文艺队”。

【公共文化服务建设】　完成64个村级活动场标准化建设项目，总投资122.4万元。完成31个易地搬迁安置点文化活动场所建设项目，总投资60万元。完成县级综合文化活动中心扩建项目，总投资15万元。修建县级民俗博物馆，总投资25万元。完成县、乡（镇）、村（居）三级公共服务场所标准化建设。全年共开展25场送文化下乡活动、1400场送电影下乡，送书下乡600册。

【开展文化资源普查】　为全面摸清全县文化资源基本情况，进一步做好文化资源的挖掘开发、保护利用工作，在普查过程中运用摄像机、照相机等设备和人工记录传统体育与竞技、传统医药、民间手工技艺、山水文化等资源，建立文化资源数据库。全年登记民间文化能人918人（包含村文艺队人员）、村文艺队42支、民族手工艺人200人、热巴艺人1020人、热巴传承人8人，象雄藏文字体218种、锅庄舞种24种、锅庄音乐24种，编创舞蹈类作品27个、语言类作品3个、音乐类作品15个。收集民间故事4个（热巴），民间音乐4个，山水文化故事5个，文物遗迹2处，极具绘画特色、研究价值的唐卡2幅。

【加强非遗文物保护与传承】　挖掘整理传统技艺、传统医药等非遗资源64项，成功申报县级非遗24项，补充市级非遗传承人名录库后备人选12个。成功举办首届民族民间“萨瓦然达”挑战赛、丁青县第二届文化和自然遗产日产品展览会、丁青传统民间趣味游戏“达巴、押加”等活动10次，开展非遗进校园活动15次。组织召开非遗座谈会4次，依法取消传承人资格1名，进一步明确传承人义务职责。深入开展文物安全督导检查工作20次。深入开展文物普查工作并复查5处，新发现遗迹2处。在普查过程中，在自治区级文保单位绒通寺、强宗寺新发现两种极具绘画特色、研究价值的唐卡。在上级部门的支持下，投入40.8万元，对受丁青县境内“5·11”地震影响严重的文物点进行文物建筑维修保护。区保单位丁青寺文物维修保护工程开工。

【开展群众文化活动】　为弘扬传统文化，不断满足群众文化需求，县文化新闻出版广电局（县文物局）不断开展群众喜闻乐见的文化文艺活动。开展“琼布·记忆——庆祝改革开放40周年暨首届琼源文化影像记忆展”，举办琼布读书会琼文化沙龙40多期，成功举办丁青县喜迎全国第二届藏文书法日暨‘五一群众文化节’，举办“4·23”世界读书日主题读书活动、非遗广场舞等大型主题活动共计80场，开展各类文化文艺会演150场。

【培养文艺人才队伍】　为加文化文艺人才队伍建设，培养德艺双馨的艺术人才，造就一批“会编、会弹、会唱、会跳”的全能型文艺工作者，县文化新闻出版广电局积极组织县艺术团排练，组织县艺术团“梦回溯源——琼热巴”排练并成功首演。赴昌都市参加“第四届三江茶马艺术节”演出，赴拉萨参与筹备“纪念西藏民主改革60周年主题歌舞晚会”演出，实现全县13个乡（镇）64个村（居）全部建立乡、村文艺队伍。开办“首届农牧民群众热巴舞蹈”培训班，惠及人数达100人。开展“三区人才培训”“声乐培训”共计18次，实行月考制度，培养出一大批德艺双馨的人才队伍。

【加强舆论宣传引导】 新闻栏目以传承和弘扬中华优秀传统文化为中心，紧紧围绕时政报道、脱贫攻坚、易地搬迁、文明创建为中心，持续开展《丁青新闻》《琼布新闻早读》《厚德讲堂》《向人民报告》等特色栏目，2018年共拍摄新闻923条，上传340条，昌都市电视台采用149条，西藏电视台采用25条，康巴卫视采用53条，公益广告播出条数共380条，专题片数据9条。“琼布眼”全年共发布1657期，其中原创作品1259期，被“翻牌”56万次，分享2万人次。

【加强文化市场监管力度】 结合全县文化市场工作实际，持续加强文化市场监管力度，深化“三项重点任务”，深入开展“五个净化专项行动”。组织联合检查50次，出动人数300人次、车辆100车次。先后开展元旦、春节、藏历新年、三月重要时期等时间节点的文化市场各种专项整治工作10次，对营业证件不齐全的文化经营单位做出停业整顿处理，依法扣押非法销售的各类地面卫星接收设备机顶盒12个、卫星锅盖79个、高频头18个、接线头150个。召开3次文化市场业主座谈会，开展10次“绿书签”、法治宣讲、宣传教育活动。制定文化市场工作条例20条，发放宣传海报、宣传单2000份，微信公众号、新闻播放执法检查报道10次。全年制作演员证300份，收回100份。在全县氛围内营造良好的遵法、守法、护法经营环境，绿色经营、合法经营理念更加深入人心。

【持续开展电影放映】 全县64个村居集中开展农牧区公益电影放映活动，累计为农牧民群众播放公益电影750场次，观看人数达35000人次。全县各寺院开展“爱国主义影片进寺院”活动放映电影380多场次，观看人数5800人。结合“三大节日”、六一儿童节、八一建军节等节庆日开展“爱国主义影片进校园”“爱国主义影片进军营”活动，播放场次140次，观看人数13000人。在“三大节日”和“十一”黄金周开展农牧区电影展映活动，播放电影310场，观看人数1500人。全年共完成1600场电影放映任务，观看人数60500人次。

【加强基层党建】 2018年，文化旅游支部与县委组织部签订党建目标责任书，支部与广大党员干部签订目标责任书，层层落实责任，严格落实全面从严治党各项要求，坚持党建工作与业务工作同步谋划，文化旅游支部深入学习贯彻习近平总书记系列重要讲话精神和中共十九大精神，以“三会一课”为依托，坚持把学习教育融入日常，全年共召开支部大会4次、主体党日12次，抄写党章6份，充分发挥党小组的作用。开展组织生活会1次、组织学习《中国共产党章程》等活动10次，完成党费收缴2667元，撰写心得体会5篇。组织开展对口扶贫、送温暖活动4次，积极开展学习贯彻中共十九大精神活动2次，开设十九大精神学习专栏，研读十九大精神解读等辅导材料。

【深化廉政建设】 丁青县文化旅游支部坚定不移推动全面从严治党向纵深发展，加强文化系统干部队伍作风建设。召开党风廉政工作会议，严格落实中央八项规定、自治区“九项要求”，签订“2018年丁青县党风廉政目标责任书”，将党风廉政建设目标责任制纳入常态化管理。定期组织党员干部学习《中国共产党章程》《中国共产党党员领导干部廉洁从政若干准则》《关于新形势下党内政治生活的若干准则》等，从思想上增强领导干部廉政意识。持续开展以党风、党性、党纪为主要内容的学习教育活动，提高领导干部的政治素养，召开全局党员干部警示教育大会，组织观看《贪欲·黑洞》等警示教育片，引导党员领导干部筑牢拒贪防污思想道德防线，营造风清气正的良好政治环境。

旅游工作

【概况】 2018年，县旅游局统筹协调全县旅游业发展，组织编制县旅游资源综合发展利用规划、计划并监督实施。依法搞好县旅游行业的综合平衡和宏观调控。指导重点旅游项目、旅游目的地和旅游线路的规划和开发。监测旅游经济运行，负责旅游统计及行业信息发布。全年丁青县旅游业总收入1246.9万元，同比增长17%，接待游客9.3万人次，同比增长20%。成功举办第十七届热巴文化旅游艺术节暨首届冰川音乐节。截至年底，机构、编制无其他变化。

【旅游监管】 县旅游局加强旅游安全应急管理，创建平安景区，加大旅游企业安全管理和市场整治力度，落实安全生产责任制。对A级旅游景区、重要旅游景区进行安全生产大检查，全年未出现旅游安全重大事故。精心做好春节、端午节、虫草艺术节、国庆节等节假日安全检查工作，在各节假日之前，联合食药监、消防、安监等有关部门，对各饭店、景区（点）进行安全生产检查，确保全县旅游环境安全稳定。加大旅游应急管理和安全监管力度，全年共联合开展安全生产检查13次，无重大旅游安全事故发生。

【旅游宣传】 县旅游局2018年陆续参加第十四届海峡旅游博览会、2018中国（厦门）国际休闲旅游博览会、2018中国旅游产业博览会、2018中国国际旅游交易会等大型推介会，开展旅游宣传活动，推介旅游资源。宣传活动中，通过热巴舞演出展示特色文化，发放丁青旅游宣传手册、展览旅游特色产品、现场解答疑惑等方式，向国内外参展商及观展民众推介西藏丁青的独特魅力和旅游资源，全年共计发放宣传册13000份。认真组织开展“5·19”中国旅游日宣传活动，进一步落实《中华人民共和国旅游法》、旅游安全知识及旅游景区的优惠政策宣传。2018年10月丁青县政府拨付资金35万元用于拍摄丁青县旅游形象宣传片及宣传手册的制作。

【党建】 2018年文化旅游支部深入学习贯彻习近平总书记系列重要讲话精神和中共十九大精神，以“三会一课”为依托，坚持把学习教育融入日常，全年共召开支部大会4次，抄写党章6份，主题党日12次。开展组织生活会1次、组织开展学习《中国共产党章程》《中国共产党廉洁自律准则》等主题学习活动10次，收缴党费2667元，撰写心得体会5篇。文化旅游支部开展对口扶贫、送温暖活动4次，丁青县文化旅游支部开展学习贯彻中共十九大精神活动2次，开设十九大精神学习专栏、十九大精神解读等辅导材料。

【廉政建设】 加强党风廉政工作领导，2018年丁青县旅游局成立党风廉政建设领导小组，并签订党风廉政建设目标责任书，确保从严治党全面落实。落实主体责任，敢于担责，明确单位负责人对单位党风廉政工作负总责，为“第一责任人”。建立廉政建设制度，确保廉政建设工作落实到位。并对中共十九大精神再次展开学习，确保在精神上政治上行动上与党中央保持高度一致。

卫 生

卫生·计划生育工作

【概况】 2018年，县卫计委认真贯彻落实上级卫生主管部门和县委、县政府的决策部署，各项任务统筹推进，医疗卫生服务水平进一步提高，医疗卫生事业整体呈现良好态势，有力促进了全县经济社会和谐稳定的发展。截至年底，机构、编制无其他变化。

【基层党建】 2018年，按照县委、县政府的安排部署，卫生党支部深入贯彻学习习近平总书记系列重要讲话精神和中共十九大精神，结合“两学一做”学习教育常态化制度化、“主题党日”等学习教育活动，以“三会一课”为依托，坚持把学习教育融入日常，开展专题研讨12次，累计研讨发言人14名，抄写党章26份，组织召开民主生活会议4次，组织学习《中国共产党章程》等活动12次，受教育党员达40人次，撰写心得体会26篇，主要领导授党课2次。先后3次组织开展次对口扶贫、送温暖活动，20名党员干部深入12家贫困户，捐款捐物折合人民币18000元。

积极开展学习贯彻中共十九大精神活动，参与十九大精神宣讲活动8次，开设十九大精神学习专栏、十九大精神解读辅导材料等。截至2018年底，参与宣传10场次，发放宣传资料1200份。结合“三会一课”、组织生活会，开展党组书记讲一次党课、党员进行一次集中讨论、每人撰写一篇心得体会的“三个一”活动。结合推进“两学一做”学习教育常态化制度化和“主题党的生日”等活动，设置学习组长，指导督促党员深入学习、长期学习，努力提升学习的广度和深度，使中共十九大精神覆盖至每一名党员。

【廉政建设】 2018年，根据年初与县纪委签订的廉政建设责任书，县卫计委成立党风廉政建设领导小组，制定工作计划，每周召开一次干部政治理论学习会，每月一次党课，与每一位干部签订《党风廉政建设承诺书》，实行政务、财务公开化，落实好党风廉政建设工作，共开展学习活动26次，观看影视历史记录教育片6场次，学习党风廉政条例和准则，撰写心得体会26篇，廉政述职报告6期。2018年度，严格遵守中央八项规定、自治区党委“约法十章”等，全年未发生违法违规行为。

【医疗卫生基础设施建设】 2018年总投资1645万元，用于新建丁青镇、尺牍镇、木塔、色扎、协雄、巴达、桑多7个乡（镇）卫生院，正在进行主体工程施工。2018年乡（镇）卫生院查漏补缺资金项目总投资274万元，改扩建布塔乡卫生院（80万元）和沙贡乡卫生院（70万元），设备购置费用24万元，100万元整合到桑多乡卫生院项目建设。2018年总投资1125万元，新建县级疾病预防控制中心。

【妇幼保健工作】 大力实施“降消”、儿童营养改善、增补叶酸、孕前优生检查、新生儿疾病筛查、“两癌筛查”、出生缺陷干预、预防艾滋病梅毒乙肝母婴传播等妇幼健康项目，进一步加强妇幼卫生能力建设，持续推进“两降一升”工作，截至年底，活产数为2933人，住院分娩2199人，非住院分娩734人，住院分娩率为74.97%。截至年底，孕产妇住院分娩2199人，报销人数为2001人，发放住院分娩补助金额为200.1万元。发放待产补助783人，金额为37170元，发放护送费18.94万元。2018年1月1日起，按照国家扶助标准，系统进行自动变更，将独生子女死亡家庭特别扶助标准从每人每月340元提高到每人每月450元，独生子女伤残家庭特别扶助标准从每人每月270元提高到每人每月350元。2018年，特别扶助159人，到账资金84.3万元（其中伤残家庭13人，到账资金为5.46万元。死亡家庭146人，到账资金为78.84万元）。2018年全年已完成农牧民免费孕前检查264对，出生缺陷检查294对。

【农牧区医疗制度落实】 新农合基本工作运行情况良好，县医管办大病统筹基金、医疗风险基金、门诊家庭账户基金设置科目符合规定，三级拨款的医疗费按大病统筹基金占70%，门诊家庭账户基金占28%，医疗风险基金占2%。2018年1—11月，全县共计住院报销金额2708.65万元，报销4385人次（其中县级住院1715人次，报销金额696.49万元，县级以上住院报销1803人次，报销金额1503.26万元，住院分娩826人次，报销金额为495.47万元，门诊报销41人次，报销金额13.43万元）。集中挂网采购药品407.69万元，已分配到13个乡（镇）卫生院，且农牧民报销程序及报销比例标准日趋完善，审核报销程序得到简化，报销时限缩短，签字审批环节减少。县级医院住院的农牧民群众凭乡（镇）卫生院转院证明在县医院实行即时结算，地市级住院的建档立卡贫困户实行免交押金并进行即时结算制度，地市级以上住院凭乡（镇）卫生院转院证、县医院转院证就可报销，无须到县医管办开具转院证，区外就读生、务工、旅游、探亲等群众患病就医的凭相关证明就可报销，无须开具卫生院、县医院的转院证。

【疾病预防控制工作】 重大传染病监测防控工作得到加强，未发生重大疫情。以包虫病为重点的地方病防治工作取得新成效。结核病、风湿病、艾滋病防治，重型精神障碍患者筛查，慢性非传染性疾病防治和爱国卫生运动工作协调推进，全年包虫病确诊病例656例，其中药物治疗人数（包括术后服药）530人，已经完成手术治疗人数84人。与西藏易和健康科技有限责任公司、昌都市协和医院、丁青满金杰布藏医院、丁青德康医院四家第三方医疗机构签订协议，全面开展“六病”筛查工作，完成年度筛查工作，并进行第二轮查漏补筛工作。全年完成结核病筛查人数为51026人、骨关节疾病筛查人数为46525人、5岁以下儿童乙肝表面抗原（HBsAg）检测阳性数为57人、高血压筛查人数为40964人、糖尿病筛查人数为41741人、慢性阻塞性肺疾病筛查人数为40517人，2018年1—9月，新生儿24小时首针数据为应种人数1726人，实种数1554人，5岁以下儿童甲肝应补种人数为2265人，乙肝应补种人数3548人。

【健康扶贫工程】 依照《丁青县贫困人口重大疾病医疗费用周转资金管理和使用办法》，针对建档立卡贫困户在市级及以上定点医疗机构垫支资金，全年共垫支前期医疗费用67人次，总金额为124万元。实行贫困人口住院先诊疗后付费，贫困户患者在市、县定点医院住院实行先诊疗后付费，2018年，市、县定点医疗机构住院治疗患者共1480名。全面开展了“三个一批”行动，减轻群众医疗负担。结合自治区、市建档立卡贫困户大病专项救治有关要求，出台建档立卡贫困人口重特大疾病专项救治工作方案，根据患病实际情况，实施分类救治计划，通过农牧区医疗制度、农牧民大病保险和医疗救助制度，以及政府兜底保障措施等紧密衔接，形成保障合力，力争建档立卡贫困人口重特大疾病集中救治全覆盖。2018年，全县129名患重特大疾病的贫困人口10名得到救治，11月13日，县卫计委组织剩余未救治的患者在县级公立医院进行针对性的分类治疗及复检，通过疾病分类实际，按照患者意愿，在县级公立医院进行复检和住院治疗，住院治疗的55名患者，患者在享受建档立卡贫困户优惠性政策的同时，相关医疗费用由县级公立医院与县医管办进行对接办理，方便建档立卡户重特大疾病患者，县卫计委邀请眼科专家为700名白内障患者进行筛查，先后为246名白内障患者免费实施复明手术（其中建档立卡贫困户68名），重特大疾病患者集中救治69名（全属于建档立卡户），先天性心脏病患儿分两批共集中救治21名（其中建档立卡户5名），唇腭裂患儿集中救治16名（建档立卡户2人），精神病患者集中救治5名（属于建档立卡贫困户和五保户），制定出台《丁青县家庭医生签约服务工作实施方案》，率先在全县范围内开展了家庭医生签约服务工作，2018年，全县建档立卡贫困人口和计划生育特殊困难家庭等重点人员共16341人实行签约，重点人员签约服务率达到100%，实现了贫困人口全覆盖。立足全县实际，为全县农牧民群众设立农牧民医疗保险共计74万元。按照《昌都市建档立卡贫困农牧民疾病政策兜底保障资金实施办法的通知》要求，建档立卡贫困户患者自负部分在0.2万~3万元的按60%进行兜底，2018年，全县建档立卡疾病医疗救治的44名患者，共兑现救助金额为312249.96元。“组团式”援藏工作深入实施助推健康扶贫工程。通过组团式援藏工作，进一步落实医院等级创建、基础设施和医院管理、人才培养、重点专（学）科、科研教学及简政放权等重点任务，初步形成覆盖诊疗、救治以及病理、检验、影像等较为完备的科室体系，在提升诊疗服务能力方面，危急重症病人抢救成功率达90.88%、比往年提高21.52%，开展包虫病免费救治手术近3000例，门诊量、住院量、手术量分别比2017年增长22%、10.12%、19.3%，患者满意度由2017年的89%提高到95%。

【卫生计生综合监督执法工作】　2018年，对全县4家医疗机构、18家诊所执业活动进行监督、检查、指导，对3家违规个体诊所进行警告及行政处罚，特别是进一步全面落实了年度医疗废物和医疗污水规范化处置工作及新增的放射诊疗许可工作，对医疗垃圾和废弃物进行分类规范处置，防止医疗废物流向社会，影响生态环境，确保医疗废物监管到位。国家卫生监督抽检“双随机、一公开”工作任务，2018年完成率100%。

【卫生县城创建工作】　按照“七城同创”的部署，广泛开展各项群众性爱国卫生运动10次，组织人员1200次，强化社会公共卫生意识，做好城乡环境卫生整治工作，城乡环境卫生得到明显改善。

县人民医院工作

【概况】　2018年，丁青县人民医院按照县卫计委统一安排部署，坚持以病人为中心，以建设高标准医疗质量和高水平患者满意的县级综合医院为目标，培养工作扎实、作风谦虚、医德高尚的医疗团队，营造一种积极向上的医院文化，办成一所高效、规范、严谨、技术精湛、服务优良、地区领先的集医疗、预防、保健、康复为一体的县级综合性医院。截至年底，机构、编制无变化。

【机构队伍】 丁青县人民医院占地面积1.8万平方米，建筑面积8295平方米。全院职工127人，其中卫生技术人员85人，中级职称5人，初级职称14人，设有临床科室10个，医技科室6个，编制床位54张，实际开放床位210张。

【医疗工作】 2018年，门急诊病人共计35808人，住院病人5343人，开展手术481例。主要工作：加强医疗环节质量控制，坚持三级医疗质量监管体系，落实医疗核心制度和规范，把查对制度、应急值管理制度等各项核心制度的贯彻落实作为日常医务管理、质控管理、安全管理的重点工作；延伸优质护理服务，提升整体护理内涵，全院优质护理覆盖率达100%；严格遵循《处方管理办法》和《抗菌药物临床应用指导原则》等规范，定期开展处方点评和临床抗菌药物用量监测工作，规范临床药师职责，加大对处方的查处力度和对不合理用药的处罚力度，建立健全了医院药品不良反应监测；加大中医康复理疗科室建设，并开展了针灸、艾灸、拔罐等中医特色服务；开展“六病”筛查、先心病筛查、白内障筛查及手术；免费为消防及部队官兵体检。

【受援力量】 2018年共有2批次14名援藏医生对口支援县医院，并对县医院医生进行规范化培训、病历书写培训、业务知识培训。捐赠远程医疗设备2套（天津市北辰医院捐赠1套、天津市武清区人民医院捐赠1套）。2018年，县医院派出4名医务人员到天津市北辰医院进修学习，提升专业水平。

【信息化建设】 2018年，进一步加大医院信息化投入及信息化管理。规范医院的流程，提高医院各项工作的效率和质量。通过信息化管理，避免了跑、冒、滴、漏现象。医院的医疗数据入网 ，为下一步决策提供了基础。

【医院管理及建设】 2018年，以加强医院医德医风建设确保医疗安全为重心，理顺职能，强化管理，各项工作有序开展。对原疾控中心拆除并开工建设门诊医技综合楼。加大对中层干部和科室主要负责人的考评力度，将工作量、技术含量、风险系数、服务态度、医德医风、劳动出勤情况等要素作为分配依据，加大向临床一线、技术骨干和关键岗位的倾斜力度，不断推进科室绩效二次分配工作。

【党建】 丁青县人民医院认真学习领会习近平新时代中国特色社会主义思想丰富内涵，始终在思想上政治上行动上同以习近平同志为核心的党中央保持高度一致，掀起传达学习贯彻中共十九大精神热潮，把智慧和力量凝聚到大会确定的目标任务上来，紧密地团结在党的周围，听党话、跟党走。领导干部带头学、示范学，积极开展“主题党日”12次、“固定党日”12次、专题讨论会4次、记录学习笔记6本、撰写个人心得体会40篇。

【廉政建设】 丁青县人民医院紧紧围绕2018年党风廉政建设和反腐败工作安排，坚持持之以恒把纪律规矩挺在前面，要求全体党员干部深刻吸取严重违反政治纪律和政治规矩典型案例的教训，在政治立场、政治方向、政治原则、政治道路上同以习近平同志为核心的党中央保持高度一致。聚焦“四风”问题，认真落实党员干部工作调研制度，坚持不懈抓好作风建设。严抓行风建设，落实《加强医疗卫生行风建设“九不准”》。

【扶贫济困】 2018年，丁青县人民医院组织开展元旦、春节、国庆等节日送温暖慰问活动，慰问结对帮扶贫困户、集中供养中心老人，送上慰问金和慰问品。开展“送医、送药”等主题义诊活动。

【精神文明建设】 精神文明建设取得成效，2018年全年医院共收到锦旗63面，四郎邓珠、扎西顿珠、温少利、冷济霖、卓措、多吉旺堆等9名医务人员为患者献血。

县藏医院工作

【概况】 2018年，县藏医院在县委、县政府及县卫计委的正确领导下，以邓小平理论和“三个代表”重要思想为指导，贯彻落实科学发展观，牢固树立以病人为中心的服务理念，紧紧围绕“坚持以人为本、提升医德医风、提高服务质量，规范医疗行为、保证医疗安全，优化诊疗环境、加快建设发展，加强科学管理、提高两个效益，为群众提供安全、有效、方便、廉洁的医疗服务”的总体工作方针，深入开展医院各方面工作。科学管理、强化措施、狠抓落实、注重实效，促进了医院的各项工作，推动了医院工作的全面建设和发展。

【藏医院建设】 截至2018年底，医院设有基本科室门诊部、住院部、护理部、中西医药房等，藏医特色科室咔嚓室、理疗室、药浴室、藏医药文化研究室和天文历算室等科室。2018年4月15日，在朗通坝旁边新建制剂室。开放床位70个，拥有数字化X射线摄影系统、彩超、微电脑牵引床、全自动生化仪、心电图、心电监护器等先进的医疗设备。拥有藏医药浴熏蒸治疗器、藏医放血、火灸等藏医特色的医疗器械。在继承和发展藏医藏药学的基础上，主动吸收现代医学科技成果，不断拓展业务范围，能及时准确处理常见病、多发病，成功救治多起各类危急重症。宣传治未病思想，提升卫生及保健意识。研发并优化外用涂擦药，提升疗效。规范理疗室各项服务，引进中医专业人才，规范针灸等理疗技能操作，提升服务质量。

【获得荣誉】 在全体医护人员的团结协作下，县藏医院获得各级领导的肯定及广大患者对县藏医院服务的好评，于2018年获得全国卫生先进集体奖、全国最美医院荣誉。

【队伍建设】 截至2018年底，医院有职工65人，副高级职称1人，中级2人，初级10人，公益性33人，临时工18人，清洁工6人，卫生专业技术人员占91.3%。

【医疗卫生服务】 2018年，县藏医院门诊量达12万人次，住院量8000人次，治愈率达97%。县藏医院传承道德品行及地方性疾病预防诊治的特色藏医疗法，基本满足各类诊疗需求。继续深入乡（镇）、寺庙、敬老院、老干部家中开展免费义诊活动，讲解保健知识。

【新农合、城镇医疗保险管理】 2018年，丁青县藏医院严格把控新农合医疗补偿和医疗保险核算关口，住院费用按照国家规定报销85%～90%。

【医疗管理】 进行医德医风建设，提升藏医院服务质量。进行病例规范化培训及技能培训，规范化操作。详细各服务队伍职责，规范管理。完善门诊管理制度，完善医院安全管理制度。

【文化建设】 开展走廊文化，展示藏文化优秀书法作品。丰富展览室内容，增购藏文化古籍、唐卡等展示丁青特色藏文化作品。

【治未病宣传】 宣传治未病思想，提升卫生及保健意识。研发并优化外用涂擦药，提升疗效。规范理疗室各项服务，引进中医专业人才，规范针灸等理疗技能操作，提升服务质量。

【藏药发展】 扩大制剂室规模，健全管理制度。2018年夏天组织医院职工采集当地野生优质药材，共采集200种、3000千克药材，并用于制剂室制药。所制藏药发往丁青县各乡镇卫生院服务当地百姓，2018年共发放122万元藏药，疗效突出。开展药材种植基地建设，培育优质药材。

【科研成果】 截至2018年底，县藏医院研制出十几种贵重药品，对脑出血、麻风病、关节炎、高血压、心脏病、乙肝、病毒感染等疑难杂症具有疗效作用。结合放血、火罐、针灸、拔罐、脉泻、腹泻、药浴、药熏蒸、敷疗、特殊艾灸疗法的特色治疗技术，结合丁青县900种药材资源，医院开发十几种藏药种植基地。截至2018年底，研制出150种藏药，其中“藏药足浴粉”“酥油丸”“藏药生发药”等，在患者临床使用中取得良好效果。申报的杰布么地芒觉、座智扎觉丸、琼玛尼阿丸、三十五味佐太丸等十几种藏药列入国家级非物质文化遗产名录。截至年底，自治区药监局申报登记备案后已通过的有14个藏药制剂品种。

【重要活动】 2018年，丁青县藏医院按照县卫计委要求开展各乡镇医生全科培训。昌都市卫计委、藏医药管理局主办并组织昌都市民办医院及11个县藏医专业共29人到丁青县进行藏医天文历算学培训。为庆祝丁青县藏医院成立两周年举行庆典活动。在藏历新年等节日期间，开展送温暖活动，看望慰问老干部、困难职工、清洁工活动。选派2名人员赴索县利众医院旦松扎巴专家处学习藏医泻治法，为期1个月，在旦松扎巴老师的指导下，研制出3种藏药（脉泻及泻治疗法专用），并取得了很好的疗效。举办藏医药技术骨干培训活动，参训乡村医生20名，通过严格考核，颁发合格证书及结业证书，加强丁青县乡村卫生人员的藏医药服务水平。

【廉政建设】 2018年，丁青县藏医院党支部成立党风廉政建设领导小组，制定2018年廉政建设工作计划，修订和完善党支部各项管理制度，完善党内民主生活会制度。每周一次行政例会、两周一次干部政治理论学习会、每月一次党课、每季度一次党务公开研讨会。与每一位干部签订《党风廉政建设承诺书》，落实好党风廉政建设工作。全年，开展党务政务公开5次，召开学习活动10次，观看影视历史记录教育片4场次，撰写心得体会4篇，廉政述职报告2份。

【基层党建】 2018年，丁青县藏医院深入贯彻学习习近平总书记系列重要讲话精神和中共十九大精神，结合“两学一做”学习教育等主题教育活动，以“三会一课”为依托，坚持把学习教育融入日常，开设十九大精神学习专栏，每名干部发放十九大精神解读等辅导材料。结合“三会一课”、组织生活会，开展主要领导讲一次党课、党员进行一次集中讨论、每人撰写一篇心得体会的“三个一”活动。全年开展专题研讨6次，累计研讨发言人12名，抄写党章6份，召开民主生活会议4次、组织生活会4次，组织学习《中国共产党章程》等活动10次，撰写心得体会4篇。

社会事业

民政工作

【概况】　2018年，丁青县民政局采取有效措施，认真完成应急救助、优抚安置、社会救助等各项工作任务。

【应急救助】　丁青县民政局坚持“政府主导、分级管理、社会互助、生产自救”的救灾工作方针，加强救灾救济应急救助。2018年，丁青县各乡（镇）受到不同程度自然灾害，兑现149.8657万元自然救灾资金。

【优抚安置】　对在丁青退伍军人进行再核查，再统计，将优抚对象信息建档并录入系统。全年录入60岁以上优抚对象、残疾军人，兑现优抚金165150元。在“三大节日”期间慰问驻丁青部队官兵，并联合文化部门开展“送文艺演出”进部队。在五一劳动节期间，县生产连官兵主动到县五保中心为老人打扫卫生，与老人们观看演出，共度佳节。在全县上下营造出“民拥军，军爱民”的良好氛围。八一建军节慰问驻丁青部队，向他们致以节日的祝福，并送去慰问金12000元，对现役军人家属进行走访慰问活动，发放慰问金17000元。8月27日，丁青县民政局到县武警中队，看望慰问即将退伍的官兵，为他们送去价值10500元的慰问品，9月10日到丁青县生产连欢送慰问退伍官兵，送上价值3150元的慰问品。协助县人武部开展2018年度应急民兵集训，全面提高县应急民兵的综合素质和基本技能，更好地保卫丁青人民生命财产安全，体现“双拥”活动创建精神。

【社会事务】　2018年起，丁青县群众扎堆申请结婚登记，登记窗口人满为患。县民政局采取增派工作人员、加班、排队拿号、下乡登记等多种措施，切实解决好群众的实际问题和需求，缓解群众长途奔波、长时间排队的困难。在服务大厅增设结婚留影处，为办理结婚证的群众留住美好时刻。截至年底，丁青县婚姻登记处共完成婚姻登记2431对，离婚33对，补办23对。县民政局在小范围试行“离婚冷静期”办法，自婚姻登记机关申请离婚之日起一个月内，任何一方不愿意离婚的，可以向婚姻登记机关撤回离婚申请。尊重保护群众殡葬习俗，推进残联事业，增强残疾人自立、自尊、自强精神，截至2018年底，残疾人员录入系统3180人，已发放残疾证者达2775人。

【社会救助】　2018年丁青县共有农村低保户1889户8993人，其中8611人已经纳入建档立卡户，382人为贫困僧尼人员，未建档。城镇低保户120户193人。发放临时救助金51.6万元，救助124人；开展医疗救助2272人次，发放救助金431.1万元；开展流浪人员救助67人次，发放救助金2万元；兑现残疾人“两项补贴”，困难残疾人数750人，兑现资金90万元，重度残疾人数1955人，兑现资金703.8万元。完善流浪乞讨人员救助制度，坚持主动救助、分类救助，重点做好流浪未成年人、老年人和患重病、精神病的流浪乞讨人员的援助工作，共救助人员53人，发放救助金2.27万元。进一步健全、完善、规范城乡低保工作，按照动态管理原则，对城乡低保对象中存在保障不准、保人不保户、优亲厚友等问题进行调查，入户调查率达到100%，截至年底，全县有农村低保对象2822户8993人、城镇低保123户193人，兑现农村低保金1719.36万元，城镇低保金162万元。

【项目建设】 总投资300万元的烈士陵园改扩建项目年初复工，5月已经通过验收，正式投入使用。总投资500万元的老年人日间照料室前期地勘工作已完成，已纳入2019年建设项目。投资135万元的嘎塔乡救灾仓库建设项目，已完成前期工作，市民政局正在招投标。稳步开展丁青县未成年流浪儿童保护中心项目前置工作、特困人员供养服务中心阳光暖棚绿化建设及附属设施建设。

【社会福利】 2018年双集中供养388人。其中，集中供养五保户218人，已经全部入住丁青县特困人员集中供养服务中心，全县集中供养孤儿170人，其中拉萨19人，林芝14人，昌都137人。已全部送到自治区、市儿童福利院。

【重要活动】 在藏历新年、春节和元旦期间开展慰问走访工作，共涉及203名低保户、15名困难残疾人，以及县特困人员集中供养服务中心的全体老人，共发放慰问金484600元，为他们送去节日的问候和祝福。9月24日上午，丁青县民政局全体干部到特困人员集中供养服务中心，与老人们共度中秋佳节，还为3对老年新人发放结婚证，为他们举办了一场热闹的婚礼。

12月1日，西藏自治区慈善总会到丁青县开展慰问活动，共慰问丁青县300名困境儿童，为每名孩子发放价值300元的慰问品（合计价值90000元）。12月2日，自治区慈善总会在虫草交易广场开展“爱在身边——关爱困难单亲母亲”活动，为200名单亲母亲共发放价值50000元的慰问品。以“5·12”全国防灾减灾日为契机，开展防灾减灾宣传周活动，组织开展以“减轻社区灾害风险，提升基层减灾能力”为主题的一系列宣传活动，在县琼布广场组织宣传，与国土、林业等各相关单位集中开展宣传活动。普及应急避险和自救互救技能，提高社会公众应对地震灾害的能力，强化宣传效果，共发放《防灾减灾知识》《防灾减灾知识科普绘本》宣传读本1400份，接受群众咨询360人次。

【党风廉政建设】 2018年，丁青县民政局党支部始终做到任何时候、任何情况下，都在思想上政治上行动上同党中央保持高度一致，对党中央绝对忠诚，严肃反分裂斗争纪律。加强学习，统一思想，提高认识，构筑牢固的思想认识，成立党风廉政建设领导小组，制定2018年党风廉政建设工作计划，修订和完善党支部各项管理制度，完善党内民主生活会制度。每周一次周例会、两周一次干部政治理论学习会，每月一次党课、每季度一次党务公开研讨会。与每一位干部签订《党风廉政建设承诺书》，落实好党风廉政建设工作。全年开展党务政务公开10次，召开学习活动40次，观看影视历史纪录教育片1场，撰写心得体会7篇，廉政述职报告2份。2018年度，丁青县民政局未发生公车私用、“吃拿卡要”等违法违规行为，保持队伍清正廉洁、机关风清气正。

【基层党建】 2018年，丁青县民政局党支部深入学习贯彻习近平总书记系列重要讲话精神和中共十九大精神，结合“两学一做”学习教育等主题教育活动，以“三会一课”为依托，坚持把学习教育融入日常，开展专题研讨2次，累计研讨发言人7名，抄写党章5份，召开民主生活会议4次、组织生活会5次，组织学习《中国共产党章程》等活动10次，完成党费收缴2326元，撰写心得体会3篇。组织开展对口扶贫、送温暖活动5次，5名党员干部深入8家贫困户，捐款捐物折合7000元。丁青县民政局党支部积极开展学习贯彻中共十九大精神活动1次，开设十九大精神学习专栏，学习十九大精神解读等辅导材料。结合“三会一课”、组织生活会，开展党组织党支部书记讲一次党课、党员进行一次集中讨论、每人撰写一篇心得体会的“三个一”活动。

民族宗教工作

【概况】　丁青县民族宗教事务局（简称“县民宗局”），截至2018年底，机构编制未发生变化，核定编制为9名，其中领导职务2人。对全县25个寺庙管理机构（21个寺庙管理委员会、4个片区管理委员会）负有领导和工作指导的职能。2018年，县民宗局主要围绕民族团结、宣传教育、僧尼、宗教活动、宗教活动场所管理等开展工作。

【民族团结】　2018年全年，根据丁青县实际制定出台《丁青县民族团结宣传的实施方案》及《丁青县“七城同创”（民族团结篇）的实施方案》。以会议、主题活动、文艺会演等百姓僧尼喜闻乐见的方式进行宣传落实，共开展宣讲活动82场次。开展民族团结先进个人和集体评选工作，按照公平、公正、公开的原则，采取自下而上的评选方式，对2018年民族团结先进个人和集体进行评选表彰，共评选集体10个、个人15人，资金兑现到位。开展第28个“民族团结月”宣传教育工作。通过发放宣传资料，召开座谈会及僧尼大会，新旧西藏对比等形式深入开展民族团结宣传教育活动，共开展宣讲45场次，播出标语100次，印发宣传资料1000份，悬挂横幅标语120条。

【宣传教育】　丁青县民族宗教事务局结合县宗教领域实际情况，迅速在全县宗教领域掀起“遵行四条标准 争做先进僧尼”活动，主要采取两级动员部署统一思想、全方位宣讲营造氛围、方式方法创新引人入胜、聚焦存在问题持续推进、心得体会交流检验成效的措施。全年寺庙管委会对辖区内寺庙高僧大德进行培训，共培训30人，对驻寺干部开展培训，累计培训70人。县宣讲团到19座寺庙开展宣讲，累计受教育僧尼人数1140人。各寺庙管委会（特派机构）开展宣讲共150次，受教育僧尼人数共2200人，受教育7000人次，受教育比例达100%，编内外僧尼全覆盖，累计发放宣讲材料3000份，收取心得体会1200份，悬挂横幅100条。丁青县民族宗教事务局始终按照自治区党委、市委、县委及宣传部门要求，在丁青县宗教领域开展“四讲四爱”群众教育实践活动，并制定下发实施方案，细化工作措施，明确主要责任。各寺庙管委会结合自身实际，主动在寺庙开展书法比赛、演讲比赛、趣味体育活动等形式多样、丰富多彩的实践活动。全年共开展宣讲70场次，受教育僧尼6000人次，悬挂横幅23条，设宣传栏21个，发放宣传手册2000册，开展相关实践活动200场。积极在全县开展“学新修订《宗教事务条例》”教育活动，制定下发《丁青县学习宣传〈宗教事务条例〉实施方案》，组织30名涉宗教领域干部到昌都市参加《宗教事务条例》培训，将

《宗教事务条例》学习纳入“大学习、转作风、再作实、走新路”活动和日常学习中，注重对条例内容的落实，严格按照条例内容，依法依规管理宗教事务。全年全县涉宗教领域共开展学习60场次，受教育僧尼2000人，悬挂横幅20条，下发《宗教事务条例》小册子2000本。

【宗教活动管理】 严格审批宗教活动，对原有的、参加群众较多的宗教活动，加强教育引导，控制规模、压缩时间、搞好服务。对原来有的参与群众不多的宗教活动，不放大、不炒作。对于原来没有的宗教活动，严禁举办。共审批举办宗教活动13场。

【宗教活动场所管理】 县民宗局组建工作组，对全县60座登记在册寺庙进行建筑面积测量登记，测量对象为寺庙经堂、僧舍、露天建筑等所有建筑，以该寺庙登记的建筑面积为该寺庙建筑的红线和底线。

人力资源和社会保障工作

【概况】 截至2018年底，丁青县人社局核定编制为6人，属正科级建制。贯彻执行国家有关人力资源和社会保障工作的方针、政策、法律、法规及人力资源和社会保障工作制度改革的总体方案，制定实施细则和管理办法并组织实施。综合管理全县人才资源规划和开发工作，编制机关、事业单位人员工资计划。综合管理全县国家公务员及其队伍建设工作，贯彻实施《中华人民共和国公务员法》及相关政策、法规等。内设综合办公室、工资福利办公室、社会保险综合办公室、公务员综合办公室、丁青县就业服务中心、丁青县劳动保障监察大队。干部职工15人，其中，女7人，中共党员11人，科级领导干部6人、科员9人。本科学历11人，大专学历3人，中专学历1人。

【就业创业】 全县新增就业380人，其中困难群体就业110人，失业人员再就业140人，完成年度目标的100%。登记失业人员20人，城镇登记失业率控制在2.5%以内。实现农牧区富余劳动力转移就业16861人次，完成年度目标的100%，转移就业收入4600万元，完成年度目标的100%，人均月增收2800元。

【就业培训】 举办各类培训班16期（其中农牧民技能培训12期，创业培训4期），共培训农牧民群众518人（其中建档立卡户农牧民77人）。培训后实现就业242人，其中，县人社局联合觉恩乡嘎德仓农业机械维修公司致富带头人组织开展了农机维修技能培训18人，利用扶贫产业项目——琼布木雕专业合作社组织开展特色民族手工品制作木雕培训34人，在丁青县虫草大酒店开业前组织农牧民群众开展订单式、定向式酒店客房服务技能培训50人。

【产业扶贫】 为进一步提升全县扶贫产业项目，县人社局紧紧围绕全县经济、农村及脱贫任务开展工作。组织50名产业项目经纪人开展了IYB创业提升培训。充分利用驻村工作队的优势在春节、藏历新年前期组织15名建档立卡户开展了面点培训，提高贫困户经济收入。3月中旬，县人社局联合昌都市就业局对丁青县50名建档立卡户群众进行汽车驾驶技能培训。

【就业创业】 4月初，开展“春风行动”人力资源专场招聘会，9月中旬，联合天津市北辰区就业局开展专场招聘会，开发各类就业岗位290个，开展职业指导286人，成功为150名求职者推荐就业。4月中旬，县委副书记、县人民政府县长罗广前带队赴武钢集团看望慰问丁青县6名在武钢南山养老院转移就业的农牧民群众，安排丁青县供暖公司第一期6名学员赴武钢培训实习并参加上岗操作证考试。丁青县2018年应届高校毕业生共计113人，实现就业（创业）91人，其中，通过公职岗位就业28人，市场就业（含创业3人）22人，其他方式就业24人，教育移交就业人数17人，就业率80.53%。完成招聘77名丁青籍“高校毕业生、中职生、两后生”为公益性岗位的考核录用工作。

【社会保险】　城乡居民养老保险参保39400人（不含领取人员），征缴基金366万元，全县60周岁以上领取待遇人员5817人。机关事业单位基本养老保险参保2300人（不含退休人员），征缴基金8832万元（其中，养老保险基金7728万元，职业年金基金1104万元）。医疗保险，城镇职工基本医疗保险参保（包括在职和退休职工）2667人，征缴基金2108万元。城镇居民基本医疗保险参保3494人，其中包括僧尼1003人。工伤保险参保2667人，征缴基金82万元。生育保险参保2667人，征缴基金152万元。

【劳动保障监察】　全县落实工资直发代发制度。在工程建设领域，对全县施工单位实行劳务和分包企业委托施工总承包企业代发农民工工资制度，规避了建设施工领域工资层层转发引发的工资拖欠问题。严格贯彻执行昌都文件精神，征缴农民工工资保证金，全县52个在建项目共预存保证金687.66万元（政府投资项目35个，私人住房17户）。全县32处建设施工工地设立了维权公告示牌，由县人社局劳动保障监察部门和建设主管部门各派1名工作人员，累计42人担任工资支付监督员，对施工企业工资支付进行监管，方便农民工进行举报投诉维权。受理劳资纠纷案件33起，办结30起，共为263名劳动者追发劳动报酬及补偿金485万元。以拒不支付劳动报酬犯罪案件移交公安机关1起。有效维护了劳动者合法权益，提高了用人单位遵守劳动法律法规的意识。

【专项检查】　县人社局联合县发改、公安、住建、交通、水利等7部门在全县范围内组织开展农牧民工工资支付专项检查，共检查用工单位66家，涉及职工人数630人。督促建筑施工单位设立维权公告牌32块。下达劳动监察指令书14份，督促补签劳动合同300份。通过检查和清理整顿，进一步规范了全县人力资源市场，为劳动者就业提供了良好的社会环境。

【公务员工作】　完成23人的调入调出手续办理工作及5名引进专业技术人才的岗前培训及录入工作，完成全县7名干部的提前退休和离岗休养申报工作，完成29名专业技术人员参照公务员档案审核、报名、考试考核工作。

【工资福利】　完成工资变动登记卡的更换完善工作，截至9月，已完成更换及新建工资变动登记卡1800余张。2018年正常晋升、级别晋升、各类浮动、固定以及套入学历、落实工龄等人员的工资变动表审批工作已完成，共审批工资变动表1400余张。

【政策宣传】　利用送培下乡时机，县人社局在桑多乡、沙贡乡对高校毕业生、农牧民创业就业及城乡居民养老保险政策进行集中宣传，并发放宣传手册500余份。虫草采挖期间，县人社局同县委宣传部、团县委、工会、司法等部门赴虫草采挖集中点进行政策宣传，共发放宣传资料1200余份。于317国道沿线设置就业宣传牌12块、就业及养老保险标语47条。

乡（镇）概览

丁青镇

【概况】 丁青镇位于丁青县西部，宗曲河南岸，为县城所在地。海拔3873米，距县城1.2千米。东部与协雄乡连接，东北与类乌齐，北部与青海省囊谦县相接，西与色扎乡，南与当堆乡、桑多乡连接，面积1268平方千米，辖布托、热昌、仲伯、色康、丁青、茶龙6个村民委员会及17个村民小组、150个自然村。国道317线横穿镇境，通车村有6个。2018年，全镇户数2644户，总人口数12161人，其中农牧业人口数10015人。

2018年，丁青镇耕地面积为13006.31亩，草场面积1372017.01亩。全年实现生产总值14666.4万元，其中，第一产业完成11003.2万元，第三产业完成3663.2万元。粮食总产量2800吨，农牧民人均收入12519.04元。较上年同期均有小幅增长。镇域有寺庙6座，派驻管委会4个，代管寺庙2座，寺庙均奉苯教，管委会干部22名。

【特色产业】 2018年有布托村温泉、仲佰村林卡等村集体项目5个，计划总投资491万元，帮助56户164人就业。丁青村宾馆等扶贫产业5个，计划总投资2328万元，帮助45户165人实现就业，完成项目申报4个。

【生态保护】 联合县直各单位、各村（居）开展环境保护宣传28次，排污治污河道清理63次，街道卫生打扫88次及其他环境治理工作25次。

【基层党建】 以“固定党日”和“主题党日”为抓手，搭建和推行理论中心组学习、夜校、党课、微信公众号等学习平台，先后开展党委中心组学习4次，全镇党员干部集中学习30场次，党政领导讲党课9场次，撰写心得体会100篇，形成个人学习笔记35本。制定了《党的建设三年规划》和党建工作要点，建立了党建工作述职考核，定期听取党建汇报、党组议事、重大行政决策管理，定期召开民主生活会、党员领导干部参加双重组织生活、党委委员联系点制度等一系列制度机制，坚持制度建设保障党建责任落实，与7个村（居）党支部签订党建目标责任书，先后召开组织生活会9次，“三重一大”工作会议20次，听取党建工作报告8次，考评考核村（居）8次。

先后开展党建专项检查6次，召开村干部述职测评会21次，深入村（居）实地调研23次，撰写调研报告9篇，与所辖7个村（居）党支部成员交流谈心35人次，走访党员和贫困户100户，接待群众450人，解决党建问题9个。

调动当地懂技术、有经验、能力强的致富带头人，发挥扶贫政策的优势，激励贫困户创业就业热情，217名困难群众参加各类技能培训，完成专业就业191人。对有劳动力、务工意愿较好且有培训结业证的贫困户，搭建就业创业平台，该平台采取一边学习一边做产品销售，已有30多人响应。

2018年有416名党员，其中汉族13名，本科学历11名，机关党支部34名正式党员，预备党员转为正式党员2名，驻村（居）工作队党员组织关系转入4名。以《中国共产党发展党员实施细则》为依据，依托发展党员“新十六字方针”，严格党员发展流程，制定了《丁青镇发展党员工作指导手册》《发展党员制度》《党建小常识》等25份。全年发展党员总数控制在20名以内，预备党员转为正式党员30名（机关党支部2名、丁青村4名、茶龙村2名、色康村8名、热昌村3名、仲佰村5名、布托村6名）。

7个村（居）党支部建立值班备勤、党政联席会议等规章制度20条，完成项目申报25个。党政领导班子成员与党员干部开展“一访、一谈、一宣传”活动7次，形成台账7份。创建了丁青镇仲佰村建设扶贫超市、丁青镇热昌村养猪场等扶贫项目，拓宽了村民致富门路，增加了农牧民群众收入。在职党员36名到村（社区）报道服务108次，53名党员干部与64户贫困户达成结对帮扶，为群众解难事、办好事30件，接待办事群众450人。

【安全生产】 联合县消防支队在丁青村开展消防演练，丁青村“两委”、驻村工作队、双联户长及群众代表70人参与，各村（居）、寺庙自行组织开展其他各类安全生产演习演练11次。共计开展各类安全生产检查30余次，排查出安全生产隐患38处，消除各类安全生产隐患38处，未发生任何安全事故。

【维护稳定】 制定了《丁青镇维稳应急预案》《丁青镇24小时维稳值班表》，年初召开了工作动员部署会议，对全镇三月重要时期、藏博会、国庆等重大节点及全年维稳工作进行了全面部署，与各村（居）加油站、加气站、派出所、卫生院等单位签订了2018年度《综治目标责任书》《维稳目标责任书》等9类目标责任书，共计128份，对上述单位督导检查综治维稳工作21次，提出并整改问题18处。根据实际划分了镇干部、双联户户长、村“两委”、民兵等158名责任人工作职责，组织上述责任人开展安保应急知识专题学习会2次、各类应急演练8次。

在综合治理方面，建立完善的“双联户”户长业绩评星定级考核机制，抽取“双联户”户长笔记300本进行审核，完成全部“双联户”户长2017年度业绩考核，2018年“先进双联户创建评优”工作共推荐“村级先进双联户”98个、“镇级先进双联户”20个、“县级先进双联户”6个、“镇级优秀民生信息员”2名，“镇级先进集体”2个，同时开展“双联户”户长业务知识培训，参培人次230人，派出20名干部组成5个虫草采集工作组，赴4个采集点和1个临时检查站，开展为时2个月的驻点工作，建立虫草采集多级管理网络，开展矛盾纠纷排查和安全隐患整治，对存在的矛盾纠纷和安全隐患及时化解，畅通消息渠道，为虫草采挖工作保驾护航。健全6个行政村15个村民小组治保调解组织，健全各村（组）巡逻小组专班，落实专业和业巡逻队员，共落实8个巡逻队120名成员，设立1个综合网工作站对各村（居）填报信息进行统一管理。

【人大工作】 开展中共十九大精神、宪法法律、“两学一做”学习教育、“四讲四爱”及人大9项制度学习98次。先后召开了丁青镇第十三届人民代表大会第二次会议、丁青镇第十三届人民代表大会第三次会议和5次精准扶贫工作会议、9次维稳会议。镇人大代表嘎加成立茶龙村实体经济金银加工厂，宣传新型加工方法，先后帮助15名学员，其中低保贫困户2名，加工佛式用品、头饰、藏式钱包等。镇人大代表崩崩成立琼波唐卡艺术手工农民专业合作社，招收55名学员，其中残疾学员4名。先后组织镇人大代表15名、镇人大办干部2名，对辖区内食品安全工作进行检查，对存在的问题提出整改意见，对不合格食品进行下柜没收处理。

【农牧业】 帮助农牧区群众种植青稞10亩，收割青稞210亩，发放了各类化肥288吨，其中尿素100吨、二胺155吨、复合肥33吨，顺利缴收444464元，按计划完成了2019年全镇化肥订购计划统计。协助昌都市保险公司发放了2018年保险理赔款15.58万元，10处牲畜出险受损理赔共计15.58万元，所有保险理赔款已全部发放至群众手中。安排专人负责牲畜清点工作，定期以图文形式上报，在规定时间内完成了2018年牲畜清点工作，共计兑现“2018年禁牧补助”及“草原生态补助奖励机制”资金2157842.89元，其中禁牧补助资金562332.52元、草畜平衡奖励资金1095119.87元、草原监督员补助64800元、限高保低435590.5元。加大农业科技培训。组织各村科技特派员12人参加县农牧科技普培训工作，发放全镇14名科技特派员2017—2018年度工资，每人12000元，共计168000元。发放了口蹄疫疫苗10箱，对注射情况进行登记，汇总情况已上报县兽防站。

先后组织6个寺庙、7个村（居）开展植树造林活动，共计栽植各类树苗12220株。发放2018年上半年42名护林员工资132000元。

【民生工程】 先后对丁青村、茶龙村等6村、277户共912名低保对象进行了核对清查，对死亡、定位不准确、嫁出等已不符合低保条件的低保户进行清除，顺利完成了全镇农村低保的审批上报工作，将符合农村低保的150户655人全部纳入低保差额保障范围并完善了所有低保档案。发放受灾人员冬春救灾物资糌粑292千克、大米803千克、面粉584千克、青稞415千克、大茶146条。全镇22名孤儿已有17名被送至昌都市儿童福利院、4名孤儿被寄养在亲戚家中，21名困境儿童、3名留守儿童信息全部录入系统，确定五保户59人，其中22人集中供养于县养老院，且人均供养金基本达到镇农村人均生活水平。

【社会保障】 截至2018年底，全镇6个村完成参保人员28035人，缴费544600元，637人已享受待遇，完成社保系统录入10790人。共有568人参与技能培训，实现再就业、输出务工人员130人。完成残疾人系统录入432人，发放残疾证80本。利用配合现有的7个农家书屋和7个群众文化广场，在镇辖区开展了“扫黄打非”专项整治检查3次，发放宣传展板14份，开展“扫黄打非”专题宣讲20余次，发放资料及宣传册200余份。

【教育事业】 2018年有小学1所，村级教学点4个，中小学在校生2140人，在校大学生198人，在校学生巩固率已达99%。

【公会】 全镇有工会会员58人，2018年新纳会员13人。分别在春节、藏历新年期间发放慰问品电磁炉12个、电饭锅34个，端午节期间发放粽子230个、云朵玫瑰46盒，同时在县工会的帮助支持下，打造了丁青镇干部职工健身房，置办了跑步机3台、动感单车2台、乒乓球台2张、哑铃2套、五人综合训练器1台和仰卧健腹器1台。

【党风廉政建设】 成立以党委书记加永为组长的党风廉政建设领导小组，与党政班子签订《丁青镇履行党风廉政建设“一岗双责”承诺书》9份，与7个村（居）签订《丁青镇2018年党风廉政建设目标责任书》7份，与干部职工签订《丁青镇干部职工个人廉洁自律承诺书》30余份。制定了《丁青镇干部职工日常管理细则》，利用节假日前夕开展干部廉洁教育。全年组织干部学习党风廉政建设专题知识20次，观看警示教育片10次，对10名违反规章制度干部进行当面教育，通报2次，个人检讨10次。深入各村（居）开展扶贫领域监督执纪问责，全年对7个村（居）开展专项督导检查14次，入户调查60余次。制定了《丁青镇关于开展政治纪律教育活动实施方案》、学习计划，先后开展专题学习教育10次，撰写心得体会60余份，观看警示教育片6场次，开展专题讨论2场次，召开专题组织生活会1次，学习中央八项规定实施细则3次。

【惠民政策】 2018年全年共计发放强农惠农资金13501148元，先后组织全镇7个村（居）支部书记、村主任、专管员开展财务专业知识培训，培训内容主要为村级财务管理制度、村账管理、票据管理和涉农资金“一卡通”发放等，完成“一卡通”录入1830户9912人，其中，丁青村224户1138人、社区181户486人、茶龙村188户1280人、热昌村463户2651人、色康村275户1416人、仲佰村337户2001人、布托村162户940人。截至11月30日，共收到易地搬迁款305.73万元，其中同步搬迁款87.84万元。启用U8系统做账，同步完善系统使用，在全县各乡镇处于领先地位。

尺牍镇

【概况】 尺牍镇位于丁青县西部，距县城67千米，东部与色扎乡接壤，东北部与布塔乡相连，南部与边坝县相邻，西南部与那曲地区索县交界，西部与巴达乡相接，北部与甘岩乡毗邻。镇政府驻地瓦河村，海拔3774米，辖区面积1312平方千米。主要河流为嘎曲河，属怒江流域，水资源丰富。下辖巴格、乌巴、瓦河、俄列、上依、玛色、索果、巴登、瓦巴、迪巴、汝桑11个行政村、26个村民小组、152个自然村。截至2018年底，全镇共有1971户12395人。野生保护动物有棕熊、獐、鹿、岩羊等，矿产资源有金、银、铜、辰砂、白钨等，名贵药材有冬虫夏草、知母、贝母等。2018年完成生产总值14533万元，同比增长15.26%（其中第一产业完成9320万元，同比增长13.85%，第三产业完成5213万元，同比增长23.29%），农村居民人均纯收入11028元。全镇有寺庙、日追6所。

【农牧业】 尺牍镇以农业为主，主要农作物有青稞、元根、油菜籽等。耕地面积1173.8公顷，其中粮食种植面积1007公顷，总产量4152吨；油菜种植面积50公顷，总产量66吨；元根种植面积71.3公顷，总产量492吨；蔬菜种植面积45.5公顷，总产量645吨。主要畜种有牦牛、犏牛、马、山羊等。各类牲畜存栏19292头（只、匹），出栏6377头（只、匹）。各类肉产量642吨、酥油产量40吨、牲畜皮产量3472张。草场总面积66813.3公顷，落实草原生态保护补助奖励机制，实施禁牧草场面积16160公顷，占草场总面积的24.2%。实施草畜平衡面积50653.3公顷，占草场总面积的75.8%。2018年尺牍镇核定载畜量50819.99个绵羊单位，牲畜存栏39981.40个绵羊单位，兑现草畜平衡奖励和禁牧补助资金338.86万元。打好春耕春播基础，为农牧民群众发放化肥227.42吨，同比减少32.71%。开展非洲猪瘟排查工作，在全镇范围特别是农贸物流中心进行知识宣传11场次，发放宣传手册12份，张贴宣传海报20份。组织群众巡山，排查野猪或动物连片死亡情况。每月定期对农贸物流中心肉类贩卖点进行检查并做记录。开展重大疫情防疫工作，全镇14名兽医每月6日定期到群众家中开展牲畜和犬只疫苗注射，免疫率达95%。落实国民健康政策，发放加碘食盐62.7吨。

【教育事业】 尺牍镇有中心小学1所、完全小学1所、幼儿园1所、教学点4所，全镇园幼儿288人（其中巴格教学点15人、瓦河教学点7人、瓦修教学点24人、俄列教学点10人），小学在校生1314人，教职工58人。安排专人分管教育工作，保持与县中学、镇中心校的联系，时刻掌握学生到校情况。开展法制宣传教育、爱国主义教育，提高师生法治意识。发展学前教育，建成乌巴、上依、巴登3个村的幼儿园。开展校园周边环境综合治理和食品安全、狗患治理。开展“控辍保学”工作，形成政府、学校、驻村工作队、村“两委”四方联动机制。教师通过与其他乡镇交流学习任教，不断提高教学水平。开展义务教育均衡发展工作，从改善办学条件、改善学生营养条件、改善学生德育环境等方面提高教学质量，通过义务教育均衡发展，迎接自治区及国家验收。

【医疗卫生】 开展新型农村合作医疗参保工作，完成全镇12395人的参保登记缴费工作，参保率达100%。开展建档立卡医生签约工作，22名签约医生对建档立卡户群众进行免费体检、送药。开展2010—2017年未上户小孩上户工作，组织专人开具证明，准备资料，到县卫计委开办出生医学证明292份，完成小孩上户手续292名。开展“两降一升”工作，采取召开村民大会、入户讲解等形式，用通俗易懂的语言、形象生动的事例，向备孕、已孕妇女及其家庭广泛宣传现代医疗卫生知识和政府医疗惠民政策，宣传孕产妇住院分娩补助奖励政策和孕产期保健知识，引导农牧民群众养成健康向上的生活习惯，树立住院分娩、优生优育的思想观念，进一步强化主动住院分娩意识。2018年全镇孕产妇343人，孕产妇死亡0人，死亡率0。新生儿343人，新生儿死亡1人，新生儿死亡率2.9‰。改善医疗条件，修建卫生院办公大楼1200平方米。

【文化事业】 开展“爱国主义”教育12场次，受教育群众12000人次。开展“3·28”西藏百万农奴解放纪念日庆祝活动8场次，丰富群众文化生活。开展“讲党恩爱核心、讲团结爱祖国、讲贡献爱家园、讲文明爱生活”群众教育实践活动，宣讲31场次，受教育群众12000人次。教育引导农牧民群众崇尚科学、反对迷信，陈规陋习逐年减少。发挥“双联户”组织协调作用，营造村组和谐、邻里和睦、互帮互助的良好氛围。开展新旧西藏对比13场次，受教育群众12000人次。开展“厚德丁青、涵养琼布”活动，在农牧民群众中培树“忠、孝、诚、善、爱”理念。推进农村公共文化建设，配齐11个村农家书屋设备。开展“扫黄打非”专项整治，对辖区内公共娱乐场所、售卖点进行排查5次，封堵和查缴非法出版物、淫秽色情出版物等。

【生态保护】 严格落实“河长制”“湖长制”职责，召开河长制工作动员大会，制作宣传栏11个，发放宣传资料4700余份，提高群众“绿水青山就是金山银山”的思想理念，鼓励群众积极参与到河湖整治工作中来，提高群众饮水安全系数。开展河湖“清四乱”专项整治行动，组织各级河长，严格排查“乱占、乱采、乱堆、乱建”等现象，每月3、13、23日定时组织各村开展垃圾清理行动，将河流、河岸垃圾进行彻底清理，建立巡河情况表。开展消除“无树村”活动，组织群众栽种各类树苗11000株。

【社会保障】　兑现低保资金95.5017万元，受益群众210户1025人（其中卡内199户971人，卡外11户54人）。落实政策保障制度，兑现定向补助19.08万元。完成2016—2018年380名群众职业技能培训就业跟踪登记（其中2016年182名、2017年148名、2018年50名）。兑现残疾补助资金75.5万元，受益群众685名。开展孤儿监护人教育工作，组织4名孤儿送往昌都市福利院。开展未集中供养五保户22人的教育工作。开展21户“一孩双女”户的信息核对工作。

【维护稳定】　坚持“安全第一、预防为主、防治结合”工作方针，制定《尺牍镇综治工作总体实施方案》。开展综治宣传，悬挂横幅21条，粘贴标语87条，召开各类动员培训会53场次。对各施工现场安全生产大检查5次，开展辖区商铺安全检查3次。落实值班带班制度，组织各方力量巡逻、巡村、巡山。加强意识形态领域管理教育，组织各村群众和学校师生开展法制宣传等21场次。按照“小事不出村、大事不出镇、矛盾不上交”的原则调处各类矛盾纠纷83起。完成5—6月份虫草采集管理工作，开展虫草前期法制教育15次，受教育群众达6200人次。组织33名干部、民警分赴11个采集点维持虫草采集秩序、调处矛盾纠纷以及做好采集点植被恢复、环境卫生清理。开展“七五”普法，增强全民知法、懂法、守法、用法意识。做好全国“两会”及三月份安全稳定工作，签订目标责任书。加强宣传教育，引导群众树立正确的价值观念。发挥好双联户、民生信息员、护村队等群防群众队伍作用，进行巡逻检查。制定完善工作预案，组织人员加强实战演练，提高维稳工作处置能力。开通户籍办理工作网点，通过村、镇出具证明，派出所直接审核办理，节约群众户籍办理时间，提高工作效率。

【精准扶贫】　实行“一申请、一评议、二审核、三公示县（区）审定”的程序，尺牍镇2户、9人达到“两不愁三保障”标准，脱贫成功。截至2018年底，尺牍镇贫困户15户41人，贫困发生率0.33%。强化政策学习宣传，组织开展精准扶贫政策和知识宣传98场次，受益群众29400人次。开展转变观念专题教育23场次，受益群众4890人次。落实发展教育政策，4名低保户大学生按照15000元/人标准享受大学生补助。开展产业项目扶贫，瓦河村砂场项目产业分红428000元，受益群众37户150人。投资350万元建成索果村奶制品加工厂，带动群众40人增收。投资500万元建成尺牍镇农贸物流中心，带动建档立卡贫困群众76人增收、5名建档立卡群众转移就业。推动转移性就业，开展木雕、创业、汽车驾驶、维修技术等转移就业培训50人次。落实社会兜底政策，受益群众136户169人（其中低保84户111人，一般贫困户20户26人，五保32户32人）。落实生态补偿政策，截至2018年底，确定2217名生态岗位人员（其中建档立卡户626名、建档立卡外边缘人口1591名），开展护草护林、监测预警等工作，兑现岗位工资775.6万元。开展结对帮扶，以讲政策、转思想、教方法、给物资等形式，完成全镇建档立卡户的集团式结对帮扶工作。

【特色产业】　打造巴格村民族手工艺品加工特色产业，投资77万元（其中基础建设资金19万元）对巴格村民族手工艺品加工厂进行扩建，完成加工厂的设备采购安装并投入生产，生产出酥油灯、藏装配饰等产品。发挥地域优势，投资350万元建设索果村奶制品加工厂，转移农村剩余劳动力，拓宽增收渠道。

【廉政建设】　落实党风廉政建设主体责

任，“一把手”履行“四个亲自”第一责任人职责，班子成员加强日常监督，履行好具体职责。开展违反中央八项规定精神整治工作，自查自纠问题3条，完成整治3条。开展不作为慢作为、文山会海等形式主义、官僚主义突出问题集中整治工作，完成问题整改3条。开展政治纪律教育活动，集中学习《中国共产党章程》、《中华人民共和国监察法》、十九大报告等15次，按期召开专题组织生活会，按照“照镜子、正衣冠、洗洗澡、治治病”的要求，认真严肃开展批评与自我批评。履行纪检监督职能，到11个行政村检查驻村工作队在位在岗、履职尽责情况27次。

【基层党建】　推进“两学一做”学习教育制度化常态化，落实“主题党日”制度，开展党员干部集中学习、义务植树等活动12场次。严格按照“控制总量、优化结构、提高质量、发挥作用”方针发展党员，发展党员25名（农牧民党员22名），为党组织提供新鲜血液。落实“三会一课”制度，督促党员自觉参加组织生活，按期自觉交纳党费，自觉接受党组织的教育和培训。认真落实党建工作责任制，按季度开展党建督导、党组书记述职评议4次。学习宣传贯彻中共十九大精神，组织学习6场次、开展宣讲12场次，进一步提升党员干部党性修养。推进村级组织活动场所标准化建设，建成瓦河村村级组织活动场所，占地面积800平方米，建筑面积588平方米。建成上依村村级组织活动场所，占地面积800平方米，建筑面积516平方米，建成索果村村级组织活动场所，占地面积700平方米，建筑面积430平方米。开展九届县委第二轮巡察［一届市委首轮县（区）交叉巡察］三组常规巡察整改，召开专题民主生活会，主动认领问题，完成12个问题的整改工作。

【人大工作】　依法召开尺牍镇第十三届人民代表大会四次、五次会议，出席会议人大代表44名。听取和审议尺牍镇政府工作报告、尺牍镇人大工作报告。开展政策法律学习，组织全镇5个代表小组学习《中华人民共和国代表法》等法律法规及脱贫攻坚相关政策3次，参与代表120人次。对镇政府、派出所、卫生院进行民主评议，包括政府部门依法履行职责的情况，勤政廉政的情况，执行县人大及其常委会决议决定，接受人大监督，办理人大代表议案、建议、批评和意见的情况，进一步加强和改进对政府组成人员的监督，促进认真学习贯彻习近平新时代中国特色社会主义思想，坚持执政为民和依法行政，不断提高政府职能部门自身素质和工作水平。发挥监督职能，对镇、村两级政务、财务运行及公示情况进行日常监督，发挥参政议政作用，促进尺牍经济和社会各项事业的健康、快速、协调发展。镇人大组织代表到巴格村民主手工艺品加工厂、镇中心校调研5次，为镇党委决策提供依据。

【强基惠民】　尺牍镇第七批驻村干部共计44人，其中县下派23人、镇下派21人。学习宣传贯彻中共十九大精神，以“藏汉”双语向群众宣讲习近平新时代中国特色社会主义思想和中共十九大精神122场次，受教育群众10701人次。举办专题讲座44次，发放宣传材料968份，开辟专题宣传栏59期。打赢脱贫攻坚战，向群众宣传精准扶贫、精准脱贫政策221场次，受教育群众11172人次，印发扶贫宣传资料2304份。维护基层社会和谐稳定，组织召开专题会议46场次，参会群众6906人次。宣传党的民族宗教政策34场次、受教育群众5934人次。加强基层组织建设，组织党员开展“不忘初心、牢记使命”主题教育活64次，参与党员510人次，发放学习宣传资料437份，讲党课105次，查摆问题40个，解决问题43个。开展村干部“传帮带”培训，提升村干部工作能力水平。加强基层精神文明建设，举办“争做神圣国土守护者、幸福家园建设者”专题讲座66场次，参与群众4560人次，发放宣传资料920份。宣传“厕所革命”、“两降一升”和包虫病、结核病、肝炎、风湿病、大骨节病等地方病综合防治工作18场次，覆盖群众3272人次。针对农牧民群众中存在的不良习惯和陈规陋习开展教育活动49场次，受教育群众5188人次。驻村工作队在“3·28”西藏百万农奴解放纪念日等重要节庆日组织群众开展活动20场次，覆盖群众3868人次。

觉恩乡

【概况】　2018年，觉恩乡有2380户13081人，其中，农业户口2223户12111人，牧业户口157户970人。6个村民委员会，36个村民小组，95个自然村。

【维护稳定】　乡党委、政府紧紧围绕保护群众利益，维护社会稳定目标，按照上级与乡年初签订的综治维稳工作7大目标责任状，认真贯彻落实党中央部署的“扫黑除恶 打非治乱”专项斗争工作、市委政法委提出的“三项重点”工作以及自治区、市、县相关工作要求，以群众工作统揽全局工作，不断创新工作思路，强化综治维稳工作措施，加大矛盾纠纷排查调处力度、治安防范力度、安全生产责任。年初，成立了以乡党委书记其美多吉为组长的维稳工作领导小组，先后与各村、各乡直部门签订2018年度综治维稳工作目标责任书、《平安创建工作目标责任书》、《民族组团工作目标责任书》、《安全生产工作目标责任书》、《1拖N管理工作目标责任书》并落实相关责任。积极配合相关部门，在虫草采集点和乡辖区内，在村民广场、人员密集区等公共场所张贴平安建设、扫黑除恶宣传标语、海报共112张。各采集点、各村、各乡镇部门、百仓聚宝加油站等部门统一悬挂关于“扫黑除恶”“平安建设”相关的宣传标语横幅23条、电子LED显示屏2幅，广泛进行宣传、教育，提升平安建设和扫黑除恶的知晓率和参与率。认真组织学习新修《中华人民共和国宪法》，并安排组织全乡干部职工统一在线考试，参考率达到99.9%。全年共召开维稳安全专题部署会议15次、发放安全手册4000册、联合乡派出所和双联户组织安全隐患大排查52次，组织乡干部、民兵、学生开展消防等演练7次，开展法律知识讲座5次，调解矛盾纠纷15起，较好地确保辖区内稳定和谐。

【基层党建】　按照基层党建“八大工程”、基层党组织标准化建设、五型党组织创建、严格规范党内生活、进一步加强党建促脱贫力度、加强党组书记抓党建项目化管理等要求，结合县委提出的工作法以及工程，积极推进“党务、政务、财务”公开，以“万民村居干部文化素质提升工程”为抓手，结合“夜校、双语”培训工作方案，制定并落实村居选派支部书记、村委会主任教育培训和监督管理制度，认真开展培训学习文化素质提升工作。全年共召开季度党建工作专题安排部署会4次、党支部书记述职专题会议4次、党建工作专题座谈会11次、村“两委”文化素质培训15次。结合“两学一做”学习教育、“政治纪律”教育活动，乡理论中心组全年组织全乡干部开展集中学习38次、专题学习17次，组织理论测试考试6次。以严肃党内生活、加强党员队伍建设和领导班子队伍建设为目的，全年召开支部委员会12次，组织生活会2次、民主生活会2次、党员大会3次，开展主题党日12次、固定党日12次、上党课11次。为加强阵地建设，不断完善乡村级组织活动场所标准化建设，并指派专人负责维护全乡7个远程教育站点。为不断创新规范化基层党务工作，推进党务、政务公开透明化，以微信公众号为媒介，全年推送政务消息28条。

【脱贫攻坚】 为了打赢脱贫攻坚战，实现精准扶贫和脱贫目标，动员全乡各级干部，依靠和组织广大群众，按照“两不愁三保障”、脱贫摘帽标准，着力推进全乡脱贫攻坚工作。切实改变生活在“偏、远、散”贫困户家庭的生产生活条件，按照市、县两级的统一安排部署，大力开展易地扶贫搬迁工作，完成易地扶贫搬迁196户788人，解决了建卡贫困户安全住房问题。整合各类扶贫资源，结合自身优势，抓住市场机遇，充分利用自身有利条件，发展优势产业。已经运营的产业有觉恩村高原红土豆延伸项目、麦日村奶牛养殖基地，在此基础上2018年新增绒通村苗圃种植基地建设项目以及“公司+农户”的小蓝青稞种植项目。产业扶贫使乡所有建档立卡贫困户受益。按照一人一岗原则把建档立卡户中有劳力者和边缘贫困户纳入生态岗位，累计2451人，其中建档立卡落实生态岗位781个，人均增收3500元。为扎实推进转移就业。通过对建档立卡贫困户技能培训及自身主动就业的，已有6人实现就业创业，人均可持续增收8000元左右，通过技能培训解决就业难的问题。教育扶持全面覆盖。建档立卡户贫困家庭入学子女562人，其中，3~5岁学生共有37人，6~15岁学生共有487人，16岁以上学生共有38人，在校大学生18人均享受国家“三免一补”政策，做好教育扶贫工作。兜底保障逐步完善。对没有劳动能力的老人、孤儿、重度残疾等原因致贫的贫困户，按照政策落实五保、低保等救助措施，给予社会兜底保障脱贫。坚持应保尽保、分类保障，对符合条件的特困人员落实相应的保障政策。全乡低保943人，五保72人，社会兜底192人。全年脱贫11户21人，辖区6个行政村，于2018年已成功脱贫摘帽。全乡贫困发生率为0.8%。

【财务工作】 2018年，结合昌都市委第五轮巡察组在巡视巡察中对乡党委指出在财务方面的问题，乡财政所积极整改，不断健全各项工作制度，强化内部管理，做到用制度管人管事，并确定专人负责完成财政相关部门下达的任务，做到人人有事做，事事有人干，不断改造工作作风和提高业务水平，充分发挥财政职能作用。截至年底，财政所兑现39项资金，共计兑现金额31620716.39元，全年出台《进一步加强、规范觉恩乡财务管理制度》《关于按季度集中采购办公用品管理办法》2个文件，不断创新改善财务方式。在乡公务用车燃油费报销方面，改掉了之前按跨年结账和按加油站留底的干部或驾驶员签字来结账的方式，实行只准由县指定的驾驶员按车辆公里数来报销燃油费的规定，杜绝私车报公账。干部伙食费收缴改掉了之前按月收取100/人·月，实行统一收取3000/人·年，减少收支不平衡问题。

【文化教育】 为进一步深入推进“讲党恩爱核心，讲团结爱祖国，讲贡献爱家园，讲文明爱生活”主题教育实践活动，将“四讲四爱”与“环保”、美丽乡村建设相结合，先后召开专题会议4次，成立宣讲领导小组深入6个行政村、11座寺庙、乡小学，宣讲次数达32次，开展卫生大扫除主题实践活动6次、组织演讲比赛2次、知识竞赛2次，并以5月、6月为契机，乡虫草上山蹲点工作组先后组织乡农牧民群众宣讲12次。为顺利迎接国家均衡教育考核，进一步加强基层党组织建设，创建学习型党组织，进一步加强学校德育工作，以提高教学质量为重点，以加强教师队伍建设，强化校园安全意识等重点工作为抓手，乡党委定期听取学校工作报告并指导相关工作，现义务教育阶段觉恩乡适龄普通儿童少年入学率达98.8%，残控辍工作取得明显成效，巩固率达98.8%。

【强基惠民】 乡6个驻村工作队紧紧围绕新时代干部驻村工作各项任务，坚持把学习宣传贯彻中共十九大精神作为首要政治任务，利用进村入户宣传党的各项惠民政策、中共十九大精神，引导群众坚定“四个自信”“五个认同”，自觉感党恩、听党话、跟党走。截至年底，6个驻村工作队组织召开群众宣讲大会25场次，入户宣讲1560场次。各驻村工作队根据创建“五个好”村党支部协助村党支部组织召开村党支部会、党员学习会120场次。组织村“两委”班子成员、农牧民群众党员上党课10学时。组织团组织成员、妇女委员会成员上文化课30学时，有效提升了基层组织整体政治理论水平和文化素质，利用闲暇时间帮助孤寡老人洗衣、劈柴、背柴火等。

【人大工作】 全乡县级人大代表10人，乡级人大代表22人。乡人大主席团认真履职，不断强化工作监督。紧紧把社会发展稳定中的重大问题和关系人民群众切身利益的热点难点问题作为调研监督的重点课题，重点对项目建设、精准扶贫、产业发展、易地搬迁、惠民资金兑现等工作进行调研、视察。全年召开乡级人大代表会议7次，开展人大专题座谈会16次，形成调研课题15篇。认真听取和审查乡政府半年工作报告、全年工作报告2次，并对政府工作提出合理化建议和意见11条。根据乡党委的统一安排，在认真做好调查研究的基础上，进一步完善《机关内务管理制度》《村级财务集中支付改制实施方案》，并在广泛调研基础上集中讨论《关于进一步严格干部请销假制度》。

【妇联工作】 觉恩妇联以家庭平安促社会平安，引导和鼓励妇女积极参与村民自治，参与村支“两委”的会议和活动，拓宽妇女表达诉求的渠道。教育妇女增强公民意识、强化公民责任。提高妇女依法行使知情权、参与权、表达权、监督权的能力，把妇女利益诉求纳入制度化、规范化、法治化的轨道。以“四讲四爱”主题实践活动为契机，深入开展和谐家庭创建活动。大力推进和谐创建活动，反对虐待老人、虐待妇女儿童等家庭暴力的行为。以“平安家庭”、“和谐家庭”、“廉洁家庭”、“绿色家庭”、“美德家庭”和“学习型家庭”为重点，推进全乡家庭道德建设，倡导文明科学健康的生活方式，促进创建活动新发展。以“扫黑除恶、打非治乱”活动为牵引，积极组织全乡妇女集中学习相关法律法规共计7次，尤其加强《中华人民共和国婚姻法》的宣讲，鼓励全乡妇女通过法律途径来保护自己的合法权益。以妇联改革为转向，组织召开觉恩乡妇女第一次代表大会第一次会议，选举产生1名主席、6名副主席、8名执委的觉恩乡妇女班子成员，并以妇联改革为契机，深入乡6个行政村组织开展了妇女维权、关爱留守儿童、争做好儿媳等宣讲活动。鼓励妇联代表要“自尊、自重、自立、自强”，做妇女同胞的表率，不断加强自我学习，全面提高乡妇女整体素质。

桑多乡

【概况】 桑多乡位于丁青县东南部，317国道支线。全乡平均海拔3550米，距离丁青县城约45千米，317国道9千米。全乡下辖3个行政村（桑多村、郡休村、安拉村），共14个村民小组，56个自然村，738户，4938人。

【乡党委、政府情况】 乡党委、政府领导班子2018年有9人组成，平均年龄为35岁，其中5人为本科学历。

【村情】 桑多村隶属于桑多乡，317国道支线。平均海拔3550米，距离丁青县城约47千米，317国道9千米，全村下辖6个自然组，共296户，1953人。精准扶贫工作开展以来，通过精准识别等工作，全乡共筛查出建档立卡户45户225人。2018年脱贫1户10人，全村共有党员63人。

郡休村位于桑多乡东南部，距离乡政府到村委会6千米，离县城51千米。平均海拔3300米，属于半农半牧村，全村耕地面积5011.27亩，草场面积253771.77亩，当地气候适合种植青稞，群众经济来源主要依靠耕地、采挖虫草等。该村下辖5个村民小组，29个自然村，各小组分布比较分散，全村共319户，2360人。其中建档立卡有41户261人，村集体经济有养鸡场及蔬菜温室大棚。

桑多乡安拉村位于丁青县城东南方向约60千米，距桑多乡约35千米，全村平均海拔4100米。全村共有72户554人。易地搬迁4户27人，在县城集中进行安置。农牧民党员46名。

【基础设施建设】 以进一步改善群众居住环境、卫生状况和生活质量为目标，积极推进新农村建设和重点村建设。全乡新建新修硬化道路45千米，完成水源点维修改造1处，管道维护5千米，完成新建垃圾池2座。

【社会事业】 人口与计划生育工作常抓不懈，全年“三查”（查孤寡老人、残疾人、新生死亡）4次，三查率100%，出生人口统计准确率达到100%。创卫工作与精神文明建设工作相结合，在全乡范围内开展“文明生态村、文明生态户”为主题的创建活动，人居环境明显改善，成效显著。切实加强新型农村合作医疗工作，积极提高辖区医疗卫生保障水平，全面完成全年新合疗基金征缴工作。群防群治，加强动物防疫防控工作，防疫知识深入人心，防疫率98%以上，防疫档案规范齐备。完善工作预案，落实防范措施，全面加强对汛情、火情及地质灾害隐患点的监测工作，果断处置，科学应对，确保人民生命财产安全。

【精神文明建设】 坚持精神文明建设和社会主义新农村建设同步推进，促进乡风文明，推进乡域物质文明、政治文明、精神文明、社会和谐文明、生态建设文明协调发展，全面开展文明生态村创建工作。加强未成年人思想道德建设，提高精神文明建设水平。完成桑多村生态村推荐评选工作。

【环境保护】 乡党委、政府高度重视资源环境保护工作，将资源环境保护工作与发展桑多工作紧密结合，群众在生态保护收益的同时，更加注重资源环境保护。以良好的生态环境促进和谐新桑多的建设。

【党建工作】 桑多乡党委在丁青县委的正确领导下，以毛泽东思想、邓小平理论和“三个代表”重要思想、科学发展观为指导，深入学习贯彻落实科学发展观，坚持党要管党，从严治党的方针，围绕加强党的执政能力建设重点，全面推进基层党的思想、组织、作风和制度建设，紧密结合新时期党建工作特点，积极改进党组织建设的领导方法和管理方式，不断巩固和扩大先进性教育成果，为桑多乡经济又快又好发展提供坚强的组织保证和人才支持。

在班子建设中，加强乡党委的自身建设，发挥党委的龙头作用。乡党委、政府班子始终以高度的责任感和使命感，以建设“五个好”党委为目标，切实加强自身建设，提高驾驭农村工作的能力。抓领导班子的学习，促进领导班子提高思想政治水平。根据中央提出的建立学习型社会的要求，建立和健全乡党委中心组学习制度，认真组织领导班子成员学习毛泽东思想、邓小平理论、“三个代表”重要思想、科学发展观等，通过加强学习，不断增强领导干部的思想觉悟、政治素质、工作水平和领导能力。抓思想、抓作风，促进领导班子适应新时期的需要。把思想作风建设当作头等大事来抓，深入基层进行调查研究，密切联系群众，积极为群众解决生产生活中遇到的问题。抓民主集中制，促进领导班子的团结。严格要求班子成员讲党性、讲大局、讲原则，认真执行党委的决议，正确处理好责任与权力的关系，自觉维护班子的团结。凡遇重大问题，人事安排、合同承包等，均深入调查，拿出可行性方案后，再提交党委会议进行讨论、决定，有效杜绝“一言堂”和“临时决议”。通过严格执行民主集中制原则，加强班子成员的沟通，增强团结，从而营造干事创业的良好氛围。抓制度建设，促进监督激励机制的健全和落实。先后建立和完善《党委议事规则和决策程序》《干部请销假制度》《学习制度》等多项制度，要求从领导做起，促进办事透明度，减少猜疑，多做实事，树立良好的干部形象。

加强农村党支部建设，发挥党支部在农村中的战斗堡垒作用，积极开展创先争优活动。坚持正确的用人导向，选优配强村社班子。结合年度考核和工作运行质量情况，以加强村社班子的思想作风建设为重点，以提高素质，优化结构，增强整体功能为目标，大胆支持使用善于抓项目，熟悉经济工作的实干型干部。对一些存在问题、不利于干事创业的班子和不干事、干不成事、不会干事的干部及时进行调整。加强民主集中制建设，增强村班子的凝聚力和向心力。注重后备干部培养。按照“四化”方针和德才兼备的原则，在调查摸底、建档立卡的基础上，采取专人培养、定指标压担子、定培养措施、办班培训等有效形式，加大后备干部培养工作力度。

【转移就业】 乡党委、政府高度重视群众技能脱贫工作，积极委派专人与县有关部门协商，并成功举办桑多乡军旅式就业技能培训班，主要培训内容分为川菜厨师、藏餐厨师、电焊铁艺加工等，招收建档立卡户学员50余人，部分已就业。

【生态补偿】 随着生态补偿机制的进一步完善，让有劳动力的贫困人口就地转化为护林员、环境保护监督员、草原监督员等，最大限度增加贫困人口收入。该乡严格按照上级有关部门要求完成生态保护固定岗位招收1035人（其中建档立卡贫困人口273名、边缘户762名）。

【结对帮扶】 该乡认真组织实施结对帮扶工作，按照上级党委、政府提出的“1+X”模式和“321”原则，建立党建扶贫上下联动机制，完成全乡105户588人与干部职工结对帮扶，兑现帮扶资金6.25万元，实现全覆盖。

沙贡乡

【概况】 沙贡乡位于丁青县东部的协曲河北岸。乡驻地沙贡村，海拔3490米。气候属高原寒带季风气候，年温差小，日温差大，空气稀薄，日照充足。高山峡谷地貌，主要山脉有孜珠山，主要物产有青稞、小麦、豌豆、元根、油菜。距县28千米。辖然强、沙贡2个行政村，11个村民小组、38个自然村，截至年底，全乡总户数646户，总人口4531人，沙贡村382户2489人，然强村264户2042人（不包括城市户口和僧人）。总耕地面积529公顷（沙贡村296公顷、然强村233公顷），牲畜总头数3494头（只、匹）［沙贡村1537头（只、匹），然强村1957头（只、匹）］，草场面积15204公顷，可利用草场面积2233.01公顷，林地面积735公顷，农牧民人均纯收入11659.55元。全乡辖区面积216平方千米，全年农村经济收入5282.94万元（第一产业收入3749.03万元，第三产业收入1533.91万元）。农作物包括青稞、小麦、豌豆、元根、油菜等，畜牧业包括犏牛、牦牛、黄牛、绵羊、山羊养殖等。国家级野生保护动物有鬣羚、雪豹、棕熊、猴子、麋鹿、狐狸、黄鼠狼、盘羊、马鹿、狼等，已探明矿产资源有煤、铁、铜等。主要旅游景点孜珠寺，属国家AA级旅游景区。截至年底，纳入最低生活保障农户80户348人。全乡范围内有寺庙5座，分别是孜珠寺、根沙寺、拉妥寺、热仁寺、瓦格寺。

【基层党建】 沙贡乡党委下辖3个党支部，共有党员170名，其中机关党员31名、农牧民党员139名。2018年度以“两学一做”学习教育常态化制度化学习教育为契机，努力抓好机关党组织和党员队伍建设，扎实推进机关作风建设、党风廉政建设和精神文明建设，进一步密切党群干群关系，进一步转变工作作风切实提高党建工作水平。严格落实党建带脱贫工作要求，积极发展各项产业与加大党建带扶贫学习教育，全年共计培训贫困群众50次，带动发展产业3个。按照要求及时开展“三会一课”学习教育及“主题党日”活动，从爱国主义教育、无私奉献、老西藏精神教育等创建党员先锋队、先锋岗、党员践诺承诺公示栏等，切实发挥党员作用，增强党性意识。认真贯彻落实好县委及乡党委、政府的各项规章制度，及时组织乡全体干部学习上级下达的各项会议、文件精神，对全乡各项大小活动按照相关规定及时把会议精神落实到实处。在2018年度的党员纳新工作中，全乡严格按照规定，严把关口确保符合党员条件的上，不符合党员条件的下，并对群众反映有问题的纳新对象进行认真调查了解，并作为纳新的根据，确保党员纳新工作的质量，乡机关党支部2018年度共吸收新预备党员3名，为全乡工作的顺利开展注入新鲜血液。截至年底，党政办公室在做好本职工作的同时，认真执行党委、政府交予的其他专项性工作。

【人大工作】 2018年全乡有县人大代表8名，乡人大代表36名，其中基层代表24名，下设一个代表之家和一个代表小组。县、乡44位人大代表尽快转变角色，更好地履行职能，乡人大与经验丰富的领导虚心讨教，使开展人大工作打开思路，通过对党的政策、路线、方针和相关法律法规的学习，切实提高代表思想素质，增强代表的责任意识和使命感、提高代表的法治观念和履行能力，充分行使代表职能，奠定坚实的理论基础。加强代表之家和小组活动，不断提高之家和小组活动的质量，使小组活动经常化、规范化和制度化的轨道。明确小组活动地点，及时收集选取民意，反映选民要求，充分发挥代表的桥梁和纽带作用。加强代表小组活动室建设，做到有制度、桌椅、学习资料、活动记录、宣传氛围。行使代表权利增加服务意识，增进与群众的感情，在乡党委、政府的领导下，结合该乡自身的实际，各代表活动小组学筹划、创新活动方式，通过法制宣传、上门走访、视察、调研等多种形式，深入所辖行政村组广泛听取群众意见，了解群众需求、疏导群众情绪，协助党委、政府化解矛盾纠纷，帮助困难群众解决生活困难。为充分行使代表职能，加强对政府相关部门监督检查，该乡人大认真制订方案、精心组织、合理安排围绕全乡中心工作与人民群众反映强烈的难点问题，定期不定地组织代表开展执法检查、视察活动，向评议单位发出整改意见，需求在规定时间内回复整改结果，各被评议单位认真落实整改意见，积极转变工作作风。2018年底，共组织评议12次，提出整改意见16条，通过视察、民主评议，各村提高办事效率，改善服务质量，密切了解党群干部关系。

【精准扶贫】　严格按照中央及（自治）区、市、县关于打赢脱贫攻坚战的部署，结合实际贫困情况，成立以乡党委书记为组长，政府乡长为副组长的扶贫工作领导小组，坚持以“打赢脱贫攻坚战、不落一户一人”为总体发展目标，扎实推进精准扶贫工作有序开展。坚持党建带扶贫、抓扶贫促党建，在推动党建工作与脱贫攻坚深度融合、互促互进上大胆尝试，取得一定的成效。经过村党支部对党员们的深入了解，并结合实际情况，举荐党员致富带头人，经乡党委审批后制定党员致富带头人培养计划。以产业项目为抓手，实现群众稳定发展。截至年底，全乡共有3个产业扶贫项目（蓝宝石藏香加工厂、旺农藏鸡养殖专业合作社、蔬菜种植基地）。通过项目引导贫困群众以转移就业、效益分红等形式参与到项目当中，逐步实现以通过付出辛勤劳动获取报酬的方式，转变贫困群众“等、靠、要”的落后思想观念，带动群众主动发展。以发展教育为手段，拔除群众“贫困根源”。全乡的建档立卡贫困户主要贫困原因是受教育水平普遍偏低引发的思想认识不足。以易地搬迁为载体，保障群众安全住房。全乡共有易地扶贫搬迁安置点3个，已全部竣工，可容纳易地搬迁户92户。以生态补偿为契机，提升群众责任感。生态岗位的设定，极大提高贫困群众投身劳动的积极性，有效缓解“等、靠、要”思想对贫困群众的束缚，解放贫困生产力。全乡生态岗位人员共计1044人，其中边缘贫困岗位800人，建档立卡生态岗位人员244人，覆盖全乡建档立卡贫困户中全部劳动力。以转移就业为途径，增加群众就业机会。由于农牧民群众受教育水平普遍偏低，大部分群众不具备一技之长，尤其是建档立卡贫困群众更是难以利用技术手段获得经济效益，主要依靠虫草采集收入和国家政策性补助为经济来源。以社会保障兜底为防线，解决群众生活问题。通过调研，全乡符合社会保障兜底条件人员共计65户76人，其中包括低保贫困户24户，五保贫困户13户，一般贫困户28户。为切实将社会保障兜底政策宣传深入人心，全面提升享受社会保障兜底政策人员感党恩意识，乡主要领导多次到兜底人员家中，对社会保障兜底政策进行讲解，切实将党的关怀送入群众心中，为全面打赢全乡脱贫攻坚战提供最后一公里保障。

【环境保护】　截至年底，认真贯彻市委、县委环境保护工作会议精神，落实“绿水青山就是金山银山”的理念，把防治环境污染攻坚战列入重要工作日程，把全乡辖区内的砂场和项目施工单位、百姓的生活垃圾、317国道沿线的卫生环境保护工作作为全乡环境保护工作的重中之重来抓。全乡与各施工单位和砂场、村“两委”等签订环境保护目标责任书，要求各行业按照目标责任书的内容，每条每款抓落实，责任到人。扎实开展环境保护宣传教育工作，全面贯彻《中华人民共和国环境保护法》。通过印宣传栏、挂横幅、发放环保手册等多种形式，广泛开展环境保护宣传教育活动。6月，结合“6·5”世界环境日活动，开展宣传《中华人民共和国环境保护法》及相关法律、法规知识，为施工单位下发《中华人民共和国安全生产法》材料131份，同时在乡政府门前，悬挂、张贴安全生产标语8幅，大力营造环境保护宣传气氛。广泛开展环境保护宣传教育，将环境保护传递到群众心中，做到人人皆知。百姓生活垃圾每周清理，乡周边、317国道沿线每周清理1遍。水源地有专人保护，每年不定期排查水源地污染情况。项目建筑开工以来，该乡经济办对施工现场污染垃圾处理情况每月进行一次大排查，对处理不当和不及时的教导施工方整改，整改不及时的给予限期停业整顿。砂场方面，全乡坚持边开采边还原的原则，对砂场方不及时处理的给予警告，屡教不改的要求停业整顿。

【安全生产】 为更好地抓好安全生产工作，及时调整安全生产领导小组及安全生产管理委员会成员，成立4个安全生产小组，制定各项应急救援预案，与施工单位、沙场和各村签订施工、山洪抗汛、消防、道路交通、食品卫生5个安全目标责任书。全年组织开展每月一次安全生产大检查、四次专项整治检查和“安全生产月”活动。强化依照规章制度监管，确保元旦、春节、藏历新年等重大节假日期间的安全，以及人民群众正常生产生活。全年共发现安全隐患22起，已整改22起。都已落实整改措施、整改期限和整改责任人。开展食品安全隐患排查12次，发现隐患6起，整改6起；施工单位隐患排查18次，发现安全隐患4起，整改4起；道路交通安全隐患排查13次，隐患7起，整改7起；消防安全隐患排查12次，发现隐患5起，整改5起。

【农牧业】 全乡主要物产有青稞、小麦、豌豆、元根、油菜。总耕地面积529公顷（沙贡村296公顷、然强村233公顷），牲畜总头数3494头（只、匹）［沙贡村1537头（只、匹），然强村1957头（只、匹）］，草场面积15204公顷，可利用草场面积2233.01公顷，林地面积735公顷。

全年兑现科技特派员6人，每人每年6000元，共计36000元。生态岗位1044人，每人每年3500元，共计365.4万元，全年兑现草补资金279065.07元。春耕备耕期间，发放青稞良种“藏青1000”、马铃薯、油菜等共计5吨。发放2N化肥39.8吨、复合化肥53.65吨。

开展摸底调查，以户为单位对农村土地承包底册进行一次认真全面清理核实，利用类型和是否基本农田等情况以及发包方、承包方的基本信息，制作承包地块统计。公示审核调查信息，公示结果无异议的，须由农户签字认可。有异议的要重新核查、修正，核查结果再次进行公示等工作。

2018年沙贡乡农村土地承包情况表

表2

序号	村组	户数（户）	地块数（块）	耕地面积（亩）
1	沙贡村	203	9663	11384.84
2	然强村	181	6548	7367.67

2018年，向上级单位申请良种、元根、油菜等农作物，从冬季农作物生长情况来看，各试点中除元根外，产量和群众满意度较为好，元根试验点因田间质量不高，导致元根幼苗生长上营养需求缺陷。

【社会保障】 2018年底，全乡按上级的要求，开展城乡居民的低保调整，低保证以旧换新工作，对全乡低保对象进行入户调查、民主评议、复核审批、展板公示、建立档案。对低保对象进行动态管理，应保尽保，经过核查对原有的低保户80户348人的农村低保对象发放低保金61.46万元。根据自治区下达文件要求，进行走村入户统计残疾人员，通过个人申请及乡党委研究上报给县卫生局，共计237人。个人残疾程度、证件的类别分为四类，其中符合享受政策的人、重度（一级、二级）残疾158人，困难（三级，四级）42人。根据自治区“两项补贴”一级和二级每人补贴3600元，三级和四级每人补贴1200元共计4.03万元，全额发放到残疾人手里。根据县有关单位及乡人民政府安排部署，全乡进行走村入户符合五保户共有12户16人，其中分散供养每人有5760元，共计4.03万元。根据上级部门和乡党委的安排，沙贡乡社会事务办多次下村，召开群众大会，截至年底，全乡孤儿愿意去福利院的有11人，其中2018符合要求的新增孤儿有2人，送往孤儿院。技能培训方面，沙贡乡按照农牧民技能培训的文件要求，进行走村入户统计培训人员名单，截至年底，已上报3次名单，共计116人。根据上级部门和乡党委的要求，沙贡乡社会事务办下村走村入户，收集养老资金，全乡参加居民农村养老保险人数为950人，上缴金额20.36万元。根据上级部门的文件要求，据统计全乡有高龄老人和失能老人计21人，其中高龄老人9人、失能老人12人，每人600元，发放金额12600元。

【教育发展】 沙贡小学2018—2019学年上学期工作已全面完成，顺利通过教育均衡国检验收，教学任务按照预期教学进度完成，学生德育工作常抓不懈，全校学生自觉保护校园环境，主动杜绝粮食浪费，爱干净勤劳动的良好习惯得到较好的巩固。后勤服务不断提高，师生对学校后勤保障水平满意度很高，学校支部工作有效结合“四讲四爱”等主题教育活动，全校师生的感党恩意识不断提升，能够坚持“扶贫先扶智”的工作思路，贫困户学生全部入学。根据上级部门相关要求，该乡对建档立卡户198名学生进行统计，其中幼儿园53人，小学98人，初中32人，高中12人，大学3人。6~15岁155人，在校学生155人，其中4人未上学。全乡大力加强教育政策宣传，引导群众支持子女接受教育，尤其是建档立卡贫困群众子女，坚持抓细抓实抓好教育发展工作。同时注重学生传统文化教育，提升民族归属感、认同感。

【综治维稳】 乡党委、政府高度重视维稳工作并纳入重要工作议程，年初制定全年工作计划和实施方案，签订维护稳定工作目标责任书。在全乡加大维稳工作宣传力度，以平安创建为契机，全面宣传社会治安综合治理和维护稳定方针、政策、法律、法规，采取开设宣传栏，悬挂宣传标语、横幅等形式，把集中宣传和普遍宣传有机结合起来，重点开展3月、6月、9月集中宣传活动，宣传见义勇为先进事迹，宣传全乡治安面貌改观和严打整治成果等，增强广大群众的参与意识和创建意识。落实专人负责矛盾纠纷排查工作，坚持每季度组织召开矛盾纠纷排查工作会。要求各村每半月把矛盾纠纷处理情况上报乡综治办，对需要协助处理的，乡综治办派专人协助处理，力求双方当事人满意。全年调处各类矛盾纠纷12起，国家政策、法律法规宣传42起，受教育群众5000人，发放宣传资料1000份，使广大群众的安全感和满意度持续提升。2018年度，全乡共获评县级优秀双联户1个、联户单位6户，乡级优秀双联户3个、联户单位21户，村级优秀双联户17个、联户单位136户。

协雄乡

【概况】 协雄乡是紧邻丁青县城的一个典型的城郊结合型乡镇，地理位置优越，交通便利，平均海拔3840米，辖区内草原广阔，旱雨季分明，气候地属高原寒带气候，年温差小，日差较大，日照时间长，年均日照时间为2457.3小时，年平均气温为3.4℃，资料记载最高气温为27℃，最低气温为－25℃，最大冻土层达111厘米，年均降水量为641毫米，没有明显霜期，主要物产牦牛肉、酸奶、青稞、油菜花、野生贝母等。距离县城1千米。下辖5个行政村，21个村民小组，121个自然村，1563户，总人口0.9788万人，其中农村人口9741人。地域面积62300公顷，主要以第一产业为主，农作物包括青稞、春小麦、豌豆、元根，畜牧业包括牦牛、黄牛、山羊、绵羊、马等畜种，有十多种树种，其中多为药用植物，部分为稀有名贵药材，如虫草、知母、贝母等。耕地面积1055.73公顷，粮食播种面积795.13公顷，经济作物耕地面积260.6公顷，森林覆盖率0.16%，林地面积97.8公顷。国家级野生保护动物有狗熊、鹿、狼、豹、金猫等，特色产品有风干牛肉、酸奶。2018年，完成生产总值7982.34万元，同比减少15.8%，其中，第一产业完成5554.43万元，同比增加2.95%；第三产业完成2427.91万元，同比减少40.63%。全乡农村居民人均纯收入9860元。城镇职工参加基本养老保险73人，参加新型农村合作医疗9500人，参合率90%，参加新型农村养老保险2747人。有寺庙拥忠巴日、那日桑旦林、贡乃、芒荣4所。

【基层党建】 按照抓党建、促管理、强服务、保平安的工作思路，持续推进“两学一做”学习教育常态化制度化，扎实开展“不忘初心、牢记使命”主题教育，学习贯彻习近平新时代中国特色社会主义思想，全面践行科学发展观，紧扣县委、县政府“7654”工作思路，紧紧围绕“魅力协雄、美丽协雄、幸福协雄、平安协雄”建设目标，2018年，乡党委召开党建安排部署会5次，党建领导小组研究基层党建4次，召开党建述职评议会4次。精心筹备“不忘初心、牢记使命”主题教育，以“主题党日”“固定党日”“党委理论中心组”为载体，完善制度，强化学习，坚决保障党员学习型建设成效和党员先进性教育成果，全面提高党员思想素质；创新载体，丰富内容，组织开展“习近平新时代中国特色社会主义思想和党的十九大精神进万家”、“四讲四爱”教育实践、“大学习、转作风、再做实、走新路”活动，悬挂横幅15条，张贴展板4个，张贴宣传标语58张，向受众人群发放宣传单869份，开展“党员大讲堂”25次，“书记讲党课”10次，“五大讲堂”30次，撰写心得体会389篇。党委理论中心组开展8次中心组理论学习，党员干部参加各类培训12次。发展新党员9名，积极分子12名。督导基层党建20次，撰写基层党建工作调研报告1篇。按照“功能齐全、实用管用”的原则，新建协雄村级活动场所，扩建协麦村级活动场所。

【教育事业】 协雄乡有寄宿制中心小学1所，在校生1318人，教师61名。教学点3个（夏拉村教学点、协雄村教学点、协堆村教学点），教师6人，学生66人。幼儿园2所，学前教育中心教师21人，学生227名。朗通村幼儿园教师7名，学生190名，全乡共有学生

1801人，教师95人。2018年，考入西藏其他省市班1人，学前儿童年入学率达到100%，中小学升学率、入学率均达到100%。2018年，全乡教育事业工作紧紧围绕“强化师德师风建设，促进校园和谐发展”“坚持以教学为中心，全面提高教学质量”“坚持以德育为首位，全面实施素质教育”三个方面同步推进，教育事业工作取得了较大突破，并同全县一道顺利通过义务教育基本均衡国家督导评估。

【医疗卫生】　2018年，乡卫生院积极配合上级党委、政府和卫生系统开展好各项行动，通过狠抓制度落实和以七城同创为契机的各项卫生整治行动，划分责任区，将卫生院的各项工作进一步的规范。并严格按照县卫计委和乡党委、政府的相关要求和指示，进一步做好了医疗卫生宣传教育活动，年内累计开展宣传活动5次，发放宣传册600余册，受教干部群众达1800余人。2018年，全乡共接种疫苗4188人次，发放接种证283人，为全乡1069户家庭进行家庭医生签约，筛查出35岁以上高血压患者894人，累计为65岁以上老人保健280余人次。全年共进行健康宣讲10次，受教育人数达2064人，出库药品价值25189.76元，对全乡7888人进行了包虫病筛查，确诊80人，疑似29人，手术治疗服药人员15人，筛查大病7806人。

【维护稳定】　2018年，协雄乡严格按照上级党委、政府的相关要求，坚持以稳定压倒一切为原则，以努力构建“和谐协雄、平安协雄”为目标，不断探索创新工作方法和思路，有效保证了全乡社会环境持续稳定。全力调处矛盾纠纷，全年共调处矛盾纠纷25期，成功调解率达到100%，真正实现了“小事不出村、大事不出乡、矛盾不上交”。继续开展“扫黑除恶·打非治乱”专项斗争，2018年全年上报扫黑除恶线索1条，报备1起。持续开展基层平安创建，通过群防群治有效预防和减少了刑事案件的发生，保持全乡社会秩序全面稳定，以德治和法治相结合，加大宣传力度，不断提高农牧民群众的法治观念和道德水平，2018年全年对农牧民群众进行法制宣传教育21场次，受教育群众达3000余人。加强全面排查，坚持落实领导干部“一岗双责”责任制，经常性深入村组进行排查调研，确保了全乡社会环境全面稳定，全年共进行了6次安全生产大排查和20余次小排查。

【精准扶贫】　2018年在县委、县政府和县脱贫攻坚指挥部的正确领导和指导下，协雄乡党委、政府认真贯彻落实县委、县政府精准扶贫工作的安排部署，强化脱贫措施。持续抓好易地搬迁工作，协雄乡易地扶贫搬迁户189户（朗通易地搬迁点174户，协雄村易地搬迁点15户），已全部完工，实现入住。持续推进产业发展，乡党委、政府经过调查研究，结合精准扶贫有关政策，将能够“体现乡域特点、符合政策要求、群众得实惠”的项目作为“做强村集体经济、助推群众致富”的通道，并确定朗通村砖瓦砂石场、夏拉村生态旅游合作社、惠民蔬菜种植合作社等一批产业项目，带动协雄乡建档立卡的64户209人脱贫。加大培训力度，转变思想观念，积极协调县人社局、县农牧局等相关部门为贫困户提供实用技能培训，涉及蔬菜种植、装载机、挖掘机、宾馆服务员、藏餐师、摩托车（汽车）修理共5期培训，建档立卡贫困户157人，其中实现就业100人，人均年增收2000元。通过生态补偿新增494个生态岗位，2018年，共完成护林员、环境保护监督员、草原监督员等生态岗位招收2448人，2018年共兑现生态岗位资金8568000元。社会保障兜底，2018年共为117户474人兑现低保差额补贴资金82.2596万元、五保生活补助1.094万元。持续推进结对帮扶工作，开展了“党员干部进村入户、结对认亲交朋友”活动，乡党员干部共与61户237人贫困户结成帮扶，帮扶资金4.2万元，同时针对未脱贫的38户开展集团式帮扶，帮扶资金及物资折现合计38000元。

2018年，在县委、县政府的正确领导下，在县脱贫攻坚指挥部的精心指导下，在县直各单位大力支持配合下，协雄乡以贫困村为主战场，以贫困人口为主目标，以产业带动为主措施，进一步创新工作思路，夯实工作举措，该乡的基础设施条件得到明显改善，社会事业得到较快发展，基础教育水平明显提高，劳动力素质明显提升，医疗卫生条件得到极大改善，服务能力不断增强，实现“小病不出乡、村”，社会保障水平不断提高。贫困户参与脱贫致富的主动性和积极性明显增强，贫困户从精神状态、思想观念、劳动能力、生产方式到收入水平发生一系列变化，扶贫工作取得了阶段性成效。

【农牧工作】 2018年，在县委、县政府正确领导下，乡党委、政府高度重视，全乡农牧业工作取得了跨越式发展，农业机械化水平跃上新台阶，高效农业亮点频现、农牧业基础设施投入前所未有，农牧业后劲明显增强，农牧民居住、农村环境明显改善，农牧业基础地位明显加强，农牧业工作迈上了新的发展平台。大力推进高效农业发展，推动粮食增产，2018年全乡粮食播种面积1.1927万亩，其中推广良种喜拉22号670亩，藏青两千1000亩，土豆种子800亩，油菜籽250亩，全年产量比上年增加1.27万吨，增长0.6%，再创历史新高，连续四年实现了增产。加强农牧业培训，2018年邀请县农业、林业、人社等部门举办培训班12期，培训各类技术人才1201人次，发放资料3.5万余份、科技书籍1000余本。狠抓机遇，大力发展产业，以设施农业建设为重点，全年改扩建大棚60座，新建日光大棚1座，年收入可达2万余元，2018年，乡党委、政府本着为民谋利的思想，扶持建成合作社2个，分别是协麦村农牧民蔬菜种植合作社、协雄乡三塔牌奶牛养殖场。协麦村农牧民蔬菜种植合作社将直接为乡及其周边乡镇，乃至周边全县提供可靠安全的蔬菜水果。

【人大工作】 2018年，在乡党委的坚强领导下，乡人大主席团认真学习宣传贯彻中共十九大和十九届三中全会精神，深刻领会习近平新时代中国特色社会主义思想，坚定维护以习近平同志为核心的党中央权威和集中统一领导，紧紧围绕全乡改革、发展、稳定大局，以服务中心工作、改善民生为目的，以加强民主法治建设为目标，以人为本、强化监督，认真履行法律赋予的职责，基本实现自身建设标准化、代表活动经常化、履职行为规范化。坚持“听民意、察民情、顺民心”的要求，以维护和实现人民群众利益为出发点和落脚点，切实履行宪法和法律赋予的职权，依法召开协雄乡第十二届五次、六次人民代表大会，听取和审议协雄乡《政府工作报告》《人大工作报告》《财政预决算报告》。2018年，人大之家、人大小组召开会议11次，提交议案20份。乡人大主席团共组织人大代表开展4次专题视察调研活动，各村代表组共开展监督活动32次。乡人大代表参与信访接待25批次，收集群众意见56条，化解12条，解决12条，交办1条。开展《中华人民共和国宪法》《中华人民共和国环境保护法》《中华人民共和国食品安全法》等法律法规的宣传34次，学习中共十九大精神及习近平新时代中国特色社会主义思想6次。

【对口援藏】 2018年，天津对口援藏为该乡夏拉村打造生态示范村注入专项资金1500万元，为夏拉村打造生态示范村奠定坚实基础。

【党建促脱贫】 协雄乡坚持把“抓好党建，引领脱贫攻坚”作为工作导向，2018年，全乡涌现出一大批优秀党员，他们在脱贫攻坚方面起到了极大的作用，党员致富带头人工程，全乡有党员致富带头人11人，2018年累计带动农牧民群众组建合作社、劳务输出等，积极发挥党员模范作用，通过党员宣讲政策，老党员现身说法等方式，加强农牧民群众感党恩意识，改变其“等、靠、要”思想，培养其致富增收的主动性。

当堆乡

【概况】 当堆乡位于丁青县城西南部，距县城56千米，东与洛隆县接壤，西与边坝县毗邻，南与尺牍镇相连，北与丁青镇、协雄乡为邻，全乡总面积为1416平方千米，平均海拔3780米，全乡处高山峡谷地带，群山起伏，沟壑纵横，地形复杂多样，南高北低，所有水系基本沿区域构造线发育，水能、森林、野生动物及矿产资源丰富。下辖当堆、依塔西、洛霍、斯熔、白日5个行政村，17个村民小组，99个自然村，属半农半牧乡。截至年底，全乡1144户6926人。耕地面积1030公顷，农作物播种面积1030公顷。草场面积52824公顷，可利用天然草原51931.23公顷。农作物主要包括青稞、元根等，畜牧业主要包括牦牛、奶牛、绵羊养殖等。国家级保护动物有棕熊、雪豹、盘羊、猞猁、獐子、马鹿、狐狸等，已探明矿产资源有煤、铁、铜。截至年底，全乡农村经济总收入6218.82万元。第一产业完成4097万元，第三产业完成2090.15万元，牧业收入31.67万元。截至年底，城镇职工参加基本养老保险47人，参加新型农村合作医疗6926人，参合率100%，参加新型农村养老保险2178人。纳入最低生活保障农户132户533人，全乡范围内有寺庙8座，分别为白果寺、加果寺、郎登寺、巴当寺、木格拉康、吉桑寺、扎培寺、列崩寺。

【农牧业】 当堆乡主要种植农作物包青稞、春小麦、冬小麦、豌豆、元根等，农作物播种面积12841亩。牲畜存栏8904头（只、匹），出栏2348头（只、匹），出栏牲畜多数为自食自用，少数用以出售，实现现金收入420万元。当堆乡防疫站（农牧办）有兽医7名，负责牲畜农保审核基础数据、牲畜疫苗注射、各类牲畜疾病预防和突发疾病防治工作等，开展牲畜疫情检查12次，覆盖5个村民小组，完成牛口蹄疫注射7828剂。

全乡共有科技特派员10人，发放资金6万元。生态岗位2170人，发放资金759.5万元，全年兑现草补资金116.55万元，兑现退耕还林资金43750元，总退耕面积23.33公顷。春耕备耕准备方面，喜拉22号发放7吨，马铃薯发放10.5吨。截至年底，全年使用化肥30.79吨，其中尿素9.24吨、复合肥21.55吨。农作物产量4303.68吨。

【教育事业】 截至2018年底，全乡教育机构有当堆乡中心校、当堆村幼儿园、依塔西村幼儿园，共18个教学班，693名学生（小学589人，幼儿园学生104名），其中建档立卡贫困户学生420名。25名正式教师（其中，一级教师2人，二级教师6人，三级教师17人），公益性岗位人员7人，临时工11人。全年共召开发展教育专题会议16次，深入探讨学校教学方式，提高教师业务水平。学校占地面积为10438平方米、校舍建筑总面积6015平方米，生均校舍面积11.61平方米，其中教学辅助用房面积2500平方米，生均教学辅助用房面积4.83平方米。体育场运动场面积2830

平方米，生均体育运动场面积5.46平方米。图书室藏书册数为8500册，生均图书册数16.4册。学校共有计算机42台。每百名学生拥有计算机数8.1台。教学仪器设备值360000元，生均教学仪器设备值695元。

2018年初，与村“两委”、驻村工作队、学生家长签订控辍保学目标责任书，完善控辍保学制度。全乡适龄儿童入学率达到100%，同比增长15%。小学毕业率达99%，同比增长10%，初中毕业率达到90.5%，同比增长8.5%，实现小学教育阶段住校生“三包”政策受益学生达100%。加强少先队建设工作，大胆创新，当堆乡举办首届“魅力在中队·动感在基层”为主题的少先队活动以及“棋王”争霸赛，充分展示师生风采，提升民族文化素养，培养学生的思维能力，锻炼学生的顽强拼搏的意志品质。选派师生代表参加丁青县“一二·九”红歌比赛并荣获二等奖。10月，当堆乡代表队在西藏自治区传统体育项目“藏棋”比赛中获团体第三名。

【医疗卫生】 当堆乡卫生院2018年有专业技术人员8人，其中临床医生2名、藏医医生2名、护士4名，5个村卫生室各配2名村医。当堆乡卫生院完成标准化建设，医疗实施设备逐渐完善，门诊随诊病人增多，每月门诊病人平均达874人，每月住院病人平均达42人，年住院分娩率达到70%，门诊预防接种率达到95%，家庭医生签约服务已全覆盖，建档率达到98%，建立居民健康档案达90%以上。当堆乡卫生院扎实开展新型农村合作医疗工作，实施住院病人基本药物费和一般诊疗费报销比例95%，严格实行乡户籍孕产妇在医院分娩的报销100%、一次性补助1000元，护送费孕产妇50元每次、陪护50元一天，待产期间每天30元生活补贴（待产10天为准）等惠民政策，减轻农牧民就医负担。截至2018年底，完成家庭医生签约服务989户，慢性病患者管理服务1136人，其中，高血压患者822人，地方病（大骨节病）314人。居民健康体检5651人。

【文化事业】 2018年，当堆乡以“办公区域最小化、服务功能最大化”的要求，积极对村级文化工作大胆创新，5个村委会建立群众文化广场，农闲时期组织群众开展各种文体活动，如踢足球、打羽毛球、跳锅庄等，受益群众达2500人。节庆日组织干部职工与群众开展文体活动7次。“琼布爱心墙”爱心衣物发放达500件。优化乡图书借阅室功能，敦促干部工作之余借阅书籍，提高文化素养，全年各行政村及乡政府图书室借阅达900人，借阅书籍种类达20种。当堆乡干部职工积极利用“青年大学习”网络平台，认真学习党和国家各种会议及文件精神。依托“厚德丁青·涵养琼布”活动有利时机，开展3次以集体洗头、打扫自家卫生等为内容的全民讲卫生活动，共3100名群众参与。

【社会保障】 截至年底，全乡纳入最低生活保障对象132户531人，兑换最低生活保障资金134.55万元。五保户48人，其中分散供养13人，按照五保集中供养5760元/人标准，实现兑换分散供养人员供养资金共计74880元。残疾人员符合享受政策的247人，重度（一级、二级）残疾173人，困难（三级、四级）74人，根据自治区“两项补贴”一级和二级每人补贴3600元，三级和四级补贴1200元，当堆乡兑换资金共计71.16万元。2018年解决零就业家庭公益性岗位1个。鼓励群众外出务工，全年共410名青年群众外出务工，增加现金收入210万元，参加农村养老保险群众同比增长10%。全民参保方面，全面完成万民参保统计及系统录入工作，录入参保系统6702人。

【生态保护】 截至年底，当堆乡完成落实生态岗位2170人，包括草场监督员、护林人员、湿地保洁员、养路工人、野生动物保护员、村级环境监督员等9种生态岗位。2018年修建垃圾处理站1个，开展全面清扫垃圾，整治环境卫生活动68次，处理垃圾达10吨。

2018年，当堆乡党委、政府将生态环境保护工作纳入全乡重点工作范畴，重点关注河道垃圾、百姓生活垃圾和项目工程施工地垃圾的清理。当堆乡结合实际与寺管会、派出所、中心学校、各村在当堆乡内的施工单位、村“两委”班子等签订生态环境保护目标责任书，并采取制作政策宣传栏、悬挂生态环境保护宣传横幅、发放环保手册以及在村居开展讲座等形式，广泛开展环境保护宣传教育活动。当堆乡党委、政府高度重视，全面推行河长制工作。成立领导小组并对在辖区的当曲、怒江、杂郎呷、多让曲、拉庆拥、日不拥、骑曲（杰曲）、洛河弄、东次弄、斯容浦、色曲（嘎曲）脚仁巴弄等12条河流设立河长，全年对其进行全面清理与巡查，确保河流流域无污染。

全年开展生态环境保护宣讲会26场，切实做到将环境保护的观念根植于群众思想。在虫草蹲点期间，组织群众学习《中华人民共和国环境保护法》及相关法律法规7次，向施工单位下发《中华人民共和国安全生产法》宣传材料30份，在当堆乡政府门前、各村村委会附近悬挂环境宣传横幅5条，张贴安全生产标语10张，营造良好的生态环境保护氛围。

【维护稳定】 2018年当堆乡在乡村两级矛盾纠纷排查调处工作中，把细化矛盾纠纷排查调处责任制作为重点内容，严格规范矛盾纠纷排查调处工作制度，认真落实矛盾纠纷定期排查制度、重大疑难矛盾纠纷报告制度、责任倒查追究制度、矛盾纠纷排查情况通报制度等。2018年，当堆乡成功化解普通矛盾纠纷20起，化解积案11起，及时消除安全隐患和不稳定因素。积极开展以政府为主导的公民法制宣传教育，着重针对青少年宣讲《中华人民共和国民族区域自治法》《中华人民共和国刑法》《中华人民共和国民法通则》《中华人民共和国妇女儿童权益保障法》《中华人民共和国义务教育法》《中华人民共和国婚姻法》《中华人民共和国未成年人保护法》《中华人民共和国社会治安管理处罚法》等法律法规，使公民知法、懂法、守法的意识增强，全年共开展法制宣传63次，宣传覆盖5个行政村。走访闲散无业青少年38人。

【项目建设】 截至年底，当热公路当堆境内标段90%以上已完成铺设柏油路，总长40千米。2018年4月，洛河村生态养殖园开工建设，占地面积达820平方米，截至12月，主体建设已全部完成。2018年7月，当堆乡卫生院标准化建设完成并投入使用，占地面积671.19平方米，建筑面积1872平方米。

【精准扶贫】 2018年脱贫6户23人，未脱贫24户96人，贫困发生率为1.39%。全乡共有产业7个，已投入运行的产业6个，截至年底，实现创收36.7万元，带动183户248人增收。易地搬迁安置点房屋已全部竣工，215户1157人均已完成入住。2018年生态岗位新增202人，有2170人吃上生态饭，2018年经动态调整下半年兜底人数为285人。乡卫生院继续开展家庭医生送医上门活动，对群众寻医问药带来极大便利。全乡353户建档立卡户的帮扶责任人已全部完成帮扶任务，丁青县盛达农牧民建筑有限公司积极开展企业帮扶活动，联系当堆乡为24户贫困户开展物资捐赠活动。

【廉政建设】 2018年，当堆乡以乡党委中心组学习为平台，通过传达有关会议精神、领导讲话、各种违纪案例和观看反腐警示教育片等形式，多方面多途径加强学习，及时纠正和预防党风廉政建设中存在的苗头性问题，增强廉洁自律和拒腐防变能力。结合当堆乡实际，对党风廉政建设的各项工作进行任务分解，责任到人，并将党风廉政建设纳入目标管理之中，实行“一岗双责”，形成一级抓一级，层层抓落实的工作格局。为增强基层干部廉政责任意识，坚持履行乡党委与各部门、村党支部、各科室签订《2018年党风廉政建设责任书》，与干部职工签订2018年党风廉政建设承诺书41份。学习《中国共产党廉洁自律准则》《中国共产党纪律处分条例》等相关法律法规及典型案例14次，撰写心得体会36篇，主要领导廉政述职2次。在扶贫项目建设相关问题上，坚持走“三重一大”规范程序，充分发扬民主，民主集中、科学决策。当堆乡纪委加强对重点项目建设和重点工作的监督检查，促进各项工作高效廉洁运行。制定《财务管理制度》，乡财务与各村“两委”班子、各驻村落实兑现扶贫领域各项惠民资金时做到现场监督严格，按照有关规定，由资金领取人签字画押留底。2018年，当堆乡纪委严格按照乡有关规定监督干部上下班、值班等情况。年初乡党委修订《当堆乡党政班子例会制度》和《干部履职制度》、《干部请销假制度》、《干部考勤制度》等制度，明确各项纪律，截至年底，未发现违法违纪行为。

【基层党建】 截至年底，当堆乡共召开乡村党建专题会议12次，先后5次约谈各村党支部书记。通过选派党建工作指导员，对村级党组织工作全面指导，逐步规范化，形成党建指导员、联络员工作台账20份。继续推动“两学一做”学习教育常态化制度化学习、党员干部“双语”学习，深入学习贯彻习近平新时代中国特色社会主义思想和中共十九大精神、中央第六次西藏工作座谈会精神，学习笔记10万字，撰写心得体会80篇。每月开展1次书记上党课、1次学习交流研讨会、1次科级干部讲党课。对“两学一做”学习教育坚持开展阶段重点研讨会，通过自己找、领导点、群众提、相互帮等方法，广泛征求党员干部对机关“两学一做”学习教育的意见建议5条。每名党员干部针对征求到的意见建议，结合自身存在的问题对号入座，认真撰写剖析材料，制定整改方案，明确整改时限，落实整改措施。健全村“两委”《民主决策制度》等8项制度，推进村党务、村务公开，积极组织专人在5个行政村开展村“两委”班子分析研判工作，撰写分析研判报告2份，解决村级班子存在的问题2条。截至年底，吸纳新党员19名，收缴党费10840元。

【人大工作】 截至年底，当堆乡有人大代表52名，其中县级人大代表9名，乡级人大代表43名。全乡有人大之家1个，人大代表小组2个。全年乡人大开展工作主要包括召开人民代表大会、组织人大代表集中学习、征求群众工作意见建议、审议乡（村）规民约、听取乡（村）工作汇报。当堆乡人大积极组织7次培训学习活动，主要学习《中华人民共和国代表法》《中华人民共和国土地法》《中华人民共和国选举法》等法律法规，进一步提高人大代表素质以及履行职责能力。年初当堆乡召开人代会，听取审议政府工作报告等各项工作全年工作安排。全年当堆乡主席团组织代表对全乡食品安全工作进行执法检查、对精准扶贫易地搬迁户进行走访调研、对乡财务兑现惠民资金监督检查共9次。对政府工作提出建议2条。按照《当堆乡人大主席团2018年度工作要点》，召开4次主席团会议，检查宪法等法律法规，各级人大的决定、决议在乡内的遵守和执行情况并讨论决定乡人民群众普遍关心的热点、难点问题，主席团自身建设等重大事项6个。年终听取当堆乡政府工作报告。

【援藏工作】 2018年，武钢集团12次为当堆“琼布爱心墙”捐赠衣物等500件，折合人民币3万元。援藏干部11次在当堆乡调研产业发展、民生改善等方面工作，为援助当堆工作提供依据。

色扎乡

【概况】 色扎乡位于丁青县西北部的G317线上，距离县城46千米。东接丁青镇，北接布塔乡，西接尺牍镇，属于半农半牧乡。乡政府驻地海拔3925米，地域面积83500公顷。地貌为高山河谷区，水资源丰富，气候条件恶劣。辖5个行政村（卡通、索巴、木查、汝化、贡桑），20个村民小组，282个自然村（卡通89个、贡桑45个、索巴34个、汝化68个、木查46个）。2018年底，色扎乡总户数1690户，总人数12336人，人均收入11094元（现金收入7719元）。耕地面积1201公顷，人均耕地面积0.1公顷。国家级野生保护动物有棕熊、盘羊、野生獐子、雪豹等。辖区内已探明矿产资源有象牙玉、黄金、铅锌矿等。特色产品有藏香、风干牛肉等。

【基层党组织建设】 全乡6个党支部，正式党员317人，预备党员15人，入党积极分子30人。开展“主题党日”活动72次，受教育党员达5425人次，完成党费收缴约2万元。在县委的统一规划下2018年新建汝化村、卡通村2个村级组织活动场所。开展中共十九大和“四讲四爱”（讲党恩爱核心，讲团结爱祖国，讲贡献爱家园，讲文明爱生活）集中学习宣讲71场次，发放宣传手册、挂图等宣传资料9150份，参加学习的党员、群众23857人次，制作粘贴学习宣传标语185条。农牧民党员通过学习撰写心得体会1285篇，学习笔记157本。党员队伍建设上，全乡党员加强自身学习、提高自身的政治理论水平，组织学习习近平总书记系列重要讲话、《习近平谈治国理政》等专题学习会28场，撰写学习笔记35万余字。

【社会保障】 2018年，在县委的统一规划下，新建卡通村、汝化村2个标准化村级活动场所。落实社会兜底帮扶政策，兑现各类社会保障资金2681876元，其中，低保1736996元，分散供养五保人员74880元，重度及困难残疾人“两项补贴”870000元，保障1113名（低保819人，五保13人，患重病、残疾人281人）特困群众的基本生活。

【精准扶贫】 实行“一申请、一评议、二审核、三公示县（区）审核”的程序，2018年色扎乡通过了国家第三方的评估验收，如期实现了脱贫摘帽，达到“两不愁三保障”的脱贫标准。贫困发生率从2015年底的11.27%降至2018年底的1.04%。2018年，兑现定向政策补助18.044万元、受益群众159户694人。乡党委、政府动员党员干部、社会团体、各类企业参与扶贫开发，建立科级干部包两户，一般干部包一户的结对帮扶机制，干部帮扶覆盖率100%，着重解决“为什么要我帮”“帮什么”的问题。为群众理清发展思路，帮助群众解决生产生活困难，送去慰问资金、慰问物品共计20余万元。2018年，色扎乡有达那藏香加工厂等8个扶贫产业项目，共带动贫困户339人就业，其中，索巴村达那藏香加工厂带动贫困户38人就业，年人均增收1000元；索巴村兴宏花岗岩加工厂带动贫困户164人就业，年人均增收1500元；汝化村当归种植67人，年人均增收300元；汝化村温室大棚种植40人，年人均增收300元；卡通村藏家乐带动贫困户2人就业，年人均增收1500元；卡通村糌粑加工厂带动贫困户6人就业，年人均增收700元；木查村民族手工业加工厂带动贫困户16人就业，年人均增收200元；贡桑村奶牛养殖场带动贫困户6人就业，年人均增收1000元。

【教育事业】 色扎乡有中心校1所、村教学点4所（木查、索巴、贡桑、汝化），教师48人。义务阶段学生1733人（其中初中阶段学生644人，乡中心校1至6年级学生1089人）。小学生入学率为99.8%，中学生入学率为99.6%。在学生的教学和营养上面，严格按照西藏自治区的要求，全面落实“三包”、营养餐计划、大学生资助政策，使每1名适龄儿童都享受到免费教育。2018年乡中心校组织两次“教代会”，就招生、经费开支、人事安排等重要问题向全体教师、家长代表作重点陈述，并听取教职工、家长代表的意见。学校组织召开家长会2场，听取家长对学校的期望，交流学生在校情况，并整理出如何加强学生的管理、做好学生教育、改善学生生活条件建议3条。在成年人教育方面，乡党委、政府按照参训人员意愿和市场需求，组织农牧民富余劳动力开展摩托车、农机维修、蔬菜种植、水电安装工等创业培训165人次。

【维护社会稳定】 在全年各类重要时段以及各类大型活动期间，采取多种措施维护社会局势的稳定，通过制定符合实际的工作方案、预案、风险评估等前期的指导性部署，不断强化维稳工作纪律，加强人员管理，强化法制教育，开展群众性主题宣传活动5场次，发放宣传资料2600份，设置宣传栏14个，受教育群众11635人次。2018年办理虫草采集证4194张，其中，非建档立卡跨乡2753张、该乡777张，建档立卡贫困户跨乡507张、该乡157张。在5月、6月份虫草采集期间，组织农牧民群众开展虫草采集管理办法、环境卫生、采集安全等宣传12场次，受教育群众9758人。

【经济发展】 全年完成生产总值13378.92万元，同比增长12.28%。其中，第一产业完成10280.79万元，同比增长12.25%；第二产业完成284.25万元，同比增长12.26%；第三产业完成2813.88万元，同比增长16.38%。社会消费品零售总额922.18万元，同比增长13.27%。

【生态保护】 2018年色扎乡结合精准扶贫工作对具备劳动能力有意愿的建档立卡贫困人口和边缘贫困人口就地转成护林员、草原监督员、水管员等生态保护人员。生态管护人员定期在自己管辖的区域进行值班巡山，开展生态保护和修复工作，全乡生态保护人员2637人。色扎乡人民政府组织农牧民群众开展环境保护知识宣讲7场，受教育群众3950人次。开展乡、村领导干部、群众代表环保培训3场，受教育2540人次。组织党员、群众进行环境卫生清理5场次，清理垃圾41吨。制订化肥等科学使用计划，倡导良好生活习惯，推广农村环境保洁，实行农村生活垃圾袋装，确保道路、河道清洁，转变农牧民生产和生活方式。

【人大工作】 2018年，乡人大主席团开展调研、视察、座谈会8场次，撰写调研报告5篇。利用人大代表之家、代表小组每周开展一次接待选民和学习工作，进一步拉近人大代表与选民的关系，为更好地履职增强本领。召开色扎乡十三届五次人民代表大会，听取和审议乡人大、政府工作报告，修改完善村规民约1条。加强代表联系群众工作，了解民情民意。组织人大代表开展对政务和村务公开的监督工作，实行阳光操作、公开办事，把实行政务、村务和村级财务公开监督工作列入重要议事日程。加强代表对惠农政策的监督落实，对退耕还林补贴、草补等资金的发放进行全程跟踪监督。改变机关服务态度，融洽干群关系。

【廉政建设】 2018年，乡纪律检查委员会开展重大事项的监督工作12场次，使乡政府所有重大事件公开透明。组织党员干部开展述职，听取5个行政村党支部书记、村主任的述职报告，签订党风廉政目标责任书7份、党员干部廉洁承诺书89份。开展惠农资金兑现监督工作24场次，确保每一项惠农资金都及时准确地兑现到农牧民手中。严格干部考勤制度和请销假制度，开展干部作风学习教育，组织干部开展廉政准则学习35场次，受教育党员干部1350人次。班子成员定期召开民主生活会，开展批评与自我批评，查找自己在生活、工作和学习等方面存在的不足。监督做好“政务、村务、财务”公开工作，做到每季度的政务、村务、财务情况及时公布上墙。

【农林牧业】 色扎乡拥有草场59612公顷，可利用草场面积44492公顷，牲畜存栏为头6367（只、匹），出栏为4020头（只、匹）。主要种植青稞、油菜、豌豆、元根，其中青稞产量320吨、油菜产量138.7吨、元根产量3.8吨、豌豆产量2.4吨。药材采集方面，色扎乡主要有冬虫夏草和知母等名贵药材，产量分别为冬虫夏草615千克、知母28.6千克。党员干部、农牧民义务植树16500棵，主要种植的品种为云杉、旱柳、四川杨、沙棘等。抓好高致病禽流感、牲畜口蹄疫和高致病性蓝耳病等重大动物疫病的防疫工作，上级规定的重大疫病免疫率达到100%。通过采取扑杀深埋和对污染场所进行消毒等措施，杜绝疫源扩散，保证人畜安全。

【医疗卫生】 全乡参加新型农村合作医疗12328人，参保率99.9%；参加新型农村养老保险5230人，参保率44.33%。婴幼儿各种免疫苗接种率达到100%，共组织6次大规模的宣传活动。

【宗教文化事业】 全乡有7座寺庙（其中，扎西林寺，属藏传佛教格鲁派寺庙；林宗寺，属藏传佛教格鲁派寺庙；玛宗寺，属苯教寺庙；普来寺，属苯教寺庙；扎色永宗寺，属苯教寺庙；查乃日追，属苯教寺庙；玉扎拉顶日追，属苯教寺庙）。全乡5个行政村的文化室，已全部配齐书籍、书架、电视等广播设备，书籍阅读达1428人次，同比增长48%。每个家庭免费安装了电视接收器，覆盖率达100%。利用藏历新年、“3・28”西藏百万农奴解放纪念日、五四青年节等节庆日组织干部职工与群众开展集体锅庄、个人演唱、舞蹈等文体活动11场次，群众参与达到10000余人次。

巴达乡

【概况】 巴达乡位于县的西部，是昌都市在国道317线上的西大门。东北、东南与丁青县嘎塔乡、甘岩乡和尺牍镇毗邻，南部和西部与那曲市索县的荣布镇、西昌乡接壤。全乡平均海拔4500米，辖区面积452平方千米，乡政府所在地海拔4090米，距离县城125千米，距昌都市373千米，距拉萨市696千米，位于北纬31° 01'~32° 21'，东经94° 39'~96° 17'。境内布加雪山主峰海拔6328米，是丁青县重要的旅游景点。气候上属于藏东高原温带半湿润性季风气候，日温差大，常见雪灾、冰雹、滑坡、泥石流等自然灾害。全乡共有6个行政村，分别为巴巴村、格巴村、达堆村、邮巴村、达麦村、波巴村，44个自然村共有585户2833人（其中劳动力1879人）。全乡有水电站1座，有6个行政村实现了通电，6个行政村实现通电话。有总耕地面积1080亩，人均占有耕地面积0.4亩。全乡药材资料十分丰富，有虫草、贝母、知母、雪莲花、手掌渗、红景天等，野生动物主要有喜鹊、雪鸡、秃鹫、狼、豹、狗熊、棕熊等。

【基层党建】 2018年，全乡各级党组织深入学习贯彻中共十九大精神，以党章为根本遵循，按照县委、县政府的部署要求，紧扣中心、服务大局、勇于探索、务实作为，推动党的建设取得新成效，为加快推进巴达乡建设提供了有力保障。

2018年，巴达乡不断组织全乡干部深入学习贯彻习近平新时代中国特色社会主义思想和中共十九大精神，开展“不忘初心、牢记使命”主题教育活动、“学报告、学党章”以及“党的十九大精神和习近平总书记系列重要讲话精神”学习测试，教育引导党员干部用新思想、新精神武装头脑、指导实践、推动工作。组织党员干部继续深入学习党章党规和习近平总书记系列重要讲话精神，提高党员干部的思想自觉和行动自觉。严格工作程序和纪律，发展党员关口，注重党员培养工作，组织人员不断提高党员队伍的先进性和纯洁性。组织开展专题党课辅导、先进评选表彰、看望慰问老党员老干部及重病困难党员等活动。牢牢把握上级党委关于创建学习型党组织、学习型领导班子的新要求，突出抓好党员学习，进一步加强了乡、村党员干部的理论素养。乡党委坚持理论联系实际，把学习习近平总书记系列重要讲话精神同研究解决基层工作的突出问题、基层党建工作面临的紧迫问题相结合，围绕基层党建等内容深入学习研讨，不断统一思想、理清思路，充分发挥了乡党委的把关定向作用。并整合了达堆村支委会力量，进一步理顺支部工作思路，健全内部管理制度，确保支部各项工作全面开展。由党委书记、乡长督导整改，加强帮扶，指导班子内部开展谈心交心活动，积极开展民生实事项目，改善村居环境。配备党建指导力量，安排基层群众工作经验丰富的乡人大主席作为该村驻村工作队队长兼党建指导员，指导村里开展各项工作，乡党委每月开展党建工作督查。

【廉政建设】 2018年，巴达乡党支部通过组织专题讨论等形式对全乡的廉政建设工作及早作出安排部署，制定出切实可行的工作方案，并结合实际对廉政建设和反腐败工作任务的责任作详细的分解，明确各项工作的目标和要求，落实具体责任。在廉洁自律方面做出表率，把廉政建设和其他工作一起部署、一起落实、一起检查、一起考核，做到反腐败工作件件有人抓，事事有人管，通过一系列的学习教育活动，党员干部的受教育面达99%。廉政、勤政意识和党的宗旨意识得到增强。乡党委理论中心学习小组每季度集中学习6次，围绕一个专题，进行学习交流，通过学习，主要加强党的基本理论、基本路线、基本纲领、形势政策和组织纪律教育。乡纪委与干部签订廉洁目标责任书，先后对公车私用，干部赌博、饮酒、在岗等情况进行通报及自查，在全乡范围内包括干部职工及群众签订黄赌毒杜绝目标责任书。巴达乡纪律检查委员会结合县纪委纪律条令要求，严格把关、严格落实，先后对干部饮酒情况、黄赌毒等违纪情况进行通报，3月巴达乡纪律检查委员会实行禁酒令并对违纪者严肃处理。

【精神文明】 为促进精神文明工作持续健康发展，该乡严格按照文件精神，及时安排部署，组织乡干部深入村（居）开展精神文明工作。一是乡党委、乡政府加强组织领导，采取有力措施，广泛深入宣传全会精神，巴达乡按照上级部门有关工作要求，认真组织干部群众学习邓小平理论、“三个代表”重要思想等，认真及时抓好中共十九大精神及自治区党委、政府昌都工作会议精神以及中央及自治区、市、县各级重要会议精神的学习传达并贯彻落实。全年每个村、寺管会开展以爱国主义、民族团结、法律法规、党的宗教、支农惠农等政策理论和中央、自治区、地、县、乡、村“两委”班子及广大农牧民群众进行集中理论宣传学习一次的制度。在重大节庆日期间组织乡干部职工与农牧民群众共同开展文体活动不少于1次，主要有集体锅庄、个人演唱、舞蹈等，活动取得了有效的成效，并丰富了农牧民群众的文化生活，同时乡党委、政府以提升对外形象为目标，在全乡广泛开展环境卫生集中整治活动和“共守诚信”活动，积极动员广大干部群众参与社会捐助，爱心助残，送温暖献爱心道德实践活动，营造了良好的社会氛围。

【维护稳定】　为维护巴达乡社会平安，促进和谐稳定。巴达乡党委书记、副书记、乡长按照该乡实际，定期组织召开各类维护稳定知识，把更多的知识传授给全乡干部、农牧民群众、广大青少年等。巴达公安一级检查站主要担负着对进出丁青县的车辆人员及货物按照要求实施安全检查，维护昌都市丁青县社会稳定和人民财产安全。巴达乡综治办结合巴达公安一级检查站、派出所等，在巴达境内维护稳定工作上严格按照丁青县维稳工作方案，保障巴达的和谐平安。严格按照县维稳办、扫黑办、政法委等上级部门下发的文件精神，在重要的维稳节点上把维护稳定的工作作为主要的目标，同时在虫草采挖期间，巴达乡按照县委虫草采挖点指挥部安排部署，对上山采挖虫草人员严格按照一人一证要求，保证在巴达乡境内不出任何问题。巴达乡党委结合县公安局、检察院、法院、司法局等领导干部到该乡宣传消防安全知识、《中华人民共和国未成年人保护法》等法律法规内容，对6个行政村、学校定期组织开展相关法律知识培训，增强群众维法、守法意识。

【项目建设】　2018年，格巴村石材加工厂挖掘机司机及格巴村村民纯收入199384元，带动格巴村建档立卡14户71人，每户分红1000元，共计14000元。

【教育事业】　巴达乡中心小学重视学生在基础知识、学习能力、实践能力、兴趣技能、劳动技能和艺术体育等各方面的全面均衡发展，全面推进素质教育。巴达乡中心校占地面积11670平方米，生均占地面积45.76平方米，教辅用房面积1120平方米，教辅用房间数12间，生均教辅用房4.39平方米，学生宿舍占地面积1000平方米，学生宿舍间数24间，学生食堂面积500平方米，浴室面积90平方米，教师宿舍面积450平方米，生均生活用房面积8平方米，其他用房面积18平方米。校舍总面积3298平方米，生均校舍总面积为12.93平方米。运动场面积1440平方米，生均运动场面积5.65平方米。室外厕所面积120平方米，蹲位20个。学校有电教室、图书室、多媒体教师、书法室等多个功能室。2018学年共有45台计算机，每百名学生拥有计算机5.7台。2018学年图书册数1804册，生均7.07册，图书新增500册，达到新增百分之一的要求。2018学年，学生桌凳45套，录播设备1套。师资队伍方面，学校2018年有在教职工22人，其中专任教师12人、公益性岗位5人、临时工5人。2018年，外出培训市级培训14次，县级培训11次，网络远程培训43次。

【农牧业】 巴达乡经济以牧业为主，有总耕地面积1080亩，人均占有耕地面积0.4亩，牲畜6963头（只、匹），草场面积354085亩，禁牧面积79700亩，草畜平衡可利用草场面积274385亩，人工种草面积0.4万亩，全乡辖区面积452平方千米，属于纯牧业乡镇。

【生态保护】 2018年，全乡有生态岗位963个。野生动物检测员22人，湿地管控员18人，草原监督员540人，生态岗位护林员161人（3500元/人·年），旅游厕所管理员4人，地质群防群测员6人，水生态管护员59人，城镇保洁员103人。有公益林护林员37人（6000元/人·年）。易地搬迁93户338人，灾后重建300户1417人。坚持人与自然和谐发展，树立绿水青山就是金山银山理念，加强生态环境保护，加强全面推行河湖长制工作，对境内河流明确责任，制作标识牌，从加强水资源保护、加强河湖水域岸线管理保护、加强水污染防治、加强水环境治理、加强水生态修复、加强执法监管六方面全面提升整个水域环境质量。由乡党委、政府为主要监督单位，各村、各双联户、各生态岗位人员为主要运行单位，把生态保护工作开展到实处。

【精准扶贫】 2018年，巴达乡建档立卡贫困户164户533人，易地搬迁93户338人。2018年脱贫2户8人，未脱贫14户32人。五保21户22人，低保16户32人，一般贫困127户473人。2018年巴达乡贫困发生率1.46%。全乡建档立卡贫困户164户533人，占全乡总人口的19%（巴巴村30户98人、波巴村28户68人、达堆村31户80人、达麦村28户78人、格巴村21户94人、邮巴村26户115人）。全乡生态补偿岗位963名，其中建档立卡197人。

巴达乡以乡党委书记为组长，乡党委副书记、乡长为副组长，分管扶贫工作的专职人员、各行政村党支部第一书记、驻村工作队队长为成员，成立巴达乡脱贫攻坚指挥部，在脱贫攻坚指挥部的统一安排部署下，步调一致开展了全乡精准扶贫各项工作。并紧密结合各村实际，瞄准2018年脱贫指标，提前谋划部署，深入调查研究，坚持因村施策，分步实施。围绕当地产业特点和发展需要，切实加大贫困群众就业技能培训力度，提高转变群众“等、靠、要”思想，乡党委、政府多次召开群众大会向群众宣传相关精准扶贫工作政策，乡主要负责人多次深入群众当中同群众同生活、同劳动，身体力行帮助贫困群众树立勤劳致富的观念。并结合该乡实际，改变以往直接给贫困户发钱、发物的扶贫方法，通过改变贫困农牧民落后思想和观念，提高贫困农牧民脱贫致富信心，千方百计拓宽增收渠道、提供劳动力转移就业机会等方式帮助贫困牧民脱贫致富。

【文化事业】 巴达乡结合民族文化习俗，利用藏历新年、春节、“3·28”西藏百万农奴解放纪念日等节庆日组织干部职工与群众开展各类文艺活动，促进广大群众与干部之间的距离，进一步提高积极性和团结性。

每年有一次宗教活动，是每年的4月1日至7日的“阿嘎”，其活动时间为7天，其活动内容主要为转玛尼堆、念经。寺庙每五年一次的“成药大法会”，活动天数为15天，其活动内容是念经、施舍藏药（视情况是否举行）。

【医疗卫生】 乡卫生院坚持以人为本的宗旨，把维护人民健康权益放在第一位，为群众提供安全、有效、方便、价廉的医疗卫生服务。2018年，巴达乡卫生院给百姓做健康体检2600人，家庭医生签约539户，其中包括65岁以上老年人103人，35岁以上高血压患者206人，糖尿病患者9人，精神病患者6人，肺结核患者43人，孕产妇31人。

【特色产业】 巴达乡结合实际，因地制宜，利用当地资源，开发特色产业，主要有格巴村石材加工厂和邮巴村温室大棚、达堆村糌粑加工厂、达麦村青山林澡堂、达麦村民族手工艺、巴巴村扶贫馒头店、波巴村摩托修理店、波巴村牦牛育肥基地等，为当地群众解决剩余劳动力就业。为促进产业发展，乡党委、乡政府与群众一道积极寻找产品销售渠道，除通过群众在传统市面销售外，积极利用网络平台，加大产品宣传力度，打开销路。2018年，巴达乡酥油、糌粑、糕点、牛肉、酸奶、手工艺品等农牧特色产品已经在各超市柜台普遍销售。

甘岩乡

【概况】 甘岩乡位于丁青县西北部，距离国道317线15千米，距县98千米。东与丁青县布塔乡相连，南与尺牍镇毗邻，西与巴达乡接壤，北与嘎塔乡交界，平均海拔4275米，高山峡谷地带，群山起伏，沟壑纵横，地形复杂多样，西北高东南低的地形形成一个湿润的小型气候带，构成甘岩乡独特的河谷、高山自然景观，也促成甘岩乡生物资源丰富的现状，尤其表现在野生生物资源方面，主要有獐、黄羊、马鹿、鹿、旱獭、狗熊、狼、雪豹、盘羊、猞猁、马鸡、虫草、知母、贝母、党参、红景天等。辖区有5个行政村（布堆村、卡崩村、甘岩村、色达村、岩堆村），7个村民小组，53个自然村。截至2018年底，甘岩乡有400户，总人口2372人。地域面积504平方千米。草场总面积26318公顷，可利用草场面积17890公顷，2018年末牲畜存栏6340头（只、匹），出栏2732头（只、匹）。主要以牧业为主，农业包括元根、青稞等作物，畜牧业包括养殖牦牛、绵羊、山羊等。耕地面积33.7公顷。林地面积6688公顷。完成生产总值3410.596万元（其中第一产业完成2142.656万元、第三产业完成1267.94万元）。截至年底，参加新型农村合作医疗2372人，参合率100%，参加新型农村养老保险1297人。有卡崩寺、玛果拉康2座苯教寺庙。

【基层党建】 始终坚持把对习近平新时代中国特色社会主义思想、中共十九大精神学习放在首位，形成宣传团队，开展习近平新时代中国特色社会主义思想进万家活动，深入虫草采集地、各村开展宣讲教育12场，教育群众达20321人次。将远程教育终端站点学习、党建网络微信平台学习和贯彻落实“三会一课”制度，与深入学习贯彻中共十九大精神、推进“两学一做”学习教育常态化制度化以及“四讲四爱”主题教育有机结合，在全乡范围内大兴学习之风，坚持经常性教育和集中性教育相结合。全乡各支部全年共开展政策理论知识学习150次。深入开展“党员干部进村入户、结对认亲交朋友”和“在职党员到村报到服务”活动，安排机关支部在职党员29名结对认亲39户贫困户，自发地投入帮扶资金逾15000元，力所能及地帮助结对认亲户和报到村解决实际困难41个。以“不忘初心、牢记使命”主题教育和“四讲四爱”主题教育实践活动为抓手，以新旧西藏对比宣传教育为载体，以社会主义核心价值观为引领，引导群众实现共同价值追求，教育引导群众用心感恩党的关心关怀，珍惜来之不易的幸福生活，自觉做到感党恩、听党话、跟党走。全年组建宣讲团1个，宣讲员6名，开展宣讲60次，发放相关宣传资料1000份。坚持党务干部业务能力缺什么就开展党务骨干培训补什么的原则，开展党务干部培训班5期，重点培训乡党建办干部、各村选派党支部书记和优秀党员，全年培训31人次，重点加强了对基层组织建设、发展党员、

“三会一课”等方面的培训。按照发展党员“十六字方针”要求，以党内统计软件这一信息化手段把握发展党员的各个阶段，对发展党员进行精细管理，不断细化对发展党员工作的各个重要时间节点的把握能力，全年发展培养正式党员共23名。各党支部深入学习《中国共产党支部工作条例（试行）》，深刻认识到支部建设的重要意义，明确支部工作任务目标，不断推进支部规范化建设，严格落实“三会一课”、谈心谈话、组织生活会等组织生活制度，把全面从严治党要求落实到每个支部。坚持以市场为导向，不断加强对群众的宣传力度，开展扶贫开发政策、牧业实用技术等知识培训23次，受益群众510人次。加大“生态甘岩”微信公众号推广和使用力度，积极引导乡党员、干部、群众关注西藏党员教育App和共产党员、共青团中央、西藏共青团、西藏先锋、西藏组工、昌都党建、丁青党建等微信公众号，实现全乡95%以上党员关注党建微信，参与到网络党建知识学习中来。重点打造党员桌面化管理创新项目。机关支部投入支部规范化建设经费、结余党费共计40000元打造党员活动室。

【廉政建设】 2018年甘岩乡纪律检查委员会严格按照上级文件要求开展各项工作，乡纪委与全乡干部职工及村“两委”干部签订廉洁目标责任书66份。签订党风廉政目标责任书7份、党员干部廉洁承诺书66份。开展对乡政府重大事项的监督工作13场，使乡政府所有重大事件都公开透明。组织党员干部开展述职，听取5个行政村党支部书记的述职报告，开展惠农资金的监督兑现工作26场，确保每一项惠农资金都及时准确地兑现到农牧民手中。截至2018年底，甘岩乡召开专题部署会4次，集中学习党纪条规4场次，开展批评与自我批评1场，为党员干部发放《建立健全教育、制度监督并重的惩治和预防腐败体系实施纲要》、《中国共产党纪律处分条例》和《中国共产党党内监督条例》共54份。

【精准扶贫】 甘岩乡建档立卡户88户342人。截至2018年底，已脱贫户数76户317人，未脱贫户数低保户为12户25人，按照“量力而行、保障基本”原则，建档立卡贫困户人均住房建设面积不超过25平方米。甘岩乡易地扶贫搬迁58户256人（其中布堆村8户34人，甘岩村10户35人，卡崩村18户74人，色达村15户77人，岩堆村7户36人），实施贫困群众参与生态保护工程，让有劳动能力的贫困人口就地转成生态保护人员，实现生态脱贫一批目标。全乡生态岗位人员共708人，其中建档立卡户生态岗位160人（草原监督员46人，护林员66人，野保员25人，湿地保护监测员11人，地质灾害群防群策2人，城镇保洁和村级环境监督员2人，公路养护员6人，村级水管员2人），为充分发挥岗位能动作用，对岗位人员履行职责情况进行台账登记，确保做到岗位职责到户、到人，兑现2018年生态保护补助资金（生态脱贫转移就业资金）247.8万元。落实结对帮扶政策，每名帮扶干部为帮扶户送去帮扶物资并对帮扶户进行政策再宣讲及思想教育，结对帮扶慰问资金达37000余元。专门组织甘岩村及布堆村建档立卡户次仁曲宗、罗嘎学习养殖业技能培训，并使其承包已有的养猪场小型产业，通过运用所学技能带动养猪场增收效益。2018年，次仁曲宗分红4040元，罗嘎分红3500元，成功解决转移就业。

【产业及项目建设】 2018年，甘岩乡党委、政府大力发展种植、养殖业，开办实体经济，创造出一批甘岩特色的产业。色达村发展易地搬迁和灾后重建扶贫沙场，带动当地建档立卡户19户56人及周边89户564人增收，全年分红共计60万元，其中建档立卡户平均每人分得890元。岩堆村发展人工种草项目，示范带动岩堆村人工种草产业的发展，解决冬季牲畜的饲草料问题，促进当地经济发展，全年饲草料总产量为250吨，全村74户户均得3吨饲草料。在布堆村新建牦牛育肥基地，其中，新建牛棚764.46平方米，综合用房132.59平方米，隔离室74.14平方米，厕所29.50平方米，饲草仓库308.94平方米，配套建设厕所、围墙、大门、道路、水电工程、标示牌等，购置牦牛100头以及防疫药品、饲养工具等，项目建设总投资400万元，成立甘岩乡布堆村养殖畜牧业农牧民专业合作社，项目的建成实施，带动布堆村牦牛育肥产业的发展，解决部分当地群众就业问题，促进当地传统畜牧业向舍饲半舍饲养殖发展转变，缓解草畜压力，促进经济发展，维护社会长治久安，项目带动全村47户（其中建档立卡户10户16人）增收。为加强村级组织建设，优化村级组织条件，按照标准化建设要求，2018年甘岩乡2个行政村新建标准化村级组织活动场所，色达村活动场所建筑面积400平方米，卡崩村活动场所建筑面积400平方米。

【维护社会稳定】 始终坚持全天主要领导带班，全乡干部轮流值班模式。坚持24小时巡逻防控。加强应急处突演练，全乡组织各演练2次。乡党委、政府长期组成乡维稳督导领导小组，对辖区维稳进行督导检查，共督导20次。确保辖区的安全稳定。大力开展综治宣传工作，有效提高全民法治意识，已开展宣传活动105场次，受教育群众2350人，发放宣传资料20000份，综治宣传工作覆盖率达到100%。

【虫草采集管理】 全力开展虫草采集管理工作，营造良好虫草采集秩序，甘岩乡设卡检查，驻点工作组于每年4月27日提前进点开展工作。抽调23名乡干部，组成11个职能小组，2个临时党支部，2个临时警务站，进驻2个虫草采集点，采取分片包村、包户、包采集点等形式，全面开展该乡、跨乡3600名农牧民群众长达2个月的采集管理任务。始终坚持虫草采集管理“零距离”服务，共发放采集证副本1700份，“进入虫草采集点（大小车辆）通行证”100张，提供咨询服务900人次。开展“大排查、促整顿、强规范、深改革”活动，在采集期间，共排查调处矛盾纠纷12起。强化临时商铺管理，加大对产区临时小卖部、小餐馆的规范管理。强化食品卫生安全检查，严禁产区出售各种酒水和含酒精度饮料。

【人大工作】 依法召开甘岩乡十三届人民代表大会第四次会议，全乡29名代表，其中25代表出席大会。听取和审议乡政府工作报告和人大工作报告，提出建议批评意见案，会议共收到建议2条，内容涉及加强环境整治方面、乡村公路方面等问题，建议已经转交乡政府以及相关部门分别落实，并要求及时将办理情况向代表反馈。利用人大代表之家、代表小组每月开展一次接待选民或学习工作，进一步拉近代表与选民的关系，更好地履职增强本领。加强代表联系群众工作，了解民情民意，组织代表开展对全乡惠民资金发放情况、精准扶贫工作、社会矛盾纠纷排查调处工作、土地确权工作、普法宣传、法律法规贯彻落实情况问题走访调研，开展调研、视察7次。通过视察和调研活动，增进人大代表对乡情及政府各项工作开展情况的了解，有效地行使了代表的职责，进一步提高了人大代表参与管理和监督政府事务的能力。对政务和村务公开的监督工作，实行阳光操作、公开办事，把实行政务、村务和村级财务公开监督工作列入重要议事日程。加强代表对惠农政策的监督落实，对退耕还林补贴和草补、良种直补等资金的发放进行全程跟踪监督。改变机关服务态度，融洽干群关系，极大地调动农牧民群众植树护林和种粮的积极性。对民政部门的救济救灾钱物实行村民代表公开评定。

【农牧业】 甘岩乡属于纯牧业乡，甘岩乡牲畜品种主要有牦牛、羊、马等牲畜。2018年全乡牲畜存栏总数6340头（只、匹）（其中，牦牛5431头、犏牛266头、黄牛162头、马142匹、绵羊209只、山羊130只）。出栏2732头（只、匹）（其中，牦牛2607头、绵羊79只、山羊40只、马6匹）。新生仔畜成活率98.7%，成畜死亡率控制在1.3%，全年肉食总产量320.6253吨，其中牛肉315.071吨，绵羊肉5.1793吨，山羊肉0.375吨。牛奶酥油产量9.0322吨，羊奶酥油产量0.0787吨，奶渣产量8.635吨。牛绒产量2.0514吨，羊绒产量0.014吨。牛毛产量2.0057吨，山羊毛产量0.0205吨，绵羊毛产量0.0785吨。牦牛皮产量2607张，绵羊皮产量79张，山羊皮产量40张。按利用季节分，甘岩乡草场分为暖季草场区和冷季草场区及四季草场区。草场总面积38.64万亩，其中禁牧面积11.20万亩，草畜平衡面积27.44万亩。落实草原生态保护补助奖励机制，兑现草原生态保护补助奖励资金160.699万元。耕地总面积505.5亩，2018年农作物播种总面积242.5亩，种植元根、青稞、蔬菜等，其中青稞播种面积147.8亩，元根播种面积90亩，蔬菜播种面积4.7亩。青稞产量109.7吨，元根产量9.43吨，蔬菜产量0.6吨。药材采集方面，甘岩乡主要有冬虫夏草、贝母、知母和雪莲花等名贵药材，2018年药材的采集总产量651千克（其中冬虫夏草289.5千克、知母124.5千克、贝母204.5千克、雪莲花32.5千克）。为农牧民群众发放化肥38吨、加碘食盐1.295吨。畜禽防检疫工作，抓好高致病禽流感、牲畜口蹄疫和高致病性蓝耳病等重大动物疫病重点的防疫工作，上级规定的重大疫病免疫率达到100%。

【生态保护】 2018年，甘岩乡结合精准扶贫工作对具备劳动能力和有意愿的建档立卡贫困人口和边缘贫困人口就地转成护林员、草原监督员、水管员等生态保护人员708人（建档立卡户生态岗位160人），生态管护人员定期在自己管辖的区域进行值班巡山，开展生态保护和修复工作，组织生态岗位人员巡河、巡山22次，参与人数600人次。甘岩乡人民政府组织农牧民群众开展环境保护知识宣讲10场，受教育群众3800人次，成立河长制领导小组，乡党委书记为组长，乡党委副书记、乡长为副组长，对辖区内的汝曲河进行分片管理，对辖区内的环境卫生，乡党委、政府同党员干部签订承诺书，把责任落实到人头。组织对乡、村领导干部开展环保培训2场，受教育群众2260人次。制订化肥等的科学使用计划，倡导良好的生活习惯，推广农村环境保洁，实行农村生活垃圾袋装，确保道路、河道清洁，转变农牧民生产和生活方式。抓好虫草采集点环境整治工作，研究制定《甘岩乡虫草采集点环境整治工作实施方案》，引导群众在指定地点搭建帐篷和停放车辆，严格采集工具使用标准，分类存放垃圾，对乱挖草皮、乱砍滥伐行为进行严肃查处。设立临时垃圾存放点3处。开展虫草采集点垃圾清理，清理垃圾5次，参与人数600人次，清理垃圾25吨。开展辖区内道路环境卫生整治13次，参与人数2300人次，清理垃圾8.5吨。2018年，干部、农牧民义务植树6000株。

【教育事业】 甘岩乡中心小学，以培养德、智、体、美全面发展为培养目标。以师德为核心开展教育，努力使学生达到讲、写、算、创、教、用、作、弹、唱、跳、画、练十二项基本功必要水平。教职工19人，其中，中级教师2人，员级4人，在校学生232人，7个班级。2018年，甘岩乡中心校开展教师队伍素质提升培训8次，培训16人次，提升教师教案编制、教学设计和试卷设计能力。以“控辍保学”为重点，采取有效措施控制中小学辍学数量，义务教育阶段学生上学率100%，学前教育完成率99%、到中学就读率达到100%。落实“三包”政策资金，受益学生达100%。按照教学大纲，甘岩乡中心小学配备电子琴20台，卫星接收器1套，学校教室全部为钢筋水泥结构楼房。甘岩乡中心小学占地面积约为23000平方米，建筑面积3383平方米，校内有幼儿园、体操场、电教室等。

【文化事业】　2018年，甘岩乡已建成5个行政村的文化室，甘岩乡健全文化机制后，甘岩乡5个行政村配齐包括书籍、书架、电脑、碎纸机、电视、影响设备等。利用藏历新年、“3·28”西藏百万农奴解放纪念日、五四青年节等节庆日组织干部职工与群众开展包括集体锅庄、个人演唱、舞蹈等文体活动8场，进一步改善农家书屋的管理和使用方法，书籍阅读达1367人次，同比增长13.91%。以农牧民党员远程教育站点建设契机，进一步加大农牧民文化活动室建设力度，组织农牧民开展文艺活动，丰富农牧民群众文化生活，以内强素质、外树形象为目标，在全乡广泛开展环境卫生集中整治活动和“共铸诚信”活动，积极动员广大干部群众参与社会捐助，爱心助残，送温暖献爱心道德实践活动，营造良好的社会氛围。

【医疗卫生】　截至2018年底，全乡总人口2372人，参加新型合作医疗2372人，参加新型医疗合作率100%。村卫生室接待门诊人数1230人次，同比增长23%，乡卫生院接待门诊人数756人次，同比增长26%。完成家庭医生签约服务400户，其中建档立卡户90户，0~6岁儿童预防接种率达96.6%。开展包虫病筛查工作15次，筛查群众2372人次。通过与县卫生局、县医院等部门的对接联系，开展“五下乡”送医疗活动5次，为群众免费发放价值5000元的药物，发放宣传手册1600份，为群众免费体检10次，参与人数1798人次。为分担建档立卡户支付不起医疗费用问题，县卫生局出台重大疾病医疗费用垫支惠民政策，全乡共有3户建档立卡享受贫困人员重大疾病医疗费用垫支政策，及时解决看病难问题。

【社会保障】　推动全民参保，完成新型农村社会养老保险1297人参保登记。全乡纳入最低生活保障对象29户87人，落实政策保障制定，兑现最低生活保障资金21.303万元，定向补助3.537万元。开展房屋检查，对危房户和无房户进行易地搬迁安置和加固维修。2018年，甘岩乡党委、政府到丁青县集中供养中心，看望集中供养五保户，并送去被褥、被毯、枕头等价值2000元生活用品及1500元的慰问金。

嘎塔乡

【概况】　嘎塔乡位于丁青县西北部，南与甘岩乡交界，西与巴达乡交界，北与那曲地区巴青县雅安镇交界。全乡平均海拔4800米左右，地形地貌特征为高原，水资源充沛，气候条件为亚寒带针叶林气候，年温差小，日温差大，空气稀薄，日照充足。年均日照时间2650.5小时，年平均气温2.55℃，最高气温25.5℃，最低气温-31℃，最大冻土层达125厘米，最大风速达55米/秒。年均降水量600毫米，气候表现出明显的季节性和高寒性特征。主要山川有念青唐古拉山脉东段和横断山脉西段，主要产物虫草、贝母、藏药材等。距丁青县城135千米，辖相扎、贡日、江塔、嘎塔、果东5个村委会，12个村民小组，79个自然组。行政区域面积为243平方千米，主要以牧业为主。草场总面积为61690公顷，林地面积37860公顷。国家级保护动物有马鹿、雪豹、狼等，已探明矿产资源有水晶石、铜、铅、锡等，主要旅游景点有藏区著名的苯教神山——布加岗日和藏东地区面积最小深度最深的拥措卡湖。特色产品有酥油、酸奶、牦牛肉等。

【经济发展】 2018年完成生产总值8302万元，同比增长8.1%，其中第一产业完成2179万元，同比增长6.1%；第二产业完成2276万元，同比增长0.4%；第三产业完成3847万元，同比增长14.5%。全社会固定资产投资1496万元，完成邮政业务总量1200份，完成电信业务总量670户。固定电话用户470户，使用率67%；移动电话用户613户，使用率87%；互联网用户67户。社会消费品零售总额1706万元。全年农村居民人均纯收入14370元，实现城乡再就业37人，参加基本养老保险1019人，城乡职工参加基本养老保险73人。参加新型农村合作医疗4637人，参合率100%。全乡共721户4637人。行政区域面积243平方千米。草场总面积为61690公顷，林地面积37860公顷。全乡劳动力3887人，其中男性2092人，女性1795人。全乡禁牧面积有13.96万亩。全乡牲畜存栏有22901头，道路交通实现基本覆盖，通路里程98千米。

【教育事业】 全乡中心小学教职员工共15名，全日制本科老师3人，通过继续再教育取得专升本学历的老师3人，其余均为全日制大专学历。总占地面积14132平方米，教辅用房33间占地2393平方米，学生宿舍28间500平方米，食堂610平方米，校舍建筑总面积3873平方米，运动场1740平方米。全乡适龄儿童入学率达到98.3%，同比增长7.6%，小学毕业率达98.5%，同比增长22.5%，初中毕业率达到91.5%，同比增长26.2%，实现小学教育阶段住校生“三包”政策，受益学生达100%。

【卫生事业】 嘎塔乡卫生院新建立于2018年，全院业务用房面积2000多平方米，其中建筑面积为1800多平方米。在岗职工11人，其中本科学历5人、大专学历2人、中专学历3人、小学学历1人，医院以藏西医结合看病，设床位15张。全乡参加新型医疗合作率高达100%。门诊人数达3758人次，同比增长14.25%，家庭账户核销金为34.08万元，在校学生用药免收金达2.12万元，实际收取药品费用0.495万元。院住62人次，总费用金额达37.2万元，按照规定从新农合完成报销90%，住院分娩27人。全乡每个村均配备了1名驱虫人员，包虫病患者共102人，药物治疗（包括术后服药）102人，已完成手术9人，筛查率达97.4%。全年完成家庭医生签约服务210户，建档1780人，高血压、地方病（大骨节病）等慢性病管理122人，健康教育3次，受益群众达2600人。0～6岁儿童预防接种率达97.3%，建立儿童保健83册、孕产妇健康管理建册120本，中医及藏医方式管理753人、重型精神病管理2人、结核病健康管理19人，免费提供避孕药具40人。

【集体经济】 基于嘎塔乡海拔高、区位和交通条件的制约，一般来说很难发展第二、三产业，经过该乡党委、政府反复论证，从实际出发，在嘎塔村成立了人工生态种草饲草基地合作社，前期投资200余万元，计划种草5000余亩。该项目带动嘎塔村150人受益，此项目的实施可以为畜牧业生产提供优质的饲草料，有效的改善生态环境，减轻冬春季节性缺草状况。

【项目建设】　按照“做好规划、完善功能、彰显特色、加强管理”建设思路，积极推进新型城乡化建设进程，全力推进灾后重建安置点和易地搬迁建设，规划细致，施工科学。集中安置点的饮水前期管道铺设、蓄水池建设工作已完成，供电工程也正在积极施工，各类附属建设工程也正在有序的进行。灾后重建安置点和易地搬迁的建成，进一步拉大了集乡建设框架，提升了集乡承载能力，完善了集乡服务功能。

【精准扶贫】　全乡生态岗位共1181人，其中建档立卡328人，非建档立卡853人，按照每人每年3000元支付报酬，在很大程度上解决了贫困户的收入，发挥了剩余劳动力的价值。组建运输队，建立砖厂、砂石厂，安置了闲散劳动力就业，有效遏制了砂石资源私自买卖，私自盗采现象，推动了该乡基础建设和民生工程建设，加快全乡贫困群众的脱贫步伐。

【法治建设】　认真组织并建立了严格的监督机制，提高了基层民主法制建设的水平，积极搞好社会治安综合治理，深入开展“两学一做”学习教育实践活动，大力清除社会丑恶现象，全乡社会风气和治安状况明显好转。认真抓好基层调研工作，有力地维护了全乡社会稳定、政治安定的良好局面。进一步完善了村干部考核管理办法，规范和强化对村干部的考核与管理。

木塔乡

【概况】　木塔乡位于丁青县西北方向距县城167千米，东北部与青海省杂多县相邻，东南部与布塔乡接壤，南部与嘎塔乡相连，西部与那曲地区巴青县相接，全乡总面积为3100平方千米，平均海拔4500米。木塔乡气候严寒，乡政府驻羊塔村，年平均气温为3℃，资料记载最高气温为10℃，最低气温为-35℃，最大冻土层达200厘米，年均降水量为700毫米，均为牧业户。辖区内草原广阔，旱雨季分明。木塔乡下辖2个行政村，5个村民小组，49个自然村，291户，总人口1854人，其中劳动力916人。木塔乡以畜牧业为主，畜牧业包括牦牛、黄牛、绵羊、马等畜种，还有药用植物，部分为稀有名贵药材，如虫草、知母、雪莲花、贝母等。国家级野生保护动物有鹿、狼、豹、金猫等，特色产品有风干牛肉、酸奶、酥油等。全乡共有拉龙寺和央杂青寺2座寺庙，均信奉苯教。全乡有正式干部38人（其中副科级以上干部9人，普通干部24人，公益性5人）。

【基层党建】　全乡共有3个党支部，乡机关支部、羊塔村支部、木塔村支部，党员总共有110人，其中农牧民党员80人。木塔乡党委认真贯彻落实中共十九大精神，深入学习习近平总书记系列重要讲话精神，以“两学一做”学习教育常态化为牵引，以建立落实党委工作责任制为抓手，加强基层党组织及党员干部队伍建设为重点，紧紧围绕乡党委、政府中心工作，进一步加强党建工作的深入融合，努力提高党的建设科学文化水平，不断增强各级党组织的创造力、凝聚力和战斗力。2018年开展中共十九大集中学习宣讲28次，参加学习人数为2968人次，制作粘贴宣传标语38条。开展“两学一做”学习教育主题当日活动25场次。受教育党员达1650人次，完成党费收缴4101元。开展“党员大讲堂”12次、“书记讲党课”8次，采取以领导干部带头讲党课、专题讲座、专题研讨等多种方式，持续推动学习常态化。

在精准扶贫中，木塔乡党委以“党建促扶贫、扶贫带党建”为抓手，采取选用结合的方式，乡党委、政府实施“增强观念意识，抓增收”的增收计划，切实解决贫困户中依然存在的“等、靠、要”思想。实施“村级干部提升素质工程”，对全乡12名村“两委”干部及组长进行“充电”，通过学习和教育引导，转变思想观念，增强村级组织发展经济，促进群众增收意识。选准派强驻村干部，建强脱贫攻坚队伍，选派第一书记2名，支部副书记、村主任助理等驻村干部8名。建立健全工作体系，确保工作能落实，开展“一对一、一对多”结对帮扶活动，形成全覆盖、整联动、群参与、共管理的党建帮扶工作格局。机制跟进，建强基层组织，转化提升软弱涣散党组织，筑牢脱贫攻坚保障，为打赢脱贫攻坚战全面建成小康木塔乡提供坚强组织保障。

【廉政建设】 2018年，木塔乡以党风廉政建设为抓手，落实全面从严治党要求，认真落实“两个责任”追究制度，进一步加大落实力度，层层约谈，推动各级党组织和党员干部以身作则，层层传导压力，组织签订党风廉政建设目标责任书，将责任分解落实到位。开展“两个责任”专项监督检查，确保责任落实到位。深化党风廉政教育，切实增强党员干部自律意识。以深化党风廉政教育作为党风廉政建设和反腐败工作的重点日常工作，常抓不懈，坚持教育为先，预防为主，进一步强化党风廉政宣传工作力度。利用党风廉政宣传月活动，开展廉洁教育学习，观看教育片，营造廉洁文化氛围。把党风廉政建设责任制的落实与木塔乡各项工作紧密结合起来，一起部署、一起落实、一起检查、一起考核，形成“一岗双责”的工作格局。对辖区内违纪违规现象认真梳理，坚持有案必查，共查处信访案件1起，接待群众来访25次，加强检查和监督，通过问责和约谈，起到警示教育效果。组织召开专题会议、安排部署会7次，建立健全各项廉政工作规章制度，开展党风廉政、反腐倡廉学习6期，认真组织传达、学习党的廉政工作会议精神等13次。开展党支部“三会一课”活动40次。通过学习，统一思想，提高认识，进一步改进机关作风、增强服务意识，提高乡干部整体素质，有力地推动木塔乡各项工作的开展。

【经济发展】 2018年，木塔乡农村经济总收入3545.4万元，比2017年增长0.7%，全年农牧民人均收入14730元，比2017年增长0.4%。完成木塔乡至木塔村的乡村公路改扩建工程42千米的基础工作，完成投资2000多万元。总投资为11万元的羊塔村垃圾集中堆放点已建成投入使用，建筑面积为489平方米。投资18万元的羊塔村综合办公楼已建成投入使用，占地面积306平方米。总投资500万元的木塔乡牦牛育肥基地已基本建成，项目总投资115万元，占地面积1330平方米。新建木塔乡羊塔村幼儿园，项目总投资190万元，占地面积1200平方米，年底可投入使用。第一产业收入2140.13万元，第三产业收入1379.37万元。

【精准扶贫】 木塔乡推进基础工作、统筹政策保障、落实扶贫项目等方面下功夫，多措并举帮助贫困户增加收入，确保全面小康不落下一户。凝聚攻坚合力，发挥群众主体作用，激励广大群众用自己的勤劳和智慧建设美好家园，创造幸福生活。发动社会力量共同帮扶，形成上下联动、左右协调、多方参与的工作局面，积极落实攻坚方案和分年度脱贫计划，在巩固以前脱贫成果的基础上，2018年完成脱贫任务2户10人，实施易地搬迁22户100人，未脱贫3户14人，脱贫人口均达到“两不愁三保障”的目的。城镇保洁员和村级环境监督员2人、护林员65人、野生动物疫病监测员3人、湿地生态管护员3人、草原生态保护员55人、水生态保护和村级水管员7人、农村公路养护10人、旅游厕所保洁员2人。木塔乡党委、政府以“体现乡域特点、符合政策要求、群众得实惠”的项目作为“做强村集体经济、助推群众致富”的通道，完成羊塔村琼贡仓藏药材收购站合作社项目任务，总投资115万元，新建厂房260平方米，主要对纯天然、无公害的雪莲花、藏红花、贝母、知母等多品种药材加工，带动12户20名贫困人口，试行运营期间，人均纯收入增长达到3500元。羊塔村致富带头人（丁青县益珠建筑有限公司）农牧民施工队为木塔乡提供10多个就业岗位，2018年，每人增收4300~6500元，促进加快木塔乡扶贫攻坚步伐，属能人带动项目。

【教育事业】 2018年木塔乡小学在校学生185人，学前育儿园62人，教职工23人（其中专任教师14人、支教1人、代课教师2人、炊事员3人、驾驶员1人、生活老师1人、安保人员1人）。截至年底，学前儿童年入园率达到98%，中小学升学率、入学率均达到99.8%，教师队伍得到进一步加强，学校管理更加规范，“三包”政策全部得到落实，校园周边环境综合治理工作成效明显，教育事业蓬勃发展，办学条件不断改善。

【人大工作】 2018年，木塔乡有人大代表30名，其中市级人大代表1名，县级人大代表3名，乡级人大代表26名。全乡有人大之家1个，人大代表小组1个，全年乡人大开展工作主要包括召开人民代表大会、组织人大代表集中学习、征求群众工作意见建议、审议乡（村）规民约、听取乡（村）工作汇报。组织全乡人大代表集中学习5次，切实提高代表们的理论水平。木塔乡组织人大代表开展维稳、精准扶贫、“两学一做”学习教育、中共十九大精神、宪法等学习活动64次，发放宣传资料2450份，制作宣传牌12个。积极组织人大代表15人视察乡易地搬迁2个点34户，代表们详细了解建筑使用的钢筋大小、水泥比例等，认真督促易地搬迁工程建设进度及质量。召开专题会议听取木塔乡政府、村委会工作汇报及个人述职报告。视察木塔乡中心校、乡卫生院日常工作8次。

2018年木塔乡人大主席团以习近平新时代中国特色社会主义思想为指导，深入学习贯彻中共十九大精神，创新人大工作思路，切实履行宪法和法律赋予的职责，树立科学发展观，紧紧围绕乡党委工作部署，突出改革、发展、稳定大局和人民群众密切关注的热点难点问题，依法履行职责，保证乡十三届人大一次会议各项决议的落实，促进全乡经济和社会各项事业的全面发展。乡人大主席团通过开展调研、座谈等方式加强代表联系群众工作，了解民情民意。组织人大代表开展对政务和村务公开的监督工作，实行公开办事，把政务、村务和村级财务公开监督工作列入重要议事日程。

【农牧业】 2018年末，牲畜清点存栏10396头（只、匹），出栏1231头（只、匹）。木塔乡草场承包面积35186.74公顷、禁牧面积10106.67公顷、草畜平衡面积2508.07公顷，发放草补资金1316655.32元。签订草原补助奖励机制目标责任书、草原监督员合同书。木塔乡防疫站（农推办）有兽医5名，负责牲畜农保审核基础数据、牲畜疫苗注射、各类牲畜疾病预防和突发疾病防治工作等，开展牲畜疫情检查44次，覆盖2个村民小组，完成疫苗注射6542剂。乡兽医每月定期开展对犬类和家畜驱虫，做到家犬登记、挂牌工作达到99.8%以上。规范驱虫率达到99.8%以上。在屠宰季期间，组织乡兽医对屠宰地进行屠宰检疫和消毒处理，对病变脏器进行无害化处理。木塔乡草场大多分布在高原平面上，坡度在20°

以下，分为春放牧草场、秋放牧草场和非季节性放牧草场。非季节性放牧草场主要分布在农区，为春季牲畜饲料主要来源。

【医疗卫生】 2018年木塔乡卫生院专门成立防各种疾病医疗巡回队，2018年深入各村居宣讲防各种疾病宣讲12次，受益人数达1526人次，开展对高血压患者入户上门健康咨询、知识宣讲、检测血压等多种活动8次，发放宣传家庭医生手册258份，签订家庭医生服务协议书258份。通过各种宣传活动，有效营造了家喻户晓的宣传氛围，为之后的医疗卫生工作奠定了良好的基础。截至年底，新型农村合作医疗参保人数289户，1709人，覆盖率达到99.9%。已领取新型农村社会养老保险128人。新型农村社会养老保险参保参合人数759人，同比上年增长2.15%。对全乡辖区内的1709人进行包虫病筛查，经筛查，确诊12名包虫病患者，已初步形成医疗预防保健网络。截至年底，参加新型合作医疗1774人，参合率98.9%。木塔乡贫困户医疗救助24人，其中大病2人、慢病10人、患病12人。

【纪委工作】 2018年，木塔乡纪律监察委员会严格履行“一岗双责”的要求，加强政策法规宣传，加强中共十九大精神的学习宣传，开展主题教育活动18次，深入贯彻落实中央八项规定，加强中央反对“四风”、厉行节约反对铺张浪费等条例的宣传教育工作，发放各类宣传画报手册等共计300份。广泛开展“谈心促和谐，凝心谋发展”和《中国共产党党员领导干部廉洁从政若干准则》、《中国共产党纪律处分条例》专题学习活动，累计开展专题学习和党课6次，教育全乡党员干部，厉戒群众反映强烈的形式主义、官僚主义、享乐主义和奢靡之风，以身作则，带领群众出实策，鼓实劲，办实事，不图虚名，不务虚功，大力整治庸懒散奢等不良风气。扎实开展廉政文化活动，按照要求年初制定木塔乡廉政文化活动实施方案，结合木塔乡实际积极开展“以廉政为荣、以贪为耻”为主题宣传教育活动。受教育人数达500人次。全年主持召开纪委专题会议4次，会议听取反腐倡廉建设情况汇报。党政领导班子成员上廉政党课6次，开展党风廉政教育。

【维护稳定】 2018年，木塔乡围绕平安乡建设的要求，开展法制宣传25次，农牧民群众的维稳意识显著增强，主动上交易燃易爆物品。开展安全生产检查12次，消除隐患9起，加强“双联户”教育管理，对30个“双联户”户长进行专项培训7次，参加人数210人。采用“摸底、帮扶、稳控”相结合的工作方法，与时俱进，开辟创新，狠抓落实，狠抓木塔乡的维护社会稳定和社会治安综合治理工作，切实履行“保一方稳定，促一方发展”的政治责任。木塔乡于4月16日召开扫黑除恶专项斗争动员大会，8月3日再次召开了推进大会。木塔乡以村为单位，宣传发动群众，做到人人皆知，紧紧围绕重点问题，动员社会各界力量分门别类、深挖细查，全方位、多领域排查掌握涉黑涉恶线索，确保做到排查“不留死角、全面见底”。

【精神文明建设】 2018年，木塔乡以“两学一做”学习教育常态化制度化为契机，以宣讲“四讲四爱”，喜迎中共十九届二中、三中全会为载体，将打造厚德农村建设融入精神文明建设内容，结合“一村一品”创建，让宜居宜乐同步“易地搬迁”，普惠广大群众，打造全乡农村精神文明建设新“靓”点。逐步完善宣传栏、农家书屋、文化室等农村精神文明建设阵地，认真组织学习习近平总书记系列重要讲话精神、中共十九大精神、村规民约、健康常识等内容。

开展“五大讲堂”12次，组建3个“四讲四爱”宣讲团进学校、寺庙、村组、虫草点宣讲15次，向受众人群发放宣传单1000份，受教育人数达3860人次，街道两侧张贴宣传标语40条，悬挂横幅8条，张贴展板3个，宣讲覆盖率达98%。组织党员干部理论学习20次，撰写心得体会230篇。组建80人的党员联防队、党员先锋队，确保各项维稳工作顺利开展，避免农牧民群众的生命财产损失，锤炼党员党性和党员意志，发挥党员先锋模范作用。

【社会保障】 2018年，经木塔乡社会事务办调查核实，全乡低保户有36户154人，兑现最低生活保障资金232120元；五保户9户9人，按照五保集中供养5120元/人标准，兑现五保供养资金46080元。残疾人员符合享受政策的“两项补贴”一级和二级每人补贴1980元，三级和四级补贴660元，木塔乡兑现资金共计102000万元。木塔乡参加电气焊、川菜藏餐技术、摩托车维修、厨师等劳动技能培训。据统计，木塔乡高龄老人和经济困难及失能老人（高龄老人4人、失能老人6人）每人发放600元，总共发放金额6000元。“三老”人员生活补助37657.2元、各项扶贫资金等村干部绩效工资1810404.65元。全面完成全民参保统计及系统录入工作，录入参保系统4125人。

【生态保护】 木塔乡始终坚持“经济建设与环境同步规划、同步实施、同步发展，实现经济效益、社会效益和环境效益相统一”方针，以农村环境综合治理活动为契机，以创建“生态村”为抓手，以河长制全面推行行为重点，全面推行河长制。加强宣传引导，提高居民保护水环境意识，结合“6·5”世界环境日活动，发放宣传手册328份，张贴环保标语14条，悬挂横幅17条。建立每月巡河工作机制，加强生态建设任务监督。制定完成《木塔乡“河长制”管理实施方案》，加强河道污染预防整治，截至年底，已完成河道整治。开展环境综合整治13次，全面整治“脏、乱、差”的乡村环境，2018年，实行村级保洁和河道清理相结合，以村为单位落实责任区城，搞好源头管理，把河道水面保洁工作纳入常态化和精细化管理。易地搬迁安置点共计栽种松树230棵。

【特色产业】 为解决家庭增收和转移就业问题，木塔乡探索出一条“符合实际、群众增收”之路，达到“农牧增收、农业增效”的目的。利用资源优势，2018年木塔乡琼仓药材收购站年收入达172500元，提供就业岗位12户、23人，年均收入达到7500元。努力调查市场前景，加大投资力度，积极争取政府扶贫产业投资，扩大经营范围，带动当地农牧民致富，逐步发展现代化牧业生产模式，适应现代市场经济，为木塔的经济社会和长治久安服务。

【安全生产】 2018年结合木塔乡实际全面实施开展安全生产大检查，对道路交通安全大检查5次，共出动全乡人员62人次，车辆检查112辆次，摩托车检查450辆次，积极开展交通安全集中整治行动，查处各类交通违法15起。加大对超载超速超员、酒驾和疲劳驾驶等违法违规行为的教育和处罚力度。全乡全面负责教学用房、学生宿舍、学生食堂等安全检查排查12次，每月定期检查1次，发现问题及时整改。严格学生作息制度，实行校内24小时巡逻制度。在虫草采挖期间联合乡派出所对辖区各餐馆、小商铺、群众住宿帐篷及采挖点群众进行安全生产宣传教育27次，受益人数达9874人次，累计发放宣传册2770份，张贴标语25条。对羊塔村境内的两座矿山进行安全生产隐患排查12次，每月定期检查1次。切实加大乡干道、农村公路的隐患排查治理力度，开展对急弯陡坡、连续下坡、临水临崖、桥梁隧道等重点路段的安全隐患治理12次。

布塔乡

【概况】 布塔乡地处丁青县北部，离县城140多千米，平均海拔4500米，纯属牧业乡，东西长约50千米，南北宽约80千米，最远的日然村与乡政府之间有65千米，全乡总面积1704平方千米，草场面积1392290亩（冬季草场面积117540亩，夏季草场面积1274750亩），耕地面积约600亩（分布在色扎乡境内）。东边与青海省杂多县、囊谦县接壤，南边与色扎乡相接。西边与嘎塔乡、甘岩乡相连，北边与木塔乡接壤。布塔乡境内药草资源十分丰富，有虫草、贝母、知母、雪莲花、大黄等，国家级野生保护动物有棕熊、狗熊、雪豹、雪猪、盘羊、猞猁、獐子、马鸡、马鹿、鹿、狐狸、藏野驴、狼等。2018年，完成生产总值400万元，全社会固定资产投资1200万元，互联网用户356户。社会消费品零售总额1456.3万元。年末城乡居民储蓄存款余额35742元。全年农村居民人均纯收入13600.4元，实现城镇就业再就业13人，城镇登记失业率0.03%。参加新型农村合作医疗3260人，参合率85%。参加新型农村养老保险687人，已领取养老保险待遇149人。城镇居民中有247人得到政府最低生活保障金。布塔乡下辖2个行政村，布塔村和日塔村，8个村民小组，32个自然村，总户数524数户，总人口3260人（其中布塔村有222户，1380人，日塔村有302户，1880人），全乡2018年有正式干部62人（其中副科级以上干部16人，普通干部46人），公益性9人（卫生院3人、乡驾驶员2人、厨师1人、学校3人）。全乡有5个党支部（乡机关党支部、布塔村党支部、日塔村党支部、中心校党支部、寺庙管委会党支部），党员有123人，其中农牧民95人，干部党员20人，党员教师8人。寺庙管委会1个，布达堆编内10人、编外9人，昂宗寺编内17人、编外10人，布久寺无编制，2018年有尼姑40人。

【农牧业】 截至2018年底，该乡农村经济总收入4221.7万余元，其中虫草收入为2890万余元，牧业收入为781.7万余元，其他收入550万余元，人均收入为12950元。全乡畜牧总数13214头（只，匹）（其中牦牛11374头、羊1545只、马295匹）。为把草原补助工作落到实处，乡上严格按照文件要求，确定专人进行入户人口摸底，对有户无人、有人无户、在农村长期居住的城镇人口等工作做认真的摸底调查，做到村不漏户、户不漏人。经统计，全乡有牧户522户，为全乡农牧民群众兑现草原生态补助资金4986144.96元，并在各村进行为期7天的公示。根据各村划定面积，针对各村草原边界不清、分布不均和住户分散等问题，通过召开群众座谈会、走访入户、实地勘察等方式，充分尊重群众意见，按照“就近分配”的原则进行分配。各村积极组织开展划定工作，以村为单位，摸清各村草原现实分布情况、界限、类型、利用条件，将重要放牧地、重要生态功能的草原等划定为基本草原，并实行最严格的保护，确保草原面积基本稳定、用途始终不变。在划定基本草原的基础上，依据“权属明确、管理规范、长期不变”的原则。共签订草原目标责任书1566份（每户一式三份）。

【人大建设】 布塔乡人大主席团认真履职、调研、准备报告，参加县十三届人大常委会第五次会议。认真履行监督职能，切实增强监督实效，不断强化工作监督，紧紧把握社会发展稳定中的重大问题和关系群众切身利益的热点难问题，就精准扶贫、产业发展、易地搬迁、惠民资金兑现等工作进行调研、视察10次。认真听取和审查乡政府半年工作报告、全年工作报告，修改完善村规民约1条。加强代表联系群众工作，了解民情民意。组织人大代表开展对政务和村务公开的监督工作，实行阳光操作、公开办事，把实行政务、村务和村级财务公开监督工作列入重要议事日程。

【党建】 布塔乡党委以突出党组织设置规范化、领导班子配备规范化、基层党组织运行规范化、村级活动场所建设规范化、党建示范点创建规范化、党建工作责任落实规范化"六个规范化建设"，圆满完成村居党小组组建、村规民约制定、村委会新建、优秀村党支部评选、村干部及党员素质提升培训、党员发展、基层党组书记抓党建项目化管理、党组书记抓党建工作定期述职工作等，同时，深入开展"两学一做"学习教育和感党恩教育，以自治区第九次党代会精神和十九大精神宣讲为重点，大力开展学习宣传活动，联合县级包乡领导、县直领导部门、驻村工作队、村"两委"班子成员、双联户户长、组长先后组织集中学习中共十九大精神14次，开展宣讲座谈会32次，发放宣传手册5326册。为准确把握中共十九大精神的实质内涵，切实将中共十九大报告精神弄通做实，布塔乡党委、政府结合"两学一做"学习教育、"三会一课"、党员干部上党课和主题党日活动，先后开展座谈会5次，党日活动4次，结合中共十九大精神上党课3次，营造浓厚的氛围，并积极通过微信公众号等新媒体发布图文信息、学习素材，不断拓宽学习渠道。党建工作与美丽乡村建设有效融合，扎实抓好党建促脱贫工作，开展党建促脱贫培训3次，参与培训115人次，始终坚持把组织资源转化为发展资源，把组织优势转化为发展动力，进一步强化基层领导班子、干部队伍、基层组织和党员队伍建设，为布塔乡经济社会发展提供强大支撑和组织保障。

【廉政建设】 2018年，布塔乡党委把党风廉政建设工作列入布塔乡年度工作的重要议事日程，乡机关、村（居）建立健全党风廉政建设领导小组，成立专门机构，确定专门人员。专门组织党员干部学习各项规章制度并收看党内法规、警示教育片等9场次。通过学习，使全体党员干部更加坚定理想信念，工作作风有很大转变。每半年召开一次民主生活会，大家积极发言，深刻剖析，对照检查，认真开展批评和自我批评，同时签订《党风廉政建设承诺书》42份。在干部作风集中教育整顿中，布塔乡紧紧结合党风廉政建设工作，对个人的思想政治表现、工作情况、廉洁从政、作风建设等进行解剖和总结，自查自纠，剖析自己存在的不足，并提出改进措施，写出深刻的整风自查自纠总结，达到统一思想，改进作风，团结战斗，共谋发展的目的。乡党委、政府与各村（居）签订目标责任书，形成层层有目标、级级有责任的责任制体系。明确乡党委是责任主体，党政一把手是第一责任人。

【换届】 严格按照上级部门的要求和《布塔乡第九届村（居）组织换届选举工作方案》来执行，在上级督导检查组的领导及布塔乡党委、政府的高度重视下，各村党支部、驻村工作队的全力协助下，布塔乡两个村居按照既定的人事安排，均以高票支持率当选，实现组织意图、群众愿望。全乡两个行政村分别在2017年9月11日、12日召开党员大会和村民大会，并举行村党支部、村委会、村务监督委员会换届选举工作，选举中25名候选人全部以99.9%的高得票率通过选举。善于处理矛盾纠纷问题，带领群众脱贫致富，关键时刻勇于担当，为今后推进全乡经济快速发展和长治久安提供坚强组织保证。全村党员共47人，农牧民党员47人。在全村共8名村组织班子成员中，正式党员8名，占成员总数的100%，其中村党组书记和主任是正式党员的有2个村，占村总数的100%。村配备40岁及以下干部2名，分别占村总数的100%，占成员村（居）总数的25%，最大年龄63岁，最小年龄29岁。具有初中及以上文化程度的8名，占成员总数的100%。村党组书记和村委会主任具有初中及以上文化程度的村1个、占村总数的50%。村配备有1名妇女干部，占成员总数的12.5%，占村总数的50%。少数民族干部8名，占成员总数的100%。继续提名的人选6名，占成员总数的75%。新提名的人选2名，占成员总数的25%。在全村总共8名村（居）组织班子成员中，致富带头人2人、占成员总数的25%。技术能手1人，占成员总数的12.5%。优秀“双联户”4人，占成员总数的50%。2018年乡党委按照上级党委要求，认真落实“三会一课”等各项党建规章制度，大力开展“三创三强”等活动，显现支部的活力，提升党支部的号召力。加大理论学习力度，在布塔乡每周三下午的学习中增加学习习近平总书记系列重要讲话精神，继续推进“两学一做”学习教育常态化建设，学习贯彻中共十九大精神，布塔乡全体党员干部要充分发挥好学习示范带动作用，通过学习中共十九大报告，逐字逐句学习中共十九大报告等学习内容，确保党员干部先学一步、学深一层。党员干部集中学习、集中讨论中共十九大会议精神10次，撰写心得体会达4.5万字，在群众中宣讲达13场次，受教群众达3213人次。布塔乡党委按照成熟一个发展一个的原则，2018年共发展党员6人，培养积极分子3人。以“建设学习型党组织”为契机，乡党委先后制定和完善相关制度并狠抓落实，培训干部16人，培训农牧民党员112人次，提升党员干部队伍整体素质。积极开展“三老人员”、困难群体慰问活动，累计发放慰问物资、资金共1.5万元，兑现干部补贴9084元。

【教育事业】 布塔乡有中心小学、附属幼儿园和教学点各1所，2018年正式教师16人（1人休假），全校有6个教学班，在校生226名，住校生170名，其中一年级39名，二年级40名，三年级53名，四年级40名，五年级23名，六年级31名，附属幼儿园一个学前班11名。日塔村幼儿园一个教学班，在校生4名。布塔乡中心校深入开展精准扶贫帮扶各项活动，主要是对后进生给予生活上的帮助和学习上的辅导、思想上的教育。对校残疾儿童开展送教上门活动，捐送学习用品和生活用品折合人民币3000元。截至2018年底，全乡适龄儿童入学率达到98%，同比增长25%。小学毕业率达96%，同比增长19%，初中毕业率达到87.3%，同比增长12.6%，实现小学教育阶段住校生“三包”政策受益学生达100%。

【文化宣传】 布塔乡党委、政府以“3·28”西藏百万农奴解放纪念日为契机，大兴丰富多彩的文艺活动欢庆西藏百万农奴解放纪念日，见证西藏新旧对比。为喜迎中共十九大胜利召开，深入推进“讲党恩爱核心，讲团结爱祖国，讲贡献爱家园，讲文明爱生活”喜迎党的十九大主题教育实践活动胜利召开，布塔乡党委、政府高度重视此项工作，先后召开专题会议2次，成立宣讲领导小组，深入到2个行政村、2座寺庙、乡小学宣讲次数达23次，开展卫生大扫除主题实践活动5次、组织演讲比赛1次、知识竞赛1次，并以5月、6月为契机，布塔乡虫草上山蹲点工作组先后组织农牧民群众宣讲10次。在中共十九大召开后，成立以乡党委书记索朗达瓦为组长的十九大精神宣讲团，宣讲团划分2个小分队，分别由乡党委班子带队，先后深入辖区内2个行政村、2座寺庙、1个乡中心小学大力宣讲中共十九大精神共计35次，受众面超过3668人，宣讲效果十分显著。

【医疗卫生】 布塔乡全面落实新型农牧民合作医疗政策，截至2018年底，布塔乡参加新型医疗合作率高达99.9%，门诊人数达2653人次，同比增长11.2%，家庭账户核销金为27.63万元，在校学生用药免收金达27235.12元，实际收取药品费5360元。住院76人次，总费用金额达10.53万元，按照规定新农合报销96%。住院分娩人数40人。截至年底，完成家庭医生签约服务322户，建档1021人，高血压、地方病（大骨节病）等慢性病管理564人，健康教育3次，受益群众达547人。0~6岁儿童预防接种率达95%，建立儿童保健208册、孕产妇管理建册157本，中医及藏医方式管理326人、重型精神病管理3人、结核病健康管理3人，免费提供避孕药具65人、糖尿病管理1人。

【生态保护】 继续大力发展生态补偿转移就业工作，2018年完成落实生态岗位92人，包括草场监督员、护林人员、湿地保洁员、养路工人、野生动物保护员、村级环境监督员等9种生态岗位。年初在全乡范围内开展“保护青山绿水、冰天雪地”志愿签名活动，共90余人参加并签名。乡党委、政府确立每周五为布塔乡生态环保日，展开整治污染源等一系列环保举措，现场监督项目建设对环境破坏情况，全年种植树苗566株，开展大小环境整治数达65次。全面推行河湖长制工作，布塔乡成立以乡党委书记为组长的河湖长制工作领导小组，并且设立乡级总河长、河长，制定全面的布塔乡河湖长制工作实施方案，对境内12条河流明确责任，制作标识牌，从加强水资源保护、加强河湖水域岸线管理保护、加强水污染防治、加强水环境治理、加强水生态修复、加强执法监管等六方面全面提升整个水域环境质量。

【维护稳定】 布塔乡召开维护稳定方面专题部署会议10场次，问题处置洽谈会5次，与各村、各单位及个人签订目标责任书20份。借助开展强基惠民活动有利时机，扎实开展“七五”普法工作，形成学法、知法、守法、用法的良好社会氛围，全年开展法治宣讲工作30场次，发放宣传资料1500余份，受益群众达3012人次，针对青少年入户一对一教育引导10人次。加强矛盾纠纷排查调处工作，全年化解家庭纠纷23起、草场纠纷5起、虫草资源纠纷39起。不断加大对安全生产工作检查力度，全年累计开展道路安全排查13次，整改13次，食品安全卫生检查10次，销毁过期食品150千克。全乡范围内分别成立护村队2个32人、护校队1个10人等联防队伍，认真落实好值班备勤工作，特别注重三月重要时期和中华人民共和国成立70周年期间的社会面管控，参与治安巡逻90人，巡逻30场次，有效防止重大涉稳案件的发生。

【项目建设】 截至年底，布塔乡至丁青县公路全部完成铺设柏油路，总长140千米。11月25日，易地扶贫搬迁布塔村安置点总共25套房全部完成建设，并在12月8日完成交房入住。为加强村级组织建设，优化村级组织条件，在县委、县政府的大力支持下，按照标准化建设要求。

【精准扶贫】 截至2018年底，全乡共有建档立卡贫困户116户、398人，约占全乡总人口的1.67%。生态岗位总计583个，其中建档立卡159个（布塔村92个、日塔村67个）。有社会兜底保障人员41人，低保人数260人（其中低保A类10人、低保B类16人、低保C类234人），五保户15人。全乡易地扶贫搬迁2018年开工建设共150户（其中建档立卡36户），包括布塔村搬迁点109户（其中易地搬迁20户）、日塔村搬迁点41户（其中易地搬迁16户）。切实加大贫困群众就业技能培训力度，开展养殖技术培训、摩托车维修、厨师等技能培训6期，培训群众96人，实现就业52人。开展宣传教育13次，受教育群众1256人次。全乡160户建档立卡户的帮扶责任人帮扶任务全部到位。依托“一村一品”工程，以畜牧业、藏药资源为基础，积极申报产业项目，完成“藏药材收购站”总投资115万元，已交付使用。项目启用将带动贫困户66户74人，实现贫困户人均增收3000元/年。“牦牛短期育肥”项目总投资400万元，2018年8月交付使用。项目启用后年产值为70万元，除去还款、管理工资、其他费用40万元，贫困户分红30万元，效益会逐年上升，能够解决54名贫困人员的脱贫致富。人工种草项目（农牧项目），2018年试验性种植草皮300亩，效益良好亩产草量400~500千克鲜草，群众满意度相当高，直接受益8户群众，解决牲畜饲草问题、牲畜冬肥春瘦问题、土地沙化等问题，全乡实现劳动力就业转移，布塔村建档立卡户中，环境监督员4人，养护员5人，护林员30人，水生态员8人，湿地保护员5人，野保员14人，草原监督员24人。日塔村建档立卡户，厕所保洁员3人，养护员9人，护林员14人，草原监督保员17人，湿地保护员4人，野保员4人，水生态员9人，环境保护员7人。加强教育宣传，确保适龄子女的入学率。2018年建档立卡学生在册220名，其中，布塔村123名，日塔91名，入学率为97.3%，其余6名因病因残或其他原因无法入学，在校生214名，教育工作取得了良好的成绩。

【特色产业】 2018年初，布塔乡党委、政府通过实地考察及评估，制定相应的帮扶措施，2018年10月1日，正式成立赞加仓药材有限责任公司，并已申报完成扶贫资金115万元，用于厂房扩建、购买原材料、加大批量生产力度，带动更多贫困群众脱贫，项目完成全部建设任务，于2018年10月正式开始投运营。与建档立卡户14户签订就业合同，解决建档立卡户14户23人就业问题。

附　录

领导名录

2018年丁青县在职领导名单一览表

表3

单位	序号	姓名	职称或职务	性别	民族	任现职时间	级别（职级）	备注
县委办	1	晋　美	县委书记	男	藏	2015年2月至2018年12月	正县	
	2	王春雷	县委委员、常委、副书记、常务副县长（正县级）	男	汉	2018年9月至2018年12月	正县	第八批援藏干部
	3	王　亮	县委副书记、政法委书记、公安局党委书记、局长兼督察长	男	藏	2014年10月至2018年12月	副县	
	4	魏永海	县委委员、常委兼县委办主任	男	汉	2016年6月至2018年12月	副县	
	5	严　焰	县委常委、组织部部长兼党校校长	男	汉	2017年4月至2018年12月	副县	
	6	高木全	县委常委、纪委书记、监委主任	男	汉	2018年1月至2018年12月	副县	
	7	仁增巴登	县委委员、常委、宣传部部长	男	藏	2016年7月至2018年12月	副县	
人大	8	巴桑次仁	县委委员、常委、人大常委会主任	男	藏	2016年6月至2018年12月	正县	
	9	古金容	副主任	女	汉	2012年7月至2018年12月	副县	
	10	张耀晖	副主任兼组织部常务副部长	男	汉	2016年4月至2018年12月	副县	
	11	张玉科	副主任	男	汉	2016年6月至2018年12月	副县	
	12	宝　邓	副主任	男	藏	2016年6月至2018年12月	副县	

续表3

单位	序号	姓名	职称或职务	性别	民族	任现职时间	级别（职级）	备注
政府	13	罗广前	县委副书记、政府县长	男	汉	2015年4月至2018年12月	正县	
	14	旺加顿珠	县委委员、常委、政府常务副县长	男	藏	2016年6月至2018年12月	副县	
	15	彭辉平	县委常委、政府副县长	男	汉	2016年7月至2018年12月	副县	
	16	王　伟	县委常委、政府副县长	男	汉	2016年7月至2018年12月	副县	
	17	孙　劲	丁青县常委、政府副县长	男	汉	2016年7月至2018年12月	副县	第八批援藏干部
	18	许铁林	丁青县副县长（正县级）	男	汉	2018年9月至2018年12月	正县	第八批援藏干部
	19	多布杰	政府副县长	男	藏	2016年4月至2018年12月	副县	
	20	洛松达瓦	政府副县长兼政法委委员	男	藏	2017年4月至2018年12月	副县	
	21	四郎尼玛	政府副县长	男	藏	2016年6月至2018年12月	副县	
	22	提宝泽仁	政府副县长	男	藏	2016年6月至2018年12月	副县	
政协	23	四郎尼玛	县委常委、统战部部长、政协主席	男	藏	2018年4月至2018年12月	正县	
	24	平　措	县政协副主席兼统战部常务副部长	男	藏	2016年10月至2018年12月	副县	
	25	陈显国	政协副主席	男	汉	2016年4月至2018年12月	副县	
	26	美郎江村	政协副主席	男	藏	2016年4月至2018年12月	副县	
	27	尼　呷	政协副主席	男	藏	2016年4月至2018年12月	副县（活佛）	
法院	28	卓　玛	院长	女	藏	2017年4月至2018年12月	副县	
检察院	29	宋雨锋	检察长兼政法委委员	男	汉	2016年6月至2018年12月	副县	
公安局	30	邓增格来	公安局党委委员、布塔乡一级公安检查站站长	男	藏	2016年6月至2018年12月	副县	

续表3

单位	序号	姓名	职称或职务	性别	民族	任现职时间	级别（职级）	备注
金卡寺（党恩乡）	31	泽仁平措	党委书记、主任	男	藏	2017年12月至2018年12月	正县	
	32	党阿次仁	党委委员、副主任兼绒塘寺管委会主任	男	藏	2012年12月至2018年12月	副县（工人）	
	33	其美多吉	金卡寺管委会党委委员、副主任兼党恩乡党委书记	男	藏	2017年12月至2018年12月	副县	
孜珠寺（沙贡乡）	34	洛　　加	党委书记	男	藏	2017年12月至2018年12月	正县	离岗休养
	35	加　　律	党委副书记、主任	男	藏	2017年12月至2018年12月	正县	
	36	李 忠 武	党委委员、副主任	男	汉	2014年10月至2018年12月	副县	
	37	洛布格吉	党委委员、副主任	男	藏	2017年12月至2018年12月	副县	
丁青寺（丁青镇）	38	冯　　健	党委书记、主任	男	汉	2016年6月至2018年12月	正县	
	39	贡秋泽仁	党委副书记、副主任	男	藏	2013年6月至2018年12月	副县	
	40	泽旺尼玛	党委委员、副主任	男	藏	2017年12月至2018年12月	副县	
强宗寺（桑多乡）	41	扎西达瓦	党委书记、主任（片区长）	男	藏	2017年12月至2018年12月	正县	
	42	唐 来 先	党委委员、副主任	男	汉	2017年12月至2018年12月	副县	
	43	黄 建 军	党委委员、副主任	男	汉	2017年12月至2018年12月	副县	
拉妥寺（沙贡乡）	44	斯 郎 达	党委书记、主任	男	藏	2017年12月至2018年12月	正县	
	45	达　　琼	党委委员、副主任	男	藏	2018年9月至2018年12月	副县	
郭吉寺（丁青镇）	46	扎 西 达	党总支书记、主任	男	藏	2017年12月至2018年12月	副县	
查仲寺（尺牍镇）	47	尼玛旺拉	党总支书记、主任	男	藏	2014年10月至2018年12月	副县	
	48	泽旺罗布	查仲寺管委会党总支副书记、副主任兼尺牍镇党委书记	男	藏	2017年12月至2018年12月	副县	

续表3

单位	序号	姓名	职称或职务	性别	民族	任现职时间	级别（职级）	备注
拥忠巴日寺（协雄乡）	49	尼玛扎巴	党总支副书记、副主任	男	藏	2014年10月至2018年12月	副县	
	50	樊 光 强	党总支副书记、副主任	男	汉	2017年12月至2018年12月	副县	
岗乃寺（协雄乡）	51	扎西顿珠	党总支书记、主任	男	藏	2011年11月至2018年12月	副县	离岗休养
	52	罗　　文	党总支书记、主任	男	汉	2017年1月至2018年12月	副县	
	53	拉巴顿珠	党总支副书记、副主任	男	藏	2017年12月至2018年12月	副县	
迪果寺（桑多乡）	54	嘎德泽旺	党总支书记、主任	男	藏	2016年6月至2018年12月	副县	
	55	邹 新 国	党总支副书记、副主任	男	汉	2017年12月至2018年12月	副县	
根沙寺（沙贡乡）	56	文 忠 伦	党总支副书记、副主任	男	仡佬	2014年10月至2018年12月	副县	
	57	布　　琼	党总支副书记、副主任	男	藏	2017年12月至2018年12月	副县	
扎西林寺（色扎乡）	58	罗　　布	党总支书记、主任	男	藏	2014年10月至2018年12月	副县	
	59	杨 万 辉	党总支副书记、副主任	男	汉	2014年10月至2018年12月	副县	

援藏干部名录

2018年丁青县援藏干部一览表

表4

序号	单位	姓名	性别	民族	籍贯	职称或职务	任职时间
1	丁青县委	王 春 雷	男	汉	天津	丁青县委委员、常委、副书记、常务副县长（正县级）	2016年7月至2018年12月
2	丁青县委	孙　　劲	男	汉	湖北武汉	丁青县常委、政府副县长	2016年7月至2018年12月
3	丁青县委	许 铁 林	男	汉	河北玉田	丁青县副县长（正县级）	2016年7月至2018年12月

续表4

序号	单位	姓名	性别	民族	籍贯	职称或职务	任职时间
4	丁青县人民医院	温少利	男	汉	天津市	主治医师	2018年3月至2018年12月
5	丁青县人民医院	王丽霞	女	汉	山东	主治医师	2018年3月至2018年12月
6	丁青县中学	罗力文	男	汉	湖南娄底	一级教师	2018年3月至2018年12月
7	丁青县中学	李亚娟	女	汉	天津武清	一级教师	2018年3月至2018年12月
8	丁青县中学	王春雨	男	汉	天津武清	一级教师	2018年3月至2018年12月
9	丁青县中学	刘　勇	男	汉	天津静海	一级教师	2018年3月至2018年12月
10	丁青县中学	孟庆利	男	汉	天津宝坻	一级教师	2018年3月至2018年12月
11	丁青县中学	石　静	女	汉	河北河间	一级教师	2018年3月至2018年12月
12	丁青县中学	张鹏飞	男	汉	河南郑州	二级教师	2018年3月至2018年12月
13	丁青县中学	尹春华	男	汉	天津北辰	一级教师	2018年3月至2018年12月

荣　誉

2018年丁青县委组织部获集体荣誉情况表

表5

荣誉级别	荣誉称号
市级	2018年度，丁青县委组织部荣获昌都市2018年组织编制信息工作先进集体荣誉称号
	2018年度，丁青县委组织部荣获昌都市2018年党内统计工作优良报表单位荣誉称号
	2018年度，丁青县委组织部荣获昌都市2018年组织编制系统调研报告一等奖
	2018年度，丁青县委组织部荣获昌都市2018年组织编制系统调研报告组织奖荣誉称号
	2018年度，丁青县委组织部荣获昌都市2018年组织编制系统调研报告三等奖

2018年丁青县荣获国家级、自治区级、市级表彰的先进集体一览表

表6

获奖单位	获奖名称	表彰时间	等级
丁青县人民检察院	“全国检察机关第三届微电影专题片等新媒体作品征集展播活动”专题片类优秀作品奖	2018年	国家级

续表6

获奖单位	获奖名称	表彰时间	等级
丁青县人民法院	全国优秀法院	2018年	国家级
丁青县信访局	信访工作“三无”县（市、区）	2018年	国家级
西藏甘语仓特色农产品开发有限责任公司	央视网商城优选品牌	2018年	国家级
中共丁青县委统战部	昂宗寺管委会、根沙寺管委会获自治区优秀管委会	2018年	自治区级
中共丁青县委统战部	根沙寺、拥忠巴日寺获得自治区和谐模范寺庙	2018年	自治区级
丁青县妇女联合会	妇女儿童发展规划先进集体	2018年	自治区级
丁青县妇女联合会	实施西藏自治区妇女儿童发展规划自治区级示范县	2018年	自治区级
丁青县民族宗教事务局	丁青县藏医院获民族团结模范集体	2018年	自治区级
共青团丁青县委员会	2018年度西藏自治区青年志愿服务项目大赛暨志愿服务交流会“银奖”	2018年	自治区级
昂宗寺管委会	全区“遵行四条标准 争做先进僧尼”教育实践活动自治区级优秀组织单位	2018年	自治区级
拥忠巴日寺管委会	全区“遵行四条标准 争做先进僧尼”教育实践活动自治区级优秀组织单位	2018年	自治区级
中共丁青县委组织部	昌都市2018年组织编制信息工作先进集体	2018年	市级
中共丁青县委组织部	昌都市2018年党内统计工作优良报表单位	2018年	市级
中共丁青县委组织部	昌都市2018年组织编制系统调研报告一等奖	2018年	市级
中共丁青县委组织部	昌都市2018年组织编制系统调研报告组织奖	2018年	市级
中共丁青县委组织部	昌都市2018年组织编制系统调研报告三等奖	2018年	市级
中共丁青县委统战部	崩寺管委会、拉妥寺管委、拥忠巴日寺管委会、觉寺管委会、昂宗寺管委会获市级优秀管委会	2018年	市级
中共丁青县委统战部	根沙寺、拉妥寺、拥忠巴日寺、丁青寺、昂宗寺获市级和谐模范寺庙	2018年	市级
丁青县人民检察院	2018年度昌都市检察机关“县级基层检察院” 第三名	2018年	市级
丁青县水利局	昌都市水利工程项目前期工作先进	2018年	市级
丁青县供电有限公司	2018年度，国网昌都公司“优秀经营管理者”	2018年	市级
丁青县电信局	2018年度专营厅店业务发展优胜奖	2018年	市级

续表6

获奖单位	获奖名称	表彰时间	等级
丁青县电信局	2018年度入网质量管控最佳单位	2018年	市级
丁青县电信局	最佳云网突破团队第二名	2019年	市级
丁青县电信局	2018年度最佳农村渠道管理奖	2018年	市级
丁青县电信局	宽带业务规模突破先进单位第三名	2019年	市级
丁青县电信局	2019年度四级网络运营管理优秀奖	2019年	市级
丁青县电信局	2019年度四小优秀管理单位	2019年	市级
丁青县电信局	2018年度融合业务发展销售先进单位	2018年	市级
丁青县电信局	融合业务发展销售先进单位第一名	2019年	市级
丁青县电信局	2019年度专营厅店业务发展优胜奖	2019年	市级
丁青县民族宗教事务局	丁青县扶贫办获民族团结模范集体	2018年	市级
丁青县人民法院	三八红旗集体	2018年	市级
丁青县妇女联合会	妇女儿童发展规划先进集体	2018年	市级
丁青县妇女联合会	妇联系统目标考核责任制二等奖	2018年	市级
丁青县消防大队	昌都市消防支队2018年度优秀基层单位	2018年	市级
西藏甘语仓特色农产品开发有限责任公司	昌都市脱贫攻坚先进集体	2018年	市级
西藏甘语仓特色农产品开发有限责任公司	优秀参展企业	2018年	市级
丁青县岗翁布商贸有限责任公司	昌都市第四届三江茶马文化艺术节特色产品展销会优秀民族手工艺奖	2018年	市级
丁青县岗翁布商贸有限责任公司	“卓卓康巴传奇昌都”诚信单位	2018年	市级
西藏奇迹商贸有限公司	昌都市“百企帮百村”精准扶贫行动先进企业	2018年	市级
中共丁青县委办公室	2018年度乡市委报送信息“先进集体”	2018年	市级
金卡寺管委会	全区“遵行四条标准 争做先进僧尼”教育实践活动昌都市级优秀组织单位	2018年	市级
强宗寺管委会	全区“遵行四条标准 争做先进僧尼”教育实践活动昌都市级优秀组织单位	2018年	市级

续表6

获奖单位	获奖名称	表彰时间	等级
昂宗寺管委会	全区“遵行四条标准 争做先进僧尼”教育实践活动昌都市级优秀组织单位	2018年	市级
拥忠巴日寺管委会	全区“遵行四条标准 争做先进僧尼”教育实践活动昌都市级优秀组织单位	2018年	市级
觉寺管委会	全区“遵行四条标准 争做先进僧尼”教育实践活动昌都市级优秀组织单位	2018年	市级
拉妥寺管委会	全区“遵行四条标准 争做先进僧尼”教育实践活动昌都市级优秀组织单位	2018年	市级
拥忠巴日寺管委会	全区“遵行四条标准 争做先进僧尼”教育实践活动昌都市级优秀组织单位	2018年	市级
觉寺管委会	全区“遵行四条标准 争做先进僧尼”教育实践活动昌都市级优秀组织单位	2018年	市级
昂宗寺管委会	全区“遵行四条标准 争做先进僧尼”教育实践活动昌都市级优秀组织单位	2018年	市级
崩寺管委会	全区“遵行四条标准 争做先进僧尼”教育实践活动昌都市级优秀组织单位	2018年	市级

2018年丁青县荣获国家级、自治区级、市级表彰的先进个人一览表

表7

姓名	工作单位	获奖名称	表彰时间	等级
向巴邓珠	中共丁青县委办公室	《难忘的机要岁月》先进事迹宣传片荣获“优秀奖”	2018年	国家级
贡布多加	西藏甘语仓特色农产品开发有限责任公司	“第十一届中国青年企业家协会会员”	2018年	国家级
贡布多加	西藏甘语仓特色农产品开发有限责任公司	“中国青年创业导师”	2018年	国家级
向巴邓珠	中共丁青县委办公室	《难忘的机要岁月》先进事迹宣传片荣获“一等奖”	2018年	自治区级
查珠次仁	中共丁青县委统战部	自治区优秀寺管干部	2018年	自治区级
扎西次登	中共丁青县委统战部	自治区优秀寺管干部	2018年	自治区级
格桑土旦	中共丁青县委统战部	自治区优秀寺管干部	2018年	自治区级

续表7

姓名	工作单位	获奖名称	表彰时间	等级
阿旺巴登	中共丁青县委统战部	自治区优秀寺管干部	2018年	自治区级
泽仁拉宗	协雄乡朗通村幼儿园	西藏自治区级师德标兵	2018年	自治区级
牛红广	丁青县中学	教师教学技能大练兵自治区级教学能手	2018年	自治区级
仁增曲珍	丁青县小学	教师教学技能大练兵自治区级教学能手	2018年	自治区级
罗广前	丁青县民族宗教事务局	民族团结先进个人	2018年	自治区级
杨兴国	丁青县气象局	2018年中国技能大赛—西藏自治区气象行业第三届县级综合气象业务技能竞赛	2018年	自治区级
杨兴国	丁青县气象局	西藏自治区气象行业技术能手	2018年	自治区级
米玛旺堆	丁青县气象局	2018年度全区气象装备技术保障业务优秀个人	2018年	自治区级
米玛旺堆	丁青县气象局	第1期西藏自治区基层气象服务及防灾减灾能力培训班“优秀学员”	2018年	自治区级
嘎玛尼松	拉妥寺	2018年“遵行四条标准 争做先进僧尼”优秀僧尼	2018年	自治区级
夏加	拉妥寺	2018年“遵行四条标准 争做先进僧尼”优秀僧尼	2018年	自治区级
嘎玛索巴	拉妥寺	“遵行四条标准 争做先进僧尼”优秀僧尼	2018年	自治区级
觉阿	拉妥寺	“遵行四条标准 争做先进僧尼”优秀僧尼	2018年	自治区级
扎西罗布	拉妥寺	“遵行四条标准 争做先进僧尼”优秀僧尼	2018年	自治区级
决仁	拉妥寺	“遵行四条标准 争做先进僧尼”优秀僧尼	2018年	自治区级
阿旺伟色	拉妥寺	“遵行四条标准 争做先进僧尼”优秀僧尼	2018年	自治区级
玉加	拉妥寺	“遵行四条标准 争做先进僧尼”优秀僧尼	2018年	自治区级
嘎玛洛珠	拉妥寺	“遵行四条标准 争做先进僧尼”优秀僧尼	2018年	自治区级

续表7

姓名	工作单位	获奖名称	表彰时间	等级
嘎玛登达	拉妥寺	“遵行四条标准 争做先进僧尼”优秀僧尼	2018年	自治区级
扎西平措	拉妥寺	“遵行四条标准 争做先进僧尼”优秀僧尼	2018年	自治区级
阿　娘	拉妥寺	“遵行四条标准 争做先进僧尼”优秀僧尼	2018年	自治区级
嘎玛次仁（大）	拉妥寺	“遵行四条标准 争做先进僧尼”优秀僧尼	2018年	自治区级
曲加然热吉	拉妥寺	“遵行四条标准 争做先进僧尼”优秀僧尼	2018年	自治区级
停秋然吉	拉妥寺	“遵行四条标准 争做先进僧尼”优秀僧尼	2018年	自治区级
索南尼玛	拉妥寺	“遵行四条标准 争做先进僧尼”优秀僧尼	2018年	自治区级
阿珠次仁	拉妥寺	“遵行四条标准 争做先进僧尼”优秀僧尼	2018年	自治区级
其美次塔	拉妥寺	“遵行四条标准 争做先进僧尼”优秀僧尼	2018年	自治区级
饿　珠	拉妥寺	“遵行四条标准 争做先进僧尼”优秀僧尼	2018年	自治区级
桑　登	拉妥寺	“遵行四条标准 争做先进僧尼”优秀僧尼	2018年	自治区级
扎西贡布	拉妥寺	“遵行四条标准 争做先进僧尼”优秀僧尼	2018年	自治区级
嘎　亚	拉妥寺	“遵行四条标准 争做先进僧尼”优秀僧尼	2018年	自治区级
嘎玛次仁（小）	拉妥寺	“遵行四条标准 争做先进僧尼”优秀僧尼	2018年	自治区级
罗松扎西	拉妥寺	“遵行四条标准 争做先进僧尼”优秀僧尼	2018年	自治区级
四郎次旺	拉妥寺	“遵行四条标准 争做先进僧尼”优秀僧尼	2018年	自治区级
吴金次加	拉妥寺	“遵行四条标准 争做先进僧尼”优秀僧尼	2018年	自治区级

续表7

姓名	工作单位	获奖名称	表彰时间	等级
嘎玛加松	拉妥寺	“遵行四条标准 争做先进僧尼”优秀僧尼	2018年	自治区级
次旺罗布	根沙寺	2018年下半年荣获“遵行四条标准 争做先进僧尼”优秀僧尼	2018年下半年	自治区级
扎西绕嘎	根沙寺	2018年下半年荣获“遵行四条标准 争做先进僧尼”优秀僧尼	2018年下半年	自治区级
扎　西	根沙寺	2018年下半年荣获“遵行四条标准 争做先进僧尼”优秀僧尼	2018年下半年	自治区级
扎西贡彭	根沙寺	2018年下半年荣获“遵行四条标准 争做先进僧尼”优秀僧尼	2018年下半年	自治区级
扎西多杰	根沙寺	2018年下半年荣获“遵行四条标准 争做先进僧尼”优秀僧尼	2018年下半年	自治区级
扎西巴旦	根沙寺	2018年下半年荣获“遵行四条标准 争做先进僧尼”优秀僧尼	2018年下半年	自治区级
向　巴	根沙寺	2018年下半年荣获“遵行四条标准 争做先进僧尼”优秀僧尼	2018年下半年	自治区级
向巴巴旦	根沙寺	2018年下半年荣获“遵行四条标准 争做先进僧尼”优秀僧尼	2018年下半年	自治区级
罗松旦达	根沙寺	2018年下半年荣获“遵行四条标准 争做先进僧尼”优秀僧尼	2018年下半年	自治区级
四郎多加	根沙寺	2018年下半年荣获“遵行四条标准 争做先进僧尼”优秀僧尼	2018年下半年	自治区级
索　多	根沙寺	2018年下半年荣获“遵行四条标准 争做先进僧尼”优秀僧尼	2018年下半年	自治区级
罗松益西	根沙寺	2018年下半年荣获“遵行四条标准 争做先进僧尼”优秀僧尼	2018年下半年	自治区级
洛桑次仁	根沙寺	2018年下半年荣获“遵行四条标准 争做先进僧尼”优秀僧尼	2018年下半年	自治区级
洛　松	根沙寺	2018年下半年荣获“遵行四条标准 争做先进僧尼”优秀僧尼	2018年下半年	自治区级
罗松年扎	根沙寺	2018年下半年荣获“遵行四条标准 争做先进僧尼”优秀僧尼	2018年下半年	自治区级
罗　松	根沙寺	2018年下半年荣获“遵行四条标准 争做先进僧尼”优秀僧尼	2018年下半年	自治区级

续表7

姓名	工作单位	获奖名称	表彰时间	等级
罗　嘎	根沙寺	2018年下半年荣获“遵行四条标准 争做先进僧尼”优秀僧尼	2018年下半年	自治区级
加增旺堆	根沙寺	2018年下半年荣获“遵行四条标准 争做先进僧尼”优秀僧尼	2018年下半年	自治区级
丁　增	根沙寺	2018年下半年荣获“遵行四条标准 争做先进僧尼”优秀僧尼	2018年下半年	自治区级
达　曲	根沙寺	2018年下半年荣获“遵行四条标准 争做先进僧尼”优秀僧尼	2018年下半年	自治区级
次仁多吉	根沙寺	2018年下半年荣获“遵行四条标准 争做先进僧尼”优秀僧尼	2018年下半年	自治区级
罗松顿旦	根沙寺	2018年下半年荣获“遵行四条标准 争做先进僧尼”优秀僧尼	2018年下半年	自治区级
布　布	根沙寺	2018年下半年荣获“遵行四条标准 争做先进僧尼”优秀僧尼	2018年下半年	自治区级
嘎　拉	根沙寺	2018年下半年荣获“遵行四条标准 争做先进僧尼”优秀僧尼	2018年下半年	自治区级
米　玛	根沙寺	2018年下半年荣获“遵行四条标准 争做先进僧尼”优秀僧尼	2018年下半年	自治区级
罗松尊追	根沙寺	2018年下半年荣获“遵行四条标准 争做先进僧尼”优秀僧尼	2018年下半年	自治区级
其美次旺	根沙寺	2018年下半年荣获“遵行四条标准 争做先进僧尼”优秀僧尼	2018年下半年	自治区级
洛桑索郎	根沙寺	2018年下半年荣获“遵行四条标准 争做先进僧尼”优秀僧尼	2018年下半年	自治区级
查珠次仁	卡崩寺特派机构科员	全区“遵行四条标准 争做先进僧尼”教育实践活动自治区级优秀驻寺单位	2018年下半年	自治区级
扎西次登	郭吉寺管委会科员	全区“遵行四条标准 争做先进僧尼”教育实践活动自治区级优秀驻寺单位	2018年下半年	自治区级
阿旺巴登	嘎来寺管委会科员	全区“遵行四条标准 争做先进僧尼”教育实践活动自治区级优秀驻寺单位	2018年下半年	自治区级
格桑土旦	布达堆寺特派机构科员	全区“遵行四条标准 争做先进僧尼”教育实践活动自治区级优秀驻寺单位	2018年下半年	自治区级
伟色金巴	丁青寺僧尼	“遵行四条标准 争做先进僧尼”	2018年下半年	自治区级

续表7

姓名	工作单位	获奖名称	表彰时间	等级
其美永忠	丁青寺僧尼	“遵行四条标准 争做先进僧尼”	2018年下半年	自治区级
次成永忠	丁青寺僧尼	“遵行四条标准 争做先进僧尼”	2018年下半年	自治区级
洛珠旺措	丁青寺僧尼	“遵行四条标准 争做先进僧尼”	2018年下半年	自治区级
丁　巴	丁青寺僧尼	“遵行四条标准 争做先进僧尼”	2018年下半年	自治区级
次成仁青	丁青寺僧尼	“遵行四条标准 争做先进僧尼”	2018年下半年	自治区级
藏秋巴登	丁青寺僧尼	“遵行四条标准 争做先进僧尼”	2018年下半年	自治区级
尺美罗布	丁青寺僧尼	“遵行四条标准 争做先进僧尼”	2018年下半年	自治区级
次成罗追	丁青寺僧尼	“遵行四条标准 争做先进僧尼”	2018年下半年	自治区级
泽旺朗加	丁青寺僧尼	“遵行四条标准 争做先进僧尼”	2018年下半年	自治区级
次旺朗卡	丁青寺僧尼	“遵行四条标准 争做先进僧尼”	2018年下半年	自治区级
次旺旺扎	丁青寺僧尼	“遵行四条标准 争做先进僧尼”	2018年下半年	自治区级
次旺扎西	丁青寺僧尼	“遵行四条标准 争做先进僧尼”	2018年下半年	自治区级
登巴珠扎	丁青寺僧尼	“遵行四条标准 争做先进僧尼”	2018年下半年	自治区级
嘎松玉加	丁青寺僧尼	“遵行四条标准 争做先进僧尼”	2018年下半年	自治区级
普美次成	丁青寺僧尼	“遵行四条标准 争做先进僧尼”	2018年下半年	自治区级
来美塔庆	丁青寺僧尼	“遵行四条标准 争做先进僧尼”	2018年下半年	自治区级
朗达德增	丁青寺僧尼	“遵行四条标准 争做先进僧尼”	2018年下半年	自治区级
罗　布	丁青寺僧尼	“遵行四条标准 争做先进僧尼”	2018年下半年	自治区级
罗布罗松	丁青寺僧尼	“遵行四条标准 争做先进僧尼”	2018年下半年	自治区级
罗珠平措	丁青寺僧尼	“遵行四条标准 争做先进僧尼”	2018年下半年	自治区级
洛珠热赛	丁青寺僧尼	“遵行四条标准 争做先进僧尼”	2018年下半年	自治区级
洛追久美	丁青寺僧尼	“遵行四条标准 争做先进僧尼”	2018年下半年	自治区级
洛追觉尼	丁青寺僧尼	“遵行四条标准 争做先进僧尼”	2018年下半年	自治区级
洛追平措	丁青寺僧尼	“遵行四条标准 争做先进僧尼”	2018年下半年	自治区级
美朗热杰	丁青寺僧尼	“遵行四条标准 争做先进僧尼”	2018年下半年	自治区级
南达伟色	丁青寺僧尼	“遵行四条标准 争做先进僧尼”	2018年下半年	自治区级
西热伟色	丁青寺僧尼	“遵行四条标准 争做先进僧尼”	2018年下半年	自治区级

续表7

姓名	工作单位	获奖名称	表彰时间	等级
益西泽仁	丁青寺僧尼	"遵行四条标准 争做先进僧尼"	2018年下半年	自治区级
扎西尼玛	丁青寺僧尼	"遵行四条标准 争做先进僧尼"	2018年下半年	自治区级
直美次成	丁青寺僧尼	"遵行四条标准 争做先进僧尼"	2018年下半年	自治区级
加　瓦	丁青寺僧尼	"遵行四条标准 争做先进僧尼"	2018年下半年	自治区级
珠　色	丁青寺僧尼	"遵行四条标准 争做先进僧尼"	2018年下半年	自治区级
贡　加	拥忠巴日寺僧尼	"遵行四条标准 争做先进僧尼"	2018年下半年	自治区级
次成塔孜	拥忠巴日寺僧尼	"遵行四条标准 争做先进僧尼"	2018年下半年	自治区级
邓增扎巴	拥忠巴日寺僧尼	"遵行四条标准 争做先进僧尼"	2018年下半年	自治区级
拥忠次成	拥忠巴日寺僧尼	"遵行四条标准 争做先进僧尼"	2018年下半年	自治区级
索朗次成	拥忠巴日寺僧尼	"遵行四条标准 争做先进僧尼"	2018年下半年	自治区级
尊追平措	拥忠巴日寺僧尼	"遵行四条标准 争做先进僧尼"	2018年下半年	自治区级
崔成拥忠	拥忠巴日寺僧尼	"遵行四条标准 争做先进僧尼"	2018年下半年	自治区级
次成巴班	拥忠巴日寺僧尼	"遵行四条标准 争做先进僧尼"	2018年下半年	自治区级
次成顿邓	拥忠巴日寺僧尼	"遵行四条标准 争做先进僧尼"	2018年下半年	自治区级
拥忠巴邓	拥忠巴日寺僧尼	"遵行四条标准 争做先进僧尼"	2018年下半年	自治区级
拥忠次成	拥忠巴日寺僧尼	"遵行四条标准 争做先进僧尼"	2018年下半年	自治区级
次成桑培	拥忠巴日寺僧尼	"遵行四条标准 争做先进僧尼"	2018年下半年	自治区级
次成朗加	拥忠巴日寺僧尼	"遵行四条标准 争做先进僧尼"	2018年下半年	自治区级
泽旺江村	拥忠巴日寺僧尼	"遵行四条标准 争做先进僧尼"	2018年下半年	自治区级
泽旺扎西	拥忠巴日寺僧尼	"遵行四条标准 争做先进僧尼"	2018年下半年	自治区级
美郎邓增	拥忠巴日寺僧尼	"遵行四条标准 争做先进僧尼"	2018年下半年	自治区级
次成丁它	拥忠巴日寺僧尼	"遵行四条标准 争做先进僧尼"	2018年下半年	自治区级
俄　琼	拥忠巴日寺僧尼	"遵行四条标准 争做先进僧尼"	2018年下半年	自治区级
朗达伟色	拥忠巴日寺僧尼	"遵行四条标准 争做先进僧尼"	2018年下半年	自治区级
邓增尼玛	拥忠巴日寺僧尼	"遵行四条标准 争做先进僧尼"	2018年下半年	自治区级
次成江村	拥忠巴日寺僧尼	"遵行四条标准 争做先进僧尼"	2018年下半年	自治区级
邓增罗追	拥忠巴日寺僧尼	"遵行四条标准 争做先进僧尼"	2018年下半年	自治区级
美郎邓增	拥忠巴日寺僧尼	"遵行四条标准 争做先进僧尼"	2018年下半年	自治区级

续表7

姓名	工作单位	获奖名称	表彰时间	等级
次　巴	拥忠巴日寺僧尼	“遵行四条标准 争做先进僧尼”	2018年下半年	自治区级
洛　追	拥忠巴日寺僧尼	“遵行四条标准 争做先进僧尼”	2018年下半年	自治区级
德青然珠	拥忠巴日寺僧尼	“遵行四条标准 争做先进僧尼”	2018年下半年	自治区级
次成多加	拥忠巴日寺僧尼	“遵行四条标准 争做先进僧尼”	2018年下半年	自治区级
朗贡次仁	拥忠巴日寺僧尼	“遵行四条标准 争做先进僧尼”	2018年下半年	自治区级
次成土美	拥忠巴日寺僧尼	“遵行四条标准 争做先进僧尼”	2018年下半年	自治区级
祖普伟色	拥忠巴日寺僧尼	“遵行四条标准 争做先进僧尼”	2018年下半年	自治区级
旦巴拥忠	拥忠巴日寺僧尼	“遵行四条标准 争做先进僧尼”	2018年下半年	自治区级
邓巴伟色	拥忠巴日寺僧尼	“遵行四条标准 争做先进僧尼”	2018年下半年	自治区级
郎达伟色	拥忠巴日寺僧尼	“遵行四条标准 争做先进僧尼”	2018年下半年	自治区级
次成达吉	拥忠巴日寺僧尼	“遵行四条标准 争做先进僧尼”	2018年下半年	自治区级
次成江村	拥忠巴日寺僧尼	“遵行四条标准 争做先进僧尼”	2018年下半年	自治区级
索朗多登	拥忠巴日寺僧尼	“遵行四条标准 争做先进僧尼”	2018年下半年	自治区级
旺措扎巴	拥忠巴日寺僧尼	“遵行四条标准 争做先进僧尼”	2018年下半年	自治区级
加　益	拥忠巴日寺僧尼	“遵行四条标准 争做先进僧尼”	2018年下半年	自治区级
次成益西	拥忠巴日寺僧尼	“遵行四条标准 争做先进僧尼”	2018年下半年	自治区级
直美次嘎	拥忠巴日寺僧尼	“遵行四条标准 争做先进僧尼”	2018年下半年	自治区级
次成朗达	拥忠巴日寺僧尼	“遵行四条标准 争做先进僧尼”	2018年下半年	自治区级
次成平措	拥忠巴日寺僧尼	“遵行四条标准 争做先进僧尼”	2018年下半年	自治区级
次成伦珠	拥忠巴日寺僧尼	“遵行四条标准 争做先进僧尼”	2018年下半年	自治区级
次成朗达	拥忠巴日寺僧尼	“遵行四条标准 争做先进僧尼”	2018年下半年	自治区级
次　拉	拥忠巴日寺僧尼	“遵行四条标准 争做先进僧尼”	2018年下半年	自治区级
布　嘎	拥忠巴日寺僧尼	“遵行四条标准 争做先进僧尼”	2018年下半年	自治区级
罗　加	拥忠巴日寺僧尼	“遵行四条标准 争做先进僧尼”	2018年下半年	自治区级
桑　珠	拥忠巴日寺僧尼	“遵行四条标准 争做先进僧尼”	2018年下半年	自治区级
麦久土美	拥忠巴日寺僧尼	“遵行四条标准 争做先进僧尼”	2018年下半年	自治区级
白玛多邓	拥忠巴日寺僧尼	“遵行四条标准 争做先进僧尼”	2018年下半年	自治区级

续表7

姓名	工作单位	获奖名称	表彰时间	等级
扎西索嘎	拥忠巴日寺僧尼	“遵行四条标准 争做先进僧尼”	2018年下半年	自治区级
拥忠嘎松	拥忠巴日寺僧尼	“遵行四条标准 争做先进僧尼”	2018年下半年	自治区级
洛追多登	拥忠巴日寺僧尼	“遵行四条标准 争做先进僧尼”	2018年下半年	自治区级
洛追江村	中共丁青县委办公室	青年五四奖	2018年	市级
向巴邓珠	中共丁青县委办公室	《难忘的机要岁月》先进事迹宣传片荣获“一等奖”	2018年	市级
向巴邓珠	中共丁青县委办公室	青年五四奖	2018年	市级
尼　玛	丁青县小学	优秀党务工作者	2018年	市级
刘顺武	丁青县教育局	优秀共产党员	2018年	市级
贡秋拉珍	丁青县教育局	优秀共产党员	2018年	市级
巴　桑	丁青县小学	优秀共产党员	2018年	市级
斗拉卡	丁青县中学	优秀共产党员	2018年	市级
次仁罗布	丁青县中学	优秀共产党员	2018年	市级
扎西多吉	协雄乡小学	优秀共产党员	2018年	市级
白玛多吉	色扎乡小学	优秀共产党员	2018年	市级
扎西觉美	觉恩乡小学	优秀共产党员	2018年	市级
仁青东智	丁青县教育局	先进教育工作者	2018年	市级
嘎玛珠加	丁青县教育局	先进教育工作者	2018年	市级
王经军	丁青县中学	优秀班主任	2018年	市级
卓玛群宗	丁青县小学	优秀班主任	2018年	市级
登巴曲珍	丁青县色扎乡小学	优秀班主任	2018年	市级
嘎松朗加	丁青县觉恩乡中心小学	优秀班主任	2018年	市级
巴桑拉姆	丁青县尺牍镇中心小学	优秀班主任	2018年	市级
四郎措吉	丁青县中学	优秀教师	2018年	市级
扎　西	丁青县中学	优秀教师	2018年	市级
次仁罗布	丁青县中学	优秀教师	2018年	市级
孙庆芹	丁青县小学	优秀教师	2018年	市级
措吉拉巴	丁青县小学	优秀教师	2018年	市级

续表7

姓名	工作单位	获奖名称	表彰时间	等级
拉巴更旦	丁青县觉恩乡中心小学	优秀教师	2018年	市级
罗　布	丁青县协雄乡中心小学	优秀教师	2018年	市级
次　仁	丁青县色扎乡小学	优秀教师	2018年	市级
曲　尼	丁青县尺牍镇中心小学	优秀教师	2018年	市级
巴桑次仁	丁青县沙贡乡小学	优秀教师	2018年	市级
白玛土旦	丁青县巴达乡小学	优秀教师	2018年	市级
贡　布	丁青县布塔乡小学	优秀教师	2018年	市级
才旺欧珠	丁青县嘎塔乡小学	优秀教师	2018年	市级
扎西拉珍	丁青县中心幼儿园	优秀教师	2018年	市级
郎卡降泽	丁青县中学	优秀校长	2018年	市级
大 次 成	丁青县学前教育中心	优秀校长	2018年	市级
王　俊	丁青县中学	先进德育工作者	2018年	市级
嘎松卓玛	丁青县协雄乡中心小学	先进德育工作者	2018年	市级
旦增群培	丁青县甘岩乡中心小学	先进德育工作者	2018年	市级
魏 永 海	丁青县民族宗教事务局	民族团结先进个人	2018年	市级
杨 兴 国	丁青县气象局	昌都市气象局第二届县级综合气象业务职业竞赛全能“第一名”	2018年	市级
杨 兴 国	丁青县气象局	昌都市气象局2018年度考核优秀	2018年	市级
贡布多加	西藏甘语仓特色农产品开发有限责任公司	昌都市脱贫攻坚先进个人	2018年	市级
查珠次仁	卡崩寺特派机构科员	全区“遵行四条标准 争做先进僧尼”教育实践活动昌都市级优秀驻寺单位	2018年12月14日	市级
扎西次登	郭吉寺管委会科员	全区“遵行四条标准 争做先进僧尼”教育实践活动昌都市级优秀驻寺单位	2018年12月14日	市级
格桑土旦	布达堆寺特派机构科员	全区“遵行四条标准 争做先进僧尼”教育实践活动昌都市级优秀驻寺单位	2018年12月14日	市级
阿旺巴登	嘎来寺管委会科员	全区“遵行四条标准 争做先进僧尼”教育实践活动昌都市级优秀驻寺单位	2018年12月14日	市级
仁青旺加	孜珠寺管委会	全区“遵行四条标准 争做先进僧尼”教育实践活动昌都市级优秀驻寺单位	2018年12月14日	市级

续表7

姓名	工作单位	获奖名称	表彰时间	等级
齐绕江措	郭吉寺僧尼	“遵行四条标准 争做先进僧尼”	2018年	市级
格来次成	郭吉寺僧尼	“遵行四条标准 争做先进僧尼”	2018年	市级
朗加左布	郭吉寺僧尼	“遵行四条标准 争做先进僧尼”	2018年	市级
尺祖加布	郭吉寺僧尼	“遵行四条标准 争做先进僧尼”	2018年	市级
元旦平措	郭吉寺僧尼	“遵行四条标准 争做先进僧尼”	2018年	市级
泽成江村	郭吉寺僧尼	“遵行四条标准 争做先进僧尼”	2018年	市级
永忠次成	郭吉寺僧尼	“遵行四条标准 争做先进僧尼”	2018年	市级
贡桑永忠	郭吉寺僧尼	“遵行四条标准 争做先进僧尼”	2018年	市级
朗卡造普	郭吉寺僧尼	“遵行四条标准 争做先进僧尼”	2018年	市级
罗追郎扎	郭吉寺僧尼	“遵行四条标准 争做先进僧尼”	2018年	市级
仁青罗追	郭吉寺僧尼	“遵行四条标准 争做先进僧尼”	2018年	市级
次成落追	郭吉寺僧尼	“遵行四条标准 争做先进僧尼”	2018年	市级
祖西次成	郭吉寺僧尼	“遵行四条标准 争做先进僧尼”	2018年	市级
叶罗祖普	郭吉寺僧尼	“遵行四条标准 争做先进僧尼”	2018年	市级
伟色金巴	丁青寺僧尼	“遵行四条标准 争做先进僧尼”	2018年	市级
其美永忠	丁青寺僧尼	“遵行四条标准 争做先进僧尼”	2018年	市级
洛珠旺措	丁青寺僧尼	“遵行四条标准 争做先进僧尼”	2018年	市级
丁　巴	丁青寺僧尼	“遵行四条标准 争做先进僧尼”	2018年	市级
次成仁青	丁青寺僧尼	“遵行四条标准 争做先进僧尼”	2018年	市级
藏秋巴登	丁青寺僧尼	“遵行四条标准 争做先进僧尼”	2018年	市级
尺美罗布	丁青寺僧尼	“遵行四条标准 争做先进僧尼”	2018年	市级
次成罗追	丁青寺僧尼	“遵行四条标准 争做先进僧尼”	2018年	市级
次　嘎	丁青寺僧尼	“遵行四条标准 争做先进僧尼”	2018年	市级
泽旺朗加	丁青寺僧尼	“遵行四条标准 争做先进僧尼”	2018年	市级
次旺朗卡	丁青寺僧尼	“遵行四条标准 争做先进僧尼”	2018年	市级
次旺旺扎	丁青寺僧尼	“遵行四条标准 争做先进僧尼”	2018年	市级
次旺扎西	丁青寺僧尼	“遵行四条标准 争做先进僧尼”	2018年	市级
登巴珠扎	丁青寺僧尼	“遵行四条标准 争做先进僧尼”	2018年	市级

续表7

姓名	工作单位	获奖名称	表彰时间	等级
嘎松玉加	丁青寺僧尼	“遵行四条标准 争做先进僧尼”	2018年	市级
晋美次成	丁青寺僧尼	“遵行四条标准 争做先进僧尼”	2018年	市级
来美塔庆	丁青寺僧尼	“遵行四条标准 争做先进僧尼”	2018年	市级
朗达德增	丁青寺僧尼	“遵行四条标准 争做先进僧尼”	2018年	市级
罗　布	丁青寺僧尼	“遵行四条标准 争做先进僧尼”	2018年	市级
罗布罗松	丁青寺僧尼	“遵行四条标准 争做先进僧尼”	2018年	市级
罗珠平措	丁青寺僧尼	“遵行四条标准 争做先进僧尼”	2018年	市级
洛珠热赛	丁青寺僧尼	“遵行四条标准 争做先进僧尼”	2018年	市级
洛追久美	丁青寺僧尼	“遵行四条标准 争做先进僧尼”	2018年	市级
洛追觉尼	丁青寺僧尼	“遵行四条标准 争做先进僧尼”	2018年	市级
洛追平措	丁青寺僧尼	“遵行四条标准 争做先进僧尼”	2018年	市级
美朗热杰	丁青寺僧尼	“遵行四条标准 争做先进僧尼”	2018年	市级
南达伟色	丁青寺僧尼	“遵行四条标准 争做先进僧尼”	2018年	市级
尼吉伟色	丁青寺僧尼	“遵行四条标准 争做先进僧尼”	2018年	市级
其美多吉	丁青寺僧尼	“遵行四条标准 争做先进僧尼”	2018年	市级
其　珠	丁青寺僧尼	“遵行四条标准 争做先进僧尼”	2018年	市级
仁　嗄	丁青寺僧尼	“遵行四条标准 争做先进僧尼”	2018年	市级
四郎多登	丁青寺僧尼	“遵行四条标准 争做先进僧尼”	2018年	市级
四郎罗布	丁青寺僧尼	“遵行四条标准 争做先进僧尼”	2018年	市级
索朗金巴	丁青寺僧尼	“遵行四条标准 争做先进僧尼”	2018年	市级
索朗次成	丁青寺僧尼	“遵行四条标准 争做先进僧尼”	2018年	市级
伟色江村	丁青寺僧尼	“遵行四条标准 争做先进僧尼”	2018年	市级
翁　达	丁青寺僧尼	“遵行四条标准 争做先进僧尼”	2018年	市级
西热伟色	丁青寺僧尼	“遵行四条标准 争做先进僧尼”	2018年	市级
益　西	丁青寺僧尼	“遵行四条标准 争做先进僧尼”	2018年	市级
益西泽仁	丁青寺僧尼	“遵行四条标准 争做先进僧尼”	2018年	市级
拥忠旦扎	丁青寺僧尼	“遵行四条标准 争做先进僧尼”	2018年	市级
扎西拉加	丁青寺僧尼	“遵行四条标准 争做先进僧尼”	2018年	市级

续表7

姓名	工作单位	获奖名称	表彰时间	等级
扎西次成	丁青寺僧尼	“遵行四条标准 争做先进僧尼”	2018年	市级
扎西达瓦	丁青寺僧尼	“遵行四条标准 争做先进僧尼”	2018年	市级
扎西顿珠	丁青寺僧尼	“遵行四条标准 争做先进僧尼”	2018年	市级
扎西尼玛	丁青寺僧尼	“遵行四条标准 争做先进僧尼”	2018年	市级
扎西旺杰	丁青寺僧尼	“遵行四条标准 争做先进僧尼”	2018年	市级
直美次成	丁青寺僧尼	“遵行四条标准 争做先进僧尼”	2018年	市级
忠松金巴	丁青寺僧尼	“遵行四条标准 争做先进僧尼”	2018年	市级
加　瓦	丁青寺僧尼	“遵行四条标准 争做先进僧尼”	2018年	市级
珠　色	丁青寺僧尼	“遵行四条标准 争做先进僧尼”	2018年	市级
拥忠尼玛	丁青寺僧尼	“遵行四条标准 争做先进僧尼”	2018年	市级
贡　加	拥忠巴日寺僧尼	“遵行四条标准 争做先进僧尼”	2018年	市级
次成塔孜	拥忠巴日寺僧尼	“遵行四条标准 争做先进僧尼”	2018年	市级
邓增扎巴	拥忠巴日寺僧尼	“遵行四条标准 争做先进僧尼”	2018年	市级
拥忠次成	拥忠巴日寺僧尼	“遵行四条标准 争做先进僧尼”	2018年	市级
索朗次成	拥忠巴日寺僧尼	“遵行四条标准 争做先进僧尼”	2018年	市级
尊追平措	拥忠巴日寺僧尼	“遵行四条标准 争做先进僧尼”	2018年	市级
崔成拥忠	拥忠巴日寺僧尼	“遵行四条标准 争做先进僧尼”	2018年	市级
次成巴班	拥忠巴日寺僧尼	“遵行四条标准 争做先进僧尼”	2018年	市级
次成顿邓	拥忠巴日寺僧尼	“遵行四条标准 争做先进僧尼”	2018年	市级
拥忠巴邓	拥忠巴日寺僧尼	“遵行四条标准 争做先进僧尼”	2018年	市级
拥忠次成	拥忠巴日寺僧尼	“遵行四条标准 争做先进僧尼”	2018年	市级
次成桑培	拥忠巴日寺僧尼	“遵行四条标准 争做先进僧尼”	2018年	市级
次成朗加	拥忠巴日寺僧尼	“遵行四条标准 争做先进僧尼”	2018年	市级
泽旺江村	拥忠巴日寺僧尼	“遵行四条标准 争做先进僧尼”	2018年	市级
泽旺扎西	拥忠巴日寺僧尼	“遵行四条标准 争做先进僧尼”	2018年	市级
美郎邓增	拥忠巴日寺僧尼	“遵行四条标准 争做先进僧尼”	2018年	市级
次成丁它	拥忠巴日寺僧尼	“遵行四条标准 争做先进僧尼”	2018年	市级
俄　琼	拥忠巴日寺僧尼	“遵行四条标准 争做先进僧尼”	2018年	市级

续表7

姓名	工作单位	获奖名称	表彰时间	等级
朗达伟色	拥忠巴日寺僧尼	“遵行四条标准 争做先进僧尼”	2018年	市级
邓增尼玛	拥忠巴日寺僧尼	“遵行四条标准 争做先进僧尼”	2018年	市级
次成江村	拥忠巴日寺僧尼	“遵行四条标准 争做先进僧尼”	2018年	市级
邓增罗追	拥忠巴日寺僧尼	“遵行四条标准 争做先进僧尼”	2018年	市级
美郎邓增	拥忠巴日寺僧尼	“遵行四条标准 争做先进僧尼”	2018年	市级
次　巴	拥忠巴日寺僧尼	“遵行四条标准 争做先进僧尼”	2018年	市级
洛　追	拥忠巴日寺僧尼	“遵行四条标准 争做先进僧尼”	2018年	市级
德青然珠	拥忠巴日寺僧尼	“遵行四条标准 争做先进僧尼”	2018年	市级
次成多加	拥忠巴日寺僧尼	“遵行四条标准 争做先进僧尼”	2018年	市级
朗贡次仁	拥忠巴日寺僧尼	“遵行四条标准 争做先进僧尼”	2018年	市级
次成土美	拥忠巴日寺僧尼	“遵行四条标准 争做先进僧尼”	2018年	市级
祖普伟色	拥忠巴日寺僧尼	“遵行四条标准 争做先进僧尼”	2018年	市级
旦巴拥忠	拥忠巴日寺僧尼	“遵行四条标准 争做先进僧尼”	2018年	市级
邓巴伟色	拥忠巴日寺僧尼	“遵行四条标准 争做先进僧尼”	2018年	市级
郎达伟色	拥忠巴日寺僧尼	“遵行四条标准 争做先进僧尼”	2018年	市级
次成达吉	拥忠巴日寺僧尼	“遵行四条标准 争做先进僧尼”	2018年	市级
次成江村	拥忠巴日寺僧尼	“遵行四条标准 争做先进僧尼”	2018年	市级
索朗多登	拥忠巴日寺僧尼	“遵行四条标准 争做先进僧尼”	2018年	市级
旺措扎巴	拥忠巴日寺僧尼	“遵行四条标准 争做先进僧尼”	2018年	市级
加　益	拥忠巴日寺僧尼	“遵行四条标准 争做先进僧尼”	2018年	市级
次成益西	拥忠巴日寺僧尼	“遵行四条标准 争做先进僧尼”	2018年	市级
直美次嘎	拥忠巴日寺僧尼	“遵行四条标准 争做先进僧尼”	2018年	市级
次成朗达	拥忠巴日寺僧尼	“遵行四条标准 争做先进僧尼”	2018年	市级
次成平措	拥忠巴日寺僧尼	“遵行四条标准 争做先进僧尼”	2018年	市级
次成伦珠	拥忠巴日寺僧尼	“遵行四条标准 争做先进僧尼”	2018年	市级
次成朗达	拥忠巴日寺僧尼	“遵行四条标准 争做先进僧尼”	2018年	市级
次　拉	拥忠巴日寺僧尼	“遵行四条标准 争做先进僧尼”	2018年	市级
布　嘎	拥忠巴日寺僧尼	“遵行四条标准 争做先进僧尼”	2018年	市级

续表7

姓名	工作单位	获奖名称	表彰时间	等级
罗　加	拥忠巴日寺僧尼	“遵行四条标准 争做先进僧尼”	2018年	市级
桑　珠	拥忠巴日寺僧尼	“遵行四条标准 争做先进僧尼”	2018年	市级
麦久土美	拥忠巴日寺僧尼	“遵行四条标准 争做先进僧尼”	2018年	市级
白玛多邓	拥忠巴日寺僧尼	“遵行四条标准 争做先进僧尼”	2018年	市级
扎西索嘎	拥忠巴日寺僧尼	“遵行四条标准 争做先进僧尼”	2018年	市级
拥忠嘎松	拥忠巴日寺僧尼	“遵行四条标准 争做先进僧尼”	2018年	市级
洛追多登	拥忠巴日寺僧尼	“遵行四条标准 争做先进僧尼”	2018年	市级
邓　增	强宗寺	和谐模范寺庙先进僧尼	2018年上半年	市级
藏巴央尼	强宗寺	和谐模范寺庙先进僧尼	2018年上半年	市级
向巴曲扎	强宗寺	和谐模范寺庙先进僧尼	2018年上半年	市级
加拥贡布	强宗寺	和谐模范寺庙先进僧尼	2018年上半年	市级
普扎西	强宗寺	和谐模范寺庙先进僧尼	2018年上半年	市级
向巴西绕	强宗寺	和谐模范寺庙先进僧尼	2018年上半年	市级
曲　珠	强宗寺	和谐模范寺庙先进僧尼	2018年上半年	市级
嘎　永	强宗寺	和谐模范寺庙先进僧尼	2018年上半年	市级
巴　加	强宗寺	和谐模范寺庙先进僧尼	2018年上半年	市级
米　玛	强宗寺	和谐模范寺庙先进僧尼	2018年上半年	市级
罗松群珠	强宗寺	和谐模范寺庙先进僧尼	2018年上半年	市级
次　培	强宗寺	和谐模范寺庙先进僧尼	2018年上半年	市级
洛桑热吉	强宗寺	和谐模范寺庙先进僧尼	2018年上半年	市级
阿旺尊珠	强宗寺	和谐模范寺庙先进僧尼	2018年上半年	市级
加拥西绕	强宗寺	和谐模范寺庙先进僧尼	2018年上半年	市级
向巴次成	强宗寺	和谐模范寺庙先进僧尼	2018年上半年	市级
旦　增	强宗寺	和谐模范寺庙先进僧尼	2018年上半年	市级
普　德	强宗寺	和谐模范寺庙先进僧尼	2018年上半年	市级
洛桑多吉	强宗寺	和谐模范寺庙先进僧尼	2018年上半年	市级
加　永	强宗寺	和谐模范寺庙先进僧尼	2018年上半年	市级

续表7

姓名	工作单位	获奖名称	表彰时间	等级
加　拥	强宗寺	和谐模范寺庙先进僧尼	2018年上半年	市级
普　珠	强宗寺	和谐模范寺庙先进僧尼	2018年上半年	市级
次仁旺堆	强宗寺	和谐模范寺庙先进僧尼	2018年上半年	市级
强巴嘎旦	强宗寺	和谐模范寺庙先进僧尼	2018年上半年	市级
巴　桑	强宗寺	和谐模范寺庙先进僧尼	2018年上半年	市级
索　巴	强宗寺	和谐模范寺庙先进僧尼	2018年上半年	市级
加永曲培	强宗寺	和谐模范寺庙先进僧尼	2018年上半年	市级
藏巴尺来	强宗寺	和谐模范寺庙先进僧尼	2018年上半年	市级
向巴尼扎	强宗寺	和谐模范寺庙先进僧尼	2018年上半年	市级
青　格	强宗寺	和谐模范寺庙先进僧尼	2018年上半年	市级
藏巴土旦	强宗寺	和谐模范寺庙先进僧尼	2018年上半年	市级
巴　久	强宗寺	和谐模范寺庙先进僧尼	2018年上半年	市级
贡　秋	强宗寺	和谐模范寺庙先进僧尼	2018年上半年	市级
江拥顿珠	强宗寺	和谐模范寺庙先进僧尼	2018年上半年	市级
阿旺顿云	强宗寺	和谐模范寺庙先进僧尼	2018年上半年	市级
向巴次成	强宗寺	和谐模范寺庙先进僧尼	2018年上半年	市级
土　登	强宗寺	和谐模范寺庙先进僧尼	2018年上半年	市级
贡确加增	强宗寺	和谐模范寺庙先进僧尼	2018年上半年	市级
索朗仁青	强宗寺	和谐模范寺庙先进僧尼	2018年上半年	市级
加拥洛珠	强宗寺	和谐模范寺庙先进僧尼	2018年上半年	市级
其　仁	强宗寺	和谐模范寺庙先进僧尼	2018年上半年	市级
向巴次邓	强宗寺	和谐模范寺庙先进僧尼	2018年上半年	市级
洛桑加错	强宗寺	和谐模范寺庙先进僧尼	2018年上半年	市级
嘎拉尼玛	强宗寺	和谐模范寺庙先进僧尼	2018年上半年	市级
强　巴	强宗寺	和谐模范寺庙先进僧尼	2018年上半年	市级
江拥次成	强宗寺	和谐模范寺庙先进僧尼	2018年上半年	市级

续表7

姓名	工作单位	获奖名称	表彰时间	等级
向巴扎西	强宗寺	和谐模范寺庙先进僧尼	2018年上半年	市级
旦增曲江	强宗寺	和谐模范寺庙先进僧尼	2018年上半年	市级
丹巴达杰	强宗寺	和谐模范寺庙先进僧尼	2018年上半年	市级
曲　旦	强宗寺	和谐模范寺庙先进僧尼	2018年上半年	市级
平措垃加	强宗寺	和谐模范寺庙先进僧尼	2018年上半年	市级
朗　西	强宗寺	和谐模范寺庙先进僧尼	2018年上半年	市级
四郎论珠	强宗寺	和谐模范寺庙先进僧尼	2018年上半年	市级
其　布	强宗寺	和谐模范寺庙先进僧尼	2018年上半年	市级
丹巴次仁	强宗寺	和谐模范寺庙先进僧尼	2018年上半年	市级
藏巴央尼	强宗寺	“遵行四条标准、争做先进僧尼”优秀僧尼	2018年下半年	市级
向巴曲扎	强宗寺	“遵行四条标准、争做先进僧尼”优秀僧尼	2018年下半年	市级
加拥贡布	强宗寺	“遵行四条标准、争做先进僧尼”优秀僧尼	2018年下半年	市级
普扎西	强宗寺	“遵行四条标准、争做先进僧尼”优秀僧尼	2018年下半年	市级
向巴西绕	强宗寺	“遵行四条标准、争做先进僧尼”优秀僧尼	2018年下半年	市级
曲　珠	强宗寺	“遵行四条标准、争做先进僧尼”优秀僧尼	2018年下半年	市级
巴　加	强宗寺	“遵行四条标准、争做先进僧尼”优秀僧尼	2018年下半年	市级
邓　增	强宗寺	“遵行四条标准、争做先进僧尼”优秀僧尼	2018年下半年	市级
米　玛	强宗寺	“遵行四条标准、争做先进僧尼”优秀僧尼	2018年下半年	市级
罗松群珠	强宗寺	“遵行四条标准、争做先进僧尼”优秀僧尼	2018年下半年	市级
次　培	强宗寺	“遵行四条标准、争做先进僧尼”优秀僧尼	2018年下半年	市级

续表7

姓名	工作单位	获奖名称	表彰时间	等级
洛桑热吉	强宗寺	“遵行四条标准、争做先进僧尼”优秀僧尼	2018年下半年	市级
阿旺尊珠	强宗寺	“遵行四条标准、争做先进僧尼”优秀僧尼	2018年下半年	市级
加拥西绕	强宗寺	“遵行四条标准、争做先进僧尼”优秀僧尼	2018年下半年	市级
向巴次成	强宗寺	“遵行四条标准、争做先进僧尼”优秀僧尼	2018年下半年	市级
旦　增	强宗寺	“遵行四条标准、争做先进僧尼”优秀僧尼	2018年下半年	市级
普　德	强宗寺	“遵行四条标准、争做先进僧尼”优秀僧尼	2018年下半年	市级
嘎玛恩松	拉妥寺	爱国爱教模范僧尼	2018年下半年	市级
索南尼玛	拉妥寺	爱国爱教模范僧尼	2018年下半年	市级
阿　娘	拉妥寺	爱国爱教模范僧尼	2018年下半年	市级
阿旺伟色	拉妥寺	爱国爱教模范僧尼	2018年下半年	市级
嘎玛次仁（大）	拉妥寺	爱国爱教模范僧尼	2018年下半年	市级
嘎玛次仁（小）	拉妥寺	爱国爱教模范僧尼	2018年下半年	市级
嘎玛次仁	拉妥寺	爱国爱教模范僧尼	2018年下半年	市级
阿珠次仁	拉妥寺	爱国爱教模范僧尼	2018年下半年	市级
巴　多	拉妥寺	爱国爱教模范僧尼	2018年下半年	市级
次旺斯郎	拉妥寺	爱国爱教模范僧尼	2018年下半年	市级
俄　珠	拉妥寺	爱国爱教模范僧尼	2018年下半年	市级
嘎玛登达	拉妥寺	爱国爱教模范僧尼	2018年下半年	市级
嘎玛加松	拉妥寺	爱国爱教模范僧尼	2018年下半年	市级
嘎玛洛珠	拉妥寺	爱国爱教模范僧尼	2018年下半年	市级
嘎玛索巴	拉妥寺	爱国爱教模范僧尼	2018年下半年	市级
嘎玛顿登	拉妥寺	爱国爱教模范僧尼	2018年下半年	市级
嘎玛旺堆	拉妥寺	爱国爱教模范僧尼	2018年下半年	市级

续表7

姓名	工作单位	获奖名称	表彰时间	等级
嘎　亚	拉妥寺	爱国爱教模范僧尼	2018年下半年	市级
党　阿	拉妥寺	爱国爱教模范僧尼	2018年下半年	市级
决　仁	拉妥寺	爱国爱教模范僧尼	2018年下半年	市级
罗松扎西	拉妥寺	爱国爱教模范僧尼	2018年下半年	市级
欧　加	拉妥寺	爱国爱教模范僧尼	2018年下半年	市级
平措旺加	拉妥寺	爱国爱教模范僧尼	2018年下半年	市级
其美次培	拉妥寺	爱国爱教模范僧尼	2018年下半年	市级
桑　登	拉妥寺	爱国爱教模范僧尼	2018年下半年	市级
四郎次旺土邓次塔	拉妥寺	爱国爱教模范僧尼	2018年下半年	市级
吴金次加	拉妥寺	爱国爱教模范僧尼	2018年下半年	市级
吴　金	拉妥寺	爱国爱教模范僧尼	2018年下半年	市级
西绕罗布	拉妥寺	爱国爱教模范僧尼	2018年下半年	市级
玉　加	拉妥寺	爱国爱教模范僧尼	2018年下半年	市级
泽仁平措	拉妥寺	爱国爱教模范僧尼	2018年下半年	市级
次旺尼吗	拉妥寺	爱国爱教模范僧尼	2018年下半年	市级
扎西罗布	拉妥寺	爱国爱教模范僧尼	2018年下半年	市级
曲加然吉	拉妥寺	爱国爱教模范僧尼	2018年下半年	市级
夏　加	拉妥寺	爱国爱教模范僧尼	2018年下半年	市级
索朗加村	拉妥寺	爱国爱教模范僧尼	2018年下半年	市级
布　地	拉妥寺	爱国爱教模范僧尼	2018年下半年	市级
巴　登	拉妥寺	爱国爱教模范僧尼	2018年下半年	市级
赤列尼玛	拉妥寺	爱国爱教模范僧尼	2018年下半年	市级
停秋然吉	拉妥寺	爱国爱教模范僧尼	2018年下半年	市级
加登曲培	徐仓寺	爱国爱教模范僧尼	2018年上半年	市级
云旦巴松	徐仓寺	爱国爱教模范僧尼	2018年上半年	市级
登增格堆	徐仓寺	爱国爱教模范僧尼	2018年上半年	市级

续表7

姓名	工作单位	获奖名称	表彰时间	等级
登增拉加	徐仓寺	爱国爱教模范僧尼	2018年上半年	市级
朗　措	徐仓寺	爱国爱教模范僧尼	2018年上半年	市级
朗加扎巴	徐仓寺	爱国爱教模范僧尼	2018年上半年	市级
西绕唐克	徐仓寺	爱国爱教模范僧尼	2018年上半年	市级
邓巴旺措	徐仓寺	爱国爱教模范僧尼	2018年上半年	市级
洛松克确	查仲寺	爱国守法僧尼	2018年上半年	市级
洛桑顿珠	查仲寺	爱国守法僧尼	2018年上半年	市级
江村洛追	查仲寺	爱国守法僧尼	2018年上半年	市级
土邓晋美	查仲寺	爱国守法僧尼	2018年上半年	市级
洛松德青	查仲寺	爱国守法僧尼	2018年上半年	市级
洛朗杰	查仲寺	爱国守法僧尼	2018年上半年	市级
土登尼玛	查仲寺	爱国守法僧尼	2018年上半年	市级
平措格桑	查仲寺	爱国守法僧尼	2018年上半年	市级
土登旦增	查仲寺	爱国守法僧尼	2018年上半年	市级
加央旦增	查仲寺	爱国守法僧尼	2018年上半年	市级
土登协珠	查仲寺	爱国守法僧尼	2018年上半年	市级
土登旦巴	查仲寺	爱国守法僧尼	2018年上半年	市级
阿旺西绕	查仲寺	爱国守法僧尼	2018年上半年	市级
旦巴次成	查仲寺	爱国守法僧尼	2018年上半年	市级
土登加培	查仲寺	爱国守法僧尼	2018年上半年	市级
洛松克确	查仲寺	“遵行四条标准 争做先进僧尼”优秀僧尼	2018年下半年	市级
洛桑顿珠	查仲寺	“遵行四条标准 争做先进僧尼”优秀僧尼	2018年下半年	市级
江村洛追	查仲寺	“遵行四条标准 争做先进僧尼”优秀僧尼	2018年下半年	市级
土邓晋美	查仲寺	“遵行四条标准 争做先进僧尼”优秀僧尼	2018年下半年	市级

续表7

姓名	工作单位	获奖名称	表彰时间	等级
洛松德青	查仲寺	“遵行四条标准 争做先进僧尼”优秀僧尼	2018年下半年	市级
洛 朗 杰	查仲寺	“遵行四条标准 争做先进僧尼”优秀僧尼	2018年下半年	市级
土登尼玛	查仲寺	“遵行四条标准 争做先进僧尼”优秀僧尼	2018年下半年	市级
平措格桑	查仲寺	“遵行四条标准 争做先进僧尼”优秀僧尼	2018年下半年	市级
土登旦增	查仲寺	“遵行四条标准 争做先进僧尼”优秀僧尼	2018年下半年	市级
加央旦增	查仲寺	“遵行四条标准 争做先进僧尼”优秀僧尼	2018年下半年	市级
土登协珠	查仲寺	“遵行四条标准 争做先进僧尼”优秀僧尼	2018年下半年	市级
土登旦巴	查仲寺	“遵行四条标准 争做先进僧尼”优秀僧尼	2018年下半年	市级
阿旺西绕	查仲寺	“遵行四条标准 争做先进僧尼”优秀僧尼	2018年下半年	市级
旦巴次成	查仲寺	“遵行四条标准 争做先进僧尼”优秀僧尼	2018年下半年	市级
土登加培	查仲寺	“遵行四条标准 争做先进僧尼”优秀僧尼	2018年下半年	市级
罗 扎	查仲寺	“遵行四条标准 争做先进僧尼”优秀僧尼	2018年下半年	市级
土登瑞巴	查仲寺	“遵行四条标准 争做先进僧尼”优秀僧尼	2018年下半年	市级
桑邓格来	那日桑登林寺	“遵行四条标准 争做先进僧尼”优秀僧尼	2018年	市级
次成尼玛	那日桑登林寺	“遵行四条标准 争做先进僧尼”优秀僧尼	2018年	市级
巴 确	那日桑登林寺	“遵行四条标准 争做先进僧尼”优秀僧尼	2018年	市级
益西热桑	那日桑登林寺	“遵行四条标准 争做先进僧尼”优秀僧尼	2018年	市级

续表7

姓名	工作单位	获奖名称	表彰时间	等级
索巴次成	那日桑登林寺	“遵行四条标准 争做先进僧尼”优秀僧尼	2018年	市级
丁增次成	那日桑登林寺	“遵行四条标准 争做先进僧尼”优秀僧尼	2018年	市级
宗　秋	那日桑登林寺	“遵行四条标准 争做先进僧尼”优秀僧尼	2018年	市级
其美珠加	那日桑登林寺	“遵行四条标准 争做先进僧尼”优秀僧尼	2018年	市级
次成罗追	卡崩寺	爱国守法先进僧尼	2018年	市级
阿牛吉吉	卡崩寺	爱国守法先进僧尼	2018年	市级
次成久美	卡崩寺	爱国守法先进僧尼	2018年	市级
次旺罗布	根沙寺	爱国爱教僧尼	2018年上半年	市级
扎　西	根沙寺	爱国爱教僧尼	2018年上半年	市级
向巴巴旦	根沙寺	爱国爱教僧尼	2018年上半年	市级
罗松年扎	根沙寺	爱国爱教僧尼	2018年上半年	市级
罗　松	根沙寺	爱国爱教僧尼	2018年上半年	市级
丁　增	根沙寺	爱国爱教僧尼	2018年上半年	市级
达　曲	根沙寺	爱国爱教僧尼	2018年上半年	市级
布　布	根沙寺	爱国爱教僧尼	2018年上半年	市级
嘎　拉	根沙寺	爱国爱教僧尼	2018年上半年	市级
次旺罗布	根沙寺	“遵行四条标准 争做先进僧尼”优秀僧尼	2018年下半年	市级
扎西绕嘎	根沙寺	“遵行四条标准 争做先进僧尼”优秀僧尼	2018年下半年	市级
扎　西	根沙寺	“遵行四条标准 争做先进僧尼”优秀僧尼	2018年下半年	市级
扎西贡彭	根沙寺	“遵行四条标准 争做先进僧尼”优秀僧尼	2018年下半年	市级
扎西多杰	根沙寺	“遵行四条标准 争做先进僧尼”优秀僧尼	2018年下半年	市级

续表7

姓名	工作单位	获奖名称	表彰时间	等级
扎西巴旦	根沙寺	“遵行四条标准 争做先进僧尼”优秀僧尼	2018年下半年	市级
向　巴	根沙寺	“遵行四条标准 争做先进僧尼”优秀僧尼	2018年下半年	市级
向巴巴旦	根沙寺	“遵行四条标准 争做先进僧尼”优秀僧尼	2018年下半年	市级
罗松旦达	根沙寺	“遵行四条标准 争做先进僧尼”优秀僧尼	2018年下半年	市级
四郎多加	根沙寺	“遵行四条标准 争做先进僧尼”优秀僧尼	2018年下半年	市级
索　多	根沙寺	“遵行四条标准 争做先进僧尼”优秀僧尼	2018年下半年	市级
罗松益西	根沙寺	“遵行四条标准 争做先进僧尼”优秀僧尼	2018年下半年	市级
洛桑次仁	根沙寺	“遵行四条标准 争做先进僧尼”优秀僧尼	2018年下半年	市级
洛　松	根沙寺	“遵行四条标准 争做先进僧尼”优秀僧尼	2018年下半年	市级
罗松年扎	根沙寺	“遵行四条标准 争做先进僧尼”优秀僧尼	2018年下半年	市级
罗　松	根沙寺	“遵行四条标准 争做先进僧尼”优秀僧尼	2018年下半年	市级
罗　嘎	根沙寺	“遵行四条标准 争做先进僧尼”优秀僧尼	2018年下半年	市级
加增旺堆	根沙寺	“遵行四条标准 争做先进僧尼”优秀僧尼	2018年下半年	市级
丁　增	根沙寺	“遵行四条标准 争做先进僧尼”优秀僧尼	2018年下半年	市级
达　曲	根沙寺	“遵行四条标准 争做先进僧尼”优秀僧尼	2018年下半年	市级
次仁多吉	根沙寺	“遵行四条标准 争做先进僧尼”优秀僧尼	2018年下半年	市级
罗松顿旦	根沙寺	“遵行四条标准 争做先进僧尼”优秀僧尼	2018年下半年	市级

续表7

姓名	工作单位	获奖名称	表彰时间	等级
布　布	根沙寺	“遵行四条标准 争做先进僧尼”优秀僧尼	2018年下半年	市级
嘎　拉	根沙寺	“遵行四条标准 争做先进僧尼”优秀僧尼	2018年下半年	市级
米　玛	根沙寺	“遵行四条标准 争做先进僧尼”优秀僧尼	2018年下半年	市级
罗松尊追	根沙寺	“遵行四条标准 争做先进僧尼”优秀僧尼	2018年下半年	市级
其美次旺	根沙寺	“遵行四条标准 争做先进僧尼”优秀僧尼	2018年下半年	市级
洛桑索郎	根沙寺	“遵行四条标准 争做先进僧尼”优秀僧尼	2018年下半年	市级
其美朗加	日追寺	爱国守法先进僧尼	2018年	市级
次旺顿加	日追寺	爱国守法先进僧尼	2018年	市级
嘎　松	日追寺	爱国守法先进僧尼	2018年	市级
嘎松永忠	日追寺	爱国守法先进僧尼	2018年	市级
贡　桑	日追寺	爱国守法先进僧尼	2018年	市级
朗色扎巴	日追寺	爱国守法先进僧尼	2018年	市级
加　崩	日追寺	爱国守法先进僧尼	2018年	市级
普布顿朱	日追寺	爱国守法先进僧尼	2018年	市级
阿　塔	日追寺	爱国守法先进僧尼	2018年	市级
洛追热桑	日追寺	爱国守法先进僧尼	2018年	市级
罗松邓增	金卡寺	爱国爱教模范僧尼	2018年上半年	市级
阿　邓	金卡寺	爱国爱教模范僧尼	2018年上半年	市级
阿　多	金卡寺	爱国爱教模范僧尼	2018年上半年	市级
阿　江	金卡寺	爱国爱教模范僧尼	2018年上半年	市级
阿旺邓曲	金卡寺	爱国爱教模范僧尼	2018年上半年	市级
阿旺格顿	金卡寺	爱国爱教模范僧尼	2018年上半年	市级
阿旺来珠	金卡寺	爱国爱教模范僧尼	2018年上半年	市级

续表7

姓名	工作单位	获奖名称	表彰时间	等级
阿旺桑吉	金卡寺	爱国爱教模范僧尼	2018年上半年	市级
阿旺索巴	金卡寺	爱国爱教模范僧尼	2018年上半年	市级
阿旺西绕	金卡寺	爱国爱教模范僧尼	2018年上半年	市级
阿旺扎巴	金卡寺	爱国爱教模范僧尼	2018年上半年	市级
阿旺扎西	金卡寺	爱国爱教模范僧尼	2018年上半年	市级
阿西曲培	金卡寺	爱国爱教模范僧尼	2018年上半年	市级
阿　扎	金卡寺	爱国爱教模范僧尼	2018年上半年	市级
巴　丁	金卡寺	爱国爱教模范僧尼	2018年上半年	市级
巴　拉	金卡寺	爱国爱教模范僧尼	2018年上半年	市级
布　邓	金卡寺	爱国爱教模范僧尼	2018年上半年	市级
藏巴久美	金卡寺	爱国爱教模范僧尼	2018年上半年	市级
藏巴秋登	金卡寺	爱国爱教模范僧尼	2018年上半年	市级
成　林	金卡寺	爱国爱教模范僧尼	2018年上半年	市级
赤列江村	金卡寺	爱国爱教模范僧尼	2018年上半年	市级
次巴贡布	金卡寺	爱国爱教模范僧尼	2018年上半年	市级
次　多	金卡寺	爱国爱教模范僧尼	2018年上半年	市级
次　多	金卡寺	爱国爱教模范僧尼	2018年上半年	市级
次　培	金卡寺	爱国爱教模范僧尼	2018年上半年	市级
次仁多吉	金卡寺	爱国爱教模范僧尼	2018年上半年	市级
次仁多杰	金卡寺	爱国爱教模范僧尼	2018年上半年	市级
次仁郎加	金卡寺	爱国爱教模范僧尼	2018年上半年	市级
达　吉	金卡寺	爱国爱教模范僧尼	2018年上半年	市级
丹巴达吉	金卡寺	爱国爱教模范僧尼	2018年上半年	市级
旦　洛	金卡寺	爱国爱教模范僧尼	2018年上半年	市级
邓增多吉	金卡寺	爱国爱教模范僧尼	2018年上半年	市级
邓珠多吉	金卡寺	爱国爱教模范僧尼	2018年上半年	市级
丁　曲	金卡寺	爱国爱教模范僧尼	2018年上半年	市级
丁增藏巴	金卡寺	爱国爱教模范僧尼	2018年上半年	市级

续表7

姓名	工作单位	获奖名称	表彰时间	等级
旦　多	金卡寺	爱国爱教模范僧尼	2018年上半年	市级
顿桑曲培	金卡寺	爱国爱教模范僧尼	2018年上半年	市级
顿　珠	金卡寺	爱国爱教模范僧尼	2018年上半年	市级
顿珠朗加	金卡寺	爱国爱教模范僧尼	2018年上半年	市级
顿珠罗布	金卡寺	爱国爱教模范僧尼	2018年上半年	市级
多　吉	金卡寺	爱国爱教模范僧尼	2018年上半年	市级
嘎　加	金卡寺	爱国爱教模范僧尼	2018年上半年	市级
嘎　增	金卡寺	爱国爱教模范僧尼	2018年上半年	市级
格堆江村	金卡寺	爱国爱教模范僧尼	2018年上半年	市级
霍顿珠	金卡寺	爱国爱教模范僧尼	2018年上半年	市级
加　多	金卡寺	爱国爱教模范僧尼	2018年上半年	市级
加拥尊珠	金卡寺	爱国爱教模范僧尼	2018年上半年	市级
江　村	金卡寺	爱国爱教模范僧尼	2018年上半年	市级
卡　弟	金卡寺	爱国爱教模范僧尼	2018年上半年	市级
拉　都	金卡寺	爱国爱教模范僧尼	2018年上半年	市级
拉罗卡	金卡寺	爱国爱教模范僧尼	2018年上半年	市级
罗松果加	金卡寺	爱国爱教模范僧尼	2018年上半年	市级
罗松江村	金卡寺	爱国爱教模范僧尼	2018年上半年	市级
罗松洛珠	金卡寺	爱国爱教模范僧尼	2018年上半年	市级
罗松生格	金卡寺	爱国爱教模范僧尼	2018年上半年	市级
罗　扎	金卡寺	爱国爱教模范僧尼	2018年上半年	市级
罗　珠	金卡寺	爱国爱教模范僧尼	2018年上半年	市级
洛松次仁	金卡寺	爱国爱教模范僧尼	2018年上半年	市级
洛松次珠	金卡寺	爱国爱教模范僧尼	2018年上半年	市级
洛松达吉	金卡寺	爱国爱教模范僧尼	2018年上半年	市级
洛松邓培	金卡寺	爱国爱教模范僧尼	2018年上半年	市级
洛松邓增	金卡寺	爱国爱教模范僧尼	2018年上半年	市级
洛松丁增	金卡寺	爱国爱教模范僧尼	2018年上半年	市级

续表7

姓名	工作单位	获奖名称	表彰时间	等级
洛松顿珠	金卡寺	爱国爱教模范僧尼	2018年上半年	市级
洛松多吉	金卡寺	爱国爱教模范僧尼	2018年上半年	市级
玛卓洛多	金卡寺	爱国爱教模范僧尼	2018年上半年	市级
洛松加培	金卡寺	爱国爱教模范僧尼	2018年上半年	市级
洛松坚才	金卡寺	爱国爱教模范僧尼	2018年上半年	市级
洛松江村	金卡寺	爱国爱教模范僧尼	2018年上半年	市级
洛松江培	金卡寺	爱国爱教模范僧尼	2018年上半年	市级
洛松晋巴	金卡寺	爱国爱教模范僧尼	2018年上半年	市级
洛松克珠	金卡寺	爱国爱教模范僧尼	2018年上半年	市级
洛松克珠	金卡寺	爱国爱教模范僧尼	2018年上半年	市级
洛松美郎	金卡寺	爱国爱教模范僧尼	2018年上半年	市级
洛松曲登	金卡寺	爱国爱教模范僧尼	2018年上半年	市级
洛嘎旦增	金卡寺	爱国爱教模范僧尼	2018年上半年	市级
洛松桑登	金卡寺	爱国爱教模范僧尼	2018年上半年	市级
洛松占堆	金卡寺	爱国爱教模范僧尼	2018年上半年	市级
洛　追	金卡寺	爱国爱教模范僧尼	2018年上半年	市级
玛琼罗多	金卡寺	爱国爱教模范僧尼	2018年上半年	市级
尼罗阿色	金卡寺	爱国爱教模范僧尼	2018年上半年	市级
尼　扎	金卡寺	爱国爱教模范僧尼	2018年上半年	市级
其美次仁	金卡寺	爱国爱教模范僧尼	2018年上半年	市级
其琼久美	金卡寺	爱国爱教模范僧尼	2018年上半年	市级
强巴次成	金卡寺	爱国爱教模范僧尼	2018年上半年	市级
曲吉尼玛	金卡寺	爱国爱教模范僧尼	2018年上半年	市级
曲　培	金卡寺	爱国爱教模范僧尼	2018年上半年	市级
群　培	金卡寺	爱国爱教模范僧尼	2018年上半年	市级
桑　吉	金卡寺	爱国爱教模范僧尼	2018年上半年	市级
斯郎顿珠	金卡寺	爱国爱教模范僧尼	2018年上半年	市级
四郎邓增	金卡寺	爱国爱教模范僧尼	2018年上半年	市级

续表7

姓名	工作单位	获奖名称	表彰时间	等级
四郎江村	金卡寺	爱国爱教模范僧尼	2018年上半年	市级
索郎旺青	金卡寺	爱国爱教模范僧尼	2018年上半年	市级
土邓次仁	金卡寺	爱国爱教模范僧尼	2018年上半年	市级
土邓曲培	金卡寺	爱国爱教模范僧尼	2018年上半年	市级
向　巴	金卡寺	爱国爱教模范僧尼	2018年上半年	市级
益西顿珠	金卡寺	爱国爱教模范僧尼	2018年上半年	市级
益西群培	金卡寺	爱国爱教模范僧尼	2018年上半年	市级
玉达晋美	金卡寺	爱国爱教模范僧尼	2018年上半年	市级
云　邓	金卡寺	爱国爱教模范僧尼	2018年上半年	市级
扎巴多吉	金卡寺	爱国爱教模范僧尼	2018年上半年	市级
扎巴贡桑	金卡寺	爱国爱教模范僧尼	2018年上半年	市级
扎巴晋巴	金卡寺	爱国爱教模范僧尼	2018年上半年	市级
扎巴晋美	金卡寺	爱国爱教模范僧尼	2018年上半年	市级
扎巴曲英	金卡寺	爱国爱教模范僧尼	2018年上半年	市级
扎巴桑旦	金卡寺	爱国爱教模范僧尼	2018年上半年	市级
扎巴西绕	金卡寺	爱国爱教模范僧尼	2018年上半年	市级
扎地单塔	金卡寺	爱国爱教模范僧尼	2018年上半年	市级
珠利曲扎	金卡寺	爱国爱教模范僧尼	2018年上半年	市级
卓　嘎	金卡寺	爱国爱教模范僧尼	2018年上半年	市级
晋美次旺	金卡寺	爱国爱教模范僧尼	2018年上半年	市级
泽丁多吉	金卡寺	爱国爱教模范僧尼	2018年上半年	市级
四郎泽仁	金卡寺	爱国爱教模范僧尼	2018年上半年	市级
多吉次仁	金卡寺	爱国爱教模范僧尼	2018年上半年	市级
尼罗阿色	金卡寺	爱国守法先进僧尼	2018年下半年	市级
尼　扎	金卡寺	爱国守法先进僧尼	2018年下半年	市级
其美次仁	金卡寺	爱国守法先进僧尼	2018年下半年	市级
其琼久美	金卡寺	爱国守法先进僧尼	2018年下半年	市级
强巴次成	金卡寺	爱国守法先进僧尼	2018年下半年	市级

续表7

姓名	工作单位	获奖名称	表彰时间	等级
曲吉尼玛	金卡寺	爱国守法先进僧尼	2018年下半年	市级
曲　培	金卡寺	爱国守法先进僧尼	2018年下半年	市级
群　培	金卡寺	爱国守法先进僧尼	2018年下半年	市级
桑　吉	金卡寺	爱国守法先进僧尼	2018年下半年	市级
斯郎顿珠	金卡寺	爱国守法先进僧尼	2018年下半年	市级
四郎邓增	金卡寺	爱国守法先进僧尼	2018年下半年	市级
四郎江村	金卡寺	爱国守法先进僧尼	2018年下半年	市级
索郎旺青	金卡寺	爱国守法先进僧尼	2018年下半年	市级
土邓次仁	金卡寺	爱国守法先进僧尼	2018年下半年	市级
土邓曲培	金卡寺	爱国守法先进僧尼	2018年下半年	市级
向　巴	金卡寺	爱国守法先进僧尼	2018年下半年	市级
益西顿珠	金卡寺	爱国守法先进僧尼	2018年下半年	市级
益西群培	金卡寺	爱国守法先进僧尼	2018年下半年	市级
玉达晋美	金卡寺	爱国守法先进僧尼	2018年下半年	市级
云　邓	金卡寺	爱国守法先进僧尼	2018年下半年	市级
扎巴多吉	金卡寺	爱国守法先进僧尼	2018年下半年	市级
扎巴贡桑	金卡寺	爱国守法先进僧尼	2018年下半年	市级
扎巴晋巴	金卡寺	爱国守法先进僧尼	2018年下半年	市级
扎巴晋美	金卡寺	爱国守法先进僧尼	2018年下半年	市级
扎巴曲英	金卡寺	爱国守法先进僧尼	2018年下半年	市级
扎巴桑旦	金卡寺	爱国守法先进僧尼	2018年下半年	市级
扎巴西绕	金卡寺	爱国守法先进僧尼	2018年下半年	市级
扎地单塔	金卡寺	爱国守法先进僧尼	2018年下半年	市级
珠利曲扎	金卡寺	爱国守法先进僧尼	2018年下半年	市级
卓　嘎	金卡寺	爱国守法先进僧尼	2018年下半年	市级
晋美次旺	金卡寺	爱国守法先进僧尼	2018年下半年	市级
泽丁多吉	金卡寺	爱国守法先进僧尼	2018年下半年	市级

续表7

姓名	工作单位	获奖名称	表彰时间	等级
四郎泽仁	金卡寺	爱国守法先进僧尼	2018年下半年	市级
仁　迪	觉贡寺	“遵行四条标准 争做先进僧尼”优秀僧尼	2018年上半年	市级
强巴贡青	觉贡寺	“遵行四条标准 争做先进僧尼”优秀僧尼	2018年上半年	市级
元　旦	觉贡寺	“遵行四条标准 争做先进僧尼”优秀僧尼	2018年上半年	市级
强巴丹增	觉贡寺	“遵行四条标准 争做先进僧尼”优秀僧尼	2018年上半年	市级
阿旺江巴	觉贡寺	“遵行四条标准 争做先进僧尼”优秀僧尼	2018年上半年	市级
向巴益西	觉贡寺	“遵行四条标准 争做先进僧尼”优秀僧尼	2018年上半年	市级
其　美	觉贡寺	“遵行四条标准 争做先进僧尼”优秀僧尼	2018年上半年	市级
次　培	觉贡寺	“遵行四条标准 争做先进僧尼”优秀僧尼	2018年上半年	市级
阿霍卡玛	觉贡寺	“遵行四条标准 争做先进僧尼”优秀僧尼	2018年上半年	市级
罗　追	觉贡寺	“遵行四条标准 争做先进僧尼”优秀僧尼	2018年上半年	市级
登增克珠	觉贡寺	“遵行四条标准 争做先进僧尼”优秀僧尼	2018年上半年	市级
索　朗	觉贡寺	“遵行四条标准 争做先进僧尼”优秀僧尼	2018年上半年	市级
扎巴强穷	觉贡寺	“遵行四条标准 争做先进僧尼”优秀僧尼	2018年上半年	市级
洛　桑	觉贡寺	“遵行四条标准 争做先进僧尼”优秀僧尼	2018年上半年	市级
罗　嘎	觉贡寺	“遵行四条标准 争做先进僧尼”优秀僧尼	2018年上半年	市级
其　根	觉贡寺	“遵行四条标准 争做先进僧尼”优秀僧尼	2018年上半年	市级
扎　巴	觉贡寺	“遵行四条标准 争做先进僧尼”优秀僧尼	2018年上半年	市级

续表7

姓名	工作单位	获奖名称	表彰时间	等级
其　美	觉贡寺	“遵行四条标准 争做先进僧尼”优秀僧尼	2018年上半年	市级
巴　登	觉贡寺	“遵行四条标准 争做先进僧尼”优秀僧尼	2018年上半年	市级
多　嘎	觉贡寺	“遵行四条标准 争做先进僧尼”优秀僧尼	2018年上半年	市级
次成江村	觉贡寺	“遵行四条标准 争做先进僧尼”优秀僧尼	2018年上半年	市级
洛松次成	觉贡寺	“遵行四条标准 争做先进僧尼”优秀僧尼	2018年上半年	市级
洛松加瓦	觉贡寺	“遵行四条标准 争做先进僧尼”优秀僧尼	2018年上半年	市级
洛松桑登	觉贡寺	“遵行四条标准 争做先进僧尼”优秀僧尼	2018年上半年	市级
扎巴旺扎	觉贡寺	“遵行四条标准 争做先进僧尼”优秀僧尼	2018年上半年	市级
加永尼扎	觉贡寺	“遵行四条标准 争做先进僧尼”优秀僧尼	2018年上半年	市级
罗松洛珠	觉贡寺	“遵行四条标准 争做先进僧尼”优秀僧尼	2018年上半年	市级

2018年丁青县创先争优强基础惠民生活动第七批自治区级先进驻村（居）工作队员一览表

表8

序号	姓名	性别	工作单位	职位
1	徐祖源	男	丁青县觉恩乡驻觉恩乡麦日村	工作队副队长
2	奇　武	男	丁青县协雄乡驻协雄乡夏拉村	工作队副队长
3	白玛次错	女	丁青县检察院驻协雄乡协麦村	工作队队长
4	普　琼	男	丁青县当堆乡驻当堆乡当堆村	工作队副队长
5	次仁旺堆	男	丁青县小学驻丁青镇仲佰村	工作队队长
6	陈显国	男	丁青县政协办驻丁青镇布托村	工作队队长
7	金　琼	女	丁青县丁青镇驻丁青镇丁青村	工作队队员

续表8

序号	姓名	性别	工作单位	职位
8	边巴次仁	男	丁青县人大办驻色扎乡木查村	工作队队长
9	晋　美	男	丁青县招商局驻尺牍镇索果村	工作队队长
10	泽仁永青	女	丁青县巴达乡驻巴达乡达堆村	工作队队长
11	次仁扎西	男	丁青县巴达乡驻巴达乡格巴村	工作队队长
12	伍定森	男	丁青县甘岩乡驻甘岩乡卡崩村	工作队队员
13	才旺卓玛	女	丁青县统战部驻巴达乡巴巴村	工作队队员

2018年丁青县创先争优强基础惠民生活动第七批自治区级先进驻村（居）工作队一览表

表9

序号	获奖单位	获奖名称	备注
1	丁青县丁青镇仲佰村工作队	丁青县创先争优强基础惠民生活动第七批自治区级先进驻村（居）工作队	

2018年丁青县创先争优强基础惠民生活动第七批自治区级先进工作者一览表

表10

序号	姓名	性别	工作单位及职位	备注
1	张耀辉	男	丁青县强基办副主任	

2018年丁青县创先争优强基础惠民生活动第七批自治区级优秀组织单位一览表

表11

序号	获奖单位	获奖名称	备注
1	丁青县教育局	丁青县创先争优强基础惠民生活动第七批自治区级优秀组织单位	
2	丁青县委组织部	丁青县创先争优强基础惠民生活动第七批自治区级优秀组织单位	

2018年丁青县创先争优强基础惠民生活动第七批市级先进驻村（居）工作队员名单一览表

表12

序号	姓名	性别	工作单位	职位
1	彭　珠	女	丁青县觉恩乡驻觉恩乡金卡村	工作队队员

续表12

序号	姓名	性别	工作单位	职位
2	吴厚武	男	丁青县公安局驻觉恩乡麦日村	工作队队长
3	张志伟	男	丁青县桑多乡驻桑多乡桑多村	工作队副队长
4	其美曲宗	女	丁青县桑多乡驻桑多乡郡休村	工作队队员
5	加永卓嘎	女	丁青县桑多乡驻桑多乡桑多村	工作队队员
6	张新生	男	丁青县民政局驻当堆乡白日村	工作队队长
7	张　鑫	男	丁青县政府办驻当堆乡当堆村	工作队队员
8	巴桑次仁	男	丁青县协雄乡驻协雄乡协堆村	工作队队员
9	格　桑	男	丁青县协雄乡驻协雄乡夏拉村	工作队队员
10	刘　剑	男	丁青县政协办驻丁青镇丁青村	工作队队长
11	嘎玛塔亚	男	丁青县丁青镇驻丁青镇仲佰村	工作队队员
12	其美巴姆	女	丁青县政协办驻丁青镇布托村	工作队队员
13	佘　瑞	男	丁青县协雄乡驻丁青镇社区	工作队队长
14	朗杰次仁	男	丁青县色扎乡驻色扎乡卡通村	工作队副队长
15	杨宸浩	男	丁青县色扎乡驻色扎乡木查村	工作队副队长
16	刚　组	女	丁青县色扎乡驻色扎乡如化村	工作队队员
17	普布扎西	男	丁青县尺牍镇驻尺牍镇巴格村	工作队副队长
18	巴　桑	女	丁青县尺牍镇驻尺牍镇乌巴村	工作队队员
19	拉巴卓嘎	女	丁青县巴达乡驻巴达乡达堆村	工作队副队长
20	索朗江村	男	丁青县巴达乡驻巴达乡邮巴村	工作队队员
21	勒桑卓嘎	女	丁青县甘岩乡驻甘岩乡岩堆村	工作队队员
22	次　宗	女	丁青县甘岩乡驻甘岩乡色达村	工作队队员
23	刘佳兵	男	丁青县嘎塔乡驻嘎塔乡贡日村	工作队队员
24	覃　波	男	丁青县嘎塔乡驻嘎塔乡果东村	工作队队员
25	周新贵	男	丁青县木塔乡驻木塔乡木塔村	工作队副队长

2018年丁青县创先争优强基础惠民生活动第七批市级先进驻村（居）工作队一览表

表13

序号	获奖单位	获奖名称	备注
1	丁青县强基办	2018年度强基惠民活动干部驻村工作综合考评三等奖	
2	丁青县驻色扎乡木查村工作队	丁青县创先争优强基础惠民生活动第七批自治区级先进驻村（居）工作队	
3	丁青县驻丁青镇布托村工作队	丁青县创先争优强基础惠民生活动第七批自治区级先进驻村（居）工作队	
4	丁青县巴达乡驻巴达乡达堆村工作队	丁青县创先争优强基础惠民生活动第七批自治区级先进驻村（居）工作队	
5	丁青县驻协雄乡夏拉村工作队	丁青县创先争优强基础惠民生活动第七批自治区级先进驻村（居）工作队	

2018年丁青县创先争优强基础惠民生活动第七批市级先进工作者一览表

表14

序号	姓名	性别	工作单位及职位	备注
1	扎西桑旦	男	丁青县协雄乡强基办工作人员	
2	次旦扎西	男	丁青县尺牍镇强基办工作人员	

2018年丁青县创先争优强基础惠民生活动第七批市级优秀组织单位一览表

表15

序号	获奖单位	获奖名称	备注
1	丁青县桑多乡	丁青县创先争优强基础惠民生活动第七批市级优秀组织单位	
2	丁青县色扎乡	丁青县创先争优强基础惠民生活动第七批市级优秀组织单位	

重要资料

2018年丁青县国民经济和社会发展统计公报

丁青县统计局
丁青县社会经济调查工作队
2018年4月16日

一、经济总量与结构

以昌都市统计局核算，2018年实现全县生产总值14.8548亿元，同比增长22.4%。其中：第一产业增加值为3.7066亿元，增长4.2%；第二产业增加值为4.4248亿元，增长18.4%；第三产业增加值为6.7234亿元，增长5.7%。人均GDP达到14739元，同比增长12.9%。

在全县生产总值中，第一、二、三产业增加值比重分别为27.2%、34.6%、38.2%。

注：自2018年起，县级主要经济指标以市统计局统一下算核定数据为准。

二、各项主要经济指标完成情况

丁青县2016年—2018年主要经济指标

主要经济指标	2016	2017	2018
地方生产总值（万元）	105219.6	121395	148548
第一产业（万元）	30593	35076	37066
第二产业（万元）	27210.6	35608	44248
第三产业（万元）	47416	50711	67234
城镇居民可支配收入（元）	25936	28581	31296
农牧民人均可支配收入（元）	8560	9754	10792
社会消费品零售总额（万元）	36044	41422	48642

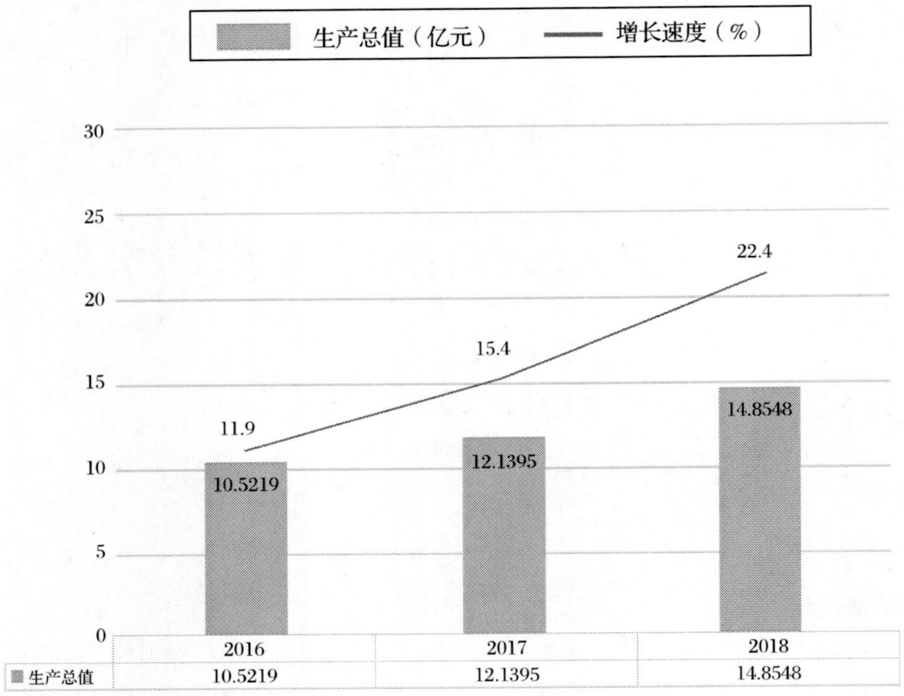

图1　2016—2018年全县生产总值及增速对比图

三、农牧业

农牧业生产稳步发展。全县年末农作物总播种面积8154公顷，年末耕地面积8385公顷，常用耕地面积7678公顷；粮食作物种植面积6600公顷，其中青稞播种面积6200公顷，小麦播种面积280公顷，油菜籽播种面积670公顷，蔬菜播种面积267公顷。全年粮食产量27030吨，油菜籽产量1250吨，蔬菜产量6212吨，虫草产量7919公斤。

年末牲畜存栏总数为215915头（只、匹），牛169168头，其中：黄牛29616头；牦牛134367头，犏牛5185头；羊39444只，其中山羊18024只，绵羊21420只，年末牲畜出栏率31.91%。全年肉食总产量8362吨，其中牛肉产量7807吨，羊肉产量555吨。

四、固定资产投资

全年全县完成固定资产投资13.6万元，同比下降28.4%。

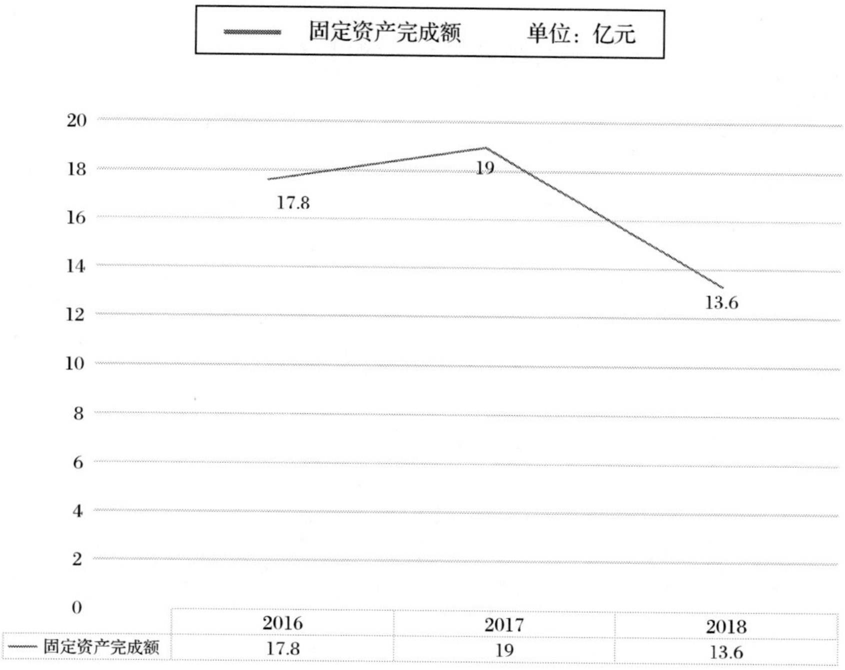

图2 固定资产投资完成额

五、社会消费品零售总额

消费市场稳步提升。全年实现社会消费品零售总额48642万元。

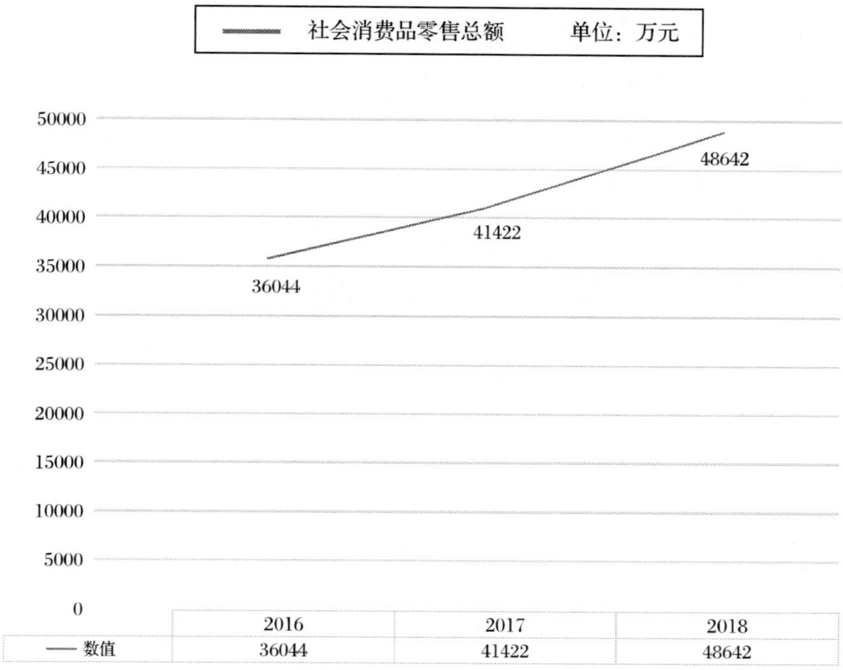

图3 社会消费品零售总额

六、金融

地方财政收入和税收情况

单位：万元

年份	县级财政收入	税收
2016年	6965	2418
2017年	7669	2816
2018年	8516	2748

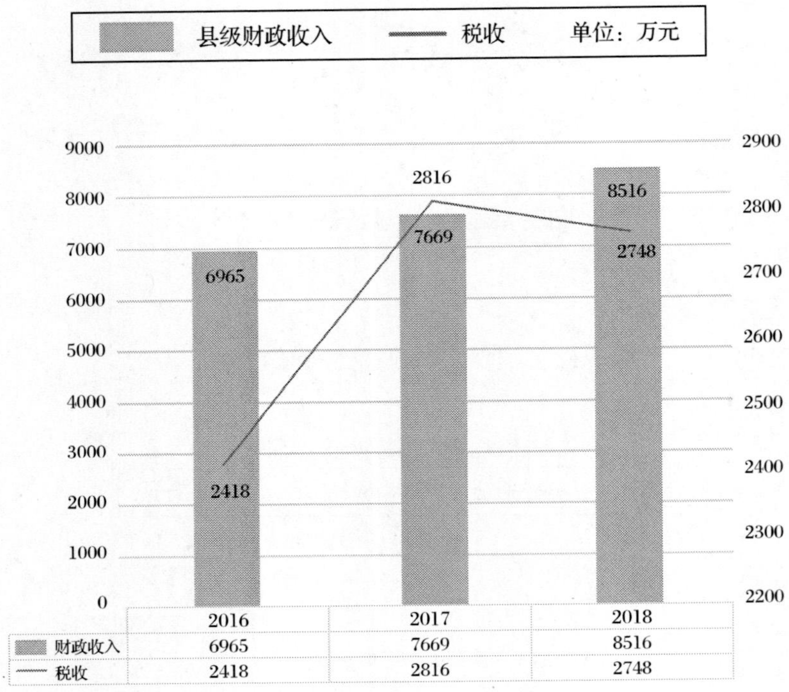

图4　地方财政收入和税收情况

七、城乡居民人均可支配收入

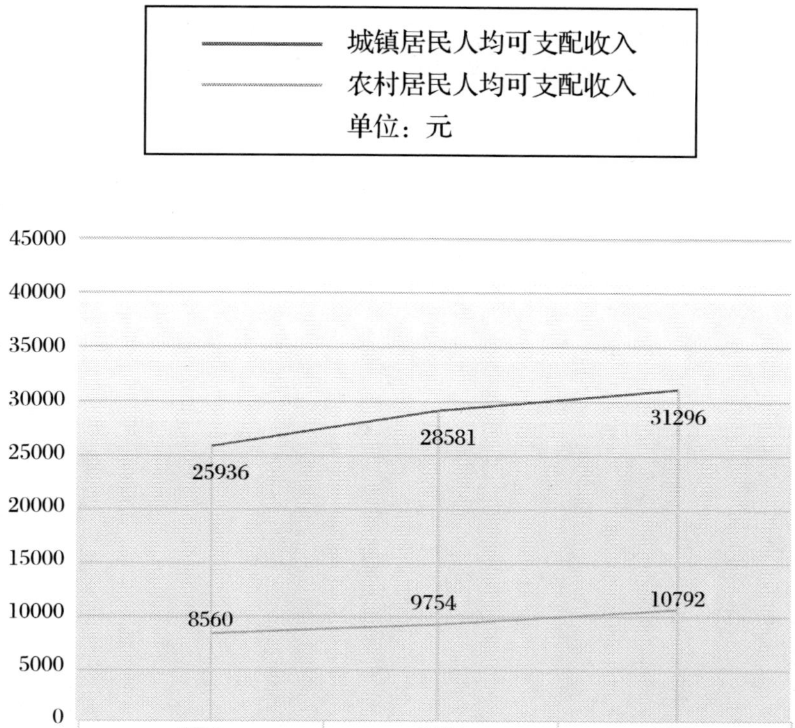

	2016	2017	2018
城镇居民人均可支配收入	25936	28581	31296
农村居民人均可支配收入	8560	9754	10792

图5 城乡居民人均可支配收入对比